HERMES

在古希腊神话中，赫耳墨斯是宙斯和迈
亚的儿子，奥林波斯神们的信使，道路
与边界之神，睡眠与梦想之神，亡灵的
引导者，演说者、商人、小偷、旅者和
牧人的保护神……

西方传统　经典与解释
Classici et Commentarii

HERMES

朗佩特集

The Collected Works
of Laurence Lampert

刘小枫◎主编

哲学如何成为苏格拉底式的

柏拉图《普罗塔戈拉》《卡尔米德》以及《王制》绎读

How Philosophy Became Socratic

A Study of Plato's *Protagoras*, *Charmides*, and *Republic*

［加］朗佩特 Laurence Lampert ｜ 著

戴晓光　彭　磊 ｜ 等译

華夏出版社

古典教育基金·蒲衣子资助项目

"朗佩特集"出版说明

朗佩特(1941—)以尼采研究著称,直到《哲学如何成为苏格拉底式的》(2010／华夏出版社,2015)问世之前,他的著述的书名都没有离开过尼采。《哲学如何成为苏格拉底式的》转向了柏拉图,该书"导言"虽然谈的是贯穿全书的问题,即柏拉图笔下的"苏格拉底是如何成为苏格拉底的",却以谈论尼采收尾。在该书"结语"部分,朗佩特几乎完全在谈尼采。

从尼采的视角来识读柏拉图,可以恰切地理解柏拉图吗?或者说,我们应该凭靠尼采的目光来识读柏拉图吗?朗佩特的要求不难理解,因为今人在思想上越长越矮,我们要理解古代高人,就得凭靠离我们较近的长得高的近人。不仅如此,这个长得高的近人还得有一个大抱负:致力于理解自身的文明思想传统及其面临的危机。否则,柏拉图与我们有何相干?

朗佩特在早年的《尼采与现时代》一书中已经提出:尼采开创了一部新的西方哲学史——这意味着他开创了一种理解西方古代甚至历代哲人的眼光。朗佩特宣称,他的柏拉图研究属于尼采所开创的新哲学史的"开端部分"。他提出的问题是:"柏拉图何以是一位尼采意义上的真正哲人?"这个问题让人吃惊,因为尼采的眼光成了衡量古人柏拉图甚至"真正的哲人"苏格拉底的尺度。尼采的衡量尺度是,伟大的哲人们应该是"命令者和立法者"。然而,这一衡量尺度不恰恰来自柏拉图吗?朗佩特为何要而且公然敢倒过来说?为什么他不问:"尼采何以是一位柏拉图意义上的真正哲人?"

朗佩特宣称,"对于一部尼采式的哲学史来说,施特劳斯几乎是不可或缺的源泉"。这无异于告诉读者,他对尼采的理解来自施特劳斯——这让我们想起朗佩特早年的另一部专著《施特劳斯与尼采》。通过以施特劳斯的方式识读施特劳斯,《施特劳斯与尼采》揭示出施特劳斯与尼采的深隐渊源。朗佩特认识到尼采的双重言辞凭靠的是施特劳斯的眼力,尽管在《施特劳斯与尼采》的最后,朗佩特针对施特劳斯对尼采的批判为尼采做了辩护。

《哲学如何成为苏格拉底式的》出版三年之后,朗佩特在施特劳斯逝世四十周年之际出版了专著《施特劳斯的持久重要性》。这个书名意在强调,施特劳斯让朗佩特懂得,为何"柏拉图的苏格拉底让一位神看起来是一个超越于流变的存在者,一位道德法官",让他得以识读柏拉图《王制》卷十中苏格拉底最后编造的命相神话与荷马的隐秘关联,能够让他"从几乎二千五百年后具有后见之明的位置回望"这样一种教诲。

在柏拉图那里,尼采的所谓"大政治"是"一种为了哲学的政治",即为了真正让哲学施行统治,必须让哲学披上宗教的外衣。苏格拉底-柏拉图都没有料到,他们凭靠显白教诲精心打造的这种"大政治"的结果是:宗教最终僭越了哲学的至高法权,并把自己的僭越当真了。尤其要命的是,宗教僭越哲学的法权在西方思想史上体现为哲学变成了宗教,这意味着哲学的自尽。尼采的使命因此是,如何让哲学和宗教各归其位。

朗佩特算得上是诚实的尼采知音。能够做尼采的知音已经很难,成为知音后还要做到诚实就更难。毕竟,哲人彼此的相似性的确已经丧失了社会存在的基础。朗佩特并不是施特劳斯的亲炙弟子,但确如施特劳斯的亲炙弟子罗森所说,他比诸多施特劳斯的亲炙弟子都更好、更准确地理解了施特劳斯。

最后必须提到,朗佩特还是一位优秀的作家。他的著作虽然无不涉及艰深的哲学问题,却具有晓畅而又浅显的叙述风格——这是他的著作具有诱惑力的原因。从这个意义上讲,朗佩特的真正老师是柏拉图。

刘小枫
古典文明研究工作坊
2021 年 5 月

目　录

中译本前言

    ——如何凭靠尼采的眼光识读柏拉图(刘小枫撰) ·············· 1

致　谢 ·· 1

导　言 ·· 1

第一部分　辉煌时代中的哲学

第一章　《普罗塔戈拉》
    ——苏格拉底与希腊启蒙

序言　伟大的普罗塔戈拉 ····························· 21

1　开头的话 ·· 24

2　框架谈话(309a-310a) ····························· 27

3　苏格拉底与一位雅典青年(310a-314c) ··············· 31

4　冥府中的苏格拉底(314c-316b) ···················· 38

5　普罗塔戈拉介绍自己(316b-318a) ·················· 42

6　苏格拉底的挑战和邀请:政治术可教吗?(318a-320c) ··· 49

7　普罗塔戈拉的展示性讲辞:政治术何以可教
    (320c-329b) ······································· 56

8　苏格拉底的展示性讲辞(一):
    智慧者必须教导德性的同一性(329b-334a) ··········· 79

9 苏格拉底引起一场危机(334a-338e) ·················· 90

10 苏格拉底的展示性讲辞(二):
　看待智慧者的更智慧的立场(338e-347a) ········· 96

11 阿尔喀比亚德掌控局面(347a-348c) ·············· 112

12 苏格拉底的展示性讲辞(三):
　面对众人的更智慧的立场(348c-359a) ·········· 116

13 最后的审判:勇敢与智慧(359a-360e) ·········· 134

14 胜利者苏格拉底(360e-362a) ·················· 139

15 最后的话 ································· 142

16 苏格拉底在公元前433年服务于哲学的政治 ········· 150

《普罗塔戈拉》与《阿尔喀比亚德前篇》戏剧时间考 ········· 163

第二部分　危机时代中的哲学

第二章　《卡尔米德》
　　——苏格拉底哲学及其传播

序言　苏格拉底的返乡 ························· 171

1 开头的话(153a-d) ························· 172

2 苏格拉底的意图(153c-d) ···················· 177

3 卡尔米德进场(154a-155a) ··················· 182

4 苏格拉底接手克里提阿拟定的剧本(155a-157d) ······ 186

5 脱去卡尔米德灵魂的外衣(157d-162b) ············ 194

6 克里提阿从苏格拉底那里接受了什么
　以及打谜者心中的想法(162c-166c) ············· 203

7　每个存在都应该变得如其所是的

那样清楚吗？（166c-e） ················· 220

8　明智的最终定义,苏格拉底的定义(166e-167a) ·········· 225

9　苏格拉底之明智的可能性(167a-171c) ·············· 229

10　苏格拉底明智的益处(171d-175a) ··········· 240

11　苏格拉底评判这场探讨(175a-176d) ··········· 253

12　最后的话(175d-176d) ·············· 257

13　《卡尔米德》的听众可能是谁? ·············· 263

《卡尔米德》戏剧时间考 ················· 266

第三章　《王制》
——柏拉图主义的诞生

序言　苏格拉底的大政治 ················· 270

一　苏格拉底下到的世界 ················· 271

1　开头的话 ················· 272

2　被迫者与自愿者 ················· 276

3　向克法洛斯学习 ················· 278

4　珀勒马科斯与苏格拉底的正义 ················· 284

5　驯化忒拉绪马霍斯 ················· 288

6　雅典年轻人的状况 ················· 304

二　苏格拉底的新起点 ················· 312

7　新神 ················· 312

8　新哲人们 ················· 323

9　新灵魂中的新正义 ················· 327

10　强迫与另一个起点 ································· 343

11　《王制》的中心:哲人统治者 ······················ 350

12　格劳孔:哲人统治的盟友 ························· 359

13　柏拉图主义:哲学的政治辩护以及哲学的引言 ··········· 370

14　公开为哲学说话的人们 ·························· 379

15　最大的学习之喻像:太阳、分线、洞穴 ················ 392

三　返乡的奥德修斯的最后行动 ························· 421

16　对荷马的爱戴和崇敬(595a-c) ····················· 422

17　荷马的事迹(596a-601b) ························· 423

18　荷马的孩子们(601b-608b) ······················ 429

19　对苏格拉底的孩子们的报酬和奖赏(608b-614b) ········· 437

20　取代荷马的冥府(614b-621b) ····················· 443

21　最后的话(621c-d) ···························· 454

《王制》戏剧时间考 ····························· 456

结　语 ·································· 465

参考文献 ································· 471

索　引 ·································· 477

如何凭靠尼采的眼光识读柏拉图

刘小枫

朗佩特(1941—)以尼采研究著称,直到《哲学如何成为苏格拉底式的》(2010)问世之前,他的著述的书名都没有离开过尼采。① 当坊间预告朗佩特将要出版一部柏拉图研究专著时,人们自然会期待看到他不同凡响的柏拉图识读功夫。如今,朗佩特的柏拉图研究已经摆在我们面前——我们看到,作者仍然以尼采为主题,亦即从尼采的视角来识读柏拉图。用朗佩特自己的话说,"在本书中,即使不常提起尼采的名字,他仍然无处不在"(页16,[引按]指英文版页码,即中译本编码,下同)。

《哲学如何成为苏格拉底式的》分三个部分,依次识读柏拉图的《普罗塔戈拉》《卡尔米德》和《王制》——首尾有"导言"和"结语"。"导言"虽然谈的是在柏拉图笔下"苏格拉底是如何成为苏格拉底的"这样一个贯穿全书的问题,却以谈论尼采结尾。在"结语"部分,作者几乎完全在谈尼采——可以说,尼采问题框住了朗佩特的这部柏拉图专著。

从尼采的视角来识读柏拉图,可以恰切地理解柏拉图吗?或者说,我们应该凭靠尼采的目光来识读柏拉图吗?朗佩特的要求不难理解,毕竟,今人在思想上越长越矮,我们要理解古代高人,就得凭靠离我们

---

① 朗佩特早年有《尼采的教诲:〈扎拉图斯特拉〉绎读》(1986,娄林译,华东师范大学出版社,2013)和《尼采与现时代》(1993,李致远等译,华夏出版社,2009),然后有《施特劳斯与尼采》(1996,田立年、贺志刚译,上海三联书店,2005),随后是《尼采的使命:〈善恶的彼岸〉绎读》(2001,李致远等译,华夏出版社,2010)。

较近的长得高的今人。不仅如此,这个长得高的今人还得有一个大抱负:致力于理解自身的文明思想传统及其面临的危机——否则,柏拉图与我们有何相干。可以肯定,尼采就是这样的长得高的今人——而且离我们很近,他对西方文明传统及其现代危机的理解,无人能出其右。

如果应该从尼采的视角来识读柏拉图,首先就得恰切地把握尼采的视角——如所周知,要做到这一点,绝非等闲之辈。尼采离世一百多年来,论说尼采者何其多,不着边际或不得要领的论说又何其多。海德格尔的两卷本《尼采》代表着二十世纪理解尼采的最高哲学成就,①但海德格尔是否恰切地理解了尼采,仍是问题。尼采的处女作《悲剧的诞生》让人们看到,尼采是个反柏拉图主义者,他激烈抨击柏拉图笔下的苏格拉底,要他为西方文明陷入虚无主义危机负根本责任。海德格尔敏锐地看到,尼采固然反柏拉图主义,但他反对柏拉图主义的方式,即建构权力意志的形而上学,却使得自己成了柏拉图主义的最终完成者。用海德格尔的话说,为了克服虚无主义,尼采把柏拉图主义"倒转"了过来:

> 在这样一种对柏拉图主义的倒转中,依然保留着一个与柏拉图主义共同的、被认为不言自明的信念:真理,亦即真实存在者,必须通过认识途径而获得保证。(海德格尔,《尼采》,前揭,上册,页177)

基于对尼采如此深透的理解,海德格尔才对自己的抱负充满信心:彻底克服或终结祸害西方文明思想两千多年的柏拉图主义。我们看到,经过尼采"反柏拉图主义"和海德格尔"反尼采的柏拉图主义",后现代哲人们得以开始放心大胆且自信满满地随意摆弄两千多年的西方文明传统。

朗佩特的眼力与此不同,他在自己早年的《尼采与现时代》一书中就已经提出:尼采开创了一部新的西方哲学史——这意味着他开创了一种理解西方古代甚至历代哲人的眼光。朗佩特宣称,眼下这部长达四百多页的柏拉图研究专著属于尼采所开创的新哲学史的"开端部分"。他提出的问题是:"柏拉图何以是一位尼采意义上的真正哲人"

---

① 海德格尔,《尼采》,孙周兴译,北京:商务印书馆,2004。

（楷体重点均为引者所加，下同）。这个问题的表述让人吃惊：尼采的眼光竟成了衡量古人柏拉图甚至"真正的哲人"苏格拉底的尺度。朗佩特说，尼采的衡量尺度是：伟大的哲人们是"命令者和立法者"。然而，这一衡量尺度不恰恰来自柏拉图吗？伟大的哲人们是"命令者和立法者"——这话难道不是柏拉图笔下的苏格拉底最先说，而非尼采最先说？倘若如此，朗佩特为何要而且公然敢倒过来说？为什么他不问："尼采何以是一位柏拉图意义上的真正哲人？"

在海德格尔眼里，柏拉图是西方第一位走上歧途的形而上学家，① 尼采算得上最后一位；在朗佩特眼里，柏拉图是西方第一位政治哲人苏格拉底的学生，尼采是最后一位——苏格拉底在海德格尔的哲学史谱系中没有位置。对我们来说，问题来了：尼采究竟是形而上学家，还是政治哲人？无论是哪种情形，关键在于如何理解尼采的"反柏拉图主义"：在尼采眼里，所谓"柏拉图主义"究竟是什么意思？

朗佩特在"导言"中承诺，他要展示的"柏拉图是尼采所还原的柏拉图，是西方文明的奠基性教师，而西方文明是一种柏拉图式的文明"。这无异于说，一个真实的柏拉图被西方文明掩盖了两千多年，而这种掩盖恰恰是柏拉图自己有意为之的结果：柏拉图式的文明掩盖了柏拉图自己的本来面目——这话即便听起来不吊诡，也颇令人费解：

> 在尼采看来，西方文明经过漫长、缓慢的增长，最终以各种"民众的柏拉图主义"——基督教以及基督教的各种无神论衍生物，也即现代——而达到顶峰。在对现代虚无主义的解剖中，也即尼采"为接下来两个世纪所写的哲学史"中，尼采追溯了柏拉图式文明的漫长、缓慢的死亡。尼采在很远处透显出自己的扎拉图斯特拉，将之作为后柏拉图式的可能继承者。（页 13）

朗佩特用"柏拉图式文明"（a Platonic civilization）这个表达式来称呼尼采意义上的"柏拉图主义"，旨在将柏拉图本人与"柏拉图主义"分离开来——与此相对照，海德格尔宁愿把柏拉图本人与"柏拉图主义"

---

① 参见海德格尔，《形而上学导论》，熊伟、王庆节译，商务印书馆，1996。

绑在一起。①显然，在朗佩特看来，尼采可没有把柏拉图本人与"柏拉图主义"绑在一起。正是基于这一点，朗佩特才能做出这样的断言：尼采反"柏拉图主义"的真实目的，其实为的是还原柏拉图的真相，这意味着还原"真正哲人"的本来面目。反过来说，"柏拉图主义"是柏拉图的伪装——必须再次强调，这个伪装是柏拉图的自我伪装：

> [尼采式的哲学史]在柏拉图身上还原了对所有最伟大的哲人来说最具根本性的、最终推动并鼓舞了他们的东西，其中最根本的是两种激情或爱（two passions or loves）。哲学是理性地理解整全的激情（the passion to understand the whole rationally），是对智慧的爱，正如苏格拉底在《会饮》中表明的，是对可被理解为爱欲的整全的最高爱欲，[其他任何爱欲皆]无出其右。（页13）

朗佩特把"对智慧的爱"等同于"对可被理解为爱欲的整全的最高爱欲"（the highest eros of a whole that can be understood as eros），由此解释了他所理解的"政治哲学"——把"整全"（the whole）甚至"智慧"（wisdom）本身理解为爱欲，以至于 philo-sophy［哲学］成了爱-爱欲本身。与此不同，形而上学则是对为什么"在"在而非不在感到好奇并要始终一探究竟的爱欲。倘若如此，我们似乎仅需要把作为整全的"在"理解为"爱欲"，就可以完成形而上学与政治哲学的转换。然而，如此转换意味着什么或结果会怎样呢？——爱智慧［整全］就是"爱人类"。朗佩特在"导言"中向读者承诺，他的"下一本书将承担研究《会饮》和《斐多》的任务"，这意味着进一步深入关注"柏拉图所呈现的苏格拉底的爱人类"（philanthropy）。这听起来颇具讽刺意义，因为，在尼采的言辞中，我们可以看到太多对所谓 philanthropy［爱人类］的嘲讽、挖苦甚至痛斥。在尼采眼里，"民众的柏拉图主义"正是一种 philanthropy［爱人类］的基督教哲学。在《尼采》讲稿的"前言"中，海德格尔首先要求读者关注他在1947年发表的《关于人道主义的书信》（《尼采》，前揭，上册，页

---

① 在《尼采》讲稿的"前言"中，海德格尔尤其提到自己在1942—1943年发表的两篇论柏拉图的作品：《柏拉图的真理学说》和《论真理的本质》（《尼采》，前揭，上册，页2）。这两篇作品的中译，见海德格尔，《论真理的本质》，赵卫国译，北京：华夏出版社，2010。

2),我们知道,这封书信是对 philanthropy[爱人类]的哲学的贬斥:人道的哲学把人的位置摆得还不够高——朗佩特何以能够说,按照尼采的眼光,"政治哲学的历史……最终是哲学式的爱人类的历史,是从哲学的立场上进行哲学统治的历史"?

朗佩特马上为我们解惑:的确,尼采孜孜不倦地鞭挞"爱人类"的哲学……然而不能忘记,尼采也一再强调了"哲学中另一个不可缺少的要素:显白教诲与隐微教诲的区分。在现代启蒙运动之前,所有哲人都懂得这种区分"。言下之意,尼采所说的"柏拉图主义"是"道德化"的亦即显白的柏拉图:

> 柏拉图的道德主义是显白的,是一种有益的教诲,必须带着怀疑地将这种教诲视为柏拉图用于教化社会、提升社会的手段,并庇护社会免于哲学的种种结论。(页14)

朗佩特力图表明,"如此道德化"的柏拉图是柏拉图有意识有目的地双重写作的结果。《哲学如何成为苏格拉底式的》识读的第一篇柏拉图对话是《普罗塔戈拉》,因为,智慧者必须隐藏自己是这篇作品的"首要主题"。

> 普罗塔戈拉和苏格拉底都懂得,隐微术——用有益的意见掩护不那么有益的真理——不仅是出于迫害的原因才有其必要。用施特劳斯的话来说,归根结底,隐微术是由"城邦的根本需求"规定的。"苏格拉底式的修辞术意在成为哲学的一种不可或缺的工具,目的在于引领潜在的哲人走向哲学——通过训练他们,以及使其摆脱阻碍哲学努力的诱惑,同时也阻止不适合学哲学的人接触哲学。"引导和阻止的双重功能使得苏格拉底式的修辞术"相当公正,它的生命来自社会责任的精神"。(页14-15)

朗佩特在这里提到施特劳斯,并随之宣称:"对于一部尼采式的哲学史来说,施特劳斯几乎是个不可或缺的源泉"——这无异于告诉读者,他对尼采的理解来自施特劳斯。这让我们想起朗佩特的专著《施特劳斯与尼采》……如所周知,施特劳斯把尼采视为现代性三次浪潮的最后一次,但他对尼采的专门论述仅仅是一篇题为"注意尼采《善恶的彼岸》谋篇"的论文。①通过以施特劳斯的方式识读施特劳斯,《施特劳斯与尼采》揭示出施特劳斯与尼采的深隐渊源。朗佩特认识到尼采的双重言辞,凭靠的是施特劳斯的眼力,由此可以说,朗佩特与海德格尔在尼采观上的对峙,其实是施特劳斯与海德格尔的对峙——尽管在《施特劳斯与尼采》最后,朗佩特针对施特劳斯对尼采的批判为尼采做了辩护。在他看来,施特劳斯在把握西方文明危机时未必比尼采坚毅、坦诚甚至勇敢。首先,施特劳斯拒绝承认现代物理学的有力挑战,而在尼采看来,物理学的进展"对柏拉图的谎言是致命的";第二,施特劳斯没有像尼采那样坦诚地将早就面对物理学且很好地处理了原子问题的"伊壁鸠鲁置于柏拉图之上";第三,施特劳斯不像尼采那样敢于为提倡未来的宗教作出牺牲——总之,在朗佩特看来,与尼采相比,"施特劳斯在决定性的历史时刻缺乏无畏精神为哲学奋斗"(《施特劳斯与尼采》,前揭,页182-184,188,194,199)。② 但在《哲学如何成为苏格拉底式的》这本书中,朗佩特不再提到施特劳斯与尼采的个体差异,而是沿着施特劳斯指引的方向来理解尼采对西方文明危机的理解。朗佩特看到,尼采"在表面上"把西方文明的灾难称为"上帝已死",实际上指的是"柏拉图主义之死",也就是柏拉图的显白教诲之死。

> 在这一文化灾难中,人们究竟需要什么。人们需要的是柏拉图维度的哲学统治(philosophic rule of Platonic dimension),以及旨在打破柏拉图主义统治的反柏拉图式的意图。与此同时,要将柏拉图认为必须隐藏的东西公之于众——将所有存在物的存在方式理解为爱欲,这才是哲学的真实理解。(页16)③

---

① 施特劳斯,《注意尼采〈善恶的彼岸〉谋篇》(林国荣、林国华译),见施特劳斯,《柏拉图式政治哲学研究》,张缨等译,北京:华夏出版社,2012,页234-256。

② 值得思考的是,时隔十多年后,为何朗佩特写的是《哲学如何成为苏格拉底式的》,而非《哲学如何成为伊壁鸠鲁式的》。

③ 在《施特劳斯与尼采》中,朗佩特说的是:"从尼采的观点看,施特劳斯可以被看作一个为其不明智的不顺从而内疚的策略家:柏拉图的两个重大的假话已经成为过往,而他还在不明智地坚持。""从尼采关于现代的观点来看",问题已经不是人类是否需要柏拉图式的谎言,而是"既然人类必须在没有柏拉图式的谎言的情况下活下去,那该做些什么。"(《施特劳斯与尼采》,前揭,页186-187)。

"所有存在物的存在方式"这样的表达式会让我们想起海德格尔的《尼采》讲课稿通篇所用的语词。由此看来,朗佩特的这段话可以说是针对海德格尔的尼采理解而说的。与海德格尔的尼采解释不同,朗佩特突显的是"哲人立法抱负中的柏拉图-尼采式特性":把柏拉图和尼采视为立法者,而非形而上学家。"为了在世间维护理性的福祉而寻求统治",柏拉图和尼采所要理解的首要事物或"所有存在物之存在方式"是"爱欲或权力意志"。这意味着:尼采的所谓"权力意志"在柏拉图笔下的名称是"爱欲"。

以上是朗佩特在"导言"中对我们公开的意图。我们难免感到困惑的是:既然尼采眼里的"民众的柏拉图主义"是一种"爱人类"的哲学——这是柏拉图的显白教诲的结果,那么朗佩特又何以可能说,尼采通过反"民众的柏拉图主义"要还原的柏拉图真相是"爱人类"的哲学?我们显然不能说,柏拉图的显白教诲掩护的是苏格拉底的"爱人类"的哲学——这究竟是怎么回事呢?难道朗佩特的意思是,尼采反"柏拉图主义"为的是修复"柏拉图主义"?倘若如此,这岂不与海德格尔的论断(尼采反"柏拉图主义"最终完成了"柏拉图主义")是一回事吗?如果不是,又会是怎样的呢?

通过识读从柏拉图的36篇作品中精心挑选出来的三篇作品,朗佩特力图表明,在柏拉图笔下,苏格拉底如何成为一个"革命性的人物"——必须注意,这里的所谓"革命性"的含义针对的是哲学或哲人族,而非世人。苏格拉底的立法首先是为哲人族立法,然后才是"为了在世间维护理性的福祉"而立法。在"结语"部分,朗佩特再次回到这个柏拉图-尼采式的哲人立法抱负问题。

> 正如柏拉图所表明的那样,苏格拉底正开始成为一个革命性的人物,而事实证明,他笔下的苏格拉底的确是革命性的。柏拉图将苏格拉底呈现为"所谓的世界史的唯一转折点和漩涡",在苏格拉底之后,"所有的神学家和哲人都走在同一条轨道上"(《善恶的彼岸》,格言285;《悲剧的诞生》,15节;《善恶的彼岸》,格言191)。尼采也说过,真正的哲人是发号施令者和立法者(《善恶的彼岸》,格言211),而柏拉图则展现了,苏格拉底如何逐渐成为一个为哲人统治确立原则和必要性的哲人,而且他本身就体现着那些原则,

> 苏格拉底本人就是关于诸神本性的立法者和通过观念进行哲学统
> 治的创建者。（页 413）

"世界史的唯一转折点和漩涡"是尼采在《悲剧的诞生》中抨击苏
格拉底的话，朗佩特大胆地以柏拉图的名义颠转了尼采这句话的痛斥
含义，使之变成了对苏格拉底的颂扬。他的依据是，"启蒙运动之前的
所有哲人，都清楚显白与隐微的区分"——换言之，尼采虽然生活在启
蒙运动之后，但仍然信守这一古老的传统。柏拉图笔下的苏格拉底通
过"恢复希腊智慧者们自荷马开始就已经在实践的隐微术，创建了显
白的柏拉图主义，以庇护和促进他真正持有的隐微哲学"（页 413）。在
启蒙运动之后的语境中，尼采笔下的很多说法其实是显白说辞。在启
蒙运动之后，谁不懂得尼采仍然看重的隐微术，谁就不可能注意到"显
白的柏拉图主义"与尼采"真正持有的隐微哲学"的关系。朗佩特由此
强调了他在《施特劳斯与尼采》中展示的主题：在二十世纪的后现代或
后启蒙时代，对哲学事业来说，理解"哲学隐微术"成为理解哲学史的
关键。因此，施特劳斯在 20 世纪 30 年代（1938—1939 年）对"古希腊
作家们的隐微教诲的完整范围和特征"的"重新发现"，具有极为重要
的思想史意义——那个时候，海德格尔刚刚做过标志性的《形而上学
导论》讲座，提出了自己对古希腊作家的理解。事实上，施特劳斯对隐
微/显白教诲的关注已经见于 1930 年出版的《斯宾诺莎的宗教批判》，
甚至更早的"柯亨对斯宾诺莎圣经学的分析"（1924）一文——那个时
候，海德格尔正在写作《存在与时间》。[①]因此我们的确断乎不能说，施
特劳斯是海德格尔的弟子。海德格尔力图证明，形而上学如何可
能——这个问题依赖于哲人这类人如何可能。在《尼采》讲座的开场，
以"作为形而上学思想家的尼采"为题，海德格尔一上来就引用了尼采
在《权力意志》中的一段话：

> 我无意说服谁去从事哲学：因为必然地，兴许也值得想望的事
> 情是，哲人是一种稀有植物。没有什么比塞涅卡或者西塞罗那样
> 说教般地赞颂哲学更让我反感。哲学与美德无关。（《尼采》，前

---

① 参见施特劳斯，《斯宾诺莎的宗教批判》，李永晶译，北京：华夏出版社，2013。

揭,上册,页3)

施特劳斯描述隐微教诲的基本原则和必要性同样是为了证明:哲学如何可能——这与对外关闭哲学的大门是一回事。

> 为了证明哲学的可能性,施特劳斯不得不揭露隐微教诲的真理。他因此在隐微术历史上引发了一场革命:多亏了他,像笔者这样的哲学劳作者才能写下例如眼前刚刚完成的注疏,这部注疏借鉴了施特劳斯的洞见,因而进入了哲人大厦的某些密室之中,倘非如此,这些密室就会是关闭的。(页414-415)

朗佩特把赞辞给了施特劳斯,而非海德格尔,理由是:

> 一部得到施特劳斯扶助的尼采式的哲学史,在柏拉图的苏格拉底身上发现了一种为了哲学的政治,即一种"大政治"(great politics,《善恶的彼岸》,格言208),它在其最深层的政治方面是一种神学,一种关于最高存在者的神学-政治教诲,它教导并标示出我们最值得效仿的那些对象是什么。(页415)

由此可以理解,《哲学如何成为苏格拉底式的》出版三年之后,朗佩特在施特劳斯逝世四十周年之际出版了名为《施特劳斯的持续重要性》(*The Enduring Importance of Leo Strauss*,University of Chicago Press,2013,长达360页)的专著。施特劳斯让朗佩特懂得,为何"柏拉图的苏格拉底让一位神看起来是一个超越于流变的存在者,一位道德法官",让他得以识读柏拉图《王制》卷十中苏格拉底最后编造的命相神话与荷马的隐秘关联,也能够让他"从几乎二千五百年后具有后见之明的位置回望"这样一种教诲:"这种教诲将关于'神与人将在来世获得永恒'的谎言提升为最高的理想。"尤其是能够让他理解,尼采所谓的"柏拉图主义"本来其实是"一种由一位哲人创立的神学政治教诲"。换言之,"大政治"的含义是,哲学的统治始终应该是秘密统治,因为这种统治看起来始终像(但也仅仅像)是宗教在统治。这意味着,哲学仍然是哲学,而非变成了宗教,否则就成了哲学公开施行统治,这等于虚无主义公开施行统治。因此,尼采会说:"没有什么比塞涅卡或者西塞罗那样说教般地赞颂哲学更让我反感。"

然而,"一种宗教捕获"了柏拉图创立的"神学政治教诲"——朗佩特把这种宗教称为"大众柏拉图主义"。换言之,柏拉图的显白教诲在历史中蜕变成了"一种宗教"即"大众柏拉图主义"。于是,柏拉图再也不能有效掌握他"创立的神学政治教诲"。面对这一西方文明的巨大灾难,尼采的使命就在于:他必须模仿柏拉图重新创立一种"神学政治教诲"——扎拉图斯特拉的教诲。朗佩特看到,尼采创立的这一教诲并非来自一个古典语文学家的渊博学识,而是来自"欧洲第一位提到波斯神琐罗亚斯德(Zoroaster)"的柏拉图(《阿尔喀比亚德前篇》122a)。

> 柏拉图主义最终受到了由柏拉图引入的宗教创新的一种近亲的统治,而柏拉图当时大胆地在哲学中引入这种宗教创新,是为了将其作为一种对哲学的政治保护。当尼采选择扎拉图斯特拉来表达一种反柏拉图主义的教诲时——这一教诲肯定了万物的永恒复返,他知道,他正在回到那位创立了对宇宙的道德观点的人那里,而柏拉图则敢于把这一观点放进哲学中去。通过塑造一位从对大地的复仇中——这种仇恨燃烧着道德的观点——康复过来的扎拉图斯特拉,尼采开创了一种哲学政治学,他与柏拉图怀着同样的文化目的:建立一个对哲学友好(friendly)的社会秩序;但是现在,这个社会植根于相反的激情——爱,而不是植根于伴随着复仇的怨恨。(页415)

在我们眼中,尼采是个激进的反宗教分子,朗佩特却从尼采的笔下读出,尼采深深懂得:

> 宗教有何益处(《善恶的彼岸》,格言58)——宗教因何而不可或缺,因为宗教是构造日常生活的诗,是每一个人类共同体自动生活于其中、并作为共同体的有益、善和神圣之物的信仰和价值之网(《扎拉图斯特拉如是说》,第一部分,"论一千零一个目标")。但柏拉图的命运——柏拉图主义的历史,让尼采也许更为清晰地看到"至高无上的宗教"的"可怕危险",即宗教不受至高无上的哲学

的统治(《善恶的彼岸》,格言62)。(页416)

朗佩特相信,尼采的目光把握着"从荷马到现在的欧洲精神生活的整个轨迹",但他也相信,这个目光来自柏拉图笔下的苏格拉底的眼力,或者说对柏拉图面临的问题的理解:

> 柏拉图在荷马的传统之内为哲学开辟了自己的政治事业,但至高无上的一神论凭借他那非荷马式的创新篡改了他的哲学,这种一神论试图声称自己保留了希腊最优异的东西,但事实上却抹去了真正的希腊性,并用柏拉图主义重写之。……在那场统治西方历史的精神战争中,耶路撒冷战胜了雅典,对此甚至尼采都发现自己因为这种震惊而感到无言以对。但是,他关于那一重大事件的思考,他为那场伟大的战争的原因和策略找到的言辞,指出了将哲学史与宗教史分离开来的方式,而柏拉图曾经顺应过这种方式。(页416)

在柏拉图那里,"大政治"是"一种为了哲学的政治",即为了真正让哲学施行统治,必须让哲学披上宗教的外衣。苏格拉底-柏拉图都没有料到,他们凭靠显白教诲精心打造的这种"大政治"的结果是:宗教最终僭越了哲学的至高法权,并把自己的僭越当真了。尤其要命的是,宗教僭越哲学的法权在西方思想史上体现为哲学变成了宗教:现代性思想的症候是哲学变成了宗教——这意味着哲学的自尽。尼采的使命因此是,如何让哲学和宗教各归其位。柏拉图-尼采式的"大政治"不仅意味着"他们都明白宗教有何益处",也懂得哲学与宗教的本质差异。显然,朗佩特的这一洞识来自施特劳斯的那篇关于尼采的《善恶的彼岸》的专文:施特劳斯的识读告诉我们,尼采关切的唯一问题是哲学与宗教的关系——所谓哲学的政治问题。因此,在施特劳斯眼里,尼采最重要的著作并非《权力意志》,而是《善恶的彼岸》。我国学界对于Wille zur Macht 的翻译曾经长期犹豫不决,由于感觉到把这个语词译成"权力意志"总难免让人将其与纳粹联系在一起,最终学界选择了"强力意志"的译法。按照朗佩特的看法,这种担忧仅仅是因为我们没有理解何谓尼采的"大政治"。

凭靠施特劳斯的目光,朗佩特力图通过《哲学如何成为苏格拉底式的》揭示"柏拉图主义"的政治含义,以及它对"什么是真正的哲学"的暗示。

> 揭示柏拉图主义的政治性质因此只是复原柏拉图的使命的一半,因为,什么是隐藏于政治中的真正的哲学呢?显而易见的是,真正的哲学不可能是那种印在护卫新城邦的哲人之犬心目中的哲学,也不可能依赖于由一种善(Good)——这种善可以轻易地变成神——所监管的理式带来的安稳。(页416)

朗佩特在这里没有说,"真正的哲学"显而易见是什么……他仅仅说,为了找回被"柏拉图主义"所掩饰的"真正的哲学",就得依循柏拉图展示苏格拉底式政治哲学产生的途径——即便沿着这个途径去找也不容易,《哲学如何成为苏格拉底式的》仅仅是这一追寻的第一步。朗佩特预告,他的下一步将通过识读《斐多》《帕默尼德》和《会饮》来找回柏拉图所展示的青年苏格拉底走过的道路。

> 柏拉图表明,这条道路引导苏格拉底进入了哲学真正的秘仪,即关于爱若斯神的秘仪。在我能力所及的范围内,我自愿地揭露那些秘密,亵渎那些秘仪,因为尼采业已亵渎了那些秘仪——在命名那一根本性的事实之时,他用的不是神的名字,而是"一种无力的衰弱的隐喻":权力意志(《善恶的彼岸》,格言22)。(页417)

现在我们看到,朗佩特所说的"真正的哲学",就是他在"导言"中说的爱-爱欲本身,就是"对大地的爱欲""对存在之物的爱欲""对爱欲的爱欲"——用尼采的表达式:哲学是"权力意志"。好一个敢于"自愿地揭露"哲学的真正秘密的朗佩特!他真的向我们揭露了"真正的哲学"吗?在《会饮》中,人们谈论的不是"爱神"吗?"对[作为整全的]爱欲的爱欲",难道不是"一种关于最高存在者的神学-政治教海"?既然"权力意志"论是柏拉图主义式的显白教海,把"权力意志"哲学等同于苏格拉底的爱欲哲学,朗佩特揭露的难道不仍然仅仅是柏拉图的显白教海?倘若如此,他最终也没有说"真正的哲学"究竟是什么。柏拉图的显白教海与尼采的显白教海的差异仅仅在于:由于在启蒙之后的处境中,柏拉图式的文明成了精神废墟,尼采已经不可能凭借柏拉图的显白教诲即"他关于神和灵魂的政治学"来复原精神生活的活力。然而,在抛弃已经历史地变质的柏拉图显白教诲即"大众的柏拉图主义"的同时,却不能把柏拉图真正的显白教诲也扔掉。为了继续掩藏"真正的哲学",就必须创造出一种新宗教来掩饰"真正的哲学"。通过反历史地变质了的"柏拉图主义",尼采要让我们回到真正的"柏拉图主义",即柏拉图创立的"神学政治教诲"。所以,朗佩特用颠倒的表达式说:

> 柏拉图做了尼采后来知道自己不得不做的事情。尼采知道,他不得不将他关于宗教有何益处的知识传递给我们,传给我们这些仍然被千年之久的宗教体验灼伤的现代自由心灵;尼采知道,在被迫将他的哲学呈现为大地神灵狄奥尼修斯和阿里阿德涅的回归时,他被迫用一种不受欢迎的形式向唯一可能的听众呈现他的哲学(《善恶的彼岸》,格言295)。(页417)

朗佩特用施特劳斯的学生伯纳德特在《弓与琴》中的一句话为自己的"结语"结尾:"像奥德修斯一样,尼采开始懂得'他的命运就是确立信仰,而不是知识'。"朗佩特由此带出了柏拉图与荷马的一致性:只有通过信仰才能接近知识。朗佩特不是施特劳斯的亲炙弟子,在诸多施特劳斯的弟子中,朗佩特唯一看重伯纳德特,理由是伯纳德特从柏拉图的问题意识来识读荷马:伯纳德特将"柏拉图式"政治哲学的范围延伸到荷马,因为"奥德修斯是柏拉图笔下的苏格拉底的祖先"(页16)。这意味着,伯纳德特懂得,柏拉图通过改塑荷马来创立"神学政治教诲"。如果与海德格尔对古希腊哲学精神的现象学还原加以对照,我们可以更好地理解伯纳德特从柏拉图识读荷马的意义:在《形而上学导论》和《林中路》中,海德格尔呼吁我们翻越"柏拉图主义",返回前苏格拉底哲人身边,伯纳德特则尝试凭靠"柏拉图主义"(!)回到辈分更为古老的诗人荷马身边——朗佩特由此断言,唯有如此才能找回西方的哲人共同体的原初家园。

> 在希腊的智慧之人中,存在着一个人们未曾料想的亲缘共同

体。由于柏拉图有意要摆脱荷马的支配,这个共同体变得难以还原。(页16)

在哲人共同体的原初家园中,哲人竟然与古老的宗教诗人住在一起! 这无异于说,在柏拉图那里,并没有单纯哲人共同体的原初家园。

无论柏拉图还是尼采,无论海德格尔还是施特劳斯,他们关切的都首先是哲人族自身的纯洁性。通过识读《普罗塔戈拉》中的论辩,朗佩特断言:

> 苏格拉底认为,哲人之间的战争是家族内部的冲突,是在同类人中间的论辩和讨论,这些人彼此分有的相似性要远远大于他们与非哲人的相似性。作为爱真理者,他们面对着哲学总在面临的共同敌人,苏格拉底将其界定为对属己之物的爱,并通过让哲学成为看起来最首要的属己之物——美、正义和好——的守卫者来抵御这种哲学的共同敌人。(页414)

朗佩特没有提及尼采不仅提到而且极端强调的一个启蒙运动之后的文化状况:哲人之间的战争已经不可能再仅仅是"家族内部的冲突"。尽管从实质上讲,哲人彼此的相似性远大于他们与非哲人的相似性这一事实没有变化,但在启蒙运动普及哲学之后,哲人与非哲人的相似性实际上已经远大于哲人彼此的相似性。其结果是,在所谓哲人族的"家族内部"发生的冲突,就不再仅仅是"同类人中间的论辩和讨论"。施特劳斯重新提出"隐微与显白教诲的区分"之后迄今仍然不断遭到攻击,就是最好的证明——因为,按苏格拉底在《普罗塔戈拉》中的说法,凡不懂得哲学必须隐藏自身这个道理的哲人,都是伪哲人。

事实上,柏拉图笔下的苏格拉底已经遭遇这样的处境:无论在《普罗塔戈拉》还是《会饮》中,苏格拉底都并非是在"同类人中间论辩和讨论"。朗佩特未能充分关注柏拉图笔下的苏格拉底在同类人与非同类人杂处的处境中的言辞,尤其是保护非同类人免受哲学戕害的正义姿态;与此不同,施特劳斯的《普罗塔戈拉》讲疏对此给予了首要的关注。由此可以理解的是,朗佩特为何一如既往地赞扬尼采因看到柏拉图式的文明已经失效后另创新宗教的努力,却对如下情形不置一词:尼采的

新宗教不仅并未成功俘获"现代的自由心灵",反倒造就了更多张扬
"自由"的伪哲人——尽管朗佩特早就看到,"尼采是不公正的,他没有
公正地对待人民,搞得好像每个人都有理智的良知似的"(《施特劳斯
与尼采》,前揭,页186)。不过,在《施特劳斯与尼采》中我们可以看到,
朗佩特赞扬尼采创造新宗教积极面向未来的姿态,批评施特劳斯"仍
然只提供柏拉图的策略来处理当代的危机",甚至凭靠尼采的观点批
评"施特劳斯意义上的回归是回归到教条化的柏拉图主义"(同上,页
188,191)——如今,朗佩特用行动否定了自己。这无异于承认,面对同
类人与非同类人杂处的处境,施特劳斯的回归与尼采的进取相比不仅
更为审慎,也更为有效。朗佩特用《哲学如何成为苏格拉底式的》一书
证明了,他当年赞扬"尼采要回归到柏拉图之前的希腊启蒙"(同上,页
190)是一个错误——哲学的启蒙只能是针对爱智者自身的柏拉图的苏
格拉底式启蒙。

　　朗佩特算得上诚实的尼采知音——能够做尼采的知音已经很难,
成为知音后还要做到诚实就更难。毕竟,哲人彼此的相似性的确已经
丧失了社会存在的基础。

本书"致谢""导言"以及第一章,由戴晓光翻译,第二章由彭磊翻译,第三章由万昊、马勇翻译,结语由马勇翻译,最后由戴晓光统稿。

致　谢

　　感谢杜恩（George Dunn）对我写作此书的帮助。杜恩先生以敏锐的洞察力、深厚的解经功力和广阔的眼界为我照亮了柏拉图的许多段落，而且，杜恩先生还慷慨地允许我以自认为合适的方式采纳他的意见。此外，芝加哥大学出版社的两位读者从深有见地的视角出发，向我提出了具体的批评，令我受益匪浅；他们的工作极大地提升了此书的最终版本。

导　言

[1]柏拉图将其对话作品散布于苏格拉底一生的时间跨度之中,他将有些对话安排在前、有些安排在后,从而诱使专注的读者产生好奇:这幅时间地图是否描绘了苏格拉底思想的时间进展? 柏拉图是否展示了苏格拉底成为苏格拉底的过程? 本书给出了肯定的回答。柏拉图为其对话设定的戏剧时间邀请读者走上一条人迹罕至的道路,由此进入苏格拉底思想的真正大厦。走在这条道路上,读者将与苏格拉底一道,与数世纪之久的哲学传统决裂,转向自己的探询之路,并在历经岁月之后,步入对自然的最深刻理解,而此后又逐渐学会在哲学所面对的威胁面前(柏拉图重点展现了这种威胁),以恰当方式掩盖并传递这种理解。柏拉图诸篇对话的规划展示了苏格拉底朝向苏格拉底的转变。苏格拉底是哲学史上"独一无二的转折点和漩涡"①——对于政治哲学史也同样如此,而政治哲学是哲学由以取得庇护并发展自身的准哲学式的手段。柏拉图对苏格拉底成为其自身的历时性记载具有一种重要意义,这种意义远远超越了哲学在苏格拉底和柏拉图时代的存在,因为它是对哲学转变为苏格拉底式哲学的持续记载,而这种记载采取的形式最终主宰了西方世界的精神生活。如果密切注意对话的时间和场景来展开对柏拉图对话的研究,我们就会看到,我们文明的根源之一如何在历经岁月之后,形成于雅典帝国的一位智慧之人的心智和行动之中——这位智慧之人认为,他的智慧的思想和行动应当从雅典开始,向更广阔的世界开拓属地。

[2]在对柏拉图作品的研究中,"苏格拉底如何成为苏格拉底"的问题很晚才提出,而且必定很晚才提出:仅当苏格拉底在柏拉图的读者心中的确赢得了应有的钦慕之后,这个问题才得以出现。"苏格拉底

---

① 尼采,《悲剧的诞生》(*Birth of Tragedy*),第 15 节。

是如何成为苏格拉底的？"这个问题是由这样的读者提出的：他们已然受到对话的吸引，来到了那位在众多哲人看来最具公众性的哲人面前。由于有点急于知道他们自己独特的老师如何成为他自己，这些读者将会探询关于苏格拉底的首要记载，此后，他们才会开始发现柏拉图如何将问题的答案编织进了对话里——读者得以提出这个问题，经过了柏拉图的精心安排。

柏拉图笔下身处时空之中的苏格拉底

柏拉图为大多数对话设定了具体的戏剧时间，展示了苏格拉底在特定时空中与特定的人或人们的交谈。一个半世纪以来，与为了确定柏拉图对话的写作时间而花费的精力相比，柏拉图学界对这类戏剧时间几乎很少留意。在确定对话的写作时间时，学者们依据的是某些柏拉图思想的发展理论；而柏拉图在对话中设定的戏剧时间，指向的则是苏格拉底的不同发展阶段。对于显见的戏剧时间，我们需要探询其隐藏于内的义涵，由此可以重建柏拉图对苏格拉底如何成为自身的描述。柏拉图从来不曾以平铺直叙的方式描述过苏格拉底的发展过程，相反，他却通过不同的戏剧时间对这个过程进行了间接的传达。柏拉图由此暗示，苏格拉底的发展并非发生于真空之中——这种发展不只是一种思想运动而已；相反，它是由心智获得的一系列有意识的收获——专注于沉思的心智最终明白了在某时、某地、由某个人所开展的沉思所具有的情境特性（situatedness）。柏拉图对话表明，苏格拉底是最不平凡的人，他生活在最不平凡的时空之中——因为，柏拉图将苏格拉底的人生设定在更广阔的雅典历史背景之下。苏格拉底在雅典城邦度过了一生，他参加雅典的征战，庆祝雅典的节日；他向雅典的青年人提出忠告，品评雅典的历史和政治；他服从雅典的法律，直到最后以七十岁的高龄服从雅典所宣判的死刑——尽管在德洛斯（Delos）的圣船返回雅典的前一天，苏格拉底最年长的朋友曾想帮他轻易地越狱逃走。苏格拉底为他的城邦免除了神圣的限制，并允许城邦将自己处死。

柏拉图对话写于苏格拉底去世（公元前 399 年）后的五十年间，这些作品全都是对过去的回溯，可能除了《法义》和《厄庇诺米斯》之外，它们都是对苏格拉底生活的回溯。苏格拉底生于公元前 469 年，他的 [3] 生活背景最值得铭记，也最为壮观夺目：雅典这座生机勃勃的帝国式城邦位于希腊文明的中心，在苏格拉底的青年和壮年时期，这座富庶的民主城邦一直由第一公民伯利克勒斯（Pericles）引领。雅典因为伯利克勒斯所创建的史无前例的公共建筑工程而变得显赫荣耀，那些屹立于雅典中心卫城之上的宏伟神殿，在方圆数十里内遥遥可见；这座城邦自信甚至骄傲，它兴建的牢固城墙长达五公里，一直延伸到海边，而在奢华的码头中，则停靠着整个地中海最强大的舰队；在苏格拉底出生十年之前，雅典城仍在清醒地欢庆自己抗击不可战胜的波斯人所取得的胜利；这座城邦举办敬奉诸神的节日，而其中的酒神节孕育了独一无二的阿提卡肃剧和谐剧的壮观场景——所有的男性公民都是戏剧的观众，而苏格拉底至少在其中一部戏剧中担当了主角；雅典城邦在政治上不断采取新的创举，并充满了理性的公共辩论。根据长达百年的雅典传统，所有重大的政策事项都要通过公开辩论和秘密投票决定，一切重大的法律案件都需在抽签选出的庞大的公民陪审团面前加以裁决，并且只有在兼听两方的透彻陈词后，才能付诸投票。最后，这座城邦自知身处希腊启蒙的中心——希腊启蒙一度拓展到大希腊的东西边界之外，如今则在帝国的中心蓬勃发展，其他城邦无法与之比肩。这里吸引了整个希腊最优秀的头脑——柏拉图展现了苏格拉底与他们的交谈。在苏格拉底后半生的时间里，正是这座光荣、伟大的城邦经受了与斯巴达长达 27 年的战争，最终遭到失败，陷入内战。有理由说，正是内战的长远后果使苏格拉底丢掉了性命，这部分是因为，甚至在战争爆发之前，苏格拉底对两个天性不凡的年轻人——阿尔喀比亚德和克里提阿，他们在成熟后变为雅典最大的两个罪人——的热切追求就已激起了怀疑。

　　雅典哲人苏格拉底的一生怎么可能不被纳入这个背景呢？这正是苏格拉底一生的现实背景。通过提及这个背景，柏拉图就为苏格拉底的生活赋予了一个场景，这个场景有各种理由值得人们铭记——不仅因为它的大理石建筑，也因为诸多肃剧和谐剧的文字记录，尤其是因为一份记载战争历史的作品——修昔底德（Thucydides）的史书，这部作品明确意在成为"永世瑰宝"。与这份特殊的"永世瑰宝"的背景对照来看，柏拉图对话的历史场景就获得了色彩和焦点。因为，当柏拉图借助很多额外的评论将苏格拉底的对话纳入雅典历史时，看起来，他原本想到的是修昔底德。在雅典与斯巴达开战的头十年间，另一部作为永世瑰宝的历史著作——希罗多德的希波战争史——已经在雅典问世。希罗多德描述的实际上是希腊性（Greekness），或者说是[4]希腊人的生活方式。这部历史著作本身教诲了历史中的永恒之事和专属于希腊的特性。同样，这部史书已被证明对柏拉图笔下的历史场景具有揭示意义。

当我们通过柏拉图设定的时序安排来关注各部对话的时间场景时，另一个历史性的事件开始浮现出来。这个事件将使它所在的时间场景变得更具灾难性，因而更值得铭记。在这段柏拉图为对话所设定的时间中，辉煌的时日消逝沉沦，走向了衰落和遗失的时代。可以认为，这段时日遭受的损失是终极性的——荷马与赫西俄德的诸神经历了史无前例、永世不返的死亡。这种死亡会很缓慢——宣称我们的上帝已死的哲学家尼采说，在诸神死后的几百年里，人们还会在洞穴中上演诸神的影子。① 但是，标志着荷马的众神已死的关键事件就发生在苏格拉底的有生之年。使雅典青年失去了诸神信仰的不仅是战争和瘟疫，还包括雅典的启蒙运动。因为雅典启蒙以一种略加掩盖的疑神论主动教育最好的雅典青年，同时还嘲笑先人和父辈们对诸神的恭敬，并建议学生们如何最好地利用他人的虔敬。柏拉图的苏格拉底如何面对荷马和赫西俄德呢？正如希罗多德所说，这两位诗人"为希腊人创造了诸神的世系，按照世系所出，为诸神赋予特殊的名号，他们还区分了诸神各自的荣誉、技艺与外形"（希罗多德，《原史》2. 53. 2）。对于诸篇对话的年代研究表明，当苏格拉底公开展示哲学之时，这个问题对他来说有着独一无二的重要性。

通过把苏格拉底的生活与雅典的生活捆绑起来，柏拉图就把瞬息流变的事物与哲学的永恒之物捆绑起来，而不是相反。柏拉图展示了

---

① 尼采，《快乐的科学》（*Gay Science*），第 344 节。［译按］亦参《快乐的科学》第 108 节。

一位智慧者的生活,这位智慧者在一段饱含人世之得失兴衰的典范时间内沉思与行动,并以典范的智慧做出回应。只要属人事物会延续下去,柏拉图为其对话设定的时空就会延续下去。原因在于,柏拉图将其对话设定在一个时代的转折点上,当此之时,通过一位受过荷马教导的后荷马的智慧者的言辞和行动,荷马的时代转变为一个新生的、尚不得其名的时代,一个刚刚驶入时间川流的时代。柏拉图的对话是作为永世瑰宝来写作的,因为这些对话被设定在一段特殊的时间之内,[5]并呈现了一个特殊的人的思考与行动——随着他走向成熟,他找到了看起来唯一能充分应对时代危机的方式。

柏拉图对话时序安排中的哲学

柏拉图赋予其对话一种结构性或分类学的特性,从而使得对话场景更加复杂:其中九篇对话是由一位发言者对某位听众的讲述,而其他对话则未经讲述者的干预,像戏剧一样在读者面前上演。每篇演示性对话都发生在苏格拉底一生中的某个独特的时间,通过柏拉图有意作出的历史暗示,这些对话的戏剧时间都能以或多或少的精确性得到确定:《游叙弗伦》发生在苏格拉底受到莫勒图斯(Meletus)指控的预审当天;《希琵阿斯》前后篇发生于公元前420年夏季,正当由阿尔喀比亚德召开的外交会议期间。然而,叙述性的对话则有两个时间场景:对话被讲述的时间与所述对话的发生时间。两个时间场景的间隔可能像《普罗塔戈拉》那样只有几分钟或几个钟头,也可能像《帕默尼德》一样有六十年之久。

九篇叙述性对话可以根据一个值得注意的特性加以划分:苏格拉底讲述了六篇,①斐多叙述了《斐多》,克法洛斯(Cephalus)转述了《帕

---

① 即《普罗塔戈拉》《欧绪德谟》《情敌》《吕西斯》《卡尔米德》《王制》。其中两篇(《普罗塔戈拉》与《欧绪德谟》)各有一个框架,由以引入核心的讨论;其他四篇都是由苏格拉底从开头讲到结尾。《泰阿泰德》是一个有趣的例外:这篇对话既有一个框架也有一个核心,但它的核心讨论部分不是被讲述的,而是作为一篇文本被朗读的,这篇文本由苏格拉底首先讲给欧几里德(Euclides),后者将其记录下来;在欧几里德与忒尔普森(Terpsion)之间的框架式讨论后,开始朗读由苏格拉底讲述并被欧几里德记录下的谈话,此时苏格拉底已经去世多年。

默尼德》,阿波罗多洛斯(Apollodorus)讲述了《会饮》。后三位叙述者
都以各自的不同方式忠实地追随苏格拉底。三篇对话在形式上非同寻
常——它们是由其他人叙述的对话,而就"苏格拉底如何成为苏格拉
底"的问题来看也非同寻常:三篇对话都包含对青年苏格拉底人生中
的哲学转向的回顾性追忆。这三篇对话中的青年苏格拉底比所有其他
对话中的苏格拉底更年轻,其他对话始于苏格拉底达到盛年之后,也就
是说,始于公元前433年的《普罗塔戈拉》,当时苏格拉底大约36岁。
通过这三篇由追随者讲述的对话,柏拉图让年轻时的苏格拉底只通过
追随者在多年之后的回顾性叙述而为人所知,这绝非偶然。① 认识到
这个特点的读者们[6]发现,这三次叙述很容易排定顺序:其中最年轻
的苏格拉底出现在斐多对苏格拉底最后时日的转述中——根据柏拉图
对事件的安排,最年老的苏格拉底在生命终结前几个小时讲述了自己
哲学的最早开端,以此作为他一生中最后一次论证的序言。时序上紧
随其后的是由克法洛斯所叙述的青年苏格拉底,公元前450年,当年迈
的帕默尼德和他的学生芝诺访问雅典时,这位苏格拉底渴望以自己新
发明的理式论(ideas)对两人提出挑战。这件事可以在日期上确定青
年苏格拉底的哲学传记:公元前450年,苏格拉底约19岁,而他的新理
论必然是在《斐多》所讲述的对自然探究的热烈追寻之后才构思出来
的——因此,《斐多》讲述的是一位正在汲取此前整个世纪的希腊哲学
的少年,这位少年已经开启了他日后所说的"第二次航行",从而转向
了言辞或逻各斯(λόγοι),这个转向引导他走向理式(《斐多》99d)。第
三篇由他人讲述的对话是阿波罗多洛斯所叙述的《会饮》,在这篇对话
中,苏格拉底对一群最为复杂的听众提起了一件有关学习的事情,一个
智慧的女人第俄提玛——这个名字的含义是神的荣誉——引导苏格拉
底走向了最深刻事物的真理,这当然是他的一生中最重大的哲学事件。

① 柏拉图的《苏格拉底的申辩》包含了对青年苏格拉底这三次描述的一个重要补
充;在《申辩》中,苏格拉底唯一一次面对全体"雅典人"发言。即将就死的苏格拉底从心
之所欲,言辞神秘,并为雅典公众指出一条道路,让他们考虑他生活中最重要的"转向"
(《申辩》21b)。但是,这种被公众认作苏格拉底式哲学的转变建立在苏格拉底给出的理
由之上,这种转变预设了一种"前苏格拉底式"的智慧:德尔斐神谕能够认为"无人比苏
格拉底更智慧"的唯一前提,在于一种先于《申辩》所描述的智慧,对于这种在先的智慧,
苏格拉底选择在公开讲辞中保持沉默,并以这种方式指示出来。

此事大约发生于公元前441年,苏格拉底时年约28岁。

　　这三篇由追随者转述的对话讲述了苏格拉底步入苏格拉底式哲学的关键步骤——它们显示出,苏格拉底就存在与认识这类哲学本身的根本问题正在形成自己的观点。柏拉图为其中一篇对话——由克法洛斯讲述的时年19岁的苏格拉底与芝诺、帕默尼德的对话——附了一段最值得注意的介绍。这段介绍表明,那次谈话的记录能留存至今只有一个原因:一群克拉佐美奈人(Clazomenae)根据传闻听说了这场对话,于是航行穿过爱琴海到达雅典,目的是寻找唯一一位记得并能向他们转述这场对话的人。通过与一群雅典人的漠不关心相对照,柏拉图使他们的热情显得尤其引人注目:当时距苏格拉底被处死大约已有十年,而在到达雅典的市场时,他们偶然遇到的是几位苏格拉底从前的熟人——对柏拉图的读者来说,这些人的确[7]广为人知:阿德曼托斯(Adeimantus)与格劳孔(Glaucon)。由于遇到这两人,克拉佐美奈人的问题变得简单了,因为他们要找的人恰好是这两位的同母兄弟安提丰(Antiphon)。阿德曼托斯与格劳孔带领他们来到兄弟的家门,询问安提丰是否还记得一位老情人讲给他的那次谈话——从谈话至今已有六十年之久。尽管安提丰对那次谈话的内容毫无兴趣,但他还能记得。不过他们需要说服安提丰,因为安提丰起初声称回忆的任务过于繁重,因而借故推辞。克拉佐美奈的旅人必须劝服不情愿的安提丰讲出唯有他自己才记得的故事,这对我们有一点启发:阿德曼托斯和格劳孔知道,自己的兄弟还是个孩子时就已将这个故事熟记于心,但既然如此,两人为什么没有想办法保存这个故事?若非无名的克拉佐美奈人的努力,安提丰所记下的故事将会——在阿德曼托斯与格劳孔的眼皮底下——随他一起死去,两人不愿费事要求自己的兄弟转告他们有关青年苏格拉底的那段故事,而故事中包含着改变了苏格拉底命运的一段经历。

　　一位古代评注者如此谈论柏拉图:"即使在八十岁的高龄,柏拉图也从未停止梳理、编绕自己的对话,不停地将对话重新编织。"①各篇对话本身也足以证明柏拉图持久的悉心安排。柏拉图写作《帕默尼德》

①　Dionysius of Halicarnassus,《论文学写作》("On Literary Composition"),载于 *Critical Essays*,2:225。

的起笔方式颇具魅力,克拉佐美奈无名访问者的热情与阿德曼托斯、格劳孔以及所有人的漠不关心之间构成的对比绝非偶然。相反,对于复原青年苏格拉底或者研究苏格拉底如何步入苏格拉底哲学的问题来说,柏拉图的开篇看起来具有典型性:根据对话开篇的提示,苏格拉底如何步入哲学的问题只引起了无名后来者的真正兴趣,对于远道而来的访问者热情地意欲恢复的事情,熟悉的人却弃之不顾;访问者起初依据的可能只是传闻,流传的链条也有可能经过了不可靠者之手,但是如果付出必要的辛劳,他们有可能发现某些自己最关心的事情。在有意对此事弃之不顾的人当中,有几位曾经有幸在佩莱坞(Piraeus)的那个夜晚聆听苏格拉底讲述《王制》。事实正是如此:像阿德曼托斯和格劳孔一样的人着迷的是《王制》中的苏格拉底,他们自然地感到没必要继续追问下去。但是,一段有关苏格拉底的开端的故事却是由一群无名的克拉佐美奈人保存下来的。而我们如何得知了这段故事?通过一个会讲话的脑袋,通过一位克法洛斯($\varkappa \varepsilon \varphi a \lambda \acute{\eta}$)①写下的言辞——记录这段言辞的既不是安提丰,也不是阿德曼托斯或格劳孔,而是另一个兄弟。他的确是个讲话的脑袋,他足够留意并尽可能从青年与老年苏格拉底身上学习,而且还使自己的言辞得以持续发言。柏拉图保存了苏格拉底教导某些人[8]应当关注的事情,根据柏拉图的保存方式,他的教诲将不断为将来的无名访问者保存下来。

政治哲学呢?西塞罗称赞苏格拉底发现了哲学不可缺少的第二个方面,哲学只要试图在人类文化中繁荣生长,就必须采取一种公共的外貌。② 通过对话的时序安排,柏拉图同样展示了苏格拉底步入哲学第二方面的过程,当然,这晚于苏格拉底进入哲学本身。但是,《帕默尼德》的开篇向我提示了一种看待柏拉图所述苏格拉底生平编年的恰当方式:首先考虑公众面前的苏格拉底,再循此追溯更年轻也更私密的苏格拉底。柏拉图只在三篇由追随者转述的对话中才敞开了通向后一个苏格拉底的通道。与此相应,我将首先思考苏格拉底熟练掌握了一种成熟的政治哲学的过程,此后才会考察此前的苏格拉底如何走进了哲

---

① [译按]古希腊语中$\varkappa \varepsilon \varphi a \lambda \acute{\eta}$一词原意为"头"。

② 西塞罗,《图斯库卢姆讨论集》(*Tusculan Disputations*),5. 4. 10。

学本身——哲学自身是一份永世瑰宝，而为了保护哲学的持续探究，必须建立一道政治的屏障。本书所讨论的三篇对话——《普罗塔戈拉》《卡尔米德》和《王制》——都涉及苏格拉底对哲学公共外观的关切。三篇对话虽然并未讨论，但都预设了一位非公众性的苏格拉底，他首先关注的是探究哲学的基本问题——自然和人的自然。在我看来，探讨哲人之前首先讨论政治哲人，这种做法符合柏拉图对各篇对话的时序设计，也符合柏拉图对叙述者的安排，同时，这种做法也符合支撑着对话的时序及叙述之安排的原则。换言之，这个原则就是，在那种异端的、更深层次的、也许非政治的哲学受到怀疑之前，政治哲学应当既明白可见，又雄辩有力。或者说，应该永远只通过政治来通向哲学中的非政治性。《斐多》《帕默尼德》和《会饮》这三篇对话导向了一位年轻的苏格拉底，他最直接地关心自然，关心人能够探知自然的可能性。我将通过第二本书——《苏格拉底如何成为苏格拉底》(How Socrates Became Socrates)，讨论这三篇对话。

　　帕默尼德本人提出的两个不同的任务构成了我的两部曲。帕默尼德推翻了年轻的苏格拉底急于展示的观点——"存在着诸存在物的理式"，并且应当"依其本身区分每种形式"(《帕默尼德》135a)。① 在此之后，帕默尼德描述了持有这种观点的人可能会怎样面对反驳：反对的人会"迷惘不解，认为这些东西并不存在"，或者会说，即便它们存在，人的天性也无法认识它们。但帕默尼德还描述了"天赋异禀的人"可能有的不同反应。这种人"能够了解，每件事物在自身之中都有某种[9]特定的种类和存在方式"。帕默尼德还指出一种超出这种了解之上的更高成就："只有一种更非凡的卓越之人才会发现这些事物，并且能够教给其他人，使之能够亲自对这些事物作出清晰、充分的判断。"(135b)十九岁的苏格拉底不断钻研求索，在自命不凡的方案被推翻后，他聆听到伟大的帕默尼德对自己的激励，后者讲述了一位思想者可能达到的最高造诣。柏拉图展现了苏格拉底如何在事实上达到这个探究和教诲的顶点。《哲学如何成为苏格拉底式的》一书旨在展示，通过对话的时序安排，柏拉图如何刻画了天资卓异的苏格拉底在发现这一

---

① 所引译文出自 Albert Keith Whitaker，《柏拉图的〈帕默尼德〉》(Plato's Parmenides)。

切之后,学会了教导其他人怎样亲自对这些事情作出清晰的判断。第二本书《苏格拉底如何成为苏格拉底》则意在表明,通过对话的时序安排,柏拉图怎样刻画了天赋异禀的苏格拉底最终领悟到,每件事物都有其特定的种属和存在方式。

柏拉图对话时序安排中的政治哲学

因此,我将以时序上最早的一篇柏拉图对话开始本书,并首先处理此篇对话的戏剧场景,或者说是开启了这篇对话的框架。以这种方式看来,《普罗塔戈拉》大致设定在公元前 433 年,①是时序上最早的一篇对话。作为由苏格拉底讲述的对话,它表明苏格拉底正着手为自己赢得某种公共的声誉。原因是,苏格拉底不辞其劳地向一群并非全部对智识问题感兴趣的听众(后文将表明这一点)讲述了一段智慧者之间的对话。这段对话刚发生不久,是在门户紧闭的私人场合展开的,而在对话中,苏格拉底用论证驳倒了听众心目中最智慧的希腊人。《普罗塔戈拉》在时序上最早,这再合适不过:苏格拉底正是在这篇对话中登上了公共舞台,并决心作为第一个在辩论中战胜强大的普罗塔戈拉的人在雅典赢得名誉。为自己赢得名誉意味着使自己所代表的东西扬名:通过公开战胜普罗塔戈拉,苏格拉底意在赋予哲学一种苏格拉底式的公众面相,从而使哲学的普罗塔戈拉式公众面相变得暗淡下去。《普罗塔戈拉》自然地引向[10]《阿尔喀比亚德前篇》(详见后文),后者是一篇没有导言的演示性对话,但在时序和主题上非常接近《普罗塔戈拉》。《阿尔喀比亚德前篇》表明,苏格拉底在公元前 433 年前后的服务于哲学的政治(Politics for Philosophy)有一种相关的而且明显更加公开的政治意图:对最有政治才华和政治抱负的雅典年轻人进行私

---

① 这个日期以及此节所断定的其他日期都并非不存在争议。本人在此处径直认可的戏剧时间有两项依据。首先,在对每一篇对话的严肃解释之中,我都强调柏拉图为读者指出的特殊历史线索,由之可以确定对话的确切发生时间。第二,在对《普罗塔戈拉》《卡尔米德》与《王制》的讨论结尾处,我都附加了一篇短札,对每篇对话的戏剧时间进行了更细致的讨论。

下的指导。本书的第一部分"辉煌时代中的哲学"将讨论《普罗塔戈拉》及《阿尔喀比亚德前篇》，这两篇对话是苏格拉底为哲学创建一种负责任的公共面貌的最初方式。

由于柏拉图将《普罗塔戈拉》与《阿尔喀比亚德前篇》设定在公元前433年前后，那么，两篇对话发生不久，苏格拉底和阿尔喀比亚德两人就共同随军离开了雅典，这支军队最终围困了波提岱亚。这座北部城邦位于卡尔基狄克（Chalcidice）的帕列涅（Pallene）地峡，是雅典帝国的纳贡属邦，在意欲挑起雅典与斯巴达之间战火的科林斯人的鼓动下发生了叛乱。苏格拉底随军出征期间，正值战事紧张之际。苏格拉底参军约有两年半到三年的时间，公元前429年春，雅典人在波提岱亚附近败北之后，他才返回雅典。当苏格拉底最终抵达雅典时，雅典所经受的毁灭性瘟疫已经持续到第二个年头，而且，雅典刚刚得知消息，在多年围困之后，雅典人在波提岱亚失利。

柏拉图将《卡尔米德》设定在苏格拉底从波提岱亚返回雅典的当天，对话发生在公元前429年的5月，是一篇由苏格拉底讲给一位无名"朋友"的对话。返城的日期本身表明，苏格拉底所返回的城邦已经因为饱受战争和瘟疫而发生了改变。而在《卡尔米德》中，苏格拉底说，重返雅典的自己已经有所变化，因为自己在离乡期间学到了某种非常重要的东西。在景况迥异的雅典，面目一新的苏格拉底宣称自己想知道"这里"的事情，并由此开启了《卡尔米德》中的对话——苏格拉底想了解哲学在雅典的状况，以及是否有年轻人在自己离乡期间变得美和智慧了。苏格拉底在这两个方面都满足了自己，这意味着，首先，就第一个问题而言，苏格拉底了解到克里提阿在自己离乡期间对自己的哲学做了什么。正是这位克里提阿战前曾是苏格拉底的伙伴，并曾在《普罗塔戈拉》中有过简短的亮相；正是这位克里提阿将会作为一名智术师而出名，并在多年后作为三十僭主之一而恶名远扬；也正是这位年轻的克里提阿——与阿尔喀比亚德一起，使苏格拉底因为他们的败坏而饱受指责，最终导致苏格拉底受到审判，并被判处死刑。《卡尔米德》以有所保留的方式向我们展现了：苏格拉底得知在自己离开期间，克里提阿将哲学变成了一种工具，用来证明并增进自己的统治热望。在《卡尔米德》中，苏格拉底得以认识到，自己需要改变向克里提阿传达哲学的方式,采取全新的方式来传达哲学。

[11]通过首句中包含的信息,再结合后文中的补充,可以推测《卡尔米德》的戏剧时间。柏拉图由此使得《卡尔米德》的戏剧日期有了首要的意义。柏拉图以相似的方式安排了《王制》的戏剧时间:《王制》的首句宣称,对话发生在雅典人将一位女神引入雅典的那一天。柏拉图令忒拉绪马霍斯在自己与苏格拉底的对话结尾处提到,这位女神乃是忒腊克的苯荻丝女神(Bendis)。因此,《王制》的戏剧时间正是公元前429 年 6 月上旬。柏拉图将《王制》设定在《卡尔米德》发生几周之后,并以相同的方式——在每部对话的首句中,明显但又不完全地——暗示了两篇对话的戏剧时间。看起来,柏拉图是要让读者发现自己拒绝明确说出的内容:《卡尔米德》与《王制》是姊妹篇,其中《卡尔米德》是《王制》的某种引导。那么,《王制》同样是一篇苏格拉底在经历了长期的在外征战、重返家乡后的对话,在远离雅典期间,苏格拉底学会了某种重要的东西,并返回到一个已然变得不同的城邦。

柏拉图为对话设定的戏剧时间引向的结论是,柏拉图式政治哲学的起源本身就是一个柏拉图式的主题:通过在《普罗塔戈拉》与《王制》之间设定一道鸿沟,柏拉图表明,苏格拉底认识到,相比于自己在《普罗塔戈拉》中为哲学做的辩护,自己必须更为彻底地保护哲学。《王制》将在更加宏伟的规模上重复《普罗塔戈拉》的所有主题,其中,一位了不起的智术师将会从头到尾听完《王制》的对话,并因而有所改变;而且,《王制》面对的一位雅典听众将受到引领,从而对哲学产生好感。要而言之,在《卡尔米德》与《王制》中,在返回雅典时已经发生改变的苏格拉底已经是这样一位苏格拉底——从此开始,他至少在公开场合将会始终保持不变,"总是在同样的东西上讲着同样的东西"(《高尔吉亚》490e)。在本书的第二部分"危机时代中的哲学"中,我将讨论《卡尔米德》和《王制》。

时序与解经

在下文的章节中,柏拉图为对话赋予的时序安排将具有首要意义。这部分是因为时序安排问题受到了忽略,但更重要的原因是,时序安排构成了更充分地解释(exegesis)对话的众多工具之一,而这会更好地揭示柏拉图安排在对话中的内容。不过,如果说时序安排有助于解经(exegesis)的话,反之亦然:具有说服力的解释能够展示柏拉图的意图,因而有助于[12]确认时序安排在对话中的重要性,甚至有助于确认特定的时间性宣示。解释能够支撑时序安排,这对我们来说比对柏拉图的同时代人来说更有意义,因为对后者来说足够充分的时间线索,现在往往不再充分了。通过将《普罗塔戈拉》设定在雅典历史中的特定时刻,柏拉图为所有感兴趣的同时代人保存了《普罗塔戈拉》的戏剧时间——当时三位著名的智术师齐聚雅典,在此前一年,斐若克拉底(Pherecrates)的一部谐剧在勒奈亚节(Lenian festival)上演。这件事的精确时间已经没法确定——我们不得不满足于"公元前433年前后"的说法,但柏拉图的同时代人则可以知道确切的日期。但即便我们已经没法还原《普罗塔戈拉》的确切日期,关于这个日期的最重要的事实却是确定的:对话发生在战前不久。而且,对《普罗塔戈拉》的解释也能确认对话时间设定在战争之前,因为对话的解释呈现出一位开始着手指导普罗塔戈拉、并开始引诱阿尔喀比亚德的苏格拉底——苏格拉底从事两项任务时的姿态也与时代相吻合。这是一个繁荣而充满期望的时代,然而也因为即将到来的事件蒙上了阴影。对《普罗塔戈拉》的解释能够表明,在即将到来的危机面前,苏格拉底在《普罗塔戈拉》中为了保护、发展哲学而采取的手段并不充分。不充分的手段需要以更完整的手段来补充,后者在危机年代的第一篇对话中清晰可见。

柏拉图对话的时序安排有助于解释对话。解经是求索每个文本细节的持续努力,其中伴随的目光在于,力求合理地还原柏拉图试图传达的一切。根据伟大的解经实践者和教师施特劳斯(Leo Strauss)的说法,解经是一种学习一位伟大思想家之文本的"漫长、艰难,却总是愉快的努力",①目的是推进读者与作者之间的对话。而这种对话是由读者的如下期待所推动的:作者尽管慷慨,却并未直接说出所有想说的东西。通过为对话赋予一种时序的安排,柏拉图呈现出苏格拉底教诲的真正伟大之处,也使得苏格拉底既可以将自己的任务展现于读者眼前,

---

① 施特劳斯,《迫害与写作艺术》(*Persecution and the Art of Writing*),页37。

又不需要明白地说出来;通过展示苏格拉底变成苏格拉底的过程,柏拉图传达了苏格拉底究竟转变成何人。"成为你之所是"——尼采援引品达的话来表明,自己已经成为自己之所是,已经成为一位对一切存在物的基本方式获得了洞见的哲人,并发现了自己必须承担的艰巨使命。① 与此相同,柏拉图为对话赋予的时序安排,使自己得以展现苏格拉底成为其所是、成为一位哲人和政治哲人的过程。苏格拉底成了一位洞察[13]一切存在物之基本方式的思想家,他也因此发现了降临在自己身上的使命——确保这种洞察能够在时间的川流中延续下去。

一部尼采式的哲学史

因此,本书也构成了尼采开创的新哲学史的一个部分。② 拙著《尼采与现时代》已经表明,培根与笛卡尔何以是尼采意义上的真正哲人;而本书——原本可以命名为《尼采与古代》——则表明,柏拉图何以是一位尼采意义上的真正哲人。这几本书都将尼采作为晚近哲学中的伟大事件,这部分是由于尼采为我们研究伟大哲人开启了富有成果的真实视野:伟大的哲人们是"命令者与立法者",这些哲人统治者们对自己的时代说:"我们必须走上那条路",而那是一条前人未至的不同道路。③ 尼采表明,哲学的统治并非柏拉图式的梦想;它是一个柏拉图式的事实,它一再由于一系列伟大的柏拉图式政治哲人而成为事实。在这些政治哲人中,应当将尼采列为最后一位,将柏拉图列为第一位。本书希望表明,柏拉图恰恰以他所了解的荷马的统治方式实行着统治,而荷马则是"希腊的教师"(《王制》,606e)。本书中的柏拉图是尼采所还原的柏拉图,是西方文明的奠基性教师,而西方文明是一种柏拉图式的

---

① 品达,《皮托凯歌》(*Pythian Odes*),2.73;尼采,《快乐的科学》,前揭,第 270 节;《瞧这个人:我如何成为我之所是》(*Ecce Homo:How One Becomes What One Is*)。

② 朗佩特,《尼采与现时代》(*Nietzsche and Modern Times*),页 1–13。

③ 尼采,《善恶的彼岸》(*Beyond Good and Evil*),格言 211–212;参朗佩特,《尼采的使命》(*Nietzsche's Task*),页 196–203。

文明。在尼采看来，西方文明经过漫长、缓慢的生长，最终以各种"民众的柏拉图主义"——基督教以及基督教的各种无神论衍生物，也即现时代——而达到顶峰。在对现代虚无主义的解剖中，也即尼采"为接下来两个世纪所写的哲学史"①中，尼采追溯了柏拉图式文明漫长、缓慢的死亡。尼采在很远处透显出自己的扎拉图斯特拉，将之作为可能的后柏拉图式继承者。

一种尼采式的哲学史在柏拉图身上还原了对所有最伟大的哲人来说最具根本性的、最终推动并鼓舞了他们的东西，其中最根本的是两种激情或爱欲。哲学是为了理性地理解整全的热情，是对智慧的爱，苏格拉底在《会饮》中表明，在所有可以理解为爱欲的爱中，哲学是对一种整全的爱，其他任何爱欲皆无出其右。政治哲学是出于这种首要[14]的热情而承担的交流和立法行动，正像苏格拉底在《斐多》中表明的那样，它是由对人的爱，也即对人类的爱（philanthrophy）所推动的。在《斐多》中，柏拉图让苏格拉底中断了谈话，并说，人类面临的最大邪恶就是厌恶言辞（misology），也即对言辞或理性的怨恨，它必然导致厌恶人类。厌恶言辞发端于理性难以证明世界是心灵最希望它所是的样子。只有通过对《会饮》和《斐多》的细致研究，爱智慧与爱人类这两种热情之间的根本联系才能以解经的方式在柏拉图作品中得到证明。我的下一本书将承担研究《会饮》和《斐多》的任务。本书关注的是柏拉图对苏格拉底的人类之爱的呈现。爱人类（philanthropy）这个词如今已经很普遍，但其意义对哲人们来说并不寻常，因为这个语词表示在最高的限度——也即理解的限度——内代表人类做出的行动。一部尼采式的政治哲学史所研究的，是最伟大的思想家为了以哲学的进展推进人类而采取的行动。政治哲学的历史——编入本书的正是这部历史的开篇章节——最终是哲学式的爱人类的历史，是从哲学的立场上进行哲学统治的历史。②

---

① 尼采，《考订研究版全集》(*Kritische Studienausgabe*)，13.11[411]。

② 政治哲学的基本动机是爱人类，这是我此前几部著作的基本主题。尤其参见《尼采与现时代》，页126–137（论柏拉图），页137–141（论培根），页196，204–205，259–271（论笛卡尔）；《施特劳斯与尼采》，页18，122–123及页159–161；《尼采的使命》，页71–75，页127–128，页176–179，及页301–303。

一部尼采式的哲学史明确揭示了哲学中另一个不可缺少的要素：显白教导与隐微教导的区分。在现代启蒙运动之前，所有哲人都懂得这种区分。① 当尼采说"我完全怀疑柏拉图"，并补充说"柏拉图是如此道德化"②时，他为理解柏拉图提供了一把钥匙：柏拉图的道德主义是显白的，是一种有益的教诲，必须带着怀疑将这种教诲视为柏拉图用于教化社会、提升社会的手段，并庇护社会免于哲学的结论。柏拉图明白（用尼采的话说），哲学的结论是"真实而致命的"。③ 本书讨论的三篇对话中，智慧者的隐微教诲浮现为一个首要的主题。在《普罗塔戈拉》中，根据柏拉图的呈现，相比于普罗塔戈拉自鸣得意的发明，苏格拉底在开始其公开教导时用于教导普罗塔戈拉的隐微术要更加有效。普罗塔戈拉在开篇讲辞中就给出了新的解决方案，以由以应对如下的必要性：一位智慧之人应当说得有技艺，从而减轻自己不可避免地惹来的怀疑。普罗塔戈拉与苏格拉底都懂得，隐微术——即用有益的意见掩护不那么有益的真理——不仅是出于迫害的原因才有 [15] 其必要。用施特劳斯的话来说，归根结底，隐微术是由"城邦的根本需求"规定的。"苏格拉底式的修辞术意在成为哲学的一种不可或缺的工具，目的在于引领潜在的哲人走向哲学——通过训练他们，以及使其摆脱阻碍哲学努力的诱惑，同时也阻止不适合学哲学的人接触哲学。"引导和阻止的双重功能使得苏格拉底的修辞术"相当公正，它的生命来自社会责任的精神"。④

---

① 尼采，《善恶的彼岸》，前揭，格言30。

② 尼采，《偶像的黄昏》，"我感谢古人什么"，第2节。

③ 尼采，《历史的用途与滥用》，第9节。

④ 施特劳斯，《论僭政》（*On Tyranny*），页6。在《柏拉图的哲人们：各篇对话的统一》（*Plato's Philosophers: The Coherence of the Dialogues*）一书中，Catherine Zuckert 认为，对柏拉图的时序性阅读会为理解柏拉图的哲学提供新的洞见；Zuckert 解释了所有的对话，从而证明了这个论点并展示了在解释上的价值。我同意她的论点，但我们的研究方式在重要的方面有所不同。对我而言，以时序顺序研读柏拉图对话的唯一最重要收获在于洞察苏格拉底成为苏格拉底，以及哲学成为苏格拉底式哲学的过程。对 Zuckert 而言，她最重要的收获在标题中有所暗示——柏拉图的哲人们：Zuckert 主张，通过对话的时序安排，柏拉图得以展示苏格拉底如何面对其他四位哲学家——《法义》中的雅典异方人，《帕默尼德》中的帕默尼德，《蒂迈欧》-《克里提阿》中的蒂迈欧以及《智术师》与《治邦者》中的埃利亚异方人。我们的著作在戏剧时间本身上也存在分歧，在认定一些对话的时间时，Zuckert 出人意料地显出某种随意性，她常常会接受一些根据不足的学界共识。

　　对于一部尼采式的哲学史来说,施特劳斯几乎是个不可或缺的源泉:在隐微术的漫长历史中,施特劳斯是第一位开始清晰阐述为何隐微教诲不可避免的思想家,他还清晰列举了许多隐微术的实践策略,并对诸如柏拉图式的隐微写作撰写了评注,从而显示了显白教诲与隐含在字里行间的隐微意义的区别。施特劳斯的作品——尤其是他论述柏拉图、色诺芬以及阿里斯托芬的著作,当然也包括他的所有作品——对我的著作不可或缺。许多柏拉图的解释者都将施特劳斯视为独一无二的老师,他们的作品同样很重要;在这些人中间,学识最深厚、也最有权威的是[16]伯纳德特,他既写过对柏拉图的疏解,还延伸了"柏拉图式"政治哲学的范围,使之回到荷马:伯纳德特的《弓与琴:对〈奥德赛〉的柏拉图式读解》表明,奥德修斯是柏拉图笔下苏格拉底的祖先。伯纳德特以各种方式表明,在希腊的智慧之人中,存在着一个人们未曾料想的亲缘共同体。由于柏拉图有意摆脱荷马的支配,这个共同体变得难以还原。

　　在本书中,即使不常提起尼采的名字,他仍然无处不在。尼采正确衡量了柏拉图如何动摇了西方文明;尼采还表明,文化灾难在表面上称之为"上帝已死",实际上是柏拉图主义之死,在这一文化灾难中,人们究竟需要什么。人们需要的是柏拉图式维度的哲学统治,以及反柏拉图式的意图,即意图打破柏拉图主义的统治,同时将柏拉图认为必须隐藏的东西——哲学对所有作为爱欲的存在物的方式的真实——公之于

Zuckert 因此误判了很多对话的时间(例如《王制》《蒂迈欧》-《克里提阿》及《希琵阿斯》前后篇),而且忽略了这些时间背景的意义。不过,我们的解释中最大、而且最重要的分歧更在于,从对柏拉图的时序阅读中浮现出来的那位苏格拉底究竟是谁? Zuckert 的苏格拉底是一位没有佯谬(irony)的苏格拉底,因而也失去了隐微的意图。她的苏格拉底不需要在有教益的显白画面具下掩护不那么有教益的真实教诲。Zuckert 对柏拉图笔下苏格拉底言辞的阅读带有一种毫不动心的字面理解,其中结合了对细节的密切关注,并伴随着对第一印象的忠实,仿佛它们都是苏格拉底言辞的精确意指,仿佛他的言辞并未同时引发第二、第三印象——其实,第二、第三印象同样以谜题或奇异的方式蕴涵在言辞之中,并能引起好奇。由于 Zuckert 未能追寻苏格拉底的隐微意图,从而捕捉其真正的激进性,她可以将柏拉图的其他哲学家置于与苏格拉底同等的水平。由于只将苏格拉底视为一个道德家,她就没能看到苏格拉底的独特性和魅力所在。虽然如此,她的著作(在我完成了本书之后才出版)可谓眼力敏锐,是对各篇对话有指导意义的阐述,并在时序安排的视角下提出了许多新的洞见。

众。一部尼采式的哲学史将服务于人类未来的尼采式目标,方式在于展示伟大的西方哲人之间的亲缘,展示哲人立法抱负中的柏拉图-尼采式特性——他们为了在世间维护理性的福祉而寻求统治;此外,更首要的是展示柏拉图/尼采对这种立法为之服务的事物的理解,这种事物就是他们看待所有存在物之存在方式的洞见:爱欲,或权力意志。

第一部分　辉煌时代中的哲学

苏格拉底在伯利克勒斯时代战前的雅典,约公元前 433 年

第一章 《普罗塔戈拉》[*]

——苏格拉底与希腊启蒙

序言 伟大的普罗塔戈拉

[19]有必要通过历史研究和一点想象来如实理解柏拉图的《普罗塔戈拉》所带有的震撼性：作为同时代的希腊人普遍公认的最有智慧的人，普罗塔戈拉受到了足够的尊敬和信任，以至于伯利克勒斯曾亲自邀请他为泛希腊的殖民地图里伊（Thurii）起草法律；他年事已高，足以做《普罗塔戈拉》这部戏剧中任何一位在场者的父亲；他有足够的吸引力，因而成为雅典有志青年追慕的目标，青年们在当天专程赶到雅典最富有的邦民家中来聆听他的教诲——这位传奇之人却在辩论中被一位相对年轻的雅典人打败，他输得如此彻底，以至于最终只好承认，这位打败他的人赢得当之无愧。

柏拉图的对话获得了无可匹敌的胜利，因而将普罗塔戈拉口中的褒义词——"智术师"——变成了贬义词，也使苏格拉底成为哲学的主角——如今每个人都期待普罗塔戈拉失败，期待苏格拉底取胜。由于普罗塔戈拉著作散佚，他终生的著述缩减为几行文字，这使他在柏拉图所呈现的苏格拉底面前无从申辩，也使每个读者都觉得自己在各个方面都比普罗塔戈拉高明：在道德的体面上，如今的普罗塔戈拉被认为品行不端——尽管"几乎所有关于普罗塔戈拉的已知事实都表明，他是

一个道德上的保守派和传统主义者";①在智识的[20]敏锐方面,普罗塔戈拉如今被认为是个智识上的轻量级选手——尽管他是希腊启蒙运动的主要奠基人,无论在生前还是去世很久以后,普罗塔戈拉都受到尊崇,他的名望可以跻身于柏拉图、赫拉克利特和泰勒斯之列;②而在对有志青年的吸引力方面,也同样如此——尽管《普罗塔戈拉》本身的开篇就是,一个年轻人除了求苏格拉底把他引介给普罗塔戈拉之外,对苏格拉底别无所求。

普罗塔戈拉是希腊启蒙运动的主要奠基人,尽管希腊启蒙的根基要追溯到始于伊奥尼亚的自然探究,这比普罗塔戈拉约在公元前460年开始的公共事业要早一个世纪之久。尽管前有古人,普罗塔戈拉却第一个系统地应用理性或科学的原则来研究人的自然天性以及文化中的自然现象。普罗塔戈拉的著作首次将人解释为自然中的那个独特的部分,并称人自然地倾向于发展出对自然的非自然或超自然的误解。这些著作将启蒙运动扩散到更多开始识字的公众之中。普罗塔戈拉最先公开称自己为智术师,并在整个希腊的大城邦中往来游历,还创建了一种扩散启蒙的模式,专门启蒙那些足够富有而且志向远大,因而能够承担学费的年轻人。普罗塔戈拉的成功引来了更年轻的竞争者,他们自己写作,发表讲辞,力求胜过普罗塔戈拉,从而引发了更大范围的启蒙运动,而启蒙运动最早只是由这个阿伯德拉(Abdera)人开启的。

通过对话的时间排序,柏拉图暗示了普罗塔戈拉独一无二的重要性。柏拉图将苏格拉底与普罗塔戈拉的辩论安排在最前,这场辩论也正是苏格拉底公共事业的开端。而且,柏拉图也将二人的辩论安排在

---

① Schiappa,《普罗塔戈拉与逻各斯》(*Protagoras and Logos*),页107。在所有关于普罗塔戈拉的描述中,Schiappa 的说法最有力地证明了普罗塔戈拉的崇高名望有其正当性依据;就普罗塔戈拉的造诣和名望究竟有多高的问题,参页3-19。在普罗塔戈拉品行正派的名声方面,希腊宗教研究的现代权威 Walter Burkert 就普罗塔戈拉被伯利克勒斯任命为图里伊的立法者一事评论道:"很明显,普罗塔戈拉的道德品行无可置疑。"参 Burkert,《古希腊宗教》(*Greek Religion*),页312。

② Schiappa,《普罗塔戈拉与逻各斯》,前揭,页15。Schiappa 对普罗塔戈拉名誉的恢复也包括恢复其作为思想家的名望:普罗塔戈拉著作的"哲学性(旨在寻求智慧)一如其修辞性(旨在寻求胜利)",页40。

最后，《泰阿泰德》的框架设定在公元前369年，它引入了朗读由苏格拉底口授的对话笔录。在那段对话中，苏格拉底召回已故的普罗塔戈拉的灵魂，比追随者更有力地捍卫了自己的论点。从事业的开始到结束，苏格拉底都在与普罗塔戈拉辩论；不仅如此，由于采取了文字的形式，这场辩论就成为永久性的，它将伴随苏格拉底派与普罗塔戈拉派的辩论一直延续到将来。①

[21]普罗塔戈拉以理性的方式研究人的自然，只有还原这个历史形象的伟大之处，《普罗塔戈拉》才会产生特有的震撼力：[尽管如此，]苏格拉底却更加伟大。但苏格拉底更加伟大之处何在？下文对《普罗塔戈拉》的研究将会探究这个问题。

《普罗塔戈拉》的戏剧时间早于公元前431年雅典与斯巴达之间爆发的战争。根据一些对话细节，可以毫无争议地将戏剧时间确定为公元前433年前后。② 修昔底德表明，在公元前433年，关心时局的雅典人能够看出，战争已经不可避免，因为科基拉的使节已经明确这样宣称。③ 柏拉图将《普罗塔戈拉》设定在战前的雅典，是年苏格拉底大约36岁，普罗塔戈拉约65岁。希珀克拉底(Hippocrates)大约17岁，与卡利阿斯(Callias)同龄；阿尔喀比亚德还不满20岁，克里提阿要年长些，大约27岁；普洛狄科与希琵阿斯都与苏格拉底年龄相仿。

---

① 尼采站在普罗塔戈拉的立场上加入了辩论，并表明普罗塔戈拉对于启蒙具有持续的重要性："智术师派的希腊文化是从所有希腊本能中成长起来的[而柏拉图却并非如此]……它最终表明了自身的正确……我们今天的思想方式在很大程度上乃是赫拉克利特、德谟克利特和普罗塔戈拉式的……我们只消指出，我们今天的思想方式是普罗塔戈拉式的，因为普罗塔戈拉将赫拉克利特与德谟克利特两者合于一身。"尼采《考订研究版全集》(*KSA*)，13：14[116]；《权力意志》，第428节。[译按]中译引自孙周兴译《权力意志》下卷，商务印书馆，2007，页1022-1023，略有改动。

② 详见下文，"《普罗塔戈拉》与《阿尔喀比亚德前篇》戏剧时间考"。

③ 修昔底德，《伯罗奔半岛战争志》，1.31-36；详参下文，页48-49。[译按]以下简称为《战争志》。

1 开头的话

　　"你是打哪儿出现的,苏格拉底?"①所有柏拉图作品都以合宜的问题开篇。这个问题是由一位无名的雅典人提出的,他是一位"同志"(comrade),就像是位同舟或同桌的伙伴,而不是位"朋友"(friend)。②无名的提问者跳到了自认为已经知道的答案:"不是明摆着刚追过阿尔喀比亚德的花季么?"作为柏拉图笔下的苏格拉底在时序上面对的第一组问答,这组问答变得如此突出,看起来,它们正是一般的雅典人在公元前 433 年自然会向这位奇怪的同胞提出的问题,因为他如此明显、持久地关注雅典人最有希望的后代。③ 在某种意义上,它们也是雅典人关于苏格拉底提出的最后问答,这组致命的问答关涉苏格拉底对阿尔喀比亚德以及其他雅典青年的败坏。34 年后,雅典人[22]通过控告、定罪并处死苏格拉底的方式,上演了这组问答过程。

　　但如果单独来看这个问题本身,不急于得出一般的答案,而是将之作为一个真正的问题来缓慢考察——问题是由通过柏拉图对话转变为苏格拉底的朋友的人们提出的,那么这将是一个关键问题:苏格拉底,这个希腊哲学史上独一无二的人,究竟是打哪儿出现的? 他的起点在哪里? 或者说,苏格拉底成长为自己的动因是什么? 进一步问,苏格拉底在变为自己之后是怎样亮相的,或者说他是怎样使自己被人看见的?如果这样来问,那么这个开启了《普罗塔戈拉》乃至柏拉图全集的问题就不会立刻将他引向对阿尔喀比亚德的追求。问题的第一个词——"打哪儿来"(πόθεν)——引向了柏拉图对话开始之前的那个苏格拉底,

---

　　① Leon Craig 的《普罗塔戈拉》未刊译稿令我获益良多;该译稿力求"尽可能恪守原文,并尽可能合乎英文语法,尽可能明白易懂"(页 I);该译稿优于我所知的所有英译本,我有时对之略有改动。[译按]《普罗塔戈拉》的中文译文以刘小枫教授《普罗塔戈拉》译稿(未刊稿)为底本,结合作者所引 Craig 英译本有所调整,下同。

　　② 在戏剧人物表中,他被称为ἑταῖρος[同志、伴侣、同胞、好友];苏格拉底称他为μακάριος[有福的,幸福的,好运的](309c),他是一位上层阶级的成员。

　　③ 《阿尔喀比亚德前篇》的开头处表明,自从阿尔喀比亚德年幼时开始,苏格拉底就始终在公开观察他,只是一直不曾与他谈话,直到这部对话发生时为止。

他此时已经成为苏格拉底：通过替忠实的读者提出这个问题，柏拉图的各篇对话以这个问题开篇，而各篇对话本将对此问题给出一个不同于同时代雅典人所得出的答案，对此读者们只能以回顾的方式加以还原。读者需要通过对话本身返身追溯，而这些对话则提供了苏格拉底作为一位哲人的真实起点。

至于问题的第二个部分——你是打哪儿出现的？《普罗塔戈拉》既通过作品框架，也通过核心的对话向提问者提出了一个与他自动给出的答案不同的回答。苏格拉底主动将提问者的注意从阿尔喀比亚德身上移开，并转向另一个目标，也即由自己挑起的与普罗塔戈拉的竞赛。在提问者看来，普罗塔戈拉是当时最智慧的人。苏格拉底之所以挑起这场竞赛，源于他关心另一位雅典青年希珀克拉底的教育。苏格拉底未经邀请地将希珀克拉底引入自己对这场对话的叙述，而苏格拉底就出现在这场对话之中。苏格拉底向人表明，自己出现在一场服务于公共目的的竞赛中：他的目的在于庇护年轻的雅典人远离那群可疑的腐蚀者，也即那群汲汲于引诱雅典青年的外邦智术师。根据《普罗塔戈拉》的提示，当苏格拉底初次登场时，他一直照看着自己的外观。

在苏格拉底开口之前，提问者在第二个问题中加入了指责；虽然带有足够的玩笑意味，而且仅仅是个提问，但问题中却潜藏着危险的暗流，预示着苏格拉底由之被处死的指控："其实我前天还见过他，在我看来，他的确显得像个美男子，不过，已经是男子汉啰，苏格拉底，咱俩之间说哈，瞧他那胡须，已经发芽儿啦。"由于生出了胡须，阿尔喀比亚德已经超过雅典风俗所允许的年长者能够体面地追求年轻人的年龄：苏格拉底对阿尔喀比亚德的追求已经触碰到法律的边界，少说也是不光彩的。

[23]苏格拉底的第一句话同样提出了一个进一步引起问题的问题。"那又怎样？"苏格拉底首先问道，他的回应略带藐视地质疑了雅典的习俗。但如果可以单独看待这个问题，它同样显得有决定性，完全适合作为苏格拉底的开场白。其中包含着苏格拉底对所遇到的一切事物怀有的疑问态度，也透露出苏格拉底拒绝认可即便已被习俗惯例和信念认定的事物。苏格拉底的第一个问题暗示，他将追随比雅典习俗更高的权威：

你不是欣赏荷马的颂辞吗？荷马说，最迷人的年纪恰是"胡子"初生时，阿尔喀比亚德不正是时候？

荷马的这句断言出现在两部史诗中，每次描写的都是赫耳墨斯在乔装打扮后，前去帮助一位面临艰难任务的老人。他在《伊利亚特》中帮助的是普里阿摩斯（24.348），在《奥德赛》中则是帮助奥德修斯（10.279）。正是《奥德赛》中伴随着奥德修斯的赫耳墨斯为苏格拉底的开场白增加了惊人的分量。[1] 因为苏格拉底在柏拉图全集中第一次发言时所提到的《奥德赛》中的事件，提供了一幅异乎寻常的肖像画，表明了此处的苏格拉底本人究竟是谁，以及他究竟有什么目的。苏格拉底在第一句话中提到的赫耳墨斯，是在奥德修斯决定帮助同伴后向他现身的。在作出这个决定前，奥德修斯刚刚经历了莱斯特律戈涅斯人（Laestrygonians）带来的灾难，这次灾难必须归咎于奥德修斯"形同犯罪的疏忽"，他因而损失了十二条船中的十一条，连同水手也一并失去了。[2] 基尔克的药又把其余伙伴中的一半变成了有头脑的猪，而奥德修斯正准备去帮助他们。就在此时，赫耳墨斯突然出现，并送给奥德修斯那种唯一能够抵御基尔克诱惑的礼物。也许这正是奥德修斯在走向智慧的返乡旅途（odyssey）中最重要的时刻，此时，由于决心拯救自己的伙伴，奥德修斯受到赫耳墨斯垂青，后者向他显示了一株植物的自然（在荷马史诗中，φύσις[自然]这个语词只在此处出现一次）："这株药草根呈黑色，花的颜色如同奶液；神明们称这种草为摩吕（moly），有死的凡人很难挖到它，但神明们无所不能。"（《奥德赛》10：304－306）[3]由于如今装配了凡人很难挖到的东西，也即自然知识，奥德修斯在伙伴们无

---

[1] Segvic 在《柏拉图〈普罗塔戈拉〉中的荷马》（"Homer in Plato's *Protagoras*"，页247－251）一文中同样以《奥德赛》中的事件而非赫耳墨斯在《伊利亚特》中的出场解释苏格拉底的话，尽管提出的原因与我略有不同。

[2] 参伯纳德特，《弓与琴》（*The Bow and the Lyre*），页114；并参页84－89对赫耳墨斯赠送礼物给奥德修斯的论述。就揭示荷马间接而深刻的教诲而言，伯纳德特对《奥德赛》的指引不可或缺。

[3] ［译按］本书所引《奥德赛》中译均引自王焕生先生译本，北京：人民文学出版社，1997。所引《伊利亚特》中译均引自罗念生、王焕生先生译本，北京：人民文学出版社，2003。引文据英文文本略有调整。

法抵御的诱惑面前获得了免疫力,因而成功地将他们从基尔克的药中解救出来。在柏拉图作品的开场处[24]的苏格拉底是谁?他是荷马的称颂者,他犹如荷马笔下的奥德修斯一样,被赐予了一种关于自然的知识。那么,在柏拉图作品的开场处,苏格拉底在做什么?他正决心转向一次拯救行动。由于获得了自然的知识,能够实现这次行动的就只有苏格拉底一人而已。

　　只凭对荷马的一次引述,柏拉图实际上能有这么多意图吗?柏拉图从未中止编织、缠绕自己的对话,尤其特别注意各篇对话的开头,更何况这段话乃是柏拉图全部作品在(戏剧)时间上的开端。如果研读其他对话中的开场,它们的暗示艺术就会有助于确认此处暗示的重要性——在本书所研究的三篇对话中,柏拉图对待荷马的方式也同样如此:柏拉图比任何人都更显现为一位"荷马的称颂者"。这一点不需要在戏剧开头加以完全充分的赞扬,它已然充满荣耀地树立于苏格拉底在柏拉图作品集的第一句发言之中。它宣称的乃是荷马的奥德修斯所实现的知识和拯救的最高成就。我们几乎没法想象,柏拉图的作品集还会采取哪种更加令人叹服的开场。苏格拉底哦,你是从哪儿出现的?——我从那条理解自然的道路走来,为的是解救我的人民走出魅惑。

2　框架谈话(309a-310a)

　　《普罗塔戈拉》开场的框架谈话是一段简短的表演性对话,[①]这段对话设定了漫长的核心谈话———一段讲述性对话———被讲述的条件,并确定了核心谈话所面对的听众:无名的提问者以及其他一群没法确定身份的人。在提问者与苏格拉底各自发表开场白后,面对苏格拉底所称述的荷马的权威,提问者回应以完全的顺从:提问者刚才两次称呼阿尔喀比亚德为男子汉(ἀνήρ),现在则改口称之为"嫩小子"(νεανίας ,

---

　　① 参《王制》392d-394d,苏格拉底借《伊利亚特》的开场向阿德曼托斯解释了简单的叙述与通过模仿进行的叙述或结合了模仿的叙述之间的区别。从这些术语来看,《普罗塔戈拉》的开场如同《伊利亚特》一样,以简单的叙述开始,并在此后转向模仿。

309b)。不过他的语气仍然像个质问者,一连问了苏格拉底三个问题:
"那么进展如何? 好像你刚从他那儿来? 那嫩小子对你怎样啊?"苏格
拉底对三个问题都作了回答,但重点回答了最后一个核心问题:"蛮不
错,至少我觉得如此,尤其今天,替我说了不少话,站在我一边;我确实
刚从他那儿来。"(309b)苏格拉底提到的最后一项事实,正包含着对提
问者暗示自己追求阿尔[25]喀比亚德的质疑。苏格拉底想向提问者
"透露一件稀奇事":即便阿尔喀比亚德在场,"我竟对他一点儿没在
意,有几次简直把他给忘了"。这在提问者听来难以置信,不过他假
定,如果苏格拉底忘掉了美少年阿尔喀比亚德,那只会是因为有更美的
人在场。经过连续提问后,他明白了,的确有个来自阿伯德拉(Abdera)
的外邦人甚至比克莱尼阿斯(Kleinias)的儿子还要美,因为"最智慧的
东西难道不显得更美吗?"(309c)由于苏格拉底一直忍住不说出那位
更美之人的名字,提问者有些摸不着头脑,于是问道:"嗬,苏格拉底,
莫非你来咱们这儿之前刚遇到某个智慧的人?"苏格拉底的回答用了
最高级形式,"事实上是当今健在的[智慧者中]最有智慧的",随后又
加上一个条件,"要是[这个]在你看来算得上最智慧的话——普罗塔
戈拉"。提问者终于听到了美人的名字,于是问到:"你说什么! 普罗
塔戈拉已经到城里啦?"

　　提问者直到现在才知道普罗塔戈拉到了雅典城。这位在希腊最负
盛名的智慧者此前曾经住在雅典,在离开多年之后,如今故地重游,并
和其他几位有名的智慧者一起住在雅典最富有的人家。提问者不觉透
露出一个有关于自己的事实:他不可能属于雅典的知识圈子,所以也不
属于苏格拉底的圈子。苏格拉底不仅知道普罗塔戈拉已经来了雅典几
天,还知道他住在哪儿,跟谁住在一起(314b-c),而且还知道普罗塔戈
拉大多时候都在家悠闲(311a)。① 我们由此发现,苏格拉底讲述《普罗

------

① 当希珀克拉底不知道普罗塔戈拉来到雅典时,苏格拉底表达了自己的诧异:"你
才听说这?"(310b)希珀克拉底不得不解释说,他这两天正好在追赶一个逃跑的奴隶,因
而不在雅典。普罗塔戈拉上次来雅典大约是在公元前 443 年,当时是应伯利克勒斯的要
求为位于意大利的泛希腊殖民地图里伊立法。(第欧根尼·拉尔修,《名哲言行录》,
9.50)另参 Ehrenberg,《图里伊建城》("Foundation of Thurii"),以及 Muir,《普罗塔戈拉与
图里伊的教育》("Protagoras and Education at Thurii")。

塔戈拉》中核心谈话所面对的无名听众具有两个明显的特征:一方面
对智识的事情兴趣有限,另一方面对苏格拉底在情爱方面的事情则很
感兴趣。①

　　只有随着苏格拉底叙述的推进,柏拉图就苏格拉底的听众所做的
暗示才获得了应有的分量。因为普罗塔戈拉与苏格拉底都提到,智慧
之人与公众之间存在着颇成问题的关系,而最智慧的人对此则做出了
可观的思考。这种关系成了这篇时序上最早的对[26]话的重大主题
之一。不仅如此,这篇对话还集中处理了智慧之人在允许自己的智慧
面对公众时必须做出的盘算,也即智慧之人的显白说辞,或者说经过研
究、打扮的面相。但这样一来,苏格拉底的全部叙述将面临一个非常准
确的质疑:苏格拉底的叙述本身,是否就是一个他认为智慧者应当如何
将私下的言行公之于众的例子? 在看到了苏格拉底对隐微教诲的暗示
之后,唯一合理的回答就是"诚然如此"。柏拉图作品集的开篇非常恰
当:虽然这段开场叙述将自身呈现为对紧闭的大门内发生的私密之事
的公开报告,却自有办法保守其中的私密内容。

　　但苏格拉底的提问者是对的,苏格拉底的确从阿尔喀比亚德那儿
来。对话开篇的文字("你是打哪儿出现的,苏格拉底?")与苏格拉底
的叙述结尾处严丝合缝:"在说了、听了这些后,我们就离开了。"柏拉
图使得整篇对话仿佛绕回了自身,对话的开场与结尾使之看起来构成
了一个闭合的圆环,其中包含着一件私密的事件以及紧随其后的公开
复述。在复述之前,苏格拉底将提问者的注意力从阿尔喀比亚德身上
转开,转向了据说是当代最智慧的普罗塔戈拉。"那么,你来时还刚和
这人在一起?"提问者问道。(309d)"是啊,既说了很多,也听了很多。"
苏格拉底在回答中用了结尾处将要使用的动词。苏格拉底因此给人的
印象是,他的确刚从普罗塔戈拉而非阿尔喀比亚德那儿来,而且对更美
的普罗塔戈拉具有更大的兴趣。

　　事实上,提问者似乎将普罗塔戈拉视为当世最智慧的人,因为他对
苏格拉底从普罗塔戈拉那儿所说的和所听到的话足够感兴趣,并要求

――――――――――
　　① 就对话的时序研究而言,重要的是,《普罗塔戈拉》中框架性谈话的听众与《会
饮》中两层框架谈话的听众在兴趣上相似:贯穿苏格拉底的事业始终,他所面临的公众都
对他的情爱之事和实践而非哲学更感兴趣。

苏格拉底"何不对咱们说说你们在一起的事儿,要是不碍你事的话"
(310a)。这的确不碍苏格拉底的事,因为他按照提问者所说的那样,
让提问者的奴隶起来让座,自己坐在位子上。苏格拉底坐在提问者的
奴隶的座位上讲了整部对话:他看起来是出于某种强迫而服从了奴
隶主人的要求。苏格拉底对所说、所听之事的讲述究竟是被迫的,还是
自愿? 从他以当世最智慧之人的美来引诱提问者来看,苏格拉底是
有意要讲,他显得希望自己受到强迫。苏格拉底坐在奴隶座位上的全
部叙述都将表明,他的讲述是出于自我强迫。因为他恰恰揭示了,是什
么强迫自己这样一个生活在私人场合中的人走向了公众。

没有什么事情阻止苏格拉底讲述整场对话。如果听得够仔细,听
众就会发现,在其叙述的中间和结尾部分,苏格拉底两次提到自己因为
有事要[27]做,所以只好退场。如果听众仔细听,他们就会明白,苏格
拉底是在误导前一场中的听众,因为没有什么事阻碍了苏格拉底对听
众们转述整场对话。框架谈话的听众们还会注意到,苏格拉底也误导
了他的提问者:他告诉希珀克拉底,自己认为普罗塔戈拉并不智慧,所
以也不会认为普罗塔戈拉比阿尔喀比亚德更美——因此,苏格拉底要
提问者忘记阿尔喀比亚德的理由并不成立。至于说苏格拉底记性不
好——他可是叙述了整场的谈话的,而且,当他有一次宣称自己记性不
行时(334c-d),阿尔喀比亚德向所有人确认,苏格拉底并没忘记
(336d)。① 通过引导听众认为自己忘记了阿尔喀比亚德,苏格拉底引
导听众自己忘掉阿尔喀比亚德。但苏格拉底从未忘记阿尔喀比亚德,
而如果注意听他的叙述中有关阿尔喀比亚德的部分,就会证明提问者
所言不错:苏格拉底的确是刚刚追求阿尔喀比亚德归来。这也同时证
明阿尔喀比亚德是个值得追逐的猎物,因为他尽管还未满20岁,但却
比其他人更善于聆听,并能自信地做出反应,试图接管局面。

从时序进展来看,柏拉图的对话始于苏格拉底登上舞台向一群更

---

① 对话中还有其他有关"遗忘"的例子。除了苏格拉底外,阿尔喀比亚德指责所有
人记忆力差(336d)。普罗塔戈拉指责西蒙尼德斯在一首诗中忘记了自己的观点,苏格拉
底则辩护说这首诗并不矛盾(339d)。希珀克拉底忘了告诉苏格拉底,自己为了追捕奴隶
萨蒂若斯所以要离开雅典城(310c)。此外,厄庇米修斯(Epimetheus)所做的事情与遗忘
有关(321b-c,361c-d),而看起来,普罗米修斯的所作所为则没有伴随着遗忘。

广泛的雅典听众报告几起私下流传的事件。这些事件会引起公众的极大兴趣，因为它们表明，雅典领袖的下一代人汲汲于向异邦人求教，而雅典人对这些异邦人自然持有怀疑态度。柏拉图通过这位以公开面对公众著称的雅典哲人的一次合宜的行动开篇：他向一群雅典公众讲述了一场私下谈话，从而展示了外邦智术师与有潜质的雅典年轻人之间引人注目、极为重要的关系。而苏格拉底呢？他在柏拉图的舞台上揭开了隐秘，并公开表明，自己不但将希腊启蒙运动中的大人物视为等闲之辈，而且还在最优秀的雅典青年面前打败了他。在起初怀疑自己追求最有资质的雅典青年的公众面前，苏格拉底夸耀自己的胜利。在《普罗塔戈拉》中，苏格拉底登上舞台，为的是将雅典人争取到自己一边。与在柏拉图对话中的最后一次叙述一样，苏格拉底的第一次公开讲述是一次申辩，是对自己以及哲学的公开辩护。

在框架谈话的最后一个回合，苏格拉底说："若是你们听，我倒挺感激哩。"由于有必要减轻听众对自己追求阿尔喀比亚德的怀疑，苏格拉底的感激可以理解。提问者又说：[28]"要是你讲的话，我们也感激你啊。"他们的感激同样可以理解，因为他们对苏格拉底追求阿尔喀比亚德的兴趣发生了转变，他们想知道，最智慧之人的智慧何以比阿尔喀比亚德更美。在对话开场，每一方都对对方表示感激；而终场时，每一方都会对对方感到满意。苏格拉底满意的是，自己减轻了他们的怀疑，而听众满意的则是，他们起初的怀疑被一种有益的意见取代了：苏格拉底在外邦的智慧者面前保护了雅典的年轻人。在对话的结尾，每一方都能对对方表示感激，这是因为，顺从的苏格拉底事实上在奴隶的座位上服从了"你们且听着"这一命令。

3 苏格拉底与一位雅典青年（310a-314c）

在向框架谈话的听众讲述所许诺的内容之前，苏格拉底完全主动地将听众带到了自己卧室内的私密场所，时间正是当天的黎明之前。苏格拉底要告诉听众，自己怎样对待一位汲汲求教于普罗塔戈拉的雅典有志青年。因此，苏格拉底就把对自己追求阿尔喀比亚德之事心怀疑虑的听众带到了在他们看来最幽深的私密场所——在黑暗的卧室之内,自己与一位摸索着寻找自己的年轻追随者单独相处(比较《会饮》219b–d)。他们还听到,苏格拉底以一种教诲的口吻告诫那位雅典年轻人,要提防自己可能不明就里地从一位外邦智术师那儿买来的东西,因为他可能会把邪恶带到灵魂之中,对灵魂造成伤害。框架谈话的听众们并不认识希珀克拉底,因为苏格拉底不但需要通过其父名——阿波罗多洛斯的儿子——来表明希珀克拉底的身份,而且还要借助其兄弟的名字。① 经过苏格拉底对其事行与言辞的讲述,名不见经传的希珀克拉底获得了鲜活的生气。而愈发使人困惑不解的是,在苏格拉底把他介绍给普罗塔戈拉后,希珀克拉底只在起初被提到一次(327d),此后便消失了踪影。

天还未亮,希珀克拉底便来敲苏格拉底的门,一进门就冲进了苏格拉底的卧室,还高声嚷嚷着问他,是醒着还是睡着。希珀克拉底在黑暗中摸到苏格拉底的床,并坐在床尾讲起了自己的事。为了追捕逃跑的奴隶,希珀克拉底这两天不在雅典。待到返城之后,他的兄弟告诉自己,普罗塔戈拉来了。于是,尽管他当时已经准备②睡觉,希珀克拉底还是立刻想要跑到苏格拉底家来。他想让苏格拉底把自己引介给普罗塔戈拉——希珀克拉底不惜舍弃朋友的钱财向普罗塔戈拉交学费(310e),同样,在普罗塔戈[29]拉这件事儿上,他也同样不惜为了自己的目的而驱使苏格拉底。希珀克拉底昨天晚上忍住没来,只是因为自己已经疲倦,而不是因为,如果此时去拜访苏格拉底或普罗塔戈拉,在时间上并不合适。所以,在一大早跑来找苏格拉底之前,他简单打了个盹——在雅典,夏天的黎明来得很早。苏格拉底将希珀克拉底视作一个勇敢和急性子的人(310d):希珀克拉底性子急、容易激动,这看起来正是其勇敢的来源。苏格拉底十分熟悉希珀克拉底,所以在黑暗中也能听出他的声音(310b)。由于被粗鲁地吵醒,苏格拉底自然地问道:

---

① 有位阿波罗多洛斯讲述了《会饮》,并且出现在苏格拉底的审判现场(《申辩》38b),此外,他还出现在《斐多》所叙述的讨论之中(59b,117d)。在《柏拉图人物谱》(*The People of Plato*)一书页169以下,Debra Nails举出证据表明,希珀克拉底是伯利克勒斯的外甥,但与之相矛盾的是,希珀克拉底明显鲜为人知。

② [译按]此处原文作 getting reading for bed,reading[阅读]疑为 ready[准备]之误。

发生什么事了？当希珀克拉底说出了自己一大早赶来的理由后，苏格拉底既没指责他，也没赶他走。相反，苏格拉底问道，普罗塔戈拉来到雅典与他有什么关系："难道普罗塔戈拉错待你什么啦？"希珀克拉底笑了，并开了个小的玩笑说："没错，凭诸神发誓，苏格拉底。唯独他是智慧人，却不打造我是[智慧人]。"希珀克拉底的笑是苏格拉底所讲述的三个反应的第一种，三者共同表明了希珀克拉底身上发生的变化。在此过程中，苏格拉底的提问减弱了希珀克拉底无礼的任情任性，从而使他开始听从苏格拉底的指导。①

"咱们走吧！"在告诉苏格拉底自己打算怎么使用(use)他之后，希珀克拉底说道。苏格拉底阻止了他，因为他不仅知道普罗塔戈拉正待在卡利阿斯家里，还知道他们多半会在家里逮着普罗塔戈拉，因为他大多时候都在家里悠闲。苏格拉底建议，与其在天亮之前的黑夜动身，不如先在院子里转转，待到天亮，再去不迟。苏格拉底没有告诉希珀克拉底，只是向框架谈话的听众表明，自己有意检验希珀克拉底一番："为了考验希珀克拉底的决心"(311b)——考验的是他的决心，而非能力，因为在苏格拉底看来，后一个问题早已清楚。在时序上，苏格拉底对希珀克拉底的检验是柏拉图作品中第一次苏格拉底式的检验；由于这段检验完全是由苏格拉底主动讲述的，它因而是一个检验的范本，即便希珀克拉底并非一位模范学生。

苏格拉底提出了一对问题：希珀克拉底打算付给普罗塔戈拉一笔酬金，"这是到什么人那儿？"并且"要成为什么人呢？"(311b)看起来，

---

① 在柏拉图的笔下，苏格拉底步入公共生活第一天的开场事件与柏拉图所记录的苏格拉底在最后时日中某一天的开场事件相似：当克力同在黎明前来到苏格拉底的囚室之时，他同样摸索着来到苏格拉底的床尾。两篇对话展示了苏格拉底在完全私密的场合下与自己的同胞谈话，一位年轻，另一位已经年长，在两篇对话中，苏格拉底都如同一位忠诚的公民一样发言，向自己人教导什么是忠诚。从始至终，在柏拉图对苏格拉底的雅典公共生活的记录中，柏拉图展示的都是苏格拉底就公共忠诚所进行的私下讨论。关于希珀克拉底的场景与《克力同》的开篇之间的相似性问题，参施特劳斯，《论柏拉图的〈苏格拉底的申辩〉及〈克力同〉》("Plato's *Apology of Socrates and Crito*")，载于《柏拉图式政治哲学研究》(*Studies in Platonic Political Philosophy*)，页 54-55；另参 Landy，《柏拉图〈普罗塔戈拉〉中的德性、技艺与好生活》("Virtue，Art，and the Good Life in Plato's *Protagoras*")，页 303-304。

希珀克拉底绝没能力回答这个[30]问题,因为他尽管举止冲动,对于回答简短的问题却很迟钝。为了讲清自己的双重问题,苏格拉底不得不再举三个例子,第一个例子是希珀克拉底著名的同名者,他来自科俄斯(Cos),并创立了希腊的医学科学。在提问过程中,苏格拉底编出了"某个人"出来提问,用这个办法,他就可以站在希珀克拉底一边。在一位问题尖锐的共同对手面前,两人因而得以联合起来。苏格拉底同样会对普罗塔戈拉使用这个办法。苏格拉底想象两人去找普罗塔戈拉,并付钱给他——还愿意把朋友的钱一起搭上——于是苏格拉底的"某个人"就同时问两人(311d):"你们打算付钱给普罗塔戈拉,由于他是什么呀?"在希珀克拉底回答之前,仍有必要勉力鼓舞他一番:"哎呀,"他回答说,"人家把这人叫作智术师,苏格拉底。"终于完成了。现在,这个"某人"能够以单称的方式提出后一半问题:"你去找普罗塔戈拉,为的是让自己成为什么人?"此前的例子几乎已经设定了答案,因此这个问题对希珀克拉底来说也已经很明显。但在转述希珀克拉底的回答之前,苏格拉底向框架谈话的听众叙述了希珀克拉底在自己的追问之下的三种反应中的第二种:"他回答时脸一下子红了——当时已经天光熹微,他脸红清楚可见。"苏格拉底在回应时强调的恰恰是这次脸红,它标志着希珀克拉底的羞愧——尽管苏格拉底很清楚,希珀克拉底决不想变成像智术师一样没有男子气的人,这个念头哪怕想想就够让他尴尬的了。"凭诸神发誓!"[1]苏格拉底说,"你让自己在希腊人面前是个智术师,难道你不会感到羞耻?""怎么不会哩,凭宙斯,苏格拉底,"希珀克拉底说,"要是得说出我的心里话!"而智术师普罗塔戈拉呢? 他是《普罗塔戈拉》中唯一另外一个据说感到羞耻的人(348c),但他并未脸红——普罗塔戈拉说出了心里话吗? 他暗示说,自己只说了自己认为有必要的话。苏格拉底的问题很具体:感到羞耻的是"让自己在希腊人面前是个智术师"。希腊人认为智术师是可耻的,希珀克拉底分享了这种感觉。但普罗塔戈拉则自得地自称是智术(sophism)

---

① 与希珀克拉底的前两次反应相关,苏格拉底在与希珀克拉底的交谈中仅有两次起誓,第一次是"凭宙斯起誓",这里则是"凭诸神起誓"。参 Coby,《苏格拉底与智术师启蒙运动》(*Socrates and the Sophistic Enlightenment*),页 28—29。几乎在《普罗塔戈拉》对话的所有方面,Coby 的评注都不乏可取之论。

的创立者,他给自己起了这个名号,也把这个名号用在别人身上。不过,普罗塔戈拉还是清楚希腊人怎么想,他也知道,自己不能按照内心的想法直言不讳。

苏格拉底为希珀克拉底指了一条出路,以摆脱这种令人羞耻的念头。他提示说,希珀克拉底要跟普罗塔戈拉学的,乃是他[31]从语文老师、体育老师那儿接受的一类教育:从这些老师那儿,他学到的不是如何实践老师们的技艺(τέχναι),而是接受适合于一般人和自由民的教育(312b)。希珀克拉底乐于逃脱窘境,但马上迎来另一个问题。苏格拉底描述了希珀克拉底将要做的事情:"把自己的灵魂交付给一个你称之为智术师的人照看。我很好奇,你是否知道一个智术师究竟是什么东西。那么,如果你还没有认识到这一点,你就不知道正在把灵魂交付给好的还是坏的事情。"①苏格拉底说过,他要考验一下希珀克拉底的决心,而希珀克拉底则表明,自己仍然很坚决:"我认为我的确知道。"这么一说,希珀克拉底便不觉暴露出一切状况中最坏的情形——他自以为知道自己不知道的事情(《申辩》21d)。"那么,说说看。"苏格拉底说。可怜的希珀克拉底哦。现在,他的无知已经不可避免地显露在外。不过,希珀克拉底还是下定决心,竭力捍卫自己所宣称的知识。他的第一招只是在"智术师"的词语上绕圈:"一个智术师知晓σοφῶν——智慧的东西。""对画师和木匠,人们也可以说这个,"苏格拉底说,不过他再次站到希珀克拉底一边,把那位"某个人"召唤进来,让他对两人询问由希珀克拉底一人提出的说法。苏格拉底甚至回答了自己所设想的提问者,引导希珀克拉底得到凭一己之力没法得出的答案:他们应当告诉提问者,画师通晓的是"描画肖像,以及其他类似的东西"。不过,苏格拉底将智术师通晓什么的问题留给了希珀克拉底,同时给了后者很大的鼓励:"可要是有人问,'一个智术师呢,对什么智慧的东西有知识',咱们该怎样回答他? 智术师懂得制造什么东西?"希珀克拉底带着疑虑尝试回答,从而做出了最后一点贡献:"咱们该说他是什么呢,苏格拉底? 除了说对造就人言辞方面机灵有知识?"苏格拉

① [译按]本书中 good 绝大多数情况下译为"好",作哲学概念时亦如此;good 与 bad 联用时,译为"好和坏";good 与 evil 联用时,译为"善和恶"。

底知道,这正是他急于跑到普罗塔戈拉那儿想学的东西。苏格拉底的回答优雅得体:"咱们要提出的说法看起来是对的。"但他补充说这还不够,因为这答案要求进一步问:"智术师造就人在哪些事情上言辞机灵?"(312d)苏格拉底的鼓励替希珀克拉底说了所有的话,对于苏格拉底的说法,后者只能回答"没错"和"好像如此"。最后,苏格拉底直截了当提出问题:"那么,这是什么呢,智术师自己有知识并且让自己的学生也有知识的这个东西?"态度坚定的希珀克拉底已经无话可说:"宙斯哦,我没法对你说哦!"对于一位立志在城邦中展露头角的年轻人来说(316c),这个问题本应足够简单;他应当有能力自我省察,对于自己这般热烈地[32]想从普罗塔戈拉那儿学到的东西,他应当能够作出简明的回答。但他却无话可说了;希珀克拉底原本笃定地坚持自己知道,现在则暴露出事实上的无知。

　　希珀克拉底业已服输,苏格拉底于是可以像老师一样讲话了。苏格拉底严厉地指责希珀克拉底,竟冒险将灵魂的照料交给"这个刚来到此地的外邦人"(313a-b)。苏格拉底嘲笑外邦人,同时表扬熟悉的本地人:既出于希珀克拉底的理由,也出于自己的雅典审查者的理由,苏格拉底并非不情愿诉诸通常的偏见——偏向自己人、反对外邦人,尽管他很难分享这个偏见,并以之衡量一位教师的价值。苏格拉底的指责变成了严词责备,他不留情面地援引了此前谈话中的每个条目,在批评中全部回敬给希珀克拉底(313b-c)。苏格拉底现在才这么做,而在天色尚暗、处于卧室时,苏格拉底并未批评希珀克拉底,因为后者还没做好接受批评的准备。希珀克拉底能得到教益吗?他顺从地回答苏格拉底:"好像是那么回事,苏格拉底,从你说的来看。"比希珀克拉底的附和更有揭示性的,是苏格拉底对其答语的前言,这是苏格拉底第三次,也是最后一次叙述希珀克拉底的反应:"听了我这番话,他说。"希珀克拉底先是笑了,随后脸红,最后,他开始聆听。① 这组范型(para-

---

① 柏拉图描述三次事件的精确用词表明,三者彼此相属。每次描述都以καί[并且]起句,继之以指示代词ός[那个人或他]),并都增加了一个不定过去式分词(aorist participle),用以描述希珀克拉底的反应。"并且"这个语词联结了反应与此前之事;"他"强调了所说的是希珀克拉底的行动;而分词则表明在苏格拉底的检验过程中发生的决定性进展。

digm)式的反应序列设立了一种模式,因为苏格拉底将会引领普罗塔
戈拉本人经历这些阶段。普罗塔戈拉的决心要更加笃定;不需比较,
他的抵抗也会更出色,因为他是个极有能力的人,在自我捍卫方面声
名远扬——而且,普罗塔戈拉没有脸红。尽管如此,苏格拉底还是推
动普罗塔戈拉从起初的自信开始,经过羞耻,终于在最后走向了聆听
的立场。

现在,随着苏格拉底开始询问一位知道自己对于"什么是智术师"
无知的希珀克拉底,他的指导变得明确了:"智术师不就是推销养育灵
魂的东西的大贩或小贩么?"希珀克拉底回答得很美,这也是他在对
话中所说的最后一句话。希珀克拉底用一组无人称的语词,向苏格拉
底提出了可能提给他的最好的问题:"但是一个灵魂的滋养,苏格拉底
哦,靠的是什么?"希珀克拉底不是个模范学生,他领悟得实在太慢。
但在这里,他示范了合宜的学习过程,并且向苏格拉底提出了一个苏格
拉底式的问题,一个"……是什么"的问题。希珀克拉底已经听到,苏
格拉底从当天早晨开始就在提出这种问题。现在,希珀克拉底已经开
始聆听,作为回应,苏格拉底变成了希珀克拉底本来未曾寻求的老师。
[33]但苏格拉底没有回答滋养灵魂的是什么,而是回答了什么是智
术师。苏格拉底的教诲奠基于一个简单却值得记住的类比,他区分
了贩卖滋养身体的货物的人与贩卖灵魂养料的人:与前者相似,智术
师们是这样的商人或小贩,他们并不清楚自己兜售的货物中哪些有
用,哪些无用;他们吹嘘自己贩卖的所有东西,而买家则需要某个明
白人——某个"灵魂的医生"——来指导,因为智术师的货物恰恰会
被带到听众的灵魂之中。苏格拉底在结束时与希珀克拉底站在了同
一边,"咱们得认真看清楚这些事情,而且同咱们的长辈们一起,"苏
格拉底宣称他们俩都"还太年轻,决定不了这样大的事"。"不过,既
然咱们已经起了心,就不妨去吧。"但是,既然苏格拉底已经表明了危
险,他为什么还要让希珀克拉底暴露在危险之中呢?因为,将希珀克
拉底的灵魂暴露在普罗塔戈拉的有损灵魂的货物面前,结果会是将
其灵魂显露给一位灵魂医生,而这位医生则清楚什么东西对灵魂有
用:苏格拉底领希珀克拉底去见普罗塔戈拉,为的是让他聆听苏格拉
底必须贩卖的东西。

从时间顺序来看,柏拉图作品集中第一次苏格拉底式的检验是一次苏格拉底式胜利的典范。但是,它的结尾却不太典型,在检验的最后是一段教谕式的发言,苏格拉底在这段发言中告诉听者应当学习什么东西。也许可以用另一个不同点来阐明这个特征,在场的听众对苏格拉底追求阿尔喀比亚德的事抱有怀疑态度。"你们且听,"在引领听众走向自己的私密之事之前,苏格拉底这样告诉他们。而听众们则听到苏格拉底向一位雅典青年指出,撇开家人和邦民而向外邦人讨主意,会有种种危险。苏格拉底对听众的聆听表示感谢,在这种感谢中,至少有一部分是由于感到有必要扭转听众们对自己的看法。

"咱们去吧,"苏格拉底对希珀克拉底说,同时提到了在那里的其他人:厄勒伊俄斯(Elis)人希琵阿斯,"克欧(Ceos)人普洛狄科也在,我想,还有许多别的有智慧的人"(314c)。苏格拉底既然对于谁在那里知道得这么多,他肯定也知道,其他的雅典青年将会齐聚卡利阿斯家中,他们会像希珀克拉底一样,急于向希腊最伟大的智慧者学习。苏格拉底甚至知道,那位雅典青年同样会在场——他在第一次与苏格拉底交谈的开场曾经抱怨,苏格拉底总会"在我面前烦我,无论我走到哪儿"(《阿尔喀比亚德前篇》104d)。在《普罗塔戈拉》的开篇,苏格拉底恰恰因为追求这位雅典青年而受到怀疑。"咱们去吧"——苏格拉底本人也有参会的热情,其中是否有部分原因是为了追求阿尔喀比亚德的花季?

4 冥府中的苏格拉底(314c–316b)

[34]苏格拉底讲述道,当他与希珀克拉底来到卡利阿斯府上时,两人没有立即进门,而是先停在门口,完成他们在半路上开始的一段讨论。苏格拉底没有说他们讨论了什么,但他的确推测了讨论的效果:他认为,卡利阿斯的门房肯定听到了两人的谈话,并断定两人也是想见卡利阿斯的智术师。门房当着他们的面狠狠摔上门,将两人锁在门外。直到被告知两人并非智术师,而只是来见普罗塔戈拉时,门房才不情愿地放他们进门。苏格拉底看起来与智术师难以区别,

而他即将对框架谈话的听众报告的谈话就发生在紧闭的大门内。苏格拉底将会提示我们究竟发生了什么,两人在进门时遇到的困难就是线索之一:他们正在进入冥府(Hades),而西伯勒斯(Cerberus)正把守在冥府的门口。[①]

在进入卡利阿斯家门后,两人穿过了一个肯定很阔气的庭院,庭院规模也会与希腊最富庶的城邦中最富有的人家相配。苏格拉底对宅第内部很熟悉,因为他知道,普洛狄科躺卧的房间曾经被卡利阿斯的父亲用作贮藏室。(315d)苏格拉底描述了三位智术师在位置和姿态上的鲜明差异:普罗塔戈拉在门廊里踱来踱去,左右各有三位追随者,另外还有一大群人跟在他身后,跟随者们都按照严格的舞蹈队列编队行进;希琵阿斯坐在对面的门廊,他的追随者坐在他身前向他提问,希琵阿斯则坐在高处解答;普洛狄科躺在一间厢房,身上裹着毯子,正在与斜倚在他身边的追随者讨论。普罗塔戈拉对心怀崇拜的听众讲话,苏格拉底说他"就像俄尔甫斯",给被他迷住的人安排了秩序;希琵阿斯正威严地回答涉及自然和天上的东西的问题;普洛狄科不仅用毯子护住身体,而且也用所说的话保护自己。因为他嗓音低沉,在屋里发出回声,所以在"站在屋外"(315e)的人听来,普洛狄科的声音含糊不清——苏格拉底后来提到,智慧之人有必要掩盖其言辞,由此观之,这里正是一个重要的细节。也许这正是苏格拉底单独举出普洛狄科的部分原因:"我觉得这人智慧圆融,而且神气"(315a)。

在描述过普罗塔戈拉之后,苏格拉底再次提到荷马,并通过引述荷马,将自己变成冥府中的奥德修斯。"'此后我又认出',荷马说"(315b)——荷马笔下的奥德修斯在说这句话时(《奥德赛》2.601),看到了冥府中自己能叫出名字的二十六个阴魂中的最后一个——赫拉克勒斯,更确切地说是他的影子,[35]因为赫拉克勒斯本人正在奥林波斯山上。那么,普罗塔戈拉将会是第二十五个影子,西绪弗斯——这个智慧之人因为诋毁诸神而遭到诸神的惩罚。[②]"接着,我又认出坦塔洛

[①] [译按]在希腊神话传统中,西伯勒斯是把守冥府大门的三头狗。

[②] 根据柏拉图的《申辩》,在最后一段发言的结尾处,苏格拉底将西绪弗斯列为自己将在冥府中检验的众人中的最后一位(位于奥德修斯之后);苏格拉底说,检验他们将会是"无可比拟的幸福"(41c)。

斯（Tantylus）"（315c）——借用奥德修斯的话（《奥德赛》2.582），苏格拉底使普洛狄科成为奥德修斯所看见的第二十四个影子。因此，苏格拉底将三位智术师与奥德修斯在冥府中最后看到的三个阴魂联系起来。苏格拉底援引荷马作为开场白，并暗示他将自己比拟为奥德修斯；他最后一次提到荷马的名字时，将暗示自己会承担奥德修斯的角色（348d）；而在此处，苏格拉底自比为冥府中的奥德修斯。时序上的第一篇对话与《卡尔米德》《王制》一样，奥德修斯在其中都成为柏拉图用以衡量苏格拉底的天性和志向的手段。①

　　在这幅地下世界的指示图中，除了三位智术师外，在场的还有雅典的贵族青年，他们与一群已被塑造为智术师门徒的外邦人混杂在一起。在场的雅典青年的名单将会引起听者们的兴趣，因为其中提到了某些最古老、最有权势的雅典家族的子弟。在与普罗塔戈拉并行的两组队列中（共有三个队列追随普罗塔戈拉），有主人卡利阿斯和他的同母兄弟帕拉洛斯（Paralus）——伯利克勒斯的两个儿子之一，②此外还有柏拉图的母舅卡尔米德，卡尔米德眼下还只是个孩子，不过在《卡尔米德》中，待苏格拉底从波提岱亚返回时，他已成长为一位年轻的美男子。另一组队列中包括伯利克勒斯的另一个儿子克珊惕珀斯（Xanthippus），以及普斐利珀德斯（Philippides），他是一个富有的雅典家族的少年子弟。坐在希琵阿斯面前的雅典人有厄里克希马库斯（Eryximachus）和斐德若（Phaedrus）——两人在《会饮》中会再次一起出现，此外还有安德隆（Andron），他将成为公元前411年四百人寡头统治者中的一员。根据苏格拉底的列举，斜躺在普洛狄科身边的都是雅典人：泡赛尼阿斯（Pausanias）与阿伽通（Agathon），两人同样会在《会饮》中成对出场，③此外，"两个叫阿德曼托斯（Adeimantuses）的也在"，其中一个是克琵多斯（Cepis）的儿子，其人已不可考，另一个是罗科洛普斐达斯

---

① Planinc，《透过荷马看柏拉图》（*Plato through Homer*），页13："《奥德赛》并非构思〔柏拉图〕对话时唯一的素材，但它的重要性无可比拟。"

② 帕拉洛斯是伯利克勒斯与克珊惕珀丝（Xanthippus）的小儿子，以伯利克勒斯的父名命名。两兄弟的母亲后来嫁给了希珀尼库斯（Hipponicus），并生下卡利阿斯。参 Debra Nails，《柏拉图人物谱》，前揭，页224，"伯利克勒斯家族氏系"。

③ 普罗塔戈拉身边的雅典人没有一位出现在《会饮》中。

(Leucolophides)的儿子,他在战争后期成为一位雅典将军。①

[36]但是,阿尔喀比亚德在哪里?框架谈话的听众对他表现出极大的兴趣,而柏拉图的读者也会分有这种兴趣。在这篇对话中,有关阿尔喀比亚德的任何事情都不是偶然的,他登场的方式同样如此。"我们"——苏格拉底和希珀克拉底——"刚进去,阿尔喀比亚德就紧跟着我们进来,这美人哦——就像你说的,我服了——还有卡莱斯科茹斯(Callaeschrus)的儿子克里提阿。"(316a)②在苏格拉底的叙述中,这是他唯一一次直接称呼自己的审议者——用了单数的"你"——并且承认了自己对阿尔喀比亚德的强烈兴趣。而那些已经在卡利阿斯家中的人们呢?在他们看来,这两个年轻人紧随苏格拉底和希珀克拉底进门,显得就像是第四组教师和学生到了,他们是一群迟到的本地人,其中,苏格拉底率领着三位雅典青年:阿尔喀比亚德、克里提阿以及希珀克拉底。苏格拉底对阿尔喀比亚德和克里提阿出场的报告有点含糊:他刚刚用我们(ἡμεῖς)指代自己和希珀克拉底,但在表明阿尔喀比亚德和克里提阿恰好进门之后,又再次用了我们这个说法:"就这样,我们进来后,在一些小事上悠闲了一小会儿,检察了一番,然后朝普罗塔戈拉走去。"这个我们仍然只是苏格拉底和希珀克拉底吗?还是也包括苏格拉底刚刚插话宣布其到场的两个人?在开始与普罗塔戈拉交谈后,苏格拉底静静地解决了自己的含糊之处,因为他描述了三群人是如何聚到一起的:围绕着普罗塔戈拉的一群人(包括苏格拉底与希珀克拉底)决定召集其他人,而"卡利阿斯和阿尔喀比亚德两人去领普洛狄科"和

---

① 值得注意的是,在这些雅典青年中,许多人的名字都列入了公元前 415 年的两次宗教罪行——亵渎秘仪和毁坏赫耳墨斯神像——的嫌疑名单。参 Andocides,《论秘仪》(*On the Mysteries*),页 101–140。

② 因此,在时序上的第一篇对话中,柏拉图将苏格拉底的两个伙伴并置在一起,这两人后来成为雅典有名的罪人,并对苏格拉底造成了最大的损害。在《回忆苏格拉底》中,色诺芬同样将阿尔喀比亚德与克里提阿成对列举,他们是"指控者"在指控苏格拉底的第二项罪名——败坏青年——时唯一举出的两个名字:"克里提阿是整个寡头政权中最阴险、最暴力、最好杀人的人,而阿尔喀比亚德则是民主政治中最放纵、最傲慢、最强横的人。"(1. 2. 12)色诺芬对此准备的辩护是将二人共同描述为"生来就是所有雅典人中最爱荣誉[或野心勃勃]的人。他们总是希望一切事按照他们的办法进行,使他们自己成为一切人当中最有名望的人"(1. 2. 14)。[译按]《回忆苏格拉底》的中译引自吴永泉译本,略有改动。参见色诺芬,《回忆苏格拉底》,吴永泉译,北京:商务印书馆,2004,页 9。

其周围的一群人（317e）。卡利阿斯一直与普罗塔戈拉在一起，提到阿尔喀比亚德与卡利阿斯在一起的唯一原因，看来只能是为了提示，阿尔喀比亚德一直待在普罗塔戈拉身边的人群中。那么，在走向普罗塔戈拉之前曾经"在一些小事上"悠闲了一会儿的我们之中，也包括阿尔喀比亚德——在苏格拉底与普罗塔戈拉的第一场尤其重要的谈话中，阿尔喀比亚德正在现场。当他在场时，苏格拉底提到了一些肯定会激发、刺激他的问题。

　　听众有可能推测，阿尔喀比亚德身处苏格拉底与普罗塔戈拉的最初谈话现场——进一步说，苏格拉底使人们必然只能得出这种推测——由此苏格拉底就为即将到来的全部迹象早早提供了一点标记：苏格拉底在表面上是为愚笨的青年希珀克拉底效[37]劳，实际上为的是一位前途更远大的雅典青年。对这位青年来说，普罗塔戈拉的货物对他本人和雅典都是一种大得多的危险。苏格拉底在与阿尔喀比亚德的关系上含糊其辞，这确证了他在框架谈话中所提示的东西：他谨慎地避免表明自己对阿尔喀比亚德的兴趣，因为他的那位听众很难理解他对阿尔喀比亚德的兴趣的性质。

5　普罗塔戈拉介绍自己（316b-318a）

　　由于之前见过面，苏格拉底认识普罗塔戈拉，所以他不用介绍自己，只介绍自己代表的人就够了："普罗塔戈拉，我们来拜访你啊，你瞧，这希珀克拉底和我。"（316b）看起来，普罗塔戈拉在对话中的开场几句还保留着苏格拉底所描述的样子，正像一位动人的言说者在引导一群入迷的追随者："希望单独同我讨论，还是跟其他人一起？"普罗塔戈拉将有关隐私的决定权留给了他们，但苏格拉底原样奉还——"我们嘛，一点儿也无所谓"，并请他"听听我们为何而来，再自己考虑"。隐私的问题成了他们的第一个决定，而且几经往来移交，因而变得极为重要，它本身也成为《普罗塔戈拉》的主题之一。但是，这个问题以一种秘密、隐退的方式得到了合适的处理，这个主题尽管无处不在，却没有成为讨论的主要焦点。这段最初的简短交谈中还有第二个明显的主题,苏格拉底与普罗塔戈拉之间施展了一番技术上的手腕。从对话开始,普罗塔戈拉就决心掌握对话的优势,这里则把决定如何展开谈话的选择权让给对方。普罗塔戈拉显得并不在意,似乎能够适应任何情况,即便在别人所选的方式下也能赢得表演。但苏格拉底将表明,自己的手段更胜一筹。

为了表明两人为何前来,苏格拉底解释了希珀克拉底是个怎样的人(希珀克拉底是个贵族子弟,来自一个殷实的大户人家);他看起来怎样("天性似乎与同龄人有得一比");他在苏格拉底本人看来显得怎样("我觉得,他欲求成为这城邦中算得上数的人物");希珀克拉底是怎么想的("他认为,要是他跟了你的话,肯定就会[崭露头角]")(316c)。苏格拉底将希珀克拉底说成一位付钱的买主,从而引起普罗塔戈拉的兴趣,同时把自己打扮得好像一个对他很够朋友的皮条客。普罗塔戈拉对苏格拉底的姿态表示感谢:"对啊,苏格拉底,你替我事先考虑(προμηϑῆ)"——他恭维苏格拉底有如"普罗米修斯"(promethean),能够事先考虑,而且考虑得有策略,但他的恭维本身是在"先虑早谋"方面的一次小的练习,因为其中蕴含了普罗塔戈拉关于自己的报告:自己一生的策略就是练习先虑早谋,[38]而这反过来准备好了他经常讲的有关"先虑早谋"(Forethought)本人,也即普罗米修斯的故事。普罗塔戈拉因而发起了一场在事先考虑方面的竞赛:谁最终会表明自己更像普罗米修斯,能够智慧地为人类送去礼物?

为了让自己的偏好获得与公众沟通的基础,普罗塔戈拉做了一番讲辞,勾勒了智慧之人首先面对的危险处境:

> 一个异乡的人物,在各大城邦转,说服那儿最优秀的青年们离开与别人在一起——无论熟悉的人还是陌生人,老年人还是年轻人——来跟他在一起,为的是他们靠与他在一起将会成为更好的人——做这种事情必须得小心谨慎。毕竟,这些事情会招惹不少的妒忌,以及其他敌意乃至算计。(316c-d)

智慧之人需要小心行事——普罗塔戈拉的谨慎之处在哪里?他显得直言不讳,向受到眷顾的少数人慨然坦言:此时此地,在卡利阿斯家里紧闭的大门内,我可以在我们中间公开自己和所有智慧者所面对的困难。普罗塔戈拉简要概述了他本人如何面对某种憎恶的敌意,他对这种敌意知之甚详:"我说啊,智术的技艺其实古已有之。"普罗塔戈拉宣称,自己的技艺并非什么创新,而是属于漫长、著名的智慧传统,这种智慧传统确实值得希腊人以之为荣,而自己只是这个令人自豪的传统中最晚近的人物罢了。他单独举出这个传统中的共同点:"古人中搞这种[古传技艺]的人由于恐惧招惹敌意,就[用外在的掩饰来]掩盖自己,并[像女人一样]戴上面纱"——古代的智慧者都在搞胆小的遮掩,出于奴性的恐惧而隐藏自己;很明显,他与前人的差别在于勇气。普罗塔戈拉列举了四种胆小的遮掩和九类隐藏者,他的清单一点儿也不杂乱,因为其中包含了希腊教育的主要要素——诗歌、宗教、体操和音乐——还列举了一些最受人尊敬的名字。"有些靠诗歌[来掩盖]",普罗塔戈拉后来将会认为,诗歌是"教育的最大部分"(338e)。他以荷马、赫西俄德为例——两人是可能举出的最高例子,作为诗人,他们是希腊特性的创建者,因而最受崇敬。此外,普罗塔戈拉还列举了更晚近的诗人西蒙尼德斯(Simonides),他大约在普罗塔戈拉开始其公众事业时离世——整个诗歌传统中的智术师们都犯下了胆怯的隐藏之罪。"另一些则搞秘仪和预言,比如俄尔甫斯(Orpheus)、缪塞俄斯(Musaeus)以及他们周围的人。"因此,智术师们引起了"希腊宗教中最激进的改革"①——俄尔[39]甫斯主义或神秘仪式已经开始流行,而且势头强盛,例如,埃琉西斯(Eleusis)秘仪就以俄尔甫斯为创始人,并在雅典宗教实践中扮演了核心角色。普罗塔戈拉接着宣称,希腊特有的体操练习——裸体操练——也是智术师智慧传统的一部分,他举两人为例,其中一人是当代的"头等智术师"。普罗塔戈拉以音乐结束,举出了几位驰名雅典的音乐教师,"你们的阿伽托克勒斯(Agathocles)用音乐搞掩饰",阿伽托克勒斯是达蒙(Damon)的老师(《拉克斯》,180d)。另外还有"克莱俄人庇托克莱德斯(Pythocleides of Ceos)",与达蒙一样,他是伯利克勒斯的一位老师(《阿尔喀比亚德前篇》,118c)——普罗塔戈拉本人正是伯利克勒斯的著名老师。普罗塔戈拉说,"此外还有很多人",并结束了列举。他总结了所有这些智术师的共同点:"所有这些

---

① Burkert,《古希腊宗教》,前揭,页296。

人,如我所说,都因为恐惧妒忌而用这些技艺作掩饰。"

普罗塔戈拉因此把贴给自己的标签用在整个希腊智慧传统之上,同时指责这个传统中的所有成员。而他自己则与众不同:"我可不与所有人在这一点上为伍,"因为他们不仅是胆小的躲藏者,还是失败者,"他们没能逃脱各个城邦中那些有能耐的人,恰恰为了这些人才有掩饰的必要"(317a)。智慧的人都认为自己必须欺骗强力者(或有能耐的人——δυναμένους),①但普罗塔戈拉质疑说,他们的智慧难以胜任,不足以打消强力者看待智慧之人时的怀疑。而他则有所不同,他为智慧者和强力者开启了一条共存的道路,方式是让他们对彼此有用——在公元前 433 年的雅典,智慧的普罗塔戈拉明显对强有力的伯利克勒斯有用,而且这对两人都有好处。②

普罗塔戈拉宣称自己能成功地协调智慧者与强力者的利益,这种宣称有赖于他对随后提到的一项城邦要素——众人——的理解。普罗塔戈拉已经理解了他们:他们与强力者不同,因为"至于众人,压根儿就毫无感觉,带头的宣讲什么,他们跟着重复什么"(317a)。普罗塔戈拉有关众人的这句单独评论差不多是句题外话,显得像是他在转向关于智慧者瞒不过强力者的主要教导之前抛出的离题话。然而,这句简单的评论事实上表明,普罗塔戈拉知道自己身在何处:他身处[40]民主制下的雅典,而这座伟大的城邦认为自己是由众人统治的。在雅典,有关众人之权力的问题讨论起来应当小心翼翼,而普罗塔戈拉则处理得迅速敏捷。众人无所察觉——他们没能力注意到自己是由强力者(或有能耐的人)统治着。众人只是重复着强有力的宣称——他们所吹嘘的自治或自由其实是个幻象,因为在经过塑造后,他们可以照着被告知的东西思考和言说。普罗塔戈拉清楚自己身处民主政制之下,但他也清楚,自己正身居紧闭的大门内,面对着由志向远大的雅典青年组

---

① 参 Morgan,《神话与哲学》(*Myth and Philosophy*),页 137。Morgan 讨论了"有能耐"(δυναμένους)这一说法的模糊性,并讨论了普罗塔戈拉在此处以及 319a1 用到这个词时的考虑。普罗塔戈拉在长篇演说中还会挖掘其中的模糊性。

② 好处不仅有比如说为一座新城立法一类的重大计划,而且还包括指导伯利克勒斯如何利用公民宗教这类的全面事务。参见下文,第 7 节,"普罗塔戈拉的展示性演说"。关于普罗塔戈拉与伯利克勒斯的"交互影响"关系,参 Schiappa,《普罗塔戈拉与逻各斯》(*Protagoras and Logos*),前揭,页 176-189。

成的听众——他们渴望成为有能耐的人:普罗塔戈拉关于众人的观点不会让他们震惊,因为他们已经在雅典的寡头派和民主派的争论中接受了训练,这种争论早在民主制的开端便已开始,并延续至今。① 普罗塔戈拉的简短评论其实经过了盘算,为的是把有抱负、有能耐的人吸引过来,因为就连希珀克拉底都说,普罗塔戈拉懂得如何教人善于讲话。在对众人的双重评论中,智慧的普罗塔戈拉向有雄心的有能力者提供了借以有效利用民主群众的种种方式,众人看似统治着雅典,但却毫无见识,只能重复他们碰巧尊敬的人——例如他们尊敬伯利克勒斯——告诉自己的东西。普罗塔戈拉懂得自己身在何处,也明白如何讲话。不过,他的确明白吗? 苏格拉底正在他的听众之列,而且也会试图在智慧与权力方面教导他,教导他如何智慧地对待众人和有能力的人——以及如何智慧地对待智慧之人。

普罗塔戈拉的重点是对胆小的智慧者的失败所下的判断:"偷偷溜走又没法偷偷溜走,而是被看出来,这溜走的企图就太愚蠢,而且必然使得人们更敌视他。毕竟,他们会认为,别的不说,这样一个人简直是无赖($\pi\alpha\nu o\tilde{v}\varrho\gamma o\nu$,意为"无所不作的人",317a-b)。"由于被迫隐藏自己,智慧者(他们都是智术师)隐藏得既愚蠢,又怯懦:他们既是蠢人,又是懦夫。而第一个称自己为智术师的智术师以同样的名字称呼其他所有人为聪明人,同时却又宣称,自己既勇敢又智慧,所以与他们不[41]同。普罗塔戈拉的名字本身的意思是"第一个说出来",他在这里

---

① 自从公元前 507 年克莱斯忒涅(Cleisthenes)创建雅典民主制,并在公元前 462 年延伸为厄普斐阿尔忒斯(Ephialtes)的改革以来,这种争论就已居于雅典政治的核心。伯利克勒斯好像在后一次改革中扮演了某种角色,此后又进一步增加了民主改革措施,而按照修昔底德的说法,当时的雅典"名义上是民主制,但实际上权力掌握在第一公民手中"(2.65.9)。关于雅典民主的局限,参 Rahe,《古今共和国》(*Republics Ancient and Modern*),卷一,第 7 章,"雅典的不自由的民主制"(*Athens' Illiberal Democracy*)。从雅典生活的各个方面对民主制的角色展开讨论的专著有,Boegehold/Scafuro,《雅典身份与公民意识形态》(*Athenian Identity and Civic Ideology*),Boedeker / Raaflaub,《公元前五世纪雅典的民主、帝国与技艺》(*Democracy, Empire, and the Arts in Fifth-Century Athens*)。民主制植根于希腊人的农业实践,对这一点尤具指导性的著作是,Victor Davis Hanson,《另类希腊人:家族农场与西方文明的农业根源》(*The Other Greeks: The Family Farm and the Agrarian Roots of Western Civilization*)。亦参 Paul Rahe 发表在 *American Journal of Philology* 上的对 Hanson 著作的书评。

宣称,自己是第一个与胆小的智慧者的整个传统决裂的人,而智慧者们的掩饰则没能打消怀疑。"我采取的是与这些人完全相反的做法。"普罗塔戈拉公开承认,"自己是位智术师,也在教育人们。还认为,这样一种小心翼翼比他们那种更好。"普罗塔戈拉的公开承认让自己显得完全坦诚,但他也与智慧者们分享了共同的命运,因而也需要行事小心;他的坦诚是一种行事小心的策略。不谨慎的外表正是谨慎本身,普罗塔戈拉通过公开来掩饰自己。他补充了一点有趣的评论,从而指出自己的一个主要的谨慎之处:"除此之外,我也考虑到其他[小心谨慎],所以,愿神保佑,我不会由于承认自己是智术师而遭遇任何可怕的事情。"愿神保佑?——在普罗塔戈拉的种种谨慎中,有一条就是善于在言辞中装扮出一副虔敬的样子。

在时序上的首篇对话中,根据柏拉图的安排,启蒙人士——智慧者——之间第一次交流的话题集中关注的是智慧之人的共同处境。柏拉图让普罗塔戈拉发表了一篇讲辞,从而指出了他们共同面对的问题,以及普罗塔戈拉独特的解决方案。问题在于,探究者发现的真相与社会(包括强力者和众人)的需求之间并不协调,也就是说,这种真相可能"真实,但却是致命的"。解决方式必须是某种掩饰,需要在交流这类真相时小心翼翼,惜言如金。柏拉图从而使隐微术(esotericism)成为启蒙之士共享的第一个话题。柏拉图允许普罗塔戈拉以一种合适的间接方式表明,希腊智慧的整个传统都是一种隐微的传统,希腊智慧清楚,自己在呈现给公众时面临着一个策略上的难题——既需要保护自己,也需要向外传达。柏拉图允许普罗塔戈拉自称胜过所有其他的智慧之人,而就在这次发言中,他承认,他们在一个关键方面是一致的:所有人都必须慎重,必须自我掩盖。柏拉图允许普罗塔戈拉戴着公正的面纱登场,夸耀自己扔掉了面具,而这正是他借以引起好感、获得成功的面具。普罗塔戈拉即将发表一番展示性讲辞,并表明自己对这个问题理解得何其精深,自己的解决方式又是何等周全。不过,苏格拉底将会指责他的解决方案,认为它对社会、对智慧者都有危险;后文将会表明,暗藏在普罗塔戈拉首篇讲辞中的问题,其实是《普罗塔戈拉》中持续的背景性主题:在苏格拉底与普罗塔戈拉的照面中,隐微术问题是首要、持续的问题。

普罗塔戈拉举出证据,表明自己的新方式是正确的:他已经如此践行了多年,他如今年事已高,足以做任何在场者的父亲(317c);他的经验告诉自己,[42]虽然自己越来越坦诚,"却不会遭遇任何可怕的事情"。① 普罗塔戈拉在结束发言时宣称,自己的新战术获得了明显的成功,所以自己很有理由选择与希珀克拉底公开谈话:"我更乐意就这些事情当着这里所有大门内的人来立言。"不过,在场的其他人仍然是一群经过选择的、半私密性的同伴,其中包括有志向的雅典青年以及竞相教导青年的"智慧者们"。但是现在,他们的会议已经结束,而苏格拉底正向一群门外的听众报告这场会议;苏格拉底有助于普罗塔戈拉的坦率:他将普罗塔戈拉在大门内的发言讲给了一群听众,这群听众因为受苏格拉底影响而对外邦商贩心怀疑虑。而苏格拉底接下来的发言证明,他有能力隐藏自己:苏格拉底在卡利阿斯家时,显得顺从年长者和有成就的人,但他在门外的听众面前吐露了对普罗塔戈拉的偏好的真实看法:普罗塔戈拉"很想在普洛狄科和希琵阿斯面前展露一番,他认为新来的人都是他的仰慕者,所以很是自我欣赏"。但是,在场内与场外的听众听来,善于预先考虑的苏格拉底可能是在将注意力从普罗塔戈拉的个人兴趣中转移开,苏格拉底说:"为什么不把普洛狄科和希琵阿斯以及与他们在一起的人也叫过来,以便也听听我们的?"(317d)到《普罗塔戈拉》结尾时可以明显看出,苏格拉底的目的是让智术师与他们的追随者都来"听我们说"。

当所有人都聚集到本来是希琵阿斯高谈阔论的地方,并各自落坐后,普罗塔戈拉提出了一个请求:请苏格拉底把替希珀克拉底说的话再重复一遍(318a)。这个请求印证了苏格拉底的批评——普罗塔戈拉想要自我炫耀一番。苏格拉底回绝了这个邀请,没有在普罗塔戈拉的对手面前表扬他;苏格拉底说:"我从同样的起头讲起,也就是我们干吗要来。"但他随后略去了站在希珀克拉底的角度所说的奉承话,只是说:"这位希

---

① 在发生于公元前402年的《美诺》中(普罗塔戈拉此时已经故去多年),年事已长的苏格拉底证实了普罗塔戈拉的防御策略的成功;他告诉自己未来的三位指控者之一,"普罗塔戈拉败坏了那些与自己交往的人,与刚到他那儿时相比,学生们在离开他时状况变得更坏。在四十多年间,普罗塔戈拉躲过了整个希腊的注意……这么多年后,直到今天,人们对他的好评仍未停止"(《美诺》91e)。

珀克拉底眼下热烈地想要结识你,他希望慢慢明白,通过与你交往,他最终会得到什么。"他特意强调了一句,从而结束了这个精简到底、完全不带奉承的介绍,仿佛普罗塔戈拉在等着听些更多的东西:"我们要说的就是这些。"普罗塔戈拉由于被迫满足于这个介绍,因此不回答苏格拉底,而是转向希珀克拉底,直接对他讲,并且含糊地向希珀克拉底保证说,如果跟自己交往,他会[43]日有所进。虽然普罗塔戈拉直接对希珀克拉底讲话,但因为有苏格拉底替他说话,希珀克拉底始终保持沉默。

6 苏格拉底的挑战和邀请:政治术可教吗?
(318a–320c)

接受提问的是希珀克拉底,但回答的则是苏格拉底——看起来,这件事对两人都有揭示性:希珀克拉底没有什么要说,而苏格拉底则自有安排。苏格拉底向普罗塔戈拉问起了自己问希珀克拉底的问题——人们向他学习是为了什么,为了变成怎样的人(参311b)?苏格拉底已经表明自己知道答案,但他明显要让普罗塔戈拉在这群人面前给出自己的回答。苏格拉底提出的小问题虽然与问希珀克拉底的问题相似,主题也差不多,但他亲自回答了这些问题:苏格拉底并没有轻慢地让普罗塔戈拉像个小学生一样回答问题,至少现在还不能。

普罗塔戈拉嘉许苏格拉底的提问方式,并说自己总是乐意解答问得漂亮的问题①——这句评论值得注意,因为他后来对苏格拉底式的提问方式感到恼火,导致苏格拉底以离场相威胁。正如普罗塔戈拉此前曾经将自己区别于古代的智慧者,他也将自己与其他智术师区分开来——其他智术师亏待年轻人,青年们刚刚"逃脱各门技术功课",就被迫跟他们学习新的技术学科。而普罗塔戈拉才不会给希珀克拉底增加这么多重担,他只会学到"自己要学的东西"——苏格拉底在更少的一群人中告诉过普罗塔戈拉,希珀克拉底是来学习如何在城邦中崭露

---

① 根据第欧根尼·拉尔修的记载,普罗塔戈拉第一个引入了苏格拉底式的诘问(9.53)。

头角的(316c)。普罗塔戈拉要教的东西是εὐβουλία[善谋](318a),这种教导适用于两种不同的事物:"一是自己的事情,也即如何最好地治家(οἰκειῶν),二是城邦事务,即如何在城邦事务上最有能耐地办事、说话。"(319a)出于谨慎,普罗塔戈拉的话里隐藏了一些掩饰:他一方面宣称自己教人如何打理家政和个人方面的事务,一方面舍弃了有关公众事务的过强的言辞,从而注意拿捏修辞的分寸,避免夸耀自己传授的聪明的修辞术能够掌控城邦这一事实。① 苏格拉底为普罗塔戈拉的保证贴了个标签——"在[44]我看来,你说的似乎是政治术"②,而苏格拉底接下来的说法表明他乐于配合普罗塔戈拉的谨慎:"而且许诺把人造就为好公民。"这是苏格拉底对普罗塔戈拉的许诺的善意解释,而在与希珀克拉底的私下谈话中,他的说法则与此不同。

苏格拉底随后做了决定性的发言。通过对普罗塔戈拉提出挑战,进而邀请他通过长篇讲辞证明自己作为智术师的正当性,并澄清自己的整个目的,苏格拉底的发言决定了整篇对话此后的进程。因为他的发言提出了诸多理由,怀疑普罗塔戈拉的技艺——造就好公民的政治术——是否可教。"真漂亮,"苏格拉底首先回应了普罗塔戈拉陶醉于其中的明显的表扬(318d),"你已成就的这工艺品的确漂亮。"③接着,苏格拉底再次重复了普罗塔戈拉的话:"我对你可没的说,除了说出我的真实想法。"这次,苏格拉底同样宣称了自己的坦诚。这样宣称几乎是必需的,为的是替自己明显的不敬开脱——苏格拉底恰恰怀疑了普罗塔戈拉毕生致力的工作的可能性。然而,苏格拉底宣称的坦率并不比普罗塔戈拉的宣称更可信。在有幸听到苏格拉底先前框架谈话的听众们(the frame audience)听来,苏格拉底随后一句话里的反讽(irony)将显得明明白白:"毕竟,我一直认为,普罗塔戈拉,这没法教;可我不知道自己怎能不相信你的话。"(319a)真的吗? 不久之前,他还单独对希珀克拉底说过,自己是多么不相信普罗塔戈拉的话。如果苏格拉底

---

① 参 Morgan,《神话与哲学》,页137。

② 普罗塔戈拉本人此前曾经提到智术的技艺(316d)。

③ 苏格拉底明显的奉承话因为他选择的语词而打了折扣:苏格拉底在319a4说的是πολιτικὴ τέχνη[政治术],但在此处则将政治术说成τέχνημα(319a8),τέχνημα[工艺品]这个词有"伎俩、机巧"的含义。

这句话的后半句是反讽,那么前半句呢? 他当真认为政治术不可教吗? 在面对希珀克拉底说话时,他仿佛认为(政治术)是可教的。而且对话正以苏格拉底辩称政治术可教结束。但在宣称德性不可教时,苏格拉底最明显的反讽在于他主张这种观点时的特定前提:"我,还有其他希腊人会说,雅典人是智慧的人。"(319b)苏格拉底真相信雅典人是智慧的吗? 他的论点是这么认为的,还举出了自己亲眼所见的两个雅典实践的例证,两个例子都表明,雅典人不相信政治术可教——而如果智慧的雅典人都不相信这可教,雅典人苏格拉底怎么会相信呢? 苏格拉底的第一个例子与智慧的雅典人在统治民主公民大会时的共同做法有关:在关系到技术问题时,他们[45]留心听取相关技艺中内行的意见,①但当涉及城邦治理时,他们同等地听从每个人的意见,因此也在实践中证实自己不相信政治术可教。② 苏格拉底的第二个例子不再专注于雅典公众,他注意到,"我们最智慧、最优秀的城邦民——也没法把自己具有的德性传授给其他人"(319e)。苏格拉底列举的两件事例都与伯利克勒斯没法教授自己掌握的政治术有关,首先是"这里的两位年轻人"——伯利克勒斯的两个儿子帕拉洛斯(Paralus)和克珊悌珀斯(Xanthippus),其次是不在场的克莱尼阿斯——"这儿这位阿尔喀比亚德的弟弟"。伯利克勒斯是克莱尼阿斯和阿尔喀比亚德的监护人。③苏格拉底言有所指,指向了在场的三位雅典年轻人,还描述了伯利克勒斯没能教育好克莱尼阿斯的细节:"由于生怕克莱尼阿斯会被阿尔喀比亚德带坏,他把克莱尼阿斯从阿尔喀比亚德那里拽开,放到阿里普弗隆(Ariphron)家,在那里教育他。"但阿里普弗隆拿克莱尼阿斯毫无办法,于是把他送了回来(320a-b)。

苏格拉底肯定清楚自己两个论点间的矛盾:在雅典有位伯利克勒斯,他保持了三十年的成就,如今的地位无可比肩——这本身就表明,

---

① 苏格拉底从"我们聚在一起开会"转到"他们认为,这些是可习得和可教的"(319b),这可能提示了苏格拉底对雅典公民大会的认可是有限度的。

② 苏格拉底谈论的是"治理城邦"(319d1),因此结合了普罗塔戈拉分离开的东西——治家以及在城邦事务方面变得最有能耐(319a)。

③ 克莱尼阿斯与阿尔喀比亚德是雅典名将老克莱尼阿斯的儿子。老克莱尼阿斯在公元前446年的克罗尼阿(Coronea)之战中捐躯,他的妻子迪诺玛刻(Dinomache)是伯利克勒斯的侄女。

在有关治理城邦的事情上,公民大会上的雅典人其实区分了不同的发言者。而且,苏格拉底从未宣称伯利克勒斯不相信自己的政治术可教——事实上他还表明,伯利克勒斯不遗余力地尝试教导克莱尼阿斯。苏格拉底只是宣称,伯利克勒斯的失败使得他不相信德性可教:"见到这些,普罗塔戈拉哦,我不相信德性可教。"(320b)苏格拉底一边准备结束发言,一边重复了开头的奉承:"听你说过这番话,我动摇了。"动摇?这个人曾经私下告诫希珀克拉底,要警惕那些不懂自己的货物是否有用的商贩们所说的话,他会动摇吗?这个苏格拉底如此轻信地认为雅典人是智慧的,又这么容易蒙骗,因为听了普罗塔戈拉的话就动摇——肯定是在装样子。他装样子的目的只有一点不太清晰:在雅典,一位年轻的雅典哲人在一位年迈的著名外邦智慧者面前高谈雅典人的实践,而这位智慧者自认为要向雅典人教授政治术;苏格拉底像一个忠诚于母邦的人一样讲话,并宣称母邦的智慧,与此同时,他表面遵从年长的智慧者,实际上[46]却向他提出了一个严重的挑战。普罗塔戈拉绝非蠢人——这篇对话的整体意图预设了普罗塔戈拉的卓越,他随后的表现将使这一点无可置疑。普罗塔戈拉肯定听出了苏格拉底在装样子,也清楚看到了苏格拉底的挑战给自己造成的两难:在自己正打算逢迎的雅典听众面前,他没法公开反对苏格拉底认为雅典人有智慧的假设;他也同样没法公开挑战雅典公民大会的智慧,或质疑伯利克勒斯的才能。但如果不提出反对的话,他又如何证明自己是位不可或缺的教师?——他教的不只是好公民,还包括足智多谋的政治谋士,他们的技艺(也就是普罗塔戈拉的技艺)将使他们得以支配公民大会,并使自己声名远扬,继踵伯利克勒斯。①

从苏格拉底关于雅典人的智慧的假设来看,普罗塔戈拉的立场很清楚:在与苏格拉底和希珀克拉底谈话时,他在有见识、有能耐的少数人与缺乏见识、只知学舌(317a)的众人之间划分了根本的界线。这个划分表明,在像雅典一样的民主城邦中,普罗塔戈拉虽然乐于从任何付得起钱的人那儿挣钱,却尤其注意寻求少数的年轻人——他们出于天性能够见众

---

① Coby 把苏格拉底使普罗塔戈拉陷入的两难称为"下套(entrapment)"(参《苏格拉底与智术师启蒙运动》,前揭,页51);对于这种两难的简明表述,参 Morgan,《神话与哲学》,前揭,页138。

人所不见,这些有能耐的少数人适宜变成强力之人。既然感到苏格拉底接受雅典的做法时是在装样子,普罗塔戈拉也会看出,苏格拉底掩藏了自己的反对意见。他还会发现,由于自己目前身处雅典,他的回应也得用苏格拉底式的措词:证明德性可教的证据必须遮住自己针对雅典众人的真实判断,同时却使自己在想要吸引的雅典青年看来显得不可缺少。①

　　苏格拉底的发言是个挑战,但结尾时却发出了一个会被普罗塔戈拉热诚接受的邀请,因为这正与普罗塔戈拉来雅典的目的相合:"所以,要是你能给咱们更清晰地揭示德性可教,就别吝啬哟,不妨展示一下吧。"普罗塔戈拉在这件事上肯定不会吝啬:为我们做一番ἐπίδειξις[展示]吧,苏格拉底说,来发表一段你们智术师训练有素的讲辞——这种讲辞运用的是[47]家喻户晓的神话和历史,所有的智术师都借用这些把自己兜售给未来的学生——给我们来一番ἐπίδειξις[展示],揭示一下你承诺要教的政治术。② 苏格拉底的邀请给普罗塔戈拉带来了难得的机会,他因此可以面对现已聚在一起的所有雅典青年和几个比自己年轻的对手发言,并能做一番与自己来雅典的目的最相合的讲辞,普罗塔戈拉对此自会充满感激。苏格拉底的挑战和邀请推动整部对话运转起来,但这是一番有前瞻性的提议:苏格拉底一方面为普罗塔戈拉提供了机会,使他得以面对最中意的听众,发表自己最想做的讲辞;另一方面这也为苏格拉底带来了最珍贵的机会,使他面对最中意的听众,提出最想发表的驳论。

　　苏格拉底代替沉默不语的希珀克拉底发言,但他的雅典青年听众的范围却要广泛得多;这一整群雅典年轻人都出于与希珀克拉底差不

────────

　　① 普罗塔戈拉甚至可能认识到,苏格拉底的挑战以雅典的智慧为前提,并举出了雅典的实践的例子,是在提醒自己正身处所有城邦中最民主的城邦,说话要看场合——因为苏格拉底此后将会暗示,自己把普罗塔戈拉看作自己人,因而也像自己人一样对待普罗塔戈拉。施特劳斯将苏格拉底的挑战理解为善意的警告。参施特劳斯,"柏拉图的《普罗塔戈拉》"研讨课未刊讲稿,第六讲,页13-16。亦见施特劳斯,《古今自由主义》(*Liberalism Ancient and Modern*),页55。

　　② 《希琶阿斯》前后篇围绕的是希琶阿斯通常做的ἐπίδειξις[展示],而《高尔吉亚》则与高尔吉亚的展示演说有关。普罗塔戈拉得以发表演说,但苏格拉底因为有意姗姗来迟,没听到希琶阿斯和高尔吉亚的展示演说。在《普罗塔戈拉》与《王制》间有诸多对应,其中一条是,后者始于允许忒拉绪马霍斯发表展示演说(ἐπίδειξις)。Kathryn Morgan在智术师的展示性演说、尤其是普罗塔戈拉的展示演说方面尤其能给人启发(《神话与哲学》,前揭,页89-131,132-154)。

多的原因,来卡利阿斯府上寻求外邦教诲,他们都在聆听苏格拉底立足于雅典发出的挑战。从雅典年轻人的角度聆听讲辞,就等于听到对他们属己之事的一番忠诚的提升。但有一位雅典年轻人将会听得格外专注,这个年轻人最为出众,"仪表堂堂、腰缠万贯、门第很高"(《普罗塔戈拉》319c,另参《阿尔喀比亚德前篇》104a-c),苏格拉底首先把他排除出伯利克勒斯没法教育的年轻人之列,同时却两次提到他的名字,明确说他就是伯利克勒斯害怕会败坏克莱尼阿斯的人:苏格拉底邀请普罗塔戈拉发表讲辞,看来是计划好用来吸引阿尔喀比亚德的。在阿尔喀比亚德这样血气方刚的年纪,当苏格拉底强调令他着迷的主题时,他怎能不受吸引呢?——苏格拉底强调的是统治着雅典的公民大会,以及它所瞩目之人,而尽管阿尔喀比亚德还太年轻,他却渴望面对公民大会发言。阿尔喀比亚德已经有了败坏者的名声,也自知是唯一配得上伯利克勒斯之伟大的继承人——他的兄弟是个蠢材,而伯利克勒斯的儿子们都是无能之辈(《阿尔喀比亚德前篇》118e),所以,当苏格拉底暗示他在伯利克勒斯家族里的独特地位时,他怎能不上钩,怎能无动于衷呢? 事实上,苏格拉底看来正在追求阿尔喀比亚德的花季,却[48]被迫在框架谈话的听众面前否认。他告诉这些听众,普罗塔戈拉赢得了他当天的注意力。苏格拉底高调表达对普罗塔戈拉的兴趣,从而淡化了对阿尔喀比亚德的兴趣,但看起来,苏格拉底的小动作被从这段发言出发的事实驳倒了——他挑战普罗塔戈拉,为的是吸引阿尔喀比亚德。考虑到框架谈话的听众,可以得出一个初步的结论:从自己的公众面相着眼,苏格拉底以一种精心计算过的方式走向公众——他说服听众相信,自己并未不得体地追求最俊美的雅典年轻人,相反,他即便在私下场合也在保护像希珀克拉底一样的雅典青年;即便在私下场合,他也在捍卫雅典的智慧和雅典的公民大会,并挑战前来猎捕雅典年轻人的外邦智术师。苏格拉底在听众的眼皮底下开始追求阿尔喀比亚德,而听众却浑然不觉。

　　苏格拉底的发言还有一群最终的听众,也就是柏拉图同时代的读者,他们清楚,苏格拉底发言时正身处战前的雅典,而战争已经迫在眉睫。对他们来说,苏格拉底针对所谓雅典人之智慧的发言——例如雅典民主如何决断政治事务,伯利克勒斯没法教育儿子和监护对象等——值得关注,因为他的发言关注的是,战争爆发前夜的雅典人是如何做出政治决定的。这场战争为雅典、为这些雅典年轻人带来了灾难，最终甚至殃及苏格拉底本人。对这部分听众来说，如果从所有当天在场之人的将来向后回望，那么，眼光长远的苏格拉底是全凭一己之力，提出了公元前433年的雅典人面临的最深远的政治问题：在即将与斯巴达开战之际，如果雅典公民大会平等地听从所有人，如果伯利克勒斯没法将自己的政治德性传授给自己的儿子及被监护人，那么，雅典民主的出路何在？伯利克勒斯的早期政策推进了忒米斯托克利(Themistocles)有关扩张海军的大胆计划，从而使雅典民主制收获了强大的帝国；他推行了动用公共财政兴建伟大建筑工程的政策，雅典因而成为世界建筑艺术的明珠——当柏拉图呈现的苏格拉底第一次在雅典发言时，帕忒农神庙(the Parthenon)刚告竣工；伯利克勒斯对希腊启蒙运动的开放政策将希腊最伟大的头脑吸引到雅典来，这证实了希琵阿斯对雅典的赞誉——"希腊智慧的厅堂"(337d)。当前，伯利克勒斯任由雅典的伟大、壮丽和开明在其他城邦中引起嫉妒与恐惧。不过，如果像修昔底德所说，雅典的这些特征迫使其他城邦对其干戈相向，那么，雅典民主的出路何在？

但是，在公元前433年，苏格拉底或其他什么人有可能预见到战争将至吗？修昔底德的史著开篇就说，自己在战争伊始就已知道，这场战争将比此前的任何战争规模更大。修昔底德还诊断了战争的原因："我认为，战争的真正原因[49]几乎被表面现象掩盖了。雅典势力的日益增长，以及斯巴达人因而产生的恐惧，使战争变得不可避免。"(《战争志》1.23.6)在提醒人们注意他的史著中出现的讲辞后(1.22.1)，他撰写了第一篇讲辞，也就是公元前433年夏季科基拉人对雅典公民大会的发言。根据科基拉人的说法，战争已经不可避免："如果你们当中有人认为战争还是遥远的事，那就大错特错了。他没有看到斯巴达人对你们有所提防，想要发动战争。"(1.33.3)他们还说，在公元前433年的夏季，"你们正在考虑这次行将发生的战争，事实上，战争已经降临到你们头上"。① 当雅典人决定与科基拉人结成防御同盟

---

① 科基拉人证明战争不可避免的论证是自私自利的，因为他们前来雅典只是为了在与科林斯人的冲突中获得雅典的援助：如果与斯巴达必有一战，雅典人就会被引向与科基拉人结盟，因为科基拉有强大的海军，其战略地位正好能钳制通往意大利和西西里的航线。然而，科基拉人关于战争不可避免的论证只有能适用于普遍情况时，才会被采纳。

时,他们的理由是,"在他们看来,与伯罗奔半岛人的战争的确会发生"(1.44.2)。《普罗塔戈拉》发生在当年的夏天,可能是一篇"阳光明媚的对话",①但苏格拉底关于雅典人的"智慧"和他们最强有力的领袖的发言,预示了即将到来的灾难。②

苏格拉底邀请普罗塔戈拉做一番ἐπιδείξις[展示]的发言,在普罗塔戈拉听来是一种味道,在希珀克拉底、阿尔喀比亚德听起来又各自不同,而在框架谈话的听众耳中更有差别——但如下的听众因为站在最佳立场,所以能捕捉苏格拉底发言的全部含义,他们将这段发言视为苏格拉底在柏拉图作品的首篇对话中提出的公开挑战,而这篇对话就发生在战争前夕。我们眼前浮现出一片壮丽景象:在即将改变一切的战争爆发前夕,在当时最有希望的政治领袖面前,苏格拉底就当时最重大的政治问题向当时最智慧的人提出了挑战。根据柏拉图全集中开篇对话的呈现,在危机即将到来之际,苏格拉底就雅典的政治前途问题将做些什么?因为苏格拉底针对普罗塔戈拉的行动提出了挑战:在德性可教的说法方面挑战普罗塔戈拉,事实上是在质疑对方一生的教师事业;在有关伯利克勒斯的方面挑战普罗塔戈拉,事实上在质疑对方最大的政治成就。柏拉图将时序上的首篇对话设定在伯利克勒斯民主制的鼎盛之时,并让苏格拉底在德性是否可教和关于伯利克勒斯的问题上挑战普罗塔戈拉,从而强迫我们提出如下问题:苏格拉底意欲何为?

7 普罗塔戈拉的展示性讲辞:政治术何以可教
(320c-329b)

[50]在受邀发表展示性演说之前,普罗塔戈拉先施缓兵之计,邀请其他人决定"我要用两种方式中的哪一种向你们展示"(320c)。因为你是复数,普罗塔戈拉必须环顾所有的听众,不仅要请苏格拉底选

---

① Allen,《伊翁,希琵阿斯后篇,拉克斯,普罗塔戈拉》(*Ion*, *Hippias Minor*, *Laches*, *Protagoras*),页89。

② 在对话的后半部分,苏格拉底再次完全主动地赞扬斯巴达的智慧,并通过暗示贬低了雅典的智慧。因此,有关战争的暗示变得更加公开。

择,也要让所有人决定。普罗塔戈拉没有将两个选项和盘托出,而是向听众提醒自己的权威,从而操纵①听众:他是应该"像个老人给年轻人讲故事($\mu\tilde{\upsilon}\theta o\varsigma$)一样展示呢,还是一步步论述($\lambda\acute{o}\gamma o\varsigma$)?""聚集过来的众人"按照被告知的方式做了回答,让年长者按照自己的意愿选择——普罗塔戈拉愿意像老人面对年轻人那样讲,因为,他选择先讲神话,最后再以论述结束。不管别人怎么替他选,普罗塔戈拉肯定有办法用两种方式发表展示性讲辞。普罗塔戈拉实际所讲的神话和论述正是他想要讲的。因为,即便是经验丰富、足智多谋,并早已习惯在民主场合发言的普罗塔戈拉,也不太可能当场编出一则新的起源神话来捍卫民主的信念和附带的论证。苏格拉底邀请普罗塔戈拉来一番展示性讲辞,实际上是在邀请这位智术的开创者发表一篇自己已经训练有素、驾轻就熟的讲辞。如果必须回答自己的技艺是否可教的具体问题,那么,普罗塔戈拉的回答不会超出为自己做的标准广告的范围。

与雅典人苏格拉底不同,来自阿伯德拉的普罗塔戈拉并未将自己限定在当地事物之内;普罗塔戈拉作为一位普遍人性的观察者发言,并将自己的观察应用于你们雅典人相信和践行的事情上。听普罗塔戈拉讲话的口气,他宣称自己超越了从荷马至今的整个希腊智慧传统:他必须承担起指派给自己的角色——希腊的新教师。普罗塔戈拉能做到吗? 他的神话采用了众所周知的荷马、赫西俄德的故事要素,经过改编,为己所用,为民主的理论[51]和实践提供了神圣依据。普罗塔戈拉的论述概括了希腊人接受教育的整个过程,谨慎地暗示希腊性是社会调控的结果,而由于普罗塔戈拉懂得如何进行社会调控,他能够为了所有人的利益形塑众人、追求权力之人和他自己。普罗塔戈拉结合了神话和论证,恰恰是在回应苏格拉底的挑战:他的神话应对的是苏格拉底关于德性不可教的第一条证据——雅典公民大会在政治事务上听取所有人的意见;而他的论证应对的是苏格拉底的第二条证据——最有权力的雅典人没法教育后代。普罗塔戈拉割裂神话和论证的方式反映了他在众人与有能耐的人之间的区分:他的神话教的是不辨真相的众人,同时对留心之人加以指导;他的论证虽然向众人开放,却尤其是为

---

① 参 Morgan,《神话与哲学》,前揭,页 138。

了有见识的极少数人。但普罗塔戈拉割裂得并不清楚:他在神话中补充了两条逻辑上的考虑,然后才说,"我将不再给你讲神话,而是展示论述"(324d)。一旦察觉普罗塔戈拉在神话与论证之间有折扣的割裂,就有助于表明,这位新的教师意在向苏格拉底展示怎样的教育计划:作为整个希腊智慧名副其实的继承人,普罗塔戈拉欢迎像苏格拉底这样的人分享他的发现。是的,他可以做到。

雅典人为什么相信所有人都有资格议政?

为了捍卫雅典的民主信念,普罗塔戈拉首先讲了一个关于人类起源的故事。他的故事轻轻掩盖了一段自然史,这段历史划分了人类发展的主要阶段,并为每个阶段构想了不同的超自然力。首先,无名的地下诸神在大地怀里打造了有死族群的不同族类。在将这些族类的生物送到阳光下之前,他们吩咐普罗米修斯(Prometheus)和厄琵米修斯(Epimetheus)为每个族类配置和分配相适的能力。在黑蒙蒙的地下进行的整个过程带有盲目和欠考虑的特点,而这个特点的进一步标志是,"事先想"(Forethought)本人——普罗米修斯,屈从了他的兄弟"事后想"(Afterthought)——厄琵米修斯,①并让他为不同的族群分配能力。普罗塔戈拉承认,厄琵米修斯"不是太智慧"(321b),但不肯承认普罗米修斯本人缺乏先虑早谋(forethought)。在"事后想"分配了所有的能力之后,他发觉自己没给人类留下什么能力。就在这时,普罗米修斯来了,他看到,其他生命已经周到地分到了各自的能力,但人却"赤条条没鞋、没被褥,连武器也没有"(321c)。普罗米修斯,这位前奥林波斯的提坦神,"对替人找到救护办法束手无策",于是转向了接替提坦诸神统治的奥林波斯诸神,并诉诸[52]偷盗:他"从赫淮斯托斯(Hephaestus)和雅典娜(Athena)那里偷来带火的含技艺的智慧(ἔντεχνον σοφίαν)……送给人做礼物。就这样,人有了活命的智慧(τὸν βίον σοφίαν),可是,人还没有政治术,这个[智慧]在宙斯身边"(321d)。在描述普罗米修斯的行动时,普罗塔戈拉从过去时态转为现在时态:普罗米修斯来了、看到、偷来、送给——现在时态意味着,为了获取新的技术技能所需要的发明

---

① [译按]根据古希腊语语义,普罗米修斯与厄琵米修斯分别有"事先想"和"事后想"的含义,故有双关用法。

行为,是人类在保卫自己、抵御自然时始终必须获取的礼物——根据普罗塔戈拉的神话,自然可以被看作吝啬的瞎子;现在时态表明,人类可以获得持续不断的技术进步。

在讲过普罗米修斯神话后,普罗塔戈拉又讲了一遍,为的是解释提坦神普罗米修斯的礼物有什么缺陷,并解释奥林波斯诸神之间的等级秩序。普罗米修斯明显已经扰乱了奥林波斯诸神的秩序。因为据说,"普罗米修斯不再被允许进入卫城——宙斯的居所,何况,那些宙斯的守卫非常可畏"。虽然没法靠近政治智慧的源泉,普罗米修斯却可以偷偷进到"雅典娜和赫淮斯托斯在那里热心搞技术的共同居所,偷走赫淮斯托斯的用火技术和雅典娜的其他技术,然后送给人"(321e)。普罗塔戈拉把普罗米修斯偷盗和赠送礼物的故事讲了两遍,因而明确表明,人类借以活命的技术技艺完全不仰赖奥林波斯诸神;反抗自然、获得生存是一种前奥林波斯的技术能力的礼物。普罗塔戈拉在神话里唯一一次用到了"据说",并以此结束了这部分的神话:"可后来呢,据说普罗米修斯却因为厄琵米修斯而被控偷窃罪。"事实上,旧传的说法与普罗塔戈拉的讲法不同,因为旧传的说法并没有像普罗塔戈拉那样指责厄琵米修斯,并且,只说普罗米修斯受到指控也还不够:普罗塔戈拉避免讲出关于宙斯宣判普罗米修斯有罪,并因为普罗米修斯爱人类(philanthropy)而最严酷地惩罚了他的旧传说法。普罗塔戈拉在故事中删去了奥林波斯诸神对普罗米修斯的惩罚,尽管在解释其神话时,普罗塔戈拉将惩罚作为一个重要的主题。普罗塔戈拉要使奥林波斯的宙斯——政治智慧的保存者——至少与普罗米修斯一样爱人类。

关于超出技术技艺之外的人类发展阶段,普罗塔戈拉需要对人类获得政治术之前的自然史进行更具体的描绘。普罗塔戈拉首先概括了普罗米修斯的礼物的一个关键结果:"人分有了属神的命份。"他随后交代了进一步的后果:在动物中,"由于与这神沾亲带故,唯有人信奉神,着手建祭坛,替神们塑像"(322a)。[53]如柯比(Patrick Coby)所说,普罗塔戈拉的措辞使人能够得出如下结论:普罗塔戈拉暗示,τέχνη[技术]"是宗教的根源……将人联系于神,因为技术是人的属神命份的原因和起源;而属神的命份或者人与神的亲缘,是人敬奉诸神的原因;所以,是τέχνη[技术]产生了宗教"。① 此后,人类很快"凭靠这门技艺发明了语音和名称,还发明了居所、衣物、鞋子、床被,以及出自大地的食物"。但人们分散居住,"没有城邦"。普罗米修斯的礼物虽然能使人维持生存,却不足以使人战胜野兽;人还缺乏"政治的技艺,而战争术就是其中的一部分"(322b),人在针对野兽的战斗中归于失败。因此,他们依靠建立城邦来寻求安全;但这些城邦又归于失败,因为"一旦聚居在一起,他们又相互行不义,因为没有政治的技艺,结果他们又散掉,逐渐灭绝"。

只有在城邦陷入失败困境时,奥林波斯诸神才出面干预。宙斯由于担心"我们人类会整个灭掉,吩咐赫耳墨斯把羞耻(αἰδώς)和守法(δίκη)带给人们,以便城邦可以获得秩序和友谊的纽带"(322c)——守法或正义是有关正确和错误的道德系统,羞耻感是一种为是去非的动力。普罗塔戈拉没有解释宙斯如此行事的原因,但由于(对宙斯的叙述)紧随着对普罗米修斯旨在保存人类的善意以及城邦之失败的阐述,宙斯的行为显得是为了人类繁荣而做出的善意行动。② 赫耳墨斯请宙斯指示应该怎样分配守法和羞耻,但在请宙斯回答之前,赫耳墨斯首先必须告诉宙斯那些技术性的技能是如何分配的——一个有技能的人可以为多数人效劳。守法和羞耻也要这样分配吗? 还是分配给所有人? 我们一定要想象,普罗塔戈拉——这位著名的公众演说家——能够胜任他为自己安排的极佳的戏剧场面:他肯定会把自己打扮得堂皇大气,来宣布令人畏惧的宙斯的庄严、有力的统治:"得分给所有人,"宙斯说,"让所有人都有份。倘若只有少数人有份,恐怕就不会有城邦。"宙斯随后的话表明,他很清楚,想要分[54]配给所有人是很难实现的,因为他吩咐赫耳墨斯传达一条法律,从而补充自己的分配方式。对于违犯之人,要施加以惩罚:"的确如此,而且得依我的命令立一条

---

① Coby,《苏格拉底与智术师启蒙运动》,前揭,页55-56。Ira Mark 提出了同样的观点,他援引 Müller 的说法(《普罗塔戈拉论神》["Protagoras über die Gotter"],页140):"神与人的关联……无非意味着,神圣事物的概念是有死之人的投映和反射。"Mark 评论道,"这是'人是尺度'(homo mensura)的概念在神学上的应用。"参 Ira Mark,《帕忒农神庙东侧浮雕中的诸神》("Gods on the East Frieze of the Parthenon"),页323,注159。

② 在《会饮》里与此相对应的神话中,阿里斯托芬给出了一个不那么爱人类的理由:宙斯阻止了人类的灭亡,为的是保持祭品的不断供应(《会饮》190c)。

法律,把凡没有能力分有羞耻和守法的人当作城邦的祸害杀掉。"(322d)普罗塔戈拉清楚,这篇关于神圣恩典的神话必须辅之以一则关于神圣愤怒的神话。

神话讲完了。其中隐藏的是——仅就其中隐藏的内容来看——人类的起源在事实上的粗陋和贫乏:盲目的力量塑造了所有的族类,却没给我们的族类留下任何资源,剩下的只有原初的创造性。通过少数伟大个人的发明,我们的族类在必然性的指引下学会了自我保护,因而通过两种形式的伟大发明,为自己创造了舒适和公民文明(civility)。在得到奥林波斯诸神照料之前,人类出于对自然的怨恨,通过发明工具,攫取(wrested)了火和各种技艺(τέχνη)。然而,由于难以大规模地组织稳定的群体生活,我们的族类陷于蛮荒的蒙昧状态,只有通过道德性的诸神的发明才得以获救——诸神在这种天生缺乏社会性并且冥顽不化的族类中建立了正义和某种羞耻感。通过信仰的有力中介,人们产生了遵从诸神的信仰,因而将诸神视为能够教诲正义和羞耻,并惩罚不义和无耻行为的监督者。作为这则神话的发明者,普罗塔戈拉在哪里把我们的族类纳入了他的自然历史之中?作为一位后来者,出现在宙斯的文明统治之下的普罗塔戈拉超越了"普罗米修斯",因为他成功地进入了宙斯的卫城,勇敢面对宙斯的可怕卫士,偷走了由诸神的统治者私密保存的政治智慧的秘密。同时,普罗塔戈拉也超越了"宙斯",因为他从诸神的统治者那里获取了这个最终的秘密——最智慧的人通过诸神的统治而统治。经过启蒙的(enlightened)普罗塔戈拉看到,荷马与赫西俄德的诸神如何才能继续用于统治——他的统治是通过诸神的统治实现的。在由希腊科学发展的自然宇宙论之内,智慧的普罗塔戈拉断定,奥林波斯诸神的统治仍然属于城邦的基本要求。在他的神话中,普罗塔戈拉是谁?他是启蒙城邦的建城者,启蒙这个城邦的是新兴的科学,同时城邦也得以明白,奥林波斯诸神是不可或缺的。普罗塔戈拉教导真正有才能的人如何既统治强力者,也统治众人:通过诸神的统治而统治。这篇神话表明,这位夸耀自己坦率的普罗塔戈拉不只是随口说一句"求神保佑"而已,他其实有更多的谨慎。

普罗塔戈拉讲完了教谕式的神话,从而调和了缺乏教谕性的自然史,但这时他还不会宣称"我将不再讲神话"并转向论证——这还要等到下文(324d)。首先,普罗塔戈拉必须通过几个完全基于推理的问题补充自己所讲的神话,因为他的神话尚未回应苏格拉底的第一部分挑战——作为其展示性讲辞的主体部分,普罗塔戈拉的神话太过简短,它本身就构成了对苏格拉底挑战的回应。因为苏格拉底[55]宣称,德性不可教。而苏格拉底如此宣称的根据是,雅典人有智慧,他们相信,任何人都适宜在政治事务上提出建议。普罗塔戈拉的神话为这种民主政治提供了神圣的认可,由于宙斯将正义和羞耻的礼物赐给所有人,这就证明向所有人寻求建议是应当的,此时"需要凭靠城邦治理方面的德性进行商讨,而且商讨完全需要以正义和节制为基础……而所有人都分有这种德性"(332e-323a)。然而,普罗塔戈拉还没表明政治的德性可教。但他恰好从 δίϰη[守法]和 αἰδώς[羞耻]转向了 διϰαιοσύνης[正义]和 σωφϱοσύνη[节制],由此引起了一系列转变,因而从神话语言转向了关于可教的政治德性的语言。这番语言变换并非疏漏:普罗塔戈拉懂得,需要借助某种不严密,才能在一篇讲辞中既传达教导,又传达真实。尤其就后一种考虑来说,普罗塔戈拉为神话中的如下宣称补充了"另一条证据"——"所有人的确都认为,所有男子都对正义或其他政治德性(political virtues)有份"(323a)。

普罗塔戈拉的另一条证据是,人们认为"所有人对正义都有份"这一点极为重要,以至于如果有人就自己的不义说了实话,就会被认为是疯的,如果有人本不正义,人们就会劝告他掩盖自己的不正义(323a-c)。这"另一条证据"真的是证明所有人都分有政治德性的又一条证据吗?普罗塔戈拉在结束神话时单独挑出了苏格拉底(322d),并以单数人称称呼之,将他分离出来——普罗塔戈拉暗示,苏格拉底可能认为自己的神话具有误导性(323a)。对于像苏格拉底这样的人来说,普罗塔戈拉的另一条证据能证明什么呢?细察之下,这另一条证据既转移了话题,也转换了裁断者和行动。讨论的话题不再是一种雅典人的实践,而是"所有人的确都认为,所有男子都对正义或其他政治德性有份"——更确切地说,话题变成"所有人必须宣称自己正义[正义],无论他是正义抑或不正义",所有人"必须让自己显得正义"(323b)。而裁断者不再是雅典公民大会,甚至也不是"所有人",而是经过挑选的一群人,是"同族的乡亲们"(οἰϰεῖοι,323a):如果有人宣称擅长某种"其他的德性"——例如吹箫一类的技术,但实际上又并非如此,人们就会讥笑或厌恶他,乡亲们会"把他赶到一边儿去,并训诫他疯了"(323b)。而且,涉及的行动不再是"治理城邦"或实践某种技艺,而是讲实话:"但涉及行为正义或其他涉及城邦事务的德性时,即使他们明知他不正义,而这人自己在众人面前说出自己的真实,那么,说真话在别处[例如涉及吹箫技艺时]会被人们看作节制,在这儿就会被当作疯的。"这里的他们肯定还是做判断的同族之人:在关于技术技艺的方面,同族的人们会认可讲真话,但如果一个为人所知的不正义的人讲真话,他就会被同族的亲人认为是疯的。面对这样一位乡邻,族人们"会说,所有人必须宣称[56]自己正义,无论他是正义抑或不正义,而如果谁不让自己显得正义,他就是疯的。仿佛这是必然的:我们中间没谁在行为正义这方面没份儿,否则就不算人们中的一员"。

由于这些话都是以单称形式对苏格拉底讲的,那么,这些转换就使"另一条证据"完全变成了一个新的论点;普罗塔戈拉是在告诫甚至呼吁自己在雅典人中的同族人:我们这些探寻真实者必须明白,"讲真话"在城邦中处在什么位置:正义据有优先性,所有人都有必要显得正义,这就为讲真话规定了某种限制。那个必须宣称自己正义,否则就会被逐出人类群体的不正义的人只会是普罗塔戈拉,而允许他这么做的那位做出裁断的同族之人正是苏格拉底。在一开场,普罗塔戈拉就注意到一个外邦智术师面临的危险,他同时还宣称,自己是最先讲真话的智术师。而他刚刚在雅典讲了一个教谕性的神话,这个神话支持雅典的民主实践,同时邀请探寻真相者解开这个神话。普罗塔戈拉的"另一条证据"——表面上在证明自己的神话——实际上又一次证明的是,智慧者,或通过寻求真实而结下亲缘的探寻者,需要一种策略(strategy)上的小心谨慎:在非其族类的多数众人面前,他们讲真话时必须有所约束,同时必须明白,他们彼此有责任维持这种佩戴面具的策略。普罗塔戈拉刚编造了一个漂亮的故事,教导了本身不真实,但对一个民主制来说不可缺少的东西,不过话音未落,他的"另一个证据"就背弃了刚才的话,从而为刚才的教导设置了障碍。普罗塔戈拉恰当地补充了自己的神话,在面对众人讲故事时,他用单数人称对自己人讲话。普罗塔戈拉有必要以正义作为外表,他也能想象到,苏格拉底会明白这点,因为苏格拉底是另一个有能力探寻的人,他既看到了正义和羞耻的神话性质,同时也看到,出于自身的利益,有必要保持对正义和羞耻的普遍尊敬,这同时也对保全自己的族类有益。普罗塔戈拉的"另一条证据"的最后一句话尽管非常含糊,却确证了自己的观点:"我刚才说的是"(我所补充的"另一条证据"),"人们理所当然地承认"(这里的人们指的是雅典人)"每个男子都有资格对这种德性[方面的事情]发表意见,因为他们认为,人人都在这种德性上有份"(323c)——这话说得很漂亮,因为这个人的技艺就是把自己作为建议者贩卖给城邦的实际建议者们,而这座城邦想象自己平等地听取所有人的意见。由于察觉到这位外邦智慧者在搞欺骗,少数有才能的人①听得出,这"另一条证据"实际上在提醒他们,有必要[57]搞欺骗,同时也有必要保护欺骗者。而在毫无察觉的众人看来,他们会用这个神话证明自己已经相信的东西,而"另一条证据"也只会被看作另一条证据而已。

那么,智慧的普罗塔戈拉再次暗中提到智慧者需要谨慎,需要明白自己是谁、身处何处,也需要明白自己应该依照这种知识行事。与第一次提醒相比,普罗塔戈拉的第二次提醒有所补充:智慧者不仅需要面对来自强力者的危险,而且,智慧者(往往是外邦人)只能彼此建立亲缘,他们通过共同分有的实践和利益彼此关联,并被锻造为一个共同体。在这个共同体中,每个人都要照看其他人的福祉,尤其在所有人都要显得有份的正义和其他政治德性上,要避免自己的同族之人暴露真相。回到阔别多年的雅典后,普罗塔戈拉与一位曾经给自己留下深刻印象的雅典探询者重逢,于是呼吁对方来做自己的乡邻。普罗塔戈拉有充分的理由期待,自己的吁求会遇到善听的耳朵。而苏格拉底呢?下文将表明,他甚至比普罗塔戈拉更看重同族的职分,因为他对普罗塔戈拉的所有应对中都透露着乡里亲情。在时序上居于柏拉图作品首篇的这篇对话中,苏格拉底的两个重大目标之一就是指引智术师,这个目标具有历史意义,因为智术师是希腊启蒙运动呈现在希腊公众面前的面相,

---

① 因此可以表明,普罗塔戈拉所用的δυναμένους(317a5)这个语词的含糊语义是有意义的,它既指强力者(powerful),又指有才能的人(capable);在过去,外邦智术师"没能不被城邦中的强力者察觉",而当今这位外邦智术师也同样没能逃脱有才能的苏格拉底的法眼。

而苏格拉底将暗示，智术威胁到了启蒙运动本身。在习俗的乡邻，也即苏格拉底对之讲述对话的雅典听众面前，苏格拉底掩盖了自己在天性上与智术师之间的亲缘；在雅典听众面前，他将普罗塔戈拉称为外邦人（309c）。但普罗塔戈拉却通过暗示苏格拉底何以站在自己一边，敞开了苏格拉底与智术师关系中的关键部分：我们是同族，而同族不会向外乡人透露我们族类所必需的不正义——这么做会是疯狂的，而你和我都很清醒。

普罗塔戈拉既然已经保住了讲给众人的神话，抵抗住了来自自己同族之人的破坏，他终于可以转过身来，应对苏格拉底对德性是否可教提出的具体挑战——苏格拉底挑战的可是自己的终生事业。政治的德性是宙斯赐给所有人的礼物；不过，人们并不认为，这德性是"天生的"或"自己冒出来的"，相反，人们相信它是"教会的"（323c）。为了证明这点，普罗塔戈拉诉诸所有人，而不只是雅典人的实践。如果人们认为有些人的欠缺是出自天性或偶然，那么他们不会生气，也不会训诫、教导或惩罚他们（323d）；但是，对于人们认为来自努力、训练或施教的好品质，谁要是没有，却有与此相反的坏品质，人们的生气、惩罚、训斥就来了（323e）。普罗塔戈拉所举的例子是不正义、不虔敬以及所有与政治德性[涉及城邦事务的德性]相反的东西——在这里，虔敬被纳入他的[58]考虑，成为第三种不可缺少的社会德性。① 普罗塔戈拉现在可以总结说，"如果谁都会（对这号人）生气和训斥，显然是因为，这德性可以靠努力和学习来获得"。普罗塔戈拉将这番展示中的一个部分——惩罚——分离出来，他决定将惩罚作为自己发言的神话部分的最后一个问题（324a），从而使之变得尤其重要。普罗塔戈拉首先邀请苏格拉底，"如果你愿意"考虑一下惩罚：惩罚对那些行不义之人所具有的力量本身就会"教你"，人们认为德性是一种可以获得的东西。普罗塔戈拉提供的教导值得注意，因为它区分了由"有理性"的人施加的惩罚和不理性的惩罚——像头野兽那样报复。在这样教导苏格拉底时，普罗塔戈拉的行动似乎预设所有人都能理性地惩罚，但他刚刚强

---

① 伯纳德特注意到，"与所有其他柏拉图对话不同，《普罗塔戈拉》始终将虔敬补充为四种古典德性外的第五种德性"。参见《苏格拉底与柏拉图》（*Socrates and Plato*），页45。

调,惩罚的根源是愤怒(普罗塔戈拉接连三次谈到愤怒:323d2,323e2
和324a2),而他的讲辞的神话部分尤其旨在针对众人:普罗塔戈拉认
为众人是理性的吗? 恰恰相反,正如他此前在对神话的理性反思中挑
出了有理性的亲人,在这里,他对有理性者的建议是,可以通过理性地
运用惩罚,对无理性者——愤怒的众人——施加权力。"有理性的人
施行惩罚,不会报复一桩已经犯下的不义行动。"有理性的惩罚者出于
理性的理由而惩罚:"已经做成的事情不可挽回",而理性的惩罚者"为
的是将来的事情,以便无论行不义的人自己,还是看到行不义受到惩罚
的其他人,都不会再行不义"(324b)。

　　有能力为政治德性的神圣起源编造教谕性神话的普罗塔戈拉并没
有结束神话,直到他在惩罚的问题上开始进行理性教导为止。普罗塔
戈拉在这里克制自己,没有引入惩罚性的诸神,将诸神作为对行如野兽
之人的最高施罚者。但普罗塔戈拉其实能够这么做:他已经使宙斯颁
布了一条法律,"把凡没有能力分有羞耻和守法的人当作城邦祸害杀
掉"(322d)。最高的理性惩罚者是将宙斯称为施罚者的智慧立法者。
希腊的新教师理性地创立法律,并运用无理性的力量惩罚无理性的人。
普罗塔戈拉以惩罚的功用问题结束了教导,并将这个问题编织到关于
德性可教的总体论证之中:通过使无理性之人服从对罪恶之事的惩罚,
可以在无理性的人身上打下德性的烙印。在得出如下普遍化的结论
时,普罗塔戈拉谈论的是所有人:他们施加惩罚是出于[59]报复的目
的,"不管以私的方式还是公的方式采取报复的人都有这种意见"。如
果年迈的普罗塔戈拉真的相信这一点,他就是公众和私人生活的最粗
心大意的观察者;但从他讨论愤怒时的准确说法来看,普罗塔戈拉肯定
不会承受这种诋毁。与此相反,柏拉图是在让普罗塔戈拉装样子地(i-
ronically)讲话,普罗塔戈拉实际上认识到,为了统治不那么有理性、复
仇心重的众人,理性的、免于复仇动机的惩罚不可或缺。

　　普罗塔戈拉从讨论所有人转向"雅典人,你的城邦民们",并将自
己刚才就惩罚所说的话称为一段"道理"(logos),因而恰当地结束了发
言的神话部分。因为雅典人也会惩罚那些他们认为犯下不义之罪的
人,"按照这一道理,雅典人也属于认为德性是可获得和可教的那类
人"(324c)。面对苏格拉底在德性是否可教问题上的挑战,普罗塔戈

拉的回应最终以一位大师级的教师与一位有才能的审议者围绕一个私密问题的交流而结束：普罗塔戈拉实际上说——同时也在夸赞自己所选择的听众——你必须明白，德性之所以可教，要通过对潜在的罪过施以惩罚的威胁；你必须明白，我们关于惩罚性的诸神的神话正是以这种方式展开教导的，这个神话有助于在人群中塑造守法的城邦民——城邦民们得以保持正义体面，靠的是对神性的和其他类型的惩罚的畏惧。我们都明白关于神话($\mu\tilde{\nu}\theta o\varsigma$)的这个论证($\lambda o\gamma o\varsigma$)。那么，让咱们转向你的第二个问题吧。

在《普罗塔戈拉》中，普罗塔戈拉的神话构成了哲学史上的一个重大时刻，因为通过这个神话，柏拉图让最伟大的智术师讲述了柏拉图的教谕性的故事，此时正是柏拉图呈现苏格拉底的时间起点。通过柏拉图的作品，苏格拉底这位教师将如此成功地战胜普罗塔戈拉，因而让普罗塔戈拉永远黯然失色。这也使我们失去了对普罗塔戈拉的伟大之处的记忆。因此，在普罗塔戈拉的神话中驻足一番，从而试图恢复一些对那种失却了的伟大之处的欣赏，这将是有教益的。

普罗塔戈拉的神话将两种事关人类生存和群居秩序（civility）的发明归于诸神——提坦神普罗米修斯和奥林波斯神宙斯、赫耳墨斯。普罗塔戈拉不可能信仰这些神，这在他的著作《论诸神》的开篇一句中可以得到证明："对于神们，我一无所知，既不知道神是否存在，也不知道神是否不存在，亦不知道神们是什么样子；因为知识有很多障碍，一来这个题目本身难解，何况人生苦短。"①为什么普罗塔戈拉这个不信神的人要信口开河地讲这些故事，为他不清楚是否存在的诸神赋予善行？很简单，答案要从他的神话中推测：普罗塔戈拉懂得宗教的社会角色，而对于引起了[60]同时代人注意，并被他们引为真实的现存宗教来说，普罗塔戈拉也已看到，一个像他这样的天才演说家如何能对现存宗教进行有效的修改，使之完全服务于自己的目的。普罗塔戈拉不仅已经在宗教及其人类根源上得到启蒙，他还渴望利用宗教推进启蒙——方式是将广大的多数人的宗教变得公民化（civilizing）、柔和，而如果对多数人搞宗教启蒙，则不能使之得到良好的照料。公民化的诸神（civil

① 采用 Schiappa 译文，参《普罗塔戈拉与逻各斯》，前揭，页142。

gods）可以服务于公民秩序（civil order），能够在众人中促进正义和节制，而众人几乎无所察觉，只能重复领袖所宣称的东西。那么就让众人的领袖宣称一种普罗塔戈拉式的公民宗教（civil religion）吧，它可以确保启蒙的实现。

　　但是，普罗塔戈拉不是一个出了名的、明目张胆的无神论者吗？即便在古代，《论诸神》的开篇之语也被用作证据，表明他是一位公开的无神论者，[①]并且，据说雅典人放逐了普罗塔戈拉，并烧掉了他的书。[②]在当代，这种观点一直占据主导，直到耶格尔（Werner Jaeger）在 1936 年的吉福德讲座（Gifford Lectures）中提出了更可信的假设，这种假设更加符合这位思想家的实际：在柏拉图的《普罗塔戈拉》中的第一次发言中，他就承认了外邦教师所面对的危险。耶格尔认为，普罗塔戈拉根本不是一个公开的无神论者。[③]《论诸神》开篇的那几句有不可知论色彩的话为提出一种以人为中心的、人本主义的宗教留出了空间。这种人本主义宗教不认识诸神，但却认识到了诸神带来的好东西。普罗塔戈拉放弃了关于诸神是否存在的古老争论，将宗教视为"一个人类学的事实"；他着手开创了一种"宗教现象学"。[④] 柏拉图的《普罗塔戈拉》支持这种观点：在展示性讲辞中，普罗塔戈拉暗示了宗教的社会角色，它不可或缺，而且在思想面前具有伸缩性。普罗塔戈拉还整塑了荷马的诸神，使之服务于人本主义的视角。普罗塔戈拉的神学，或毋宁说他对宗教的社会功用的认可，使他得以借用荷马的诸神推进自己的启蒙计划；当普罗塔戈拉借用现存的神圣名号，向人类的技术创造力和社会德性的奠定者致以敬意时，他很清楚自己在做什么；而当他使惩罚——非理性的气愤和狂怒的自然迸发——成为神圣力量的某种功能时（神圣力量施加惩罚只是为了规训），他同样很清楚自己在做什么。柏拉图的《泰阿泰德》进一步支持这个观点：普罗塔戈拉并非一位公开的无

---

　　① Sextus Empiricus，《敌自然论者》（*Against the Physicists*），9.50。

　　② 西塞罗，《论诸神之本性》（*On the Nature of the Gods*），1.63；第欧根尼·拉尔修，《名哲言行录》，9.51-52。

　　③ Jaeger，《早期希腊哲学家的神学》（*Theology of the Early Greek Philosophers*），页 189-190。Schiappa 对耶格尔观点的讨论（参见《普罗塔戈拉与逻各斯》，前揭，页 143-148）梳理了古人对普罗塔戈拉的无神论的误解（见页 144-145）。

　　④ Jaeger，《早期希腊哲学家的神学》，前揭，页 176,189。

神论者。当苏格拉底呼召普罗塔戈拉[61]来捍卫自己的观点时,苏格拉底允许普罗塔戈拉提出质疑——当时苏格拉底引入诸神作为"普罗塔戈拉式尺度"的典范:"高贵的孩子们和长者们哦,"苏格拉底的普罗塔戈拉说,"你们聚坐在一起,发表公开讲辞,而且将诸神引入你们中间,尽管我在自己的发言和写作中将诸神排除在外。"(《泰阿泰德》162d-e)柏拉图笔下的普罗塔戈拉可以在一篇神话中运用诸神,但他避免对诸神进行理智反思。至于雅典人是否放逐了普罗塔戈拉并烧掉他的书,柏拉图的《美诺》对此持否定意见:苏格拉底在《美诺》中(91e)说,在长达四十年的整个教学生涯中,普罗塔戈拉始终保持了好的名声,即便去世多年,也还在获得人们的良好评价——一个明目张胆的无神论者不可能有这样的命运。

依循耶格尔对普罗塔戈拉的还原,笔者得到了诸多学术收获,其中有一点尤其令我印象深刻,对于领会普罗塔戈拉的宗教观具有独特意义,同时,它令人明白,这种宗教观如何塑造了希腊启蒙思想家们的政治抱负。关于普罗塔戈拉对宗教的启蒙式理解,马克(Ira S. Mark)通过一种令人意想不到的途径——大理石浮雕和壁画——发现了如今已经广受纳的观点。马克证明,帕忒农神庙东侧浮雕中的诸神体现的是普罗塔戈拉(在如下问题上)的理解——诸神何以不可或缺,而这些想象的典范在一种伟大的公民秩序中能够为教化人性、保持德性发挥怎样的角色:"普罗塔戈拉的神学决定了对[东侧浮雕上]诸神的选择、神像的画法、诸神的座次以及整体的设计";①普罗塔戈拉的帕忒农诸神是"公民化(civilized)社会的关键制度"的典型;与此同时,诸神被描绘成"对祈祷无动于衷","冷漠、以自我为中心";他们离开了(浮雕)中心,对发生在画面中心的人类宗教敬拜,他们背过身去;神圣者始终"使人无法察觉";"与其说诸神是仪式的真正目标,不如说其只是一种外表";"居于宗教中心的不是神圣者 *per se*[本身],而是人的虔敬行为"。②

① Ira Mark,《帕忒农神庙东侧浮雕中的诸神》,前揭,页330。

② 同上,页312,335及336。经过一系列精彩的解读,Mark表明,浮雕中的十四尊神像是如何"按照神圣的队伍排列,其中反映了公民化社会(civilized society)的关键制度"(页312):阿芙洛狄忒是母亲[!]她的儿子是爱若斯[!],支持这一点的是,阿尔忒弥

[62]马克的还原工作是对普罗塔戈拉思想力量的最鲜明的展现：浮雕上描绘的雅典节日——泛雅典娜节（Panathenaia）——"是在充当一个载体，一个使哲学变得可见的背景"。①普罗塔戈拉的人本主义诸神观被刻进了居于显著位置的岩石：它被刻在了通向最宏伟——并且刚刚竣工——的神殿的门口，这座卫城之上的神殿通向了雅典的伟大，以供全世界的人们前来观瞻、仰慕。这种诸神观怎样才能被允许呢？马克表明，普罗塔戈拉的教诲必定已经在最高层主导了雅典人的决策。部分依据古代的文献证据，马克得出如下可信的假设：在伯利克勒斯治下的雅典长期居住过程中，普罗塔戈拉赢得了那位著名的启蒙领袖的支持，后者掌管着雅典的建筑工程，帕忒农神庙正是他的巅峰之作。完全合理的是，既然伯利克勒斯曾经在公元前444年委托普罗塔戈拉为图里伊立法，那么，当他在主管完成以泛雅典娜节及其核心环节——雅典娜每年更换绣袍——为内容的巨大浮雕时，他也会委托普罗塔戈拉协助设计诸神的排列，而这将决定人们在雅典的虔敬拜祭仪式上的核心行为。②

　　难怪普罗塔戈拉在公元前433年回到雅典时对自己的优势毫无担忧：他的卓有成效的智慧已经镌刻在岩石中，成为雅典宗教艺术的

斯不是位贞洁的处女，而是充满了性欲和生育的力量——"奥林波斯诸神作为守卫者，捍卫的是生育、抚养子女"（页302）；新娘赫娜与丈夫宙斯由胜利女神尼刻（Nike）结合在一起，胜利女神代表"婚姻结合的胜利……奥林波斯诸神既是婚姻的典范，也是婚姻的守护者"（页312）；赫耳墨斯、狄奥尼索斯和德墨忒尔是农业技艺的守护神，守卫畜牧、葡萄栽培和农耕；阿瑞斯与德墨忒尔联合，并远离了源于占用或保卫土地而发起的战争；雅典娜与赫斐斯脱斯是城市技艺和冶金的守护神；阿波罗守护政治技艺（πολιτική τέχνη），而根据Mark的评论，波塞冬成为人类更早、更初始发展阶段的唯一一代表，如今已经老迈不堪。人们唯一想反对的就是波塞冬——值得注意的是，由于占据统治地位的三兄弟中的第三位——哈得斯并不在场（因此整个冥府的领域都缺席了），同样，由于波塞冬与阿波罗相关联，难道波塞冬——曾经是位充满愤怒的惩罚者——不能代表政治技艺的另一面，也即理性惩罚的正义吗？普罗塔戈拉本人在解释《普罗塔戈拉》的神话时，对理性的惩罚做出了证明。

①　同上，页336。

②　Mark的假设，根据的是关于普罗塔戈拉居住在雅典时以及他与伯利克勒斯的关系的历史证据（页336-342）。Schiappa详细讨论了普罗塔戈拉与伯利克勒斯的关系，从而认定两人的"相互影响"（页178以下）。就如何解读帕忒农神庙浮雕的问题，参Osborne，《对帕忒农浮雕的解读和掩盖》（"Viewing and Obscuring of the Parthenon Frieze"）。

新的核心作品,高悬在全希腊最宏伟的神殿门口。也难怪希珀克拉底打算借用苏格拉底来接近这位老师,当时他并不像在如今这个苏格拉底已经完胜普罗塔戈拉的世界中看起来那么蠢笨。但是,苏格拉底将会批评这位伟大而成功的思想家;苏格拉底将尝试着规训他,规训这个如此成功地为了人本主义、帝国主义的帝国之故而改写了荷马式宗教的人。普罗塔戈拉式的启蒙迫使启蒙了的苏格拉底在启蒙的最辉煌时刻对它提出批评,那么,普罗塔戈拉式的启蒙究竟问题何在?

伯利克勒斯为什么没法传授自己的德性?

[63]在转向苏格拉底的第二个问题——关于雅典人认为"德性可教"的信念——时,普罗塔戈拉两次提到"困扰"苏格拉底的"困惑"(324d3-4,323e3),开玩笑地把厄琵米修斯的特有品质(321c3)归于先虑早谋的苏格拉底。① 普罗塔戈拉明确说,他将"不再给你讲神话(mythos),苏格拉底,而是展示论述(logos)"(324d),尽管他已经结束讲神话多时,并以推理性的讨论向苏格拉底讲话,阐述自己对这则神话的立场。由于转向了苏格拉底的第二个问题,普罗塔戈拉可以完全抛开缺乏察觉能力的众人,不再为他们讲神话。现在,普罗塔戈拉在有能力的少数人面前展开了一番论证,表明自己不会像往昔的智慧者们一样,因为自己的秘密而被城邦的有权势者视为威胁;他将向有能力的少数人表明,自己可以作为有权势者的启蒙教师,在城邦中获得恰当的地位。

普罗塔戈拉的论证(logos)假定了城邦的一项基本需求,"有一种东西是所有邦民必然有份的,倘若会有一个城邦存在的话"(324e);现在,这种东西——政治的德性——有了三个部分,"正义,节制和虔敬(τὸ ὅσιον)"。宙斯曾经说,"所有人"都要有的政治德性包括他所赐予的δίκη[守法]和αἰδῶς[羞耻](322a);当普罗塔戈拉将其应用在神话中时,这两项德性变成了"正义和节制"(322e);而当他提到政治德性的反面时,他曾经说"其中的一种坏品质就是不正义和不虔敬"(323e)。普罗塔戈拉的论证的第一句话,在政治德性的内容上做出了最终的表

---

① 参 Morgan,《神话与哲学》,前揭,页153。

述;通过增加虔敬,他的论证为宙斯所赠予的东西增加了一种信念——这是由宙斯赠予的。通过在虔敬、正义、节制的行为中结合强烈的内在希望和恐惧,他将这种希望和恐惧与虽然不可见但却施行赏罚的诸神关联了起来。

普罗塔戈拉用一个带着很多限定条件的长句表达了自己的主张:如果将"正义、节制和虔敬"概括为一样东西,"我称之为一个男子的德性",如果这是人们所需要的,并且是所有人必须有份的东西;又如果每个人都必须按照这东西行事,否则就要施加教化和惩罚,直到他有了这德性为止——谁要是不听从教育和惩罚,就得被撵出城邦或者处死,"如果那些个好男子教自己的儿子时别的什么都教,就不教这个[德性]",那么,"他们能成为好人岂不怪哉"(325a-b)。普罗塔戈拉已然证明,人们认为德性可以教;而且,人们尚且教导那些其他的东西——如果没获得这些(其他的)东西,也不致丢掉性命、遭到流放,或者被抄没财产、倾覆家业,那么,他们竟会不教这个吗?"必须认为他们会教,苏格拉底。"(325c)他们当然会教了——在描述伯利克勒斯在阿尔喀比亚德的兄弟身上下的功夫[64]时,苏格拉底就承认了这一点。儿子之所以失败,是因为好的男子没有教育能力,或者因为儿子没能力学习,但并不是因为好男子亲身学到的德性不可教。

苏格拉底质疑那种特别的、例外的政治德性是否可教,这种德性为伯利克勒斯所拥有,而希珀克拉底则企求获得。普罗塔戈拉讨论的是通常的、普遍的政治德性是否可教的问题——为了使城邦存续,所有人都必须具有这种德性。直到论证结尾,普罗塔戈拉讨论的始终是这个问题;直到结束[这部分论证]后,普罗塔戈拉才为自己打开了一点空间,暗示自己可能是特殊之人的特殊教师,因为他了解常人。为了教导这点,普罗塔戈拉描述了自己观察的希腊教育的全部过程——正是他曾在开场时说,教育人类是智术师的职分(317b)。普罗塔戈拉的观察始于家门之内,始于与家人共同度过的最年幼的童年时期,并转向公共教育的各个阶段——其间诗人受到尊敬,最后结束于城邦以诸多律法所传达的教诲,这些律法源于"远古时代好的立法者"——对社会来说,人们对古代诗人和古代立法者的敬畏,就像对诸神的敬畏一样不可或缺。① 在这种整体、协同的教育努力中,普罗塔戈拉观察到一种强制和惩罚,通过这种强制和惩罚,一个自然的野蛮人因而转变为公民化的、驯服的动物。因此,普罗塔戈拉使人们看到,宙斯赐予的羞耻感和正义感——普罗塔戈拉将之扩展为正义、节制和虔敬——是社会强制的结果,在此过程中需要长期的训诫,需要通过惩罚和惩罚的威胁进行严酷的强制推行。② 所有城邦民都要参与这种强制教育,但只有最有能耐的人才有幸接受最长时间的强制教育,而"大有能耐的是最富有的人"(326c)。当着前来求教的富家子弟的面,普罗塔戈拉现在开始告诉苏格拉底,为什么那些好父亲会失败。

到目前为止,普罗塔戈拉只表明,好的父亲的确尝试将自己的男子德性传给儿子。为了解释他们为何会失败,普罗塔戈拉诉诸自己对各项技艺的观察,以及他所注意到的有能力的人将技艺的纯熟掌握传授给儿子的能力。普罗塔戈拉用一幅令人愉悦的图景解释了要害所在:试想,如果吹箫取代了正义、节制和虔敬,成为城邦的基本要求之一,那么,城邦的教育就会强迫每位年轻人成为够格的吹箫手,对于吹奏得不好的人,就要施以惩罚。[65]真正的好吹箫手能够将卓越的天资传给儿子吗?③ 不见得,因为在这个以吹箫技艺为主的城邦中,从优异到一般,吹箫的才能会自然分布,与父亲是谁无关。在这个城邦,只有"生来有极好的吹箫天赋的人……才会成为名手"(327b)——苏格拉底告诉过普罗塔戈拉,渴望成为名手正是希珀克拉底赶来找他的原因(316c)。最好的吹箫手当然会努力让自己的儿子成为最好的吹箫手,但是,因为技艺是自然分配的,他们往往会失败,而质资平平的吹箫手的儿子,却可能最有天分。"不过,"普罗塔戈拉说,"所有这些吹箫手毕竟比压根儿不懂吹箫的外行在行。"(327c)"所以",他说——并把这种基本的胜任应用于所有的城邦——相比于"那些既没受过教育,也

---

① 参施特劳斯,《古今自由主义》(*Liberalism Ancient and Modern*),页56。

② "通过六次重复ἀναγκάζω[强制、强迫]这个语词,普罗塔戈拉确定无疑地认为,强制是这种教育的显著特征,因此,道德的习得正是强制的首要结果",参Coby,《苏格拉底与智术师启蒙运动》,前揭,页64。

③ 苏格拉底是在复述普罗塔戈拉的长篇讲辞,而现在到了快结束时,他第一次补充了一句"他说"(327b),在即将结尾时又说了一次(328b)。苏格拉底是要开始打破普罗塔戈拉讲辞的魅力了吗?

没受过法庭或礼法或任何强制每个人成德性之人的那种强制的人们"，"一个在礼法和人世中长大的人，即便是最不正义的人也仍是正义的，甚至在正义方面还是个艺匠"（327c-d）。这正是普罗塔戈拉对希腊教育的长段描述意欲表明的东西：在以吹箫技艺为主的城邦中，所有人都是吹箫手；而在实际的城邦中，所有人都是正义、节制和虔敬的；所有经过城邦教育的强制和惩罚的人，在城邦必需的德性方面都是胜任的——普罗塔戈拉不需重复也能令人弄清楚，宙斯已经订立法律，任何缺乏道德这根弦的人都要被流放或者处死（322d，325b）。

作为受过教育的学生，普罗塔戈拉说，城邦的教育体制将天性扭曲者矫正过来，使之变成可以与吹箫手相比的事物。与此前的教谕性神话相似，这段教谕性的论述也借用令人愉悦的形象，讲述了自然人向城邦民的转变。现在，普罗塔戈拉的论述提出了自己关于人性动物的真实看法，因为现在他开始将人比作谐剧中的合唱队，并且大胆提到了自然［天性上］的野蛮人。在转向谐剧时，普罗塔戈拉以同样的招式转向本地，转向身边这群雅典人在"诗人斐若克拉底（Pherecrates）去年在勒奈亚节（Lenaia）上演的"谐剧中体验到的事情（327d）。普罗塔戈拉肯定没看过这场演出：他精心研究了讲辞，使之适合于当地的听众。他事实上说，你们在雅典生活在公民秩序之下，周围的人都受过教育、法庭和礼法的匡正，因而变得有教养。而如果你不得以生活在如同斐若克拉底的"合唱队中那些厌恨［66］人世的人"一样的野蛮人中间，"你若是遇上欧儒巴托和弗儒诺达，兴许会格外欣喜"——他们是当地的坏孩子，已经成为雅典谐剧中的笑柄，而满世界周游的普罗塔戈拉费心记下了这两人的名字。① 分配给所有人的正义、节制和虔敬所带来的公民教养（civility）使得天性扭曲的野蛮人获得匡正，但其中却不包括他

---

① 参阿里斯托芬，《地母节妇女》（*Women at the Thesmophoria*，公元前 411 年上演），861 行；伊索克拉底，8.57。斐若克拉底是位雅典谐剧诗人，公元前 438 年第一次赢得谐剧竞赛奖。普罗塔戈拉提到的谐剧如今已不可考，但柏拉图借普罗塔戈拉之口说斐若克拉底的谐剧完成于去年，因而再次为熟悉谐剧历史的同时代人指明了《普罗塔戈拉》的戏剧时间。在公元 200 年左右，阿忒纳乌斯（Athenaeus）将这部谐剧的上演时间设定在公元前 421 年，这为现代人确定《普罗塔戈拉》的戏剧时间设置了绊脚石；参见下文，"《普罗塔戈拉》与《阿尔喀比亚德前篇》戏剧时间考"。

们(欧儒巴托和弗儒诺达)——普罗塔戈拉克制住了自己,避免公开讲述有关人类自然历史的真实,因为这种真实是致命的;他不仅必须在教谕性的神话($\mu\tilde{\upsilon}\theta o\varsigma$)中隐瞒这个真相,在论述($\lambda\acute{o}\gamma o\varsigma$)中同样也要隐瞒。在做出关于人这一动物的判断时,普罗塔戈拉的论述已是极为深刻和严峻,正好在这里,论述转向了谐剧,还提到了本地的两个坏蛋,从而为自己争取到一份谐剧诗人才有的豁免权——谐剧诗人通过笑声使真实变得更甜,因而能讲出真实,而真实似乎只是某种可笑的肆行而已。

在简要举出了当地的例子后,普罗塔戈拉把雅典人苏格拉底带上了自己的谐剧舞台:"你被惯坏啦,苏格拉底,因为所有人都如其所能地是德性教师,而你却觉得没谁是。"他用另一个例子强调了自己关于普遍性的观点:"就好像如果你要找出谁是教希腊话的教师,就没有一个会显得是",因为所有人都在教希腊话,就像所有人都在教德性(328a)。再举一例后,普罗塔戈拉终于谈起了自己:他结束了关于城邦如何通过各种个人和制度变得公民化(civilizes)——为何所有人都分担了教育角色——的长篇描述,并稍稍为自己创建了一点空间:"倘若咱们中间有谁在增进德性方面哪怕突出一丁点儿,就是一件让人高兴的事情。"然而,在享受了这样一篇讲辞的款待后,当普罗塔戈拉在德性上不只突出一丁点儿时,谁不会感到高兴呢? 在吸引了在场的每一位前来拜访他,并指望在城邦里出人头地的有志青年之后,普罗塔戈拉乐于助人地为自己做了一段小型广告,把自己说成这样的人,"有助于某个人在臻进美和好的品质方面比其他人突出"(328b)。他甚至告诉被自己吸引的人如何付费给自己——与别的事情一样,普罗塔戈拉采取的是一种精心构思的独特方式:学费由学生依照得体[的要求]和对老师的感激来定,如果有谁不愿意,就将他送到神庙[由其自己决定]。

在展示性讲辞结尾时的一处细微的暗示表明,看起来谦虚的普罗塔戈拉事实上是多么与众不同。普罗塔戈拉说,所有人都教导德性,就像所有人都在教希腊话一样,他因而暗示了自己作为德性教师的独特品质,[67]因为,谁才是教希腊话的教师? 所有人,没错,不过有一个人是希腊语言研究的先行者,他教起希腊话来,其他人莫出其右:普罗塔戈拉通过希腊语动词的时态和名词的性,①借助自己"使薄弱的言辞变强"②的著名才能,并完全关注语言与现实的关系,③从而开创了对希腊语的研究。因此,作为希腊语言的开创性教师,普罗塔戈拉暗中宣称自己是关于社会德性——包括正义、节制和虔敬——的本性和必然性的开创性教师。至于勇敢和智慧呢?他没有忘记这另外两种德性,而是将它们分别处理,暂且按下不表。对于这两种确实有所不同的德性,他这位关于德性本质的开创性教师以一种独特的方式将它们展现出来:在第一次讲辞中,普罗塔戈拉将自己介绍为不同于整个希腊智慧传统的智慧者(316c-317c),从而展示了自己作为希腊启蒙运动的开创性教师的勇敢——自己敢于以一种新的方式将智慧公之于众。普罗塔戈拉在展示性讲辞中略去了勇敢和智慧,这体现出他的计算:对刚才列举的这两种德性缄口不谈,而是在关于社会德性不可或缺的讲辞中将两种德性付诸行动。普罗塔戈拉的展示性讲辞表明,希腊启蒙运动勇敢的开创者有足够的智慧,因而不相信普遍启蒙,但又有能力用神话和论述的教谕手段推广启蒙。普罗塔戈拉的神话和论述在众人面前保留了残酷的真实,同时使之对具有精神勇气的人敞开。第一个研究和教授希腊语言的人,就是第一个研究和教授正义、节制和虔敬的人,这使得智慧所具有的真正勇气向我们敞开。

　　但是,伯利克勒斯的失败又是怎么回事?这件事正是苏格拉底用

---

①　"普罗塔戈拉是有记载的第一位将语言 per se[本身]作为研究对象的希腊思想家。"参 Schiappa,《普罗塔戈拉与逻各斯》,前揭,页 97。参第欧根尼·拉尔修,9.53-54;亚里士多德,《修辞术》,1407b。

②　根据 Schiappa,这个短语虽然被阿里斯托芬和其他人扭转为谴责,但 Schiappa 表明了这个短语何以实际指的是理性论证的有效力量;Schiappa 的翻译替换了通常的贬义译法,并"将'使薄弱的言辞变强'做了如下理解:这句话是在提倡加强可取的言辞(尽管更薄弱),从而挑战关于同样经验的不太可取的言辞(但当前占据上风)。参《普罗塔戈拉与逻各斯》,前揭,页 113。

③　"万事万物的尺度[其实是]人类:人所有的才在,人没有的就不在。"[译按:译者参考了刘小枫先生的译文,见《凯若斯》,华东师范大学出版社,2005,页 125。]在分析普罗塔戈拉著名的相对主义表述时,Schiappa 表明,这段话以及以之开篇的这本书是对埃利亚学派的一元主义的回应(《普罗塔戈拉与逻各斯》,前揭,页 121-130),同时也是对赫拉克利特对"万物皆流"和"对立者的协致"学说的逻辑引申,而这种引申关注的是语言与现实的关系(页 90-100)。

来表明雅典的大人物没法将德性传授给儿子的唯一举证。普罗塔戈拉
将这个本地的问题留到最后，现在终于帮助伯利克勒斯的儿子们摆脱
了尴尬，挽救了他们被苏格拉底[68]伤害的自尊——苏格拉底曾经拿
他们作为其父亲教育失败的例证。普罗塔戈拉拒绝承认伯利克勒斯的
失败，在他上次久居雅典期间，自己与伯利克勒斯的友谊可是远近闻
名。普罗塔戈拉也拒绝认为伯利克勒斯的儿子是失败者："刚刚对这
些小伙子下如此断言就不太恰当了；他们还有希望，毕竟还年轻嘛。"
(328c-d)普罗塔戈拉如此优雅地对 22 岁的帕拉洛斯和 27 岁的克珊悌
珀斯伸手相助，因而以精心计算的音符收篇，为的是吸引所有的雅典青
年对这位年长的外邦人产生好感——他表明，自己是多么体谅年轻人，
对年轻人的不同方式又是何其宽容。

　　普罗塔戈拉的宏大的展示性讲辞将自己展示为怎样的人？是为人
类送来礼物，使在自然中手无寸铁、朝不保夕的人类因而得以生存、繁
荣的某位新的普罗米修斯吗？某种程度上是。因为他凭借所教的政治
τέχνη[技艺]使自己对从希珀克拉底到阿尔喀比亚德的所有青年都有
吸引力。他是为人类送来礼物，使之摆脱从前彼此撕咬的状态，并能生
活在和谐的共同体中的某位新的宙斯吗？某种程度上也没错。因为他
用几十年来难以逾越的讲故事和逻辑论述的方式，教导正义、节制和虔
敬。但他不只是这些想象中的存在。普罗塔戈拉清楚，在这个因为普
罗米修斯和宙斯的礼物而获得了生产能力和城邦生活的人类世界面
前，自己是后来者。就生产贸易的从业者，以及教导、推进公民德性
(civility)的整个社会来说，普罗塔戈拉蒙受他们的恩惠。普罗塔戈拉
只能在该来的时候前来，他虽然是后来者，却有理解力，并将理解力作
为礼物带给其他有能力理解的人。对于以其工作满足了自己所需的
人，普罗塔戈拉慷慨地偿付自己所欠的恩惠：他没有背叛普罗米修斯和
宙斯，而是讲述了教谕性的故事，使得他们的公民化工作得以持续。但
普罗塔戈拉也收获了自己的回报：他一方面教谕无所察觉的众人，一方
面对有权力者的子弟送去了某种教导，从而教他们如何运用父辈们自
然获得的权力，对于这些子弟中的最优异者，普罗塔戈拉送去了理解力
这一礼物；普罗塔戈拉收获的回报是，自己成了希腊启蒙运动的一个新
传统的开创者。他一方面是普罗米修斯，作为先虑早谋的艺匠，带来了

一种进行劝导性发言的新手艺;另一方面是宙斯,作为自然的统治者,通过关于神圣典范的教诲,为自己的臣民带来公民德性(civility)。普罗塔戈拉想让明白人看到,自己首先是位创新者,是第一个教导如何以启蒙了的方式(enlightened way)搞启蒙(enlightenment)的人。

普罗塔戈拉的神话和论述肯定要被视为一次重大成功。它们并未解决存在于苏格拉底的挑战中的两个部分间的张力,但苏格拉底清楚,这原本就是不可解的:他的挑战融合的是两个本来彼此冲突的问题;在一个民主政体中,讲给众人的民主神话与[69]有能耐的人的实际统治的共存之中,存在着不可解决的紧张。存在于普罗塔戈拉讲辞中的自相矛盾引起了学术上的轻蔑,但这种矛盾消解为普罗塔戈拉在雅典民主制下乐于捍卫的信念上的自相矛盾。其中的自相矛盾不可消除,而普罗塔戈拉的目的也要求不能消除这种矛盾。需要的只是对这种自相矛盾心中有数,并加以利用;他的讲辞表明,自己不仅会这么做,而且还会在教导其他人时,将自己的理解传到合适的人耳中。

苏格拉底向框架谈话的听众转述说,当普罗塔戈拉总结自己的发言时,在他"展示"(ἐπιδειξάμενος)了这么多之后,苏格拉底"继续望着他好半天,已经沉迷(κεκηλημένος)于其中,仿佛他还有什么要说,而我很想听"(328d)。苏格拉底会沉迷于其中吗?他看起来倒更像是在反映其他所有人的反应,他们无法抵挡普罗塔戈拉这样的发言者的魅力。我们无法相信苏格拉底也沉迷其中,他不但讲过自己初登卡利阿斯家门时曾经见证的众人皆已入迷的情景(κεκηλημένος,315b),而且曾经警告希珀克拉底,要当心普罗塔戈拉这位商贩的力量(313c-e)。相反,苏格拉底看起来正在做他后来做过并且承认的事情(339d-e),先装装样子,争取时间集中思绪,以便做出恰当的回应。在整理停当后,他转向希珀克拉底,①并且恭维普罗塔戈拉,而普罗塔戈拉肯定还沉浸在完成一篇宏大讲辞后的成功之中。苏格拉底的恭维向普罗塔戈拉提出了一个新挑战:从"我们的某个大众演说家,比如伯利克勒斯"那里,大概也会听到与这相似的讲辞。但普罗塔戈拉的不同之处在于,他不"像

---

① 这是苏格拉底最后一次提到希珀克拉底,只称他为"阿波罗多洛斯的儿子"(328e),希珀克拉底只是苏格拉底到这里的表面原因。

一本书那样",既不能解答,也不能反躬自问,而且他也"不像一只锣"那样敲一下就响个不停,直到有谁摁住它。苏格拉底说,普罗塔戈拉同样也能简短回答问题,从而把普罗塔戈拉摆在了自己将对他提出的要求面前;(苏格拉底还说,)当他(普罗塔戈拉)提出问题后,也会等待和听取回答——那么,苏格拉底又要让普罗塔戈拉面对自己就其长篇讲辞提出的另一段长篇回答。

对于苏格拉底曾经提出挑战并邀请他做的事,普罗塔戈拉漂亮地做到了:他用一个教谕性神话支持了雅典的民主偏见,并通过赞扬雅典教育和参与教育的所有雅典人,免除了雅典领导人受到的怀疑——他们在教育子弟方面被认为不能胜任或不负责任。此外,普罗塔戈拉也做了苏格拉底警告希珀克拉底他可能会做的事:雅典青年在他的感召下不自觉地服从他的掌控,在这么做的同时,他向苏格拉底和其他有能力的听众私下表明,怎样[70]才能做到这点。通过邀请普罗塔戈拉发言,邀请他发挥自己的实力在前面引路,苏格拉底冒险使雅典青年处在普罗塔戈拉的魅力之下——但苏格拉底肯定心里有数,这并不是终极的危险:苏格拉底有信心应对并超越普罗塔戈拉的任何讲辞,无论他讲得多么精彩。按照苏格拉底的安排,他对伟大的普罗塔戈拉的胜利将会使雅典青年敬服自己的魅力。同样,与普罗塔戈拉一样,苏格拉底的魅力在吸引青年人的同时,也会向有能力的人揭示自己的私下教诲。

8 苏格拉底的展示性讲辞(一): 智慧者必须教导德性的同一性(329b-334a)

苏格拉底并未在普罗塔戈拉的展示性讲辞中明确挑出某项问题,相反,他用属于自己的方式发表讲辞,从而与普罗塔戈拉竞争。他对希珀克拉底说,"有个小小的障碍"(328e)使自己不能相信普罗塔戈拉的说法——好人之所以变好,是出于属人的努力。苏格拉底的发言从这个障碍开始——普罗塔戈拉本该就此说服苏格拉底,但从这里开始,苏格拉底要展开说服普罗塔戈拉了。谁会说服谁呢?而且要说服的是什么呢?苏格拉底一方面同意普罗塔戈拉以他的方式说话,一方面必须争取以自己特有的方式说话的权利——采取简短问答或辩证法的方式。① 因此,在称呼希珀克拉底时,他恭维普罗塔戈拉既是长篇演说的大师,又精通简短发言:现在,普罗塔戈拉必须简短作答,才能捍卫自己作为简短回答者的名声。

　　苏格拉底从希珀克拉底转向普罗塔戈拉,在唯一一次引述普罗塔戈拉的长篇讲辞时,苏格拉底提出,普罗塔戈拉曾经说宙斯"把行为正义和羞耻"带给人,而普罗塔戈拉本人也提到"行为正义、节制和虔敬"(329c)②,并将三者说成仿佛是一个东西——德性。苏格拉底想从普罗塔戈拉那儿听的,其实不是他在讲辞里所说的任何东西,而是要他解释,这些德性何以是同一个东西:"是不是说,正义、节制和虔敬是德性的部分",或者说三者都是"同一件东西——德性的不同名称?""可是,这很容易回答啊,"普罗塔戈拉说,仿佛松了一口气,发现没被问到更难的问题,例如重提苏格拉底先前的疑问——普罗塔戈拉心里清楚,自己还没[71]答复这个问题呢。他对这个简单问题的简要回答是,它们都是德性的各个部分。那么,他们是像嘴巴、鼻子、眼睛、耳朵那样,是一张脸的各部分,还是像一块金子的各部分那样?③ 如同一张脸的各部分,普罗塔戈拉回答说。苏格拉底随即提出一个问题,因而将各部分集中到彼此共同的论证,也即德性的统一性问题上来:是不是说,有些人有一部分德性,另一些人有其他的德性,抑或说,如果有人有了一部分德性,必然就有了全部? 普罗塔戈拉回答说,各种德性不是同一的,但为了表明自己的观点,他引入了在此前讲辞中略去的两种德性:勇敢和智慧。④"很多人勇敢却不正义,而有的人正义却不智慧。"(329e)普

----

　　① 　在335a-b,做简短回答被称为βϱαχυλογίᾳ[言辞简短的方式];Coby 将其称为"《普罗塔戈拉》中为了哲学辩证而采用的代码词语(code word)",参氏著,《苏格拉底与智术师启蒙运动》,前揭,页 72。

　　② 　普罗塔戈拉说,宙斯赐予"羞耻和行为正派(δίκη)"(322c)——而苏格拉底说的是δικαιοσύνη;当普罗塔戈拉提到"行为正派、节制和敬神(τὸ ὅσιον)"(325a)——苏格拉底说的是ὁσιότης[虔敬]。

　　③ 　Coby 展示了这些类比的不充分之处,参氏著,《苏格拉底与智术师启蒙运动》,前揭,页 74。

　　④ 　普罗塔戈拉在 326b 曾经胆怯地提到过两者;在演讲之前,他曾指责希腊智慧者的整个传统缺乏勇敢和智慧,从而暗示自己的勇敢和智慧。

罗塔戈拉在发言中,将正义作为受社会限定的三种德性的代名词(326e,327c);直到现在,普罗塔戈拉才增加了勇敢和智慧,并将二者与正义分开,这表明,对他来说,勇敢和智慧不仅与受社会限定的德性不同,甚而还要求与后者决裂。那么,智慧和勇敢也会是德性的部分吗?普罗塔戈拉将二者提升到其他三种德性之上,并使智慧成为其中最大的德性。于是,苏格拉底确保普罗塔戈拉同意这个观点:从各自的能力(δύναμις)来看,五种德性中的每一种都彼此不同。①

事实表明,苏格拉底的下一步是对普罗塔戈拉表明自己的目的。他采用了与希珀克拉底单独谈话时用过的微妙的提问手段(311b-d),编出一位无名的提问者向两人提问,强迫两人联合起来,应对同一位提问者——这个提问者的问题可绝不简单。在介绍这位提问者之前,苏格拉底用了面对提问者的问题时常用的另一个小小的对话手段:先说自己认为可能正确的答案,再提请普罗塔戈拉同意。他的问题是:"行为正义是某种事情,抑或不是某种事情?"随即补充说:"在我看来是某种事情,你觉得呢?"(330c)待普罗塔戈拉同意后,苏格拉底引导提问者就两人都同意的事情向他们提问:"这件你们俩所称的某件事情,也就是正义,它本身是正义的抑或是不义的呢?"苏格拉底说,他会回答它是正义的,并问"你会投哪一票,[72]与我相同还是不同?"普罗塔戈拉说自己会与苏格拉底意见相同,而苏格拉底再次运用了刚才的小手段:"那么,我会这样回答那个提问的人说,行为正义就是一件像做义人这样的事情,你也会这么说吗?"在完成了自己的微妙设计后,苏格拉底使这个提问者转向虔敬,并问道,虔敬是否也是某种事情(330d)。

苏格拉底设计了一个特殊场景,以提出关于正义和虔敬的棘手问题:让另外的某个人提出问题,他和普罗塔戈拉两人一起来回答,犹如一个回答者的小型共同体,对棘手的问题给出同样的答案。在卡利阿

---

① 这是苏格拉底第一次不直接引用普罗塔戈拉的回应,只是说"他同意,并非如此"(330b)。在这一轮交谈中,也许讲述者苏格拉底可以通过此处和后文中间接引用的发言,掌控对普罗塔戈拉面对问题时的反应的呈现。例如,苏格拉底首次宣称普罗塔戈拉的气恼时显得有些出人意料(332a),这出现在苏格拉底的直接发言中。相比之下,当苏格拉底报告说普罗塔戈拉"很不情愿"地同意(333b)时,则是讲给框架谈话的听众的。

斯家中的私下场合,苏格拉底安排了这个场景,正好符合他们两人在蒙受优待的私人场合之外所实际面对的质疑:在外头,他们被看成同一种人,是智慧者或智术师,而且也在关于正义与虔敬的重大问题上受到质疑。在正义与虔敬问题,也就是礼法和诸神这两件作为城邦立足之本的问题上,你们这些"智慧者"站在什么立场?在这样的质疑者面前,苏格拉底和普罗塔戈拉共属于一个利益共同体,他们的勇敢引导自己研究正义和虔敬,他们在智慧的引导下得出结论,认为正义与虔敬都是受社会限定的德性,而他们的提问者则认为,正义与虔敬是由受诸神眷顾的智慧的先人奠定的——这正是普罗塔戈拉的讲辞所承认的。因发明了这样一位提问者而形成的伙伴关系中,苏格拉底为自己赢得了领导的位置:在回答有关德性的问题上,他可能有些东西要教给普罗塔戈拉。智慧者如何才能最好地回答对智慧者的正义和虔敬心怀疑问的邦民们的问题呢?在提请伟大的演说家普罗塔戈拉简短作答之后,苏格拉底现在开始引导普罗塔戈拉走向自己认为恰当的答案。普罗塔戈拉能容忍自己被苏格拉底领着走吗?普罗塔戈拉可是自诩在几十年前就引领了一条指引智慧者如何在众人和强力者面前展示自己的新道路。

行为正义与虔敬的统一(330d-332a)

普罗塔戈拉同意苏格拉底在关于虔敬的最初问题上的敦促,他同样也会回答说,"他们说的是某种虔敬"(330d),而且虔敬的确是某种事情。但是苏格拉底的提问者随后问道,这种作为某件事的虔敬"本身自然地就是一件不虔敬的事情,还是一件虔敬的事情?"(330d)苏格拉底回答说:听了这个问题,他会光火起来,或者被惹出一肚子怒气。这不仅为他们提供了回答,还提示了回答时的态度。但是,苏格拉底真会发火吗,而且是对一个问题发火?我们得认为,苏格拉底是装作生气,他会指责提问者,直言"不要胡说,你这家伙",或打个比方,"不要[73]亵渎神明"。提问者的亵神体现在这个特定的问题中,因为"要是虔敬本身不是虔敬的样子,哪还会有虔敬这回事啊!"看起来,虔敬的本性或虔敬之为虔敬是这样的东西,苏格拉底会认为,即使提出这个问题也已是不虔敬的——至少他会这样回答他们的提问者。"你呢,你不也会这样回答?""当然会啊。"但是,在关于虔敬的根本问题上,恰恰是普罗塔戈拉在书中提出了一个著名的回答,他甚至胆敢将这句话写在一本书的开篇:"对于神们,我一无所知,既不知道神是否存在,也不知道神是否不存在,亦不知神们是什么样子。"如果他像苏格拉底认为他所应该的那样来回答,他就不会再这么说了。

在继续提问时,提问者的问难发生了一次奇怪的突转(330e)。苏格拉底把这个提问者说成是听过苏格拉底与普罗塔戈拉两人此前谈话却又没能听全的人:"我觉得你们好像说的是,德性的各部分彼此是这样的:它们的每一个部分都与另一个不同。"提问者的看法从苏格拉底那里吸取了一点指导。"别的你都没听错,听错的是你认为我也是这样说的。毕竟,是这普罗塔戈拉在回答这些啊,我不过是提问的而已。"苏格拉底说了这些话(330b),但只是为了抖出普罗塔戈拉这个判断中的隐藏含义:每种德性都因为各自的能力而不同。而这些是苏格拉底在发明出这个提问者之前说过的最后的话——恰恰是这个问题,也就是各个德性是否统一的问题,才是苏格拉底组建这个小的共同体所要处理的问题;他想让普罗塔戈拉收回关于德性的各个部分如何关联的判断,并且在回答提问者时说出苏格拉底要说的话。苏格拉底让提问者转向普罗塔戈拉:"这人说的是真的吗,普罗塔戈拉? 你的确说德性的这一部分在性质上不是另一部分? 这就是你的论证么?"(331a)苏格拉底坚持让普罗塔戈拉回答这位不依不饶的提问者:"你会回答他什么?""必然得同意这一点",他说。不见得一定要同意,苏格拉底就不会同意。他的回答会与普罗塔戈拉不同——而且,他关于应该怎样回答德性统一性问题的整个一番排练的目的,恰恰在于劝说普罗塔戈拉做出不同的回答。

苏格拉底让提问者提了最后一个问题,这个小问题牵强不通(knotted),设计粗陋,并荒谬地总结道,如果行为正义与虔敬不同,它们在逻辑上就是对反的,每一个都因为与另一个不同,而是另一个的否定:"这样一来,虔敬就不是某种正义的事情,正义在性质上不是做虔敬的事情,而是做不虔敬的事情,虔敬也不是做正义的事情,而是做不正义的事情,而[正义]就是做不虔敬的事情?"(331a)这个问题暴露了提问者自身的问题:如果他认为只要是不同的事情就会彼此冲突,那么他其实是在逻辑上训练不足。他的逻辑错误[74]看起来比他关于谁说了什么所犯的错误更加严重,但苏格拉底没有纠正他,没有说有某种东西可以既正义也并非不虔敬，同时有些虔敬的东西并非不正义。相反，如果苏格拉底本人要回应这个逻辑上有误的问题，他只需要说"正义是虔敬的，而虔敬也是正义的"(331b)。但苏格拉底不想只替自己说话，他也想替普罗塔戈拉说话："要是你会让我替你说，我将会作出一样的回答"——如果你会让我替你说，我就会翻转你刚才的回答，说"正义与虔敬是一回事，或者极为相似，简直可以说，行为正义类似于虔敬，而虔敬类似于正义"。这段代表普罗塔戈拉所作的发言，最大胆地把苏格拉底创造提问者的实践呈现了出来：普罗塔戈拉，这才是用来回答一位不专业的提问者的恰当答案，而不是像你刚才那样的回答。如果有人就正义和虔敬的问题那样问你，你该说，它们是一回事，或尽可能说它们极为相似。随着两人谈话的进行，苏格拉底在向普罗塔戈拉提出问题时，显得非常有创造性，他在提醒这位擅长讲话的大师应该怎样转换说法，给怀疑自己在礼法和诸神问题上究竟持有何种立场的提问者留下合适的印象。我会这么回答，而且你也该这样回答——这么一位初出茅庐的晚辈竟然一句句教自己说话，这位全希腊最伟大的教人说话的教师将会感到恼火。

　　普罗塔戈拉拒绝了苏格拉底的提议。"我觉得它们之间还是有某种差异，不过，差异究竟在哪里呢?"(331c)不愿较真的普罗塔戈拉不认为非要或此或彼地回答提问者不可："如果你愿意，咱们姑且让正义就是虔敬，而虔敬就是正义吧。"苏格拉底对这种马虎随便变得很严厉，而一旦严厉起来，他就让那位提问者消失了：如果这位伙伴不以相信的态度采纳他提议的回答，那么提问者就不再有用处。"我完全不需要用这个'如果你愿意'和'倘若你觉得'来探讨，而是需要我和你的直接讨论。我说'我和你'，因为我认为，谁要最佳地探讨出个道理来，就得让自己离这'如果'远点儿。"苏格拉底如果直接问普罗塔戈拉，"如果"就会消除了。但普罗塔戈拉首先有些恼火地就事物的不同做了一小段发言，随着发言的深入，又用了一句"如果你愿意"。他宣称："任何东西都这样或那样地与随便什么东西相像，"普罗塔戈拉又说，"如果你愿意的话，你可以说，所有的东西相互都相像。"但他反对这样抹去事物的差别，甚至提到正义："把那些有点儿一样的东西叫作一样，是不对的"(331e)——他的正义看起来是要求自己给提问者一个诚实的回答。普罗塔戈拉的措辞引起了一番回应[75]——苏格拉底本可以使提问者以反诘的回应方式提出来:"那么,对你来说,正义与虔敬相互之间只有一点儿相似之处?"普罗塔戈拉回答说,"不是这样,也不是我觉得你以为的那样"——如果不借助苏格拉底的暗示,普罗塔戈拉这句话肯定会很难解释。苏格拉底的暗示使得普罗塔戈拉眼下面对诘问时的感觉变得很明确:"你让我觉得你对这很厌烦。"(332a)由于惹得普罗塔戈拉不高兴,又没能说服他像自己一样对正义与虔敬的统一性作出回答,苏格拉底放弃了这两种德性的统一性问题,没得出什么结论。但苏格拉底后来表现得似乎已经或几乎证明了这一点(333b,349d),而且,他也会像仿佛已经证明了其他尚未证明的统一性一样行事,因为从这时开始,对话本身获得了一种明确的统一性:苏格拉底固执地坚持自己的目的,意欲证明五种德性的统一,因而开展了四次不同的论证,这些论证共同证明了所有德性的统一性。但苏格拉底证明第一组统一性的方式表明了他的论证中的某种东西:当一个提问者就与自己关系最重大的问题向智慧者询问其看法时,最重要的是要像各种德性具有经过证明的统一性那样行事。

智慧与节制的统一(332a-333b)

在确定正义与虔敬的统一性的过程中,苏格拉底已经表明了自己的目的。现在,他转向了一种在普罗塔戈拉的讲辞中没有获得位置的德性——智慧,但普罗塔戈拉后来认为,这是德性中最为重大,也最重要的部分。为了表明智慧与节制是一致的,苏格拉底开展了一个以对立为基础的简单论证。普罗塔戈拉承认,智慧与糊涂(foolishness)相反。苏格拉底随后开始表明,节制(或头脑清楚[sensibleness])①与糊涂相反。苏格拉底先举出了五组对反的例子,此后才要求普罗塔戈拉同意,"相对立的东西中的每一个都仅有一个相对立的东西,而不是许多"(332c)。也许普罗塔戈拉被五组例子带偏了,但在他同意后,苏格拉底"总括一下我们已经同意的",并轻易地总结出,他们必须放弃两种观点中的一种:"一个东西只有一个相反之物,还是另一种说法:智

---

① "糊涂"对应的是ἀφροσύνη[不节制、不审慎];很明显,在希腊语中,σωφροσύνη[节制]是ἀφροσύνη[糊涂、不审慎]的反义词。按照希腊语词的原意,如果将σωφροσύνη翻译为"头脑清楚"(sensibleness),用英语读来就很容易理解了。

慧与节制是两码事"（333a）。该放弃哪个？苏格拉底问了两次（333a1,6-7），普罗塔戈拉都没回话。于是苏格拉底再次重复了问题，并且针对这个问题提出疑问："不然又是怎样呢？"（333b）苏格拉底叙述说："他同意，不过十分[76]勉强。"普罗塔戈拉同意存在着问题，而不是同意哪一个答案。而苏格拉底表现得仿佛普罗塔戈拉的同意已经解决了这个问题，于是继续施展复杂、巧妙的手段。苏格拉底首先问："节制岂不就会和智慧是一回事了？"随后把这个问题看作确认性的回答，于是补充说："先前我们已经弄明白，正义与虔敬几乎就是同一个东西。"他把两个不成立的证据都变成了证据，又接着说："好啦，普罗塔戈拉，咱们别泄气，直到完成我们的探讨，"于是马不停蹄地转向将要证明其统一性的第三对德性，正义和节制。

　　这样，苏格拉底一人替两人做了决定，认为智慧与节制是相同的——下结论的基础不仅是个有问题的假设——一件事物只能有一个对立面，而且这个论证还不完整，显得很可笑。苏格拉底仍然按照自己设计的提问者在进行第一个论证时所设定的条件行事，也就是引领普罗塔戈拉作出回答，仿佛是普罗塔戈拉本人在回答一样。现在的话题是智慧和节制。普罗塔戈拉将智慧排除在受社会限定的德性清单之外，但苏格拉底宣称智慧与节制相同。苏格拉底不会真的认为智慧与节制没区别——智慧需要的是对万事万物的彻底、无节制的追问。然而，当一个智慧的人在有关智慧的问题上被问到时，他如果表明智慧与节制是相同的，那么他的提问者就既不会对智慧，也不会对这位智慧者有什么恐惧。苏格拉底围绕着第二对德性的努力与前一次努力目的相同：普罗塔戈拉哦，这才是在公众面前谈论智慧的智慧方式。

　　苏格拉底感谢希珀克拉底领自己来见普罗塔戈拉，并听到了他的宏篇高论。但苏格拉底也在表明，自己自有安排，而且简明熟练。苏格拉底发起攻势，为的是转变普罗塔戈拉的说话方式，促使他采取与多年来驾轻就熟的方式不同的讲话方式。普罗塔戈拉能容忍这位年轻的对话者对自己提出劝告吗？面对苏格拉底的下一轮论证，普罗塔戈拉已经表现出来的恼火会更加尖锐。

正义与节制的统一（333c-335b）

在苏格拉底论述行为正义与节制的统一性之前，两人关于普罗塔戈拉该如何回答的方式问题发生了一些轻微的争论。苏格拉底问："某个做事不正义的人在你看来——就他做事情不正义而言,算得上做事节制(有头脑)吗?"(333c)普罗塔戈拉将[77]关注点从自己身上转移开:"这我就不好意思同意了,尽管常人中的多数人恐怕会说是这样。"普罗塔戈拉的回避能够掩盖自己也同意"不正义可以算是头脑明智",或者"正义与节制之间没有统一性"这些令人羞耻的观点吗?"那我该与那些人辨理,还是与你辨理啊?""如果你愿意,"普罗塔戈拉回答说(用了苏格拉底要求他避免使用的让步句[331c]),"你不妨先拿这说法去与多数人对话吧。"普罗塔戈拉会回答苏格拉底,但要站在他引入的其他人的立场上。但苏格拉底不想让普罗塔戈拉躲在众人身后消失不见,所以要求"只要你回答,你觉得这些究竟是抑或不是",苏格拉底又说,"我要审查的主要是这个说法",同时保证说,"无论是提问的我还是回答者,都会平等地受到审查"——而事实上,他的论证审查的是回答者。苏格拉底讲述普罗塔戈拉的不情愿:"起初,普罗塔戈拉在我们面前装模作样,嘀咕这论题繁难。"(333d)他没有说普罗塔戈拉为什么觉得繁难,这引人推测,在关于"不正义之人头脑明智"这个令人羞耻的观点上,普罗塔戈拉接受提问时显得很谨慎。

苏格拉底要求听到普罗塔戈拉自己的观点:"有些人做事情不正义,对你来说显得是做事节制(有头脑)吗?""就算是吧,"普罗塔戈拉说,保留着自己的观点。从这里开始,提问都变得很轻快,而普罗塔戈拉必须得一直赞同:就"节制"的含义来说,他指的肯定是那些犯下这些不义之举的人"善于谋划"(εὖ φρονεῖν);而在他看来,"善谋"的意思是"周全考虑"(εὖ βουλεύεσθαι)或采纳良好的意见;而如果他们采纳了好的意见,他们就"做得漂亮";而如果"有些好的东西",那么"好的东西就是对人们有益的吧"? 在这里,普罗塔戈拉必须打断推论过程了,因为他已发现,自己这位关于"善于谋划"的教师①面临着被揭穿的危险。普罗塔戈拉语气强烈地打断了苏格拉底的推论过程,他在这里第一次发誓,并尝试将关于"好"的话题从"人类的益处"的问题上转移

---

① 在"善于采纳好的意见"(εὖ βουλεύεσθαι)与普罗塔戈拉宣称要教的"善谋"(εὖ βουλια)(318e)之间,存在着词义上的关联。

开。"当然是啊,凭宙斯说,即便对人们并没有益处的,我也会称为好东西。"苏格拉底告诉框架谈话的听众,普罗塔戈拉这时"脾气上来了,一副争胜的样子",而且"摆好了阵势,准备拒绝回答"(333e)。面对被自己激怒的普罗塔戈拉,苏格拉底说他"小心翼翼起来,继续温婉地问"。他用温婉的问题邀请普罗塔戈拉继续讨论已经被他转移的话题——"你是说那些对一个人没益处的东西,还是说那些整个儿没益处的东西?"普罗塔戈拉接受了邀请,就"好"的相对性问题来了一小段发言,这对他来说是一段(非常熟悉的)标准材料,[78]尽管在第一个用来论证"对某件东西好的事物,对其他东西没用处"的例子中,他这时的恼怒也许能够让人感觉得到:"有些东西,比如粪便。"(334a)

在被追问的过程中,普罗塔戈拉摆开了战斗阵势才压下来的那个有攻击性的、不客气的问题会是什么呢?它将会是使苏格拉底精心安排的圈套可以收网的问题,敏锐的普罗塔戈拉已经看到了它的迫近:这样一来,普罗塔戈拉哦,头脑清楚的不正义行为对于一般人来说没什么好处,但对于你们这些好的参谋为之谋划的少数人来说,它就会是有益处的好事了?那么,那些少数人如果既不正义,又能瞒过正义的多数人,就是很明智的啰?

在普罗塔戈拉看来,苏格拉底的提问一定形同背叛。在讲述神话时,普罗塔戈拉提出的"另一条证据"诉诸"同族之情",要求作为质询者的乡邻苏格拉底允许自己显得正义,并掩盖自己必要的不义。但这不算背叛,因为苏格拉底在万事俱备、只待收网时,吁请这位惊恐的普罗塔戈拉脱身逃跑。《普罗塔戈拉》的副标题是"智术师们:一次审讯",①普罗塔戈拉被传唤到法庭之上——就在公开起诉之际,他的指控者却放他逃走了,没有说出针对被告的指控,而被告对此则必须隐藏:你教导的是"不正义的行为中包含的明智"。所有人都明白,谁要是宣称自己不正义,他准是疯了(323b)。既然普罗塔戈拉没疯,他就自己的不正义撒谎就是合情合理的。他没有跟从忒拉绪马霍斯的不节制,后者更加公开地对雅典青年宣称,自己为了不正义的好处而给别人

---

① 不能确定这些副标题是否由柏拉图所定,但这个副标题尤其恰当。

提建议,①但苏格拉底的论证已经如此逼近,几乎扯掉了普罗塔戈拉以关于普罗米修斯、宙斯及其神圣礼物的令人愉悦的故事为掩饰的谨慎外衣。宙斯将正义和羞耻赐给所有人,但普罗塔戈拉为学生们提供了手段,从而对这些普遍的礼物加以利用。难怪他拉开了战斗的阵势。他觉得,如果不输掉论证,他就会丢掉掩盖自己的外衣——而他的外衣比论证更重要。②

但是,苏格拉底并没有触犯普罗塔戈拉所呼吁的自己人的共同体。其实,在[79]他引出的有敌意的提问者面前,苏格拉底本人也有意建立这样的共同体。苏格拉底引而不发,他允许普罗塔戈拉在所有人面前隐藏自己的不正义,也许在自己和普罗塔戈拉本人面前除外。敏锐的老普罗塔戈拉有权维护自己的名声,而他现在也会明白,自己的对手恰恰在自己最没权利企望的地方手下留情了:这位与最优秀的雅典青年一起留在家乡的雅典哲人,并没有在外邦智术师最脆弱、而邦民也最关心的要害之处强调自己的优势。相反,在某种程度上,苏格拉底手下留情了,他向普罗塔戈拉表明,自己手握获胜的底牌,而且不会打出来。在即将暴露之前,普罗塔戈拉松了一口气,看到苏格拉底在次等重要的事上继续伪装着上演危机,他获得了有利的视角,得以观察苏格拉底的手段。普罗塔戈拉看到,苏格拉底证明了他是自己人,是普罗塔戈拉提到的乡邻之一,苏格拉底也会认为,如果一位乡邻"无论自己正义与否,都不宣称自己正义"(323b),那他一定疯了。现在,通过手下留情,苏格拉底获得了此前的努力没能得到的益处,那么,苏格拉底明显的"同族之情"能够成功地创建这种由相似的回答者组成的共同体吗?对于作为回答者的普罗塔戈拉,苏格拉底关心的不是他怎样回答自己的问题,而是他将怎样回答公共提问者就各种德性提出的问题。苏格拉底向普罗塔戈拉表明,自己既然是回答者的自己人,就不会抬出自己

---

① 然而,忒拉绪马霍斯是在一户私人家中公开表明了自己的立场,当时家中的长者已经起身离开;是苏格拉底在第二天面对更广泛的公众泄露了忒拉绪马霍斯的观点,至于他为什么这样做,需要认真思考。

② 苏格拉底的论证本应在正义与节制的不一致问题上结束:他的论证导致了普罗塔戈拉的胜利。但通过不做这个结论就结束,苏格拉底取得了胜利,他向普罗塔戈拉证明了正义与节制的统一,也就是说,他证明,宣称正义与节制的统一并反驳众人可耻的相反观点是更可取的。

的有利优势,他由此向普罗塔戈拉证明了针对那位提问者而建立智慧的回答者共同体的意向。

苏格拉底明显带有攻击性的提问方式也使自己付出了代价,但普罗塔戈拉含着恼怒完成了关于"好"的相对性的一小段讲辞后,旁观者们"大声喝彩,似乎他讲得好"(333c)。这群听众对这段讲辞、而不是他的展示性讲辞喝彩,看起来,听众们的喝彩是出于同情——同情他因为苏格拉底的追问而产生的恼火。听众们不明白,苏格拉底的手下留情实在仁慈,也不明白,苏格拉底是在认可普罗塔戈拉式的"同族之情"。

9　苏格拉底引起一场危机(334a-338e)

苏格拉底的提问变得温和起来,而普罗塔戈拉借机就好东西的相对性问题来了一番取悦听众的发言,这段发言简练精美,从他为了证明不同原料对不同东西有好处的观点而精心列举的例子来看,他此前肯定已经讲过多次。普罗塔戈拉的发言一心要引起观众的喝彩,即便如此,他的发言也不算很长,但苏格拉底把问题集中在发言的长度上:自己是"记性不好的那类人",如果说得过长,"我就记不住这番话是关于什么的了",所以,因为自己"记性不好",请普罗塔戈拉[80]"为我把回答截短"(334d)。记性不好的苏格拉底现在恰恰在背诵普罗塔戈拉的那段发言,以及那次会面中说过的其他内容。他不可能忘记了普罗塔戈拉的论证是关于什么的,他自己的论证刚好在指控普罗塔戈拉之前停住,转而宣称自己忘记了,这使他得以将矛头指向普罗塔戈拉的成功:普罗塔戈拉使喝彩的人们受到吸引,结果忘记了原来的论证是关于什么。论证是关于不正义行为中的明智,而这抓住了普罗塔戈拉的要害;但苏格拉底并未提醒喝彩者们,他的论证内容是什么——如果苏格拉底只是想获胜,他可以这么做——而是引发了一场危机。

苏格拉底第二次提到普罗塔戈拉的名声:"我听说"你既能讲得很长,又能讲得简短,还能教别人这样讲话(334e)。通过称许普罗塔戈拉精通两种讲话方式的名声,并承认他在长篇发言中更在行,苏格拉底公正地要求坚持简短发言的权利。普罗塔戈拉的回答承认，两人的对话一直是"一场舌战"，并表明他明白自己的名声面临着危险："倘若我过去是按你要求的那样来做——按反驳者要求我如何讨论的那样来讨论，我就既不会显得比任何人更优秀，普罗塔戈拉也不会名满希腊了。"（335a）面前的威胁很可怕，而解决出路也令人绝望：与其回到论证原来的内容，普罗塔戈拉宁愿丧失自己作为讲辞家的一半的名望；现在，在这群由对手、追随者和有希望的年轻人组成的了不起的听众面前，他只有承认自己在苏格拉底的阵地上会失败，最终取得胜利才有可能。

苏格拉底告诉框架谈话的听众，自己从普罗塔戈拉的策略中得出两个结论。第一，"他对自己先前的回答不满意"——苏格拉底明白，普罗塔戈拉明白自己的处境。第二，他"不再愿意自愿地在讨论中回答提问"——苏格拉底明白，普罗塔戈拉下定了决心，如果他想接着问下去，普罗塔戈拉就必须受到强迫。在回答普罗塔戈拉时，苏格拉底再次提到了他的名声："关于你，我听说，而且你自己也这样说，你有能力既以长篇大论的方式，又以言简意赅的方式搞聚谈。"（335c）而且他又更明确地再次提出了关键的问题："不过，既然你两方面都行，你必须将就我啰，而且采取我们两个都适应的方式，这样咱们才可以一起谈。"苏格拉底随即宣布了有伤其公正的主张：他说自己还有别的事，不能长时间待在这儿听长篇大论，所以他必须走了——苏格拉底的宣称被自己的行为否定了，他把谈话讲给了框架谈话的听众，他对这些听众保证，"没有什么碍他的事"，所以他能够讲讲自己刚离开的地方发生的故事（310a）。苏格拉底起身要走。他不仅愿意显得记性不好，而且显得愿意放［81］弃整个论证，输掉自己安排的与他曾经提醒希珀克拉底当心的危险商贩之间的竞赛。苏格拉底为什么让普罗塔戈拉显得打败了他，从而使希珀克拉底陷入危险之中呢？

三位雅典青年——不包括希珀克拉底——起身留住苏格拉底。坐在苏格拉底身边的主人卡利阿斯一把抓住他，右手抓住他的胳膊，"左手抓住这件磨破的外套"（335d）。他请求苏格拉底留下，并说："任听谁都没有听你和普罗塔戈拉讨论让我高兴。"苏格拉底站起身来，对主人讲话，并把自己与普罗塔戈拉的关系比拟为他如果与著名的奥林匹克运动员——希墨拉的克利松①——赛跑时将会面临的状况:他们如果要一起跑,克利松必须得慢下来,在他身边跑,"要是你热望听我和普罗塔戈拉谈,"苏格拉底对主人说,"你就得要求他这会儿像起初回答我的那些问题时一样回答得简洁。"(336a)如果普罗塔戈拉能被迫回答,苏格拉底就留下。但卡利阿斯看不懂这点,而是提出了在自己看来公正的要求:"可是,苏格拉底,你看到了吗? 普罗塔戈拉要按照他想采取的方式讨论,这似乎很公平,就像你也可以按自己想要的方式讨论。"(336b)

现在,问题变成了正义。为了接受智术师们的教育而花钱最多的雅典青年(《苏格拉底的申辩》,20a)认为,苏格拉底的要求不正当。但随后发言的雅典青年纠正了卡利阿斯的错误判断,他在发言时,正如苏格拉底所说,站在自己这边。阿尔喀比亚德"插进来"说($\dot{v}\pi o \lambda a \beta \dot{\omega} v$):"你说的实在不漂亮,卡利阿斯。"②他就什么是公平竞赛的问题给卡利阿斯上了一课,重新表述了苏格拉底的立场,侧重于强调这种立场的公平性:苏格拉底愿意在普罗塔戈拉擅长的长篇讲辞方面让步,"要是普罗塔戈拉承认,在讨论方面,他不如苏格拉底,对苏格拉底来说就够了"(336c)。但如果普罗塔戈拉想要继续宣称在简短发言方面也占据优势,"就让他以问和答的方式来讨论,而不是在每个问题上把议论扯得老长"。阿尔喀比亚德看到,为了回避苏格拉底的论证,普罗塔戈拉付出了讲话方面的半个世界冠军的代价,而他却不允许这种躲闪。阿尔喀比亚德还看透了普罗塔戈拉长篇发言的策略,因而敢于指责伟大的普罗塔戈拉"言辞躲躲闪闪,不愿[82]给出个说法,却滔滔不绝,以至于听着的多数人都忘了原来的问题是关于什么的"(336d)。阿尔喀比亚德明白,受到喝彩的讲辞其实不值得喝彩;喝彩的听众只是没有辨别力的多数人;喝彩者忘记了原来的问题是什么。至于苏格拉底,阿尔喀比亚德明白,"我担保,他不忘事儿,别看他开玩笑说自己记不住"。阿尔喀比亚德也没有忘记;他不像喝彩的听众们那样受到了吸引。他以关于正义的话题结束了自己的插话:"所以在我看来,苏格拉底的说

① 希墨拉的克利松蝉联公元前448,444和440年的三届奥林匹克运动会冠军。参Diodorus Siculus,12.5,23,29。

② 阿尔喀比亚德的第一次发言很漂亮,带着音乐韵律:$o\dot{v} \; \varkappa a \lambda \tilde{\omega} \varsigma \cdots \cdots \tilde{\omega} \; Ka \lambda \lambda \dot{\iota} a$:你说的不漂亮……你这漂亮的人。

法更恰当。"阿尔喀比亚德不是个党派分子,他是依照公正原则做的判断。他的结论展示了一种自然的政治倾向:在告知众人公平原则的所有要求后,他说,"现在我们每个人都应该表明自己的看法"——这里是一个民主城邦,每个人都能自由表达自己的看法,但如果公平原则取得了统治地位,那么所有人都会像阿尔喀比亚德展示给他们的那样思考:这个年轻人似乎天生适合做民主政制的统治者。

"阿尔喀比亚德之后,我想,说话的是克里提阿"——在阿尔喀比亚德向所有人保证苏格拉底没有忘记后,苏格拉底又对自己的记性开了个小玩笑。他知道,随后发言的是克里提阿——他与阿尔喀比亚德一起到来,也会与阿尔喀比亚德一起,在苏格拉底的整个生命中,成为被他腐蚀为雅典最大罪人的两位雅典青年之一。当前,在时序上最早的对话的中间部分,柏拉图让苏格拉底的两个名声最坏的伙伴一起发言,每个人都代表苏格拉底讲话,讲话时又各有禀性。如果说阿尔喀比亚德是盛气凌人地插话进来纠正卡利阿斯,批评普罗塔戈拉,并邀请每个人跟随自己,那么克里提阿这位未来的智术师和僭主,只对在场的头面人物讲话。"普洛狄科和希琵阿斯啊,"他说,"据我看,卡利阿斯似乎太向着普罗塔戈拉"——卡利阿斯只是个党派分子——"阿尔喀比亚德呢,对自己支持的任何事情总是争强好胜。"(336e)阿尔喀比亚德是个好战派,他热衷于胜利,他明白胜利在什么时候是有价值的,什么时候不是。并且,他像克里提阿本人一样,能看出普罗塔戈拉诉诸公平的要求其实是在欺骗,而卡利阿斯则看不出这点。"可是,我们既不该偏向苏格拉底,也不该偏向普罗塔戈拉,"克里提阿说,他并未作为苏格拉底的公开盟友讲话,而是以这种方式实现苏格拉底的利益。克里提阿邀请两位智术师进行干预:"咱们得请求两位,别中途分手。"克里提阿引入智慧者主持局面——克里提阿,这位未来的智术师,将会鼓吹专家统治,他最终亲自攫取了雅典,自己成了统治的专家,想象着自己能够解决雅典战后的各种问题。但是在此处,任何重返对话的解决方案都只会对苏格拉底有利——因为尽管是苏格拉底在起身告辞,但想让对话结束的其实是普罗塔戈拉。

[83]在《普罗塔戈拉》的中间位置,雅典的年轻人为了解决苏格拉底以离场相威胁所产生的危机而高声发言。值得注意的是,在这些中

途的干预以及随后发生的所有事件中,都没见到希珀克拉底的身影。然而,苏格拉底却让框架谈话的听众相信,自己正是为了希珀克拉底的缘故才去那里的。希珀克拉底全然不见踪影,而其他的雅典年轻人纷纷站出来,这让人们推想苏格拉底到这里来的真正原因:能力有限的年轻人希珀克拉底并非苏格拉底最有兴趣的雅典青年;相反,像阿尔喀比亚德和克里提阿这样有天资和前途的年轻人才是他的兴趣所在,而正像《普罗塔戈拉》的开篇提示的那样,阿尔喀比亚德在两人中更重要些。苏格拉底曾经被迫对传闻他在追求阿尔喀比亚德的同胞宣称,与智慧的普罗塔戈拉相比,自己对阿尔喀比亚德的兴趣要小得多。但当苏格拉底叙述到一半的时候,阿尔喀比亚德站了出来,承担了苏格拉底在第一篇柏拉图对话里一系列行动的中心角色。苏格拉底宁愿放弃全部的对话,从而表明自己是一件有价值的猎物的杰出捕猎者。他看着阿尔喀比亚德长大,既看到了他的正义感(《阿尔喀比亚德前篇》,110a-c),也注意到他比别人更加聪明和鲁莽。苏格拉底对自己在阿尔喀比亚德身上观察到的品质心中有数——他足够聪明,能够抵御言辞的吸引,起身捍卫苏格拉底;他有正义感,能够对具有公正外表的不公产生义愤;他也很鲁莽,能讲出其他人没看到的东西——因此,苏格拉底做出了戏剧性的姿态,起身离场,从而促使年轻的阿尔喀比亚德替自己说话,迫使阿尔喀比亚德强迫普罗塔戈拉继续交谈。阿尔喀比亚德为苏格拉底做的随后两次干预,将会确认人们的怀疑:苏格拉底前去卡利阿斯家,为的是追求阿尔喀比亚德。

在克里提阿的邀请下,为了解决苏格拉底以离场相威胁而引发的危机,普洛狄科和希琵阿斯提出了符合各自性格的建议。普洛狄科做了有益的区分,区分了他们应该怎样行动(听众必须共同听取讨论双方,但更智慧的人要有更多的分量,而且两位发言者应该相互辩论,而不要争吵)①,以及结果会是怎样(两位发言人会赢得听众的敬重,而不只是受到言辞上的称赞,而且,听者会因为在智识上学到东西而欣喜,而非仅因为身体的感觉而愉快)。对普洛狄科的说法,"在座的多数人

① 在描述西蒙尼德斯提到匹塔科斯的方式时,苏格拉底将辩论($\dot{\alpha}\mu\varphi\iota\sigma\beta\eta\tau\epsilon\omega$)与争吵($\dot{\epsilon}\rho\dot{\iota}\zeta\omega$)用作了同义词。

都接受",而随后发生的事也遵从了他开的药方。然而,普洛狄科的建议中不包含强迫。"希琵阿斯这个智者"重新提起[84]早先关于同族亲情的提议,他认为,对于因为天性而不是礼法而成为同族的人来说,找到谈话的中间地带是可能的。但他却能认为,"在座的所有人"在天性上都属同族,这些人都属于"我们懂得事情本质的一类人,是希腊人中最智慧的人"——这个同族的标准太过宽泛,完全不检验加入的人是否合适。① 希琵阿斯在结束时提议,苏格拉底和普罗塔戈拉在讨论时都该守点中道,要选出"仲裁、主管或主席"替两人看住各自言辞的适中长度(337c-338a)。② 谁来掌管他们的讨论? 从这个问题开始,苏格拉底要离场的威胁结束了。

苏格拉底指出了选一个权威的问题所在,从而回应了希琵阿斯的建议:"选个言辞裁判出来,未免羞耻吧",因为,四种可能的选择都不行。如果选出的人更差,更差的就要管住更好的;如果选出来的与在座的一样,那选他出来是多此一举;如果选个更好的——"对你们来说,没可能选一个比这普罗塔戈拉更有智慧的";而如果选了一个一点都不更好的人,但你们却宣称更好,"这对普罗塔戈拉就会成为一种耻辱,竟然选一个低劣的家伙当主持"(338c)。唯一合适的权威是智慧的人,但"最智慧的人"却正是争论的一方。苏格拉底已经表明,智慧者的统治面临着不可克服的障碍,于是他谈到了自己想怎样做:让普罗塔戈拉先提问,自己来回答,并向普罗塔戈拉展示一名回应者应该怎样回答问题——他愿意在一种普罗塔戈拉据说很精通的说话方式上指导普罗塔戈拉。然后,待普罗塔戈拉提出了想问的问题后,他再回答苏格拉底。这样,普罗塔戈拉就会被迫回答问题,而苏格拉底表明了后果:如果普罗塔戈拉显得对回答问题并不热心,"你们和我要共同要求他做你们要求我做的事情:不要毁了聚谈"。苏格拉底取得了统治:他刚刚强迫听众强迫自己继续,而且,如果要他继续,条件是要求听众强迫普罗塔戈拉继续下去。由于想继续讨论,苏格拉底做出了安排,使听众想要继续,为此,他们就得强迫不想继续的普罗塔戈拉继续谈下去。

---

① 施特劳斯,《古今自由主义》,前揭,页59。
② 希琵阿斯用了三个词命名同一个职务,看起来是在开普洛狄科的小玩笑,嘲讽他在相似的近义词之间作区分。

"完全没必要有一个主管,而是由你们大家共同来主管。"(338d)大家都同意,逼得普罗塔戈拉也只好勉强同意——他又得再次回答苏格拉底的问题。

因此开始继续讨论,而大家共同来做主管。然后发生了什么?苏格拉底用一个很长的回答表明了应该怎样回答问题。而当他说完的时候,有位主管者不加宣布地任命自己为主管者,因为讨论受到了威胁,可能走上与人们之前的约定不同的方向:阿尔喀比亚德起来干预,这一次他将作为主管者掌控局面,两次替苏格拉底[85]说话,从而使共同体遵循了原来的约定。"完全没必要有一个主持人,"苏格拉底宣称,不过这个民主制也需要一个领袖。与伯利克勒斯一样,年轻的阿尔喀比亚德不需要获得统治者的头衔,就将成为统治者。

10 苏格拉底的展示性讲辞(二): 看待智慧者的更智慧的立场(338e–347a)

苏格拉底试图离场的威胁取得了完全的胜利:普罗塔戈拉"虽然老大不情愿,也被迫同意问问题……问够之后,再给出简短的回答"(338e)。普罗塔戈拉被苏格拉底带入一场危机之中,一切情势都很危险。① 在最后的这场提问中,他所面对的人此前已经机智地战胜自己,但却没有公开炫耀自己的胜利。虽然是被迫提问,但可以自由选择提问的主题,于是普罗塔戈拉选择了对自己来说最危险的话题:教育。他说,教育最重要的部分就是诗句方面的机灵,"要理解哪些是诗人正确地作成的诗,哪些不是,懂得怎样区分,要是有人问,则懂得给个说法(λόγος)"(339a)。② 如果他能打败苏格拉底,并挽救自己的名声,此时

---

① Woodbury,《西蒙尼德斯论德性》("Simonides on Aretê")页135。

② "柏拉图对普罗塔戈拉分析叙事诗的描述是关于文本批评的最早记载"(Schiappa,《普罗塔戈拉与逻各斯》,前揭,页161)。Schiappa认为,"普罗塔戈拉怎样教的问题至少与他教什么的问题同等重要"(页158);他通过"批评性地分析叙事诗人"(页161)来教人,将权威从神话诗学转向文学,这个革命关联着从口头文化到书面文化的革命。从他为图里伊立的法律中可以看到普罗塔戈拉为文学赋予的分量——"所有邦民的儿子们都应该接受公费教育,学习读书写字"(页160)。Schiappa提出,普罗塔戈拉作为"首

就是最好的时机。普罗塔戈拉的第一句话暗示,作为教育者的普罗塔戈拉准备同诗人们,也就是希腊的教师们较量。而苏格拉底则在暗示,希腊智慧的整个传统正处在危急之中:普罗塔戈拉对希腊智慧的立场是智慧的吗?

在抬高诗学研究后,普罗塔戈拉可以自由选择任何文本,他于是选择了西蒙尼德斯①的一段诗,他曾经将这位诗人与荷马、赫西俄德并列,视之为掩藏了智术的智术师(316d):

> 一方面,要成为一个君子,真的难啊,
> 无论手、足,还是心智,
> 都要做到方方正正,无可挑剔。

[86]在背诵过开篇的几行后,普罗塔戈拉问苏格拉底是否知道这首诗。他在听苏格拉底说不仅知道,而且对这首诗下过功夫时,可能会感到意外。普罗塔戈拉的提问引起的是苏格拉底示范性的简短回答,他因而表明了自己的观点,认为这几行诗写得既好又正确,而如果诗人自相矛盾的话,就会不好了。于是,普罗塔戈拉引用了几行出现在后文中的诗句(339c):

> 我可不觉得匹塔科斯②的话中听,
> 尽管这话是一位智者说的:"难啊,"他说,"做一个高贵者。"

苏格拉底在两段引文之间没发现什么矛盾,但普罗塔戈拉得意地宣称,西蒙尼德斯忘记了自己曾经说过的话,反而批评匹塔科斯所说的自己的说法,因而是自相矛盾。如果苏格拉底认为一首自相矛盾的诗

要开创者",开创了"元语言"(metalanguage),也即关于语言的语言——柏拉图和亚里士多德此后对元语言都有进一步的发展。

① 来自科俄斯(Ceos)的西蒙尼德斯(公元前556—前466年)属于前一辈的希腊智者,但辈分在荷马之后;他在苏格拉底出生后几年去世,当时普罗塔戈拉刚刚开始了自己的公众职业。

② 匹塔科斯(公元前650—前570年),米梯勒涅(Mytilene)的统治者,比西蒙尼德斯早一个多世纪。据说,他在听说科林斯的佩里安德斯(Periander)将与自己相似的职位变成了僭政后,辞去了统治职务:关于自己的辞职,他曾说,"做一个高贵者很难。"

写得既好又正确，那么他在最重要的教育方面就是一个坏学生。

普罗塔戈拉的发言"引起了很多听众的喝彩和叫好"，这证明了由这场竞赛所引发的派别对立，同时也证明了普罗塔戈拉表面上在一位受尊敬的诗人的著名诗歌中发现的自相矛盾所引起的效果。苏格拉底讲述道："当听到他的话和其他人的喝彩时，我仿佛挨了一位拳击好手一击，两眼漆黑，脑子晕眩。"（339e）但他承认自己很快想出了计策："然后——至少对你说真的，为了有时间思考这位诗人究竟说的是什么意思，我转向了普洛狄科，然后喊他。"苏格拉底足够镇定，与普洛狄科联手上演了一小出谐剧，表明普罗塔戈拉在诗歌方面只是个学生，同时为自己准备了发出致命一击的时间，这些都表明，苏格拉底头脑很灵活。苏格拉底对普洛狄科说，作为一名科俄斯（Ceos）人，①作为西蒙尼德斯的同胞，"你要帮这人一把才仗义。"为了与普洛狄科结成同盟，苏格拉底举出了荷马，并举了一个荷马史诗中的例子。苏格拉底就像召唤西莫恩塔河（Simois）一起抵御阿喀琉斯（Achilles）的斯卡曼德绒河（Scamander），他说："亲爱的兄弟呀，让咱俩一起来顶住这汉子的大力吧。"（《伊利亚特》21.308-309）②苏格拉底没引用斯卡曼德绒随后的话："既然他不久[87]将要摧毁普里阿摩斯王的大都。"而苏格拉底的下一句是："我也向你喊援，使得普罗塔戈拉不至于替咱们把西蒙尼德斯给毁啦③。"正如阿喀琉斯威胁着特洛伊，普罗塔戈拉也威胁到了西蒙尼德斯，而只有形成同盟，才能拯救被威胁的对象。联合起来的两条河失败了，原因是赫拉召唤赫淮斯托斯，令其援助阿喀琉斯抵御河流。苏格拉底联合普洛狄科反对普罗塔戈拉的联盟会更成功吗？在这场被

---

① 科俄斯是阿提卡东南海岸的一个岛。普洛狄科经常出于外交职责前来雅典，同时也在雅典教书赚钱（《希琵阿斯前篇》，282c）。苏格拉底称他为老师（《美诺》96c），对他的评价一直很高（《斐德若》267b-c，《拉克斯》197d，《欧绪德谟》277e，《泰阿泰德》151b）。

② 苏格拉底是否在提起普罗塔戈拉某本书中的一次讨论？根据公元一世纪发现的一篇莎草纸文献，"普罗塔戈拉说，紧接在这场河流与有死的人之间的战斗之后的一节，其目的是将这场战斗分为两截，并转向诸神之间的战斗，同时也许是为了颂赞阿喀琉斯。"参 Guthrie，《智术师》（*Sophists*），页 269。

③ ἐκπέρσω[完全毁灭，洗劫]这个词是个荷马式的动词，在《伊利亚特》中出现 16 次，但出现在柏拉图作品中仅此一次。

普罗塔戈拉转变为诗歌竞赛的竞赛中,苏格拉底虽然宣称自己脑子晕眩,但他命中了荷马史诗中最有倾向性暗示的一段,因而表明了这场新的战斗中岌岌可危的东西:普罗塔戈拉就像斯卡曼德绒描述的阿喀琉斯:"这个野蛮的战士,他正势不可挡,自信堪与神匹敌。"(《伊利亚特》21.314-315)这个新的野蛮战士威胁要摧毁的不仅是西蒙尼德斯,而且是荷马以来的整个希腊智慧传统。苏格拉底尝试"弄明白西蒙尼德斯的意思"(339e),使自己做好准备,捍卫整个希腊智慧传统,抵御智术师启蒙运动的野蛮战士威胁要摧毁这个传统的企图。

为了弄清楚西蒙尼德斯的意思并抵御普罗塔戈拉的威胁,需要的是普洛狄科刚刚展示过的缪斯技艺,这种能力能够区分像"愿望和欲求"这样的相似之物。被普罗塔戈拉等同的东西其实有巨大的不同:"普洛狄科啊,摆出你的看法吧,在你看来,'做'(εἶναι)与'成为'(γενέσθαι)是同一回事,抑或另外一回事?"(340b)普洛狄科的回答简短精练:"另外一回事,凭宙斯。"① 那么,当西蒙尼德斯说"成为(becoming good)好人难",同时又批评匹塔科斯的不同说法——"做(being)个好人难"——的时候,西蒙尼德斯其实是在表达他自己的观点。② 在转向普罗塔戈拉时,苏格拉底引述普洛狄科作为权威:"但如这普洛狄科所说,普罗塔戈拉,'做'和'成为'不是一回事。"③(340c)苏格拉底能够召来的援手不只是普洛狄科:"普洛狄科和别的多数人都会按 [88] 赫西俄德的说法说,成为好人很难,因为'在德性面前,诸神铺下了汗水',而如果有谁一旦'抵达德性的顶峰,成就德性就容易了,虽然获得德性曾经难'。"(《劳作与时日》行289-294)苏格拉底在这里引用了赫西俄德,从而实现了对被普罗塔戈拉批评为"撒谎的智术师"的三位诗人的全部引用(316d)。苏格拉底以赫西俄德的这些话结束,没有引随后几

---

① γενέσθαι [成为] 在通常用法中常有"是"的含义。

② 西蒙尼德斯用来表述"好人"的语词是标准用语ἀγαθόν,而匹塔科斯用的是 ἐσθλόν,但尽管普洛狄科嗜好在同义词之间寻找差别,这两个词之间却没有任何不同。

③ 《普罗塔戈拉》因此只触碰到做与成为之间的区别(与做好人和成为好人相关),而《泰阿泰德》使之成为普罗塔戈拉的现实观的核心——一切都在生成(《泰阿泰德》152c-e,180d-181b)。苏格拉底在柏拉图作品集中第一次与普罗塔戈拉的交锋淡化了本体论的要素;而他与普罗塔戈拉的最后一次交锋——发生在不同的时间、地点,听众也非常不同——处理了这个要素。

行的著名诗句,这几句诗的主题是一种当前正在讨论的德性——洞察力:"最卓越的人亲自思考,又能看到事情最终会变成怎样;能听从好的建议的人也是高贵者,相反,既没有头脑,又不听从别人忠告的人,则是无用之辈。"苏格拉底也不认为赫西俄德的话只是对一个人——他的兄弟——的告诫。"当普洛狄科听到这番话,便夸奖"苏格拉底——他肯定记得赫西俄德的下几句话,也听出了苏格拉底对普罗塔戈拉的讥弹。

普罗塔戈拉没有直接回答苏格拉底关于"成为"与"做"的论证;他甚至完全放弃了西蒙尼德斯的诗,乃至放弃了所有的诗歌,转而诉诸所有人的意见:"诗人的无知就会太大喽,要是他竟然说,以如此方式获得德性是件太寻常的事,而所有人都觉得,这是所有事情中最难的。"如果"所有人"都认为德性是一切事情中最难的,他们的判断正确吗?苏格拉底在反对这个主张时采取了一种全新的方式,不过他仍在借用普洛狄科的权威——这一次苏格拉底将普洛狄科作为老师,并认为普罗塔戈拉应该像自己一样向普洛狄科学习。苏格拉底说,因为普洛狄科属于古人的行列,他那"神样的智慧"已经"很有年纪了,不是起自西蒙尼德斯的年代,就是还要年迈些"(341a)——那么也许要经由匹塔科斯,上溯到赫西俄德和荷马。而另一方面,普罗塔戈拉却在这方面"没经验",而苏格拉底因为是普洛狄科的弟子,所以更老练,而他本人也因此站在古人的行列。

苏格拉底的下一个论证属于谐剧,他把普洛狄科拉来做同伴,共同解释西蒙尼德斯第一行诗中的一个语词——困难($\chi\alpha\lambda\epsilon\pi\acute{o}\varsigma$),普罗塔戈拉曾重复这个词(最困难,340e)。"也许西蒙尼德斯对这'太难'的用法并不是像你的用法那样"——也许是克欧人的本地用法。也许他对"困难"的用法与苏格拉底对"可怕"($\delta\epsilon\iota\nu\acute{o}\varsigma$)的用法相同:"当我用'可怕'这个词称赞像你一样的人,并说'普罗塔戈拉是个可怕的有智慧的人'时,普洛狄科每每会告诫我……'可怕',就是坏。"苏格拉底得以当着普罗塔戈拉和他的同伴的面称他为一个坏的智者,在这么说时,他享有谐剧作者所特有的豁免权。如果克欧人普洛狄科认为,"可怕的"就是坏的,那么可能克欧人西蒙尼德斯用"困难"时指的也是坏的(341b)。"我们来问问普洛狄科吧,[89]关于西蒙尼德斯的方言,问他才对。普洛狄科,西蒙尼德斯的这个'难'说的是什么呢?'坏东西'。"

难怪苏格拉底曾经跟随普洛狄科学习，普洛狄科这位智术师有种幽默感，所以一来愿意配合苏格拉底，二来也要看看，苏格拉底在回应时对普罗塔戈拉使坏，这会导致怎样的结果。所以西蒙尼德斯"谴责匹塔科斯，当匹塔科斯说'做高贵者难'，在西蒙尼德斯听来，仿佛他在说'做高贵者坏'"——仿佛是西蒙尼德斯听匹塔科斯说了苏格拉底听到普罗塔戈拉大胆对雅典年轻人所说的话：做好人是坏的，而做坏人是好的，所以要勇敢、智慧地打破你被教导的正义、节制和虔敬。普洛狄科是一个好的谐剧配合者："可是，你认为西蒙尼德斯说的是别的什么，苏格拉底？他责骂匹塔科斯不懂得正确区分语词，因为他虽然是勒斯波斯岛(Lesbos)人，却是在蛮夷方言中长大的？"(341c)来自阿伯德拉的普罗塔戈拉又怎能回答这个问题呢？如果他回答得对，也只是谨慎地再次强调了通常的看法："这太离谱啦，普洛狄科。我很清楚地知道，西蒙尼德斯所说的'难'与我们说的不是一回事，不是'坏'，而是不易的东西，要靠许多作为才能实现。"(341d)

苏格拉底承认，西蒙尼德斯当然是这个意思，而普洛狄科也明白，因为他是在开玩笑——而苏格拉底表现得好像是普洛狄科"要考验一下你是否有能力持守住自己的论点"。是苏格拉底在开玩笑，也是他在考验普罗塔戈拉，而且，他向所有人宣布普罗塔戈拉没通过考验：西蒙尼德斯并没有说"难事"是"坏事"，"最重要的证据"是紧接着的下一行诗："唯有一个神恐怕才有这种好彩"(341e)——如果神有这种好彩，他的意思就不可能是"做高贵者坏"。这是一次压倒性的胜利：当普罗塔戈拉自己援引的某行诗受到无礼的曲解时，如果他甚至不能通过背诵下一行诗来予以驳斥，那么，他又是怎样的一位研习诗歌的学生呢？而苏格拉底呢？他表演了大师般精湛的手腕，用小巧敏捷的解经学功夫应战这位智术师，后者宣称，在诗学方面的聪慧是教育中最重要的部分。苏格拉底这位好开玩笑者能让他的玩笑叮人。①

苏格拉底与普洛狄科继续联手发出最后一击，他替普洛狄科选好了用来评价西蒙尼德斯的用词，如果西蒙尼德斯事实上既认为"做高

---

① 此时出现了一个新问题——在智慧的赫西俄德与智慧的西蒙尼德斯之间出现了明显的冲突：如果只有诸神才有这种好彩，又怎能说在获得德性后，成就德性就容易了呢？也许可以通过追问什么是神来解决这个矛盾。

贵者坏",然后又说高贵只属于神的话:普洛狄科会说,西蒙尼德斯简直是个没教养的家伙,①根本就不是个[90]克欧人。普洛狄科否定了西蒙尼德斯的本邦邦民身份,他也会因而否定西蒙尼德斯在另一种城邦中的邦民身份吗?——普洛狄科首先属于这个城邦,也就是希琵阿斯认为智慧的人共同属于的城邦(337c);而普罗塔戈拉呢?他似乎提出,做高贵的人是坏的?他是不是绝非一个"克欧人"?

　　现在,苏格拉底似乎获得了充足的时间"思考这位诗人究竟说的是什么"(339e),因为他不再借用普洛狄科,而是专心接受普罗塔戈拉的考验。"不过,在我看来,西蒙尼德斯在这首诗歌中究竟有什么意图,我倒乐意告诉你,如果你愿意考考——如你所说——我对这些诗句的体会如何。"苏格拉底遵守了由他发起的约定,他邀请普罗塔戈拉继续提问,"如果你愿意的话"(342a)。普罗塔戈拉唯一能回答的只能是,"如果你愿意,苏格拉底",他重复了苏格拉底刚刚两次用到的句子,尽管他此前曾经禁止普罗塔戈拉用这个短句(331c)。事情不只由他们的意愿决定,因为"普洛狄科和希琵阿斯急切地怂恿我继续说"——他们在水中嗅到了血的气味,气味来自(他们这一行中)作为创始人的对手。

　　通过针对普罗塔戈拉的长篇回答而引发一场危机,苏格拉底赢得了继续提问的权利,他于是确立了一种解决方案,要求对方简短作答,此后,在引入普洛狄科来作为简短的回答者之后,苏格拉底来了一篇很长的回答。这是一篇对普罗塔戈拉拿来打败自己的那首诗的解释,苏格拉底的解释复杂而精细,视野广阔,就实现自己的目的来说,完全曲折而复杂,因为西蒙尼德斯不可能有苏格拉底说他具有的意思。而且,苏格拉底的解释是对普罗塔戈拉的不可抵挡的反驳,因为它在普罗塔戈拉最擅长的地方打败了他:按照对自己有利的方式解释诗人。难怪在苏格拉底的这段展示性发言后,普罗塔戈拉又要被强迫才开口说话:他明白怎样在自己的领域衡量什么是技艺精湛。

　　苏格拉底暂不解释这首诗,为的是铺设一段谐剧性的序幕,突出希

---

　　① ἀκόλαστον,字面意思是"无节制的"(unrestained),没规矩的(undisciplined),堕落的(debauched),有时有"没教养"(uneducated)的意思。

腊智慧传统中的一个独有的特点——隐微教诲(esotericism)。苏格拉底以一个令人发笑、值得记住的宣称,戏剧化地表达了自己的观点:"热爱智慧(哲学)极为古老,在克里特岛和斯巴达,热爱智慧的希腊人最多。"(342b)斯巴达!自从希波战争以来,斯巴达一直是雅典的敌国,这个城邦以严格的黩武主义、自足的宗教虔敬和缺乏现代教育著称,这是最少向哲学开放的希腊城邦。① 在这座以παρρησία[言论自由]著称,并允许外邦智术师不加掩饰地发表极端言论的雅典城,在这所坐满了[91]向雅典年轻人自由讲话的外邦智术师的房子里,苏格拉底关于斯巴达的宣称不能不引起极为可笑的效果。② 苏格拉底的故事明显让人想起普罗塔戈拉此前关于希腊智慧所讲的故事(342b,参 316c-e):每个人都讲述了关于希腊隐微术传统的故事,其中苏格拉底对其加以称赞,为的是取代普罗塔戈拉的批评。③ 苏格拉底说,斯巴达人否认他们是爱智慧者,"装成无学识的样子";他们这么做,是为了隐藏自己因为智慧而超过别人,并让自己显得"在打仗和勇敢方面"更加卓越。④ 当斯巴达人想向智慧的人请教,并厌倦了总是悄悄聚会,他们就对所有的斯巴达的追求者和所有的外邦人下逐客令,这样与智慧者在一起才不会被任何外邦人发现(342c)。苏格拉底提出,人们可以对他的观点——斯巴达人在哲学和论辩方面受到了最好的教育——检验一番,并且会发现自己是对的:当他们遇到即便是最寻常的斯巴达人时,也会

---

① 就一名智术师在斯巴达必须沉默不言的内容,可参见希琵阿斯被迫自愿采取的办法(《希琵阿斯前篇》283b-286a)。

② 参《王制》577b 关于παρρησία[言论自由]的论述,这段论述点出了民主城邦的特性;παρρησία[言论自由]"被雅典人视为他们的特权"(欧里庇得斯,《希珀吕忒斯》,422行)。亦参《高尔吉亚》487d。Monoson 在《柏拉图的民主纠葛》(*Plato's Democratic Entanglement*)一书中赞同将παρρησία译为"坦诚发言",而非"言论自由",而她关于这个话题的章节强调认为,讲真话和冒险会通过雅典公民大会和剧场的经验得到不断加强。详参"坦诚发言的公民"(Citizens as Parrhêsiastês)一章,页 51-63,及"坦诚发言的哲学家"(Philosopher as Parrhêsiastês)一章,页 154-180。

③ 苏格拉底的多数听众都没听过普罗塔戈拉的故事,因为故事是在三组人聚集到一起之前讲的。

④ 智慧和勇敢这两种特别的德性,很晚才被普罗塔戈拉引入,随后将受到苏格拉底的检查,这也将成为苏格拉底对普罗塔戈拉的最后一次检查。这两种德性在苏格拉底的故事中因此得到协调,勇敢是一种公开的德性,服务于隐藏智慧。

发现,他们在说到某些要点时,"就会排除简洁、凝练的值得思考的语句,像个厉害的(δεινòς)①掷标枪手",使与他交谈的人显得一点儿也不比小孩子更好(342e)。简洁而非冗长的发言才是智慧的标志,而"无论现在还是从前",都会有人领悟到,"有能力讲这样的言语,表明这人受过极好的教育"。他列举了七位希腊智慧者的名单,与普罗塔戈拉在自己的名单里列举的九个人一点儿不重合(316d-e)。苏格拉底的名单上那些践行了克里特和斯巴达的智慧的人有显著的特点:其中没有克里特人,中心人物是"我们的梭伦",而最后位居第七的"据说是个斯巴达人,基龙(Chilon)"。

至于有关斯巴达式智慧者的最后、也最有味道的一点,苏格拉底说:"他们一起去德尔斐的神庙,把这智慧共同祭献给阿波罗,写下所有人都会唱诵的这些箴言,'认识你自己'和'勿过度'。"古代的智慧者彼此联合、共同行动,以保卫他们共有的智慧,方式就是以一种简洁的、德尔斐式的方式使[92]之公开,从而对所有人都变得神圣而有权威;他们使之显得是阿波罗本人讲出了他们的智慧之言,因而变得有权威。所以,普罗塔戈拉的谴责既正确,又不正确:诚然,智慧的人"没能逃脱各个城邦中那些有能耐的人(δυναμένους)"(317a),但在最深刻的意义上有能耐的恰恰是用神的权威发言的智慧者;诚然,"至于众人,他们压根儿毫无感觉,有能耐的宣讲什么,他们就跟着重复什么",但是,真正的领袖通过神的声音宣讲的是众人出于对神圣命令的服从而重复的东西。② 古代的智慧者掩盖和宣布其智慧的方式是智慧而有效的:对于这些智慧者,普罗塔戈拉不止犯了错误,他通过宣称著名的智者们愚蠢,从而宣称自己的智慧,并试图加以证明,这样做简直是愚蠢,而且毫无效力。应该把古代的智者看成斯巴达式的人,他们言辞简洁而雄辩,

---

① 苏格拉底本人在刚刚就δεινòς这个词开玩笑后,便投掷出这个词,这也许可以暗示,斯巴达人在哲学和论辩方面受到的教育的确很可怕。

② 当苏格拉底宣称智慧的人在德尔斐"写下的"东西时,克里提阿也在听众之列。《卡尔米德》将表明,苏格拉底的话给克里提阿留下了多么深刻的记忆,因为他又把这些话背诵给苏格拉底,而且使用了苏格拉底所用的同样的动词,ἀνατίθημι[在石碑上写下],还收到了有效的效果。参见《卡尔米德》164d-165a。

亦是今人之楷模。①

"我为什么要说这些呢?"苏格拉底问道(343b)。他说这些话,是在解释西蒙尼德斯的诗之前不可缺少的引言,因为他宣称,匹塔科斯的话"做个高贵者很难"也位于古人的简明说法之列。而西蒙尼德斯,"由于在涉及智慧方面爱声誉,他知道,要是他能像个名气很大的竞技者一样颠覆这个说法,击败匹塔科斯,自己就会在当世暴得大名"(343c)。因此,苏格拉底指出了这首诗在西蒙尼德斯的所有诗歌中的独特地位:它开启了西蒙尼德斯尝试位居智慧者之列的战斗;通过这首诗,西蒙尼德斯登上了舞台。苏格拉底强调说:"正是为了这,而且为了实现这个阴谋,西蒙尼德斯作了整首诗来打倒匹塔科斯的诗。"

苏格拉底对这首诗的第一行诗句施加强力,从而开始了自己的解经学,他施加的强力使自己能够完全假定地认为,整首诗都是西蒙尼德斯与匹塔科斯的争辩。苏格拉底这样做,也使自己能将西蒙尼德斯的指控表述为第一人称的直接陈述:"我"指控"你"。[93]苏格拉底首先以一种不自然的方式解释了第一行中的两个语词,小品词μèν和副词ἀληϑῶς[真的]。② 这使苏格拉底得以"想象"(343e),匹塔科斯的话是这首诗的开头,而西蒙尼德斯以一番驳斥做出回应。这首想象中的诗

---

① 柏拉图的《希琵阿斯》前后篇设定在公元前420年左右的雅典,当时阿尔喀比亚德安排了盛大的外交议事会,这两篇对话同样以看待古典智慧的智慧立场为主题。《希琵阿斯前篇》的开场讨论到希琵阿斯随着智慧的增长所面临的信仰问题(281a-283b)。同样,在这两篇对话中,面对古人的态度围绕着隐微术的问题:《希琵阿斯后篇》努力证明,诡计多端的奥德修斯比坦率直言的阿喀琉斯更智慧,而描写这两个人的作者是最智慧的。苏格拉底在《希琵阿斯后篇》中技艺精湛的解经学表明,有可能恢复古代智慧者在诗歌中的寓意,尽管他们通过隐微的方式教诲,尽管苏格拉底作出了相反的宣称(《希琵阿斯后篇》,365d)。

② 连接小品词μèν通常后跟一个δè,也即"一方面"后再跟"另一方面"。苏格拉底的想象性的解经学将μèν本身作为"另一方面"来解释,从而引起西蒙尼德斯对匹塔科斯的说法的回应。他认为ἀληϑῶς[真地]修饰的是困难,而不是高贵者,从而作为自己主要观点的铺垫;从紧随其后的话来看,很明显,ἀληϑῶς[真地]实际上修饰的是高贵者,而不是困难,因为他们解释了真的高贵者是什么意思。对苏格拉底的解经学手法的更具体解释,参Taylor,《普罗塔戈拉》,页144-145;以及Coby,《苏格拉底与智术师启蒙运动》,前揭,页114-115。Adam Beresford在《人无完人》("Nobody is Perfect")一文中提出,应该重新排列西蒙尼德斯的诗行,这可以使苏格拉底对这首诗的别扭用法更容易识别一些。

以匹塔科斯的话开头：“哦，人类啊，做个高贵者很难”，而西蒙尼德斯则回应道，“匹塔科斯呀，你没说真实哦”（344a）。匹塔科斯是向所有人讲话，而西蒙尼德斯只针对匹塔科斯一个人，针对他向所有人所说的话。只在此时，西蒙尼德斯才讲述了第一行诗，苏格拉底把这一行开篇的诗句划分为如下的节奏：

> 并非做好男子，
> 而是要成为好男子，手、脚、心智都方方正正，
> 无可挑剔，才真的难。

　　苏格拉底改变了第一行的节奏，展示了一个新的智慧者向老一辈智者关于真正困难的事所讲的话，此后，他才就这首诗剩余部分的“主要特点和意图”说道：“通过这整首诗歌，[西蒙尼德斯]几乎处处是在反驳匹塔科斯的说辞。”（344b，343c）西蒙尼德斯在他的诗中“仿佛在说道理（λέγοι λόγον）”（344b），根据苏格拉底的重述，西蒙尼德斯说的是：成为好男子真的很难，不过，在某段时间成为好男子还是可能的，而要保持下去，或做个好男子，“如你所说，匹塔科斯哟”，才没可能，这不是属人的能力，唯有神兴许才会有这好彩（344c）：

> 男子汉哟，没法不做坏人，
> 　一旦让人束手无策的（ἀμήχανος）厄运击垮了他。

　　谁才能不被令人束手无策的厄运击垮？苏格拉底首先将西蒙尼德斯的话用于统治他人的人，驾驭航船的舵手，然后是有控制力的人（εὐμήχανος），与之相反的则是缺乏控制力的人（ἀμήχανος）。有控制力的人以舵手、医生和农夫为例，苏格拉底总结了一个在被令人束手无策的厄运击垮时不能不做坏人的人的特征：“有驾驭能力，[94]睿智而且优秀。”（344e）“可是你却断言，匹塔科斯”，做好人难。实际上，做好人难，但不是没有可能：

> 因为，如果事情做得好，个个都是好男子，
> 　但要是做得不好，个个都是坏人。

苏格拉底问道,在"语文方面",或者治病和木工方面,什么是好的行为:好的行为意味着学习;那些倘若放手不管便会变坏的人,通过学习变成了好男子。苏格拉底列举了使人变坏的可能原因:时间、劳苦、疾病或其他的灾难,所有这些原因都有一个共同特点:"只有这样才会造成坏的行为,也就是被剥夺了知识。"(345b)苏格拉底说,"所有这些都是针对匹塔科斯说的",表面原因是西蒙尼德斯想通过战胜一位智慧者,跻身智慧者之列。但苏格拉底对这首诗施以强力的真正原因岂不是逐渐明晰了吗?苏格拉底的论证的所有观点都有一个共同的特征:所有这些论证都是他——作为一位新出现的智慧者——想要讲给更年长的普罗塔戈拉听的。这些论证关系到智慧者的统治——智慧者用简洁的说法向所有人发言,但他们本身作为人,不可能完全智慧、完全高贵。普罗塔戈拉在向他们要求不可能做到的事,也就是要求他们都做好人,或者超越他不断推进的批评范围之外。"所有这些都是针对匹塔科斯说的,"苏格拉底说,"这首诗接下来的段落……更为清楚地表明了这一点。"(345c)事实上,这几段确认了关于普罗塔戈拉才是苏格拉底的目标的怀疑,他的西蒙尼德斯对他的匹塔科斯的态度,正是他对普罗塔戈拉的态度。

苏格拉底宣称,西蒙尼德斯的"整首诗从头到尾就这样激烈地攻击匹塔科斯"(345d),并对这首诗施加了最后一次强力,他再次主张一个有明确所指的语词实际上指的是某种其他的东西。西蒙尼德斯曾说,他称赞并喜爱所有自愿地不做一点儿丑事的人,而苏格拉底则转变了自愿的含义:西蒙尼德斯自愿称赞并喜爱所有不做一点儿丑事的人。苏格拉底于是可以说,西蒙尼德斯与所有的智慧者一样,懂得"所有做丑事、坏事的人都是不自愿地做的"(345e)——所有人都是可教的,如果他们远离了所做下的丑事的话。通过转换主词,并把坏人转变为自愿的坏人,苏格拉底得以对西蒙尼德斯下一个新的判断:他"以为,一个高贵的好人可能常常迫使自己成为某人的朋友和称赞者,就好像常常在一个疏离母亲或父亲,或疏离了祖国或诸如此类东西"——也就是疏离了亲人和国家——"的男人那儿见到的情形"(345e-346a)。当坏人遭受这种疏离时,"看到父母和祖国的缺点时,他似乎感到欣喜,并且对人显示(ἐπιδεικνύναι)自己对父母和祖国的谴责和控诉,以免人们指责[95]他们忽略这些弱点;他们甚至会更起劲地谴责父母,自愿对出于必然而产生的事物加以敌视"。在这里,苏格拉底对西蒙尼德斯的诗所施的强力几乎已经表明了自己的目的:普罗塔戈拉的做法,就像一个坏的疏离的人,将自己疏离于"父母和祖国"之外,而正是父母和祖国使自己成了一个智慧的人,正是其中的智慧传统教导了自己,但他现在却把自己打扮得完全胜过父母和祖国,而且乐于在展示性讲辞中谴责和控诉犹如其父母和祖国的事物;他自愿对智慧者之间出于必然而产生的东西予以敌视——而且,既然没有人完全是智慧的,也就常常产生纷争(345e-346a)。

当不可避免地产生疏离之时,高贵的人会怎样做呢? 他们"迫使自己掩藏这些,并且称赞"——这与"匹塔科斯"或普罗米修斯的做法恰恰相反。苏格拉底强调了自我强迫的需要:"即便因为受到父母或祖国的某种亏待而对之心怀愤慨,他们也自己宽慰自己,自己消气,迫使自己去爱属于自己的血肉。"(346b)在自己所讲的神话中,普罗塔戈拉使同族乡邻的不正义行为成为恰当的时机,以呼吁智慧的同族之人克制自己,控制自己不可避免的不正义:所有人都同意,一个人如果关于自己的不正义讲真话,他就是疯狂的。而苏格拉底在这里做出了回应:智慧者之间的同族之情要求一种自我约束,而你——普罗塔戈拉——通过抬高自己,不加约束地谴责那些养育了你的同族的亲人而违背了这种要求。通过隐藏在对一位前人的诗歌的解经学实践中,苏格拉底以自我约束的方式表达了对普罗塔戈拉的批评,而这正是一位家庭成员如何自我宽慰、自己消气的典范。

但如果约束是必要的,为什么西蒙尼德斯会在这首诗的从头到尾谴责和指控匹塔科斯,而不是实践智慧者的自我约束,称赞并喜爱自己的同族之人呢? 苏格拉底在结尾时解释了原因所在。苏格拉底在这里转向了直接引语,[①]从而使年轻的智慧者面对年长的智慧者讲话:"匹塔科斯,责备你可不是因为我喜欢吹毛求疵(φιλόψογος)。"(346c)苏格拉底摘引了三行诗,内容是使西蒙尼德斯能够对一个人满意,并且使他不再挑剔的理由。接着,苏格拉底几乎是重复了自己的话——"我可

① 344e 处是苏格拉底最后一次使用直接引语。

不愿意求全责备($\varphi\iota\lambda\acute{o}\mu\omega\mu o\varsigma$)"。苏格拉底说,西蒙尼德斯要寻求的并
不是完美,"他自己接受的是中不溜的东西,以免责备它"(346d),而他
再次背诵了此前曾经背诵过的诗句:我才不会寻找一个"完美无疵的
人"(346d,345d)。苏格拉底也同样重复了关键的一行诗,在这行诗
中,他改变了自愿地一词所指的对象(346e)——"我自愿称赞并喜爱
所有……那些不做丑事的人"——苏格拉底重复了自己关键的补充:
"我并不自愿地称赞和喜爱有些人。"在[96]他重建后的称赞和喜爱的
语境下——不自愿地称赞和喜爱——苏格拉底完全用属于自己的话为
谴责留下了空间:"至于你,匹塔科斯,即便你不过以中不溜的方式说
了些恰切和真实的话,我也决不会责备你。"苏格拉底最后一次提到匹
塔科斯的名字(346e),此后直到这一段结束,他任由自己只使用代词。
苏格拉底的谴责是严厉的:"实际上,你严重地讲了假话,而在最崇高
的事情上,你看起来是在真实地讲话——正因为如此,我要责备你。"
(347a)这番责备针对的是一次针对自己的同族之人做出责备的谴责;
这番责备谴责的是一个看起来讲真话,实际上却在最崇高的事情上撒
谎的撒谎者,而最崇高的事只能是关于智慧的事情。苏格拉底用这些
简单的代词"我",谴责"你",普罗塔戈拉,并结束了控诉陈词。苏格拉
底扮演"西蒙尼德斯"所说的最后三个词是个强调句,"我谴责你"。①
你——普罗塔戈拉,被我——苏格拉底——谴责。苏格拉底的攻击令
人惊叹。年轻的苏格拉底竟敢谴责年长的智术创建者,所用的恰恰是
普罗塔戈拉在对话中最先用过的说法,这些说法的特征是:为了抬高自
己而扬言废弃掉整个希腊智慧传统。苏格拉底谴责普罗塔戈拉违背了
智慧者间自然的同族亲情,轻率地将此前的智慧者说成愚人和懦夫,而
他面对的公众只会迫切地愿意相信这些说法。苏格拉底的谴责尽管有
力,却还戴着面纱;他的谴责还是关起门来讲的。苏格拉底对同族之人
的这种忠诚情谊,约请普罗塔戈拉做出同样的回报——在对待智慧之
人的态度上,要证明自己是可教的。

———————————

① $\sigma\varepsilon$ $\dot{\varepsilon}\gamma\dot{\omega}$ $\psi\acute{\varepsilon}\gamma\omega$。在能够独立表述义指的第一人称单数的动词前增加了第一人称单
数代词,这是对这个代词进行强调的通常方式。[译按]按照希腊原文语序,宾格形式的
你($\sigma\varepsilon$)被置于句首,动词"谴责"($\psi\acute{\varepsilon}\gamma\omega$)居于句末(作者的英文译文是 you I blame.)。注
意这个语序,有助于理解作者的后一句话。

经过苏格拉底对西蒙尼德斯的诗歌的"分析",西蒙尼德斯对匹塔科斯发出了苏格拉底想对普罗塔戈拉提出的批评——而且也的确提给了普罗塔戈拉,提出的方式很睿智,或者说采取了斯巴达式的方式,苏格拉底通过用词的精审,驱逐了所有的外邦人。此外,与此前批评普罗塔戈拉对不正义的人提建议一样,苏格拉底在批评对方威胁废弃整个希腊的智慧传统时,也避免了普罗塔戈拉之所以受批评的做法,也就是在公众的视听之下批评智慧者。苏格拉底以这种方式打败了普罗塔戈拉,所用的技巧正是普罗塔戈拉所说的"教育的最大部分"(338e),而且,苏格拉底又是以一段长篇发言取胜,所以,他有充分的理由认为自己可以取得胜利。

苏格拉底扮演了西蒙尼德斯的角色,同时也做到了自己所说的西蒙尼德斯的做法:精心计算步法,通过战胜一位著名的智慧者,逐步迈入智慧者的群体(343c)。这种说法几乎难以表明西蒙尼德斯的处境,①但它精确地描述了苏格拉底的处境。但是,如果两者的处境相符,动[97]机也会相符吗?苏格拉底说,西蒙尼德斯是个爱荣誉者。但他对这种宣称有所限定,认为西蒙尼德斯是智慧方面的爱荣誉者。而如对话结尾显示,这恰恰描述了苏格拉底在《普罗塔戈拉》中的行动。苏格拉底痛苦地坚持使自己的胜利变得很明显,以致普罗塔戈拉称他为好胜之人(360e),不过,苏格拉底讲述了普罗塔戈拉本人的最后评价,普罗塔戈拉承认了这次胜利对苏格拉底意味着什么:"我不会感到惊异的,倘若你会被算作那些因智慧而被看作高人中的一位的话。"(361e)而苏格拉底讲述了这些私下的话,将其公布给一群挺感兴趣的听众:他想以智慧闻名。在智慧方面,苏格拉底是个爱荣誉的人,更确切地说,公众会认为苏格拉底才更是智慧者,而非普罗塔戈拉——苏格拉底在智慧方面更卓越。为了赋予智慧一种可以捍卫的公共面

---

①　关于今存的西蒙尼德斯诗歌残篇的情境背景,我们所知甚少,但根据普罗塔戈拉的讲述,西蒙尼德斯这首诗是献给忒塔洛人克瑞翁(Creon of Thessaly)的儿子斯科帕斯(Scopas)的,时人皆知,西蒙尼德斯曾在忒塔洛盘桓多年。由于普罗塔戈拉的这个说法与他的目的没有特别的关联,那么,与苏格拉底为之而扭曲了诗歌义旨以尝试证明的背景——这首诗是在面对智慧的匹塔科斯发言——相比,(普罗塔戈拉的)这种说法更可能是真的。

相,苏格拉底愿意担负声名之累。

但如果苏格拉底用自己的胜利在雅典的公众面前赢得智慧的名声,那么,在专程来卡利阿斯家中寻求智慧教师的雅典年轻人中,他的名声如何呢? 希珀克拉底曾经只想用苏格拉底作为求教于普罗塔戈拉的手段。现在,发生在他眼前的事是否会引导他重新考虑,并认识到,他所需要的教师是苏格拉底? 对于这个问题,我们没法替希珀克拉底回答,因为他已经退出了对话,被几个更有前途的雅典青年取代了。他们不会看不到,自己所寻求的教师不是来城里寻找他们的哪位智术师,而是一位他们自己的同胞邦民。在对话的开篇已经很清楚,在这些年轻人中,有一位青年卓越出众。事实上,在追求阿尔喀比亚德的青春美貌之时,苏格拉底用智慧的武器捕猎,以求在捕获阿尔喀比亚德的智慧方面赢得荣誉。在追求阿尔喀比亚德之时,苏格拉底讲述了自己如何战胜了当时最智慧的人,从而在首先指控他的人们面前伪装了自己的追捕行动。恰恰通过可能会使自己追捕成功的言辞,苏格拉底说服了这些审议者:自己并非阿尔喀比亚德的追求者。在追捕之时,苏格拉底隐藏了自己是位捕猎者的事实。

在时序上的第一篇对话中,柏拉图展示了苏格拉底作为政治哲人登上舞台的过程,这位政治哲人知道,为了在希腊启蒙运动中保全希腊智慧,自己必须有所行动,必须着手抑止一种有缺陷的隐微教导。普罗塔戈拉——“我们这一辈最智慧的人”——的确是一位智识天才,他不计后果、自顾自地攻击智慧者,嘲笑他们的隐微教导胆小、[98]无能,而且嘲笑他们除了智术之外什么也没法隐藏——通过这种攻击,他威胁到希腊的智慧。苏格拉底以一种唯一真实的隐微方式赞美隐微术,他隐微地虚构了关于著名智者的有益的故事,同时推崇一种简洁的凝练。但苏格拉底隐藏了什么? 这位赞扬古代隐微术的苏格拉底邀请人们对自己的所有发言进行一番检验。苏格拉底的这些发言,因为其特有的本性而驱逐了外邦人,只对渴望与他私下交流的人传授了一种私密的智慧。智慧地讨论智慧者的方式,包含着对智慧的一种智慧的邀请。

11 阿尔喀比亚德掌控局面(347a-348c)

苏格拉底称呼普洛狄科和普罗塔戈拉的名字,并结束了长篇的发言。但是在普罗塔戈拉再次讲话之前,经过了很长一段时间。即使开始讲话,普罗塔戈拉也很不情愿,只是在阿尔喀比亚德的胁迫下,由于感到羞耻才继续发言(348c)。看起来,普罗塔戈拉事实上遭受了苏格拉底假装遭受的事;他好像被一位拳击好手打了一拳,听了苏格拉底的话后,两眼漆黑,脑子晕眩(339e)。在普罗塔戈拉自称精通的那一半领域中,他已经遭受一记可能致命的重击——那段解诗的长篇发言犹且未绝于耳,不过,除此之外,普罗塔戈拉还会明白,自己又被斯巴达式的方式对付了,他面对着智慧者与智慧者之间的较量。他会明白,苏格拉底提示了比他的公开说法多得多的东西,就连思维敏捷的普罗塔戈拉也需要时间考虑,苏格拉底以仁慈的方式进行的迅猛攻击中究竟有什么暗示。苏格拉底给了普罗塔戈拉时间,因为他就讲辞和转述的话题来了一番讲辞,他实际上说的甚至比转述给听众的还要多(348b)。

随着普罗塔戈拉陷入沉默,希琵阿斯插话进来。他称赞了苏格拉底的说法,并提出要来上一段展示性讲辞——希琵阿斯明显已经在关于这首诗的展示性讲辞方面驾轻就熟(347a)。既然苏格拉底已经动摇了年长的普罗塔戈拉的权威,希琵阿斯急于加入竞赛,为自己的主张圈下场地。① 但他没被允许讲话。"等到下次吧,希琵阿斯,"阿尔喀比亚德说。是谁任命这个年轻人做监督人的? 他可不是主人,也不是来这场比赛中争夺优胜的著名智术师们的同辈,而且也没经过投票。阿尔喀比亚德径直命令希琵阿斯不要做讲辞。阿尔喀比亚德不是作为派

---

① 好胜的希琵阿斯后来果然采取了行动,他为了证明自己是全希腊的首智,到奥林匹斯运动会上发表展示性演讲(《希琵阿斯后篇》363d-364a;这篇对话设定在公元前420年,奥林波斯运动会的前夕)。希琵阿斯明白苏格拉底精心暗示给普罗塔戈拉的意思吗?《希琵阿斯后篇》表明,他并不倾向于委婉或间接表达,因为他认为阿喀琉斯优于奥德修斯,因为阿喀琉斯总是直抒胸臆,并不沉迷于推托委蛇的说话方式,他因此也很讨厌奥德修斯。

系分子讲话;他强力推行了苏格拉底所建立、[99]并由所有人同意的规则(338e),他重申了约定,并诉诸正义的理由,以坚持此前已经确立的东西。那么,阿尔喀比亚德再次作为正义的代言人讲话:"但是这会儿,该做的事是遵照普罗塔戈拉和苏格拉底相互间的约定,要是普罗塔戈拉仍然愿意问,苏格拉底就回答;要不然普罗塔戈拉愿意回答,就由苏格拉底来问。"(347d)苏格拉底已经解释过他们为什么不能任命一位主管,而只能提议由所有人共同来做主管(338e)。阿尔喀比亚德诉诸此前的约定,径直规定希琵阿斯应当遵守秩序。他作为主管的法官发号施令,而苏格拉底曾说过,不可能找到这样的法官。

随着阿尔喀比亚德再次伸手相助,苏格拉底假定,由阿尔喀比亚德重建的秩序应该得到遵循,并让普罗塔戈拉选择是继续提问还是回答。但是,苏格拉底想要"放弃抒情诗和叙事诗",并回到"我最初问你的问题,普罗塔戈拉,因为我更乐意与你探究一番,使得问题有个了结"(347b)。苏格拉底首先问起的问题——各种德性的统一性问题——始终是苏格拉底的主题,尽管此前在这个问题上不完整的处理曾让苏格拉底以离场相威胁:他知道自己会被挽留。放弃关于诗歌的展示性讲辞有其好处,因为这类关于诗歌的讨论就像没受过教育的人的饮酒场合或者会饮,这些人"没能力通过自己的声音和自己的想法,相互谈出点自己的东西"(347c);相反,他们"花大价钱租用箫的异音,通过听这些声音来制造自己的讨论"(347d)。而"受过教育的人"则用自己的声音讲话;"根本就用不着异方的声音,也用不着诗人;诗人讲的什么,其实根本问不出个名堂来"(347e)——但在苏格拉底回到自己首先问起的事情之前,他同样使用了自己所说的"箫的异音",引用了荷马来代表(或错误地代表)自己想与普罗塔戈拉一起做的事情(348c)。当众人在发言中引用诗人时,他们对诗歌进行了不同的解释,自己也无法弄清楚——苏格拉底没说这些解释是没法验证的,也没说诗人们的意思没法发现。① 但是"你和我"应该让诗人一边去,"咱们自个儿相互谈自己的东西,让我们自己经受真理的验证"(348)。苏格拉底重复了由

---

① 在《希琵阿斯后篇》的一个相似的转折之处,苏格拉底说,"让我们先将荷马放在一边,既然我们没法问他,当他在构思这些诗句时究竟是怎么想的。"而苏格拉底随后的论证所依据的,恰恰是他已经清楚地明白,荷马在构思这些诗句时头脑中想的是什么。

阿尔喀比亚德重复的此前的约定,邀请普罗塔戈拉如果愿意就继续提
[100]问,或者开始回答问题,如果他愿意的话。苏格拉底说,自己出
于同样的目的说了更多类似的事情,而普罗塔戈拉却一直保持沉默。

　　普罗塔戈拉的沉默引起了阿尔喀比亚德的第三次介入。与第一次
介入一样,他对卡利阿斯说:"卡利阿斯啊,你觉得普罗塔戈拉这样子
有没有风度啊,既然他不愿说明自己究竟要不要给个说法?"卡利阿斯
是普罗塔戈拉一边的(336b),但他现在没法为自己的导师辩护了。阿
尔喀比亚德把矛头指向了普罗塔戈拉:"我觉得没风度哦。"他还说明
了普罗塔戈拉必须怎么做:"要么他得继续下去,不然的话就得说不想
再辩下去,好让咱们可以知道他的意向"——65岁的普罗塔戈拉,这位
最伟大的智术师,沉默地坐着,听一位太过年轻、还没资格向公民大会
发言的雅典青年宣布自己应该怎样讲话。阿尔喀比亚德说,如果普罗
塔戈拉仍然不愿遵守规则,"苏格拉底就可以同别人辩,或者其他谁想
要辩的"(348b)。阿尔喀比亚德实际上在说,我们不需要普罗塔戈拉。
他明确表示,我自己不需要普罗塔戈拉,我已准备好在我们同意的规则
下主持新的团体。所有这些话都是讲给卡利阿斯的,但真正的听众是
普罗塔戈拉和其他所有专心聆听的人——年轻的阿尔喀比亚德懂得如
何在群众面前表演,以使自己的发言收到最大效果。

　　于是,苏格拉底说,阿尔喀比亚德的话收到了意想的效果:"普罗
塔戈拉听了阿尔喀比亚德这几句,我当时觉得,他感到羞耻。"阿尔喀
比亚德早已懂得羞耻的作用——普罗塔戈拉说过,羞耻是宙斯送给所
有人的礼物,他因而暗示,智慧和勇敢的人可以跟自己学习如何操控羞
耻(322c-d)。阿尔喀比亚德已经有效地运用了羞耻,因为他在一旁施
展的小的戏剧手段取得了完全的胜利:"卡利阿斯和几乎所有在场的
人"纷纷请求普罗塔戈拉根据规则继续辩论(348c)。[1] 虽然"很不情
愿",但除了更丢脸地举手投降之外,普罗塔戈拉别无选择,他"勉强自己
同意继续辩论",而苏格拉底叙述说,他最终选择面对苏格拉底的提问:
"他催我问他问题,他好回答。"(348c)经过苏格拉底的转变,这个集会具
有了民主性质。与此相应,阿尔喀比亚德有力地解释了当前的情势,认为

---

　　① 失望的希琵阿斯也许是个例外?

所有人都是主管者,此外,阿尔喀比亚德又合情合理地提出了新的、也许不太有吸引力的选项,从而劝服了众人——这一切都是在苏格拉底设定的规则之下发生的,而现在,在一位并非由选举产生,而是自然的领袖的推动下,众人达成了一致意见。在这个小型的民主政体中,某个伯利克勒斯产生了,而他的监护人并没有教过他这一点。

[101]阿尔喀比亚德不需要再干预了,而他的主导力量将会继续发挥效力:普罗塔戈拉明白,有一位心怀戒备的、严格的法官掌控着他们的对话,因而必须坚持论证下去,直到达到苦涩的结论。但如果阿尔喀比亚德是主管者,是什么使他获得了掌控权?——苏格拉底。通过威胁离场所引起的反应,苏格拉底设定了问答的规则,普罗塔戈拉必须按照这个规则继续谈话。随后,苏格拉底做出安排,所有人应该共同担任主管,苏格拉底清楚地知道,这样的安排的结果将是少数人的领导,他也清楚,阿尔喀比亚德最适合有所行动——他将出于自己的天性所迫而被迫行动,对于他的天性,从他年少时便在观察他的苏格拉底最清楚不过了(《阿尔喀比亚德前篇》103a-b,106e,109d,110b)。一个人如果想统治,就必须有能力判明当时发生了什么,还要致力于维护公正,而且要足够勇敢,敢于干预。苏格拉底对阿尔喀比亚德的长期、密切的观察让自己明白,阿尔喀比亚德是最聪明不过的观察者,他严格、毫不留情地致力于公正,而且丝毫不缺乏勇气——苏格拉底会知道,尽管阿尔喀比亚德还不足 20 岁,但他适合统治。① 通过设定对话在进展过程中应该遵循的规则,苏格拉底通过统治阿尔喀比亚德而建立了统治。

苏格拉底引导框架谈话的听众相信,在普罗塔戈拉面前,他忘记了阿尔喀比亚德。普罗塔戈拉要"更美",因为他更智慧——但通过引入希珀克拉底,苏格拉底可以表明,自己并不认为普罗塔戈拉是智慧的。这也使他得以引领框架谈话的听众得出如下结论,认为他是为了一位雅典年轻人的缘故才主持了与普罗塔戈拉的谈话,为的是治愈这位年轻人跟从普罗塔戈拉学习的渴望。但希珀克拉底消失了,取代他的是苏格拉底想让心存怀疑的审议者们相信自己已经忘记的那位雅典青

---

① 尤其可以参考苏格拉底在《阿尔喀比亚德前篇》110b 处所描述的阿尔喀比亚德与一位玩伴间发生的事。

年。苏格拉底并没有忘记。相反,他看起来有部分原因是为了阿尔喀比亚德才主持了与普罗塔戈拉的谈话,这位雅典的年轻人关系最为重大,如果他受到普罗塔戈拉的腐蚀,将会最大程度上危害雅典;对这位雅典的年轻人,苏格拉底已经追求了很久,对于他,苏格拉底明白,自己必须在追求的同时显得无意追求他。现在,一位强有力的领导人受到自己的左右,与自己结盟,并加入了同一个阵营,苏格拉底于是可以继续检验这位出于羞耻而必须回应的普罗塔戈拉了。难怪色诺芬在提到克里提阿和阿尔喀比亚德时曾经说,这两个人明白,苏格拉底可以对任何对话者做自己想做的事(《回忆苏格拉底》1. 2. 14)。

12　苏格拉底的展示性讲辞(三):
面对众人的更智慧的立场(348c-359a)

[102]最后,苏格拉底终于重新获得了继续讨论的权利,可以完成曾被自己以离场的威胁打断的论证。他已经向普罗塔戈拉表明,自己既可以在简短谈话中,也可以在长篇发言中战胜他,而且还表明,自己通过不揭发普罗塔戈拉的不正义,并像斯巴达人一样讲话,从而实践了自我约束,这些都使苏格拉底完全掌控了局面——现在,在使用了所有这些掌控手段之后,苏格拉底可以说明自己想要与普罗塔戈拉谈话的原因了。苏格拉底宣称,讨论为的是"研究始终让我感到困惑的东西"(348c),但他引入了一位诗人的声音——据说诗人的声音是不相关的(347e),用来指出进行讨论的真正原因:在自己已经研究过的问题上指导普罗塔戈拉。

一个荷马式的联盟

苏格拉底最后一次引入荷马,旨在以合适的简洁方式暗示自己是谁,以及自己所做的是什么事情,苏格拉底调整了所引的荷马的言辞,使之恰好适合说明自己的要点(348c-349a)。苏格拉底提到了"荷马曾说",但这句诗其实是狄奥墨德斯(Diomedes)说的,当时他选择奥德修斯为同伴,一同到特洛伊人的敌营中进行危险的刺探使命。当时,阿开奥斯人的首领们都在场,聚集在阿伽门农、墨涅劳斯和涅斯托尔麾下,在被特洛伊人赶回舰船的那个绝望的夜晚,他们共同商议应该如何应对。当时,他们在等待着意料之中的第二天的猛烈攻击,他们担心,特洛伊人会在那时烧毁他们的战船,并将他们全部杀光。苏格拉底引用的是狄奥墨德斯在选择一位同伴共同完成自己主动请命的使命前所说的话,而这两个人结成的同盟可能会打探到敌人第二天的计划:"两人同行,一个比另一个先留意到。"(《伊利亚特》10.224)但苏格拉底略去了狄奥墨德斯随后的话"会有怎样的利处",并代之以自己的话:"这样,咱们啊总会路子多些(εὐποϱώτεϱοι),无论做事情、说话还是思虑。"(348d)苏格拉底用来取代狄奥墨德斯的说法将奥德修斯说成是足智多谋的人。苏格拉底又回到狄奥墨德斯的说法,他引用了关于为什么自己需要一个同伴的开场一句——"但要是单单一个人留意到什么"——却没有引用下面的话:"那么他的眼光会更简单肤浅,做决定也会犹豫迟疑。"苏格拉底口中不会说出这种对孤独的观察者的轻蔑之言。相反,当有人独自观察时,他说:"他就马上四处走寻,不停地找自己可以指给他看[103]自己的发现、同他一起搞清楚的人。"(348d)狄奥墨德斯不相信自己的洞察力,并选择奥德修斯帮助自己分辨;而苏格拉底则充分相信自己的洞察力,并选择普罗塔戈拉来帮助普罗塔戈拉进行分辨,向他表明苏格拉底独自洞察到的东西。不过,荷马的这个场景是多么合适啊:这两个人必须结成同盟,因为智慧的人别无选择,只能深入危险的敌人的营寨,而敌人们明天就可能毁灭自己。这正是普罗塔戈拉向苏格拉底说的第一件事:当智慧的人进入一座城邦之时,强力之人总是将他们视为威胁,所以他们必须小心谨慎。荷马描述的场景使柏拉图获得了活生生的影像,用以交代苏格拉底想与普罗塔戈拉谈话的基本理由:阿开奥斯人的事业的未来和希腊启蒙运动的未来,都取决于这对平衡。①

　　苏格拉底为什么要选择普罗塔戈拉?"除了你,还有谁呢?"他问

_____

　　① 为了提议结成联盟,苏格拉底分别三次称呼荷马的名字,并引述荷马:对阿尔喀比亚德(309a-b;《奥德赛》10.279),普洛狄科(340a,《伊利亚特》21.308-309),以及此处对普罗塔戈拉。此外,苏格拉底还曾称荷马之名并引用荷马,用以表明自己像奥德修斯一样下降到冥府(315b;《奥德赛》11.601)。此外,苏格拉底还有一次提到了荷马的名字,而普罗塔戈拉曾经称呼荷马的名字一次。

道,就像狄奥墨德斯问起为什么会选择奥德修斯一样(《伊利亚特》10.242-247)。苏格拉底提出了两个理由:第一,普罗塔戈拉认为自己既高贵又优秀($\varkappa\alpha\lambda\grave{o}\varsigma$ $\varkappa\grave{\alpha}\gamma\alpha\vartheta\grave{o}\varsigma$),但与其他虽然优秀,却不能使其他人变得优秀的人不同,"你不仅自己优秀,还有能力让别人以同样的方式变得优秀"(348e)。苏格拉底的这段奉承必须与讲给希珀克拉底的私下判断对照衡量:极大的危险是,普罗塔戈拉会使他人变坏,尤其是容易头脑发热的年轻人。苏格拉底提出的第二个原因是:"你对自己非常自信,别的人要隐藏这种技艺,你却让自己在所有希腊人面前公开亮相,叫自己为智术师,宣称自己是教育和德性的教师。"(349a)苏格拉底将普罗塔戈拉带回了他的第一次讲辞,因此,这个理由指向的是,普罗塔戈拉曾在敌营之前将自己的同族之人驱入险境。"我怎能不急于找你探究这些事情,问你问题,同你攀谈呢?非如此不可啊。"(349a)在《普罗塔戈拉》的深层,苏格拉底向普罗塔戈拉暗示,自己受到强烈的驱动要与他谈话,导致苏格拉底进行自我强制,是普罗塔戈拉可能对年轻人和希腊智慧传统造成的伤害。由于被迫进行干预,苏格拉底像足智多谋的奥德修斯面对有所需求的狄奥墨德斯那样发言;苏格拉底的行动,是为了在有亲缘的阿凯亚英雄之间铸造一种同盟之情,由此转变这位狂野的战士在闯入两人所知的敌营时的鲁莽方式。①

[104]普罗塔戈拉为什么会听从?他已看到,苏格拉底指出了自己行事不正义之处,却不揭穿。他已看到,苏格拉底关于智慧者之间的同族亲情的观点掩盖了他通过西蒙尼德斯对匹塔科斯的批评而对自己提出的批评。他也已经看到,在自己称为教育的最重要部分的那方面,苏格拉底超越了他,并将这样的一种使用诗歌的方式弃于一旁。而现在,普罗塔戈拉听到一声荷马式的邀请,邀请自己学习苏格拉底所观察到的进入敌营的智慧方式——通过这种智慧的方式,可以实现普罗塔戈拉自认为已经智慧地实践着的事情。他又怎能不听从呢?

---

① 很多英雄都渴望被狄奥墨德斯选中,但阿伽门农催促他选择最卓越的人;狄奥墨德斯交代了选择奥德修斯的理由:"他最有智慧,洞察一切"(《伊利亚特》10.247)。事实上,奥德修斯最先看到了一切;他确定了众人的战略(例如抓捕多隆);他主导了对多隆的讯问,因而使大家得知有关敌营和敌人意图的消息。狄奥墨德斯实施了身体方面的行动。

回到开头

苏格拉底想要"重新从我起初问你的开始"（349b，参347c），"回到开头"。苏格拉底继续希望，普罗塔戈拉现在终于可以在已经讨论过的德性统一性问题上缓和下来，并将勇敢和智慧与前几种德性结合。苏格拉底列举了五种德性，并再次将勇敢列于中间（349b；参330b），而勇敢正是普罗塔戈拉认为自己的前辈们尤其缺乏的（316d）。普罗塔戈拉曾经认为，这五种德性之间没有共同的本质或存在（οὐσία，349b6），每个德性之名指的都是某种独特的东西，所有德性作为德性本身的各个部分，正如脸的各部分之于脸，而不像金子的各个部分（349c）。苏格拉底向普罗塔戈拉进行了一连串的自我揭发，那么，由于立足于这些新的状况以审视他们的观点，苏格拉底因而邀请普罗塔戈拉放弃原来的观点，如果"你这会仍然像当初那样觉得这看法正确，就说是这样；要是有些不同了，那就把这不同说清楚"。苏格拉底修饰了邀请的措辞，以帮助自己潜在的盟友明白该怎样做："我绝不会因为你这会儿说的不同而责怪你。其实我并不会感到惊讶，要是你当时那样说不过是为了考考我而已。"像这么做，你就可以放弃原先的说法，并且成为"德性是一"的说法的同盟者。你可以说，刚才只是考考我，就像我也曾经带领普洛狄科考你一样。你可以说，自己只是开个玩笑（341d）。如果普罗塔戈拉说自己刚才只是考考苏格拉底，而苏格拉底通过了考验，他就可以说，他是第一个持有苏格拉底宣称自己所持的观点的人：所有的德性是相同的，就像金子的各个部分都是金子一样。这是一番得体的邀请。

普罗塔戈拉拒绝了。他不愿扮演狄奥墨德斯来配合苏格拉底的奥德修斯。他只承认"四种德性一定程度上彼此相近"。此前已经讨论过这四种德性，智慧、节制、正义和虔敬，它们可能会像苏格拉底在论证中使它们显得的那样相近，但尚未讨论的德性——勇敢——"与其余所有的都极不相似"（349d）。顽固的普罗[105]塔戈拉提供了一条证据："你会发现，世间有不少人虽极不正义、不虔敬、不节制、没学识，但在勇敢上却极出众。"看来普罗塔戈拉正准备开始一段长篇大论，因为苏格拉底在说"你说的值得透彻地考察一下"之前，不得不先说"且慢！"（349e）

　　苏格拉底对勇敢的独特性质的探究首先包括一个简短的论证,表明勇敢与智慧相等同,此后又与其他德性等同。苏格拉底的论证是他第四次,也是最后一次尝试说服普罗塔戈拉将各种德性说成是一个整体。这个论证能说服他吗? 苏格拉底与普罗塔戈拉在如下几点上达成了一致:

　　　　勇敢的人是大胆的,甚至是非常急切、勇往直前,普罗塔戈拉补充说;
　　　　勇敢是最高尚的,是纯然的高尚,最高程度的高尚;
　　　　有些大胆的人有知识地行动;普罗塔戈拉普遍化地概括说,在所有情形中,有知识的人都比没知识的人更大胆,而他们自己在学习后也比以前更有胆量;
　　　　有些没知识的人同样大胆,普罗塔戈拉补充说,他们甚至太大胆了些。

　　在这些问题上达成一致后,苏格拉底可以问,这些过于大胆、缺乏知识的人是否同样勇敢。而普罗塔戈拉必须得回答说,那样一来,勇敢就会是一件低微的事情了,因为过于大胆的人是疯子——他们并不勇敢。现在,苏格拉底抓住了他:如果勇敢的人是大胆的,而过于大胆的人是疯狂的,那么知识本身区分了二者;因此,最智慧的人同样是最勇敢的。"按照这个说法,智慧就会是勇敢啰。"这个朝着智慧与勇敢的统一性的跳跃,符合苏格拉底此前三次论证的模式,因为,勇敢与智慧的等同性几乎很难从他的论证中推导出来,无论他的论证在多大程度上建立了知识和勇敢的某种重合。与其他三个论证一样,将这两种德性统一起来的努力值得欲求,其可欲性来源于起初所设想的状况——在最初,苏格拉底设想他们二人在其(作为智慧者)就正义和虔敬所提出的观点方面受到质疑。这种场景设定因为两人的荷马式的联合而得到加强,同时,论证的前景也更加不妙。
　　苏格拉底的论证不只是一次逻辑的练习:它是一面不可思议的镜子,映照出他对普罗塔戈拉的做法的判断。苏格拉底最后引出的对比迫使普罗塔戈拉做出反对自己的判断:他虽然自夸有一种新的胆量,敢于就自己的智慧讲真话,但事实上,这只是一个缺乏知识的人的轻率行为——这甚至是疯狂的。如果同族之人对亲人说，关于自己的不正义行为讲真话是疯狂的——正像普罗塔戈拉在为自己辩护时强烈呼吁的那样，那么，苏格拉底在面纱下进行攻击时也同样呼吁，关于一个人的智慧讲真话，将是［106］疯狂的、鄙陋的，这种做法既不勇敢，也不智慧。奥德修斯——苏格拉底说，大胆的狄奥墨德斯——普罗塔戈拉并不勇敢，他只是过于大胆，而前者则在勇敢之中结合了富于洞见的智慧。

　　普罗塔戈拉并未屈服。相反，他以真正尖锐的论证表明，如果变换语词的话（用强有力［strength］代替勇敢，强壮［power］代替大胆），苏格拉底可以同样好地证明，强有力就是智慧。想证明这一点，只需要错误地假设，对强有力和强壮共同加以延伸，就像苏格拉底曾经借助错误的假设，对勇敢和大胆都进行了延伸一样。苏格拉底默默承认普罗塔戈拉的反驳有道理：他转向了一个看起来完全不同的论证。但对苏格拉底来说，有决定性的从来不是论证的逻辑，而是论证在一位有敌意的提问者面前发挥的效用——而普罗塔戈拉再次拒绝了为安全之故与苏格拉底结成联合阵线，尽管这段对话中，荷马式场景的分量又有所增加。苏格拉底想通过有益的论证给普罗塔戈拉带来教益，但普罗塔戈拉则坚持在逻辑方面教训苏格拉底，似乎苏格拉底不清楚自己论证中的错谬一样。不过，普罗塔戈拉还是显示了自己对简短论证的精通——他表明，苏格拉底是怎样左右自己的正确答案，从而得出看似有说服力、实则不能成立的结论的。通过表明苏格拉底操控论证而且结论有误，普罗塔戈拉显得仍然在试图取胜，而苏格拉底的目的则是在共同的敌人面前达成一致。①

　　普罗塔戈拉的反驳没有导致苏格拉底威胁离场，尽管这次的反驳比曾经引起苏格拉底威胁离场的那次还要长些。相反，苏格拉底又开启了新的问题链条（351b），为自己关于享乐主义的论证做准备。他一

_____

　　①　普罗塔戈拉驳斥了苏格拉底的论证，代价是与自己的前提相矛盾——勇敢与其他德性都有所不同（349d）。普罗塔戈拉的驳论得出的结论是，勇敢必须与单纯的大胆区分开，而大胆既有可能来源于技艺（τέχναι），它"还可能来自血气（θυμός），还有疯狂"；而另一方面，勇敢则"来自天性和灵魂滋养得好"（351b）。勇敢需要智慧，而智慧则来自好的教养。

且完成这个论证,就将返回悬置在这里的原初问题(359a)——勇敢与智慧的同一性问题,并再次展开一番论证,从而无情地击垮普罗塔戈拉,使他不得不结束两人的讨论。他们已经来到了一个看似不起眼,其实冲击力极大的转折点,在这里,苏格拉底可以凭借一种新的策略,在此前一直失利之处取得胜利:说服普罗塔戈拉教导各个德性的统一性。整部对话的全景获得了明确的焦点。那么究竟发生了什么? 普罗塔戈拉刚刚明确提出,自己无意于做自己受邀要做的事,也就是在各种德性的统一性上改变立场,将自己[107]早先的立场视为用来考验苏格拉底的玩笑话。相反,普罗塔戈拉坚持认为,各种德性并不相同,他拒绝采纳苏格拉底坚持不懈地作为有益的观点提出的看法。普罗塔戈拉刚刚拿出最终态度,拒绝按照仿佛"德性是一元的"那样行动,而苏格拉底则开创了一种新的方式来教导这位奠基性的智术师,他将用一种不那么危险,而且更成功的方式进行一番启蒙的交易。苏格拉底的新策略好像是来自奥德修斯的洞察,又能传达给狄奥墨德斯;勇敢结合了智慧,从而在敌对的众人面前产生了一种新的启蒙策略。

享乐主义

由于与普罗塔戈拉在下列问题上达成一致,苏格拉底开始了新的问题链条——两人同意,有些人活得好,有些人活得坏(351b);一个人要是生活在痛苦和忧伤中,就不算活得好;而一个人如果快快乐乐地活到生命的尽头,就算得上是很好地活过。苏格拉底最后问,是否活得快乐就是好,活得不快乐就是坏,普罗塔戈拉只能有条件地同意:"如果在高贵的东西中获得快乐的话"(351c),快乐的生活才是好的。在引入快乐和好之后,苏格拉底引入了对自己的新论证至关重要的另一项要素——众人,因为他否认了普罗塔戈拉对快乐提出的标准:"你肯定不会像众人那样,把有些快乐称为坏,把有些痛苦称为好吧? 我的意思是说,有些东西尽管快乐,却不等于本身就是好的,除非它们引发了一些别的东西?"苏格拉底在把智术师们逼到危险的立场上;如果宣称快乐就是好的,就是在接近不光彩的享乐主义教条,智术师们正因为教导享乐主义而受到指责。普罗塔戈拉以适宜的谨慎回答说:"我不知道,我是否该如此简单地、像你的问题吸引我的那样回答。"像往常一样,普罗塔戈拉必须要顾全自己的安全,他说,不仅"为了眼下"——我们在这儿的小型集会,"而且为了我的整个余生,更安全的回答"需要采取的方式,要与苏格拉底所说的众人观点相一致:"有些快乐的东西并不好,反之,有些痛苦并不坏,另一些痛苦则是坏的,此外还有第三种则两者都不是,既说不上坏也说不上好。"(351d)

苏格拉底坚持认为:"就某些东西是快乐的而言,它们是否就不是好的了? 由此我要问的是,快乐本身是否好?"普罗塔戈拉敷衍拖延了一番,但他采取的方式则是听苏格拉底的安排:"就像你每次都会说的那样,苏格拉底,让我们探究探究吧。"他界定了两人将要探究的内容:"快乐与好是否显得是同一样东西。"(351e)这位精于简短论证的大师已经察觉到苏格拉底要转向哪里,于是高明地传达了自己的[108]洞见。以他曾用来反驳苏格拉底的同样的语言——"强壮和强有力不是一回事"(351a1),"大胆和勇敢并不相同"(351a4)——普罗塔戈拉完成了苏格拉底关于快乐与好所提出的倡议:让我们探究"快乐与好是否显得是同一样东西"(351e)。普罗塔戈拉理所当然地将两者纳入针对享乐主义的探究,他很清楚,他就快乐和好所做的,正是自己不愿对勇敢和大胆所做的事,因为其中包含一个错误,也就是错误地将一个断言等同于这个断言所关涉的主题。普罗塔戈拉既没让自己,也没令苏格拉底遵从享乐主义的教条,只是使两人对享乐主义进行研究。苏格拉底回答说:"你想来引导这番探究呢,还是我来引导?"在关于快乐与好的问题上,普罗塔戈拉会像在关于勇敢与大胆的问题上那样提出反对吗? 不会。"你引导才对啊,毕竟是你引发这个话题的嘛。"从不屈服的普罗塔戈拉服从了。为什么? 普罗塔戈拉破天荒地表示服从,这表明他开始产生了兴趣:关于快乐与好的同一性问题,关于这个涉及享乐主义的危险话题,苏格拉底会说些什么? 普罗塔戈拉应该会看到,以形式上的相似性开始的论证,肯定在意图上也有相似性:这段论证的目的不是逻辑的严密,而是在共同的敌人面前的安全。何况,由于苏格拉底经常涉足危险之地,却从未暴露普罗塔戈拉或他自己,那么在这个论证中,普罗塔戈拉可以信任苏格拉底。在一番关于快乐与好的新的论证中,苏格拉底愿意领导讨论,普罗塔戈拉也愿意听从,而且他刚刚表明了愿意听从的原因:安全,而且两人都会是安全的。让我们探究这个问题吧,由你来引领:普罗塔戈拉邀请苏格拉底,在他刚刚指出的一种可能的错误的基础上,潜入享乐主义问题的危险水域。也许在这个话题上,普罗塔戈拉会分享苏格拉底建立同盟的首要兴趣。

要服从苏格拉底的领导,就要服从得更多:苏格拉底要探究的不仅是享乐主义,还包括普罗塔戈拉本人。苏格拉底扮演着检查脸和双手的医生的角色,他说:"这样吧,露出你的胸膛和背,让我看看(ἐπίδειξον),以便我可以做更为彻底的检查。"(352a)这位医生的观察很敏锐。"看到你对好和快乐的看法如你说的那样之后"——在看到你从"快乐是好的"转向"好就是快乐"的转变后,在看到你转向享乐主义之后①——苏格拉底提出了更多的要求:"这样吧,[109]普罗塔戈拉,露出你的思想来,让我看看:你怎样看待知识?"在苏格拉底当前所开始的关于享乐主义的探究中,知识和快乐是决定性的问题。在强迫普罗塔戈拉在知识问题上坦白立场之前,苏格拉底承担了自己在刚才提出的荷马式同盟中的角色——奥德修斯向狄奥墨德斯讲述自己亲自在敌营察看到的东西:多数人是如何看待知识的。他们不认为知识是"一种强有力的,统率、支配性的东西"(352b);他们认为,即便对于一个有知识的人来说,真正在统治的也不是知识,而是"这会儿是血气,那会儿是快乐,过会儿是痛苦,有时是欲爱,通常则是畏惧"。多数人认为,知识是激情的奴隶,服从于苏格拉底所列举的五种主要的激情。这位医生想要揭露普罗塔戈拉对知识的统治力量的看法。他会与多数人一道,认为激情的统治超过了知识吗? 这位医生将自己精心准备的问题提出给病人:"你是否认为,知识乃是一种高贵的、强有力的支配人的东西,要是一个人知道了好和坏,就不会被任何事情压垮,做任何事情都不会不按知识对自己的要求,反倒认为能助人一臂之力的恰恰是智慧?"(352c)

这个决定性的问题引起了普罗塔戈拉的两部分回答。他首先说:"在我看来,确实像你说的那样。"他随后又补充说:"如果我像所有人

---

① 在《泰阿泰德》中,在普罗塔戈拉对享乐主义所持的真实立场问题上,苏格拉底不需要像现在这么间接:普罗塔戈拉已经去世,他再为享乐主义辩护也不再有危险。在《论僭政》(*On Tyranny*)的"快乐与德性"一章(页92-102),施特劳斯表明,享乐主义何以即使对苏格拉底来说也是一种令人尊敬的哲学立场。

那样,说智慧与知识不是属人事物中最有力量的东西,那将是可耻的。"(352d)在此前一次,这位病人曾经在回应时诉诸羞耻(333c):他引述了很多人所持的令人感到羞愧的观点,而自己则想与他们的观点保持距离。这些人认为不正义是有意义的,而苏格拉底通过追问表明,他实际上也持有这种观点。这一次,羞耻是否掩盖了他也分享众人的观点这一事实——激情的力量统治着知识? 答案看起来是否定的,因为他的医生回应了病人两个部分的宣称,首先回应了第二部分:"你说得很好"——而不是令人羞愧,此后又回应了第一部分:"而且说得真实。"普罗塔戈拉说得既好又真实,这表明了他心中所想,而且支持了知识的力量:普罗塔戈拉同意苏格拉底的观点,知识能够统治激情——说到底,这位希腊启蒙运动的开创性研究者所做的伟大的展示性讲辞表明,他既懂得宗教的真理,又明白如何通过宗教进行统治。从这时开始,苏格拉底像一对同盟者中的一位那样发言,同时反对多数人:"你知道,世上多数人不听你和我的劝,非要认为,多数人即便知道什么东西最好,却不愿去做这些事情,即便他们能够去做,却也要做别的事。"

你和我与享乐主义

[110]苏格拉底——奥德修斯,与普罗塔戈拉——狄奥墨德斯能够作为一个人,作为"你和我",在敌营中发言,并认为知识能够统治激情。苏格拉底保证,他们能够最终统治敌人的阵营,能够作为受被统治者欢迎的教育者施行统治。

苏格拉底的做法显得自己与普罗塔戈拉仿佛已经是同一个人,正在一起说服多数人,但他表明,两人在看待多数人的兴趣方面有所不同:他已经积极地研究了多数人的观点。"无论何时,当我问他们这究竟是出于什么原因[使得激情统治了知识],他们会说,因为所有这样做的人都被快乐或痛苦征服,或者被刚才我说的那些东西中的一种压垮啦。"普罗塔戈拉则相信,众人"只是重复[他们的]领袖所宣布的东西"(317a),他回答道:"众人说的其他不对的事情还多着哩"(352e)——为什么还要费功夫问他们在这点上所持的意见? 面对着表现得对众人缺乏兴趣的普罗塔戈拉,苏格拉底作为众人的探究者,发出了邀请:"来同我一起试试去劝导众人①,教众人明白自己感受到的究竟是怎么回事。"(352e)经过荷马式的同盟者们漂亮的准备,这里已经是苏格拉底哲学使命的令人激动的核心:苏格拉底,这位年轻的哲人,邀请希腊启蒙运动的著名开创者担任自己的同伴,同赴使命,从而说服并教导所有人接受一种对他们基本道德经验的全新的解释。苏格拉底在《普罗塔戈拉》中迈进了一步,结成了一个同盟,因而将为启蒙运动赋予一种新的公众面相,这种新面相为的是使智慧者对公众有用,从而扭转公众对智慧者的怀疑。

有一位新盟友首先需要教导,于是苏格拉底转向了这件事。人们告诉苏格拉底,他们明知什么是好的却不去做,他们这种经验其实是"被快乐所征服"。苏格拉底和普罗塔戈拉要与人们的这种解释相竞争:"你们说的可不对哦,你们这些人啊,你们搞错了。"这种说法会引起人们向他们提问,苏格拉底说:"他们兴许会问:'苏格拉底和普罗塔戈拉呀,要是这不是一种被快乐征服的感受,那它究竟是什么?你们认为它是什么,你俩对咱们说说看。'"(353a)这两个人,苏格拉底和普罗塔戈拉,在人们中间燃起了一番对话,而人们急迫地希望听到他们的回答。他们为什么会关心?因为那些自称有智慧的人向他们许诺了一种新的解释,从而解释人们特有的道德焦虑,解释他们感受到的自己在血气、快乐、痛苦、爱欲、恐惧面前的脆弱——这些强有力的力量压制住了 [111] 他们想做自己所知道的好事的渴望,因为他们知道,诸神和先祖为他们赋予了正义、节制和虔敬。"你们俩要告诉我们",我们的这种经验究竟是什么,以便我们可以治愈它,并能做好的事情。苏格拉底邀请普罗塔戈拉结成一个同盟,并向普罗塔戈拉许诺,如果人们相信自己能从他那儿学到他们所认为的好东西如何才能统治激情的话,整个世界都会来追寻他。

普罗塔戈拉没觉得有什么理由去涉足多数人的事:"但是苏格拉底啊,咱们干吗非要去探究这世上多数人的意见,他们不就是随便说说而已?"(353a)普罗塔戈拉从没费心研究过多数人,所以在多数人问题

---

① τοὺς ἀνθρώπους指一般意义上的人类,Lamb 则在洛布(Loeb)译本中翻译为"世界",从而暗示了苏格拉底邀请普罗塔戈拉所做的事情的范围。

上犯了错误；而苏格拉底曾经观察、询问过他们，所以明白，他们其实有非常确定的意见——对这些意见，苏格拉底都能讲得出来。普罗塔戈拉若要成为苏格拉底的盟友，向人教导知识的力量，就不仅要有人教自己该说些什么，而且必须学习为什么应该关注多数人的看法。苏格拉底的说法虽然简短，但却说得明白："这与我们对勇敢的探究有关——从勇敢与德性的其他部分的关系看来。"各个德性的统一性始终是苏格拉底的关切所在，而且他刚刚中断了对勇敢与智慧的统一性的论证，转而教普罗塔戈拉教给众人用知识统治激情的力量——但普罗塔戈拉却没觉得向众人提供指导有什么意义。苏格拉底坚持继续发挥自己的领导权："倘若你觉得最好还是持守咱们先前讲定的，由我来引导，而我以为，这种方式毕竟会最好地使得它展示出来，你就尽管跟着我吧。"他又威胁说："但要是你不愿意的话，那么就按你的意思，我也会随你的便。"（353b）苏格拉底与多数人就知识的力量的讨论是如此不可缺少，以致如果不进行这个讨论，他就会离开。苏格拉底此前曾经威胁离场，而普罗塔戈拉本来也会希望如此。而那一次危机已经解决了，但普罗塔戈拉面临的威胁并未消除，当对手再次向自己提问时，他还可能没面子地输掉辩论。现在，提问又已开始，但苏格拉底使两人在这个提问场景中结成了同盟。苏格拉底已经没必要离场——因为普罗塔戈拉想要听他讲完："照你开始时那样继续下去吧。"而苏格拉底果真按着字面的意思，照开始时那样继续讲了下去。这次苏格拉底又举出一位提问者向他们两人提问，而且又一次建议两人以一个声音回答。苏格拉底追求德性统一性的整个过程具有明显的统一性，现在，他又重复了与普罗塔戈拉刚开始对话时使用的策略。普罗塔戈拉在论证的每一步都拒绝发出一致的声音，但在接下来与多数人的对话中，他只会表示同意。此时，向智慧者提问的人是站在少数智慧者的立场之外，代替全体人类发言；受激情统治的人向被知识统治的少数人提问，而[112]他们的问题也不再有敌意，因为他们急于寻求的答案有可能治愈自己深深体会到的道德疾病，这种疾病使他们成为激情的奴隶，因而无法做自己认为是好的事情。

现在，苏格拉底可以自由地进行已经着手的探究，他再一次让很多人就其最关心的问题"问咱们"，询问他们被快乐征服的经验意味着什么。苏格拉底回答说:"普罗塔戈拉和我会试着告诉你们。"(353c)他们用的方法不是复杂的展示性讲辞,而是一系列他们两人与众人的问答,从众人的意见中得出对其经验的合适解释。苏格拉底向普罗塔戈拉展示,如何以一种苏格拉底式的方式推进,他想象出一段详尽的剧本。像此前一样,通过普罗塔戈拉和苏格拉底提出的问题,一群可教的多数人向他们两位学习。他们明白了,自己原来是隐藏的享乐主义者。他们真正相信的是,"好和坏"其实可以用"快乐和痛苦"代替。如果他们只考虑被自己称为好事和坏事的长期效果,对自己来说,这种代替就会显得很明显:对于所谓的好,他们其实指的是能够产生长久的快乐的东西,而所谓的坏,其实是产生长期痛苦的东西。苏格拉底两次邀请众人对好与坏做些其他的解释,又两次替他们做了回答,"但你们的确不能"(354d,e),"你说的倒是真的,"普罗塔戈拉赞同地说(354e)。

在把普罗塔戈拉带得这么远之后,苏格拉底忽然转变了场景:人们不再"问我们",答案也不再来自普罗塔戈拉和苏格拉底;现在,他们"问我",而且只由苏格拉底回答。而且,苏格拉底不再要求普罗塔戈拉就人们将会做出的回答表示同意,他只交代人们将会回答的内容,让普罗塔戈拉站在一边观察。场景的变换始于一句反驳:"你们这些人"批评"我",在解释时这样枯燥地说得老长。但苏格拉底没法避免这点,因为"并不容易表明,你们所谓的'被快乐征服'究竟是什么",而所有的证明都要以此为基础。苏格拉底甚至挑战众人,要求收回他们所同意的观点——好与坏其实意味着快乐和痛苦——并做出其他的解释;如果他们不能不同意,如果事实上"你们如果快乐地过上一辈子没有痛苦的生活,就满足了",又如果"你们对于什么是好和坏没有什么别的说法",那么"就请听下文吧。因为我要对你们大家说……"这就是苏格拉底对他的听众的了解,这就是人们为什么会(对苏格拉底的话)产生密切的注意:大多数人都是隐藏的享乐主义者,他们除了快乐地度过一生并远离痛苦之外,别无他求。因为快乐对他们来说正是这个意思,他们就得准备听一听苏格拉底要对他们讲的话了——要说的将会是更乏味的长篇大论。苏格拉底将要向他们证明,他们的享乐主义——向来由于被人们视为不道德而受到压制——将会怎样引导他们快乐地生活,免于痛苦,并且做[113]他们认为是好的事情。为了达到这个目的,他们必须被教导着相信知识统治激情的力量:只有如此,知识才能变成苏格拉底所说的那样,成为那种"拯救我们生活的东西"(356d)。为了能稳妥地以知识带来拯救,知识必须显得可靠,显得是一种"衡量的技艺",并且有能力克服那种欺骗性的"显得如此的力量"。当近在手边时,快乐和痛苦是强有力的,这种力量使我们迷惑,引领我们改变念头,并做出令我们悔恨的行动和决定。救助性的知识必须是一种衡量的技艺,从而抵御当下的快乐的力量,使之不再有吸引力。

在这出冗长的小型戏剧中——其中确立了享乐主义的教条,《普罗塔戈拉》的众多读者会设想,苏格拉底或柏拉图在此处就是这样认为的——苏格拉底引领多数人确立了用知识带来拯救的信念。对于由一个人组成的听众,也就是普罗塔戈拉来说,这出戏是在台上上演着;而那些比他学习得慢的人都被拉上了舞台,为的是教普罗塔戈拉——这位头脑敏捷的智术师从来不关注多数人。在苏格拉底演完了这出戏,并说服多数人相信衡量的技艺才是救助性知识之后,他可以将普罗塔戈拉请回戏台了,因为,普罗塔戈拉是谁?他正是那句关于衡量尺度的名言的著名作者:"万事万物的尺度[其实是]人类:人所有的才在,人没有的就不在。"①现在,可以在普罗塔戈拉的名言中注入新的内容,为此之故,苏格拉底邀请这位关于尺度的教师重新加入自己一边,与多数人谈话。两个人的共同发言与苏格拉底的单独发言一样有教谕性,并且证明,"对生活的拯救"(357a)需要对快乐和痛苦的熟练衡量,而熟练的衡量是一种技艺($τέχνη$)和知识(或科学[$ἐπιστήμη$],357b)。他们的谈话所面对的多数人看起来记性并不好,因为苏格拉底必须提醒他们,自己提出的全部证明是为了表明"你们要求普罗塔戈拉和我证明的东西"(357c):"我们俩相互达成一致,没有什么比知识更强,而且,无论它出现在哪儿,都会压倒快乐以及所有其他的东西。可是,你们认为快乐常常压倒一个即便拥有知识的人;当我们不同意你们时,你们就问我们……"苏格拉底沉浸于对众人最初发言(353a)逐字逐句的

———————

① Schappia 译文,参氏著,《普罗塔戈拉与逻各斯》,前揭,页 121。Schiappa 为以这种方式翻译普罗塔戈拉的名言做了有说服力的论证。这句话被认为是普罗塔戈拉《论真理》一书的开篇第一句。

重复之中,而现在可以听听众人当初的发言是为了什么了,他们是在请求苏格拉底揭示,智慧的人怎样才能将他们从抑制其行善欲望的各种激情中[114]拯救出来。现在,苏格拉底终于可以对人们欢迎地说,他们是出于无知才受到激情的统治,而对于无知的缺陷,他们可以通过听从"这位普罗塔戈拉"的话而得到医治。

苏格拉底一直扮演着医生,但现在,他把自己的病人提到了医生的位置。在挑出普罗塔戈拉时,苏格拉底推荐说,他懂得如何医治战胜了你们,并使你们无法如愿做好事的无知之病。此外还有其他的医生,这里的普洛狄科和希琵阿斯都是医生(357e)。苏格拉底没法更热心了:你们这些众人没注意到这个事实:在做坏事时,你们是被无知征服了,"你们自己既没亲自去,又没送你们的儿子们去这些事情的老师们那儿,也就是智术师们那儿,仿佛这些事情不可教一样;而且,由于你们舍不得自己的钱财,不肯给他们,结果呢,在公私方面你们都一塌糊涂"。都是你们的错;你们既吝啬,又无知,这才导致你们看不明白,只要你们肯付钱给这些外邦的医生,你们所有的问题都可以得到解决。苏格拉底把希琵阿斯和普洛狄科都拉上舞台,与普罗塔戈拉一起回答:"我说的是真实还是虚假呢?"苏格拉底叙述说:"所有的人都以为,刚才所说的简直过于自然。"①他引领三位智术师扭转了普罗塔戈拉关于快乐之好处的最初标准:并不是说,快乐是因为高贵的东西才是好的,而是说,快乐作为好,界定了高贵的东西(358b)。② 苏格拉底以揭示性的词汇总结道:"倘若快乐就是好的话,那么,没谁会在要么知道要么相信还有别的事情比自己正在做的事情更好,而且自己有能力做到时,还会继续做当前在做的事情,如果更好的事摆在面前的话"(358c)——知识与信念的区分是无关的。为了做正确的行动,依靠信念已经够了,因为"自愿去求自己认为坏的东西,而不选取好的东西……并不合乎人的天性"(358c)。作为与这三人讨论的结束,苏格拉底转向了错误的行

---

① ὑπερφυῶς:过于自然的真实,比自然还真实,真实得几乎不可能。

② 与三位智术师的其他每次回答不同,苏格拉底没有说,这次是三个人共同这么回答。更保守的普罗塔戈拉是否会就对自己原初表述的修正持保留意见?苏格拉底要求普洛狄科不要坚持在快乐的事物中的区分(358a),因为普洛狄科曾经区分了知识的欣喜和饮食的愉快(337c),这个区分是真实的,但与他们现在在面对众人时的目的无关。

为,并强调了令人畏惧的东西:①"会有人自愿地去求他感到畏惧的东
西吗,要是他完全有可能去求自己不感到畏惧的东西?"(358e)同样,
没必要弄明白令人畏惧的东西是什么:"令人畏惧的东西正是他认为
坏的东西;而对他认为是坏的东西,就没谁会自愿地去求取或接受。"
作为[115]做正确行动的教师,智术师们是正确信仰的教师;他们在令
人畏惧的东西中注入有社会益处的信仰,例如对宙斯及其惩罚力量的
信仰,对礼法、习俗及其惩罚力量的信仰。对惩罚的畏惧反过来成为驱
动享乐主义者们的工具。

"这些大概就是咱们对多数人的回答。"(358a)在他的这部分展示
性对话——与众人的对话——中,苏格拉底所说的话完成了他为了赢
得讲话的权利而为之拼搏了一整天的东西。苏格拉底当初邀请普罗塔
戈拉分享自己的答案以应对一位有敌意的提问者,根据当时所开始的
计划进程,这已是计划表中的最后一个新的任务了。之前那位唯一的
提问者已经扩展为多数人,而苏格拉底通过研究他们的发言——他们
的λόγοι[言辞],对他们进行了探究。在苏格拉底勉力为众人进行的冗
长乏味的证明背后,隐藏着一些很容易被普罗塔戈拉,或者普洛狄科或
希琵阿斯推测出来的暗示,作为他们的同族之人,苏格拉底通过暗示与
他们交流。这就是苏格拉底-奥德修斯独自观察到的东西,也可以将
其展示给普罗塔戈拉-狄奥墨德斯;这正是使他们都能进入敌营的东
西,并且如果假以时日,他们可以借此打败并征服敌人,通过使启蒙也
服务于无法启蒙的人,从而为启蒙留出空间。

向多数人提问并关照他们的答案的过程教苏格拉底认识到,多数
人深深地需要一种用来对自己的激情施加控制的手段。普罗塔戈拉很
清楚这种需要:他的神话和论证都表明,正义、节制和虔敬是通过训练
而在众人中扎根的,为的是使众人变得公民化,而为了增进习俗的力
量,惩罚是不可缺少的。苏格拉底很漂亮地超越了普罗塔戈拉,他给聚
集在雅典的智术师们上了一堂公开课,而苏格拉底所教的,是对普罗塔
戈拉的神话及论说教诲的改进版本。苏格拉底的公共教诲的重大进步

---

① 苏格拉底注意到畏惧和恐惧的某种区别——普洛狄科正确地坚持了二者的区
别(参 Coby,《苏格拉底与智术师启蒙运动》,前揭,页166),但苏格拉底认为,这个区别无
关紧要:对可畏惧或可恐惧之景象的躲避才是问题的关键。

在于,这种教诲在增进被培育为道德的公民德性时,不仅依赖惩罚的威胁,而且要通过一种对知识的力量的信仰来实现。这种教诲认识到,多数人是隐藏的享乐主义者,同时也认识到,他们渴望变得有道德,渴望对他们的激情善加掌控。道德的经验是人的患病经验,是被自己无法抵御的强大的内在力量奴役的经验,是明知什么是好的却无法做到的经验。苏格拉底的新药方的基础是对这种经验的知识,但这种药不能只是知识——知识是难于获得的,需要的是一个普罗塔戈拉那样的聪明头脑。苏格拉底的药是对知识的信仰,对知识的力量的信仰,这种信仰能够提取因为对享乐主义的反感而产生的刺痛,将它转变为某种与纵情食色之欲不同的东西。如果快乐的好处只能通过知识获得,那么,转型之后的智术师们所教导的新式享乐主义就可以使快乐的力量服从于一种更大的力量:经过启蒙的快乐,也即对过上一种长久的闲适和无[116]痛苦生活的信仰。知识的力量可以很有效,即使当它只是“知识”之时——当普罗塔戈拉令普罗米修斯和宙斯成为对τέχνη[技艺]和公民道德的神圣分配者时,他对这一点很清楚。然而,苏格拉底向普罗塔戈拉展示了对“知识”之力量的信仰的一种一反传统的补充。

苏格拉底使可知的德性成为手段,用于获取快乐的可知的好处,他从而使德性变得可教;苏格拉底展示了如何才能做到他先前曾说自己怀疑没法做到的事。可教的德性可以改革雅典的实践——从雅典实践的做法来看,仿佛德性是不可教的。现在,终于有了德性的专家,雅典人无论在公民大会上还是在私事中都可以向他们求教。雅典公民大会曾经愿意听取每个木匠、铁匠、补鞋匠、商贩或海船舵手的意见,如今,它可以在有关政治和德性的方面,只限于听取专家们的意见,就像它在建筑和造船方面已经限定了听取建议的对象一样。现在,伯利克勒斯和其他领袖们可以放心把自己的儿子和监护对象们交给专家们了,他们懂得如何传授自己的专长。“智慧”的雅典曾经一点儿也不智慧,由它的一个儿子所进行的改革才使它变得智慧。

苏格拉底就公众被快乐征服的经验所进行的教导,其实是讲给普罗塔戈拉的——同时也讲给普洛狄科和希琵阿斯,讲给作为整体的智术启蒙运动。它为启蒙赋予了最好的而且有可能实现的公共防护:知识带来拯救。通过兜售某种灵知论(gnosticism),苏格拉底改变了普罗塔戈拉式的启蒙运动的方向。作为一位私下的探究者,苏格拉底卖给这位知识商贩一种更好地兜售自己的方式——之所以更好,是因为能够了解买家。苏格拉底所提供的享乐主义在他尝试卖给普罗塔戈拉的一整套建议中自有其位置。伴随着关于衡量技艺的教义——或者说是关于智术师之不可缺少的教义——的享乐主义,正是苏格拉底的卖点,它可以引导智术师们采纳苏格拉底关于德性统一性以及智慧者对这种统一性持有统一看法的教导。还差一步,整个包裹就完成了——有待论证的是勇敢和智慧的统一性。

苏格拉底获得统治权

现在,我们可以推测苏格拉底专门寻找普罗塔戈拉的目的了,即使苏格拉底永远不会把他的目的明说出来:他的目的就是统治。倘若普罗塔戈拉能与自己结成同盟,一起教导人们知识的统治力量,苏格拉底就会以智慧的希腊人自荷马时代以来的统治方式实现统治。在被知识所统治的人当中,有一个人将会统治整个智术师运动,因为智术师运动的自我利益是由他所传授的。反之,智术师运动也会统治那些由激情统治其知识的人们。以对知识信仰的形式树立的知识统治,其实是一位真正的智识人对最受推崇的智识人的统治,后者在无知者中间牢固树立了知识的统治。智慧的苏格拉底始终是[117]那位孤独的斯巴达人,他清楚公众对知识的尊敬会有什么效力。如果希珀克拉底当初找到这位普罗塔戈拉,他就不必亲自弄清楚自己装在灵魂中带回家的东西是有益还是有害了。

苏格拉底对享乐主义的提倡中断了他向普罗塔戈拉证明勇敢与智慧的统一性的努力。这本身就是勇敢和智慧在行动中的结合。苏格拉底在卡利阿斯家中的展示性讲辞,本身展示了一个智慧的人为了建立——重建——智慧的行动而勇敢介入的过程。苏格拉底所提倡的方案会导致社会的层级分化,转变为教育者和受教育者组成的统治秩序,而所有人都受到知识的统治——如今已经清楚,知识成了统治的力量。城邦将会具有统一的人口族群,其中包括一位知者(a knower),一些著名的知者(the famous knowers),以及众多的"知者",三者共同构成知者的共和国。勇敢和智慧相互结合,从而建立一个理想化的或想象中的共和国。《普罗塔戈拉》展示了苏格拉底对某种类似现代启蒙运动的想象,他设想了一个由寻求快乐的人组成的社会,而启蒙他们的是懂得什么是真正快乐的人,这些人还传授各种手段,教人获取诸多快乐中的某一种类型。苏格拉底所做的不只是设想一个"经过启蒙的"社会,他还着手以唯一可能的方式建立这种社会,他的方式是借助已受人认可的智慧者的中介,而这位受认可的智者已经通过到城邦中吸引最有抱负、处在成长过程中的年轻人的方式,获得了讲话的舞台。

13　最后的审判:勇敢与智慧(359a-360e)

由于忍住不揭穿普罗塔戈拉的不正义,苏格拉底证明了自己的善意;通过提出建立彼此有益的同盟,他证明了自己的同族亲情和领导能力。但是现在,这位善意的同族领导人看起来想要用一场最后的、破坏性的论证打垮普罗塔戈拉。说到底,苏格拉底只是个好胜者吗?

苏格拉底只有在解决了多数人的问题——他已完成这个任务——并在多数人不在场时,在智慧者之间重新开启辩论之后,才能正式对普罗塔戈拉展开摧毁性的辩论。在这个重新建立起的半私密场合中,苏格拉底分开了三位智术师,而在此前,他曾经将三人召唤到一起提出"共同的说法"(358a),从而总结自己提出的享乐主义教诲(358a-359a):苏格拉底将与普洛狄科、希琵阿斯一起组成法庭,而普罗塔戈拉将会被传唤到这个法庭面前,面对着针对"他在起初给出的答案"的指控为自己辩护。此后,苏格拉底再没提到普洛狄科和希琵阿斯,他将一个人起诉普罗塔戈拉"起初所给出的答案"。但所谓"起初"其实是个言辞上的小错误,起诉者抛出这个错误,是让自己有机会重新回顾这桩案件的整体——起诉者是在如下的纲领性的问题上对被告人提出指控的:如何智慧地呈现德性的统一性。苏格拉底指的不是普罗塔戈拉"最初回答的那个",因为苏格拉底绕开了那些最初的说法:[118]普罗塔戈拉首先曾说,德性的五个部分各个不同,但他此后又认为,"其中四种彼此颇为相近"(359a)。苏格拉底于是提醒人们注意普罗塔戈拉在前三个论证中的让步,尽管这三个论证很难说是真正的证明,因而普罗塔戈拉的让步是勉强的、有保留的。然而,普罗塔戈拉将不会在最初的回答上,而是在"他接下来所说的"内容上接受考验,因为即便苏格拉底能够表现得仿佛普罗塔戈拉是自愿地同意了最初的几个论证,普罗塔戈拉仍会坚持认为勇敢与其他几种德性不同。①

苏格拉底一丝不苟,以一位指控者必须采取的律师的方式严格推进。他首先重复了普罗塔戈拉用来证明勇敢"与其他德性完全不同"的话(359b),②并强调说,自己"当时就对这回答感到诧异不已,同你们讨论过这些后,就更诧异了"。在如此证据确凿地扭转了西蒙尼德斯的诗,将它转变为针对普罗塔戈拉的鲁莽的智慧的批评之后,苏格拉底当然会感到诧异。因为苏格拉底有资格期待普罗塔戈拉接受自己的提议,从而将他此前的不明智立场视为不过为了考考自己而已。但是——不,普罗塔戈拉坚持认为勇敢是不同的。③ 苏格拉底准确地重述了自己是怎样在"勇敢者胆量大"的前提下,开始论证勇敢与智慧的统一性的;苏格拉底甚至引用了普罗塔戈拉的回答:"他说,'他们甚至急切得很'。"(参349e)于是,苏格拉底从同样的前提出发继续论证,但由于他在关于享乐主义的论证中得到赞同,他的论证进展变得不同了。普罗塔戈拉热情地认可苏格拉底的每一步论证,这使得苏格拉底可以成功地继续此前的论证。

在重复了起初的假设后,苏格拉底使普罗塔戈拉同意,勇者并不与懦夫一样向着同样的东西前行(359c)。那么,懦夫是否冲着他们觉得够胆儿的事情去,而勇者则冲着可怕的事情去? 普罗塔戈拉寻求庇护

---

① 苏格拉底不准确地提到"他最初回答的问题",这提醒我们注意到苏格拉底早先曾提到"我最初问你的问题"(347c,349a);正在彼处,普罗塔戈拉坚持认为勇敢与其他德性不同。在论证的最后,苏格拉底再次提到普罗塔戈拉"起初"关于勇敢的不同之处的说法。

② 除颠倒了不正义和不虔敬的顺序之外,苏格拉底的复述都是准确的。

③ 如果密切注意对话中由苏格拉底表达的"诧异"所联接起来的两个转折点,将会收到丰厚的回报,因为这两个转折点指出,《普罗塔戈拉》的结构统一性在于苏格拉底试图说服普罗塔戈拉的运动(campaign):普罗塔戈拉关于勇敢之独特性的令人诧异的演讲,发生在苏格拉底对西蒙尼德斯诗歌的长篇解释之后;在结束了这番阐述后,苏格拉底向普罗塔戈拉表明了自己前来寻找他的目的(348d-e),并要求他"回到起初"(349a),回顾自己对德性统一性的拒绝;苏格拉底随后为普罗塔戈拉提供机会,将此前对苏格拉底的反对视为对苏格拉底的考验。多令人诧异啊,在苏格拉底经过凡此种种的多番劝谕之后,普罗塔戈拉还是坚持认为勇敢有所不同。

[119]的习惯根深蒂固,他又试着用躲起来的老办法,藏在人们的说法身后(359c),但苏格拉底不允许他这么做。他要求普罗塔戈拉讲自己的观点,并且通过引入两人在享乐主义问题上都同意的观点,转变了自己的问题:勇者冲着可怕的事情去,是因为他们相信这些事可怕吗?普罗塔戈拉给出了必须给的回答:"但这一点在你刚才讲过的论证中已经被证明不可能。"(359d)享乐主义者认为"没谁会冲着自己认为可怕的东西去",那么,他们是否认为勇者和懦夫会冲着相同的东西去?普罗塔戈拉回答说,他们冲着去的是完全相反的东西,他举了个明显的例子,勇者愿意上战场,而懦夫不愿。从这里开始,指控者的任务变得容易了,而苏格拉底在履行这份职责时,带着令人极为痛苦的精准。上战场是美事还是丑事?苏格拉底问道,从而引入了高贵与可耻的标准。而普罗塔戈拉曾经通过宣称做高贵的事、避免可耻的事,使这个标准在整场讨论中变得如此重要。① 普罗塔戈拉回答,上战场是美事。苏格拉底根据先前同意的说法(参358b)补充说,上战场因此也就是好的。而且,如果这是美且好的,那么它也是快乐的(360a)。那么,懦夫又怎样呢,他们是否"一方面知道,一方面却不愿冲着那更美、更好、更快乐的东西去?"普罗塔戈拉说,要是也同意这个,我们就得推翻先前的说法。而勇者呢?他们会冲着更美、更好、更快乐的东西前去。他们不会有可耻的恐惧,也不会因可耻的鼓动而强壮起胆量。

到现在,普罗塔戈拉是否渐渐开始明白,在这里,苏格拉底正再次做着他在所有论证中始终以这种不易察觉的方式做着的事情?——而现在,苏格拉底间接指向了普罗塔戈拉本人,指向了他曾经指责以往所有智慧者的第一次发言。普罗塔戈拉可能还没明白,因为他的赞同显得足够全心全意。那么,当勇者感到恐惧时,感到的也是高贵的恐惧,并由于高贵的鼓舞而变得有胆量,而且,高贵的(美的)也就是好的(360b)。当苏格拉底转向懦夫,对比他们可耻的恐惧和胆大时,他们不只被苏格拉底描述为懦夫;他们还是轻率的、疯狂的,而且苏格拉底提醒人们回想,此前曾经提过这种轻率、疯狂的人,并将他们与智慧的

---

① 参333c,348c,349c,352c,在这些情况中,羞耻的理由都决定了普罗塔戈拉的回应。

人区分开来。① 这些轻率、疯狂的懦夫在丢脸的和坏的事情上胆大,恰恰是由于"没见识($\check{\alpha}\gamma\nuo\iota\alpha\nu$)和无学识($\dot{\alpha}\mu\alpha\vartheta\acute{\iota}\alpha\nu$)";他们是懦夫,"就是因为对可怕的东西无学识"(360c)。

现在,普罗塔戈拉是否开始明白,苏格拉底指的就是他?——苏格拉底的意思是,[120]他正是那位轻率、疯狂、无知的懦夫,认为自己通过与此前的所有智慧者分道扬镳就避免了战争,普罗塔戈拉是否明白了?随着苏格拉底勾勒出这位懦夫因为无知和怯懦而行动的具体细节,普罗塔戈拉的回答变得不那么肯定了;(在整篇对话中,)他第一次只以点头表示同意(360c8)。勇敢与怯懦刚好相反——普罗塔戈拉还能回答"是"(360d1)。随后提到了智慧——这里引入智慧,取代了知识,而智慧德性与勇敢的统一正是当前的论证想要证明的——"关于什么可怕、什么不可怕的智慧,就与对这些事情的无学识恰恰相反吧?"普罗塔戈拉再次只以点头表示同意。"对这些事情无学识,就是怯懦吧?"这一次,普罗塔戈拉的点头同意"十分勉强",因为他肯定意识到自己已被证明为无知的懦夫,而这个判决针对的不是某些小疏漏,而是自己整个一生的实践——在这一生的实践中,他是第一个宣称自己勇敢、智慧,并认为所有的前辈都是懦夫和蠢人的智术师。

苏格拉底对于以法条主义的方式得出明显的结论毫不犹豫:"那么,关于什么可怕、什么不可怕的智慧就是勇敢,并且与对这些事情无学识恰恰相反吧?"但他的确在避免明确说出不太明显的暗示:他所提问的那个人恰恰犯了这种无学识之罪。因此,已经可以看到,对于同族之人,即便是提出指控也是仁慈的。普罗塔戈拉的回应表明,他已经明白了针对他的未明言的指控:"在这儿他不再愿意点头表示同意,而是沉默不语了。"当他的指控者问他"为什么既不肯定也不否定自己面对的提问"时,他回答说,"你自个儿完成它吧。"苏格拉底没有完成它;他让这个问题一直没被回答,尽管它的答案是一个关键的结论,它关系到智慧与勇敢是否不可分离、互相关联,以及五种德性是否因而同属一个整体的问题。在论证的终点,苏格拉底没有将与整篇对话一样长的全部论证总结为明确的结论,而是提了另一个问题。然而在提出这个问

① 350b 处提到只是胆大或轻率的人;而前文提到疯子的有 323b,349e 和 350b。

题前,苏格拉底明确说,这将是自己最后要问的问题:"我只想再问一个问题,你是否仍然像起初那样认为,有些人既极无学识,又极其勇敢?"(360e)。普罗塔戈拉回答了这个问题,因为苏格拉底已经告诉他后面不会再有问题,从而使普罗塔戈拉回应起来更容易些——普罗塔戈拉已经明白了苏格拉底针对自己的没说出口的指控,那么,对于这点将不会再有提问了。苏格拉底做到了他所说的同族之人该做的事——他强迫自己有所隐藏,不会公开地批评和谴责(346a-b),因此,他再次证明了自己是同族之人。

面对自己所知道的最后的问题,普罗塔戈拉在实际作答之前总结了自己的提问者的性格特点:由于苏格拉底要求普罗塔戈拉[121]回答这个问题,这使他在普罗塔戈拉看来显得φιλονιϰεῖν——一个争强好胜的人。在认输时,普罗塔戈拉能够说:"我会让你高兴的,因此我说:按已经同意的,据我看来,这不可能。"普罗塔戈拉承认,至少是公开承认:就苏格拉底在最后的问题中所问的事情来说,他不再"仍然像起初那样持有同样的观点"(360e)。最初和最后的问题连在一起确认:普罗塔戈拉的认输是彻底的——不仅德性中的前面四种"彼此颇为接近"(359a),所有的五种德性也同样如此,此外,普罗塔戈拉最初关于自己在勇敢和智慧方面更胜一筹的说法也没法再站得住脚。

最后的审判已经完成了任务,并迫使普罗塔戈拉宣布自己从一开始就犯了错误。对他来说,输掉一场辩论是前所未有的经历,而在这么一大群人面前失败,肯定尤其显得是奇耻大辱。但他被迫苦涩地承认自己是错的,因为苏格拉底未明言的指控远远更可怕:它谴责普罗塔戈拉引以为傲的整个智术师事业是一场犯罪般的错误。那么,在一个关于德性的特定主题上承认失败,其中的好处何其多——否则,他就要冒揭开苏格拉底未明言的那个问题的危险:现在,经过这些论证后,他是否认为自己在一生的事业中犯下了如下罪过——自己是个轻率、疯狂、无知的懦夫;在选择了一种新的启蒙策略时,自己早在最初就已犯下了罪过——罪过在于,自己迈入敌营的方式有可能令整个阿开奥斯人的事业气数耗尽,归于湮灭。

14 胜利者苏格拉底（360e-362a）

在三段讲辞和一句最后的陈述之后，《普罗塔戈拉》即将结束。苏格拉底首先做了一段长篇发言，否认自己是出于好胜才提问，相反，他说，自己渴望"搞清楚涉及德性的事情究竟是怎么回事，德性本身究竟是什么"。他宣称自己有知识："我知道"，一旦什么是德性的问题弄清了，德性是否可教的问题就会容易回答。而根据苏格拉底的说法，两人漫长的辩论（的要点）似乎在于，他曾经一直说德性不可教，而普罗塔戈拉则一向认为德性可教。苏格拉底随后提出了一个判断，同时责备和嘲笑他们二人。于是，苏格拉底通过虚构一位同时也在指控自己的法官，仁慈地隐藏了针对普罗塔戈拉的审判裁决。这位法官是谁？不是通常所说的"辩论本身"，而是论证的ἔξοδος，一出肃剧结尾或者从此处来看是谐剧结尾时的退场。苏格拉底为这出谐剧的退场赋予了人声，这声音显得是苏格拉底经常引入来向两人提问的人，是公众的声音，是审判结尾时响起的多数人的声音，它指责和嘲笑这两个人，[122] 它以一段总结性的评判开始发言："你们真是稀有（ἄτοποί）之人啊，苏格拉底和普罗塔戈拉。"（361a）"你啊"，苏格拉底，你先说德性不可教，现在却在"力图证明，所有的事情都是知识"——它只列举了"正义、节制及勇敢"——"这尤其会使德性显得必然是可教的"。所以，苏格拉底陷入了困惑。至于普罗塔戈拉，他首先断定德性可教，现在又走向了相反的另一边，使德性显得不是知识，因此是最不可教的。因此，普罗塔戈拉也被弄糊涂了。苏格拉底说得对：在不智慧的人组成的听众面前，古怪的智者们彼此的分歧导致他们遭受谴责；如果智者们不以统一的方式讲话，谴责就会降临到头上。

面对谴责的声音，苏格拉底以一个自知将赴战场的人的勇气回答说，"我看到这一切如此可怕地（δεινῶς）混乱"，于是急切地想要这些事情变得明朗起来（361c）。苏格拉底以一种有序的探究次序着手进行考察：首先，他要将这些事情通览一遍，加以澄清，再考察什么是德性，最后再重新考察德性是否可教。将"这些事情通览一遍"，意味着将苏格拉底在与普罗塔戈拉连贯一致的论证中铺陈的东西仔细回顾一番——这会表明他们在心怀疑虑的公众面前应该说些什么。那些在"这些事情"的基础上判定智者们既奇怪又混乱的人,将不愿重新回顾一遍,但那些寻求理解并有勇气走向这些"可怕的混乱"的人,恰恰会急于这么做。他们将会在这些事情中发现什么是德性,也会发现自己值得以苏格拉底(他的头脑从来不曾混乱)一直提议的方式传授可教的德性,应该教导德性的统一性,而智慧者们应该围绕这个问题统一起来。

如果不遵照苏格拉底的命令,"你那位厄琵米修斯"就会误导我们,正如他曾经在分配时忽略我们一样,他也会在探究过程中欺骗我们:普罗塔戈拉,你对待德性的方式是厄琵米修斯式的,这种方式由于缺乏先见,因此引燃了智者们公开的冲突。而苏格拉底则敢于宣称自己是普罗米修斯:"由于我要跟从他,把我自己的整个生命先想想,我便要关切所有这些事情。"(361d)最后,苏格拉底宣布了随着谈话的进行逐渐变得明晰的事情:苏格拉底来时执简驭繁,事先已经想好,在与雅典年轻人的聚会中,自己必须要对这位智术的创始人说些什么。苏格拉底当时已经可以指导谈话——他后来果然做到了,他也可以掌控对话的进展,因为通过事先考虑,他已经清楚自己必须传达什么。此外,当苏格拉底宣称自己是普罗米修斯时,其中还暗示了某种不只是策略性的主张:他才是德性的教师,能够事先想清楚德性的全部本性和教授德性的方式。苏格拉底的[123]最后几句发言继而向普罗塔戈拉提出了邀请:"我会非常乐意同你一起彻底探究这些事情。"苏格拉底已经向普罗塔戈拉提出了最后的问题,也明白,这场谈话结束了。然而,非常重要的是,普罗塔戈拉要接受苏格拉底下次见面的邀请,"在你愿意的任何时候"。

普罗塔戈拉的最后一段发言是一幅画像,描绘了他的优雅气度(urbanity)。这位世界知名的智慧之人刚刚遭受了漫长一生中的第一次失败,他赞扬苏格拉底刚才自称具有的"那股劲儿"以及他"作出(διέξοδος)的论证"。至于他自己,他"在世人中最没妒忌之心",如果他在最后一次发言中不是如此彻底地远离了妒忌,不是如此发自内心地称赞获胜者,人们就会对这个说法有所怀疑。而普罗塔戈拉的随后一句话几乎将苏格拉底任命(anoint)为自己的合格继任者:"我也确实对多数人说到过你,在我所遇到的所有人——尤其是与你年岁相若的人——当中,我最赞赏的就是你。"(361e)①而这位最著名的希腊智慧者随后补充说:"我还要说,我不会感到惊异,倘若你会在智慧的人中间变得有名声的话。"这些不仅是慷慨、宽宏的话:这几句话最终承认,普罗塔戈拉在一开始,也就是苏格拉底迈入卡利阿斯的家门之时就已知道,一切都改变了;他清楚自己将要应对一个更强的对手。普罗塔戈拉的先虑早谋告诉自己,安排所有的智术师及其追随者在一起会面(317c),就等于在由特殊的法官组成的听众面前,安排自己与真正的对手摊牌。普罗塔戈拉最后一次表示对苏格拉底的胜利的钦佩,他说:"以后,如果你还愿意的话,咱们要切实研究一下这些事情。"《普罗塔戈拉》以普罗塔戈拉表示乐意聆听而告结束,也许他会从这位展示了如此了不起的精湛技艺和自我克制的同族之人那里学到更多的东西。普罗塔戈拉的反应不仅显示了自己并不妒忌,以及认识到苏格拉底的做法符合同族之人应有的作为:他的反应还使我们能够推测,普罗塔戈拉可能会乐于不再当着这间屋里其他人的面(317c),与苏格拉底私下探究他的观点——智慧者必须联合起来,教导德性的统一性。

"但这会儿已经到该办别的事情的时候了,"普罗塔戈拉最后说,从而结束了他们当前的谈话。苏格拉底也同意:"的确,这才是正事,要是你这样认为的话。"但他补充了两点:"我早就该去我说过要去的地方了。"苏格拉底曾经说过的约会首先是他在对话中间(335c)起身要走时提出的,但被如下的事实否定了——他现在正在把两人之间几个小时的谈话讲给他后来碰巧遇见的人。"我留了下来,是为了让这漂[124]亮的卡利阿斯高兴。"不,不是这样的。当卡利阿斯开口挽留苏格拉底时,他对当时发生的事情的错误理解并不是说服苏格拉底留下的理由。苏格拉底最后对聚在卡利阿斯府上的人们说的话,是对主人所尽的告别礼数。因此,苏格拉底的最后发言中包含着两个小的、有礼貌的谎言,从其中的谎话可以看得出来,这一离场发言以苏格拉底始

---

① 因此可以明确的是,在普罗塔戈拉前一次或前几次来雅典时,两人曾经见过面,苏格拉底那时已经给普罗塔戈拉留下深刻印象。

终具有的讲话风格结束了整场对话:这里还存在着欺骗,它不只是仅仅为了礼貌,而且是一种品级很高的、斯巴达式的欺骗,它要求的欺骗者是一个智慧的人——这个人清楚自己身处何地,也懂得如何讲话。

15 最后的话

苏格拉底最后的离场辞中是否也存在欺骗呢?——苏格拉底在离场时两次顾及礼貌的做法表明,他在重述当天的谈话时,可能为了框架谈话的听众的缘故而说谎。苏格拉底最后的离场辞是对框架谈话的听众说的,也将柏拉图的读者引回到对话的开场:"在说了、听了这些后,我们就离开了"——"你是打哪儿出现的,苏格拉底?"框架对话的听众一直在默默听苏格拉底讲述他对这个问题的长篇回答,苏格拉底的回答反驳了他们关于自己刚刚是在追求阿尔喀比亚德的怀疑,因此足够令人满意。但惯于说谎的苏格拉底是否会就自己的离场(parting)对框架对话的听众说谎,从而就自己在他们面前的出现(appearing)欺骗他们呢?"我们就离开了。"谁离开了? 在听了完整的叙述后,框架谈话的听众可能自然会设想,苏格拉底与希珀克拉底一起离开了。但是:"在说了、听了这些后"——希珀克拉底根本什么也没说,所以苏格拉底严密的措辞已将他排除在外。而且,当苏格拉底在对话开头与提问者碰面时,希珀克拉底并未与苏格拉底在一起,这位提问者想象的是苏格拉底从阿尔喀比亚德那儿来。

苏格拉底可能与阿尔喀比亚德一起离开了卡利阿斯家吗?[①] 如果是这样,那么《普罗塔戈拉》的结尾就会是它的开头所暗示的那样,捕猎者苏格拉底成功地追求到了阿尔喀比亚德花季的美。苏格拉底在开场谈话的用词上有微小的调整,这提示我们,他是在掩盖自己刚从阿尔喀比亚德那里来的事实。他最初告诉自己的提问者,"我确实刚从这人(ἐκείνου)那儿来",这人指的是阿尔喀比亚德(309b7)。在苏格拉底

---

① Coby 认识到了这种可能性,他对此勾勒出一些暗示,参氏著,《苏格拉底与智术师启蒙运动》,前揭,页 202-203,注 83。

宣称自己一来到更美的普罗塔戈拉面前,便忘记了阿尔喀比亚德后,提问者几乎是重复了苏格拉底的说法:"那么,你来时还刚和这人(ἐκείνου)在一起?"(309d6)这人现在则是普罗塔戈拉,而苏格拉底使这种印象保持了下去:苏格拉底引领自己的提问者忘记阿尔喀比亚德,同时[125]宣称自己忘记了他——这位苏格拉底说自己忘记了,这显得很不可信,因为苏格拉底记得一切,何况他这时正忙于编造一个小的谎言:宣称普罗塔戈拉作为智慧者要更美,尽管他不相信普罗塔戈拉是智慧的。苏格拉底在卡利阿斯府上的最后一句话中有一点奇怪、细微的异样,这加强了他本是与阿尔喀比亚德一起离开的暗示:"我留下来,是为了让这漂亮的卡利阿斯高兴。"这句礼貌的谎话使人回想起苏格拉底在叙述中唯一一次直接向提问者说过的话:在叙述阿尔喀比亚德到场时,他说:"漂亮的阿尔喀比亚德,就像你说的,我没异议。"(316a)苏格拉底留下来,是为了让漂亮的阿尔喀比亚德高兴——χαρίζομαι[向某人示好]。在成功地做到这点后,苏格拉底才离开了他。

但如果苏格拉底是与阿尔喀比亚德一起离开了卡利阿斯的家,那么提问者就一语中的(dead right):苏格拉底刚刚成功地追求到阿尔喀比亚德的花季,随后直接前来这里。如果将这确认为事实,就可以充分解释开场谈话中所有细微的异样之处。在刚刚离开阿尔喀比亚德后,苏格拉底就遇到了一个人提醒自己说,他对阿尔喀比亚德的追求已经成为公众的谈资。苏格拉底私下追求(阿尔喀比亚德)的目的将会因为这种闲聊而打折扣,而现在,如果他的追求的确是成功的,他就必须在一群好打听的、很爱横加指责的公众面前隐藏自己的成功。苏格拉底必须智慧地打理自己的公众形象,就像他虚构出的可敬的斯巴达人一样。苏格拉底必须隐藏自己卓有成效的智慧,在智慧者与强力者的私下会商中驱逐外邦人,使这种会商尽可能隐秘。所以,苏格拉底给人留下的印象是,他和希珀克拉底一起离开了集会。苏格拉底与希珀克拉底一起赶到,但阿尔喀比亚德令希珀克拉底黯然失色,并且表明自己是才能过人的雅典青年。阿尔喀比亚德明白苏格拉底装作要离场时所引起的公平问题;他在对话过程中提供了监督,从而使对话按照事先同意的进程推进;他向卡利阿斯讲了几句经过谋划的旁白,便使普罗塔戈拉感到羞耻,只好继续对话。在苏格拉底所叙述的谈话中,只有阿尔喀比亚德的洞察能力和领导能力被苏格拉底单独列出,此外再无他人。
"我们就离开了。""我确实刚从这人那儿来。"如果《普罗塔戈拉》开头
和结尾处的这两句话意在暗示苏格拉底是与阿尔喀比亚德一起离开
的,那么,它们就证明了柏拉图的斯巴达式智慧——柏拉图在强力者面
前庇护了苏格拉底的智慧事业。如果是这样,那么,在《普罗塔戈拉》
的结尾与开头之间,就会间隔一段时间,这段时间足够苏格拉底与阿尔
喀比亚德进行第一次私下谈话。在智术师们的伟大集会上,由于阿尔
喀比亚德曾经站在苏格拉底的立场施加干预,那么,对阿尔喀比亚德来
说,这场谈话将会很有吸引力。也许,在《普罗塔戈拉》的半私密场合,
我们刚刚见证了一系列事件,这些事件开创、引起了完全[126]私密的
谈话,即《阿尔喀比亚德前篇》,这篇对话开始得很突兀,缺乏铺垫。

据说,柏拉图在遇见苏格拉底之前曾经写作过肃剧,那么,他是否
曾经专注于写作一篇短篇的戏剧诗,既以之开启也以之结束他的谐剧
《普罗塔戈拉》?他是否无声地提示,在对他的第一篇对话进行时序性
研究之后,应当紧紧跟随对另一篇对话的时序研究?如果答案是肯定
的,在《普罗塔戈拉》的文本之内便令人高兴地孵育着另一篇对话——
《阿尔喀比亚德前篇》,有人认为,这篇对话才是时序上的第一篇作品;
而苏格拉底据传在追求阿尔喀比亚德的事就被一个谎言掩盖起来
了——讲这个谎言的目的,就在于隐藏苏格拉底的追求所取得的完满
成功。如果答案是肯定的,那么,苏格拉底与那位最卓越的雅典青年的
第一次私密谈话,恰恰是在《普罗塔戈拉》中成功的追求行动的片刻之
后发生,而这次私密谈话发生片刻之后,苏格拉底就被一位过于好奇的
提问者问起自己与阿尔喀比亚德的关系。如果《阿尔喀比亚德前篇》
的确是在《普罗塔戈拉》之内孵育的,那么,柏拉图在开启其对话的时
序时,便带有一种游戏的情绪(sporting mood),几乎有些滑稽,他肯定
是在开玩笑,同时带着一种含义丰富的可能性。① 这种可能性没法通

① 无论怎样,《阿尔喀比亚德前篇》肯定晚于《普罗塔戈拉》,因为在《阿尔喀比亚德前篇》的结尾处,阿尔喀比亚德宣称"苏格拉底哦,我们将改变角色,我换作你的角色,你换成我的角色。因为从今天开始,没有什么能阻止我服侍(παιδαγωγήσω)你,也没什么能阻止你被我照料(παιδαγωγήση)"(135d):由于《阿尔喀比亚德前篇》的私密谈话,《普罗塔戈拉》中的捕猎者变成了猎物。《阿尔喀比亚德前篇》在开篇之时就强调,这是两人之

过律师式的方式加以证明——（虽然）在《普罗塔戈拉》的最后审判中，柏拉图将自己笔下的苏格拉底表现得像个律师。让我们姑且消遣地将它作为戏剧诗人的玩笑，将它作为针对苏格拉底的传记中最致命的主题——他与引人注目的阿尔喀比亚德的关系——所做的没法证明的游戏，这个游戏将永远缺少指控者可能拿来证明苏格拉底有罪的东西。如果设想，苏格拉底的确犯下了追求他的漂亮的猎物之罪，那么我们会看到，苏格拉底有理由在结束时重复自己在谈话中说过的话——他有别的事要做（335c）：现在，他的确有别的事要做了，这件事是出于对话所显示的追捕任务的安排，而当苏格拉底宣称，自己有空闲讲讲当天发生的事情时，他已经完成了这件别的事情——自己与阿尔喀比亚德的事情。①

如果苏格拉底来到卡利阿斯府上是为了继续追求阿尔喀比亚德，如果《普罗塔戈拉》的核心谈话有一部分目的是为了阿尔喀比亚德，那么，为了赢得这位准备登上公共讲台的独特的雅典青年，又有哪种方式比这位雅典哲人实际[127]所做的事更合适呢？因为，苏格拉底开始时问普罗塔戈拉，希珀克拉底能够期待从他那儿获得什么，而苏格拉底得到的回答是"能在城邦事务方面最有能耐地行事和说话"——柏拉图只是暗自指出，在苏格拉底提出这个问题时，阿尔喀比亚德也在场。随后，苏格拉底描述了阿尔喀比亚德渴望对其发言的雅典公民大会：他说，在技术问题上，雅典公民大会采纳专家的意见，忽略外行的意见，即便这人"仪表堂堂、腰缠万贯、门第很高"（319b-d）；苏格拉底曾当着阿尔喀比亚德的面提到，他的监护人伯利克勒斯没能力传授自己所精通的政治技艺，也即指导雅典公民大会的技艺（319d-320b）；苏格拉底又提到了伯利克勒斯两个儿子帕拉洛斯和克珊悌珀斯，以及他所监护的

间的第一次私下交谈。在《普罗塔戈拉》中，阿尔喀比亚德表现得很熟悉苏格拉底的方式，这与此决不矛盾：苏格拉底已经在阿尔喀比亚德身边转了多年，已经使自己成了一个讨厌鬼，但却从来不曾与阿尔喀比亚德有过私下交谈（《阿尔喀比亚德前篇》，104d）。Catherine Zuckert 也认为，《阿尔喀比亚德前篇》肯定发生在《普罗塔戈拉》之后，参《柏拉图的哲人们》，前揭，页 217-218，注 4。

① 如果《阿尔喀比亚德前篇》与《普罗塔戈拉》是以这种方式联结的，那么两篇对话的时间就都有可能确定在公元前 433 年。参下文，"《普罗塔戈拉》与《阿尔喀比亚德前篇》戏剧时间考"。

两个人之一——阿尔喀比亚德的兄弟克莱尼阿斯；此后，苏格拉底又提到，伯利克勒斯由于担心克莱尼阿斯被阿尔喀比亚德带坏，把他送到自己的兄弟阿里普弗隆那儿教育——同时，苏格拉底又只字不提阿尔喀比亚德的教育。那么，与苏格拉底所做的这些事情相比，还有什么更好的方式能够强化这位年轻人已经明确显露出来的兴趣呢？而且，苏格拉底使自己在与普罗塔戈拉的竞赛中显得是不公正的受害者，相比之下，还有什么更好的方式能够激发（自己所知的）阿尔喀比亚德维护公正的激情呢？此外，相比于首先设立继续讨论的条件，然后实际迫使普罗塔戈拉不再继续谈话的做法，还有什么更好的方式能够让这位天生的年轻领袖取得事实上的领导权呢？苏格拉底曾向阿尔喀比亚德展示一位多数人的学生——他学到了是什么能统治众人，因而还学到，为了在公民大会中统治众人，自己需要什么代价，相比之下，又有什么更好的方式能够巩固阿尔喀比亚德的注意力？如果想要统治多数人的人明白，多数人既被快乐统治，同时又认为自己有德性，那么，对多数人的统治就会变得更容易；要统治众人，就需要统治自己，不允许自己"被快乐征服"——而这是人们经常对阿尔喀比亚德所做的评价，就连阿尔喀比亚德本人也这么说。如果被快乐征服事实上就是被无知征服，那么，就有必要弄清楚被快乐征服的经验是什么，或者有必要在衡量的技艺方面听到智慧的建议，因为只有衡量的技艺才可能使知识统治激情。对于渴望在公民大会上对多数人发言的人来说，苏格拉底面对多数人所做的长篇解释就一点儿不会显得冗长了。而且，如果苏格拉底结束了对多数人的描述，并向多数人推荐智术师们作为他们的医生，那么，任何留神注意并且愿意付钱给智术师的人都会明白，自己不应该在这些医生身上花钱，而是应该花在属于他们的医生身上。而且，相比于提示人们注意那个起初说德性不可教的人最后却尝试证明德性可教，除此之外，苏格拉底又有什么更好方式来完成对阿尔喀比亚德的追求呢？苏格拉底可以向其教授德性的这个人（阿尔喀比亚德），此后又可以像伯利克勒斯那样，教导雅典公民大会应该在政策制定方面尊重自己的专家意见，借助阿尔喀比亚德的说服力——他通过取得对卡利阿斯家中集会的统治权，证明了自己的说服力——这种教导甚至可以延伸到［128］民众之中。

苏格拉底与普罗塔戈拉的辩论是在苏格拉底的引导下进行的,目的在于教育智术师们,并与他们建立联盟。但在阿尔喀比亚德听来,苏格拉底的努力显得是针对自己的。苏格拉底在当天的计划中看起来有第二个目的,也就是猎捕年轻的阿尔喀比亚德,从而对他施加教育。但是,这么轻率无礼的阿尔喀比亚德可教吗?如果《普罗塔戈拉》表明了苏格拉底成功地追求到阿尔喀比亚德,并将他转变为一位掌控了谈话局面的同盟者,那么,如果苏格拉底能得到自己提供给普罗塔戈拉的选择——私下交谈,而非在其他人的伴随下(316b),他将与阿尔喀比亚德做些什么呢?作为斯巴达式智慧的追随者,苏格拉底不会像普罗塔戈拉那样选择,而是会像在《阿尔喀比亚德前篇》中那样,与阿尔喀比亚德私下交谈。

《阿尔喀比亚德前篇》的开场很突兀,缺乏明确的铺垫。[1] 为了开始两人完全私密的谈话(118b),苏格拉底直指最私人的问题,阿尔喀比亚德想要统治的抱负——他没有将之告诉过任何人。在分辨了这些抱负之后,苏格拉底既没有缓和、淡化他的想法,也没责备阿尔喀比亚德竟然很享受自己的抱负。相反,苏格拉底鼓励、扩展了阿尔喀比亚德的这些抱负,同时宣称,除了他自己之外,"无论是你的保护人、亲戚还是任何其他人"[2]都没有能力帮助阿尔喀比亚德实现这些目的(105e)。苏格拉底还必须要制服阿尔喀比亚德傲慢的举止,因为他竟将所有其他的追求者和教师拒之门外,为了做到这一点,苏格拉底将两人讨论的整个前半部分集中于自己在《普罗塔戈拉》中提出的问题,不过,这次是从相反的方向接近这些问题:在接受教育之前,阿尔喀比亚德不适合为雅典公民大会提出咨议(106c-118c),而既然伯利克勒斯在自己的两个儿子和克莱尼阿斯身上都失败了,他也很难说能教得了阿尔喀比亚德(118c-119c)。在《普罗塔戈拉》中,当一大群最好的教师和最好

---

① 《阿尔喀比亚德后篇》是苏格拉底与阿尔喀比亚德的另一场私人谈话,肯定晚于《阿尔喀比亚德前篇》发生,因为那时苏格拉底已经赢得了阿尔喀比亚德的信任。与此相应,《阿尔喀比亚德后篇》有了一段引言:苏格拉底遇见了阿尔喀比亚德,后者正走在去献祭的路上,于是苏格拉底尝试教阿尔喀比亚德,应该许下什么愿望,或者应该祈求诸神赐给自己什么。

② [译按]参考梁中和译文,《阿尔喀比亚德》,梁中和译/疏,北京:华夏出版社,2009,页65。

的学生在场时,苏格拉底对政治德性是否可教提出疑问;而在《阿尔喀比亚德前篇》中,当这位最好的老师与雅典最有希望的政治领袖单独相处时,他径直教导阿尔喀比亚德政治的德性。由于阿尔喀比亚德过分轻率无礼,不认为自己需要建议——在这个方面,他分享了雅典人关于政治德性不可教的信念——所以,苏格拉底令他羞愧地承认,自己从来不曾有一位老师,也从来不曾自己学习过政治的德性。在苏格拉底展示了自己[129]提供政治德性的能力,并使阿尔喀比亚德羞愧地认识到自己的无知之后,阿尔喀比亚德只好央求苏格拉底给自己提出建议:就像在希珀克拉底和普罗塔戈拉本人那里发生的一样,苏格拉底破除了对话者原有的信心,并引起羞耻,随后赢得了乐于聆听的意愿。《普罗塔戈拉》提供了解释《阿尔喀比亚德前篇》的背景——这篇没有背景的对话,其实有一个非常复杂的背景。①

---

① 《普罗塔戈拉》和《阿尔喀比亚德前篇》在很多重大主题上有关联:两部对话都以"当阿尔喀比亚德过了习俗允许的年龄后,苏格拉底对阿尔喀比亚德的追求是否适当"这个问题开篇。《阿尔喀比亚德前篇》表明,阿尔喀比亚德已经从智术师那里学到,在有关不正派的问题上,撒谎更好(109c,比较《普罗塔戈拉》323b),他也学到,不正派的做法中有某些好处(113d,比较《普罗塔戈拉》333b-c)。《普罗塔戈拉》提示,普罗塔戈拉所提供的好建议是行事不正派(318e-333),而苏格拉底的好建议则与正派有关(《阿尔喀比亚德前篇》125e-127d)。如果将《阿尔喀比亚德前篇》作为紧随《普罗塔戈拉》中"我们就离开了"之后发生的对话,那么《阿尔喀比亚德前篇》开场的突兀就能得到很好的解释。而且,如果《普罗塔戈拉》的整篇对话事实上发生在《阿尔喀比亚德前篇》之前,那么《阿尔喀比亚德前篇》开场部分就苏格拉底令人厌烦的默默关注所展开的交谈就有了说得过去的背景。很多细节都可以将两部对话关联起来:例如,伯利克勒斯对他的两个儿子和克莱尼阿斯的教育(115d-e);长篇讲辞与简短对话之争(106b);对雅典公民大会提建议(113b,参106c);阿尔喀比亚德提到跟多数人学习希腊语言,这正是普罗塔戈拉明确说过的观点(110e-111a,《普罗塔戈拉》327e-328a)。苏格拉底在《普罗塔戈拉》开始时怀疑德性不可教,结束时却确认了这一点,而在《阿尔喀比亚德前篇》中,他着手教阿尔喀比亚德德性,其中以正义作为核心,并将"认识你自己"作为格言(124b;《普罗塔戈拉》343b)。苏格拉底向阿尔喀比亚德提供了普罗塔戈拉许诺过的事——如何在自己和城邦的事务上得出好的判断(318e)。

Landy 也提出了《普罗塔戈拉》与《阿尔喀比亚德前篇》的关系问题;他将《阿尔喀比亚德前篇》安排在《普罗塔戈拉》发生的几天之前,他推测——在我看来无此必要——这是由苏格拉底"第一次"对阿尔喀比亚德说话所决定的,参《柏拉图〈普罗塔戈拉〉中的德性、技艺与好生活》,前揭,页302-306。在《普罗塔戈拉》中,无论苏格拉底的发言在多大程度上是为了阿尔喀比亚德的缘故,他并未对阿尔喀比亚德讲话。

如果《普罗塔戈拉》和《阿尔喀比亚德前篇》是以这种方式彼此关联的,那么《普罗塔戈拉》刚好在苏格拉底成功地私下教育阿尔喀比亚德之后开场。在刚刚离开阿尔喀比亚德后,苏格拉底遇见了一位提问者,后者向苏格拉底打听他对最有希望的同邦年轻人的不合宜的兴趣。这样的提问者不需要知道两人间发生了什么,也不需要知道他们甚至有过一次私密的谈话:根据斯巴达式实践的要求,智慧之人在与强力之人会面时,要让"外邦人"觉察不到曾经发生过这样的会面。只要让他们知道苏格拉底愿意为希珀克拉底做的事,并因而感到愉快(be entertained)就够了——苏格拉底向希珀克拉底表明外邦智术师们的危险,通过这么做,苏格拉底也把自己夸耀为胜过智术师们的雅典人,自己能够打败最高明的智术师。咱们这位苏格拉底的确不错,他既能帮助咱们的希珀克拉底,还能让那些外邦的"智者"们安分守己。在智慧方面,苏格拉底对荣誉的爱好收到了奇效(works its magic)——在自己起初被人们认为可疑(suspicious)的地方,他将获得荣誉。

但是,对于像苏格拉底的整个公共事业这么重大的事情,柏拉图真的会选择用把《阿尔喀比亚德前篇》置于《普罗塔戈拉》之内这种小把戏作为开头吗? 通过这种策略,柏拉图能得到什么呢? 他所得到的[130]收获在于为读者提供的东西,其中有小的收获,例如,由此可以理解,一方面,苏格拉底在《普罗塔戈拉》开篇时将兴趣从阿尔喀比亚德身上转开,另一方面又可以还原苏格拉底正在追求阿尔喀比亚德的真相。其中也有更大的收获,例如,可以将《阿尔喀比亚德前篇》作为更大的政治计划的一个片断来理解,苏格拉底在这个计划中用一种政治的防护手段将哲学包围起来,目的是庇护、发展哲学。除了这些具体收获外,柏拉图的巧妙手段也向读者提供了对作者的介绍:作者虽然缺席,但一定程度上却作为一个欺骗者在场,把关于他自己及其写作方式的令人愉悦的发现埋在浅浅的墓地中,并聪明地做上标记。荷马的奥德修斯是柏拉图的苏格拉底的典范,但这些人物也模仿、呈现了他们的作者。柏拉图讲给阿尔基诺奥斯(Alcinous)①的故事肯定像荷马讲的

---

① [译按]阿尔基诺奥斯是费埃克斯人的国王,在奥德修斯途经本国时盛情款待奥德修斯。奥德修斯向其讲述了漂泊过程中的种种经历。详见《奥德赛》,卷六至卷十三。作者此处把阿尔基诺奥斯理解为苏格拉底的听众。

故事一样复杂多变(polytropic),因为他也懂得尼采所懂得的东西:"生命的广阔历程总是表明,它是站在最无原则的复杂多变(πολύτροποι)的那一边。"①

　　然而,无论认为《阿尔喀比亚德前篇》戏剧性地被裹藏在《普罗塔戈拉》之中,还是更清醒地坚持将它置于《普罗塔戈拉》发生后的很短一段时间之内,苏格拉底在《普罗塔戈拉》和《阿尔喀比亚德前篇》中的言辞和行动都是一样的:通过用这两部连续的对话开启自己的作品集,柏拉图展现了代表哲学的立场行动的苏格拉底,他既转变了希腊启蒙运动的方向,也转变了一位雅典政治天才的志向。②

16　苏格拉底在公元前 433 年服务于哲学的政治

　　在时序上的第一篇对话中,柏拉图展示了苏格拉底登上舞台的过程——他占据了核心的舞台,并意在成为主导。由于考虑到雅典人认为自己知道苏格拉底来自哪里,也知道[131]他所爱的东西是什么,苏格拉底逐步为自己创立了一种新的公众形象,而且,随着自己懂得了哲

---

　　①　尼采,《快乐的科学》,前揭,344 节。

　　②　Catherine Zuckert 认为(《柏拉图的哲人们》,页 53-58),柏拉图的《法义》是时序上的第一篇对话,它设定在希波战争之后,并早于约公元前 450 年(因为《法义》中不再有对发生在这一年之后的事件的历史性援引,对此前的哲学的援引同样止于这一年)。那么,《法义》是前苏格拉底的:雅典异方人面临的是哲学对公民秩序所提出的问题——这种公民秩序尚且缺乏之后来由苏格拉底获得的视角。在 Zuckert 的著作出版很多年前,Seth Benardete 曾经有一段评论,为这个观点提供了补充性的见解:"《法义》以关于夜间议事会的提议结束,而夜间议事会将要讨论的是德性的统一性。如果《法义》以提议在律法统治的城邦中引入哲学作结,那么,它就正走在通向哲学的途中。"通向哲学之路"是一个适用于每一篇柏拉图对话的公式:没有哪篇对话以彻底的方式回答了'什么是哲学'的问题。如果《法义》只有在最后才提出这个每篇对话都包含的问题,那么《法义》的特殊性就在于,它的开始时间早于任何其他的对话"。参 Benardete,《柏拉图的〈法义〉》(Plato's Laws),页 3。如果 Zuckert 的推测果然是正确的,那么《普罗塔戈拉》就在如下意义上是时序上的第一篇对话:在唯一两篇苏格拉底缺席的对话(《法义》和《厄庇诺米斯》)描述了由苏格拉底之前的哲学家所面对的公民世界之后,柏拉图转向苏格拉底,将他作为不可缺少的创新者,并从《普罗塔戈拉》开始——在《普罗塔戈拉》中,苏格拉底带着自己服务于哲学的新政治,第一次登上公共舞台。

学,他也因而为哲学创立了新的形象。他像一位新型的斯巴达式智者那样在公众中间讲话,他承担了声名之累,以便向雅典同胞表明哲学是有益的,而且具有公共精神——因为苏格拉底向他们讲述,自己是如何在私人场合中打败了最负盛名的外邦智术师,并引导这位智术师和在场的雅典年轻人尊敬所有五种德性。然而,这位斯巴达式的智者对公众讲的是简洁的语言,其中掩盖着讲给同族之人的教导:在苏格拉底的公开言辞中,包含着对智术师启蒙运动的建立者和领袖们的私下提议,为的是改进他们的公开教导。而且,苏格拉底的公开言辞吸引未来的领袖远离那些曾经许诺使他们精通政治技艺的外邦教师们,并转向一种更有益的教诲。而且,隐藏得最深的是,苏格拉底的公开言辞展示了最私密的生活方式的迹象——这种方式通向最私密的财富,即爱智慧本身。

苏格拉底赋予哲学一种新的公共形象,使哲学可以在启蒙和年轻人面前展示自己的公众责任,他公开亮相,目的在于隐藏——他为了公众、智术师们和正在成长的年轻人的原因而持有的政治目的归根结底要服务于哲学本身,而哲学只能是孤独、私密的事情。苏格拉底使自己的隐私显得完全公开,从而在那些对他真正的隐私、他的想法、他所获得的智慧具有真正兴趣的人面前,使自己产生不可抗拒的吸引力。柏拉图使苏格拉底作为这样一位思想家亮相:他清楚自己是历史悠久的希腊智慧——在教谕性的外表下的隐微智慧(esoteric wisdom)——的继承人。苏格拉底建议那位著名的智慧者尊敬这种隐微传统,同时,他本人则隐微地(esoteric)要求有人针对自己显白(exoteric)的外表所掩盖的东西提问。苏格拉底最终的政治目的在于,将探究的传统和他本人在智慧方面的推进传递给那些合适的人,而只有当有人有能力将苏格拉底的公开言辞作为弄懂其目的的路标时,才能证明自己是合适的。柏拉图的苏格拉底因为一种不合法的爱欲而被认为很有趣,不过,他使自己在多数人、有名的智术师和少数有权力的人面前显得乏味或合乎道德,而只有在极少数人面前,他才使自己具有充满爱欲的诱惑力。

"你们且听着,"苏格拉底命令道,随后开始了连贯的叙述。而柏拉图对《普罗塔戈拉》技艺高超的建构,使读者能够作为三种类型的听众,从各自的立场聆听苏格拉底的发言。框架谈话的听众听到的是一位雅典同胞被在他们看来是当时最智慧的人任命（anointed）为继任者。在场几位到雅典为自己争取学生的智术师们听到的是一段教诲，这段教诲能使他们成为苏格拉底的学生。到现场去购买外邦智术师教导的雅典年轻人学到的是，他们究竟想让谁来做自己的老师。[132] 在时序上更晚的对话中，所有这三种类型的公共听众都会反复出现，这里所引入的苏格拉底将把他对哲学的公开辩护进行到底——此外，还有第四种潜在的听众，他们数量极少，也最为私密，他们永远有可能也在聆听。

苏格拉底与智术师启蒙运动

公众，例如卡利阿斯的门房，没法区别哲学和智术；因此，为了使城邦对哲学来说显得安全，苏格拉底必须使智术对城邦来说显得安全。柏拉图通过对话的时序安排提示我们，作为智术的创建者，普罗塔戈拉主导了这种苏格拉底式的计划：柏拉图的对话始于苏格拉底和普罗塔戈拉的一次竞赛，而在最后一篇对话结束时，这场竞赛还在继续，仿佛它永远不会有尽头。《泰阿泰德》是时序上的最后一篇柏拉图对话，它的场景设定在公元前 369 年。在《泰阿泰德》中，那位去世多年的普罗塔戈拉从地下返回，突然将头探出地面，帮助自己的信徒们抵抗苏格拉底，其中那位年长的信徒是普罗塔戈拉还在世时收入门下的，年轻的那位则是通过阅读自己赖以为生的作品而成了普罗塔戈拉派。《泰阿泰德》的框架经过精心准备，将核心设定在对一篇手稿的朗读上，在柏拉图全集中，这篇手稿最接近于真正的苏格拉底作品，它是苏格拉底被处死前在狱中讲述的一篇对话，当时，在欧几里德访问他的囚室时，苏格拉底尽力将它讲给欧几里德，并让他记录下来，甚至还做了编辑性的修正，使之变得准确。因此，《泰阿泰德》中包含一篇书面的文本，死后的苏格拉底还继续活在其中，并与继续活在这份文本中的普罗塔戈拉进行竞赛。《普罗塔戈拉》展示了苏格拉底在自己的公共事业之初对哲学的公共名誉的关切：要让哲学变为苏格拉底式的，要通过公开讲述自己的私下活动而传播哲学。《泰阿泰德》则展示了苏格拉底在事业结束时对哲学的公共名誉的关切：要让哲学变为苏格拉底式的，要通过追随者记录下来的作品来传播哲学。《泰阿泰德》中的普罗塔戈拉其实已经死去，他只是活在作品中，这是多么恰当啊！从老少两辈学生捍卫他的教导的那份热烈的忠诚来看,他还活得很有生机。在柏拉图对话中,从第一篇到最后一篇,无论是生是死,不管是亲自说话还是只在书中出现,普罗塔戈拉都是年轻人的俄尔甫斯,这位著名的智者和公共知识分子将会永远与启蒙运动同在,而哲学也将永远与他争论。在柏拉图那里,一位关心哲学公共声誉的苏格拉底在死后仍然继续活着,他是真理竞赛的获胜者,反对着自己的同族之人——那位永远活着的普罗塔戈拉。

如果将第一篇对话和最后一篇对话一起读,一些相似之处便浮现出来,[133]这里可以提出其中一个相似之处,它并不引人注目,却具有根本性,与其特点刚好相符:两篇对话都对智慧者的隐微教诲怀有深深的关切。在《普罗塔戈拉》中,苏格拉底在其公共事业的起步之初,称许一种更古老、更智慧的隐微教导,它胜过了普罗塔戈拉新发明的隐微教导,而后者则谴责过往的智者,意在通过消除他们而寻求超越。在《泰阿泰德》中,当苏格拉底已经看到自己公共事业的尽头时,他让欧几里德写下可以说是谜题般的、错综复杂的记录,记下了从荷马到普罗塔戈拉的智慧者的秘密教诲是什么——他们选择使这种教诲“在我们这群庸众面前显得是个谜”,但同时“将其真实的不传之秘”讲授给学生们(《泰阿泰德》152c)。作为由智慧者组成的军队——唯独未列入帕默尼德——的首领,荷马借用形象表达了这个禁止外传的秘密,“俄刻阿诺斯(Ocean)和始母忒提斯(Tethys),诸神的起源”(《泰阿泰德》152e,比较180d)——运动产生了万物,产生了显得永恒和被尊敬为永恒之物的东西。柏拉图的开篇和终篇都围绕着苏格拉底和普罗塔戈拉之间的竞赛展开——这是一场哲学与智术旨在争夺有天分的雅典青年所进行的半公开竞赛,柏拉图由此指出,哲学必然具有的隐微教诲是启蒙运动在总体上必须以自身的方式分享的东西。

苏格拉底试图改革智术师启蒙运动的尝试并不仅限于它的创始人和首要代表。在《王制》中,他还遇到了启蒙运动的一位更年轻、更激烈的代表;卡尔克冬(Chalcedon)的忒拉绪马霍斯(Thrasymachus)正与雅典青年在一起,而苏格拉底是在佩莱坞(Piraeus)的克法洛斯(Cephalus)家中遇见了他们。苏格拉底对这位更直言不讳的智术师启蒙运动代表所做的事,推进了他对普罗塔戈拉所做的事情:苏格拉底也向忒拉绪马霍斯提出了结成联盟的邀请,而建立这个联盟正是为了将他争取过来。即使是对欧绪德谟(Euthydemus)和狄奥尼索多洛斯(Dionysodorus)这两个来自开俄斯(Chios)的智术师小丑,苏格拉底也要悉心对待,尽管他们冒犯了自己的朋友克力同:他们同样给启蒙运动的整个事业带来了坏名声,而且《欧绪德谟》表明,尽管他们(欧绪德谟和狄奥尼索多洛斯)很难取得成功,也必须尝试对他们有所约束。当伟大的修辞术教师,莱翁梯尼的高尔吉亚(Gorgias of Leontini)来到城里时,苏格拉底必须与他会面,为的是向他表明,他的修辞术礼物将会对珀洛斯(Polus)和卡利克勒斯(Callicles)这样的雅典年轻人产生何种影响;苏格拉底邀请高尔吉亚见识一番他们的极端言论,通过诉诸高尔吉亚的自我利益约束他的教学方式。当埃利斯的希琵阿斯(Hippias of Elis)随着一个外交使团回到雅典城邦时,他试着用一番展示性讲辞推销自己,将自己展示为新的涅斯托尔;苏格拉底在外交的问题上教导了这位著名的外交家,他邀请希琵阿斯认识到,如果想避免受到比自己更复杂多变的角色的伤害,自己就需要一种更类似于奥德修斯的外交手段:柏拉图将两篇《希琵阿斯》对话设定在公元前 420 年,当时,复杂多变的阿尔喀比亚德召开了那次重大的外交会议,在[134]会上,他通过与主要的伯罗奔半岛城邦——包括希琵阿斯的母邦埃利斯——结盟,成功地扭转了伯利克勒斯的战争战略,而他的目的在于,在斯巴达和新的雅典同盟之间发起重装步兵的决战。

作为公开呈现智慧的创新形式,智术师启蒙运动本身是一种真正创新的产物——早在普罗塔戈拉开启了自己新创的坦率方式之前,希腊式的自然探究早已开始,而且实现了持续不断的智识进展。苏格拉底本人最早是作为自然探究的热情的学生起步的,在登上《普罗塔戈拉》的舞台之前的很多年间,苏格拉底一直有自己的发现和进展。与之颇为相宜的是,根据柏拉图的安排,对于这位最关键的人物苏格拉底,人们只能通过一位公开的苏格拉底来了解。通过《斐多》《帕默尼德》和《会饮》对青年苏格拉底的三次回顾,柏拉图追溯了苏格拉底成为这位苏格拉底的过程。这位苏格拉底需要用调整了方向的普罗塔戈拉式启蒙为自己提供公共庇护,而且,苏格拉底也需要用有吸引力的教诲,吸引年轻的政治人为自己效劳。

苏格拉底与阿尔喀比亚德

作为色诺芬对苏格拉底的辩护作品,《回忆苏格拉底》首先针对给苏格拉底造成最大损害的指控作出辩护:苏格拉底被指控败坏了阿尔喀比亚德和克里提阿,"对城邦伤害最大的人"。① 柏拉图将阿尔喀比亚德和克里提阿同时写进时序上的第一篇对话中,并且为二人分别写作了对话,有一系列对话关注的是苏格拉底教育阿尔喀比亚德的失败,另外有一篇对话讨论苏格拉底教育克里提阿的失败。

在两篇以阿尔喀比亚德命名的对话中,柏拉图使读者有机会研究苏格拉底对阿尔喀比亚德的追求。两篇对话本身暗示,它们紧随《普罗塔戈拉》中苏格拉底追求阿尔喀比亚德取得成功之后,而阿尔喀比亚德在《会饮》中的讲辞则证明了这一点。因为,柏拉图的《会饮》的众多主题之一是详尽地结束《普罗塔戈拉》所开启的主题——苏格拉底对阿尔喀比亚德的追求。这个主题要求同时研读两篇对话:除了阿里斯托芬之外,《会饮》中的所有发言者都出现在《普罗塔戈拉》中。两篇对话都有问起苏格拉底与阿尔喀比亚德的关系的框架谈话;两篇对话的核心讨论都发生在雅典的私人府邸,并都被转述给更广泛的公众;在两篇对话中,苏格拉底与一位年轻同伴都经过了一段耽搁,然后才[135]到达私人的府邸,他们在途中都有过一段没被转述的讨论,而苏格拉底必须完成讨论才会进行;在两篇对话中,苏格拉底都提出了一番抗议才赢得以自己更喜欢的方式继续发言的权利;在《普罗塔戈拉》中,苏格拉底描述了受过良好教育的贤人(gentlemen)应该怎样举行会饮(347b-e),他提议,吹箫女应该从其他事情中排除出去(《会饮》,176e);两篇对话中都没提到战争,但战争的乌云都不祥地笼罩着对话,《普罗塔戈拉》发生在战争前夕,《会饮》的核心讨论发生在公元前416年,正值雅典战争政策的关键转折点,当时它正在讨论阿尔喀比亚德开

---

① 在《回忆苏格拉底》中,在苏格拉底的指控者的言论之后,紧随着色诺芬的长篇辩护(1.2.13-47),辩护的结尾是这样说的:"所以,当阿尔喀比亚德和克里提阿认为他们自己比那些在国家里执政掌权的人还强的时候,他们立即不再到苏格拉底那里去,因为在其他方面他不如他们的意,如果他们到他那里去,他们常因为他们的过失受到苏格拉底的责备而感到恼火。相反,他们却去从事政治,因为原先他们和苏格拉底交游正是为了这个目的。"[译按]引自吴永泉先生译文,《回忆苏格拉底》,吴永泉译,北京:商务印书馆,2004年版,页17。

辟西西里战线的大胆计划；而且，由于两篇对话中的框架谈话，阿尔喀比亚德在两篇对话中始终在场。在《会饮》的大部分情节中，由于阿尔喀比亚德很早就被预告、但却很晚出现，所以他的形象始终萦绕不去。①

在《会饮》开场时，一位框架谈话的听众表达了对苏格拉底与阿尔喀比亚德之间关系的兴趣。《普罗塔戈拉》所暗示的事情在《会饮》中受到公开夸耀：框架谈话的听众们更关心苏格拉底对阿尔喀比亚德的追求，而不是他的思想。从开始到结束，柏拉图在呈现这个引起了尖锐的社会关注的问题时，面对的都是有幸听到关于私人事件的转述的公众，他们此前已经表明对苏格拉底没有多少兴趣。这些公众被告知的东西使苏格拉底与阿尔喀比亚德之间拉开了距离，并针对危害最大的指控替苏格拉底辩护，同时掩护了苏格拉底对阿尔喀比亚德的最私密的目的。因此很有理由认为，《会饮》的框架对话发生在公元前399年，此时，怀疑苏格拉底败坏阿尔喀比亚德和其他青年的声音达到了致命的强度。也许恰恰在审判之前，在雅典人将要被召集起来审判苏格拉底被指控的败坏青年之罪时，柏拉图满足了两群框架谈话的听众，他们都要求听苏格拉底的私事，同时也都对哲学不感兴趣。因此，柏拉图最后一次处理有关苏格拉底与阿尔喀比亚德之关系的爆炸性主题时，他将时间设定在[136]公审苏格拉底的决定性时刻，而且，急切的听众

---

①　柏拉图用自己特有的方式，在不提及阿尔喀比亚德的名字的同时，使他"出现"在对话的现场。在《〈蒂迈欧〉和〈克里提阿〉人物身份考》("Who's Who in Plato's Timaeus-Critias and Why")一文中（[译按]此文已有中译，参徐戬编，《鸿蒙中的歌声》，朱刚、黄薇薇等译，华东师大出版社，2008年版。），Planeaux和我认为，阿尔喀比亚德是《蒂迈欧》-《克里提阿》中缺席的第四人，这两篇对话设定在公元前421年，它们如此开场："一，二，三——可是"，参与了昨天讨论的"第四位去哪儿了呢？"当暗指城邦秩序的宇宙论讲辞以及关于雅典伟大历史的讲辞正在进行时，阿尔喀比亚德却不在场，我们认为，这导致了由阿尔喀比亚德发起的雅典西西里冒险事业的灾难——在绝不可低估的程度上，这场灾难是由阿尔喀比亚德的缺席和叙拉古的赫尔墨克拉底的在场所决定的。赫尔墨克拉底卓越地领导了叙拉古人对雅典的防御，柏拉图将他置于八年前的雅典，使他参与了《蒂迈欧》-《克里提阿》的讨论，而阿尔喀比亚德则在讨论中缺席。在《苏格拉底对诡计多端的奥德修斯的辩护》("Socrates's Defense of Polytropic Odysseus")一文中，我提出，阿尔喀比亚德是两部《希琵阿斯》对话中始终在场的总体背景人物，他是那次将希琵阿斯召至雅典的外交会议的总设计师和主要角色。阿尔喀比亚德在这次会议中取得了辉煌的成功，以至修昔底德选择这次会议作为将阿尔喀比亚德引入其叙述的时刻。

们也被带回雅典历史上的一个决定性时刻——公元前 416 年,当时阿尔喀比亚德正在点燃雅典征服西西里的爱欲。阿尔喀比亚德带领公元前 416 年聚在阿伽通家里的人群——还包括在柏拉图的安排下,17 年后听阿波罗多洛斯讲述的公众——回溯往昔,并将他们带入可能最私密的场景:苏格拉底与阿尔喀比亚德在一张毯子下过夜,当时没人照料的年轻人阿尔喀比亚德热切想要服从苏格拉底。而苏格拉底什么也没做。阿尔喀比亚德把自己的俊美受到的羞辱当作秘密隐藏了多年,但在这个以言辞赞美爱欲的夜晚,在朋友的簇拥下,在与苏格拉底争夺获胜的年轻俊男阿伽通时,酩酊大醉的阿尔喀比亚德讲述了这段令人羞愧的真相。阿尔喀比亚德意欲揭示真相,试图亵渎苏格拉底的秘仪,并证明苏格拉底的罪过,但在框架谈话的听众听来,这恰恰证明了苏格拉底的清白。由于此前并不知道这件事,这群听众们热切地"仔细[向阿波罗多洛斯]打听在阿伽通家里的那次聚会——就是苏格拉底、阿尔喀比亚德还有其他几个人一起吃晚饭的那次,想了解他们对情事的说法"(《会饮》172a-b),这让审讯者收获颇丰:阿尔喀比亚德本人在揭示了苏格拉底追求自己时最让人害羞的秘密时,洗清了苏格拉底的罪过。

在揭示了这个可怕的事实之后,阿尔喀比亚德说,这些事都发生在"远征波提岱亚"之前。通过这段默默的引述,柏拉图表明,在《普罗塔戈拉》和《阿尔喀比亚德》前后篇中开始得如此成功的事,在公元前 432 年两人离开雅典之前就早早地失败了:阿尔喀比亚德的整个公共事业,从波提岱亚到远征西西里的计划乃至此后的事业,都是在离开了苏格拉底智慧的建议——苏格拉底曾表明自己能提出智慧的建议——的情况下进行的。柏拉图的《普罗塔戈拉》始于苏格拉底追求阿尔喀比亚德,而他的《会饮》则结束于阿尔喀比亚德亲口讲述苏格拉底何以失败。在两人离开雅典去波提岱亚之前,苏格拉底表明了自己失败的另一个原因。在《阿尔喀比亚德前篇》的结尾,苏格拉底说:"我充满担忧,倒不是不信任你的本性,而是担心城邦的力量,我担心它将同时战胜你和我。"而阿尔喀比亚德则在公元前 416 年重复了这个原因:"一旦我离开他,我自己非常清楚,我还是不免拜倒在众人的逢迎脚下。"(《会饮》216b)《会饮》表明了阿尔喀比亚德何以必然会误解苏格拉底:

在苏格拉底发表的提示了[137]自己根本学识的爱欲讲辞时，阿尔喀比亚德并不在场。在酒醉之下，阿尔喀比亚德坦诚直言，他揭示了自己如何一方面钦佩苏格拉底的自制力，一方面却误解了苏格拉底的爱欲。苏格拉底对阿尔喀比亚德尽了最大努力，但即便是他以对阿尔喀比亚德天性的知识为基础的努力也没能克服最大的智术师的力量(《王制》492a-e)。①

"我们该拿阿尔喀比亚德怎么办？"——阿里斯托芬的《蛙》上演于公元前405年，当时，雅典正在争论是否应该再请阿尔喀比亚德回来，将自己从无休无止的战争中拯救出来。狄奥尼索斯拿这个问题考验埃斯库罗斯和欧里庇得斯。埃斯库罗斯回答道："不可把狮崽子养在城里，既然养了一头，就得迁就它的脾气。"(1422-1432)②雅典在城中漫不经心地养了这头狮崽子，既没培养过它，也没公正地对待它。柏拉图表明，苏格拉底仿佛结合了宙斯与赫耳墨斯，在这位政治天才的成长过程中，苏格拉底不遗余力地为他赋予正义、节制和虔敬，以求或许可以使他在被智术师和最大的智术师败坏之后，将他变得有公民德性。在《普罗塔戈拉》中成功地捕获了阿尔喀比亚德之后，苏格拉底在《阿尔喀比亚德》前、后篇中努力尝试了一切该对阿尔喀比亚德做的事情。

苏格拉底寻求与阿尔喀比亚德结成初步的私人联盟，他的目的是什么呢？《阿尔喀比亚德》前、后篇回答道：苏格拉底并不幻想努力将一位年轻的政治天才转变为一位哲学家，也不幻想重塑他的天性。相反，对这位无法避免要成为公众人物的人，苏格拉底追求他的目的在于，将他转变为能够统治自己的公众人物，只有如此，他才能统治其他人。这种统治将成为正义的统治，对最终的结果，他要敬听神意，而同时从神那里获得立志统治整个希腊、整个亚洲乃至世界的权利。在《普罗塔戈拉》中，阿尔喀比亚德的角色仿佛是苏格拉底意在将他的政

---

① 参Benardete，《论柏拉图的〈会饮〉》("On Plato's *Symposium*")，载于《情节的论证》(*The Argument of Action*)，页183-185，文中提出了一个颇有说服力的论证：由于鼓励阿尔喀比亚德将自己误解为仅仅遵守道德，因而只是在给他灌输模仿性的节制，"苏格拉底只差一点就拯救了雅典。"

② ［译按］引自罗念生先生译文。参《罗念生全集》第四卷，上海：世纪出版集团，2007，页460。

治天才塑造成的最终形象的一个缩影:倘若阿尔喀比亚德能像在卡利阿斯家中所做的那样,在更大的城邦场景下站在苏格拉底一边,他就会代表苏格拉底所实践的哲学而实施掌控权力,率领整个共同体为苏格拉底的言说方式留出空间,从而以这种方式援助哲学。与此同时,苏格拉底将保持斯巴达的方式,通过否认其智慧并且像自己本是无知者那样行动,苏格拉底将隐藏自己的智慧。尽管苏格拉底的成功猎捕不会使阿尔喀比亚德成为哲学家,但阿尔喀比亚德仍然会为自己对哲学的偏好而自豪,同时,他会认为自己在致力于更重要的事业,就像阿那克萨戈拉的伯利克勒斯曾经做过的那样,或像亚里士多德的亚历山大将会做的那样。《阿尔喀比亚德前篇》表明,阿尔喀比亚德与苏格拉底[138]结盟将会获得什么收获:经过苏格拉底的培养,阿尔喀比亚德的统治热望将会使世界上的很多地方在他的驯服之下对哲学变得友善,就像后来亚历山大的世界那样。

在时序上的第一篇柏拉图对话中,苏格拉底登上了雅典的舞台,这座帝国式城邦正统治着一个帝国,并且因为推进了荷马式的艺术和智识的纪念碑而变得光荣显赫。在一座使自己得到启蒙,并欢迎启蒙传播者的城邦中,苏格拉底通过行动抑止并改变了智术创建者——及其追随者们——的方向,并且接管了一位雅典青年的教育事业,而这位青年对雅典帝国的未来有最重大的影响。这位青年不如伯利克勒斯那样谦逊,更不会仅仅满足于保持已经建立起的统治,对于这个人,苏格拉底本人鼓励他怀有更大的抱负。① 以这种方式登上舞台,意味着登上统治的舞台。那么,帝国的雅典本身将会被君王的哲学统治。苏格拉底的启蒙形式将会从雅典向外传播,正如其他的权力形式会从帝国中心扩散到它所统治的腹地一样。通过改变被坚定地吸引到帝国中心的最优秀的头脑,苏格拉底着手向外传播自己的智慧,力求使哲学在雅典统治的地方建立统治。与此同时,苏格拉底也意在扩展雅典的统治,方式是在最有抱负和政治天分的雅典青年头脑中种下统治亚洲的热情。在登上舞台之际,苏格拉底甚至比忒米斯托克利的想法更有帝国特性。

---

① 关于阿尔喀比亚德的统治抱负,可参他对斯巴达人的演讲,载于修昔底德《战争志》6. 90。

苏格拉底是在荷马的规模上思考的,他经过了由荷马所锤炼的事物的教导,同时还有经过荷马锤炼的希腊性本身——无论希腊人扩散到何处,希腊性都会与之伴随,共同扩张。

苏格拉底与克里提阿

针对苏格拉底败坏克里提阿的指控,柏拉图对苏格拉底的辩护与他关于阿尔喀比亚德的辩护一样,都从《普罗塔戈拉》导向了时序上更晚的对话——就克里提阿来说,导向的对话是《卡尔米德》。① 在《普罗塔戈拉》中,当克里提阿与阿尔喀比亚德第一次去卡利阿斯家时,他有可能被[139]认作苏格拉底的追随者,因为他是紧跟着苏格拉底与希珀克拉底之后进的门(316a)。他只有过一次发言,但却很符合自己的性格,因为他只对普洛狄科和希琶阿斯讲话,并吁请他们解决因为苏格拉底威胁要离场而引起的问题(336e):克里提阿主张由少数有能力的人统治。在雅典人的记忆中,克里提阿是另一位与苏格拉底有联系的雅典的重大罪犯。他在《普罗塔戈拉》中的惊鸿一现指向了他在战前与苏格拉底的关系,而他们的关系在《卡尔米德》中得到了很详细的阐述,在这篇对话中,克里提阿是苏格拉底的主要对话者。两人谈话的公开主题是 σωφροσύνη——节制(moderation)或头脑清楚(sound-mindedness),但苏格拉底在对话开始时所表述的意图,则暗示了苏格拉底暗中的话题:在阔别多年之后,回到雅典的苏格拉底想要发现当今的哲学是什么状况。他只通过一种方式实现了这个意图:与克里提阿交谈。苏格拉底的提问确认了,在两人战前的关系中,克里提阿曾经密切关注苏格拉底,但这也向苏格拉底揭示,如果克里提阿代表了在自己出征波提岱亚前听过自己讲哲学的人是如何接受哲学的话,那么哲学——苏

---

① 为了理解苏格拉底与卡莱斯科茹斯的儿子克里提阿的关系,必须将他与其祖父区别开,他的祖父是《蒂迈欧》-《克里提阿》中的克里提阿。柏拉图用来区分两个克里提阿的笔法是,始终将年轻的称作"卡莱斯科茹斯的儿子克里提阿",同时称那位年长的、受人尊敬的老人为"克里提阿"——所有人都知道这个伟大的人是谁。在公元前422年,即《蒂迈欧》-《克里提阿》的对话发生时,那位克里提阿已经很老了,而在尼西阿斯和平(the Peace of Nicias)期间,他也是雅典一方招待来自敌对城邦的可敬宾客(例如罗克里的蒂迈欧和叙拉古的赫尔墨克拉底)的合适主人。两位克里提阿的不同为古人所熟悉,而关于区分两位克里提阿的论证,参 Lampert/Planeaux,《柏拉图〈蒂迈欧〉和〈克里提阿〉人物身份考》,前揭,页95-100。

格拉底的哲学——的状况确实很糟糕。

通过使苏格拉底与克里提阿的关系穿过分隔了《普罗塔戈拉》与《卡尔米德》的时间鸿沟,柏拉图使读者看到,苏格拉底如何从对克里提阿的失败中学习,这种失败不同于对阿尔喀比亚德的失败:苏格拉底对克里提阿的失败关系到将哲学传递给潜在哲人的努力。为了充分领略苏格拉底在克里提阿那里学到了什么,需要对《卡尔米德》进行细致的研读,不过,可以提前提到一个关键特征,在战前的《普罗塔戈拉》中的苏格拉底与四年后在《卡尔米德》中返回饱经战争和瘟疫摧残的雅典的苏格拉底之间,有着惊人的差别。在《普罗塔戈拉》中,苏格拉底不像普罗塔戈拉那样以荷马的方式讲话,也就是以神话的方式谈论诸神。普罗塔戈拉颂扬了普罗米修斯、宙斯和赫耳墨斯的人类之爱(philanthropy),而他对荷马、赫西俄德的诸神的有益运用,导向了他的人性化、公民化的诸神,这些神被刻在岩石中,成为公民化的人类生活的典范。在《普罗塔戈拉》中,苏格拉底对普罗塔戈拉的展示性讲辞的这个首要方面没做任何评论,同时,他也并未像神学家一样讲话。而在《卡尔米德》中返回雅典的苏格拉底,在多年后返回时,已经有所不同。苏格拉底说,自己从扎勒卯克希斯神(Zalmoxis)的一位医生那儿学到了一种关于灵魂的新教诲。《卡尔米德》暗示我们,波提岱亚之前的苏格拉底曾经教给克里提阿一种对诸神颇为怀疑的看法,同时,关于代替诸神讲话的智慧者的力量,他也曾教导了一种有吸引力的、积极的观点。这种教诲具有解放性和煽动性,在克里提阿心中燃起了夸耀性的思想和行动,从而[140]将决定克里提阿在成熟后作为智术师乃至政治领袖的表现。在《卡尔米德》中说自己返回时已经变得不同的苏格拉底,带回了一种新的关于灵魂的教导,而且,苏格拉底还暗示,这种教导也与诸神有关。但是苏格拉底并未在《卡尔米德》中详细阐述这种教导。然而,几周之后,在时序上的下一篇对话《王制》中,苏格拉底的确开始传授关于灵魂的新的教诲,并且作为一名神学家讲话,他告诉年轻的雅典听众和也在聆听的忒拉绪马霍斯,他们应当怎样思考诸神,以及理性怎样才能控制他们的精神天性。在结束其教导时,苏格拉底使灵魂变得不朽,而这将通过施加赏罚的道德化诸神得以密切实施。在前波提岱亚和后波提岱亚的两种教诲间的间隔期间,苏格拉底学会了像一位熟知灵魂本性的神学家那样讲话的必要性。

苏格拉底在公元前 433 年为了哲学的政治学，以及一种尼采式的哲学史

在《普罗塔戈拉》和《阿尔喀比亚德》前后篇中开启的服务于哲学的政治学，是时年 36 岁的苏格拉底在公元前 433 年的策略；推行这个策略的，是一位经过启蒙的人，他以此反抗威胁启蒙本身的智术师启蒙运动；推行这个策略的，是一位思想家，他承担了既教导智术师、又教导最优秀的雅典青年的责任，教他们一种新的方式来推进启蒙运动。柏拉图在公元前 433 年的几篇对话与苏格拉底在公元前 429 年返回雅典时的几篇对话之间划分的时间鸿沟，使得自己可以无言地证明，为了典范式地保护哲学，苏格拉底本人学到了重大的策略性进步。这种保护哲学的典范策略并未止步于公元前 433 年，但其中的关键特性都已确立：苏格拉底必须登上公共舞台，以此改变希腊启蒙的方向，吸引希腊的有志青年，并将自己所做的事讲述给雅典公众。是什么迫使他做这些事？在受到所有伟大的哲人尤其是尼采本人一定程度的教育之后，一种尼采式的哲学史已经懂得，这种行动的根本动机在于最严格意义上的爱人类——爱人性，并渴望人在使人最具有人性的方面获得进展，而使人最具人性的是理解世界、并按照对世界的理解居住于世上的能力。在《普罗塔戈拉》中，柏拉图让普罗塔戈拉本人体现了这种爱人类的努力：普罗塔戈拉将赐给人类的礼物归因于普罗米修斯、宙斯和赫耳墨斯，而普罗塔戈拉知道，这些礼物只能来自于人，他本人就有能力给予这些礼物。这些礼物是言辞技艺的技术性礼物以及诸神所给予的公民化礼物——诸神通过亲自示范，将公民化的人类秩序变得神圣化。是《普罗塔戈拉》中的苏格拉底表明，智慧者的人类之爱[141]特别关注智慧的福祉以及智慧在潜在的同族之人之间的传递：苏格拉底可以批评普罗塔戈拉，在同族之外的人们面前背叛了同族。然而，在公元前 433 年，苏格拉底式的人类之爱并未完全展开，而只有在苏格拉底返回雅典后的对话《卡尔米德》与《王制》中，它才完全展开。同样，在公元前 433 年，苏格拉底式的人类之爱的基础也并未变得清晰可见；只有那些最大程度上切入了苏格拉底的秘密的对话，也就是表明苏格拉底如何成为苏格拉底的《斐多》和《会饮》，才能揭示出苏格拉底式的人类之

爱的充分基础。

《普罗塔戈拉》与《阿尔喀比亚德前篇》戏剧时间考

柏拉图使自己的同时代人可以轻易地准确判明《普罗塔戈拉》究竟发生在何时,同时选择了间接表明对话发生的时间:①当时阿尔喀比亚德正生出胡须,这使得他超过了苏格拉底可以追求的年龄;当时普罗塔戈拉已经年长得足够做在场所有人的父亲;当时普罗塔戈拉、普洛狄科和希琵阿斯齐聚雅典;当时伯利克勒斯和他的两个儿子仍然在世;当时阿伽通只是个孩子,而斐若克拉底的某部谐剧前一年在勒奈亚节上演。② 柏拉图也使同时代人很容易推测《阿尔喀比亚德前篇》发生在什么时间:苏格拉底两次提请注意如下事实——阿尔喀比亚德热切地对雅典公民大会作第一次发言(《阿尔喀比亚德前篇》105 a-b,113b)。因此,阿尔喀比亚德当时还不到20岁(《阿尔喀比亚德前篇》123d),③同时也很容易知道此事发生在何时。然而,[142]由于我们

---

① Debra Nails 曾尝试确定所有可确定的对话的戏剧时间,参《柏拉图人物谱》,前揭,附录,页307-330。尽管她的著作的其余部分卓越而精当,这份附录以及她为很多对话确定的时间都存在着诸多疑难。关于对 Nails 著作中这一部分的简评,参 Planeaux 的书评。另外,可参 Catherine Zuckert 为各篇对话确定的时间列表,《柏拉图的哲人们》,前揭,页8-9。

② 柏拉图通常会用间接的方式提示戏剧时间(例如上文所引的条目),尽管他像修昔底德一样,可以用更直接的方式确定戏剧时间,例如,修昔底德曾经用雅典领导人的执政情况,记下事件的时间。很明显,只有在希琵阿斯编纂了奥林波斯赛会年表后,才引入了通过奥林波斯赛会计时的办法。关于古代计时的一般讨论,参 Strassler,《修昔底德作品中的日历与记时系统》("Calendas and Dating Systems in Thucydides"),页623-625;以及 Nails,《柏拉图人物谱》,页 xli-xlii。对于一年内的戏剧日期,柏拉图通常会提到雅典宗教年历中的节日,以确保准确的日期。

③ 年龄达到20岁是雅典年轻人的共同经历:在20岁时,全体第二年的刚成年者(ephebe)将会共同庆祝节日,时间大约在八月到九月,而这个节日将会使他们成为*νέοι*[年轻人]。参 Garland,《希腊生活方式》(*Greek Way of Life*),页 180,201。这是很重要的经历,因为年满20岁意味着有能力参军和参加公民大会。因为不同年龄的年轻人都被吸收到年度队伍(annual cohorts)中,因此不可能精确确定每个年轻人是18岁、19岁(在这两年间,要作为"刚成年者[ephebe]")还是20岁。

在时间上远离了这些细节和这些细节所提供的精确线索,我们只能确定地说,柏拉图将《普罗塔戈拉》和《阿尔喀比亚德前篇》设定在战前的雅典。此时,伯利克勒斯的雅典正处在辉煌的黄金时代,时间大约在公元前433 年。①

内在于几篇对话的一个有力的原因排除了(对话发生于)公元前432 年的可能性。在设定在公元前 416 年 2 月的《会饮》中,阿尔喀比亚德在发言中指控苏格拉底令人丢脸地羞辱了自己,他指控苏格拉底在多年前曾经拒绝自己的主动示爱,包括他最后那次挑逗性的努力——他安排苏格拉底与自己在同一张毯子下共同度过了一夜,而苏格拉底却丝毫没做一位父亲或兄长不会做的事(《会饮》219a-e)。在描述这件事时,阿尔喀比亚德评论道,"当时正是冬天"(219b),而当他结束发言时,他补充说,"在这件事后"(219e),他们就一起参加了波提

---

① Morrison 讨论了有助于确定《普罗塔戈拉》的时间的历史线索,参《普罗塔戈拉在雅典公共生活中的地位》("Place of Protagoras in Athenian Public Life"),页 2-3。Morrison 总结说,《普罗塔戈拉》的"戏剧时间大约在公元前 433 年。"这已成为学界的一致观点,持有这种观点的有 A. E. Taylor,《柏拉图》(Plato),页 236("不会晚于公元前 433 年");Guthrie,《希腊哲学史》(History of Greek Philosophy),第四章,页 214;C. C. Taylor,《普罗塔戈拉》(Protagoras),页 64;Nussbaum,《善的脆弱性》(Fragility of Goodness),页 91;Coby,《苏格拉底与智术师启蒙运动》,前揭,页 23-24("大约在公元前 432 年");以及 Nails,《柏拉图人物谱》,前揭,页 310。在古代曾经举出两个薄弱的反对意见,反对将《普罗塔戈拉》的戏剧时间设定在战争爆发前——反对意见是由阿忒纳乌斯(Athenaeus)在 Δειπνοσοφισται(《学者宴饮》)一书中提出的(5.218b),他的写作时间大约在公元前 200 年左右。其中一条意见与被解读为提到了卡利阿斯的父亲希珀尼库斯的去世时间的一段话有关,也就是"这房间原是希珀尼库斯的贮藏室"(315d)。但这并不必然意味希珀尼库斯(去世于公元前 422/421 年)当时已去世、卡利阿斯因而是府邸的主人,这只表明,为了这次盛大集会的缘故,这间房间被他的儿子派上了新用场。此外,曾经拒绝苏格拉底和希珀克拉底进门的门房曾说:"嘻,又是些个智术师!"于是将他们拒之门外。看来,如果卡利阿斯是一家之主,门房不太可能为了这个原因而这么做,但如果希珀尼库斯是主人,这么做就很有可能了。第二,普罗塔戈拉曾提到斐若克拉底戏剧的上演时间,认为这部剧"去年在勒奈亚节上演"(327d);阿忒纳乌斯笔下的人物曾说,这部剧是《野蛮人》,上演于公元前 421/420 年。但是,如 Reginald Allen 所说,斐若克拉底第一次在戏剧节上获胜是在公元前 438 年,而他"很可能多次返回这个如此明确的主题。此外,此处提到的戏剧名称似乎是'愤世嫉俗者'(The Misanthrope)",参 Reginald Allen 译,《伊翁,希琵阿斯后篇,拉克斯,普罗塔戈拉》,前揭,页 187,注 11。

岱亚远征。如果将他追求苏格拉底的事放在冬天，公元前 432 年就不可能成为《普罗塔戈拉》和《阿尔喀比亚德前篇》的戏剧时间：这两篇发生在夏季的对话必然早于阿尔喀比亚德尝试引诱苏格拉底的时间，而正如我将要证明的，两人是在公元前 432 年的秋天一起动身去波提岱亚的。① 因此，阿尔喀比亚德引诱苏格拉底失败的那个冬天就将《普罗塔戈拉》和《阿尔喀比亚德前篇》设定在公元前 433 年或更早的时间。

那么，是公元前 433 年吗？阿尔喀比亚德的简短评论——当时是冬天，而我们此后一起去了波提岱亚——使公元前 433 年这个选项变得很有可能，因为这些评论有助于为苏格拉底试图赢取阿尔喀比亚德的努力确立了一份紧凑的时间表：在此前长期观察这个孩子和儿童之后，在《普罗塔戈拉》发生的那个夏天，苏格拉底开始了对阿尔喀比亚德的策略性掌[143]控，并在随后的《阿尔喀比亚德前篇》中发展为主动追求，但是，在两人经历了整个秋天的共同努力后，他们的努力在随后的冬天归于失败——在《阿尔喀比亚德后篇》中，可以从苏格拉底的角度研究这番努力的关键方面，苏格拉底努力教给阿尔喀比亚德斯巴达式的祈祷，其中暗含了个人抱负方面的所有含义。而在阿尔喀比亚德这边来说，他以爱欲的方式赢取苏格拉底的努力分为很多阶段，对此他在《会饮》中都做了叙述。《阿尔喀比亚德前篇》在时间上与《普罗塔戈拉》紧密相连，在大大小小的主题上也有很多相似性，这篇对话刚好发生在阿尔喀比亚德第一次在雅典公民大会上发言的前夕(《阿尔喀比亚德前篇》,105b)，为了能够在大会上发言，他必须达到 20 岁，才能得到许可。由于公元前 432 年已经排除，不可能是《阿尔喀比亚德前篇》的戏剧时间，并且因为这篇对话与《普罗塔戈拉》在时间上紧密相连，那么两篇对话最有可能发生在公元前 433 年，就在阿尔喀比亚德到了可以第一次对雅典公民大会发言的年龄的前夕。对于对话时间不早于公元前 433 年的原因，修昔底德提供了两个理由：当他首次在叙述中提到阿尔喀比亚德时，是在公元前 420 年，修昔底德说阿尔喀比亚德"即便在希腊其他城邦中，也算是年轻的"(《战争志》5.43.2)——他做指挥官太年轻了，也就是说，在雅典，30 岁是一个人能被选为将军的最

① 参见下文,"《卡尔米德》戏剧时间考。"

低年龄。阿尔喀比亚德在公元前 420 年相对比较年轻,这是将《普罗塔戈拉》和《阿尔喀比亚德前篇》置于公元前 433 年的有力论据。①

修昔底德提供了另一条支持将《普罗塔戈拉》设定在公元前 433 年的考虑:他用很多笔墨记载了公元前 433 年科基拉人劝诫雅典公民大会"雅典与斯巴达的战争即将来临"这件事。雅典公民大会在公元前 433 年夏天就战争的可能性进行辩论,这使得公元前 433 年成为苏格拉底最适合在《普罗塔戈拉》中对比"斯巴达人"的智慧政策与雅典公民大会的愚蠢政策的年份——智慧的斯巴达人听从其智慧者的意见,而雅典公民大会则在战争与和平的问题上,平等地听取所有人的意见。

经常有人认为,《阿尔喀比亚德前篇》肯定发生在《普罗塔戈拉》之前——因为,在《阿尔喀比亚德前篇》开场时,苏格拉底说:"许多年来,我对你一直一言不发,而其他人却常常缠着和你谈话。"(103a)②但在《普罗塔戈拉》中,苏格拉底并未对阿尔喀比亚德讲话,他只是当着阿尔喀比亚德的面讲过话。从《阿尔喀比亚德前篇》的结尾可以推测,《普罗塔戈拉》早于《阿尔喀比亚德前篇》,当时阿尔喀比亚德说:"苏格拉底哦,我们将改变角色,我换作你的角色,你换成我的角色。[144]因为从今天开始,没有什么能阻止我服侍你,也没什么能阻止你被我照料。"在《普罗塔戈拉》之前,这种角色的转变似乎并未发生,而《普罗塔戈拉》则显示了苏格拉底还在试图赢得阿尔喀比亚德,而不是已经赢得了他。③ 在《普罗塔戈拉》中,阿尔喀比亚德为苏格拉底说话,但首先是因为这是公正的要求,后来则是因为规则要求如此。关于《阿尔喀比亚德前篇》紧随《普罗塔戈拉》之后的另一个重要的提示在于如下事实:《阿尔喀比亚德前篇》中很多大大小小的观点都重复并且放大了阿尔喀比亚德在苏格拉底与普罗塔戈拉间的谈话中听到的东西。④ 鉴于

---

① 根据柏拉图和修昔底德,阿尔喀比亚德生日的标准时间是公元前 451 年。参 Nails,《柏拉图人物谱》,前揭,页 13。

② 例如,Coby,《苏格拉底与智术师启蒙运动》,前揭,页 189,注 18;以及 Landy,《柏拉图〈普罗塔戈拉〉中的德性、技艺与好生活》,前揭,页 302–306。

③ 亦参 Zuckert,《柏拉图的哲人们》,前揭,页 217–218,注 4。

④ 参此书上文,页[126]–[129]。

在诸多问题上的重复,最有理由得出的结论是,两人之间的第一次私人谈话就发生在阿尔喀比亚德有幸听到苏格拉底与普罗塔戈拉的谈话之后不久。

即便不能完全绝对地得出结论,认为公元前433是《普罗塔戈拉》与《阿尔喀比亚德》前后篇的戏剧时间,但至少如下结论是确定的:它们都是战前的对话,都被设定在苏格拉底与阿尔喀比亚德动身前往波提岱亚之前——后来证明,这是一次为期两年半到三年的远征。① 通过将《普罗塔戈拉》和《阿尔喀比亚德》前后篇设定在处于伯利克勒斯的伟大统治顶点的战前的雅典,柏拉图在这些对话与苏格拉底返回雅典后的对话之间设置了一条鸿沟。柏拉图充分利用了这个鸿沟,他使苏格拉底在《卡尔米德》和《王制》中于公元前429年暮春返回雅典——在这两篇对话中,一位不同的苏格拉底回到了一座因为战争和瘟疫而变得不同的雅典城。

---

① 参"《卡尔米德》戏剧时间考"。

第二部分　危机时代中的哲学

苏格拉底回到饱受战争和瘟疫之苦的雅典, 公元前 429 年春末

第二章 《卡尔米德》

——苏格拉底哲学及其传播

序言 苏格拉底的返乡

[147]《卡尔米德》是关于苏格拉底之返乡的对话。苏格拉底随军围攻谋反的波提岱亚,离开雅典有两年半或三年之久,他于公元前429年五月底回到雅典,此时的雅典已不同于柏拉图《普罗塔戈拉》中战争爆发之前的雅典。① 雅典尽管还没有完全丧失它胜利在握的自信,但业已遭受了极大的损失——伯利克勒斯从未使雅典想到它会遭到这样大的损失。战争爆发后的前两个夏季,斯巴达人携盟军入侵阿提卡,迫使乡下的百姓躲进城墙,留下他们的家园、庄稼、橄榄树和果树任由入侵者焚毁或破坏。公元前429年春末,亦即第二年,一场神秘的瘟疫重临雅典,造成恐怖的苦难和大规模的死亡,几近瓦解城邦的统一并折服城邦的意志。在波提岱亚,雅典刚刚遭受它在战争中第一场重要的失利,不仅失去了四百三十名重装步兵和全部三名将军,长期围攻所投入的巨额花费也打了水漂。苏格拉底所回到的雅典是一个新近陷入困乏的雅典,它面对着斯巴达人入侵和瘟疫带来的生存危机,也面对着这些可见的危机造成的深重的精神危机,只有具有最宽广视野和最深邃洞见的人才能发现这场精神危机的苗头。正如《普罗塔戈拉》和《阿尔喀比亚德前篇》所表明的,苏格拉底就是这样一个人,[148]而且,为了保护哲学私密的、探究性的关切,他的注意力已经转向了公众关心的问题。

---

① 关于这一戏剧时间的细节,参见下文"《卡尔米德》戏剧时间考"。

公元前 429 年五月末的雅典是不一样的。苏格拉底也是不一样的:他在《卡尔米德》中宣称,回到雅典的他在外学到了一个关于灵魂的新教诲,一服令卡尔米德无比渴望的新药,为了得到这服新药,卡尔米德在对话结尾愿意动粗来威胁苏格拉底。不过,构成这服药物的咒语并未在《卡尔米德》中吟唱。

《卡尔米德》几乎是以苏格拉底陈述他阔别雅典多年之后的意图开始的:他想要发现哲学在雅典的状况,以及是否有哪位年轻人在他离开期间变得美或智慧了。通过询问年轻的卡尔米德——当时大概 17 岁——他达到了他的第二个目的;通过询问克里提阿——他在战前的同伴,现今大概三十岁——他达到了第一个目的。克里提阿注定要变得几乎像阿尔喀比亚德那样恶名昭彰,而且注定要带给看似败坏了他的苏格拉底永远的伤害。对《卡尔米德》的恰切理解,部分取决于认识克里提阿是谁:他或许是苏格拉底在战前最聪明的同伴,之后会成为一个著名的雅典诗人和智术师,比普罗塔戈拉更极端或更敢言,正如第二代智术师的典型特征。在《卡尔米德》中的对话发生二十五年之后,他晚年会成为胜利的斯巴达人所委任的雅典领袖之一,被指派用更近似于斯巴达政制的寡头政府取代雅典百年之久的民主制。雅典民主制后来推翻了这一寡头政府,并名之为"三十僭主",克里提阿便是历史上称作"三十僭主"的这一群体的领袖。色诺芬写到,克里提阿是这一政权里面最阴险、最暴力、最好杀人的人。苏格拉底与之讨论节制的这个人是一个极具才能的智识人,他年轻时受苏格拉底影响,现在三十岁左右,但一旦被呼召投身政治,他就被证明极其不节制。

1　开头的话(153a–d)

"昨天傍晚,我们离开军营,从波提岱亚回来。"①柏拉图《卡尔米德》的开头着重突出了苏格拉底明显想要他的听众首先了解的内容:这场谈话具体发生于何时。但是,说对话发生在他从波提岱亚回来之

---

① 我采用了 Thomas G. West 和 Grace Starry West 精准的《卡尔米德》译文,偶有修正。

后的那天,并不足以让听众确定具体的日期。[149]开头的话说完不一会儿,苏格拉底转述了他回来之后的那天别人对他说的第一句话——他的老朋友凯瑞丰热烈的话,而且他觉得有必要解释凯瑞丰看到他回来时的惊讶和喜悦:"就在我们开拔前不久,波提岱亚开仗了,留在这里的人刚听说这回事。"(153b)听众现在能得出结论说,苏格拉底刚刚从雅典在斯巴托洛(Spartolus)的失利中回来,这是最终毁灭了雅典帝国的那场战争的第一场重要失利。① 听众可以得出柏拉图明显想要他的读者能够得出的结论:《卡尔米德》的场景设置在公元前429年5月末。苏格拉底在他的第一句话中补充说"我在外很长时间",柏拉图最初的读者会知道,苏格拉底是在离开至少两年半甚至可能是三年之后回到了雅典,因为,清楚自己城邦的重大历史事件的雅典人会知道,公元前432年和431年有三支重装步兵派到波提岱亚,留在那里攻城。② 在柏拉图为他的对话安排的时间序列中,《卡尔米德》的戏剧时间赋予了它特殊的位置:《卡尔米德》是苏格拉底离乡很久之后返乡的一场对话。它在时间上与战前的对话分离开来,所以它让我们注意它开头的话中的分离。

《卡尔米德》在其他方面也很特殊:作为由苏格拉底叙述的六部对话之一,它有别于其他五部对话,因为它并不是在对话发生的同一天或第二天叙述的,而是在稍后的某个时间叙述的。③ 由于苏格拉底需要说明,那些这儿的人刚刚听说他们的朋友和家人可能在一场可怕的战斗中阵亡了,这便使他的听众与那段时间隔开了距离,并将叙述设置在其后的某个时间。《卡尔米德》有两个场景,一个是它所转述的对话的

---

① 斯巴托洛之战是雅典在战争中遭受重大伤亡的第一场战斗;修昔底德说,430名雅典重装步兵和全部将领在斯巴托洛阵亡(2.79.7)。此外,它是"古典希腊历史上花费最大的一场围攻","耗去雅典在战前百分之四十的财政储备"。见 Hanson,《独一无二的战争》(*War like No Other*),页179,97。

② 围攻波提岱亚的三支雅典军队分别在公元前432年春、秋和公元前431年春开拔;苏格拉底和阿尔喀比亚德有可能是在阿基斯特拉图斯(Archestratus)率领下随第一支部队出发。参见下文页238—239。

③ 在其他五部由苏格拉底叙述的对话中,《普罗塔戈拉》是在对话发生当天叙述的,《欧绪德谟》和《王制》是在对话发生之后的那天叙述的,《情敌》和《吕西斯》的时间则不确定。

场景,一个是它其后叙述时的场景。《卡尔米德》在另一个可能相关的
方面独一无二。在苏格拉底由始至终叙述的四部对话中,①《卡尔米
德》有别于其他三部(《吕西斯》[150]《情敌》和《王制》),因为苏格拉
底唯在这里称呼了他的听众或听众们"同伴"(154a)、"朋友"(155c)和
"高贵的人"(155d)。这两个特征的意义可从《卡尔米德》自身得到
恢复。

在他长长的第一句话中,苏格拉底还说,由于离开得太久,他便兴
冲冲地到他往常打发时间的地方闲逛,他去的第一个地方是"公牛
(Taureas)摔跤场,②在女王神庙的正对过"。当他走进摔跤场时,他发
现有些人他并不认识,尽管大多数人都认识。③ 见他出人意料地走进
来,熟人们便从摔跤场的各个角落问候他,但有一个人——"疯子凯瑞
丰"——展现了他特有的热烈以及见到朋友时的快慰:跳起来,冲向苏格
拉底,抓住苏格拉底的手。④ 描写了凯瑞丰的行为之后,苏格拉底转
述了他们两人之间的谈话:对于苏格拉底本人与老伙计之间这场私人
的谈话,摔跤场中没人了解内情,但苏格拉底却想要他的听众听到。苏
格拉底回来之后的这第一场转述的谈话极其简洁,凯瑞丰的问和苏格
拉底的答都尽可能简短,而且苏格拉底最后的回答重复了凯瑞丰
问题中的一个词。苏格拉底为何认为必须向听众转述这场奇怪的私
人谈话,并以之作为与他在波提岱亚之前的另一个伙伴之间的谈话
的序曲?

---

① 由苏格拉底叙述的另外两部对话(《普罗塔戈拉》《欧绪德谟》)均有一个谈话的
框架作为引子。

② "公牛"(Taureas)或许就是阿尔喀比亚德在一次公共事件中所掌掴的那个人,
Andocides 的演说"反对阿尔喀比亚德"(Against Alcibiades)追述了这一事件。见 Gagarin/
MacDowell,《安提丰与安多西德》(Antiphon and Andocides),页 165–166。

③ 苏格拉底用 γιγνώσκω[认识]的形式区分了"不认识的人"(ἀγνῶτας)和"认识的
人"(γνωρίμος)。在对话中的关键位置,随着他提出"知识"的主题,他会引入其他词来表
示"认识"。

④ 在柏拉图的《高尔吉亚》中,苏格拉底和凯瑞丰开头是一对;凯瑞丰表示,他知道
如何开始一场苏格拉底式的审查——首先针对高尔吉亚,然后几乎紧接着针对高尔吉亚
的追随者玻洛斯(Polus)——但苏格拉底很快就掌控了局面(《高尔吉亚》447a–448d)。
据《申辩》中的苏格拉底所言,是凯瑞丰引启的反思致使苏格拉底"转向"对政治人、诗人
和手工匠人的审查,以确定宣称没有人比苏格拉底更智慧的神谕是否正确。

凯瑞丰的头一句话——"苏格拉底,你是怎么从战场上活下来的?"——引出了苏格拉底转述的他回来之后的头一句话:"就这样,如你所见。"作为对凯瑞丰说的第一句话,苏格拉底的话显得不妥、唐突和咅啬,①毕竟凯瑞丰是他"从年轻时的伙伴"(《申辩》20e),而且凯瑞丰刚刚表达了见到他从战场上活着回来时的快慰。但是,对于一位熟读荷马的希腊读者而言,这些话或许并不会显得不妥;[151]或许他们会想起有关另一次返乡的相似表达:一个伊塔卡人首先认出等待已久的奥德修斯活着回来了,而奥德修斯回应他说:"我回来了,如你所见。"(《奥德赛》16. 205)奥德修斯是对儿子特勒马库斯(Telemachus)单独说了这番话。通过苏格拉底转述的他回来之后的第一句话——与一个亲密的追随者的私语,柏拉图是否意在暗示,要以最伟大的一次返乡为背景来思考苏格拉底公元前429年的返乡?

凯瑞丰似乎不愿相信,苏格拉底的确从战场上活下来了:"可有消息传到这儿,说这一仗打得很凶,挺多咱们认识的人都战死了。"凯瑞丰用来表示"认识的人"的词τῶν γνωρίμων②在荷马笔下只出现过一次,而且恰好在奥德修斯与特勒马库斯相认前出现。特勒马库斯本人刚刚回到伊塔卡,他往忠诚的牧猪奴欧迈奥斯(Eumaeus)家中去,乔装成乞丐的奥德修斯正在那儿。奥德修斯听到有人来的脚步声,注意到他登门时曾扑咬他的狗没有吠叫而是摇尾巴,他便对欧迈奥斯说:"定然是你的某位朋友或其他认识的人到来。"(16. 8-9)凯瑞丰会否是在承认,他把苏格拉底的头一句话看成实际在提示奥德修斯的返乡——苏格拉底是奥德修斯,他则是特勒马库斯,苏格拉底的精神之子在承认其精神之父的返乡?

"合适的是"——苏格拉底以此开始他对凯瑞丰的简短回复,并继续说道:"所说的消息属实。""所说的消息"(reported)是ἀπαγγέλλω,意即带来消息,此词在《奥德赛》中出现在奥德修斯与特勒马库斯相认后不久:雅典娜使奥德修斯焕发容光,向儿子亮明自己的身份,但在欧迈

---

① Lawrence Levine 称苏格拉底的话"出奇的突兀和不明所以",见氏著,《〈卡尔米德〉义疏》(Commentary on Plato's Charmides),页18。Levine 于1975年提交给宾夕法尼亚州立大学研究《卡尔米德》的学位论文非常值得细读。
② 苏格拉底说摔跤场中有许多认识的人,用的便是此词(153a)。

奥斯回来的时候,雅典娜又把奥德修斯变回了乞丐,"以免牧猪奴察觉并认出他,去报告(to report)细心的佩涅洛佩(Penelope),不把秘密藏在自己心里"(16.454-459)。如果凯瑞丰认出这个词引用自《奥德赛》,他便听到了——在他们的七句私语中的这一中心句中——苏格拉底对他的命令:他必须把秘密藏在自己心里。

凯瑞丰的第三句话本身同样听起来很奇怪:"打仗时你在场吗?"他表示"在场"的动词是 παραγίγνομαι,而苏格拉底的回答亦即他最后的回答就一个字:παρεγενόμην[我在场]。这两句话的极简[152]以另一个不同凡响的音符完成了两人的交谈。因为凯瑞丰用以提出他最后的问题的词,同样在荷马笔下仅出现过一次,而且同样与奥德修斯的回返有关。求婚者们在奥德修斯的厅堂前运动过后,走进厅堂用餐,"墨冬(Medon)对众人开言,他是最令他们欢心的传令官,在他们宴饮时总是在场(παρεγίγνετο)"(17.173)。墨冬在《奥德赛》中是最特殊的传令官,"一个心思细密的人"(4.696),在奥德修斯离乡期间始终忠于佩涅洛佩和特勒马库斯,他向佩涅洛佩报告了求婚者们试图加害特勒马库斯的阴谋(4.675-714);特勒马库斯大声请求父亲在击杀求婚者们时饶恕两个人,墨冬就是其中之一,而且奥德修斯对他微笑并向他说话(22.354-380)。忠诚的凯瑞丰询问苏格拉底打仗时是否在场,从而宣告他身为一个心思细密的人一直谨慎地待在家里——他并不像他或许看上去以及苏格拉底所说的那样"疯癫"。苏格拉底一个词的回答使两人的在场充分呈现在彼此心中。

凯瑞丰最后说:"那就过来吧,坐下给我们仔细讲讲,因为我们还不太清楚这一切。"他们交谈的最后一词是个动词,苏格拉底向听众转述时在他们交谈的开头插入了这个动词,以便解释那些在这儿的人刚刚听说这场战斗。出现两次的这个动词在《奥德赛》中极其常见:πυνθάνομαι,即询问或听说——此词常常与打听奥德修斯可能的返乡有关。在《卡尔米德》的开头,透过它稀少而普通的语词,我们似乎呼吸到了奥德修斯返乡的气息。

所有这些是否只是巧合,只是碰巧集了有关奥德修斯返乡的重要语词?倘若如此,它便不是下面这些巧合的目的:《卡尔米德》中对荷马的唯一一次明确提及夹带着对《奥德赛》的唯一一次明确引

用,所引内容讲到返乡的奥德修斯必须如何行动才能不被求婚者们
认出;①对荷马最后的直接影射是佩涅洛佩对真实的梦与虚幻的梦的
区分,她是当着奥德修斯的面讲到这一区分,当时她一定认出了她等待
已久的丈夫;②《卡尔米德》的结尾包含着[153]荷马笔下另一个少见的
语词,此词只出现在《奥德赛》最后的相认场景中。③ 返乡的苏格拉底
与他热情的追随者之间简短的私密交谈如果与荷马联系起来,就会变
得莫测难解,因为它开启了《卡尔米德》中一系列对《奥德赛》中相认场
景的指涉。而且,《卡尔米德》按照相认场景的先后次序排列了这些
指涉。

开场谈话的私密性以及它暗自影射的荷马故事暗示,即将开始的
公开谈话有着私密的维度,熟悉苏格拉底去往波提岱亚之前的说话方
式的凯瑞丰会留意这一维度,听众和读者也必须尽力留意这一维度,如
果我们要分享苏格拉底和凯瑞丰对于苏格拉底返乡的私密理解的话。
这一私密的开场引领听众和读者关注私密,并赋予他们这样的洞察:作
为一场公开的谈话,《卡尔米德》包含着秘密的和轰动性的私密问题,
这些问题对苏格拉底极其切身,而且会造成极大的公共后果。《卡尔
米德》荷马式的开场打开了一条路,将带我们认识返乡的苏格拉底是
谁以及他有什么计划。

2 苏格拉底的意图(153c-d)

在和苏格拉底私下交谈的同时,凯瑞丰接引苏格拉底,并领他坐了
下来。他让苏格拉底紧挨着克里提阿——卡莱斯科茹斯的儿子④——坐
下,好像他认为苏格拉底必须要坐在那里。《卡尔米德》由此让民主分

---

① 参见下文对 161a 的解读。
② 参见下文对 173a 的解读。
③ 参见下文对 176d 的解读。
④ 苏格拉底补充说"卡莱斯科茹斯的儿子",这并不意味着听众不熟悉克里提阿:
雅典还有其他知名的克里提阿,因而,即便对一位雅典的听众而言,也有必要说明是哪位
克里提阿,正如在《普罗塔戈拉》中(316a)。

子凯瑞丰与贵族克里提阿于公元前 429 年坐在一起:凯瑞丰当时和苏格拉底一样大约四十岁,克里提阿当时大约三十岁。二十五年后,在使克里提阿作为三十僭主中最强悍和最残忍的成员而永远恶名昭彰的事件中,两个人成了敌人。克里提阿流放了民主分子,其中就有凯瑞丰(见《申辩》21a);民主派反过来组织军队最终推翻了三十僭主。凯瑞丰确保刚返乡的苏格拉底首先与未来的智术师和僭主公开交谈,[154]而不是首先与忠诚的他公开交谈,尽管在对话中苏格拉底只对他私下交谈过。

《卡尔米德》也于公元前 429 年把克里提阿和卡尔米德放在一起,苏格拉底本人注意到,克里提阿是他十七岁的堂弟的监护人(155a)。① 在公元前 404 年至前 403 年的事件中,这两人同样会联系在一起,克里提阿所领导的三十僭主会任命卡尔米德为佩莱坞(Piraeus)的十人团成员,一如这里所展示的两人之间的主从关系。在公元前 403 年佩莱坞的穆尼吉亚山(Munychia Hill)之战中,这对堂兄弟一同被胜利的民主派军队所杀,民主派从僭政手中赢回了城邦(色诺芬,《希腊志》2.4.11-19)。堂兄弟克里提阿和卡尔米德在柏拉图《卡尔米德》中的出现还因为另一个原因而值得注意:他们是柏拉图的亲戚。② 在《书简七》中,柏拉图明确提到,公元前 404 年至前 403 年的事件以及他的亲戚们的行为,尤其是他们对待苏格拉底的方式,促使他远离了政治生活(324b-326b)。③ 在《卡尔米德》中,柏拉图写到苏格拉底与他的舅舅以及舅舅的堂哥的谈话,并影射了他们灾难性的政治转向,这不可避免地让人想起年轻的柏拉图从政治生活到苏格拉底以及哲学的转向。

苏格拉底挨着克里提阿坐下之后,讲述了军营里的消息(153c)。他回答了人们所问的一切事情,却没有向听众转述任何内容——人们

---

① 克里提阿的父亲卡莱斯科茹斯是卡尔米德的父亲格劳孔(Glaucon)的哥哥。如果克里提阿代替卡尔米德的父亲成了监护人,格劳孔一定早亡,可能死于战争或瘟疫。

② 卡尔米德是柏拉图的舅舅,柏拉图的母亲佩里克提涅(Perictione)是卡尔米德的姐姐,因此也是克里提阿的堂姐。见 Nails,《柏拉图人物谱》(People of Plato),页 244 的柏拉图家谱。

③ 关于《书简七》的真伪及其对公元前 404-403 年事件的指涉,见 Rhodes,《〈书简七〉中的神秘主义哲学》("Mystic Philosophy in Plato's Seventh Letter"),尤其页 201-207。[译按]此文已有中译,参见彭磊选编,《叙拉古的雅典异乡人》,华夏出版社,2010 年。

想知道他们的亲人是生是死,而这不可能是听众或读者关心的问题。
"等我们拥有了足够多的这类东西后,"苏格拉底说,"就轮到我来问他
们这儿的事情"(153d),但他并没有问他们雅典所发生的相应之事:瘟
疫。① 苏格拉底所问的内容对于余下的对话至关重要,因为它限定了
[155]他回来后想要学习(learn)的东西,亦即与他这位雅典哲人相适
合的意图:正如战前的对话所证明的,他特别关注雅典的年轻人以及鲁
莽的启蒙教师们对哲学造成的威胁。苏格拉底没有对他的听众转述他
在摔跤场中实际所说的话,而只是说"我来问他们这儿的事情:哲学现
今是个什么状况,还有那些年轻人,他们之中是不是有一些在智慧或美
或两方面已经变得出众"(153d)。这两个意图之后再没提到,但它们
一直悄声伴随着苏格拉底在对话中所走的每一步,使每一步成为实现
他只提到一次的目的的合理步骤。苏格拉底给予他的听众极大的帮
助:他直接告诉听众,他为什么做他在对话中所做的一切。他做这一切
是为了学习:在《卡尔米德》中,返乡的苏格拉底旨在学习而不是教
导——尽管苏格拉底在对话结尾使得克里提阿向别人学习变得
可能。②

　　苏格拉底的第二个意图首先得到回应,因为卡尔米德到了,而且他
被说成是在苏格拉底离乡期间在智慧和美两方面变得最出众的年轻
人。苏格拉底会亲证卡尔米德之美的一个方面,但他对卡尔米德的审
查使他认识到,归于卡尔米德的智慧是虚妄的。苏格拉底由此实现了
自己的第二个意图,至少就长得最美的年轻人而言。他的第一个意图
呢?《卡尔米德》中只有另外一次说到哲学一词:克里提阿认为卡尔米
德有哲学天赋(155a)。但必须假定,苏格拉底并没忘记他说他回来后

---

　　① 公元前429年5月,瘟疫爆发第二年,住在阿提喀乡下的雅典人全都涌到卫生条
件极差的雅典城内,因为他们担心斯巴达人会接着第三次入侵阿提卡。实际上,斯巴达
人没再发动入侵:听闻雅典的瘟疫,他们转而劫掠普拉提阿(Plataea)。伯利克勒斯本人
于公元前429年秋末死于瘟疫,他在当年年初已经见证了两个儿子(曾出现在《普罗塔戈
拉》中)的死(普鲁塔克,《伯利克勒斯》34-36,38)。围攻波提俗亚的军队(苏格拉底跟
着一起)也经历了瘟疫,因为增援的部队于公元前430年把瘟疫带进了军营;瘟疫杀死了
1050名重装步兵,占围城的重装步兵的四分之一(修昔底德《战争志》2.58)。

　　② Levine注意到,苏格拉底稍后称,他与苏格拉底的谈话首先是"为他自己"(166d),
见《〈卡尔米德〉义疏》,页8。

想要首先学习的东西：苏格拉底对哲学在雅典的状况的发现，实际就在于对话主要的戏剧情节，尽管这一情节始终居于幕后。苏格拉底会证明自己是整场对话唯一的导演。他诱使旧日的同伴克里提阿为他界定 σωφροσύνη，①但克里提阿所说的显然都是苏格拉底自己的话——苏格拉底在离开之前把这些话灌输给克里提阿，他现在不过是引导克里提阿说出来而已。② 苏格拉底完成了他就[156]明智对克里提阿的审查后，便非常有力地结束了他们的谈话。苏格拉底仅以一种方式便实现了他了解哲学在雅典的状况的意图，即通过发现他自己的哲学在克里提阿身上的状况。克里提阿代表苏格拉底的哲学，正如卡尔米德代表美，但克里提阿最终会代表某种更宽泛的东西：苏格拉底传播自己哲学的努力。

　　苏格拉底在对话开头阐明了自己的两个意图，但此后再没提到它们，由此，苏格拉底使我们可以有根据地推断出《卡尔米德》潜藏的主题：《卡尔米德》关乎返乡的苏格拉底如何发现自己的哲学在他离开期间的命运；《卡尔米德》关乎苏格拉底的哲学以及向年轻的同伴们的传播。③ 苏格拉底在前往波提岱亚之前与其他人分享哲学，这一哲学在他离开期间是否还存在？正如《卡尔米德》所展现的那样，这一问题具体化为：克里提阿作为苏格拉底在伯罗奔战争之前有天赋和有野心的同伴，是否忠实地理解并发扬了苏格拉底传授给他的内容？克里提阿向他所监护的美貌年轻的卡尔米德传授了苏格拉底哲学中的什么内容？通过在开头宣称自己的意图但此后再没提到这一意图，苏格拉底

---

　　① ［译按］朗佩特在对《卡尔米德》的解读中均是直接将 σωφροσύνη 转写为拉丁文，没有译成英文（原因见下注）。为照顾中文的阅读习惯，译者还是把 σωφροσύνη 勉强译成"明智"，但望读者细察 σωφροσύνη 的复杂含义。

　　② 对《卡尔米德》的解释而言，我会直接转写 σωφροσύνη，而不是用任何英语单词来对译此词的某个方面：sensibleness［明智］，moderation［节制］，selfcontrol［自制］，discretion［审慎］，sound-mindedness［头脑清楚］。只有最后一词在英语中引入了 σωφροσύνη 的一个词根（φρον）所包含的"理智"或"思考"的观念，这一观念之于《卡尔米德》对 σωφροσύνη 的考察至关重要；但是，sound-mindedness 并没有直接暗示此词在对话中首先表达的道德意味，因此失去了此词不可或缺的第一印象。我会用 σωφρων 表达拥有 σωφροσύνη 的状态。

　　③ 正如伯纳德特所说，"σωφροσύνη 的问题是关于哲学作为自识的可传播性的问题"。见《〈卡尔米德〉解读》（"Interpreting Plato's Charmides"），载于《情节的论证》（*Argument of the Action*），页 233。

突出了《卡尔米德》潜在的性质:在这部对话中,他交由听众自己推断出那些根本性的问题。

在战前的《普罗塔戈拉》中,克里提阿和阿尔喀比亚德紧随苏格拉底一起走进卡利阿斯的房子,因而看上去好像属于苏格拉底这方(316a)。这两个年轻人造成了雅典的最终战败和内战等溃乱和灾难,因而比其他任何人都更加恶名昭彰,当雅典人以败坏青年之名审判苏格拉底时,他们最耿耿于怀的就是这两个人。① 苏格拉底败坏了克里提阿和阿尔喀比亚德? 柏拉图为他的对话安排的时间序列使彻底回答这一问题变得可能。《卡尔米德》设置在公元前 429 年,它带读者回到苏格拉底前往波提岱亚之前,回到苏格拉底在战前的教诲,即由克里提阿所接管的教诲。离乡许久的苏格拉底回到雅典探询哲学的状况,他了解到他这一代中第二有前途的雅典人[157]如何解释他战前的教诲。就像《阿尔喀比亚德》前后篇一样,《卡尔米德》表面上有力地否认了对苏格拉底败坏最好的雅典青年的指控。不过,苏格拉底在倾听克里提阿对他自己的话的解释时允许读者在旁倾听,由此,《卡尔米德》允许读者学习苏格拉底所学习的东西:对于创造未来的智术师和未来的僭主而言,他自己的教诲所发挥的解放性和塑造性的作用。

苏格拉底意欲了解他回来后他的哲学在雅典的状况,而且他主要是与他最有天赋的同伴中的一位交谈,所以,他在《卡尔米德》中可以既迅疾又简洁地言说,从而把最有见识和最专心的人之外的所有人撇在后面。简洁的语句背后是细密的论证;看上去像跳跃或变向的内容掩盖着漫长的和合乎逻辑的推理过程,两位谈话者不需要彼此解释——也从未对摔跤场中围在他俩旁边的人们言明。因其迅疾和简洁,《卡尔米德》是一部难读的对话。但是,苏格拉底叙述这场对话是为了单独一个听众——如果他是苏格拉底所称呼的同伴、朋友和高贵的人,他就会想破解苏格拉底的简略所掩盖的东西;他会投入漫长的、绝不轻松但始终快乐的工作中,从简略的语句中重构苏格拉底几年前向他极有天分的学生传授的内容,以及苏格拉底现在所了解到的这位

---

① 色诺芬,《回忆苏格拉底》1. 2. 12 – 16;Aeschines 明确说,雅典人"处死智术师苏格拉底,因为他被认为教育了克里提阿,推翻民主制的三十僭主之一"(1. 173)。

学生在此期间利用所传授的内容做的事情。苏格拉底叙述这场对话带有言外之意:他一定怀疑他的听众是否适合于这份工作。苏格拉底只对他的听众传达了他旨在从克里提阿和卡尔米德那里学到的东西:他从波提岱亚回来后,雅典的哲学的状况以及年轻人的情形。但这意味着,《卡尔米德》中的叙述服务于它未明言的主题:通过叙述对克里提阿的哲学传授的失败,苏格拉底试图将自己的哲学成功传播出去。苏格拉底尊荣他的听众,因为他假定听众可以胜任一项挑战,即从他曾经传授给克里提阿但克里提阿错误解释的语句中拼凑出他的哲学。《卡尔米德》的读者也跟着沾了光:苏格拉底再次试图向一个同伴、朋友和高贵的人传授他的哲学时,读者有幸在旁倾听。

3 卡尔米德进场(154a–155a)

对于苏格拉底的问题,克里提阿告诉他,关于"那些美人",他很快就会知道答案——卡尔米德的到来激起了骚动,淹没了苏格拉底对他关于哲学的意图的安静陈述。[158]克里提阿注意到门口有人喧哗,他知道这是"当今被认为最美的人"到来的前兆(154a)。"他是谁,又是谁的?"苏格拉底问。"你知道他,"克里提阿说,"在你离开之前他还未成年",并说是"卡尔米德,我叔父格劳孔的儿子,也是我堂弟"。① 克里提阿宣称最美的人是他的近亲,却没提到自己是卡尔米德的监护人;苏格拉底本人会陈明两人之间的这一关键关系(155a)。苏格拉底说:"我当然知道他,宙斯在上",并补充说,卡尔米德还是小男孩时就一点都不简单,现在一定是个大小伙子了。克里提阿说:"你马上就会知道他长多大,变成什么样了。"他确信自己有理由如此高看卡尔米德。年轻的美男令人翘首以盼。

其他年轻人先于卡尔米德走了进来,"彼此骂骂咧咧",后面还跟着乱糟糟的一群人(154a)。这一幕充满了爱欲——因而适合于一部

---

① 苏格拉底观察到,《普罗塔戈拉》中的卡尔米德(315a)是随着普罗塔戈拉后面的人流走进来的;卡尔米德与卡利阿斯和伯利克勒斯的两个儿子待在一起,这证明他属于雅典的显贵子弟的先锋人物之一。

讨论明智的对话。这一幕还令人联想起一类战斗,正如克里提阿把跟着卡尔米德进来的年轻人们称作"先导和爱人们"那样;他们的彼此谩骂表明了一种普遍的对抗,每个人都为了获得卡尔米德的欢心而彼此为战。苏格拉底从战场上回来,却再次陷于爱欲的领地,《卡尔米德》由此暗示,苏格拉底从一种战争回到了另一种战争——由相互对抗的爱人们发动的战争,苏格拉底本人便是一类特殊的、寻求美和智慧之人的爱人。

在描写卡尔米德之前,苏格拉底先描写了自己,他直接对听众说:"同伴哟(ἑταῖρε),我什么也无法估量。说到那些美男,我根本就是条白色的线,因为几乎所有成年的人都对我显得美。"苏格拉底所称的美的标准不如其他人严苛,就像白色大理石上一条白色的粉笔线那样模糊。但他说到几乎,也说到显得:苏格拉底衡量美的标准几乎不可见,但很可能比其他人都更严格得多,因为他的标准几乎不会对其他人显现,却像一条粉线那样笔直。而且他归根结底对卡尔米德做出了评价:"当时连我也觉得他的身材和美貌尤为惊人。"苏格拉底不仅转述了他自己的评价,也转述了"其他所有人"的评价:在他看来,"其他所有人都爱(ἔρως)着他——他进来的时候,他们一下子兴奋和慌乱起来"。坐怀不乱的苏格拉底[159]为听众描述了这一幕,那时已在摔跤场中的那些人之外的"许多其他爱人"正跟在卡尔米德后面进来。

苏格拉底卓然不群,因为他是唯一能够将视线从卡尔米德身上移开去观察其他人的视线的人。"我们男人"爱卡尔米德,这一点也不"奇怪",但苏格拉底说,他把注意力投向男孩们,"发现他们没一个朝别处瞧——连最小的也不例外"。唯一一个向别处瞧的人观察到,"所有人全都凝视着[卡尔米德],好似在凝视一尊神像"。通过苏格拉底,我们观察到了我们自己很可能看不到的东西,而且,我们看到卡尔米德激起的欲望有模仿性:在所有其他人对卡尔米德的欲望中,每个人的欲望都得到了确认和催化。对卡尔米德的欲望是普遍的,但是,尽管男人们必定想要占有他,男孩们却必定想成为他或完全像他。

标题人物卡尔米德本人此时又如何呢?与他四周的兴奋和慌乱相对,所有人欲求的这个对象展现出雕像般的无动于衷。难道他不受爱欲左右?在他表面的无动于衷背后,他看起来倒像完全是在勾引:他的游戏是显得令人渴求,但绝不流露自己的欲望从而降低他的可欲求性——"发现自己的爱得到回应,这的确会使一个爱人对所爱之人变得清醒。"尼采说。① 卡尔米德显得是自足的,或者说他的满足来自于他自己,这点燃了其他人的欲望;卡尔米德显然对自己有自恋性的欲望,这一欲望唤起了其他人的欲望。但是,卡尔米德又完全依赖于他人的欲望,因为,当苏格拉底一步步审查他对于明智的看法时——当时克里提阿已经向苏格拉底保证,卡尔米德"被认为是当今同辈人中最明智无比的"(157d)——结果表明,他的明智是对他人的依赖的结果,他自足而无动于衷的外表掩盖着对他人的依赖。这一依赖有着政治的意蕴,因为结果表明,卡尔米德是克里提阿的造物——现在是,在25年后给他盖棺定论的历史事件中也是。

克里提阿见证了他耀眼的被监护人的出场。他看到而卡尔米德没有听到的是,凯瑞丰打断了苏格拉底对其他人的观察,高声说:"你看这年轻人怎么样,苏格拉底? 脸蛋难道不漂亮么?"(154d)苏格拉底只以一词作答:"超乎自然。"($\acute{\upsilon}\pi\varepsilon\varrho\varphi\upsilon\tilde{\omega}\varsigma$)[160]凯瑞丰看上去完全是在进行下流的挑逗,他又进一步说:"可要是他愿意脱去衣服,"——摔跤场里原本就要脱衣服——"你就会觉得他没有脸蛋了。他的形体($\varepsilon\tilde{\imath}\delta o\varsigma$)是如此完美。"苏格拉底的朋友由此结束了他在《卡尔米德》中的戏份,他驱使苏格拉底审查卡尔米德的形象,而且他用的词对十九岁之后的苏格拉底具有特殊意义:《斐多》和《帕默尼德》表明,苏格拉底转向完全属己的哲学之后首先追求的东西就是$\varepsilon\tilde{\imath}\delta o\varsigma$。苏格拉底沿用了凯瑞丰对这一特殊语词的用法,他稍后在对话中唯一另外一次用到此词,而且利用了此词的含混性:"我们为何不脱掉他灵魂[的外衣],先看看他的灵魂,再说他的形体?"(154e)脱去卡尔米德灵魂的外衣就是凝视他的$\varepsilon\tilde{\imath}\delta o\varsigma$(在苏格拉底赋予此词的含义上)。当苏格拉底的朋友用这一特殊语词表示卡尔米德的$\varepsilon\tilde{\imath}\delta o\varsigma$如此完美时,他似乎暗示,如果苏格拉底审查卡尔米德,苏格拉底会以别的方式学习。凯瑞丰在《卡尔米德》中并非次要人物:在以私人的问候迎接苏格拉底之后,他让苏格拉底挨着克里提阿坐下,并邀请他审查卡尔米德;他已经注意到,苏格拉底的哲学在

---

① 尼采,《善恶的彼岸》,102节。

苏格拉底离开期间发生了什么。

"其他人和凯瑞丰说的一样",但他们不可能和凯瑞丰是一个意思,而苏格拉底对他们的众口一词惊呼:"赫拉克勒斯哟!你们说的这个男人($τὸν\ ἄνδρα$)可无人抵抗得住,只要他碰巧还有一样小东西。"①苏格拉底由此引入了对话将以之结束的观念,亦即抵抗卡尔米德(176d)——苏格拉底在此把他要抵抗的卡尔米德称作男人,尽管卡尔米德的年纪还不匹配这一称呼。但是苏格拉底暗示,所有人崇拜的卡尔米德可能缺少某种东西,他这么做似乎是为了迫使克里提阿进行干预——而且克里提阿的确插了进来。"什么?"他问——卡尔米德还会缺少什么小东西呢?不出所料,苏格拉底通过引入灵魂的观念开始了他的探问——"如果他的灵魂碰巧有好的自然"——但他紧接着恭维克里提阿说:"按理说,克里提阿哦,他应当如此,毕竟他跟你是一家子。"通过这一手段,卡尔米德的灵魂将要揭示出的一切便都牵涉到克里提阿的灵魂:他们灵魂的自然是否共有某种家族相似性?在苏格拉底指出克里提阿是[161]卡尔米德的监护人——他是卡尔米德法律上的代父亲,因此要对卡尔米德的教育负责——之后,两人的关系得到了强化,并增添了新的成分(155a)。

克里提阿评价说,卡尔米德在灵魂方面"完全既美且好",或说完全高贵和好,$καλός$和$ἀγαθός$,②两词的缩合形式$καλοκἀγαθός$通常用来称呼一个完美的贤人(154e)。但是,克里提阿对他的亲戚和监护对象不加节制的赞美其实是在赞美他自己,几乎不可能标志着他有好的自然。由此,苏格拉底将余下的对话转变为一项脱衣服的活动,其目的在于学习他说他回来后想要学习的东西:"我们为何不脱掉他灵魂[的外衣],先看看他的灵魂。"(154e)③这不仅为脱掉卡尔米德灵魂的外衣做好了铺垫,也为脱掉克里提阿灵魂的外衣做好了铺垫,因为,克里提阿至少在某种程度上养育并塑造了卡尔米德的灵魂。

脱去卡尔米德灵魂的外衣要求卡尔米德愿意交谈($διαλέγεσθαι$),而

---

①　Levine 注意到,赫拉克勒斯是"摔跤场和摔跤比赛的守护神之一"(《〈卡尔米德〉义疏》,页26)。

②　这是$ἀγαθός$在对话中第一次出现,此词在这场探问的结尾会变得至关重要。

③　关于脱去灵魂的外衣,参见《阿尔喀比亚德前篇》132a。

苏格拉底说他确信卡尔米德在这个年龄一定愿意交谈。"一点没错，"克里提阿说，并且给出了双重的理由，"尤其因为他擅长哲学，而且在其他人和他自己看来，他还极会作诗。"(155a)克里提阿是苏格拉底的学生，也是未来的著名诗人，他自认为有能力判断这两种品质。其他人赞美卡尔米德的诗才，而他不置可否，这不仅显示了他的矜持，而且暗示了他的堂弟的某种自负。不过，克里提阿对卡尔米德的哲学能力的赞美毫不矜持。但他是一个合格的评判者吗？对话中对哲学的第二次也是最后一次提及(参见153d)表明，苏格拉底想要探明哲学在雅典的状况的意图通过仅仅一种方式就会实现，即脱去卡尔米德灵魂的外衣——下一步自然就是脱去克里提阿灵魂的外衣，因为克里提阿是卡尔米德的堂哥和监护人，他要为卡尔米德闯进哲学的唯一一次冒险负责。

苏格拉底的回答看似恭维，而且其限度就像克里提阿的赞美那样明确："这种美的品质[作诗的能力，而不是哲学的能力]，亲爱的克里提阿哦，是你们[你们祖上]传下来的，源自你们与梭伦的亲戚关系。"苏格拉底由此主动提出了使对话变得可能的步骤："你为何不把这个年轻人叫过来，把他展示(ἐπεδείξας)给我呢？"把他展示给我：接下来的对话是一种ἐπίδειξις[展示]，克里提阿会把他的监护对象展示给苏格拉底，他期望苏格拉底断定他的监护对象的灵魂[162]有着既美且好的自然(尤其是就哲学而言)，而且他这个监护人的灵魂同样如此。

尽管摔跤场中悸动着爱欲的过度，苏格拉底表明他自己关心那些体现着惯有的克制的细节："因为，即便他碰巧还要再年轻些，当着你的面与我们交谈，也没什么好害羞的，你可是他的监护人，同时也是堂兄哦。"克里提阿遵照苏格拉底的指示，邀请卡尔米德过来。但在这么做的时候，他沉溺于他自己设计的一个小恶作剧。

4　苏格拉底接手克里提阿拟定的剧本(155a-157d)

苏格拉底提出把卡尔米德叫过来，但克里提阿规定了卡尔米德怎样过来。克里提阿像一位未来的剧作家那样有创造力，像一位未来的僭主那样专断，他发布命令，既作弄了他的老师，也出卖了他的学生。在其他人也听得到的情况下，他叫他的奴隶把卡尔米德叫过来，许诺要为卡尔米德引见一位医生，或许能够帮着解决卡尔米德最近告诉他的头部的不适（155b）。只是在他公开发布这一命令并差遣走他的奴隶之后，克里提阿才转过头来问苏格拉底，是否有什么妨碍你扮成医生，"对他假装知晓某种治头的药（φάρμακον）"。克里提阿由此拟定了一出要在他面前上演的戏：他备受奉承的监护对象显得有缺陷，需要治疗；而他德高望重的老师被迫扮成医生，假装知道一种药。三个人都知道是在演戏，因为没有人会忘记，在苏格拉底奔赴波提岱亚之前，他们曾一起在卡利阿斯家里参加那场难忘的智术师大会。

克里提阿的这出戏相当契合当时的状况：修昔底德对瘟疫的记述说，人们是从头部发病的（《战争志》2.49）。卡尔米德当然有理由担心自己头部的沉重感，并乐于接受一位据说握有药方的医生的关心。至于苏格拉底，虽然他被迫假装知道药方，但他很好地利用了这一机会：演员苏格拉底在审查卡尔米德和克里提阿时会用治病作为他主要的例证，而且，他这个假冒的医生会宣称，他在外期间学到了一个全新的药方来治头（但不仅治头）。① 克里提阿仅指派他说，他有治头的药，[163]但他通过补充一种"咒语"亦即治疗性的语词，以调整他的角色来适应自己的意图：到这场戏的结尾，咒语完全取代了当初许诺的药，并使卡尔米德请求教授他咒语。

克里提阿强加给苏格拉底的戏份还有第二个引人注目的特征："知晓"（ἐπιστάσθαι,155b6）在对话中的第一次出现，是克里提阿要求苏格拉底假装知晓。此词刚一出现，便立即在短时间内连续得到重复：苏格拉底转述说，克里提阿告诉卡尔米德"我就是那个知晓这药的人"（155c8）；卡尔米德问苏格拉底"我是否知晓这药"（155e2）；苏格拉底回答说，"我知晓"（155e3）。最开始是克里提阿要求苏格拉底假装知晓，最后却是苏格拉底无条件地声称知晓。苏格拉底会借他在外期间学到的一个奇妙的传说阐发这一声称。他的新知识究竟是假装的还是真实的？克里提阿在这里引入了指称"知识"的动词，很久之后

---

① 克里提阿只用了医生一词来安排角色，苏格拉底则用了大概17次。

（165c），苏格拉底会引入这一动词的名词形式，而且，在苏格拉底的引导下，考察作为ἐπιστήμη的知识会构成对话的核心：绝非托辞的知识是否可能？苏格拉底这位假冒的医生是否拥有这一知识？自以为知道一切的克里提阿是否拥有这一知识？

卡尔米德的到来引发了一个谐剧性的场景：每个人都猛挤邻座，希望为卡尔米德空出位置，让他紧挨着自己坐，但卡尔米德选择坐在苏格拉底和克里提阿中间。因为长椅两侧都有人被挤下去，苏格拉底和克里提阿两人一定也得使劲挤，好在他们中间空出卡尔米德所坐的位置。鉴于这一座次安排，苏格拉底和卡尔米德交谈时，实际是面对面的；苏格拉底和克里提阿交谈时，卡尔米德则夹在他俩中间，苏格拉底和克里提阿隔着卡尔米德交谈，并在某种程度上谈论了卡尔米德。

苏格拉底接下来讲到了他自己，在看上去是自述的这一幕中，他两次呼告他的听众——"朋友"以及"高贵的人"——声称他陷入了困惑（ἀπορία），失去了他之前的胆量。在克里提阿告诉卡尔米德，苏格拉底就是那个知晓治疗他的头的药方的人后（155c），发生了三件事情：卡尔米德以一种不可抗拒的方式看着苏格拉底；摔跤场里的每个人全都涌过来，把他们团团围住；"当时呢，高贵的人哦，我看到了他衣裳里面的物件"（155d）。看到面前不愿脱去衣服的美人，尽管有一大群人围着，充满爱欲的苏格拉底还是"欲火中烧"——勃起了。① 苏格拉底告诉他的听众，[164]当时他不再能够控制自己——字面意思是，"我不再在我自己里面"。苏格拉底夸大其词，因为他紧接着就运用了自制：他想到的不只是卡尔米德和他自己，而是卡尔米德和他自己所处的局面，以及一个诗人如何描绘这样一种局面。他想到了居狄阿斯（Cydias），②并认为他"在情事上最智慧"，因为在谈到一个貌美的男孩时，居狄阿斯警告一个爱欲者，"千万别跑到狮子跟前，小鹿哟，要不就成了人家的口中食"。通过回想一个诗人的意象而避免成为口中食，苏格拉底回过神来。狮子问"我是否知晓治头的药方时"，绝非小鹿的苏格拉底"有些费力地回答说，我知道"（155e）。

---

① 苏格拉底的另一次爱欲勃发，见《情敌》133a。

② 大概是个诗人，生平未详。

"那是什么呢?"尽管苏格拉底说自己胆量消失了,手足无措,但他还是扮演了预定的角色:他做了小小的编造,并将对其扩充并保持到结尾,以之作为他控制卡尔米德的手段。这位医生拥有的知识是关于什么的呢? 这是个重要时刻:返乡的苏格拉底被要求假装拥有知识,他最先是宣称自己知晓这一知识,但他随后将这一宣称扩充为讲述他在外期间学到的某种东西,亦即一个医生对于他带回雅典的一种疗法的知识。在从爱欲的震荡中渐渐恢复的苏格拉底对这一疗法最初的描绘中,他宣称知晓的药方是一种草叶,但他补充说,仅有这一药方还不够:"还有一种咒语($\dot{\epsilon}\pi\omega\delta\dot{\eta}$)配合这药方,如果一个人在服药的同时念颂咒语,这药方就能使他完全恢复健康,可要是没有咒语,草叶就没有一点效果。"(155e)苏格拉底将不得不修正他现在对草叶和咒语脱口说出的这番话,不过,他的修正只是在一段使他恢复胆量的谐剧性小插曲之后。

卡尔米德有些热切:"那么,我就从你那儿把咒语抄下来。"柏拉图的舅舅会把医生的疗法写下来,写下苏格拉底从未写下的东西? 苏格拉底明显有所保留地反问说:"前提是你说服我,还是不呢?"你想把我尚属秘密的疗法抄下来,却不首先说服我相信你配得到它?[1] 苏格拉底指责卡尔米德要偷一个秘密的教诲,卡尔米德被迫对此笑笑,但他继续表演:"前提是我说服你,苏格拉底。"苏格拉底? 卡尔米德打乱了克里提阿的这出戏,他把苏格拉底从所扮演的角色中拉了出来,但苏格拉底抵抗说:"你确定我的名字吗?"你可能[165]从波提岱亚之前的故事中得知我的名字,但你真的知道我现在是谁——我是带回了你需要的疗法的医生? "如果我不是在行不义的话,"卡尔米德说,他还提出证据说明他是怎么知道苏格拉底是谁的,"在我们这群同龄人中,不少时候谈到你呢。"长久在外的苏格拉底是雅典的年轻人闲谈的话题——在某种程度上,苏格拉底对雅典的年轻人进行考察的意图与雅典的年轻人对苏格拉底的好奇相匹配。但他们的传闻对苏格拉底行了正义吗? 卡尔米德谈论苏格拉底的内容有着可以确定的来源:"而且我自己记得,在我还是孩子时,你就跟这位克里提阿有交往。"作为苏

---

[1] 关于卡尔米德的写下来,见 Szlezak,《〈卡尔米德〉和〈欧蒂德莫〉对话的情节》("Die Handlung der Dialoge *Charmides* und *Euthydemos*"),尤其页 342-346。

格拉底的老同伴,克里提阿应该是雅典的男孩子们传布的关于苏格拉底的种种说法的权威来源。克里提阿所安排的这场戏背弃了它的作者:克里提阿是否确定这位医生的名字?在苏格拉底离乡期间,他所散布的关于苏格拉底的传闻是否对苏格拉底行了不义?

这场简短的交谈过后,苏格拉底说他要"对你更坦率地谈谈这咒语"——苏格拉底在解释"[这咒语]碰巧是怎样的"时,将克里提阿命他谈论的药方抛之脑后。他所谓的更坦率实际是对他最初的宣称——这一咒语必须和药一起使用——的修正。① 他向卡尔米德坦承了他向听众坦承的部分内容,从而为自己最初的说法找到了借口:"可就在刚才,我还不知($\dot{\eta}\pi\acuteο\varrho ουν$)该怎样向你展示它的力量。"(156b,参见155c)他现在说,咒语需要进一步的说明,因为"它并不能单单使头健康"。治疗头要求治疗身体,因为头是身体的一部分,正如"好医生们"普遍认为的那样。苏格拉底明确地问卡尔米德是否同意这一点,卡尔米德热烈地表示赞同。卡尔米德的这一赞美使苏格拉底"重新鼓起勇气","再次一点点地壮起胆量,重又回过神来"(156d)。就是在这一状态中,苏格拉底扩充了他的咒语故事:一个重生的人所讲述的大胆的故事。苏格拉底以这一自陈引入了一个奇妙的传说,讲述了他在外期间所学到的东西,讲述了一个不同于雅典的男孩子们从苏格拉底战前的伙伴(比如克里提阿)讲述的故事中得到的苏格拉底。一部苏格拉底的编年志必须密切关注这一讲述,因为它包含着对以下问题的最初指示:从波提岱亚回来的苏格拉底是与以往不一样的苏格拉底。

扮成医生的苏格拉底壮起胆子并回过神来,他告诉卡尔米德"这咒语是怎样的"(156d)。"我在那儿学会了这个咒语,在军中[166]跟扎勒卯克希斯的忒腊克医生们中的一位学的。"卡尔米德的医生从扎勒卯克希斯的一位医生那里学会了他的新药,我们可以从希罗多德的书中更多地了解扎勒卯克希斯。(希罗多德,《原史》4.93—96)②当苏

---

① 关于药和咒语的连用变动的次序,见 Coolidge,《哲学与 *Sôphrosynê* 的关系》。

② Mark Munn 把哈利卡纳苏斯的希罗多德(Herodotus of Halicarnassus)描写为当时雅典的重要人物;Munn 力证,希罗多德写作《原史》(*Histories*)是有意识地试图教导在战争中玩火的帝国民众,而且智识分子极为关注他的作品。见《历史学派》(*School of History*),页 2,41,43—44,95,115—117,315,页 363 注 78。

格拉底第二次提到扎勒卯克希斯的咒语时,他几乎是在命令读者去读希罗多德,因为他当时提到了希罗多德讲述的另一个传说——极北之人阿巴西斯(Abaris the Hyperborean)的传说(希罗多德,《原史》4.36),并宣称阿巴西斯也教授治疗性的咒语(158b)。① 苏格拉底遵照希罗多德的记述,首先提到忒腊克医学的特征同时也是其最极端之处:扎勒卯克希斯的医生们,"据说能使人不死(immortalize)"(156d)。② 读过希罗多德,我们会得知扎勒卯克希斯是革塔伊人(Getae)的神,"他们相信自己是不死的"(4.93)。革塔伊人还相信,他们的神是唯一的神。希罗多德讲述的革塔伊人的习俗之一是,"当有雷电时,他们向天上射箭,并大声威吓神,因为他们只承认他们自己的神"——他们的一神论允许他们嘲笑其他人的假神,甚至嘲笑雷电之神宙斯。希罗多德的记述暗示,革塔伊人的信仰是有德性的行为的根基:在忒腊克人里面,唯有革塔伊人抵抗了前去征讨斯基泰人(Scythians)的大流士(Darius),希罗多德称他们为最勇敢和最正义的忒腊克人。特别有趣的是,希罗多德说希腊海峡(Hellespont)和黑海地区(Pontus)邻近的希腊人都对扎勒卯克希斯心存怀疑,认为他之前是毕达哥拉斯的奴隶,通过一个精心策划的骗局欺骗了革塔伊人,使其相信他是不死的。希腊人因而相信,教授不死术的忒腊克教师本身是某个希腊人的学生,这个希腊人可能是第一个宣称信仰不死的哲人。希罗多德由此暗示,忒腊克教师从毕达哥拉斯那里学到如何假装不死,如何创造一支信仰不死的民族,[167]如何创造一个使这支民族无比勇敢和守法的神。以他自己的名义,希罗多德说他认为扎勒卯克希斯要比毕达哥拉斯早许多年,并最终提出了扎勒卯克希斯是神还是人的问题——"好,关于他就说这么

---

① 希罗多德,4.36。希罗多德从未说到阿巴西斯教授咒语。事实上,讲完了把极北之人带到阿波罗的出生地德洛斯(Delos)的圣物的行程之后,希罗多德明确拒绝讲述阿巴西斯的传说,他只说阿巴西斯不吃任何东西带着一支箭走遍了世界。和扎勒卯克希斯一样,阿巴西斯与毕达哥拉斯传统有关。关于阿巴西斯,见 Burkert,《古代毕达哥拉斯主义中的学问与知识》(*Lore and Science in Ancient Pythagoreanism*),页 143,150,162。

② ἀπ-αθανατίζειν(柏拉图仅在这里用过一次),David J. Murphy 认为要将此词理解为"使[人]从有死的状态变得不死"。见《〈卡尔米德〉中扎勒卯克希斯的医生们与不朽》("Doctors of Zalmoxis and Immortality in the *Charmides*"),页 290-291。关于扎勒卯克希斯,见 Burkert,《古代毕达哥拉斯主义中的学问与知识》,页 156-159。

多",整个插叙就此结束(4.96)。希罗多德使扎勒卯克希斯的形象变得生动又可疑,而苏格拉底以这个模糊不清的人物作为他在外所学的最终源头。扎勒卯克希斯的追随者相信他是唯一的神,希腊人认为他是一个骗子,从一位希腊智者那里学会了欺骗,希罗多德认为他是……好,关于他就说这么多:他教导他的追随者一神论以及对不死的信仰,由此使他们变得勇敢和守法。①

尽管苏格拉底先说到关于不死的教诲,但他选择详细阐述忒腊克医学的另一个特征:同样是一个关于灵魂的教诲,而且同样极端。这一教诲的源头是忒腊克医生所说的"扎勒卯克希斯,我们的王,一位神"所说的内容。扎勒卯克希斯明确修正了希腊医学,在希波克拉底学派的影响下,当时的希腊医学正开始把身体的不适恰当地看作身体这一整体的某些部分的不适。扎勒卯克希斯说,希腊医生们"不认识应当得到呵护的整体"——灵魂,身体本身是这一更大的整体的一部分。扎勒卯克希斯教导,"一切身体方面和整个人的坏和好都始于灵魂"(156e),因此有任何身体方面的不适都需要照料灵魂。② 不过,灵魂只能以一种方式得到照料:用"一些咒语,这些咒语是些美丽的言辞"(157a)。苏格拉底暗示,他不再共有希腊医学对灵魂的无知,他已经学到了照料灵魂的咒语:克里提阿强加于他的托词——知晓治头的药——被他转变成知晓照料灵魂的咒语。苏格拉底被指派的角色要变成能够使他实现他的意图的人物,还需要另一步修正。

作为美丽言辞的咒语在灵魂中有一个直接的产物:"从这样的言辞中,明智便在灵魂中产生,一旦明智产生并一直存在,头和身体其他部分要健康就容易了。"苏格拉底由此将明智[168]引入了他们的谈话:明智是他在外所学内容的最终产物。在完成对自己所学内容的描述后,壮起胆子的苏格拉底现在必须修正他最初就药和咒语对卡尔米

① 关于希罗多德的这个故事,见伯纳德特,《希罗多德〈原史〉发微》(*Herodotean Inquiries*),页109-110。

② Christopher Bruell 对忒腊克医学的刻画将它的两个极端特征分离开来:"'忒腊克'医学力图使人不朽,并坚持认为灵魂的力量超越身体,因而与希腊医学区分开来。……虽然对于什么是明智,我们一无所知,但我们还是忍不住说,苏格拉底的忒腊克老师并不以拥有明智而著称。"见《苏格拉底式政治与自识》("Socratic Politics and Self-Knowledge"),页141-203,148。

德所说的话(当时他还在自己性欲的影响下)。他援引他的忒腊克老师的话说:"要是有谁劝说你用这药照料他的头,你千万别听,除非他首先把灵魂交出来,让你用这咒语照料。"药和咒语不再是"同时"使用(155e);取而代之的是,在用药之前(苏格拉底并不拥有这药,亦即某种草叶),必须将灵魂交给老师,吟诵治病的咒语。苏格拉底的老师说,"凡人们所犯的错误就是割裂二者,有些人努力要成为只顾明智或只顾健康的医生"(157b)——这是苏格拉底第二次说明智是健康的关键。苏格拉底的老师很严格:"他还极严厉地命令我,不管一个人多富有、多高贵或多美,都不要让这个人说服我不照此行事"——富有、高贵且美的卡尔米德似乎找到了一位学会了某位神的诵唱的医生专门为他定制的疗法。大胆的苏格拉底现在孤注一掷:他说他向他的忒腊克老师发过誓,他会服从这一命令,如果卡尔米德想要治病的药,他必须首先把灵魂交出来,吟诵忒腊克人的咒语,"如若不然,恐怕我们就不能为你做什么了,我亲爱的卡尔米德啊!"(157c)当初许诺的药仅仅成了催生明智的咒语的伴生物,而且苏格拉底宣称,如果貌美的卡尔米德不愿意把自己的灵魂交给他,他便准备拒绝卡尔米德:卡尔米德正成为他的口中食。

苏格拉底称呼的是"我亲爱的卡尔米德"(157c),但是,"听到我说这些",克里提阿出面发言了。克里提阿既创造了现在扮演的角色,也制造了年轻人中间流传的关于苏格拉底的传闻——但是,苏格拉底引使着他代表他的监护对象谈谈"你说你有关于它的咒语的东西。可你说的是明智,是不是?"(157d)克里提阿几乎不相信他的耳朵:关于明智的教诲(正如我们将会看到的那样)是苏格拉底战前从事的研究的核心,而苏格拉底战前从事的研究是克里提阿极为了解的,也是他散播的关于苏格拉底的传闻之一。但是,催生明智的咒语又是什么?克里提阿从未听过这些,他需要确定这就是苏格拉底实际所说的东西。苏格拉底证明自己是一个极富创造力的演员,利用他既定的角色引入他自己的关键词之一——明智,并强迫这出剧的作者做出回应。当克里提阿插话时(卡尔米德和苏格拉底面对面交谈时,他一定是从卡尔米德后面插进来的),他说:[169]"头部的这一疾病说不准会变成神对这个年轻人的恩赐,如果他由于自己的头而不得不变得更富理智"——

克里提阿似乎怀疑,他的被监护人是否愿意或有能力思考。但他的干预是为了赞美卡尔米德:他"被认为比同辈人都出众,不仅是凭相貌,也凭那个东西,也就是你说你有关于它的咒语的东西"(157d)。确认这东西就是明智之后,克里提阿重又说:"他可被认为是当今同辈人中最明智无比的哦;至于所有其他方面,在他这样的年纪,他也不输于任何人。"

我们不能够合理地设想,苏格拉底会信服一位以神的言辞作为权威的外邦老师;但完全可以设想,他对克里提阿指派的角色的创造性转换不只是一个游戏性的手段,以便引使卡尔米德接受审查——从而满足自己返乡的目的之一。在稍显困难地说出草叶这一药方后,苏格拉底宣称返乡的他不同于战前的同伴所能讲述的关于他的任何传闻,由此使其被指派的角色为他所用。他的新医学中的咒语,即催生明智的"美丽的言辞",只关乎两个东西:不死以及灵魂(作为身体方面的任何健康或疾病的原因)。战前的对话从未暗示过这样的医学;相反,在《普罗塔戈拉》中,苏格拉底以科斯的希波克拉底(Hippocrates of Cos)为例,说人学医应当投奔这样的老师(《普罗塔戈拉》311b)。《卡尔米德》也没有进一步解释这两个教诲。但是,柏拉图赋予其对话的时间编排表明,在设定在《卡尔米德》几周之后的《王制》中,亦即在另一部关于苏格拉底回返的对话中,能够发现这两个教诲。

5　脱去卡尔米德灵魂的外衣(157d-162b)

苏格拉底恭维卡尔米德,赞其家世是"这里的任何人"都不太可能媲美的(157d-158b),[1]由此为他的审查设定了条件:[170]如果卡尔

---

① 苏格拉底私下并未赞美阿尔喀比亚德拥有比卡尔米德更辉煌的家世(《阿尔喀比亚德前篇》103a,104a-b,121a-124b)。苏格拉底在描述卡尔米德父系一方的非凡时,暗自把克里提阿算在内:克里提阿和卡尔米德的祖父是同一位,也叫克里提阿。苏格拉底提到阿纳克芮翁(Anacreon)、梭伦(Solon)对卡尔米德父系的赞美,举出了"美、德性以及其他所谓的幸福"(157e;另见《蒂迈欧》20e)。对于卡尔米德的母系,苏格拉底只举出了对卡尔米德的叔叔、曾造访波斯大王的毕里兰佩(Pyrilampes)的赞美(柏拉图的母亲佩里克提涅[Perictione]的第二任丈夫)——这一赞美不是为毕里兰佩的出使,而是为他的美和身材,即苏格拉底已经在卡尔米德身上注意到的品质。

米德的确拥有据克里提阿说他拥有的明智,苏格拉底就能跳过咒语,直接用药;如果不然,苏格拉底就不得不教授他那会产生明智的咒语。苏格拉底再次修正了他在爱欲激起的困惑中脱口而出的说法:如果明智已经临在,咒语就不是和药"同时"使用,而是完全多余的——苏格拉底现在试图借由明智发现哲学在雅典的状况,这一策略要求这一修正。"请你本人告诉我,你是同意[克里提阿]的说法,说你已经拥有足够的明智,还是说你欠缺明智?"(158c)对于他的医生的请求,卡尔米德既情愿又不情愿做出回应;他先是脸红起来,然后才说话。他的言辞拒绝给出答案,但他的脸红——自我意识和羞耻无意的迸发——为他本人作出了回答:他认为自己拥有明智,但他知道,说自己拥有明智并不适宜,亦即 un-σώφρων。① 苏格拉底赞许他的脸红:脸红使他"看上去要更美,因为他这个年纪正适合害羞(αἰσχυντηλόν)"——他的脸红表明他拥有他将界定的那一种明智。苏格拉底也赞许卡尔米德拒绝给出答案的话,这些"并非不高贵的"话断言,宣称拥有或缺少明智都不合理。说他缺少明智会有些奇怪,因为他将贬低自己,此外,这也将证明,说他拥有明智的监护人和其他人说谎。如果他说自己拥有明智,"兴许会显得让人反感"——显得像是抬高自己,尽管其他所有人都愿意抬高他。苏格拉底很宽容,并没强迫卡尔米德"说你不愿说的话"(158e),苏格拉底认识到,卡尔米德非常不愿意说出他的脸红所透露的他的想法。苏格拉底提出,他们要通过探究他认为明智是什么,来一起探讨他是否获得了明智。

卡尔米德的第一次定义:明智是得体

苏格拉底说,如果明智呈现在卡尔米德身上,他将能够提出关于它的某个意见,因为明智的临在会提供某种[171]知觉,基于这种知觉,会形成一个意见并能将这一意见说出来(159a):苏格拉底从一开始就把明智当做一种自我认识。卡尔米德能够说希腊语,所以他也就能够

---

① 伯纳德特注意到,在由苏格拉底叙述的所有六部对话中,也仅仅在这些对话中,才有人脸红(《情节的论证》,页205):《普罗塔戈拉》中的希珀克拉底(312a);《王制》中的忒拉绪马霍斯(350d);《情敌》中的一个男孩(134b);《欧绪德谟》中的克莱尼阿斯(Kleinias)和狄奥尼索多若斯(Dionysodorus)(275d,297a);《吕西斯》中的希波塔雷脸红得厉害(Hippothales),吕西斯也脸红(213d)。

说:通过审查自己,他对明智的意见是什么。卡尔米德的第一个答案是
ἡσυχία(159b),一种安静或得体(decorum),①尽管这一答案最初显示出
自我审查,但它最终来自卡尔米德在学说希腊语时学到的内容:苏格拉
底随即把这一答案等同于"他们说的"。卡尔米德的第一个回答一开
始就表明,他完全吸收了他们所说的话,而且他外在的得体——他静静
地走路,尽管造成了大家的不得体——完全是对公共意见的尊重。卡
尔米德的自我,以及他的明智,似乎是他的公共身份的产物;由此,他的
"自我"认识只能够以转述"他们说的"话的形式呈现。卡尔米德似乎
感觉到,他脸红的发热是明智在他身上临在的表现:他往自己里面看,
发现他的脸红确认了"他们说的"。苏格拉底表现得像是认为一个人
首先感知,然后形成意见,最终说出来。但这一次序在卡尔米德那里却
颠倒过来:首先是他们说的话,然后他将之内化为自己的意见,然后他
在脸红的发热中感到了这一意见的临在。

　　明智是得体吗? 苏格拉底说,明智属于那些美的东西,但他以许多
例子——非常缓慢地——说服卡尔米德,身体和灵魂方面的东西在快
速和敏捷地完成时似乎更美,因此,明智不可能是不美的安静和缓慢,
尽管安静和缓慢与得体相关联(160b)。因为,如果明智始终是美的,
而得体并不始终是美的,明智便不是得体。不过,苏格拉底的结论
(160c-d)承认,某些美的东西是安静的和缓慢的,由此保留了这一可
能性:"他们说的"那种明智属于那些安静和缓慢的美的东西。更重要
的是,他的结论指向了一种既快又敏捷的明智。一种既快又猛烈的明
智,一种不得体(indecorous)的明智会是什么呢? 苏格拉底的例子集中
在学习上,集中于学习、回忆、理解、思考、做出发现时的快。他的例子
表明,他正在实践他的一个意图:审查这个在他离开期间长成的美人是
否拥有从事哲学所必需的心灵品质,这个美人能够变成"智慧的"吗?

卡尔米德的第二次定义:明智是羞耻感

　　[172]"再来一次",苏格拉底第一次这么说(160d;另两次见163d,
167a),回到我最初告诉你做的事情:往自己里面看,从自己里面寻找答

---

　　① *ἡσυχία*(镇定,安静,平静)是这样一种人的品质:他从容不迫,反映出他相对的自
足和缺少需要。Decorum 似乎比通常的 quietness[安静]更接近它的意思。

案,因为,如果它在你里面,你就能感知并说出它。苏格拉底告诉他的听众,卡尔米德的确往自己里面看,的确勇敢地说出了他在那里发现的东西:他发现明智是$ai\delta\omega\varsigma$,一种羞耻感或谦虚,亦即感到有些东西会使一个人脸红,如果其他人看到这个人拥有它们或做了它们。苏格拉底先确保卡尔米德同意明智既美又好,之后就快速驳斥了这第二个答案。他的驳斥是通过单独引用一个权威的说法:"荷马说:'对于一个乞讨者,羞耻心不是好品格',你难道不相信他说得妙么?"(见《奥德赛》17.347)$ai\delta\omega\varsigma$的好和不好取决于一个人的品性和境遇,因此不能够用来界定完全好的明智,同意这一点的卡尔米德放弃了他的第二个定义。但他放弃这一定义,正是出于他的定义所假定的羞耻感,因为,反驳他们认为智慧的荷马是可耻之事。卡尔米德展示了他的第二个定义,即便他拒绝了这一定义,这再次表明,他实际拥有的明智在多大程度上是他人的言辞对他心灵最深处的"殖民"。

卡尔米德的头两个答案非常恰切,因为它们连接起了他似乎的确拥有的传统的明智最基本的内外两种品质。不论他有否认识到这一点,他自己外在的得体是他内在的羞耻感的产物,此外,尽管他诚实的内省察觉到了内在的羞耻感,它却很可能并没向他揭示出,这一羞耻感正是以他学习希腊语的方式在他身上扎根的:他通过学习同胞们的习俗而不自觉地吸收了这一羞耻感。卡尔米德得体的答案脱去了他的衣服,揭示出他没有摆脱习俗,也很可能永远不会摆脱。随着他充满$ai\delta\omega\varsigma$的屈服,他直接服从了荷马的权威,或者服从了苏格拉底所呈现的荷马的权威:他没有快速地反驳说,说这番话的不是荷马而是特勒马库斯,而且特勒马库斯这么说是在建议一个乞丐,而且$ai\delta\omega\varsigma$尽管对一个乞丐是不好的,但可能对他本人和每个像他一样的人是好的。卡尔米德试图完全摆脱这一论证,他没有想着怎样来反驳苏格拉底通过一个文本证据进行的极其简单的反驳,而是自动提出了第三个定义,希望将苏格拉底令人尴尬的审查从他自己身上引开,转向他获得这一定义的来源,亦即他的监护人克里提阿。

[173]苏格拉底对荷马的援用不只是对卡尔米德第二个定义的快速反驳。《卡尔米德》仅在此处提到并明确引用了荷马,而且,苏格拉底的引文强化了苏格拉底在《卡尔米德》开头的话给人的印象:他回到

雅典就如奥德修斯回到伊塔卡。因为这句话出自特勒马库斯之口，时在奥德修斯向他表明身份后的第二天，当时他依然是唯一的知情人。无人认出奥德修斯扮成一个乞丐，独自坐在他的宫苑的门口。特勒马库斯把欧迈奥斯叫来，让他把吃的送给乞丐，并吩咐乞丐向求婚人乞求更多东西，"因为αἰδώς对于一个有需要的人不好"。① 至今唯一获允认出奥德修斯的人对返乡的奥德修斯给出了这一建议，这一建议告诉奥德修斯他早已清楚的一点，即他不能冒着被任何其他人认出的危险：这位公正的王应当不断乞讨，因为他有一个强悍的计划要完成，因而依然是一个有需要的人，而αἰδώς对一个有需要的人不好。在《卡尔米德》中，这番建议由苏格拉底说了出来；可以把"荷马的"话当成苏格拉底对自己的建议，因为他也在远游之后刚刚回来，而且他在某种程度上也是一个有需要的人：像奥德修斯一样，他在外期间学会了某种最重要的东西；像奥德修斯一样，他现在试图了解他回来后家中的状况；像奥德修斯一样，他将不得不依据他在外和在家中所学的东西来行动，以便在他回到的那些人中间建立某种新的东西。αἰδώς或习俗性的明智对一个像苏格拉底这样有需要的人不好；像奥德修斯那样，他必须不知羞耻，必须偷偷摸摸，必须看上去远远不如他所是的那样，因为，实现他回来后的目的要求不能让人认出他是谁。苏格拉底回来后的计划正如奥德修斯的计划，这一计划要求运用各种各样的计谋，其中不排除引用荷马以表明他自己的使命。

卡尔米德的第三次定义：明智是做自己的事

卡尔米德的第三个定义不同于前两个定义，是由他自动提出来的。不过，他想要考察的不是这一定义，而是"在你看来说这话的人说的是否正确"（162b）。卡尔米德[174]已经做了充分的自我审查，他想将注意力从他自己转向说这话的人。此外，他让苏格拉底"探讨关于明智

① 欧迈奥斯几乎原封不动地重复了特勒马库斯吩咐他说的话（行352）；稍后，佩涅洛佩对乞丐说了类似的话（行578）。就《奥德赛》本身而言，特勒马库斯的建议带有某种反讽：几周前，年轻的特勒马库斯还笨口拙舌，不敢与涅斯托尔（Nestor）说话，他告诉门托尔—雅典娜（Mentor-Athena）说，"年轻人向长者询问难免会感到羞怯（αἰδώς）"（《奥德赛》3.23–24）。拜访过涅斯托尔、梅涅拉奥斯（Menelaus）和海伦（Helen）之后，他现在成熟起来了，他发现自己能够向他伟大的父亲提出这一建议。

的这一说法,说说你的看法"。卡尔米德并不想让自己的看法得到审查:让苏格拉底说说他对另外某个人的看法的看法。卡尔米德说,他"刚刚回想起,我曾经听某人说过,明智是做自己的事"。苏格拉底很清楚,"某人"就是坐在卡尔米德旁边的人:"你是听这位克里提阿或另一位智慧者讲的。"克里提阿立即否认说:"应该是听别人讲的,因为绝不是听我讲的。"当然是听他讲的,正如下文表明的那样:苏格拉底认识到,他本人在奔赴波提岱亚之前留下的智言,实际已由克里提阿传播给了其美貌的被监护人。讨论了卡尔米德的习俗性定义后,苏格拉底现在能够开始发现哲学——他的哲学——在雅典的状况。卡尔米德向苏格拉底重复苏格拉底自己的话,以之作为他最后给出的定义,而苏格拉底的第一反应是"坏小子!"(Wretch!)苏格拉底将做出的发现确证了这一反应。当苏格拉底审查克里提阿最后给出的定义时(174b),他最后一次听到他自己的话被重复,他会再次说到"坏小子!"——事实表明,无论卡尔米德还是克里提阿,都不是苏格拉底关于明智的教诲的合格传播者。

卡尔米德试图将注意力从自己身上移开,这促使苏格拉底说,卡尔米德是听克里提阿或另一位智慧者讲的这话。"我听什么人讲的,这有什么关系吗?"卡尔米德问——他相信自己从荷马那里听到的每句话,即便这话是由特勒马库斯说的。"没有关系,"苏格拉底回答说,"因为,应当探讨的根本不是谁说了这话"——说这话的人这样说——"而是这话说得是否真实。"说这话的人说,这话"像是一句谜语"(161c)。卡尔米德觉得苏格拉底的话像是谜语,因为他问,什么使得这话像是一句谜语呢?打谜人回答说:"因为,他说明智是做自己的事时,这说法一定没有道出他心中所想。"(161d)苏格拉底明确说,像他这样的打谜人故意避免以谜面道出心中的想法——但这同样是一句谜语,因为,如果一个打谜人的话是智慧的,他的话就必须设法显明他心中的想法,并指引听者发现他心中所想。苏格拉底刚刚搞清楚他自己在去往波提岱亚之前的言论属于哪类。在克里提阿对此类言论的一系列重述的一开头,苏格拉底说,这些话是别有用意的谜语,任何人想要理解它们都必须共同努力洞察一位智慧者在编制这些谜语时心中的想法。① ［175］与卡尔米德的声言相反但与他的实践一致的是,这句话来自谁终究有些关系;如果来自一个智慧者,那么就值得设法解开谜面,发现打谜人心中的想法。②

《卡尔米德》援引了一连串谜语,对于打谜人心中的想法,苏格拉底即刻给出了一个几乎难以置信的暗示。他通过一些例证来引领卡尔米德,这些例证是对"做自己的事"极端字面性的解释:从一个文法老师仅仅写和读自己的名字,经由治病、盖房和编织的技艺,最终提出这一问题,即,如果一个城邦立法规定每一个公民必须制造和做自己的东西,比如织和洗自己的衣物、造自己的鞋子,这个城邦是否会治理得好(161d-e)。与"做自己的事"相反的是"爱管闲事"(meddling):写别人的名字,或者碰他人的东西(在城邦的例证中)。卡尔米德同意,明智不可能意味着这种严格意义上的"做自己的事",因为,尽管由明智来治理的城邦才治理得好,但城邦不可能依这一字面的方式践行"做自己的事"。苏格拉底的谜语,"明智是做自己的事",究竟表达了他的什么想法? 他的例证暗示,智慧的教师和智慧的法爱管闲事(meddle)——智慧者做他自己的事,是通过干预他人的事,智慧者爱管闲事或碰其他人的东西,可能显得最为不节制或 un-σωφροσύνη,但这才是真正的节制。这可能就是打谜者心中的想法,但苏格拉底没有径直停留于这一可能性:在与克里提阿的论辩中,他会以"治理得好的城邦"的论题作结(171e),并对他心中的想法暗示一个类似的推断。

苏格拉底再次询问卡尔米德,是谁对他说"明智是做自己的事":"难道你是听哪个傻瓜说的,卡尔米德?"(162b)"绝不可能,"卡尔米德说,"因为他[176]曾被认为极为智慧。"原作者于是声称:"依我看,他

---

① 在这一论证的结尾(162b-c),以及在克里提阿声称已经解开德尔斐的谜语时(164e),"解谜"再次变得明确。

② 希腊智者对谜语的使用,见 Kingsley,《古代哲学、秘仪和巫术》(*Ancient Philosophy, Mystery, and Magic*),第四章"谜语"。Kingsley 指出,恩培多克勒(Empedocles)广泛使用了谜语,其中包括用荷马笔下单个的、特有的语词来暗示极端的结论。比如,关于诸神,恩培多克勒用的"光亮"和"给予生命"(Diels 残篇 6)让人推论说,"宙斯"完全就是气,或"赫拉"完全就是土(Kingsley,页 42-45)。Kingsley 将对谜语的使用描绘成"拐弯抹角的艺术……间接言说的艺术:暗示的艺术,意在言外的艺术"(页 43,见页 52)。Kingsley 也提到"柏拉图……看似不经意实则深思熟虑的拐弯抹角的艺术"(页 129)。

是打了一个谜语,因为他意识到,难以认识($\gamma\nu\tilde{\omega}\nu\alpha\iota$)'做自己的事'究竟是什么意思。"(162b)"兴许吧,"卡尔米德说,完全不确定他所认为的作者是否打了个谜语。但是,苏格拉底现在挑明,至少卡尔米德不知道这句话的意思:"那么,'做自己的事'究竟会是什么意思呢?你能说说吗?""我不知道,宙斯在上!"①卡尔米德回答说,而且他丝毫没有想要知道的倾向,因为他又补充了一句风趣又聪明的话,旨在结束对他的审查,把审查转向他所认为的作者那里:"但是,兴许没什么妨碍说这话的人也根本不知道自己心中所想。"卡尔米德巧妙地暗示,告诉他这句话的人可能和他自己一样无知;这展示了他自己的头脑和洞见:他非常了解他那位大名鼎鼎的监护人,所以他设想归之于监护人的无知会刺激监护人捍卫他自己的话。"说着这些,他微微笑,看着克里提阿"——卡尔米德将他美的视线从苏格拉底身上移开,转向坐在他另一边的克里提阿。他看着克里提阿,也就是仰赖(look to)克里提阿——被监护人已经刺激他的监护人把他救出困境。

卡尔米德已经被脱去衣服:他有普通意义上的明智——举止得体,拥有羞耻感。此外,他完全没有要审查明智的这一定义的倾向——这一定义有着智慧的甚或谜一样的表述,经由克里提阿从苏格拉底传到了他这里。对卡尔米德来说,这一定义完全是谜语,尽管举止得体并有羞耻感的他做他自己的事,做他这个年龄和身份的男孩该做的事。不过,在更深层的含义上,卡尔米德并没有做他自己的事:为了把审查从自己身上转移开,他引入了"做自己的事"这一定义,他由此表明,在他的举止得体和羞耻感之下,他做他自己的事不是靠他自己,而仅仅是通过吸纳其他人的事。他接受的是对习俗性明智的教育,所以他拒绝这一谜样的定义,尽管这一定义有望阐明他的教育在他身上留下的印迹;他不自觉地暗示,他将永远做其他人的事,不论是习俗性的事,还是对他拥有权威的人的事。第一个说出苏格拉底所说的"做自己的事"的人表明,这话与他没有干系,他仅仅是从克里提阿那里听到,他既不理解,也没感到有任何理解的必要。苏格拉底对卡尔米德的审查的结尾

① 这里的"知道"是 $o\tilde{\iota}\delta\alpha$,此词先前用于苏格拉底"知道"卡尔米德(154a-b)。其词根是 $\epsilon\tilde{\iota}\delta\epsilon\nu\alpha\iota$,意为"看",因此也即"一个人看到一个人知道的东西"(Liddell,Scott,Jones,*Greek-English Lexicon*[LSJ])。

为他回答了他在审查一开始提出的问题：[177]卡尔米德认为自己拥有足够的明智，而且他的确拥有——必须要节制（σώφρων），但并不一定要智慧地（wisely）节制（158c）。貌美的卡尔米德将永远做他人的事，尤其是他现在和未来的监护人的事；脱去衣服的卡尔米德注定一直要做他的堂兄的监护对象，直到公元前403年他们一起死去。

就在卡尔米德放弃并让苏格拉底转向探究克里提阿之前，苏格拉底给予他必要的激励，以便让他继续追问最初的打谜人说明智是"做自己的事"时心中的想法。这一观点的作者告诉卡尔米德，他确定作者把这一观点当成谜语提出来的理由：他意识到，"难以认识（γνῶναι）'做自己的事'究竟什么意思"（162b）。这一陈述包含着对于继续探讨而言必不可少的语词：要真正地做自己的事，一个人必须认识自己的事，必须认识自己和专属于这样一个自己的事；一个人必须拥有自我认识（self-knowledge）——而这是困难的。① 苏格拉底把卡尔米德推向这一艰难的"认识"任务，但这要求回应者自愿，而卡尔米德并不情愿。与年轻人的倾向相配的是，卡尔米德对自己的地位持有一种未经审查的理解；从习俗性的理解转向非习俗性的或苏格拉底式的理解，需要有一种激情来认识习俗性理解中暗含着什么，而卡尔米德表明自己缺乏这一激情。

如果一开始就将"做自己的事"作为明智的定义提出来，则会显得没那么像谜语了，因为，理当首先探究卡尔米德所体现的那种自然的明智。卡尔米德的三个定义是一个自然的演进：从未经审查的习俗亦即规定性的或道德的行为出发，得出关于那一行为的普遍性结论，也是这场探究的第一个普遍性结论。但卡尔米德不愿意探究"做自己的事"。这不是他自己的事；他将与哲学无关。因此，苏格拉底也将与他无关。不过，不仅仅是卡尔米德的不愿继续探讨促使苏格拉底说他更乐意与克里提阿讨论（162e）：如果苏格拉底要了解哲学在雅典的状况，他必须丢下他离开期间变得最美的年轻人，审问在他离开期间传播他的"谜语"的那个人。以谜语的形式传达智慧者本人所致力于认识的和

---

① 苏格拉底此处所用的γνώσκειν指"认识"意义上的"知道"（know），或"获得关于什么的知识"（LSJ）。此词的变形从一开始就出现了：苏格拉底说，摔跤场中的人们有些"不认识（ἀγνῶτας），但大多数人都认识（γνωρίμους）"（153a）。

实际认识的东西,此乃智慧之举。诉诸谜语,将诱使未来的解谜人努力
[178]认识难以认识的东西,并验证他们是否有能力做出这一努力。
而卡尔米德甚至不愿意开始。

克里提阿呢? 苏格拉底对卡尔米德的审查结束于作者(author-
ship)与所有者(ownership)的问题。明智是"做自己的事"——谁是这
一观点的作者,他拥有这一观点吗? 当卡尔米德假定作者就是告诉他
这一观点的人时,他无意间泄露,克里提阿伪称"做自己的事"这一定
义属于他自己。无怪乎克里提阿生气了:当着这一观点真正的作者的
面,他的被监护人表明他伪称属于作者的东西属于他自己。卡尔米德
从谁那里得到的这一定义? 不是我,克里提阿说(161b-c)。他在说
谎,但他也没得选择。骄傲的克里提阿——整出戏自信的创始者——
遇到的这一棘手的开头表明,他对"做自己的事"的解谜不太可能是原
初的打谜人的意思——这位打谜人甚至现在并不拥有本来属于他自己
的东西。

6　克里提阿从苏格拉底那里接受了什么
　　以及打谜者心中的想法(162c-166c)

苏格拉底的两拨听众——摔跤场中的人们和听他讲述的听众——
现在听到了克里提阿对明智的一系列定义。没有一个定义是克里提阿
自己的,这些定义都是他在苏格拉底远赴波提岱亚之前从苏格拉底那
里接受过来的。每个定义现在的出现,都是因为苏格拉底控制着谈话,
并刺激克里提阿用从他那里接受的其他说法来解释卡尔米德引入的定
义——明智是做自己的事。克里提阿在苏格拉底的刺激下提出的定义
更迭得极快,而且未加说明:苏格拉底和克里提阿完全熟悉这些定义,
他们根本没想到要向在场的其他人阐明。就他们的交谈而言,其他人
的在场仅仅体现于他们强加于两人的某种限制,使两人意识到各自必
须要说"谜语"。从这时开始,对话变得激烈而难解,因为对话以一种
极简的方式展开,直到苏格拉底离开之前,与他相熟的那些人才熟悉了
这种简略。那位听众也熟悉苏格拉底的观点吗? 若不,那他就像柏拉

图《卡尔米德》的任何读者一样,必须要留意苏格拉底的言辞,才能理解苏格拉底对克里提阿的审察的种种精妙。

当苏格拉底叙述从卡尔米德到克里提阿的过渡时,他转向他的听众,解释了所发生的事,并描绘了克里提阿的性格(162c-d)。他显然一直在观察克里提阿——他的视线只要绕过卡尔米德就能轻易地做到这一点——[179]而且他早就清楚,克里提阿急于加入竞赛,因为他好斗并渴望赢得荣誉。在解释由克里提阿所导演并在他面前展开的这出戏时,苏格拉底说出了明眼人都能看出的推论:卡尔米德从克里提阿那里得到了"做自己的事"这一答案。他还明确地说,卡尔米德并不愿阐述这一观点,而想要克里提阿来,于是"不断撩拨他,表明自己已经被抓到漏洞(caught out)"。克里提阿不能再否认卡尔米德的定义来自于他;由于卡尔米德让人犯难的漠然,他现在必须加入他自己的戏剧,以保卫他传给卡尔米德的定义。

苏格拉底对克里提阿的描绘度量了他的明智:克里提阿之前勉强克制住了自己,最终却也按捺不住。他失控的原因在于,卡尔米德说自己已经"被抓到漏洞"。① 克里提阿"不能忍受这一点",苏格拉底说,并说明了原因:"在我看来,他[对卡尔米德]有些愤怒,就像诗人对待把自己的诗诵砸了的演员那样。"(162d)克里提阿是诗人,他的确是一个著名的诗人,他将书写由演员们表演的戏剧诗;②在这里,他刚刚发起了一折戏,而他的一位演员把他的诗诵砸了——并表明他是个成问题的监护人。克里提阿的愤怒是激情第三次揭示性的暴发,这次暴发展示了某种不由自主(involuntary)以及每个人处理激情的方式。苏格拉底被爱欲点燃,但能控制爱欲,他仅仅向他的听众展示他的爱欲。卡尔米德因羞耻而脸红,这展示了他想要隐藏的激情。克里提阿被愤怒

---

① Tarrant 认为,ἐξεληλεγμένος(在《卡尔米德》中仅见于此处)的意思不可能是受到反驳(refuted),而只能是被抓到漏洞(caught out)。见 Tarrant,《命名〈卡尔米德〉中苏格拉底的审问》("Naming Socratic Interrogation in Charmides"),页 255。对克里提阿而言,问题更多的关乎尊严而不是逻辑:卡尔米德的无知表明,他"被抓到漏洞"。

② 关于克里提阿的名气,见 Sprague,《老派智术师》(Older Sophists),页 241-249;Dillon/Gergel,《希腊智术师》(Greek Sophists),页 217-233。

占据,并斥责他的监护对象没有把他的诗诵好。① 但他的"诗",就像接下来的其他说法一样,是苏格拉底写的,他不过是诵演者:苏格拉底会如何回应,如果一个演员把他的话诵砸了? 卡尔米德的诵演使克里提阿感到不可控制的愤怒,但克里提阿的诵演——他误以为自己在复述原作者心中的想法——并未激起苏格拉底的愤怒,反而为苏格拉底提供了一个学习的机会,促使他准备更有效的言辞。

[180]克里提阿不由自主地屈从于愤怒,但由于他"爱荣誉"(162c2),渴望在卡尔米德和其他人面前赢得荣誉,他对卡尔米德的斥责便有所克制。不过,他的斥责还是使苏格拉底得以声援年轻的卡尔米德,在卡尔米德的监护人面前成为卡尔米德的辩护者:"他这个年纪不知道可一点都不奇怪。可你呢,凭你的年纪和你付出的关心,你当然很可能知道。"(162d-e)苏格拉底轻松地认识到,十七岁的卡尔米德对监护人的话并没付出过关心,他赞美三十岁的克里提阿付出的关心,这只会坚定克里提阿的这一执见:他知道苏格拉底在说这些话时心中的想法。经过这番准备,苏格拉底便邀请克里提阿"接手论证",因为是他教导了卡尔米德明智是"做自己的事",而且他认为自己知道这句话的意思。"我会高兴得多地跟你一起探讨这个说法是否真实。"(162e)通过筹划审查这位富有抱负和理智、关心苏格拉底观点的成年人,苏格拉底审查了他回来时他的哲学在雅典的状况。

克里提阿的第一个定义:明智是做自己的事②

苏格拉底首先重述了击败卡尔米德的论点:"做自己的事"完全禁止做别人的事(161d-e)。他巧妙的提问引出了克里提阿将要提出的

---

① Levine 描述了克里提阿愤怒的理由:他担保卡尔米德具有哲学能力,而刚刚事实表明他判断错误;他并不认识他的监护对象;他做"自己的事",做他作为监护人的事,做的怎样呢? 见氏著,《〈卡尔米德〉义疏》,页 150-154。

② 在波提岱亚之前,苏格拉底对阿尔喀比亚德的私密教导也包括了"做自己的事"。苏格拉底在那里将"做自己的事"与正义联系起来,并迫使阿尔喀比亚德承认自己不知道苏格拉底什么意思(《阿尔喀比亚德前篇》127a-d,参见 116e)。将《阿尔喀比亚德》前后篇与《卡尔米德》比较,提供了重要线索来理解苏格拉底在波提岱亚之前教导最好的雅典青年的方式。《阿尔喀比亚德》前后篇暗示,政治人阿尔喀比亚德与智识人克里提阿之间的差别规定了苏格拉底试图教导他们的不同方式。柏拉图的作品从未展现苏格拉底对克里提阿私下的教导。

一个区分——因为苏格拉底引入并三次重复了 ποιεῖν［制作］一词（162e
-163a），并立即转向了 πράττειν 一词，"做自己的事"和"做别人的事"
（163a）。克里提阿对这一定义的辩护区分了苏格拉底刚刚混用的两
个词。但他首先引入了劳作（working），视之为做的同义词，因为他的
辩护需要援用赫西俄德的一个名句："劳作不是耻辱"（赫西俄德，《劳
作与时日》，行311）。作为明晓智慧者赫西俄德观点的解释者，克里提
阿说自己不同意苏格拉底刚才的话。他宣称，赫西俄德会认为［181］
（就像贵族派的克里提阿所认为的那样），"当制鞋匠、咸鱼贩或妓女是
羞耻"——苏格拉底曾用制鞋为例说明，在一个人人都做自己的事的
城邦中每个人会做什么（161e）。克里提阿接着宣称，赫西俄德区分了
"制作"（ποιεῖν）与"做"（πράττειν）或"劳作"（ἐργάζεσθαι）：做或劳作是那
类会产生与 καλόν［美］相一致的东西的制作（163c2），而制作可以包括
耻辱的东西。① 从赫西俄德那里，克里提阿得出的"做自己的事"的首
要标准是 καλόν［美］，但他以赫西俄德之名补充了第二个标准："有益"
（ὠφέλιμος，163c3）。克里提阿对"制作"与"做"的显著区分有些掩盖了
他对于这一标准更重要的宣称：他说，应该说赫西俄德认为唯有美和有
益的东西是"自家的"（kindred to oneself）或自己的，而"一切有害的东
西都是别人的"（163c）。那么，有害的东西就是他人的美［καλόν］和有
益，就是他人的利益。不仅赫西俄德教授了这一点，除了赫西俄德，
"其他任何睿智的人（φρόνιμος）都把做自己事情的人"——做美的和有
益的事，同时不做符合他人利益的事来伤害自己——"称作明智的
（σώφρων）"。克里提阿借助赫西俄德和所有智慧者的传统权威，把传
统的德性"明智"解释成对他人利益愚蠢的服务，把智慧的实践解释成
对个人利益聪明的、清醒的追求。② 对普遍的自我主义（egoism）的洞察
使克里提阿陷入了一种私己的、算计的自我主义。

　　克里提阿的第一次大段发言值得细思。它暗示却没有明确说出一
个有关人类行为的综合性教诲：人们的行为都是出于自己所认为的个

---

　　① 换成英文，克里提阿的论证不可避免地会失去中心，因为英文不能以单独一个
词复制 καλός 的多重含义：美，高贵，正确，好——混合了美学的、目的论的和道德的判断。
任何一个英文词都会掩盖其他含义，所以我在讨论这一论证时直接把 καλόν 转写。

　　② 参见 Levine，《〈卡尔米德〉义疏》，页160。

人利益;对这一事实的洞察,也即关于人类行为的智慧,促使个人自觉地追求自己的利益。如果克里提阿的发言暗含着这样的洞察和行为,那么,这段发言本身就证实了他的修辞才能:他意识到需要讲并不完全表达他内心想法的谜语,而且他能够讲谜语。他能够向苏格拉底传达他的意思,又不会在满是卡尔米德的狂热爱人的摔跤场中公开讲出冒犯性的真理——这不符合他的利益。如果克里提阿这样言说,那么苏格拉底又会怎样言说呢?这段发言提醒听者和读者注意下面整场交谈的一个特征:谜一样的简略(riddling shorthand),[182]因为对话者清楚自己在玩火。那些历时性地研读苏格拉底的人对此并不感到惊讶:苏格拉底登上《普罗塔戈拉》的舞台,是为修正普罗塔戈拉有失谨慎的隐微,并帮助他向智慧者学习希腊的整个智慧传统具有的简洁的隐微(esoteric economy)。

克里提阿对赫西俄德的解释是否出自苏格拉底?他想起赫西俄德的名句是通过苏格拉底,这一点可在色诺芬那里找到外围的证据。色诺芬记述说,苏格拉底的指控者用这句诗攻击苏格拉底,以表明他如何向自己的学生教授僭政:"指控者说,[苏格拉底]还会挑出那些最著名的诗人们最邪恶的文段,用它们作为证据,教导他的同伴们作恶和掌握僭政——比如赫西俄德的诗句:'劳作不是耻辱,懒散才是耻辱。'"(《回忆苏格拉底》I. 2. 56-57)克里提阿说他"从赫西俄德那里学到"的内容,似乎开始于他认为苏格拉底教导他从赫西俄德那里学到的内容;他似乎认为,苏格拉底本人在暗示,有理智者的行为自觉地以个人利益为目的,因为所有人的行为都暗自以个人利益为目的。在提出对赫西俄德的解释时,克里提阿甚至可能相信,苏格拉底听到自己旧日的伙伴这么理解自己,一定会很高兴。

苏格拉底先回应说:"克里提阿哟,你一开口,我几乎立即就明白了你的意思。"这暗示,他至少是引用赫西俄德的源头。但两人的区别还是有的。克里提阿在列举耻辱的劳作时带有贵族派的嘲讽,他在制鞋的例证上与苏格拉底明显不一致,这都表明他的例证至少不是来自苏格拉底。他的论证的核心——"美"和"有益"的判断标准——又如何呢?苏格拉底立即引入了一个新词,在指出他几乎从一开始就理解克里提阿的话之后,他说:"你称那些自家的和自己的东西是好的,还

称制作好东西才是'做'。"(163d)不对,克里提阿刚才称这类东西是美
的和有用的。苏格拉底用好替换了美和有用,这预示着两人的根本差
异就在于他们各自不同的关于好的观念。但这一点只会渐次显现
出来。

苏格拉底重点强调了克里提阿对制作与做的区分,他在此提到了
他对普洛狄科的了解:他也听过普洛狄科及其"对名称的上万个区分"
(163d)。他显然吸取了这一经验,因为他让克里提阿[183]"确立每个
名称,不论你想以什么方式",同时提出一个要求:"只是请你阐明,你
说这个名称时你是在指什么。"但他并未到此为止;他通过限定下一个
定义具体表明了他的意思。"现在再来一次,请从头更清楚地界定。"
这是对话中第二次或中心的再来一次(back again),但苏格拉底没有任
凭他的对话者再来一次,而是自己给出了一个新定义——这样的回返
必须回到他在波提岱亚之前的教诲。苏格拉底刚刚引入"好"来替代
克里提阿作为标准的"美"和"有用":"做或制作好事——随你想怎么
命名,你说明智就是这个?"①

这一陈述使定义发生重要的变化——不论克里提阿选择什么动
词,明智作为自己的事如今不是由美和有用界定,而是由好东西界定。
"没错。"克里提阿的回答只有一个词。苏格拉底说:"那么,做坏事的
人就不明智(σώφρων),做好事的人才明智?"如果苏格拉底刚才说的不
过是克里提阿早就听他说过的内容,那么,克里提阿的反应就是完全自
然的:"最好的人哦,难道你不这样认为吗?"(163e)——是你刚刚给出
了你对明智和"好"的看法,是你刚刚接手了论证,你为什么不说这是
你的观点?"这你别管,"苏格拉底说,"因为我们要探讨的不是我认为
如何,而是你现在怎么说。"不,是你在我离开期间重复了我的话,现在
要探讨的是你;对于我关于明智的这一陈述,你如何理解?

由于如此直接地转入了一个新定义,苏格拉底完全没有审查他就
克里提阿的第一个定义提出的问题:明智的人(σώφρων)要求做自己的
事,"自己的事"的范围是什么? 在做别人的事时,做哪些事算是管闲
事? 更具体地说,考虑到苏格拉底对卡尔米德举的最后一个例子,谁碰

---

① 在与卡尔米德的前两段论辩中,支配性的标准也开始于καλός[美]并转向"好"。

别人的事就会是爱管闲事,谁碰别人的事却会是明智的($\sigma\acute{\omega}\varphi\varrho\omega\nu$)? 在与克里提阿讨论的结尾,苏格拉底会回到这一问题。

克里提阿的第二个定义:明智是做好事

克里提阿重述了苏格拉底所限定的定义,而苏格拉底承认克里提阿的陈述是真实的。但他没有试图就这一定义的内容检验克里提阿;过了许久,当克里提阿最后一次引用他从苏格拉底那里学到的话,而且其中重新出现好和坏时(174b),[184]苏格拉底才做了检验。现在,他的检验只是表明克里提阿对好事情的理解隐含着什么,同时引出第三个定义。不过,在对克里提阿从苏格拉底那里听说的明智的探讨中,这一未经检验的定义代表了必要的一步,因为,就像"做自己的事"一样,它阐明了习俗性明智的一个隐含之意:举止得体和羞耻感不仅暗含着对自己的东西、自己的地位的认识,也暗含着对超越个人地位的道德命令的认识:不论一个人位居什么地位,明智规定了做与自己的地位相适宜的好事情。习俗性的明智暗含着一种应有的关于好的知识。对于习俗性明智的根基,苏格拉底在波提岱亚之前的探讨,是一种道德的谱系学。

苏格拉底先是惊讶,"你是否相信那些明智的人对他们的明智无知"(164a)。"无知"是$\mathring{\alpha}\gamma\nuo\varepsilon\tilde{\iota}\nu$,即没有认识到。苏格拉底再次转向认识(knowing),并再次同时使用了此词的否定和肯定形式,就如他在一开头那样(153a),只不过,他现在的提问是用"不认识"和"认识"来引出克里提阿对于做好事的理解。克里提阿同意,制作别人东西的手艺人也具有明智;利用这一同意,苏格拉底问:"你是否认为一位医生使人恢复健康,就给他自己和他治疗的那个人带来了益处?"(164b)[①]克里提阿同意,这么做的人"做了必需的事(或应做的事)",而且这么做是明智的。"所以医生也必须认识($\gamma\iota\gamma\nu\acute{\omega}\sigma\kappa\varepsilon\iota\nu$)他什么时候治疗有益,什么时候无益?"在允许克里提阿作答之前——这一问题没有明确是对

---

① 苏格拉底不断重复医生,令他们所有人想到他们身处瘟疫泛滥的雅典,并不断提醒他们他声称自己带着一种新医学回到了雅典。苏格拉底最先说到自己对卡尔米德的治疗(156b5),他的疗法是他向扎勒卯克希斯的医生学到的医学(156d5,7,156e4,157b6);对于克里提阿,他最常以医生为例表示一个具有有益的知识的知道者(knower)(164a9,164b7,164c1,170e1,4,170e7,171a4,b5,c5,171c1,2,173b2)。

病人还是对医生还是对两者有益——苏格拉底提了一个更宽泛也更集中的问题:"每个手艺人也必须认识他什么时候会从他从事的劳作中获利(ὀνήσεσθαι),什么时候不会?"克里提阿合理地回答说:"兴许不必。"怎么能指望每个手艺人不仅知道自己的手艺,也知道自己的手艺如何以及何时能带给自己利益呢? 不过,苏格拉底突然转到利益(profit),使获利成了实践者或行事者唯一的动机;他立即回到有益(benefit),并引使克里提阿激烈地否认行事者不认识益处,对利益的限制所余留的效果[185]似乎启示,克里提阿把做好事的利益仅仅限定为行事者的利益。①

但是,苏格拉底像普洛狄科一样的精确用词,不只是暗示克里提阿把做好事解释为以自我为中心的获利。苏格拉底抓住行事者对于利益的一种可能的无知,以其严谨的言辞实际上迫使克里提阿说出了苏格拉底想要他接下来说的话:"有时候,做得有益或有害的医生就不认识自己(γιγνώσκειν ἑαυτὸν)怎么做/行的。"(164c1)②苏格拉底紧接着修正了这一关键词:"有时候那做得有益的人虽然做得明智而且人也明智,却没有认识到自己(ἀγνοεῖ δ᾽ ἑαυτὸν)明智?"(164c)这样的措辞与苏格拉底清楚他曾留给克里提阿的对明智的定义相矛盾——克里提阿下面怎能不说,明智是认识自己呢?

克里提阿的第三个定义:明智是认识自己

在实际重复苏格拉底所提示的话之前,克里提阿着重说明了这一定义之于他的优先性。他宣称,一个人不认识自己明智,"这种情况绝不会发生",假如他至此所说的任何内容必定会引向这一结论:"我宁愿收回这项内容,而且我会毫不羞愧地说自己刚才讲的不对,以免一时承认一个不认识自己的人明智。"(164c-d)克里提阿热爱荣誉,而且很容易受羞耻左右,③但他宁愿毫不羞愧地承认错误,并放弃他之前支持

---

① 像 Levine 一样(我在这里遵照了他令人信服的分析),Tuozzo 强调,苏格拉底揭示出克里提阿的观点是只为行事者寻求益处。《阿波罗的问候》("Greetings from Apollo"),页 298-300。

② 伯纳德特的翻译,见《〈卡尔米德〉解读》,前揭,页 246。

③ 苏格拉底在 162c 把克里提阿描写成"爱荣誉的"。在 169c,苏格拉底明确让他的听众注意这一特征;克里提阿在 161c、162c 干预的方式,以及他在 166c 对苏格拉底的动机的怀疑,也体现出这一特征。

的两个定义,也不愿承认不认识自己的明智的人是明智的。克里提阿刚刚将自己与苏格拉底区别开来。苏格拉底最先就"做自己的事"审查克里提阿,并借由"做好事"把他引向"认识自己"。这些定义相互关联:要真正理解什么是"自己的",一个人必须认识对自己而言的好东西;要认识对自己而言的好东西,一个人就必须认识自己。苏格拉底在把他的诗行交给他的演员时,提供了语词却没有提供[186]关联性的逻辑,而他的演员无意间暴露出了对这一逻辑的无知:这位演员认为自己能够抛弃前两步,并依然保留第三步。

现在可以看出,苏格拉底引使克里提阿提出的定义,不仅代表了苏格拉底在他对习俗性明智的前波提岱亚探讨中所遵循的理路,还代表了在这类探讨中一种哲学的考察自然而然要遵循的理路。苏格拉底首先发现,习俗性道德的基本特征在于两类行为:做与个人的地位或身份相适宜的事情,以及做与这一地位相适宜的好事情。这两类行为预设了两类应有的知识:关于好的知识,以及关于自己的知识。这一探讨从行为转向行为中所预设的知识,如果克里提阿不知道这一探讨的内在逻辑,他如何可能恰当地理解这一探讨所得出的结论呢?他现在的话陈述了他从苏格拉底那里学到的至为重要的东西,但他并没有学到苏格拉底如何以及为何得出了这一结论。

克里提阿以激烈的言辞解释并辩护了第三个定义,这是他最长的发言,恰处于对话的中心,而且显得也是概念上的中心。这段发言既明确了克里提阿的观点,又将他的观点与苏格拉底的观点划分开来。①苏格拉底已经引使克里提阿说自识界定了明智。为了支撑这一定义,克里提阿援引了关于自识的所有论述中最权威的论述,一个超越荷马和赫西俄德的权威——归于神本身的德尔斐神谕:"因为我认为这个东西差不多就是明智:认识自己;而且我赞同在德尔斐立下这样一句铭

---

① Tuozzo 认为这一中心发言与前后文相互连贯,因而具有中心意义(centrality);也即是说,这段话并不像通常被指责的那样,与前面的"道德探究"分道扬镳,出人意料地拐进了"知识论"(《阿波罗的问候》,前揭,页 296-305)——这种误解重复了克里提阿的误解。

文的人。"(164d)①克里提阿说得非常严谨;他从未提到阿波罗,[187]而且把铭文作为他赞同而不是服从的对象来引用。他赞同"那位立下"这一铭文的人,即这一铭文的作者,因为他认为自己知道这位智慧者在立下这句铭文时的想法。立下这句铭文的智慧者"说得非常隐晦,就像占卜者一样"(164e)——克里提阿依循苏格拉底,把智慧者理解为打谜者,而打谜者的话必须要得到解释(162a-b)。智慧的谜语"认识你自己"在智慧的等级上远远超越了德尔斐后来立起的铭文:"勿过度"(Nothing too much)和"为人担保,祸害自找"(Guarantee, and you guarantee disaster),因为这些铭文都只是劝诫,而"认识你自己""立起来就好像它是神对那些来者的问候语"。② 后两句格言是明智通常的意思,它们告诫人们要警惕他们作为人具有的倾向。通过超越这些后来的建议,"认识你自己"以或许与一位神相称的谜样的智慧超越了普通的智慧。神是什么?

克里提阿说,神用"认识你自己"作为问候语"代替Xαῖρε",Xαῖρε是古希腊人之间常用的问候语,意为"快乐"(Rejoice)。"因为'快乐'这

---

① 克里提阿在此重复了苏格拉底的话("认识自己",164c1,164d4),并在结尾再次重复(165b4)。德尔斐铭文写的是 γνῶϑι σαυτόν(165a)。苏格拉底在波提岱亚之前对阿尔喀比亚德的私密教导赋予了德尔斐铭文突出的地位——克里提阿和阿尔喀比亚德都是在前波提岱亚的苏格拉底的引领下来思考德尔斐铭文的。针对阿尔喀比亚德,苏格拉底对"认识你自己"的解释表明,苏格拉底认为阿尔喀比亚德必须要学习什么:"认识你自己"意味着认你实际的敌人是谁,是那些你必须要超克的人,就阿尔喀比亚德而言,是拉栖戴蒙的王们和波斯的大王(《阿尔喀比亚德前篇》124b)。苏格拉底继续向阿尔喀比亚德指出,认识自己、认识自己的东西有多么困难(129a),而且认识自己就是认识自己的灵魂(130e)。131b 和 133c 明确将认识自己说成是σωφροσύνη。苏格拉底对德尔斐铭文的最终解释用到比喻:一只眼睛看另一只眼睛;对阿尔喀比亚德而言,"认识你自己"变成了一种亲密和共享的经验,即看别人的眼睛,看苏格拉底的眼睛,因为苏格拉底刚刚证明了为什么阿尔喀比亚德离不开他(132d-133b)。"认识你自己"出现在柏拉图对话的以下位置:《阿尔喀比亚德前篇》124a,129a,130e,132c-d;《希普帕库斯》228e;《法义》923a;《斐德若》230a;《斐勒布》48c;《普罗塔戈拉》343b;《情敌》138a。

② 在克里提阿在场的《普罗塔戈拉》中,苏格拉底提到了"认识你自己"和"勿过度",视之为由智慧者们在德尔斐"立下"的言简意赅的格言(343b)。希罗多德对赫西俄德和荷马有类似的看法,他认为是这两位诗人为希腊人立下了诸神:"是他们为希腊人创造了诸神的谱系,给诸神起了名字,分配给诸神荣誉和技能,并告诉我们诸神的样子。"(2.53)

一问候语并不对,而且……应该彼此互勉的不是'快乐',而是'明智',"是认识你自己。"因此,神问候那些走进神庙的人的方式有些不同于常人。"克里提阿说。神行问候,而不劝诫;神承认相似性(likeness),而不容忍卓越的劝诫性的节制(moderation)。"认识你自己"通常被解释成"认识你不是神,认识你只是个有死的凡人"。按这一理解,"认识你自己"就是劝诫,意思和"勿过度"一样——它绝不可能是平等者之间的问候,因为神劝诫说:"认识你不是与我平等的。"通过把"认识你自己"变成神的问候,克里提阿接受了立下这句铭文的人的问候并回以问候,他承认自己认识到:立下这句铭文的人让不能说话的诸神说话,因而表现得像一位神。克里提阿认识这人:一位认识自己且认识诸神是什么的人。这人立下谜语作为神对走进神殿的人们的问候,他由此邀请它们的读者认识他所认识的东西,而克里提阿回应他的问候:克里提阿像神一样问候神一样的人。

[188]神是什么?克里提阿暗示,他知道神是一个强大的存在,但神说的话是由享有权威的人们归给神的,没谁比那位说神说"认识你自己"的人更智慧。克里提阿回以问候:他认识立下铭文的人所认识的,并借用这一认识而认识了他自己;他认识到,诸神的劝诫虽然对他人是命令,却与他无关,而且,如果有能力,他完全可以立下他自己的话。克里提阿不仅拥抱了无神论的教诲,还把这一教诲作为一种激励,带他追求唯一存在的那种神性。

面对明察秋毫的苏格拉底,三十岁的克里提阿展示了他未来的职业所应有的才分:他将成为著名的作家,成为雅典所养育的最重要的智术师,并在一段并不得志的政治生活之后最终成了一个著名的僭主。①他虽然只做了几个月的僭主,但这几个月的僭主经历却盖过了他作为作家的数年,给他的作品造成极度的损害:最伟大的雅典智术师的作品少有留存。他留存下来的最长的残篇是英雄西绪弗斯(Sisyphus)的一段四十行的话,读起来就像是对《卡尔米德》中克里提阿对德尔斐铭文

① 通常认为,克里提阿参与了公元前411年的寡头政变,但现存的记载没有提到他的名字;在他的"阿尔喀比亚德颂"(Ode to Alcibiades)中,他说是他提议把阿尔喀比亚德于公元前407年从流放中召回;克里提阿曾被民主制流放,色诺芬以此作为他于公元前404年肆意杀戮他的民主制对手的原因之一(《希腊志》2.3.15)。

的发言的评注。① 无神论的教诲恰当地借由一位因为反抗诸神而被诸神惩罚的英雄之口说出——以作者自己的名义言说这一教诲是不合适的——让一个被诸神惩罚的英雄陈述真实的教诲。克里提阿的西绪弗斯宣称，人类种族的历史有三个阶段。当人类订立了用于惩罚的法律，野兽般的、无秩序的第一个阶段就结束了；不过，正义的统治是不稳定的，因为罪行可能在黑暗中实施并逃脱惩罚。某个"善于谋虑的聪明人"会开创第三个也即最后一个阶段，他会引入一位永生的神，这神能看见黑暗中的一切，甚至能看见人心中的秘密。这一智慧的发明者[189]把天上的一个位置归于诸神，诸神同时是仁爱和恐惧的源泉；他由此"通过法消灭了无法"。

当苏格拉底向一位身份不明的听众叙述《卡尔米德》时，他把克里提阿对德尔斐铭文的解释放在了叙述的中心。这是一个年轻人对无神论教诲谨慎但成功的阐发，这个年轻人将因为受到苏格拉底本人的教导而成为一个著名的智识人。他的话很巧妙；他没有说，"宙斯根本不存在"，因为他知道宙斯是有用的。为了让他的老师为他的成就而骄傲，爱荣誉的克里提阿必须提出这一巧妙的解释，他要向这一解释的原作者展示，他多么好地领会了苏格拉底在奔赴波提岱亚之前对他的教导。但对苏格拉底而言，在对他的哲学在他离开期间的命运令人深省的发现中，克里提阿对"认识你自己"的成功解读必定是个中心事件。因为苏格拉底了解到，由于克里提阿，他关于明智的前波提岱亚教诲变成了一味强调他从诸神治下的解放，以及他为了自己而对唯一余留的一种神性的拥抱。

对于克里提阿对神圣铭文的解读，苏格拉底没有提出任何反驳。在把克里提阿引向下一个定义时，他反而要引导克里提阿揭示出，一位

---

①　恩培里科（Sextus Empiricus）在列举早期希腊的无神论者时引用了这段话，从而将之保存下来（《反自然学家们》[Against the Physicists] I. 48-54）。参见 Dillon/Gergel，《希腊智术师》，"雅典的克里提阿"，页 250-253。有人把这一残篇归于欧里庇得斯，但恩培里科和大多数意见认为出自克里提阿，当代的意见似乎支持传统的观点。参见 Burkert，《古希腊宗教》，页 314-315，他把克里提阿在《西绪弗斯》中的话读作普罗塔戈拉和德谟克利特所发展的无神论教诲的顶峰。关于年轻一代智术师的更极端行为，或智术师在雅典的产物，特别是就克里提阿而言，参见 Forrest，《雅典的代沟》（"Athenian Generation Gap"）；另参 Wallace，《智术师在雅典》（"Sophists in Athens"）。

像克里提阿这样的认识自己的知道者(knower)会感到自由：诸神不在场，他可以像神那样行动，可以通过一种关于诸知识的知识(a knowledge of knowledges)或说关于诸科学的科学(a science of sciences)进行统治，而且是智慧地(knowingly)统治。三十岁的克里提阿摆脱了习俗性的节制，获得了不节制，对于他成熟后的职业——智术师和政治演员——所充分展示的品质，他已经做好了准备。智术师克里提阿实际获得了政治权力后，便把智术列为非法："克里提阿……作为三十僭主的一员，和卡利克勒斯(Charicles)一道成了立法者……他们立法规定，不可教授言说术。"(色诺芬，《回忆苏格拉底》I. 2. 31)这里面没有反讽。克里提阿表现得像是知道掌权者必须采取行动来保护他们的利益一样，防范像他这样的智术师教授隐秘的无神论以及肆意而为的自由。①

克里提阿结束他对德尔斐铭文的解谜时，明确陈述了"我为什么说这一切"(165a)：因为他情愿"放弃"他之前就明智所说的一切，以便把明智清楚地界定为[190]"一个人认识自己"(165b)。"兴许你就那些内容说得更为正确，兴许我更为正确，但我们说的没一点儿算得上清楚"——为了他刚才的发言，克里提阿情愿扔掉他之前所说的所有内容。按克里提阿的理解，"认识你自己"——及其推论，亦即下面的第四个定义——是他从苏格拉底那里学到的核心内容，而且他认为这一内容并不依附于引使苏格拉底得出它的推理过程。通过再次表明他不关心前面的定义与"认识你自己"之间的任何关联，克里提阿展示了自己的一个主要特征：他感兴趣的不是这一探究本身，而是他所认为的一个具有独一无二重要性的孤立的真理；他的目的不是认识，而是利用他认为自己知道的东西来推进自己的某个计划。他不是哲人，但哲人得出的结论并允许他看到的东西对他会很有用处。

克里提阿力挺这一定义，从而挑战苏格拉底，拉开了一个戏剧性的

---

① 如果克里提阿的著作流传下来，对我们而言，柏拉图《卡尔米德》的意蕴一定会比现在更丰富——它一定会像对待希罗多德的著作那样对待克里提阿的著作：以某种方式影射它们，从而使得克里提阿的核心观点显现出来。基于这一假定，《卡尔米德》特别指引我们看到，克里提阿渴望以那些立下神在德尔斐所说的话的人们统治的方式来统治，亦即在他实际的僭政之先渴望精神的统治。

时刻:两人要争夺对下面将要说的内容的控制权。克里提阿向苏格拉底提出了选择:要么同意这一定义,要么他将"为之给出论证"。苏格拉底既不想同意克里提阿,也不想给他机会来运用对德尔斐神谕的怀疑论解读,对"认识你自己"进行炫示性的阐发。苏格拉底通过拖延,不对克里提阿表示任何同意——这一拖延证明是永久的——赢回了对论证的控制权。"你对待我,"①他说,"好像我宣称知道自己所问的东西……哪里是这样啊,正因为我自己不知道,所以才一直跟你一道探询所提出的内容。"(165b-c)苏格拉底并非说谎;他不知道的东西——以及知道自己不知道——将是他与知道者克里提阿之间的主要区分。但苏格拉底一定知道克里提阿知道的一切,特别是克里提阿现在提出的内容,因为他就是最终的源头——克里提阿在陈述下一定义时不耐烦地承认了这一点(166c)。苏格拉底现在所不知道的以及必须继续探究来查明的,是克里提阿是否对他的哲学还做了别的什么。克里提阿自愿接受进一步的探究,因为他为自己所做的感到骄傲,并希望为此受到尊荣。苏格拉底由此确保,克里提阿不会像他所许诺的那样"为之给出论证",即给出无神论的教诲。克里提阿的这一提议必定让苏格拉底感到不妙,因为他们在摔跤场中被认识的和不认识的人包围着。

苏格拉底旧日同伴的激进观点汇集了苏格拉底本人所提示的各种说法,而苏格拉底把我们的注意力[191]从他自己的观点转移开去。对于苏格拉底自己的观点,有什么暗示呢? 没有任何直接的暗示。但就目前为止的每种情形来说——人的行为是一种普遍的自我主义、"好"就是一个人自己的利益、神的权威基于人——这些观点似乎实际上是一个相当激进的对人之自然的探究者会得出的结论。不过,是苏格拉底还是克里提阿持有这些观点,有着根本性的差别——前者是爱智者,深知必须要区分显白与隐微,后者是爱荣誉者,具有作家和政治演员应有的天分和抱负。回到雅典的苏格拉底意图了解哲学在雅典的状况,他发现自己还不够隐微,而他曾奉劝普罗塔戈拉接受一种更谨慎的隐微论。

---

① 动词προσφέρω的意思包括了"冲撞"或"攻击"。

通过引入一个在哲人对明智的探究中最终不可或缺的语词，苏格拉底重新开始了他对克里提阿的审查。至今，理解习俗性明智所需要的知识是由 γιγνώσκειν［认识］所指代的知识，即作为认识（recognizing）的知识。按苏格拉底所遵循的理路，理解习俗性明智的预设的驱动力服从于一项命令：认识你自己。由此获得的自识驱使探究者提出更深一步的问题：这种知识是知识吗？人类是认识的类（knowing kind），但人类真的能知道他认为自己所知道的东西吗？习俗性明智的牢固根基在于其所预设的知识，但这些知识是实际可以获得的吗？也就是说，道德行为的根基——预设的关于一个人自己的知识与预设的关于好的知识——是真正的知识吗？这些问题从未在《卡尔米德》中浮出表面，但《卡尔米德》论证的轨迹表明，在苏格拉底向克里提阿谜语般地传授的探究中，苏格拉底所追问的就是这些问题。苏格拉底避开同意明智是"一个人认识自己"之后，克里提阿现在命令他进行探讨，苏格拉底说，"如果明智就是认识（γιγνώσκειν）某种东西，显然它就会是某种知识（ἐπιστήμη, 165c5），而且是关于某种东西的知识。不是吗？" ἐπιστήμη 是作为理解（understanding）或科学知识（scientific knowledge）的知识，①向 ἐπιστήμη 的这一转向是苏格拉底所遵循的理路必要走的一步。因为，如果自识要算作知识，则一个人必认识它是哪类知识，它如何可能以及是否可能：哲人对明智的考察及其预设规定了向"知识论"的转向，亦即要研究人类认知的性质和局限。

为考察克里提阿对作为一种知识的明智的理解，［192］苏格拉底让克里提阿同意，医术是一种知识，即关于健康的知识。然后，他施计把讨论引向他想要考虑的问题：他表现得像是克里提阿在考察他，这一策略使他既能提出问题又能回答问题。假如克里提阿问他，医术在什么方面是有用的、又造出什么，苏格拉底会说，医术造出健康，一个高贵的产物，健康就是医术的益处。（克里提阿在对赫西俄德的解释中引入的评判标准得到保留，部分构成了苏格拉底现在将要回答克里提阿

---

① 《卡尔米德》的英译常将 ἐπιστήμη 译为 science（比如 Jowett, Sprague），以将之与 γιγνώσκειν 区分开来。克里提阿引入了动词形式 ἐπιστάσθαι：他让苏格拉底扮成对治头的药拥有知识的人（155b6）。

的方式。）假如克里提阿问他，苏格拉底会说，其他技艺也类似，都是关于某种东西的知识，而且也造出有用的产物。做好这些铺垫后，苏格拉底能够问克里提阿，"如果明智是关于自己的知识（knowledge of one-self），那它为我们造出什么配得上它的名称的美的产物呢？"（165d-e）这一知识如何会像其他知识呢？"可是，苏格拉底啊，"克里提阿回答说，"你探究得不对。"苏格拉底的探究之不对，在于他表现得像是关于一个人自己的知识在种类上与医术这样的知识相似。克里提阿说，不，关于一个人自己的知识是像计算术（calculation）和测量术（geometry）这样的知识，它们并不产生像健康这样的产物。克里提阿由此挑战苏格拉底：给我指出这类知识的产物。"但你不能，"他补充说，他相信自己所说的内容是苏格拉底知道的。苏格拉底承认（166a），"你说的真实，"但那些知识仍然是关于某种东西的知识，而这种东西不同于知识本身。苏格拉底由此得以提出他所精心安排的问题："明智是关于什么东西的知识，不也是一种不同于明智本身的东西吗？""就是这个，苏格拉底啊，"克里提阿胜利地欢呼，"你已经追索到了明智由以区别于所有知识的特征"。

克里提阿的第四个定义：明智既是关于其他知识的知识，也是关于它自身的知识

"就是这个。"克里提阿似乎觉得探寻结束了，苏格拉底的提问使他终于能够陈述说，认识一个人自己的知识不同于所有其他知识：它们都是关于某种别的东西的知识，而不是关于它们自己的知识，"唯有明智既是关于其他知识的知识，而且自身也是关于它自身的知识"（166c）。在克里提阿看来，苏格拉底的探究转向了作为知道者的"一个人自己"，并到达了一种终极的知识，这一终极的知识在两个方面区别于所有其他知识：它是关于它自身的知识，而所有其他知识都是关乎他者的或忽略自身的知识；它缺少一个单独的领域具有的专门性，因为它涵盖了所有其他知识。

[193]但是，克里提阿陈述明智之独特性的方式颠倒了应有的探究次序，他首先陈述了他觉得最为重要的内容：关于其他知识的知识。之后，当苏格拉底要求克里提阿重述他的观点时（166e），应有的次序将得到恢复。但对克里提阿来说，明智作为德尔斐的问候语，亦即"认

识你自己",直接导向他首先陈述和首先持有的内容:这一特殊的知识
是关于诸知识的知识,或说"关于诸科学的科学"(science of sci-
ences)。① 谁拥有这样的知识,谁就有权指引那些知识。这样的知识将
是统治性的知识,它既明了它自身,也高于所有其他知识或专业,它将
统摄它们的意图或目的。这样一种明智适合于一位有抱负的年轻智术
师,他渴望通过他的著述来统治;也适合于一位未来的僭主,他的统治
会运用他那完美的或集合性的知识。

不过,克里提阿宣布了他的结论之后,突然引入了一个截然不同
的话题,因为他控制不了自己的恐惧:他担心苏格拉底在要他,想要
伤害他。刚陈述完他对明智的最终定义,他便说:"你绝不是没有意
识到这一点。"(166c)克里提阿实际是说,明智是导向关于诸知识的
知识的一种特殊的知识,这是你关于明智的核心教诲,我知道这一教
诲,并将之保存下来,我把它交还给你——可你为什么这样质问我
呢? 克里提阿禁不住相信,苏格拉底强迫他说出苏格拉底已经知道
的内容,是出于苏格拉底自己的某个自私的目的。这一怀疑迫使他
攻击了苏格拉底,就像他之前对卡尔米德表示愤怒一样。"你现在的
所作所为就是你刚才矢口否认的。你试图反驳我,于是抛开了这场
论证的主题。"爱荣誉的克里提阿声称只关心论证,指控苏格拉底试
图让他难堪,而现在正是他最想要好看的时候:他那貌美的监护对象
就在身旁(他曾试图把他的老师所教导的东西传授给他的监护对
象),还有一大圈旁观者把他围在中间。苏格拉底装作不了解他本人
曾教给克里提阿的东西,除了使克里提阿难看而让他自己好看,还会
有别的什么原因呢? 除了荣誉,克里提阿不知道还有什么理由可以
解释苏格拉底的行为。

---

① 这一翻译更直接地表达了克里提阿对他从苏格拉底那里获取的教诲的理解中
一个基本的要素。苏格拉底在166a4引入了复数的"知识",克里提阿接受提示,在
166b8,166c2以及他在166e5,6的定义中重复了复数的"知识"。此后,只有苏格拉底在
审查克里提阿所声称的一种关于诸知识的知识时使用了复数(167c1,168a8,170c6,
171a8,174a10,174c2,4,174d4,9,175b8)。

7 每个存在都应该变得如其所是的
那样清楚吗?（166c-e）

[194]苏格拉底对克里提阿指控的回应,包含着整篇《卡尔米德》中最引人注目的一句话。苏格拉底只回应了指控,没有回应克里提阿宣布的新定义,但是,他这样回应显然是考虑到这一定义,因为他的回应为他自己的定义做了铺垫:在他对克里提阿的审查中,他自己的定义是个决定性的转折点。至于克里提阿的指控,苏格拉底以之作为一个机会,以他可能做到的坦诚(openness)来解释他为什么要这样做。坦诚本身也不得不是他解释的主题之一,因为这是一个公开的集会,认识的和不认识的年轻人和老人围着他们,他们不能够完全坦诚。当苏格拉底在一开始告诉他的听众他回来后的意图,他就预先表明,他审查克里提阿是为了发现他的哲学在雅典的状况;苏格拉底告诉克里提阿自己为什么这样审查他,就是在表明自己的整个哲学事业是什么,为什么这一事业要求谨小慎微。

苏格拉底的第一句话隐秘地并第一次拒绝了克里提阿的一个定义,同时还否认他的考察只是为了反驳克里提阿:"你怎么能这样!你居然相信,即便我的确在反驳你,我的反驳也是出于别的理由,绝不是为了亲自仔细考察我所说的内容,因为我生怕我什么时候假定我知道自己并不知道的某种东西。"(166c-d)苏格拉底会就这一定义驳斥克里提阿,但是出于相同的理由,即他试图认识他自己:恐惧他或许会假定他知道自己并不知道的东西。苏格拉底对克里提阿的审查旨在向克里提阿和他自己表明,他们应当恐惧,克里提阿提出了对明智的终极定义,或许是在假定他知道自己并不知道的东西。

在苏格拉底最重要的那句话中,他先坚定地宣称"所以我认为,这就是我现在也在做的",然后断定他正在做的就是克里提阿指控他不做的事情:他在"探讨这场论证",而且是为了利益不同的两方。首先,"最主要是为我自己"——苏格拉底在论证中毫无疑问地有一种强大的自利(self-interest),但对克里提阿而言,这种自利仅仅是第二位的。

哲人苏格拉底获得了某种具有最高价值的东西,而且对传播他所获得的东西有一种深刻的兴趣。他用来审查克里提阿的论证服务于他的自利,亦即对他的哲学之未来的关注;他审查克里提阿,[195]就像在审查他自己,因为通过审查克里提阿,他审查了克里提阿所接受的——或者没能成功接受的——他自己的那个部分。其次,苏格拉底探讨这场论证,"兴许也为其他合适的人($\epsilon\pi\iota\tau\eta\delta\epsilon\iota\omega\nu$)"。兴许也:因为对于他的探讨实际会带给其他人的益处,苏格拉底必然没那么确定。其他人是谁呢?他所用的词$\epsilon\pi\iota\tau\eta\delta\epsilon\iota o\varsigma$含混而有深意。它首先意味着"适合或适应于一个特殊的目的",但它也可以指"一个亲密的朋友"。两重含义的结合在这里显得极其合适:苏格拉底对克里提阿进行审查,兴许也为了那些由于适合哲学这一特殊目的而适合成为他亲密朋友的人们。针对克里提阿的这些语词表明,苏格拉底正在衡量他是否合适:苏格拉底的审查要么会证明他合适,要么会反驳他,证明他不合适。此时是公元前429年,而苏格拉底和克里提阿在公元前429年还不是敌人;返乡的老师苏格拉底对他的旧日同伴行使了一个正当的要求,一项衡量他的权利。克里提阿是否能够通过这项测验,完全取决于他自己:他是$\epsilon\pi\iota\tau\eta\delta\epsilon\iota o\varsigma$吗?苏格拉底对克里提阿指控的回应,是一位老师对他从前学生的挑战:如果你适合,那就表明你自己适合。这就是我跟你一起探讨的理由,兴许那也是。

苏格拉底引人注目的这句话还未结束。他补加的内容与他刚刚说的"合适"的隐含之意形成强烈对比:"难道你并不认为,这对几乎所有人来说是共同的好……"苏格拉底进行探讨,是为了他自己的好,兴许也为了其他合适的人——还为了几乎所有人共同的好?苏格拉底为了他自己和合适的人——一个如此封闭的群体——所做的,如何能服务于几乎所有人共同的好呢?他把他的意思变成一个问题,其中隐含着克里提阿实际将给出的肯定性回答。他的这句话便结束于这一问题:"难道你并不认为,这对几乎所有人来说是共同的好,即每一个存在($\tau\tilde\omega\nu$ $\check o\nu\tau\omega\nu$)变得如其所是的那样清楚?"

他们的主题之前是知识——认识($\gamma\iota\gamma\nu\omega\sigma\kappa\epsilon\iota\nu$),然后是认识会导向的那种知识($\epsilon\pi\iota\sigma\tau\eta\mu\eta$)——克里提阿所宣称的一种综合性的关于诸知识的知识。就是在这一语境中,苏格拉底看似不经意地提到了可能存在的最具综合性的知识:每个存在变得如其所是的那样清楚,也就是完全成功的存在论(ontology),它将实现哲学的终极追求。① 这就是苏格拉底和[196]他合适的朋友们最终的关心所在。但苏格拉底就这一知识提出了一个问题,不是关于其可能性,而是关于其可能的益处,即它对几乎所有人是否可能是共同的好。在此,克里提阿刚刚宣称了一种综合性的知识,而苏格拉底迫使我们瞥见了他和他的朋友们所寻求的最为综合性的知识——关于如其所是的每个存在的清楚的知识,关于所是的存在的种类的知识,关于存在的性质的知识,关于理式(依苏格拉底的特殊用法)的知识。苏格拉底迫使我们瞥见他和他的朋友们所寻求的东西,仅仅是为了提出一个关于它的问题:他们旨在获得的东西变得清晰,这是否符合共同的好? 苏格拉底为他自己和他的密友们进行他的追问,他知道——战前的《普罗塔戈拉》表明了苏格拉底何以能声称知道这一点——这种知识对几乎所有人来说不是共同的好。那么,他为什么以要求肯定回答的形式提出这一问题,显得他好像认为这种知识对几乎所有人会是共同的好? 这必定是因为,苏格拉底也知道这样的表象是哲学能够为自身公开辩护的唯一方式——哲学必须表现得好像它热烈追求获得的知识实际是某种会有益于所有人——比如摔跤场中的所有人,比如卡尔米德——的东西。

对于克里提阿的指控,苏格拉底的回应是一篇辩护词,其中做了三点:将他的探究限定在少数人的范围内;承认他所探究的东西在范围上不受限制;表明为什么必须要宣称具有普遍的益处。苏格拉底的探究因此必须是隐微的,他的探究的性质要求做出显白的宣称:它试图使每个存在变得如其所是的那样清楚,这一努力对几乎所有人是共同的好。你怎么看待这种隐微论? 这就是苏格拉底对他的指控者提出的问题。

克里提阿回答说,“我当然”认为是共同的好——苏格拉底的问题要求肯定回答,他无疑是以肯定回答向苏格拉底暗示相反的回答。克里提阿只有以同意来向苏格拉底表明,他和苏格拉底一样认识到了隐微论的必要性,因此他重复了显白的声称:关于每个东西的清楚的知识

---

① 苏格拉底后面三次说到“存在”(169a1,174b1,175b3),每次都暗示了对一种存在论(对存在的综合性阐述)的追求。

对每个人来说是共同的好。克里提阿会有别的意思吗？是他刚刚表明神是哪类存在，即借由人类作者（human author）立下的言辞而存在的那类存在。克里提阿怎会认为，让那类存在变得如其所是的那样清楚，对几乎所有人是共同的好？他本人非常谨慎地谈论诸神的话——早在他目睹苏格拉底对普罗塔戈拉的审查时，[197]他就接触了关于诸神的谨慎言辞，因为，甚至普罗塔戈拉也编造神话，宣称宙斯和赫耳墨斯赋予人类对于政治秩序不可或缺的正义和羞耻感。克里提阿知道诸神的用处，因此他知道谨慎言辞的用处。他对苏格拉底问题的肯定回答表达了他自己的认识：每个存在变得如其所是的那样清楚，对几乎所有人来说并不是共同的好——当着公众（譬如摔跤场中的人们）的面，这样说是共同的好。

苏格拉底所暗指的存在论方案，即每个存在变得如其所是的那样清楚，并非是在声称拥有一种综合性的存在论。不过，这一方案出现在对作为自识的知识的探究中，是对克里提阿刚才的断言的回应，也是对谨慎的呼求，它似乎在说关于一类特定的存在的知识，即关于最高的存在的知识：我们能够认识到，诸神的存在产生于权威的人们的讲述，我们能够认识这一点是因为我们认识人。由此，哲学关于存在和认识的根本论题——存在论和知识论——在《卡尔米德》中同时出现了，但存在论没有得到进一步讨论，仅仅是提醒克里提阿必须对能够就最高的存在所认识的内容保持谨慎。确保克里提阿同意必须要有所克制之后，苏格拉底能够充满反讽地邀请他："那就鼓起勇气，有福的人哦，按你的理解回答所问的问题，别管是克里提阿或苏格拉底受到了反驳。""克里提阿或苏格拉底"——通过在这种或此或彼的组合中提到他自己的名字，苏格拉底准备了下面的内容：他将比较克里提阿与自己的观点，这一或此或彼在余下的对话中会保持它的分离。但现在，苏格拉底会对他的指控者下达命令，这一命令表明克里提阿犯有他指控苏格拉底犯有的罪行，亦即没有跟随论证："但请专注于论证本身，探讨它一旦受到反驳究竟会怎么衍变。"（166e）受到教训的克里提阿回答说："我觉得你说的很合中道（due measure）"——此词是明智恰当的同义词，克里提阿以这种恰当的方式向他的老师保证，他会注意有所克制。得到这一保证后，苏格拉底能够邀请克里提阿重复他曾就明智所说的话。

苏格拉底为什么在这里说要克制呢？答案一定是，危险的不克制已经达至顶点，到了最为需要一种警告的时候。这意味着，在克里提阿对作为"关于诸知识的知识"的明智的犀利论述中，苏格拉底一定听出了克里提阿从"认识你自己"得出的结论潜藏的巨大威胁：[198]理解德尔斐所立下的话，就是窥探对人类的统治的终极原则。在克里提阿所谓的"关于诸知识的知识"中，隐含着他对统治权的崭新诉求：作为各种知识的知者，他能够正确地号令各种知识，他能够统治这些知识从而给所有人（包括他自己）带来最大的益处。但是，这一关于统治的结论不可能是克里提阿自己的发明：最危险的时刻不可能只危及克里提阿一个人。这一结论必定是他从苏格拉底那里接受过来的一个推理步骤：苏格拉底或哲学本身在这一公共场合面对着危险。苏格拉底所从事的哲学，是探究多种多样的存在中人之所是的那类存在，它会导向对神之所是的那类存在、终极的统治者所是的那类存在的洞察，因此也导向对统治原则的洞察。它由此开启了一种可能的统治欲。在此，苏格拉底对于人之克制的根本原则——明智——的前波提岱亚探讨在潜在的不克制中达到了顶峰。在此，苏格拉底必须克制他的旧日同伴，也的确对其予以了克制。因此，苏格拉底的话很严厉；苏格拉底以一项指责回应克里提阿的指控，而这一指责依然能够掌控克里提阿。

但是，每一个存在变得如其所是的那样清楚，难道对几乎所有人不是共同的好？对共同的好的诉求只是一个显白的伪装，用来掩盖隐微的真理？克里提阿和苏格拉底都不会这样认为。他们俩一定认为，每一个存在对他们和像他们那样的少数知道者变得如其所是的那样清楚，对几乎所有人是共同的好。克里提阿相信（下面将会显明），一个像他这样的知道者将会遵照统治者以及被统治者的利益来统治。苏格拉底所知道的迥异于克里提阿认为他知道的，正如他下面对克里提阿的审查旨在证明的那样，但他也一定认为，每一个存在对他变得尽可能的清楚是共同的好。苏格拉底深研智慧者的统治，正如《普罗塔戈拉》所表明的，而《卡尔米德》始终潜在的暗流——苏格拉底的返乡就像奥德修斯的返乡一样——暗示，他对他不得不采取的行动会有前后不一的看法。苏格拉底审查他的学生的最后一个论题就是利益，亦即他最终持守的明智的概念如何服务于共同的好。

存在论和知识论这样基要的哲学事业服务于共同的好吗？或者说，启蒙是一种私密的快乐和一项公共的灾祸吗？苏格拉底审查了克里提阿所谓的启蒙可能造成的公共灾祸，从而使我们看到了这一问题。

8 明智的最终定义，苏格拉底的定义
(166e-167a)

[199]苏格拉底把克里提阿对自己的指控转变为自己对克里提阿危险的冒进的指控，从而警告了克里提阿，之后，苏格拉底让克里提阿再次说说他对明智怎么说。克里提阿重述了他最终的定义，他略改了措辞，恢复了两个部分应有的次序，突出了这一定义的双重特征："在所有知识中，唯有明智既是关于它自身的知识，又是关于其他知识的知识。"(166e，比较166c)苏格拉底只盯住其中一个部分："那么，如果它[明智]是关于知识的知识，那它不就会是关于非知识的知识吗？"克里提阿表示同意，但下面的讨论表明，他几乎没有考虑"关于知识的知识"(knowledge of knowledge)的这一隐含之意。苏格拉底现在对明智提出了一个定义，在《卡尔米德》中他是第二次这样做。第一次时，他把明智界定为做好事(163d)；这一次，他强调知道一个人知道什么和不知道什么(167a)。陈述了自己的定义后，苏格拉底问了他第一次时问过的问题："这是你说的意思吗？"克里提阿像第一次那样回答说："没错。"这两个定义似乎被单独标出，作为在苏格拉底对明智的前波提岱亚探讨中克里提阿最不关心的内容，因为克里提阿轻易地放弃了"做好事"这一定义，至于苏格拉底所说的"知道一个人不知道什么"，克里提阿没有说出来，也永远不会自己说出来。苏格拉底会表明，他给出的这一定义是他的哲学最重要的内容，而克里提阿从未足够严肃地看待这一内容。这一最终的定义是由苏格拉底主动给出的，他将借它衡量克里提阿最终的定义，并借它表明克里提阿所谓的"关于诸知识的知识"其实是非知识。

《卡尔米德》通过叙述上的细微提示将克里提阿的第三个定义和

第四个定义分割出来，这些提示表明，这两个定义对他最具意义，而且由一种极为吸引他的逻辑连接起来。这两个定义涉及神和人，涉及神的权威和对"神的权威仅仅源自人的言辞"的发现带给人的后果："认识你自己"产生了关于神圣权威的真理，并引导克里提阿想象一种关于诸知识的知识，一种不受约束的统治技艺，而克里提阿摆脱了神圣的约束，他将像神一样运用这一技艺。在克里提阿身上发现这一点后，苏格拉底开始引入克制，他先以显白的警告来克制克里提阿，现在又转向他自己令人无法超越的克制，尽管他的心灵也遵照"认识你自己"的命令因而也是不克制的。[200]苏格拉底从"认识你自己"得出的结论，他对明智最终的定义，听上去像是克里提阿结论的"堂弟"（cousin），但苏格拉底将表明，两者在克制和不克制上都有本质的不同。

明智是知道一个人知道什么和不知道什么

苏格拉底一人陈述了最终的定义。直到克里提阿同意明智是关于知识和非知识（nonknowledge）的知识后，苏格拉底才做出阐述，尽管克里提阿从未说到过"非知识"，将来也不会说到（166e）。苏格拉底接下来做的意义深远：他重返并收回德尔斐定义，而且他这么做是为了用他刚刚引入的"关于非知识的知识"来扩充这一定义："所以，只有明智的人才会自己认识自己，并且能够检审自己碰巧知道什么和不知道什么。"（167a）与克里提阿的"关于诸知识的知识"一样，苏格拉底的定义直接出自德尔斐定义，但是，在认识非知识上，以及在苏格拉底这里补充的第二个方面，苏格拉底的定义不同于克里提阿的定义。明智的人不仅能够检审自己和他的知识，这种自我检审还会使他能够"以同样的方式……考查其他人，比如某人知道什么、假定什么——如果他的确知道，以及某人假定知道但实际并不知道什么。其他人都做不到这些"。① 苏格拉底的定义和克里提阿的定义都指向他者（other-directed），但并不相同：克里提阿声称有一种关于其他知识的知识，苏格拉底则声称有一种能力可用以审查其他人所声称拥有的知识。克里提阿假

---

① 译文采用 Bekker 的修订，把检审的对象当作是刚刚引入的"某人"（someone）。见 Lamb 译，《卡尔米德等》（*Charmides, Alcibiades I and II, Hipparchus, The Lovers, Theages, Minos, Epinomis*）。

定,他那关于其他知识的知识赋予他权利来统治其他知者;苏格拉底通过揭示克里提阿所谓的知识不过是非知识,证明了他有能力审查克里提阿所谓的知识。克里提阿从苏格拉底关于明智的教诲中找到了一种统治的权利,而苏格拉底对明智的最终定义将表明,克里提阿无权拥有那种权利。

苏格拉底没有交代,一个认识自己的人为什么也能够审查他人,但理由一定隐含在苏格拉底所理解的"认识自己"之中:知道一个人知道什么和不知道什么一定意味着,一个人能够认识认识(know *knowing*)。苏格拉底把明智[201]作为自我检审,它引领一个人、引领苏格拉底在一种非常严格的意义上认识他自己:他的自识是人的知识关于它自身的知识。作为认识知识的知识,它也认识非知识。因此,它所认识的是人的认识的性质和局限。只有认识这一点的人才能够审查其他人,来决定他们所宣称的知识是否超越了可能的知识的局限。"关于知识的知识"(knowledge of knowledge)使得一种"关于诸知识的知识"(knowledge of knowledges)变得可能:它会认识那些能够被算作可能的知识的诸种知识。苏格拉底的定义因此保留了克里提阿最终的定义的两个要素,但把首要的要素放在了首位——知识本身关于它本身的知识——并以它作为合适的工具来检验对一种关于诸知识的知识的任何要求。苏格拉底的关于诸知识的知识基于一种关于知识的知识。它因此能够审查克里提阿对一种关于诸知识的知识的要求:他那种关于诸知识的知识是可能的吗?

照此做好铺垫后,苏格拉底陈述了自己对明智的定义:"保持明智、明智和自己认识自己也就是这个:知道一个人知道什么和不知道什么。"(167a)在克里提阿确认这就是自己的意思后,苏格拉底没有进一步探讨这一定义,而是立即转向了它的可能性和益处。这一事实表明,这一最终的定义为什么是最终的。但是,对这一最终的定义最初的陈述并不完整,因为苏格拉底在后面有三次重复,以恰当的方式完成了这一定义。首先,对于一个人不知道的东西,苏格拉底补充了"[不知道]一个人不知道";他将这一更为完整的表述放在他对这一定义的可能性的考察的开头(167b)。然后,对于一个人知道的东西,他补充了"[知道]一个人知道",并将这一完整的和最终的表述放在他对这一定义的益处的考察的开头(171d)及其结尾的总结性发言中(175c)——
知道这一点,苏格拉底就能够审查克里提阿,并发现克里提阿假定自己
知道实际却并不知道的东西。《卡尔米德》在对明智的定义的探讨中,
让苏格拉底本人来提出最终的定义,并用这一定义来衡量克里提阿最
终的定义。①

　　公元前429年,苏格拉底回到雅典,了解到克里提阿正奋力奔向他
未来实际的职业——智术师和僭主。[202]作为一位智术师,克里提
阿已经拥有他的僭政所必需的东西:他认识由人立下的言辞所塑造的
权威的性质,并且他自己追求权威,他能够想象到一种完美之境,亦即
他的知识赋予了他编造或创建的权利。一个真正拥有关于诸知识的知
识的人会取得辉煌的成就,这一成就受到的限制仅仅在于他说服其他
人服从他所知道的东西的能力。如果有一种科学统治其他的科学(就
如那些科学统治它们的主题内容一样),它完美的实践者就能够收获
建立完美秩序的荣誉。苏格拉底通过他的探究使克里提阿的梦暴露出
来,他了解到自己的哲学谜语如何败坏了克里提阿,如何让克里提阿成
了做梦人。对于哲学在雅典的状况,他了解到克里提阿认为哲学已经
达到终点或完成;克里提阿假定,哲学在他身上已经转入一种智慧的状
态。② 既然了解到这一点,苏格拉底肯定也了解到,必须就他如何传播
自己的哲学来做点什么。

　　《卡尔米德》中的苏格拉底在克里提阿身上了解到的内容,标志着
他人生的一个新纪元,因为它们迫使他反思,将他的哲学传授给富于血
气、渴望统治的年轻人会有什么后果。一旦这一问题在《卡尔米德》中
变得显豁,就能够在与这一问题相关的一个层面来审视对话:苏格拉底
本人如何看待统治的问题?因此,可以把《卡尔米德》看成几乎开始于
苏格拉底展示他对最终统治人们的东西的知识。苏格拉底告诉他的听
众(156d),恰恰就在一项勇敢的行为之前,他恢复了勇气:他对摔跤场
中的人群宣称,他在离开期间,服从于声称基于扎勒卯克希斯神的言辞

----

　　① 阿尔法拉比列出了《卡尔米德》处理的六个条目,如果这六个条目代表了对话的
渐次展开,那么,他的陈述非常符合这里给出的陈述。见阿尔法拉比,《柏拉图和亚里士
多德的哲学》,2:23。

　　② Levine,《〈卡尔米德〉义疏》,页190。

的知识。《卡尔米德》在中心位置将神的言辞去神话化,借克里提阿之口进行启蒙,但暗示克里提阿是从他的老师苏格拉底那里学到,神们的言辞就是由身为作者的人们立下的智慧的言辞。克里提阿认识到,对神们的言辞进行解谜不需要剥夺这些言辞的权力,而是能够把权力的秘密之一交给它们的解谜者:神们所运用的权力是立下神们的言辞的人所运用的权力。克里提阿急于行使这种权力。而他的老师呢? 他会追求——被迫追求——通过有益的信念统治人们吗?

哲人苏格拉底不可能让他的心灵服从某位神的权威,希罗多德已经表明,这位神其实是一个卓有成效的欺骗。这位神——唯一的神,教导他的追随者嘲笑其他神,并把他们自己看成不死的;唯一真神的追随者们相信自己是不死的,[203]所以他们变得勇敢和正义——为这位神立下的这些言辞就其道德效应而言似乎是智慧的言辞。而且,它们让人想起苏格拉底本人将要就诸神立下的言辞,他将在《王制》中变身为一位神学家,为了正义而诗化一种神学。苏格拉底和智慧者通过为诸神立下的权威言辞施行统治,《卡尔米德》以这一问题作为克里提阿从苏格拉底那里接受的内容的中心论题,而这一问题将在《王制》中得到进一步思考。

9 苏格拉底之明智的可能性(167a–171c)

苏格拉底第三次也是最后一次说"再来一次",而这一次他特别补充说,"第三杯敬救主"(167a):宴席上的第三次即最后一次奠酒献给救主宙斯,它是成功实现某事的幸运时刻。① 这一次之所以成为最后一次,是因为他们达成的定义:他们不再需要重新再来,找回一个新定义,就如他们前两次所做的那样(160d,163d)。"像从头开始那样,让我们首先考察这一点是否有可能——知道一个人知道什么和不知道什么,即不知道一个人不知道。"(167a–b)考察这种知识的可能性,开启了一项更进一步的任务:"我们知道这一点会有什么益处。"考察他们

---

① 另见《王制》583b,《斐勒布》66d,《法义》3. 692a,《书简七》334d,340a。

刚刚定义的明智的可能性和益处,会一直持续到他们讨论的结尾,并成功实现苏格拉底的意图;之后,仅余苏格拉底的总结性发言(175a-176a),以及与卡尔米德的简短交谈(176a-b)。

对于这第三次的"再来一次",苏格拉底重新再来,①而且就像从头开始那样,考察可能性和益处——哪个定义的可能性和益处? 他们的讨论的极端复杂性,源于苏格拉底重新再来的目的的复杂性:他通过自己最终的定义,通过证明它既可能又有益,证明了克里提阿最终的定义的不可能性和害处。

苏格拉底的论证不单是逻辑演练,也是求知之举,为此,他用一个小小的计谋来迫使克里提阿展示出自己的本性。他先是宣称,对于他们所界定的那种知识的奇怪或反常(ἄτοπον)特征,他感到困惑(ἀπορέω)。[204]陈明了他所谓的困惑后,他激将克里提阿来指点迷津(169b),但他的困惑(他告诉他的听众)让克里提阿困惑起来。差别在于,克里提阿拒绝承认困惑。苏格拉底的提问完全控制着局面,这证明他并不困惑,反而通过转述和展示来表明克里提阿是困惑的。在下面的论证中,不困惑的苏格拉底诱使克里提阿进入一种揭示性的困惑:克里提阿假定知道自己不知道的东西,而苏格拉底知道这一点。

苏格拉底讨论的第一部分(167c-168a)关注"关于知识的知识"的反常特征——它既是关于它自身的知识,也是关于像它自身的其他东西(诸知识)的知识,而不是关于那些其他东西所关于的东西的知识。苏格拉底突出了这种知识的奇怪,他将之与不可能具有这种奇怪特征的人的其他机能或能力相比较。他所列举的其他能力是八种东西的混合:首先是两种感官机能(看和听),推而广之为所有感觉,转向欲望和意愿,补充两种特殊的激情(爱欲和恐惧),最后结束于一种认知性的机能意见。提到意见之后,苏格拉底紧接着再次说到知识。伯纳德特认为,这一列举把意见误放在最后,实际意见应跟在感觉之后。② 但是,把意见放在最后,实际上似乎是正确的位置,这样它就能够与知识组对,而且,前面列举的能力都在一个相关的方面类似于第一项的看:

---

① 第一次时,卡尔米德重新再来,说明智是一种羞耻感(160d-e);第二次时,苏格拉底重新再来,说明智的定义是做好事(163d)。

② 伯纳德特《〈卡尔米德〉解读》,前揭,页250-251。

看不可能是关于它自身和其他看的,而不是关于其他那些看所看的东西。所列举的七种这样的能力——方便起见,可以称它们为"非反身的"(nonreflexive)——使克里提阿倾向于假定,将要出现的意见和它们一样也是非反身的。伯纳德特的主要看法肯定是对的:意见是这一列举中特殊的一项;有意见是关于它自身和其他意见的,而不是关于其他意见所臆断的东西的。克里提阿的回答暗示了这一点,因为当他回答说"绝没有"时,他给出了一个意思恰恰相反的意见:这一意见是一个关于它自身和其他意见的意见,而不是关于那些意见所臆断的东西的意见。苏格拉底为克里提阿设了个局,他借由缺少反身性的能力来引导克里提阿,然后提出了他关于意见的问题,好像意见不过是那些能力中的另一个。

苏格拉底表面的困惑和实际的清醒引使克里提阿出错,使他没有区分认知性的能力与[205]非认知性的能力。① 如果克里提阿认识到意见的反身性,他就能够就知识提出相关的问题:如果知识和意见都能够是关于它们自身和像它们自身的其他东西的,而不是关于那些其他的东西所关于的东西的,知识和意见如何区分开来? 知识可以某种方式知道它知道什么和不知道什么,而意见缺少这种方式,从而使意见始终仅仅是意见? 苏格拉底那类关于知识的知识似乎把他带向这样一种知识:大多数"知识"只是所谓的知识,打扮成知识的意见,认为自身是知识的非知识,作为行动之基础的非知识。在苏格拉底让我们关注克里提阿的困惑之前,克里提阿的困惑就从这里开始了——开始于他错误的关于意见的意见,开始于他没能看到知识和意见共有的奇怪差异和它们之间的差异。

苏格拉底补充了他关于知识的奇怪特征的论证,引入了"多少和大小"(multitudes and magnitudes)②的关系(更大、双倍、更重、更老),并表明这样一种关系不可能是关于它自身以及它这一类关系的,而不是

---

① 按伯纳德特所说,苏格拉底以多种方式问克里提阿,"'你有没有注意到……',苏格拉底并没有列举这一'注意'的机能,因为它不仅注意到所有其他机能以及它自身,而且它也没有任何它受到限制的范围;我们可以称它为概观性或列举性的机能"(同上,页250)。

② 克莱因,《柏拉图〈美诺〉疏证》(Commentary on Plato's Meno),页24。

关于那些关系所关于的东西的(168a-d)。如果知识和这些关系一样,关于知识的知识就是不可能的。苏格拉底收尾时(168d-e)回到了他之前列举的感官机能。听是关于声音的,看是关于颜色的,但听本身必须是一种声音,才会有关于听的听;看本身必须是一种颜色,才会有关于看的看。不过,苏格拉底用来指出"看绝不会看任何没颜色的东西"这一事实的动词是看:"所以你看,克里提阿哦……"(168e)①这种看是关于没有颜色的东西的,是反身性的,但它是用心而不是用眼看;这样来谈论看,就把一种感官机能比喻性地转变为一种认知机能。有一种"看"是关于它自身和其他看的,而不是关于其他那些看所关于的东西的——正如克里提阿所看。但他没有看到自己在看这种看,他没有看到认知和这种看一样奇怪。

苏格拉底得出的结论对"我们细数过的东西"做了分类:[206]有些显得不可能(比如,那些涉及多少和大小的东西),而"我们强烈怀疑,其他那些东西自身绝不会拥有作用于自身的力量"(168e)。如果克里提阿的确"看了"苏格拉底的论证,他就有可能怀疑对一些恰当的例证的强烈怀疑,因为他会"看"到:看是反身性的,他本人给出了一个关于意见的意见,而且可能有一种关于知识的知识,其中包括关于作为非知识的意见的知识,关于若不经审查就是成问题的看的知识。由于苏格拉底转述说克里提阿陷入了困惑,克里提阿就不太可能看到了这一点。假装困惑的苏格拉底所设计的繁复论证表明,苏格拉底本人看到可能有关于知识的知识,正如有关于意见的意见和关于看的看。

苏格拉底下面说,或许"某些其他人"不会"强烈怀疑"知识奇怪的反身性(169a)。是谁呢? 苏格拉底告诉克里提阿:"我们需要一位伟丈夫,朋友啊,他能在万有之中作出这一区分。"这位伟丈夫会做出什么区分呢? 他会决定"是否一切存在(τῶν ὄντων)生性自身就没有作用于自身的力量,②只有作用于他物的力量"。这位伟丈夫会进行存在论

---

① 苏格拉底这里用的动词是ὁράω,不同于他所列举的八种东西中的第一个"看",后者是ὄψις,即视觉的能力(167c)。对可能性的整个讨论开始于苏格拉底命令克里提阿"看看这个东西多么奇怪……"(167c)。

② 这一段落的逻辑支持施莱尔马赫对抄件中下面两词的删除:πλὴν ἐπιστήμης[除了知识]。

的探究,探究诸存在的性质和它们是否有力量做他们一直讨论的这些东西,他们界定知识所是的这种奇怪之物是否完全不可能存在,"还是有些存在有、有些存在没有"——"认识"(knowing)、"臆断"(opining)和"看"是否如它们所似的那样拥有作用于自身的力量——"此外,如果某些存在自身有作用于自身的力量,我们宣称明智所是的那种知识是否列乎其中"。这位伟丈夫所要做的就是苏格拉底开始表明他能够做的,因为他列举的例证就暗含着这样的区分。但苏格拉底说,"我并不自信有能力区分这些",因此他使"关于知识的知识"的可能性悬而未决,尽管他以"臆断"和"看"的例证暗示,他本人拥有一种关于知识的知识。为什么对这种知识提出"强烈怀疑"?他刚刚听到,一位富于野心的追随者为自己索要一种关于诸知识的知识;对于一个爱荣誉的大能人——他摆脱了神圣的约束,相信自己拥有关于诸知识的知识,从而可以像神那样立下其他人要服从的言辞——来说,[207]对"关于知识的知识"的怀疑会是有益的。在一部苏格拉底旨在学习某种东西的对话中,苏格拉底也旨在让克里提阿学习某种东西,学习他实际的困惑。

但是,即便"关于知识的知识"是可能的,苏格拉底说,他依然不会接受明智就是关于知识的知识,直到探讨过这种知识是否是有益的。只有当它是有益的,他才能称之为明智,因为"我预言明智是某种有益且好的东西"(169b)。苏格拉底的预言出现的时候,他刚刚暗示"关于知识的知识"对他而言如何可能,同时旨在让这种知识对克里提阿显得不可能——他的预言出现的时候,正是他开始表明他的"关于知识的知识"的益处的时候。

说完某位伟丈夫需要做的并否认自己能够做到之后,苏格拉底让"卡莱斯科茹斯之子"首先表明关于知识的知识是可能的,然后后表明这种知识也是有益的。但在向克里提阿发出挑战的同时,苏格拉底犯了一个明显的错误,因为他说:"你把明智确立为关于知识的知识,尤其是关于非知识的知识。"不,克里提阿只说到一种关于它自身和其他知识的知识,他甚至没有提到过非知识(166e)。苏格拉底不得不自己补充了非知识。即便当克里提阿重述定义时,他也不会提到非知识(169d-e);他会再一次说,他认为"关于知识的知识"与"知道一个人知道什么和不知道什么"是一回事(170a),由此再次取消了苏格拉底在这里说是他引人的内容。苏格拉底谎称克里提阿说了苏格拉底一人所说的内容,借此表明了他即将展示的他们两人之间的区别。

这时,在与克里提阿的长时间谈话中,苏格拉底唯一一次中断了叙述,直接对他的听众发言(169c-d;参162c-d)。他用一个比喻来描绘他的困惑如何传染了克里提阿:他的困惑传给克里提阿,就像一个打哈欠的人引得另一个人打哈欠一样。人可以自动地引起哈欠,也可以自动地压制哈欠:苏格拉底自动引起了自己的"困惑",而克里提阿自动压制了苏格拉底的"困惑"在他身上引起的困惑(169c)。克里提阿能够控制自己的"哈欠",他能让人看不见他的困惑。但苏格拉底看到了,他向听众如实讲述了克里提阿为什么掩饰自己的困惑:"他向来受人追捧。"三十岁的克里提阿已经获得显赫的名声。他想要维持这种名声,"在那些在场的人面前羞愧于"他的困惑,"既不愿对我承认他不能够区分我要求他区分的东西,而且说的话也含糊不清,借以掩饰他的困惑"。苏格拉底让他的听众看到,他声称困惑,但他知道的比说的多,[208]而他困惑的追随者声称有知识,却说的比知道的多。

苏格拉底不仅中断了他与克里提阿的交谈来向他的听众发言,还在这次交谈中唯一一次没有把克里提阿本人的话告诉他的听众:克里提阿的话是为了掩饰自己的困惑,不值得转述。但是,苏格拉底说克里提阿拒绝承认他不能够做出所要求的区分,从而让人推测出未加转述的话。摔跤场中群集的人们素来追捧克里提阿,克里提阿会对他们说或者是暗示:我能够做出需要做出的区分;我就是那位伟丈夫。苏格拉底引人"伟丈夫"并不是为了暗示他自己的一个不节制的隐含之意,而是为了引使克里提阿展示他对自己的看法——以及他需要其他人对他持有的看法。克里提阿所做的是他按剧本应当做的。他把他的自然教给他的老师,他做的自然而然。

克里提阿是否足够清楚地认识自己,知道自己不知道呢?或者,当他没能愚弄住苏格拉底的时候,他是在愚弄自己?他即将表明,他实际说服了三十岁的自己相信,他拥有一种假定的知识。作为一位著名的公共智识人,他凭靠这种知识来行动;当他日后乘势成为雅典的伟丈夫、解决战后雅典政治问题的伟丈夫,他也将凭靠这种知识来行动——

克里提阿想象自己就是这位伟丈夫,想象自己拥有认识它自身和其他知识的统治性知识。苏格拉底没向摔跤场中的人群叙说,他知道克里提阿陷入了困惑。人群是否像苏格拉底那样清楚地看到,克里提阿的话含糊不清?苏格拉底没有在克里提阿需要其追捧的人们面前揭穿他的困惑,而是努力引使他获得关于困惑的知识,单单这种知识就能够使克里提阿节制自己,因为他不节制地要求一种不可能的知识。

正如克里提阿所担心的(166c),苏格拉底已经反驳了克里提阿,而且他的反驳是通过跟从论证,而不是像克里提阿指控的那样抛开论证。现在,他开始讲述自己如何接续克里提阿用以隐藏其困惑的话,从而恢复谈话(169d)。他的论证的第二阶段表明,在未被转述的隐藏困惑的话之后,克里提阿的困惑并没有结束。苏格拉底现在利用了克里提阿的一项无知,即不知道知识的力量如何区别于其他力量。他表明,克里提阿不知道"关于知识的知识"何以能扩展为"关于诸知识的知识",而非扩展为克里提阿自认为拥有的技术统治性的(technocratic)"关于诸知识的知识"。

苏格拉底新的开始(169d)承认了他肯定知道的东西,[209]即"关于知识的知识"有可能产生,而且他提出了一个不同的问题:即便一个人拥有关于知识的知识,这一知识如何会促成知道一个人知道什么和不知道什么?他还提醒克里提阿,这就是"我们说'认识你自己'和'保持明智'"所是的意思。事实上,是苏格拉底这么说过,但他以集合性的我们确立了他的论证的第二部分,①因为它把源于德尔斐"认识你自己"的对明智的两个定义调动起来:克里提阿所说的关于它自身和其他知识的知识,以及苏格拉底所说的知道一个人知道什么和不知道什么。克里提阿并不认为这里有问题,而且他的陈述表明了他是如何解释苏格拉底的定义:"如果一个人拥有一种知识,这知识自身认识自身,他本人就会和他拥有的这种知识相类"(169e)——我自己认识我自己,因为我拥有一种认识自身的知识。苏格拉底说,我对此并无异议,我好奇的是另一件事。这件事涉及苏格拉底引入的对明智的定义以及这一定义对克里提阿刚刚说的内容的补充:"对拥有这个[关于知

---

① 这也暗示,克里提阿未被转述的话并没清楚地表明关于知识的知识是可能的。

识的知识]的人来说,为什么必然会知道[自己]知道什么和不知道什么?"苏格拉底由此问克里提阿,他如何理解他自己所谓的"关于知识的知识"与苏格拉底的"关于一个人知道什么和不知道什么的知识"的关系。克里提阿的回答表明,他几乎没考虑苏格拉底不得不亲自引入的定义:"这两者是一回事啊。"(170a)克里提阿认为,苏格拉底对他自己的定义所作的补充无关紧要。

　　"我还像我原来那样,"苏格拉底提醒他三年没见的同伴,"因为我还是不明白,知道一个人知道什么与知道一个人不知道什么怎么会是一回事。"苏格拉底还像原来那样,在交谈中最繁复的部分依然提出狡猾的问题。"你说什么?"克里提阿问———一个完全合理的问题,因为苏格拉底刚刚用了克里提阿所用的词,αὐτός[相同],但用得很含混:你是说你不理解你刚刚提到的两个东西怎么会彼此是一回事,还是说你不理解这两者怎么会和关于知识的知识是一回事? 苏格拉底是后一种意思:如果有一种关于知识的知识,"它除了能区分这个是知识、那个不是知识,还能区分别的吗?"这就是苏格拉底现在说的和一直说的:拥有他所理解的关于知识的知识,就拥有了区分知识与非知识的必要标准,[210]使得一个人能够区分某种知识是知识,其他知识不能够算作知识,而是不能证实的意见。当克里提阿回答说,这就是关于知识的知识所能做的(实际上是在回答,它们是一回事),苏格拉底再次含混地使用了相同:"关于健康的知识和无知,关于正义的知识和无知,是一回事?"克里提阿正确地推断出,苏格拉底还是在说和关于知识的知识是一回事,因为他说的"绝不是"引使苏格拉底解释了他的意思:"我想,一个是医术,另一个是政治术,那关于知识的知识就只不过是知识。"(170b)

　　在此,苏格拉底繁复而难解的小论证不仅是为了使克里提阿困惑,它也在这里开始证明,克里提阿不仅缺少苏格拉底所理解的那种关于知识的知识,也缺少他的最终定义所说的关于诸知识的知识,最重要的是,缺少一种关于他最坚决地认为自己知道的那种知识的知识。因为苏格拉底刚刚提到三个主题内容(健康、正义和知识),并将这三者与统摄它们的三种知识区分开来(医术、政治术和知识,170b)。苏格拉底的提问(170b-c)假定,每种知识都局限于一个主题内容,每个主题内容只能被它所属的知识知道：知道健康的知识是医术，知道正义的知识是政治术，知道诸知识的知识是关于知识的知识。倘若如此，作为关于知识的知识的明智就不可能知道医术或政治术所知道的东西——医术和政治术的主题内容只能由医术和政治术知道，而关于知识的知识只知道诸知识。苏格拉底巧妙的提问使得作为一种知识的政治术与作为其主题内容的正义惊鸿一现，并再次消失在另外两种知识及其主题内容背后：知道和声的乐术，知道盖房子的建筑术。在这一刻，当作为关于正义的知识的政治术成为中心例证时，苏格拉底并没就其提出问题，以便来让克里提阿显示他所谓的关于政治术的知识以及关于其主题内容（正义）的知识：作为一位著名的智术师和僭主，克里提阿一定不可避免地要求关于诸知识的知识，而他作为僭主不过是他所谓的关于政治术和正义的知识最终的灾难性展现。不过，苏格拉底就关于知识的知识提出了问题（170b）。当他最终提出知道知识的人是否可能知道其他知识时（170c），政治术已经被乐术和建筑术取代，而他提出的问题是，[211] 如果明智仅仅是关于诸知识的知识，一个人如何能通过明智而知道自己知道健康或盖房子呢？"绝不可能，"克里提阿说（170c）——如果苏格拉底的问题是关于正义的话，他会觉得更难给出这一回答。我们卓绝的提问者并不困惑。

苏格拉底的那些问题到头来（170d）只从克里提阿那里引出了条件性的回答，克里提阿一定认识到他把宝全压在了"关于诸知识的知识"上面，但却羞于表明他错了或他感到困惑。"那么，不认识这个［健康和盖房子］的人就不会知道自己知道什么［健康和盖房子］，而仅仅知道自己知道［医术和建筑术］。""似乎是，"克里提阿承认，而且必须承认。知道诸知识的人似乎知道有这些知识，但不知道这些知识知道什么，亦即知道医术和建筑术却不知道它们的主题内容——健康和盖房子。"很有可能"，克里提阿回答说，由此促使苏格拉底补充说（170d），这样一位知道诸知识的人"就不能够审查另一个声称拥有关于某种东西的知识的人对于他声称拥有其知识的那种东西是否的确拥有知识"。"看起来不能。"克里提阿说。他声称拥有作为"关于诸知识的知识"的明智——他不能够审查声称拥有知识的任何人，以确定对方知道还是不知道。然而，只声称困惑的苏格拉底正在审查一个声称拥有关于诸知识的知识的人,并表明他并不拥有这一知识——苏格拉底对克里提阿做的恰恰就是这场论证声称一个拥有关于知识的知识的人所不能够做的。这场论证的情节表明,苏格拉底实际上拥有那种可能性悬而未决的知识(169d)。

在总结出关于知识的知识表面上的无能之后,苏格拉底丢弃他引入的所有其他例证,只谈论了一个意义特殊的例证:医生(170e-171d),因为克里提阿强迫他扮演医生。一个人缺少关于知识的知识,也就"不能分辨那假扮的冒牌医生与真正的医生"(170e)。假扮成医生的人向强迫他假扮成医生的人说了这番话。这位假扮的医生是真正的医生吗?克里提阿并不能评断。至于苏格拉底,他现在表明,一个知道知识的人会如何审查一个医生。他不会跟医生谈论医术——一种知识——因为医生并不知道他的知识,只知道他的知识的主题内容,即健康。所以,明智者仅仅知道知识,他会知道医生有一种知识,[212]但他如何审查这种知识是关于什么的(171a)?通过审查"所言和所行……说得是否真实,做得是否正确"(171c)。但是,考虑到他们已经假定了诸种知识的专门性,"没医术的人能不能理解[医生的]所言或所行呢?"困惑的克里提阿被引着得出结论说,一个仅仅知道诸种知识的知者,不可能知道另一个知者知道的东西,因此不能够区分真正的知者与假冒的知者(171a-c)。克里提阿声称是诸种知识的知者,但苏格拉底刚刚表明克里提阿是个假冒的知者——而苏格拉底用以达成这一点的论证"证明",他不能够做他当前做的。

克里提阿陷入困惑,但并没狡辩以隐藏他的困惑。他不能作出必要的区分。在论证的第一部分,他不能阐明这样一种知识的奇怪力量,即知道它自身和其他知识,却不知道其他知识所知道的东西。由此,他就不能在论证的第二部分表明,"关于诸知识的知识"如何和"知道一个人知道什么和不知道什么"是一回事——他说它们是一回事,但苏格拉底表明,他并不知道它们如何是一回事。不过,苏格拉底——不是作为一位知道健康的医生,而是作为一位知道知识的知道者——通过成功审查他的"病人"表明,它们按他的理解如何是一回事,而且他自己就是一位知道者:他拥有关于知识的知识,这一知识知道这是知识而那不是知识,没有它就不可能审查其他人的知识,就像他刚刚审查克里提阿那样。"关于知识的知识"与"知道一个人知道什么和不知道什么"是一回事。因此,"关于知识的知识"就是关于知识的特征、关于知识的性质和限度的知识;知道了这种知识,一个人就能审查其他人,并能评断他们所宣称的知识:这是可能的知识,那不是可能的知识。知道了知道它自身和其他知识的知识拥有的奇怪力量,苏格拉底就能够做他对克里提阿所做的事情,尽管他不知道其他那些知识所知道的东西。

但是,作为一位知道者而不是一位医生,苏格拉底能够同样对一位医生这么做吗?他说过如何来审查一位医生:通过审查医生的所言和所行。没有医术,他不能够审查医生对其他病人的治疗,但作为一个知道者,他能够审查医生在其所言和所行中声称知道的东西。克里提阿的知识与政治和正义有关,苏格拉底刚刚审了克里提阿,对于苏格拉底早先提到的医生,即扮成医生的苏格拉底声称教给他一种新医学的忒腊克医生,他难道不会做相似的事情?苏格拉底对克里提阿的成功促使我们猜想,[213]苏格拉底也成功地评断了扎勒卯克西斯神的医生是否知道他作为医生所言和所行的东西。通过审查作为知道者的扎勒卯克西斯的医生,知道者苏格拉底可能最终认为,扎勒卯克西斯的医生是个骗子,就如扎勒卯克西斯故事的源头希罗多德说,希腊人最终认为扎勒卯克西斯是个骗子。

苏格拉底就是那位伟丈夫。他知道自己知道什么以及不知道什么,即知道自己不知道某些东西。他拥有一种关于知识的知识,这种知识知道它自身和其他知识,尽管不知道其他那些知识所知道的东西。作为这样一位知道者,他能够审查克里提阿,以便发现他的哲学在他离开期间的遭遇。了解到这一点,他就能够做《卡尔米德》表明他正开始做的:试图节制克里提阿作为一个知道者错位的自信。不仅如此——远远不仅如此——他还能够做《王制》将表明他所做的:改变他向有抱负的雅典青年呈现他的哲学的方式,以假冒的知识来包裹他的知识,吟诵一种他声称从一位忒腊克医生那里学到的治疗灵魂的新医学。

苏格拉底就"关于知识的知识"对克里提阿的审查,解决了苏格拉底声称而克里提阿显示出的困惑。这一审查表明,关于诸知识的知识只有以一种方式才是可能的:一种关于知识的知识,它知道诸知识对知识的诉求是否可能的。克里提阿的"关于诸知识的知识"声称知道

诸知识是关于什么的知识,但他不能够知道健康或正义或盖房子。克
里提阿的"关于诸知识的知识"是不可能的。苏格拉底的"关于诸知识
的知识"是可能的和现实的,他通过证明克里提阿的"关于诸知识的知
识"不是知识表明了这一点。

　　当这场论证结束时,苏格拉底说"明智会极其有益",如果明智的
人"知道他知道什么和不知道什么——知道他知道这些、不知道那
些——而且如果他能够考查和他情形相同的人"(171d)。苏格拉底刚
刚证明他拥有而克里提阿缺乏一种知识,这种知识有什么极大的益
处呢?

10　苏格拉底明智的益处(171d-175a)

　　明智属于哪种好呢?当苏格拉底最后转入明智的益处时,他展示
了理解其益处的两种方式;一种是克里提阿的方式,另一种是他自己的
方式。对明智之益处的考虑由此重复了对明智之可能性的考虑所运用
的复杂手法:苏格拉底最终的定义衡量并反驳了克里提阿最终的定义。
但是,[214]在益处的问题上,苏格拉底的讨论甚至更加紧凑和密集,
因为它处理了一个他们甚至还没讨论过的主题:智慧的统治。① 如果
一位老师要诱引学生说出他对自己的教诲做了什么,对话是可以这
样快速和缺少解释的。作为听众和读者,我们可以推断,学生如何误
解了老师对于明智——作为智慧的统治的益处——的前波提岱亚
教诲。

　　苏格拉底完全占据主动权,长篇大论了起来,其间仅被克里提阿的
回应打断,而克里提阿的回应实际也是由苏格拉底的问题所规定的。②

---

　　①　在对卡尔米德的审查的结尾,苏格拉底触及了治理城邦的话题(161e-162a)。
统治(ἄρχειν)最先由苏格拉底在171d8用到。

　　②　关于明智之益处的长时间交谈的特征在于,每次发言都毫无例外地伴有一个叙
述性语句,如"我说"或"他说"(171c9-173e1)。相反,紧前面的长篇论证讨论一种有效
的"关于知识的知识"的可能性,开始于"'你说什么?'他说"(170a6),许久后又结束于
"'看起来是如此,'他说"(171c9),中间甚至没有任何这样的叙述性语句。

苏格拉底现在假定,他关于可能性的论证所质疑的内容是可能的:明智者知道自己知道什么和不知道什么,并能够审查其他人,审查他们知道什么和不知道什么(171d)。他们审查的是这一定义的益处——他四次说到,他们讨论的是这一定义。① 其中第一次和最后一次,他说他们"从一开始"就立下了这一定义——但苏格拉底是最后才引入了这一定义。这一反常之处以及对当初(then)和现在(now)一再含糊的提及,暗示苏格拉底回溯到在他奔赴波提岱亚之前克里提阿从一开始从与他的交往中听到的内容。时间介于那个当初和这个现在之间——克里提阿当初从苏格拉底哲学中接受的东西迫使苏格拉底现在把他逼入困惑。

突然间,苏格拉底宣布我们断定明智所是的东西如何"对我们极有益处":"我们这一辈子都不会犯错,我们自己……还有所有其他受我们统治的人"(171d)。完美的知识带来完美的统治,"我们不会试图去做自己并不拥有知识的事,而是找出那些拥有知识的人,委派他们去做"(171e),这一推延要求知道一个人不知道什么。我们知道我们不知道什么,便会服从于更卓越的知道者,但"对于我们统治的人,我们也不会交给他们去做别的,除了他们要做就做得正确的事,也就是他们拥有知识的事",这一统治[215]预设了关于其他那些人知道什么和不知道什么的知识。对于完美知识施行的完美统治,苏格拉底分别描绘了规模适度的齐家以及规模宏大的治邦和"其他一切由明智统治的东西"。苏格拉底把这一顶点呈现为他自己对明智的定义的隐含之意,他阐明了这一定义的完整形式,并以之作为他的主张的预设(171d)。但是,苏格拉底的主张一定也代表了克里提阿所想象的他他自己所谓的"关于诸知识的知识"的益处。

苏格拉底结束了对完美知识的完美统治的描绘:"只要根除了错误,依循正理,这样的人无论做什么都必然做得美、做得好,而做得好的人必然幸福"(172a-b)——苏格拉底将一再以"做得好"和"幸福"作为标准,来衡量明智的益处。苏格拉底最后提出的问题虽然直接,但包

---

① 171d,172a,b,c。此后,苏格拉底在173a10提到明智"就是我们现在所界定的那样",使他刚才反复界定的东西变得不明确。

含一项含混的时间指涉:"克里提阿啊,当我们说知道一个人知道什么和不知道什么有多大的好处时,这不就是我们曾经说的吗?"实际上,他们今天根本没有谈论统治。但克里提阿热烈地同意说"当然是",从而暴露出他所理解的明智的隐含之意。克里提阿完全熟悉苏格拉底今天甚至没有提到的内容,所以他承认这就是他对苏格拉底的前波提岱亚教诲的解释:他假定他认识自己,并拥有关于诸知识的知识,于是想象自己是完美城邦的完美统治者。苏格拉底把他们从不确定的过去猛然拉到他们的当下:"但现在,你看到,这样的知识并没有在哪里出现过。"克里提阿别无选择,只得同意。

苏格拉底接下来的话强调了他对"当时"和"现在"的区分。他说,"我们现在发现明智所是的"东西和明智会有的"好处"(172b1),这种好处不同于"我们曾经说的"完美统治的好处。明智者"在学别的东西时会学得更容易,一切都会对他显得更清楚明白,因为,除了他所学的各样东西,他还洞悉知识"。这一好处依然包括了一种关于诸知识的知识,但这种知识不是导向统治,而是准许个人"就自己所学更恰当地(κάλλιον)审查别人"——比如说,审查克里提阿,审查他所谓的关于诸知识的知识。相比于苏格拉底刚才促使他们想象的好处,这一好处无疑要节制得多:他们当时是"在看某个更大的东西,于是强求[明智]成为一个比它实际所是更大的东西?"(172c)明智的益处大为缩减,而且克里提阿可能把明智想象成了某种比它实际所是更大的东西,对此,克里提阿只能够回答说:"或许是这样。"

苏格拉底现在声称:"一些有关明智的奇怪之物[216]向我显现出来。"在说明这些奇怪之物前,他重述了他们已经承认的内容:关于知识的知识是可能的,明智是知道一个人知道什么和不知道什么(172c-d)。这并不奇怪,尽管他们依旧需要追问,明智带给他们的益处是什么。某种更大的东西以及它所谓的好处导致了奇怪之物的出现:"我们刚才说,如果明智是这样的,它就有很大的好处,可以指导齐家和治邦——依我看,克里提阿啊,我们对此并没有恰当地(καλῶς)达成一致。"恰当将贯穿下面的一小段交谈,它标志着克里提阿对他听到的奇怪之物的怀疑。怎么不恰当呢?他问。苏格拉底回答说,他们不应当同意:"明智对人们有某种很大的好处,如果我们每一个人都做自己知道的事,对自己并不拥有知识的那些事则委派其他拥有知识的人去做。"(172d)"我们没有恰当地达成一致吗?"克里提阿满腹怀疑地问。"你说的真够奇怪,苏格拉底啊。"(172e)苏格拉底说,奇怪之物的产生,是因为他"当初和现在看它"的方式不同;①结果,"我担心我们的探讨不正确"。奇怪之物就是这种对于他们的探讨的担心:"说实在的,即便明智的确是这样[完美的统治],我觉得它也未必会带给我们什么好处。"(173a)学生不能够相信自己的老师:既然明智会导向完美的统治,怎能不会带给我们巨大的好处?"我觉得我是在说胡话,"苏格拉底说,同时承认,"还是必须探讨那显现的东西,别不经意地放过去,要是一个人多少要关心一下自己的话。""这说得恰当,"克里提阿回答说,尽管依旧真正奇怪的是,苏格拉底认为他们早先没有恰当地达成一致。

　　"请听听我的梦,不管它来自牛角门还是象牙门。"苏格拉底命令说。"请听听我的梦,并作以解释。"在讲述她的梦以及她对牛角门和象牙门的区分之前,佩涅洛佩命令说。(《奥德赛》19.535)苏格拉底选择让他关于明智之益处的整个论证依赖于一个梦以及佩涅洛佩的释梦原则。"经由雕琢光亮的象牙前来的梦幻常常欺骗人,送来不可实现的话语;经由磨光的牛角门外进来的梦幻提供真实,不管是哪个凡人看到它。"(《奥德赛》19.564-567)返乡的奥德修斯依旧扮成乞丐,佩涅洛佩在与他的第一场交谈中,讲到她梦见一只鹰杀死了她的二十只鹅。她对"异乡人"宣称,[217]她的梦来自象牙门,但她知道那是一个来自磨光的牛角门的真实的梦,因为它绝妙地告诉乞丐,她已经认出他就是她等待已久的丈夫,他将看到并实现她的梦。②机智的佩涅洛佩刚才告诉奥德修斯,她能够欺骗,通过编织和拆解拉埃尔特斯(Laertes)的寿衣来欺骗求婚者们;她像她的丈夫一样,"把谎言说得像真话"(《奥德赛》19.203)。③她向一个假乞丐讲述一个假梦,由此告诉她狡猾的丈

---

①　依照抄件 B 的读法:οὕτως εἰ ἐνταῦϑα。

②　Brann,《荷马的时刻》(*Homeric Moments*):"佩涅洛佩何时认出了奥德修斯? 当然是第一眼。"(页 274)Brann 进而极其漂亮地由佩涅洛佩的话证明,佩涅洛佩一开始就认出了她的丈夫。

③　佩涅洛佩在《奥德赛》19.137-163 讲述了她那欺骗性的编织和拆解。

夫:我知道你是谁,我知道你必须做什么,而且我知道一定不能把我知道的东西讲出去,对此你可以放心。佩涅洛佩认出了奥德修斯,并向他表明她认出了他,之后她告诉奥德修斯,她第二天会安排射箭比赛,而奥德修斯可以借机下手。苏格拉底所谓的说胡话,以及邀请克里提阿评判"我的梦"来自于牛角门还是象牙门,援引了《奥德赛》中最奇妙的相认场景——这一场景最私密、最掩人耳目,同时有着最沉重的预兆。佩涅洛佩的梦不是梦,而是她伪装成梦的知识,所有人都把它当成一个梦,除了那个看到并实现这个梦的人——这个梦锐利的光芒笼罩着苏格拉底的梦。

　　苏格拉底请克里提阿以这一荷马的先例来衡量他的梦,之后他讲述了自己的梦:明智"会完全统治我们",明智"就是我们现在界定的那样"(173a),这一含糊的表述使得这个梦可以代表克里提阿对关于诸知识的知识的诉求。受明智统治的统治者们会知道如何鉴别真假:即便有人声称自己是一个舵手但实际并不是,他也骗不了他们;即便一个医生、将帅或其他任何人假装知道自己并不知道的某种东西,他们也不会浑然不觉。拥有了统治诸知识的知识,身体就会更健康,旅行和战争就会更安全,包括"各种鞋子"在内的所有产品就会造得更精美。为了完成他关于完美统治的梦,苏格拉底补充了另一种知识:"我们就承认占卜术也是关于将是之物的知识。"明智甚至掌管着(173d1)掌管未来的占卜术,所以明智"能避开那些骗子,为我们安排真正的占卜者作为预言未来的先知"。苏格拉底将占卜术作为一种知识补充进来,令我们回想起前面对占卜者的唯一一次提及:克里提阿曾说,立下"认识你自己"这句铭文的智慧者说话"就像占卜者一样"(164e)。苏格拉底的梦补充了真正的占卜者,亦即说话像占卜者一样、[218]立下神的新言辞的智慧者;完美统治的梦想者知道,他甚至必须统治诸神。苏格拉底说:"我敢说,人这一族一旦这样武装起来,就会基于知识($\dot{\epsilon}\pi\iota\sigma\tau\eta\mu\acute{o}\nu\omega\varsigma$)来行动和生活。"①但是,苏格拉底以一种必定要震惊克里提阿的保留态度结束了他的梦:"基于知识来行动,我们会做得好和幸福。可是

---

　　① 苏格拉底之梦的核心就是遵照知识来做事和生活——$\dot{\epsilon}\pi\iota\sigma\tau\eta\mu\acute{o}\nu\omega\varsigma$是$\dot{\epsilon}\pi\iota\sigma\tau\eta\mu\eta$[知识、技能、学问]的副词形式,意为"有知识地"、"通过知识"、"基于知识"或"依照知识"。我不得不用不同的词来翻译$\dot{\epsilon}\pi\iota\sigma\tau\eta\mu\acute{o}\nu\omega\varsigma$。

呢,我们还未能弄明白这一点,亲爱的克里提阿啊。"(173d)

　　基于知识来行动和生活,在一个始终由知识统治的权力等级中行动和生活——对由知识指引的各种技艺(τεχναί)施行的由知识主宰的统治——苏格拉底提出的这个梦或许来象牙门。克里提阿必须要反对;这个梦就是他的梦,他相信这个梦来自磨光的牛角门:"但是,要是你看轻了'通过知识'(ἐπιστημόνως),你可不容易找到对'做得好'的其他界定。"(173d)苏格拉底绝没有看轻通过知识;他的谨慎指向另一种知识——这种知识的在或不在决定了他的梦有益或有害——因为他高超的、智慧的提问从克里提阿那里引出了一个最终的说法,这一说法命名了这最后一种知识。"请你再教我另外一个小东西吧。"苏格拉底说,他正接近那最大的东西。"你说'通过知识'是通过什么知识呢?"但他没给克里提阿机会来回答这一宽泛的问题,因为他立即问道:"关于制鞋的知识?"——一个恶作剧式的第一选项,因为制鞋是克里提阿举出的代表可耻的知识的第一个例证(163b)。① 克里提阿坚决否认他说的是制鞋、冶铜、加工羊毛或木头之类的知识,苏格拉底由此可以说,并非某种宽泛意义上的通过知识来生活使一个人幸福,而"应当限定那些通过知识来生活的人中的一位才是幸福的"。哪位呢? 克里提阿会不会说是苏格拉底刚刚重新引入的那位:"知道将是的一切的占卜者? 你说的是他,还是别的人呢?"(174a)"既是他,也是别的人。"克里提阿回答说。"谁呢?"苏格拉底问,但他随即补充说,"是这样一个人吧,除了知道将是的一切,他还知道曾是的一切和今是(τὰ ὄντα)的一切,而且对什么都不无知? 让我们假定有这样一个人。"我们依旧处在梦的世界,在这个世界里才可以认为有这样一个人,因为克里提阿认为这个人就是自己。但是,对于所假定的这位完美的知道者(perfect knower),苏格拉底并没有提出问题。他只是问,[219]是否有什么人比完美的知道者更有知识。克里提阿只能说:"当然没有。"苏格拉底再次把他宽泛的问题("这些知识中的哪一门使他幸福?")替换成了一个特别的问题("所有知识同样使他幸福?"),因为他知道克里提阿一定会

① 苏格拉底偷偷在他的梦里面包括了"各种鞋子",以之作为基于知识的统治将会改善的东西之一(173c)。

回答不。"哪一门知识特别使他幸福呢?"苏格拉底问,并立即重复了他所列举的关于可能的存在(possible beings)的知识:"是他借以知道是($τῶν\ ὄντων$)、曾是和将是之物的知识吗?"①克里提阿也没能回答这个问题,因为苏格拉底继续耍弄他:"是借以知道下跳棋的知识吗?"当然不是,也当然不是借以知道计算的知识。甚至不是借以知道健康的知识,尽管它"更"使人幸福。"我说的那门最使他幸福的知识,"苏格拉底说,"到底是借以知道什么的呢?"最后终于提出了关键的问题:是关于什么的知识使"做得好"和"幸福"得以可能? 而且,不仅对于一个人来说,而且对于这个梦所描绘的景象来说,作为"另外一个小东西"的知识会保证,在这个梦想的秩序中所有人会活得好和幸福。克里提阿最终可以回答说:"是[他借以知道]善和恶的知识。"②

苏格拉底第二次说"坏小子!"(wretch!),他因为对他的哲学的最后一次引用而责备克里提阿,正如他因为对他的哲学的第一次引用而责备卡尔米德那样(161b):卡尔米德和克里提阿表明,他们在苏格拉底离开期间对他的哲学造成了什么伤害。卡尔米德被认为在智慧和美方面变得出类拔萃,但他缺少使苏格拉底的哲学成为他自己的哲学的欲望和能力。克里提阿吸收了苏格拉底离开之前的哲学话语,但他歪曲了苏格拉底的谜语,把明智变成了一种对完美统治的不节制之梦,把自己抬高为拥有关于诸知识(包括关于善和恶的知识)的知识的完美统治者。

苏格拉底现在知道,是自己的言辞使克里提阿沉溺于梦境。他关于德尔斐所立下的铭文的教诲解放了克里提阿,赋予了克里提阿做自己的事的自由,因为他自己的事就是好事;而且,他对一种统治性的关于知识的知识的抬高引使克里提阿梦到,诸知识的知道者会实现完美的统治。苏格拉底来窥测克里提阿的梦,就是了解到他本人帮忙创造了这个梦,因为,当一个天性类于克里提阿的人——"急于一较高下和

---

① [译按]"是、曾是和将是之物"实际就是166d出现的"存在"($τῶν\ ὄντων$)。

② 关于善和恶,苏格拉底之前说,忒腊克的医学认为,好和坏的东西都开始于灵魂(156e)。苏格拉底从克里提阿那里引出的第二个定义是"做好事",好和坏也随之出现;当时,苏格拉底的第二次或居中的"再来一次",要求对好和坏做出更清楚的界定(163d-e)。

赢得荣誉"（162c）——［220］按照苏格拉底的界定来思考明智时，像克
里提阿那样的梦自然而然会产生；这个人会进而依据他假定是知识的
东西来行动。但是，一个天性类于克里提阿的人——需要在任何场合
都受人赞美（169c）——自然而然会抗拒知道他不知道的东西；他不能
够知道自己的不知道。苏格拉底在长久的离开之后回到雅典，他了解
到，自己的教诲引使克里提阿梦想：一座城邦建基于知识的理想，而
他自己是这座城邦理想的统治者。在审查克里提阿时，真正的占卜者
看到了未来的僭主。他并不认为克里提阿的灵魂倾向于恶；他只认为
克里提阿的灵魂受制于一个梦。克里提阿并非一种邪恶天性的受害
者，苏格拉底也没有以任何邪恶的学说败坏他。不过，苏格拉底毕竟败
坏了克里提阿，因为他开启了一条通向人自然会有的梦的道路：一个受
到启蒙的人类共同体，由受到启蒙的知道者们来建立和管理。许多雅
典人会因为克里提阿而流血，雅典的历史会把他列为恶人。但克里提
阿并不渴求雅典人的鲜血，他只渴求雅典人会在他智慧的统治下臻于
完美，而且他准备牺牲那些妨碍他的理想的雅典人。从波提岱亚回来
的苏格拉底探询哲学的状况，他了解到，自己的哲学帮助败坏了一个有
天分的、爱荣誉的雅典青年，因为他的哲学把这个雅典青年引入了
梦境。①

通过展现苏格拉底衡量克里提阿关于完美统治的梦，《卡尔米德》
暗示苏格拉底也衡量了对话中引入的另一个关于完美统治的梦，这个
梦一直默然立于后台，直到苏格拉底在结尾再次把它拉到前台：扎勒卯
克希斯的医生的梦。就像克里提阿的统治一样，扎勒卯克希斯的医生
的医学源于一个梦：知道一切并向其追随者们启示了重要知识的神是
那位完美的知道者，基于完美的知道者所拥有的完美的知识，人可以臻
于完美。当苏格拉底为诸知识的知道者所掌管的诸种知识补充了占卜

---

① 关于指斥克里提阿为"恶人"的普遍评价，参见 Notomi 的反驳，《克里提阿与柏
拉图政治哲学的起源》（"Critias and the Origin of Plato's Political Philosophy"）。柏拉图在
其《书简七》中，提到包括"我的几位亲戚"在内的三十僭主的"恶行"（324b–325a）。色
诺芬刻画了克里提阿的残暴和贪婪，见其《希腊志》II, 3. 15–16, 21–22, 43. 4. 1, 21, 40；在
其《回忆苏格拉底》中，色诺芬把克里提阿称作"整个寡头政权中最阴险、最暴力、最好杀
人的人"（I. 2. 12）。

术时,他暗示假的占卜术就是吹牛皮。扎勒卯克希斯的医生吹嘘,唯一的神向他启示了真理,并教导他恰当地治疗不朽灵魂的咒语;一个知道自己知道什么和不知道什么的人能够审查知道者的知识或非知识。启蒙之梦不论通过理性还是通过启示都会自然地产生,而苏格拉底的梦衡量了这一骗人的梦。

[221]"关于善和恶的知识"是苏格拉底诱使克里提阿说到的六个说法中的最后一个,其他说法全都是对明智的定义。从这些说法的顺序来看——苏格拉底独自指引着它们的次序——在关于善和恶的知识之于对人类的智慧统治构成的问题中,苏格拉底对于明智的前波提岱亚考察达到了高潮。《卡尔米德》中苏格拉底最后的论证表明,关于善和恶的知识与"我的梦"——借由一种关于知识的知识实行的完美统治——有何关系。

苏格拉底指责克里提阿拖着自己绕圈子(174b),实际上,是他拖着克里提阿,但不是绕圈子,而是逐步深入考察克里提阿在他离开期间对他的哲学做了什么。他指责克里提阿向他隐瞒,不是遵照知识生活,而是遵照唯一一种知识——关于善和恶的知识——才使得一个人"做得好和幸福"。苏格拉底利用他的梦中刚刚给出的三个例证(医生、舵手、将帅,但忽略了占卜者)来证明,他们不需要关于善和恶的知识来熟练地运用他们的技艺(τεχναί),但是,"要是没有这种知识,我们就不可能把这些事情样样都做得好和有益"(174d):医生、舵手、将帅的知识所服务的目的,他们的知识所服务的善和恶,需要有关于善和恶的知识的监管。苏格拉底的论证保留了梦境中所描绘的知识的等级;关于善和恶的知识掌管着医术、掌舵术、将兵术,指引它们达到唯有它知道的善或恶。因此,关于益处的技艺就不是"关于诸知识和诸非知识的知识,而是关于善和恶的知识"。苏格拉底的论证保留了诸知识及其产物的专有性———种知识对应一种产物:"所以,如果[关于善和恶的知识]是有益的,明智就应当是别的,而不是那对我们有益的知识。"(174d)

克里提阿不愿意放弃他所理解的明智亦即关于诸知识的知识的益处,而且他最后一次抵制了苏格拉底的说法。他在表达抵制时,沿用了苏格拉底在梦中引入的表示"掌管"的动词:作为关于诸知识的知识,明智"掌管着"(ἐπιστατεῖ,174d9;见173c5)其他知识(ἐπιστήμαις)。他宣称:"既然它统治着(ἄρχουσα,174e1;见171d8,e3)这一关于好的知识,那它就会带给我们益处。"克里提阿的反驳听起来有些道理,而且证实了《卡尔米德》所显明的他的抱负:这位诸知识的知道者相信,通过立下为所有人界定关于善与恶的知识而且"带给我们益处"的言辞,他就能够统治关于善和恶的知识。考虑到克里提阿曾以自我中心的方式解释"自己的"和"好事",我们便是受限定的:他的统治主要服务于统治者的利益。克里提阿不仅认为他是那位作出[222]实际令他困惑的区分的伟丈夫,还认为苏格拉底所称的"我的梦"是他的梦。苏格拉底现在必须让他对他的梦感到困惑。

苏格拉底现在作出的简短论证(174e-175a)旨在让克里提阿对明智的益处同样感到困惑,正如他之前的论证让克里提阿对明智的可能性感到困惑。苏格拉底只说到三种知识:明智,关于善和恶的知识,医术。这三者都可以自称是关于益处的知识:医术是关于健康的知识;明智被苏格拉底等同于"仅仅是关于知识和非知识的知识,而不是关于其他任何东西的知识";现在苏格拉底声称,唯有关于善和恶的知识才是关于益处的技艺。他问,难道明智"也使人健康,而不是医术[使人健康]","难道它也产生其他技艺的那些产物?"(174e)这么说会违背他们对"一种知识对应一种产物"的假定,而且他们"早就见证了,[明智]仅仅是关于知识和无知的知识":明智不可能是"管健康的手艺人"。所以明智也不可能是"管益处的手艺人"。"绝不是,苏格拉底啊;至少看起来。"在苏格拉底对他的审查中,克里提阿最后的话先表达了一种确定性,紧接着又承认了一种不确定性:克里提阿最终陷入了困惑。苏格拉底把他留在困惑中,让他在这番犯难的话之后没机会说话,因为苏格拉底现在以一篇稍长的告别辞结束了他的审查,他在这篇告别辞的结尾转向卡尔米德,并把最后的问题提给卡尔米德。苏格拉底结束了[他的审查],不再允许克里提阿以未经转述的话隐藏他的困惑,而是让他停留在他对这一困惑的展示中。

在对苏格拉底的论证的简短抵制中,克里提阿坚持认为,关于诸知识的知识统治着关于善和恶的知识(174d-e)。这必定也是苏格拉底对诸知识的等级的看法。但是,善和恶是大地上最强大的力量,它通过一千个善的牌匾统治着一千个民族,作为我们对什么是善、什么是恶的信念统治着我们。① 关于善和恶的知识统治着人类,它是终极的实践知识或道德知识,但它不完全是终极的知识或统治。作为一种"知识"——一种声称的知识,关于善和恶的知识被一种独特的知识掌管着,这种独特的知识即苏格拉底意义上的明智,即关于知识的知识。通过接纳或排除能够算作知识的东西,关于知识的知识掌管着所有知识(170a);它施行绝对统治,[223]不接受它自身之外的任何监管。② 这种意义上的明智与关于善和恶的知识的关系,是理论知识与实践知识的关系。作为理论知识,作为对关于诸种存在和知识本身的知识的热烈追求的结果,明智不受它自身之外的其他任何东西统治,甚至不受益处统治,不受关于善和恶的知识统治;明智只受认识的激情驱动,这一激情指引它认识认识(know knowing),它超越善和恶,因为它认识善和恶以及它统治的力量。在苏格拉底关于益处的论证中,令克里提阿困惑之处在于,苏格拉底的明智超越了益处,而他自己的理解却受制于益处,受制于他对名誉之善和羞耻之恶不可避免的服从。克里提阿的困惑反映出,他不能深入理解苏格拉底的明智真正的激进性,及其超越善和恶的自主性(autonomy)。苏格拉底的自由是克里提阿永远达不到的。

当苏格拉底证明了克里提阿所理解的明智的不可能性,他也就证明了他自己理解的明智的现实性。他质疑了克里提阿所理解的明智的益处,他的论证是否证明了他自己理解的明智的益处——尽管他所理解的明智从根本上或从道理上超越了益处?③ 答案取决于"我的梦"——它真的是苏格拉底的梦吗? 这是"奇怪之物"中最奇怪的——苏格拉底在考虑明智的益处时,说一些"奇怪之物"向他显现出来。因为,在描绘了关于完美统治的"我的梦"后,他引使发生的事情表明,他的梦的益处或坏处只取决于一点:拥有还是缺少关于善和恶的知识。

---

① 尼采,《扎拉图斯特拉如是说》,第一部分,"论一千零一个目标"。

② "关于知识的知识不可能屈从于任何知识。"伯纳德特,《〈卡尔米德〉解读》,前揭,页256。

③ 苏格拉底所理解的明智是一种激情,这暗示它的益处首先在于它自己的满足。这里的问题在于,它对其他人是否有益处。

他的论证中所考虑的那些知识具有等级性的秩序。作为关于知识的知识，明智掌管着所有知识；作为关于益处的知识，关于善和恶的知识掌管着任何知识能够带来的益处，不管是医术、掌舵术、将兵术还是制鞋术。《卡尔米德》暗示，苏格拉底拥有关于知识的知识；当苏格拉底把关于善和恶的知识强拉进讨论时，他暗示，作为一个认识认识的人，他认识关于善和恶的知识。一种知识的阙如使得苏格拉底不能说，在完美统治的城邦中，"我们会做得好和幸福"（173d）；拥有这种知识，就规定了它的拥有者要为所有人的福祉和幸福来统治。苏格拉底对智慧的爱带他超越善和恶，带他走向一种关于知识的知识，[224]走向关于这一知识之益处的真实的梦。"我的梦"最奇怪的地方在于：完美的统治是哲人的统治。

苏格拉底请求以佩涅洛佩的标准衡量他的梦，这一请求的全部意义现在才显露出来。佩涅洛佩梦到鹰和鹅，也就是梦想通过毁灭追求不正当统治的冒牌分子（pretender）来恢复正当的统治。苏格拉底式明智所应许的益处不过就是恢复正当的统治，即智慧者的统治。荷马笔下的统治是一位智慧者正当的统治，但荷马式统治的终止带来了一批冒牌分子，其中克里提阿必须算作一位。苏格拉底回到雅典是要恢复智慧者的正当统治，当他把这一计划呈现为一个梦时，他做了佩涅洛佩所做的：佩涅洛佩表现得好像她的梦是一个欺骗性的梦，永远不会实现，但她知道她的梦实现了任何凡人所看到的真相，而奥德修斯看到并实现了它的真相。合适的是，几乎所有人都认为苏格拉底的梦来自象牙门，因为不管怎样，难道苏格拉底没有反驳这个梦吗？但少数人会看到，它来自磨光的牛角门，而且苏格拉底努力实现了这个梦。

通过表明苏格拉底的明智是什么，《卡尔米德》表明，当苏格拉底行动时，他是做他自己的事，做好事，认识他自己，认识知识，以及认识如何审查他人以判明他们所认为的知识是知识还是非知识。苏格拉底认识到，大多数人都像克里提阿那样，基于他们假定是知识的非知识来行动，所以苏格拉底会采取行动，将激发行动的非知识与他所知的"好"联结起来，并立下最权威的话来作为治疗灵魂的新医学。而这就是明智吗？"明智"是表达人之节制的基本语词，像苏格拉底那样思索这个词，也就是被不节制的认识激情所驱动。最极端的认识导向最极端的行动,这一行动旨在通过立下诸神的权威言辞来施行统治。苏格拉底在其不节制之中又是节制的:他信守古人的言辞。完全合适的是,他把"明智"一词置于他极端的认识和行动之上,因为,尽管此词隐藏了他的不节制,却也命名了他真正的节制:他的认识和行动超越了善与恶,但却以善为导向。

苏格拉底被驱使着去认识认识而不考虑益处,他学习到,他并不能在行动时不去考虑益处。他在长久离开之后回到雅典,他学习到,有天分的克里提阿对他的哲学做了什么;他的探讨向他表明,为了克里提阿、雅典和他自己的"好",有些东西是必要的,由此他学习到,他必须要为了这些东西而行动——最终是为了他自己,兴许也为了他合适的伙伴,为了哲学。《卡尔米德》结束于诸知识的等级,它由此表明,[225]苏格拉底行动时,是依据一种关于知识的知识行动,这种知识掌管所有其他知识,尤其是关于善与恶的知识,亦即带来益处的知识。当知识的知道者以最全面的方式有益地行动时,他是作为一个立法者来行动,他知道如何将善与恶之名分配给相应的行为和事物(175b)。《卡尔米德》暗示,这类行动的极致就是在圣所立下被视为诸神之劝告的言辞。《卡尔米德》还暗示,知识的知者以这种立法的方式来行动,同时也是作为一个医生来行动,他知道如何获得灵魂的健康,也拥有关于治疗灵魂的药——催生明智的咒语——的知识。

通过暗示哲学的这些爱人(philanthropy)之举,《卡尔米德》在一部尼采式的哲学史中占有重要位置:尼采把真正的哲人理解为下命令者和立法者,理解为文化的医生,而返乡的苏格拉底的行动清楚地揭示出,柏拉图笔下就已出现真正的哲人。此外,柏拉图赋予他的对话的编年在此变得特别有教益。柏拉图把《王制》设置在几周过后,并把《卡尔米德》的梦——哲人的统治——放在《王制》的中心位置。由于《王制》把这个梦放在一幅巨画的中心位置,它就能够通过展现这个梦的可能性和值得追求来描绘这个梦的不可能和不值得追求。《王制》展示了哲人的天性并把哲人的统治权归根于其天性,同时表明是什么迫使这样的天性下降,在雅典历史和希腊历史的这个时刻进行统治:荷马式的统治已经崩解,荷马式的诸神失去了对于年轻人的控制。在这场危机中,智慧者发现自己不得不确保克里提阿这样的人不会统治,确保许多因为希腊的启蒙运动而变得不节制的爱荣誉者不会统治，因为他们缺少那唯一能使统治变得有益的知识。《王制》将表明，"我的梦"是苏格拉底的梦，这个梦基于知识、基于现实，苏格拉底能够让这个梦显得仅仅是空想，同时又表明它是必要的。尼采会公开谈论哲人作为立法者和医生的统治，而且旨在亲自体现这一统治；柏拉图只会隐秘地谈论哲人的统治，同时表明行动中的苏格拉底体现着这样的统治。尼采会声称，苏格拉底是"所谓的世界历史的转折点和漩涡"；①柏拉图只会暗示，苏格拉底作为一个为进行统治而下降的哲人旨在成为"所谓的世界历史的转折点和漩涡"，但是通过写作，柏拉图能够使这一目的成为他自己的目的。

11 苏格拉底评判这场探讨（175a-176d）

[226]苏格拉底在此做出了对话中最长的发言，他直接维护了自从克里提阿让他扮演医生以来他一直暗中运用的权威。现在，他已成功发现哲学在雅典的状况，并已尽他所能来帮助克里提阿认识自己的困惑，但他以失败的外表掩藏自己的成功，并责备自己。他再次用到认知意义上的"看"，他问克里提阿有没有看到，"我此前就应当这样担心，而且我很有理由责备自己，说我对明智的探讨根本没有用"（175a）。这里比初看上去更有深意，因为苏格拉底再次充分利用了他影射过去时所用到的时间上的含混：②他明确影射了先前的谈话（172e），同时又回到了他与克里提阿共处的更遥远的过去，回到了波提岱亚之前的时光——克里提阿是在那个时候吸收了所有这些语句。苏格拉底对这场谈话的最终评判，他宣称的失败和他的坦然自责，显得不合宜的严厉，倘若考虑到他在理解克里提阿和向听众传达他自己对明智的理解之事上的成功，这些话似乎只是反讽。但是，一旦看清这些评判回到了更遥远的过去，失败和自责就完全是合适的；苏格拉底有理

---

① 尼采，《悲剧的诞生》，条15。
② 见171d（"从一开始"），172a（"我们[当初]曾说的"），172c（"我们的探讨毫无用处"），172c（"从一开始"），172e（"我当初看它的时候"），174e（"早就见证了"）。

由担心,像他当初那样来呈现明智不会有任何用处。早在其他任何人指责他之前,苏格拉底便已公正地指责了自己。

苏格拉底的自责集中于一点:"因为,被公认为所有东西中最美的东西一定不会对我们显得没有益处,如果我对进行美的探究还有任何益处的话。"他把自己的失败推及开来,"可现在,我们一无是处"(175b)。但在这里的结尾,他也引入了他在当天的对话中从未使用的一个词:"我们不能发现,立法者(lawgiver)究竟把哪一个存在确立①为'明智'这个名称。"(175b)这必定也属于苏格拉底曾与克里提阿共享的前波提岱亚教诲。立法者立下了一些语词,它们决定了什么东西是明智的;立法者施行终极形式的统治。明智——像其他表示德性的语词一样——是由最强大的属人制造者立下的名称,立法者通过实有所指的名称来确立善与恶。圣所立着诸神的言辞,但终极的立法者们所立下的善与恶甚至比诸神更强大[227]——诸神是用来守卫他们的善与恶的工具。而且,通过提到存在($\tau\tilde{\omega}\nu\ \check{o}\nu\tau\omega\nu$, 175b),并最后一次将之与立法者的统治性言辞关联起来,苏格拉底再次暗示,他对明智的探讨除了有着知识论的基础,也有着本体论的基础。立法的存在[者]介于存在的整全之中,他获得了一种关于知识的知识,他认识到自己的使命在于将"明智"之名赋予这些或那些存在,并在圣所立下它们"明智"之名。

苏格拉底继续宣称,我们一无是处,尽管"我们承认了"这场论证并没有证明的许多东西(175b)。他具体说到他承认的两项内容,都与他自己最终的定义有关。他们承认明智是"关于知识的知识"——但是,在探究如此界定的明智的可能性时,苏格拉底的行为证明了其可能性。他们还承认,这种知识"也认识其他各种知识的产物($\check{\varepsilon}\rho\gamma\alpha$)"——他们之前并未以这种方式来表达"关于知识的知识"认识什么,这一表达包括了克里提阿对一种不可能的"关于诸知识的知识"的梦,也包括了苏格拉底对一种可能的"关于诸知识的知识"的理解。苏格拉底断言,他们承认了所有这些,以便能够宣称,"明智之人或许会知道他知道什么和不知道什么,即知道自己知道这些、不知道那些"(175c)——

---

① 字面翻译为,"立法者(lawsetter)立下"($\nu o\mu o\vartheta\acute{\varepsilon}\tau\eta\varsigma\ ...\ \check{\varepsilon}\vartheta\varepsilon\tau o$)。

苏格拉底再次给出了他在自己的定义（167a）的基础上所补充的定义的完整形式（171d;参见167b）。① 这一最终的定义［228］并未取代苏格拉底先前的四个定义，而是以克里提阿不曾理解的方式扩充和限制了它们，因为苏格拉底的审查表明，克里提阿认为前两个定义是可以扩充的（164c-d,165b），并认为苏格拉底最后补充的那个定义和他自己的最终定义（170a）是一样的。从苏格拉底那里，克里提阿仅仅接受了关于诸神的真理，以及"关于诸知识的知识"给予它的知道者的看似不受限制的统治权——他所接受的这些让他可以享受那不节制之梦，即梦想他适合成为终极的立法者。什么是"他自己的"事，什么是好事，关于他知道什么（即知道他知道这些）和不知道什么（即知道他不知道那些）的知识——这些是克里提阿不能够从苏格拉底那里接受过来的。结果，他以一种不节制的方式来理解"认识你自己"和"关于诸知识的知识"。苏格拉底不仅没能把明智教给克里提阿，反而成功地把明智的反面——对节制真正的理解所具有的不节制内核的扭曲版

---

① 尽管苏格拉底明确说明智是"知道一个人知道什么和不知道什么，即知道一个人知道这些、不知道那些"，Catherine Zuckert 在其对《卡尔米德》的疏解中，还是重复了她经常表达的观点："苏格拉底所理解的自识在于关于一个人的无知的知识，而不在于克里提阿所宣称的关于知识的知识"（《柏拉图的哲人们》，页244），以及"在《卡尔米德》中，苏格拉底承认他仅仅知道他不知道，他怀疑是否有什么人能够知道自己知道"（页247，注60）。Zuckert 在自识上误解了苏格拉底，这是她对《卡尔米德》的解释中至今最重要的误解;尽管她对柏拉图对话进行了编年性地解读，却没能利用这部讲述苏格拉底之回返的对话的纪年，这一失误也相当重要。此外，在提到对作为"知道一个人知道什么"的明智之可能性的一项论证时，Zuckert 说，"没有任何感觉或精神活动仅仅指向它自身"（页244），而这一论证实际表明，知识（以及意见和"看"）的奇怪之处恰恰在于指向它自身。在细微处，众多小错动摇了我们对她的《卡尔米德》解读的信心。她说到"听众（们）"（页237,245），以及苏格拉底的"无名的听众们"（页246），但苏格拉底三次以单数人称称呼他的听众。她说苏格拉底"回到雅典后直奔学校"（页238），但苏格拉底仅仅是在他回来之后的第二天才去了摔跤场。她说，"当卡尔米德跟着一群恋慕者走进来时，［苏格拉底］看到了这个年轻人衣裳里面的东西"（页239），但只是在卡尔米德被叫过来并坐在苏格拉底身边后，苏格拉底才看到了卡尔米德衣裳里面的东西。她谈到了卡尔米德"未来的僭政"（页240），但卡尔米德本人从不是僭主，他只是三十僭主所任命的佩莱坞的十人团的成员。她谈到"忒腊克的医生们教导苏格拉底"（页240），但苏格拉底只说到扎勒卯克希斯的一个医生。她说"荷马的英雄化装为乞丐，说'羞耻对一个有需要的人不好'"（页240），但说这句话的不是奥德修斯，是特勒马库斯让欧迈奥斯对他的父亲这么说的。

本——教给了克里提阿。无怪乎苏格拉底结尾时强调他的失败：如果能引使陷入困惑的克里提阿想到，他从苏格拉底那里学到了某种不可能的和不值得追求的东西，苏格拉底就弥补了自己的失败。

苏格拉底继续揪住他最终的完整定义中所承认的内容，指出应当探讨什么来检验他们所承认的内容："一个人是不可能以什么方式知道他根本不知道的东西的。"难道这种知识是不可能的？苏格拉底迫使我们提出这一问题，因为他重复说："我们达成的观点宣称，[明智者]知道自己并不知道的东西。而我本人觉得，没什么比这显得更为荒谬($\dot{\alpha}\lambda o\gamma\dot{\omega}\tau\varepsilon\varrho ov$)。"（175c）难道这种知识像苏格拉底说的那样荒谬吗？他说他们并没有探讨这一问题，但他所进行的探讨暗示，一个人如果深入探究他知道什么和不知道什么，就能最终达到一种对于人类知识的性质的理解，他就能知道他不能够知道超越了可能的知识之界限的东西——因而他就能够成功地审查克里提阿，以便表明克里提阿声称知道的东西实际上不可能被知道。

为了结束与克里提阿的整个探讨，苏格拉底请出这场探讨（$\zeta\dot{\eta}\tau\eta\sigma\iota\varsigma$）来做出评判和接受评判。苏格拉底以一个复杂的句子来评判他们得出的真理，其中似乎陈述了他对于他们已经获得的东西的失望。然而，苏格拉底的这句话实际上表达了相反的意思。他现在能够终止他们的交谈，是因为他们的探讨已经向他表明了他一返乡就着手学习的东西的残酷真相：克里提阿能够就哲学在雅典的状况向他表明的东西。[229]在这句话的前半部分，这场探讨评判了他们，苏格拉底则评判了这场探讨；在后半部分，这场探讨嘲笑了它向他们显明的真理。在这一嘲笑和这一真理中，隐藏着苏格拉底对于他已经获得的东西的肯定性甚至带有悔意的评判（175c-d）。

这场探讨评判他们两个人"简单又不强硬（hard）"。① 真的吗？苏格拉底评判这场探讨"没有更能够发现真理"。真的吗？借由这场探

---

① 第俄提玛在描述了爱若斯（Eros）的出生之后，并在把爱若斯描写为一个哲人之前，列举了爱若斯的特征：首先就是"强硬"（$\sigma\kappa\lambda\eta\varrho\dot{o}\varsigma$）（《会饮》203d）。爱若斯——苏格拉底——强硬、强壮而且点子多，分享了他的母亲珀尼阿（Penia）的所有特征，却没有分享他那醉酒的、懒散的、神圣的父亲波若斯（Poros）的特征，甚至没有分享他父亲的名称，因为爱若斯是因其极度的贫乏而为人所知的。

讨嘲笑性的评判,两个评判的虚假性变得显豁:"它如此嘲笑真理,以至于它极为狂妄地向我们表明,我们当初一致同意、一同编造而确立为明智的东西没有益处。"(175d)这场探讨嘲笑的不是他们,也不是它自身,而是它向他们显明的那个真理:当把明智理解为他们"当初"一致同意和一同编造的东西时,明智就是无益处的。"当初"(πάλαι,175d3)一词将苏格拉底一直在利用的时间性含混带入了最终的评判;它可以指刚过去的时间,即他们谈话的开始,也可以指它通常的意思,很久之前、早先。而且,如果我们考虑到,苏格拉底所声称的目的是发现哲学在他回来之后的状况——在他奔赴波提岱亚之前,克里提阿从他那里接受了一些关键语句,并在他离开期间散播这些语句——而且苏格拉底诱使克里提阿交代了自己对这些关键语句做了什么从而实现了他的目的,那么,对苏格拉底而言(如果不是对于克里提阿而言),πάλαι的主导含义必定是回到那时——波提岱亚之前。苏格拉底最终的评判因此透露了这一探讨向他显明的真理:像他当初那样试图把对明智的真正理解传授给克里提阿,是没有益处的,是可笑而没有益处的。这一探讨的最终评判透露了苏格拉底对于他自己的前波提岱亚实践的评判。但是,通过显示这场探讨成功向他表明的东西,苏格拉底暗示,他刚刚对这一探讨做出的评判是错误的:这场探讨的确发现了真理。这反过来意味着,这一探讨对他做出的评判是错误的:苏格拉底绝不是简单和不强硬的,而是狡猾和强硬的,他迫使自己看到他的前波提岱亚教诲的无益处的品质。苏格拉底从他的探讨学习到,他把他的哲学传授给克里提阿的努力实际帮助败坏了克里提阿,由此,强硬和富有智谋的苏格拉底学习到,他必须[230]学会以一种新的方式来传授他的哲学——不会败坏人,而会有益于人。因为现在,尽管强硬和狡猾的苏格拉底依旧显得简单和不强硬,实际却扮演成了一位制造和导演了一场失败的探讨的失败者。

12 最后的话(175d-176d)

苏格拉底的探讨以他对其隐蔽的赞许结束,之后,他撇开克里提阿,转而对卡尔米德发言——在他们整个交谈过程中,卡尔米德一直默默地坐在他们中间。苏格拉底假装对他的探讨有些懊恼,好像这场探讨表明明智是没有益处的。他说,他主要并非为自己而更多是为卡尔米德懊恼,如果卡尔米德不会从据称他灵魂中所具有的明智获益的话。但苏格拉底毕竟表达了他为自己感到的懊恼,因为他援引了他们谈话的开头:他将最感懊恼的是,"我从忒腊克人那里学到的咒语,假如这个咒语竟然毫无价值,而我竟费尽心思学习它"(175e)。苏格拉底所学的忒腊克咒语毫无用处?这将是最令他懊恼的事。但是,没有理由认为苏格拉底有什么懊恼的,因为他的探讨完全实现了他的意图。他学习到,在美上变得最出众的年轻人并没有、将来也不会在智慧上变得出众;他学习到,他的哲学在雅典的状况是危险的,如果他丢下他的哲学不管,就如他当初把它丢给克里提阿一样;他由此认识到他并没有白学这一咒语,他还将要确保他最后的话迫使他教导咒语。

苏格拉底断定,明智不可能没有益处,所以,一场结束于这一结论的探讨必然表明他是个糟糕的探讨者。明智是极大的好,如果卡尔米德拥有明智,卡尔米德就是蒙福的人。卡尔米德拥有明智吗?或者,他需要那产生明智的咒语吗?苏格拉底由此回到了对话最初的问题,好像他与卡尔米德的探讨并没有彻底解决这一问题。但是,卡尔米德现在可以说,他并不知道他是否拥有明智——"我怎么会知道你们俩都不能发现的东西呢?"但他并不太相信苏格拉底会不知道明智,这使他可以毫不含糊地说,他认为他需要咒语。热切希望摆脱苏格拉底辩证法的卡尔米德也热切希望苏格拉底教授他咒语。

卡尔米德的监护人插进来,回应了卡尔米德向苏格拉底提出的请求——并重申对他的监护对象的权威。他的闯入开启了他与卡尔米德最后的谈话,以及卡尔米德与苏格拉底最后的谈话——这些谈话似乎是由[231]某位知晓未来的占卜者写就的。克里提阿插话的时候,卡尔米德一定会从苏格拉底那边转过头去,面朝坐在他另一边的克里提阿,但苏格拉底表现的像是听不见克里提阿和卡尔米德一起在"密谋"(plotting)什么。但他正在叙述他声称自己没有听到的内容:他并不反对听众在最后认出他是个善于蒙骗的人。监护人与被监护人之间近乎私密的交谈,始于克里提阿准许卡尔米德接受苏格拉底的咒语,但克里提阿依旧有些糊涂:克里提阿认为,如果卡尔米德接受这一咒语,那就能表明他拥有明智,而实际上,只有通过念咒才能获得明智。克里提阿希望卡尔米德服从苏格拉底的咒语,而且"既不多也不少地放弃他",这一愿望对于卡尔米德是一项命令:"我一定会追随苏格拉底,绝不放弃他。因为,我会做可怕的事,要是我不听从你这位监护人,不做你命令的事。"卡尔米德就他自己的方式而言是明智的:作为一个将永远是被监护人的被监护人,他做了他自己的事。克里提阿坚决地回应说:"可我本人就是在下命令。"这是他在对话中最后的话,也是一位命令者的话。克里提阿依旧是卡尔米德的命令者,是给卡尔米德指定角色的导演;二十五年后,当他们一起死于穆尼吉亚山时,他依旧在命令卡尔米德。①

苏格拉底打断了这一阴谋:"嘿,你俩在密谋做什么呢?"但太晚了,卡尔米德回答说:"我们已经密谋完了。"这一问答开启了苏格拉底对最后的对话的控制。他引入了他们所交流的语词:"密谋","施暴"(βιάζω),"加手于"(ἐπιχειρέω),"反抗"(ἐναντιόω)。卡尔米德和克里提阿一起密谋,但苏格拉底以单数人称来问卡尔米德,"难道你[卡尔米德]要施暴,还不许我预先审?""我是要施暴,"年轻的卡尔米德对一个刚刚从暴力中返回的重装步兵开玩笑说,而且他的理由很说明问题,"因为他命令我这么做。"卡尔米德说,你要为施暴的事责备克里提阿,而克里提阿的确应受责备,尽管最终应受责备的是苏格拉底本人——他帮助克里提阿摆脱了在下命令时的任何约束。卡尔米德大胆地挑战苏格拉底:"该你密谋怎么应付这事了。"

[232]面对着克里提阿及其盟友密谋采取的暴力,苏格拉底能够密谋什么呢? 一个下命令者将凭着许多听话的工具——就像服从命令

---

① 阿尔喀比亚德在《会饮》中提到卡尔米德,说他是被苏格拉底诱骗的年轻人之一。在《忒阿格斯》(Theages)(设置在公元前409年,即二十年后)中,苏格拉底讲述了卡尔米德的一则故事。苏格拉底表面上是要劝阻忒阿格斯做他的学生,他告诉忒阿格斯及其父亲,他一无所知,除了在"爱欲之事"上比过去和现在的任何人更擅长(128b)。他举例说到那些不服从他的精灵的劝告的人们遭受的不幸,第一个例子就是卡尔米德。精灵反对卡尔米德为了涅眉竞技会(Nemean games)进行训练,苏格拉底就告诉卡尔米德"不要训练"。卡尔米德对这一反对做出了解释,最终还是进行了训练(129a)。

的卡尔米德——对他的老师和解放者下手。"没什么可以密谋的了，"苏格拉底宣称，他依旧以单数人称说，"因为，要是你加手于 (ἐπιχειροῦντι) 什么，尤其是要施暴，那么没有人能够反抗你。"卡尔米德的回答注意到了反抗，而没有注意到加手于 (put your hand to)。但是，被忽略的这个词出现在结尾深有意味，如果听众和读者受到了对《奥德赛》中相认场景的一系列影射的启发的话。对他们而言，一个词就足够了，而ἐπιχειρέω就是那个词：此词在荷马笔下仅用过两次，皆是在《奥德赛》结尾的相认场景的最后。当奥德修斯和父亲拉埃尔特斯"加手于"午餐时（《奥德赛》24. 386），特别忠于佩涅洛佩的老仆人多利奥斯 (Dolios) 带着六个儿子到了。当他们"看到奥德修斯，心中认出他的时候，不免呆站在厅里愕然"（《奥德赛》24. 391-392）。奥德修斯极为亲切地说："老人啊，请快坐下吃饭，不要再惊诧；我们虽然早就急迫想加手于餐饭，但我们在厅中等候你，期待着你到来。"（《奥德赛》24. 394-396）《卡尔米德》在开头和结尾都运用了荷马笔下少见的几个词，通过这种至为精巧的方式，柏拉图援引了返乡的奥德修斯相认场景的第一幕和最后一幕；在开头和结尾之间，柏拉图援引了《奥德赛》中的两个名句，这两个句子揭示了返乡的奥德修斯之相认的局限和性质：听众和读者要认识到，回到雅典的苏格拉底必须被那些他回到其间的人们认出来，也必须不被他们认出来。回到那些他既认识又不认识的人群中间，他必须依旧既被他们认识又不被他们认识。结尾时，柏拉图像奥德修斯那样做出了亲切的举动。在柏拉图的ἐπιχειρέω[加手于]一词中，如果有人看到了一位如返乡的奥德修斯一般的返乡的苏格拉底，他们将会像多利奥斯和他的儿子们一样，愕然呆站着，但感到有人在等待他们和欢迎他们入席宴饮。而且，再进一步，他们会感到自己受到邀请，就像多利奥斯和他的儿子们一样，自愿为《奥德赛》的最后一战效力，之后由宙斯调停冲突，尽管宙斯并没有要求结束奥德修斯的使命。

对于苏格拉底最后的话，那些在《卡尔米德》结尾时觉得自己受邀赴宴的人们能够有另一种理解。苏格拉底刚刚告诉卡尔米德，"没有人能够反抗你"。那天在碰到美丽的卡尔米德之前，他说过没谁能够抵挡卡尔米德，[233] 如果卡尔米德的灵魂有一种好的自然

(154d)。他已经了解到,卡尔米德的灵魂并没有那种最好的自然,所以他能够抵挡卡尔米德。但是,卡尔米德现在决心采用暴力,而且他告诉苏格拉底:"那你也不要反抗吧。""那好,"苏格拉底说,"我不会反抗。"这就是对话最后的话。苏格拉底将会反抗,并用尽一切可用的狡猾伎俩,就如《卡尔米德》的结尾刚刚证明的。想想《卡尔米德》是怎么结尾的?如果苏格拉底不教授忒腊克的咒语,他就面对着玩笑性的暴力威胁,而他竟服从于这一威胁:苏格拉底强迫卡尔米德强迫他教授咒语。"我不会反抗。"他不会反抗教授咒语,因为教授咒语就是他的反抗。

教授咒语就是苏格拉底密谋的反抗,是对他所看到的他在克里提阿身上释放的东西的反抗。因为,《卡尔米德》以许诺咒语结束——咒语是开头引入的,结尾时又重新出现,却没提供任何内容——这是什么意思?《卡尔米德》展现出苏格拉底成功地发现了自己的哲学在雅典的状况:他发现,他将他的哲学传授给克里提阿是失败的——这一哲学此前引导他到达关于人类和最高存在的真理,到达关于人类知识的真理,而他发现,把这一哲学传授给克里提阿后,反而败坏了克里提阿,培育了他僭主式的野心。解放了苏格拉底的真理对克里提阿却是致命的。苏格拉底学习到关于明智的真理对于克里提阿们是致命的,也就学习到必须要将真理掩藏起来,真理的传播要求将真理掩藏在一个伪装之下,使真理仅仅为那些它能够解放的人们所接近。《卡尔米德》展示出苏格拉底发现了一种必要性(necessity):致命的真理要求秘传,而且要求比他在《普罗塔戈拉》中所主张的秘传更为隐微。在《卡尔米德》最后的话中,卡尔米德强迫苏格拉底教授他能够在灵魂中产生明智的咒语,而苏格拉底并没有反抗卡尔米德。《卡尔米德》的许诺将会实现:在强迫之下,强硬和富有智谋的后波提岱亚的苏格拉底变为教授治疗灵魂的咒语的老师。《卡尔米德》说,咒语是治疗灵魂的药,灵魂是不死的,是人身上一切东西的根源。要聆听苏格拉底实际吟诵的这些咒语,我们必须研读柏拉图设置的紧随《卡尔米德》之后的《王制》。《卡尔米德》是《王制》的引言,它可以帮助我们理解《王制》,因为它表明它的叙述者是一位返乡的奥德修斯,它的核心教诲是一个不情愿但受到强迫的革新者的咒语。难怪《王制》

的结尾明确指向一个改头换面的奥德修斯——这个奥德修斯只可能是苏格拉底。

《卡尔米德》展现了苏格拉底的一系列发现中必不可少的一步。[234]苏格拉底发现,哲学本身始终面对着哲学的神学–政治问题,而这一派生性的问题就是哲学,或说哲学面对着一种不太可能的可能,即哲学作为对智慧的狂热追求能够平和地追求它最内在的问题。《卡尔米德》表明,克里提阿所认识的那位解神话的苏格拉底学习到,为了有效地建立哲学,他不得不将其重新神话化(remythologize)。忒腊克的咒语——那些神秘的咒语是《卡尔米德》最引人注目的内容,却从未在《卡尔米德》中诵唱——标志着苏格拉底隐微术的成熟。忒腊克的咒语是苏格拉底用以传播真理的手段;它们会确保哲学在雅典的状况,并使那些变美的年轻人,以及令白色粉线一般的苏格拉底觉得美的几乎所有年轻人,有可能也变得智慧,尽管几乎没谁会变得智慧。

柏拉图用《奥德赛》中的相认场景来暗示,当斯巴托洛之役的幸存者们回到家乡时,是谁偷偷回到了雅典。苏格拉底的返乡就像奥德修斯的返乡一样——奥德修斯先后被特勒马库斯、佩涅洛佩、多利奥斯认出,而且特勒马库斯还警告他(好像奥德修斯需要警告似的)克服自己的羞耻,以免他被求婚人们认出。但是,那些认出返乡的奥德修斯的人们,有谁真正认出了他是谁吗?佩涅洛佩富有智谋,而且奥德修斯还特别向她重述了他的奥德赛,但她真的认出了她返乡的丈夫真正是谁吗?荷马的《奥德赛》暗示,只有奥德修斯的同类才会认出返乡的奥德修斯:返乡的奥德修斯已经在关于自然和人之自然的智慧上变得智慧,他现在决心实现一个政治方案,以唯一可能的方式在世上建立智慧;这一方式就是重建伊塔卡业已建好的秩序,因为这一秩序现在受到威胁,而且注定要受一个单纯的好人领导——特勒马库斯永远不会成为他的父亲所成为的。通过暗示公元前429年回到雅典的苏格拉底好比返乡的奥德修斯,深通荷马的柏拉图暗示,苏格拉底就像无人认识的奥德修斯一样。苏格拉底带来了一个将在帝都建立的新秩序,这一秩序通过将它的核心仅仅传授给它的同类而确保它的成功承继。服务于哲学的新政治像荷马的新政治那样普泛和诗意,因为荷马——希腊人的教育者——的咒语现在必须被苏格拉底的咒语取代。①

13 《卡尔米德》的听众可能是谁?

[235]柏拉图让苏格拉底向单独一位不具名的听众叙述《卡尔米德》,这位听众被称作同伴、朋友和高贵家族的一员(154b,155c,d)。柏拉图为苏格拉底叙述的对话设定了一个清楚的时间,即公元前429年春末,同时暗示这场叙述发生在某个较晚的不确定的时间,而且应该是在公元前429年过后很久,因为苏格拉底不得不把他回到雅典的一些细节告诉给他的听众。叙述的日期并不确定,但《卡尔米德》是否有什么内容暗示了它的听众可能是谁?

在《卡尔米德》中,苏格拉底叙述了他的发现:他没能成功地将自己的哲学传授给克里提阿,而且他的这一努力败坏了克里提阿,开启了克里提阿成为智术师和僭主的道路。苏格拉底现在在一场私密的谈话中对单独一位听众叙述这一学习的事件,这暗示了这一叙述本身就是传播他的哲学的努力。苏格拉底允许他的听众分享他的发现,即他对败坏克里提阿负有责任,这暗示他认为他的听众适合倾听这一可定他罪的事实。他的叙述保留了他们的交谈的所有稠密和复杂,这暗示,他认为他的听众能够理解不加缀饰的语句和紧凑的论证,无须苏格拉底说出一切就能够从这些语句和论证中学习苏格拉底所学习的内容。苏格拉底的叙述由此暗示,他认为他的听众适合以一种隐晦的方式传播他的哲学,所以他就以隐晦的方式向这位听众叙述了《卡尔米德》;苏格拉底赋予他的听众以一种隐晦的方式传播他的哲学的责任:要使他的哲学避免被某位克里提阿接触到,同时对那些与他的听众相像的人们保持开放。

这一听众除了柏拉图还能可能是谁呢?苏格拉底没能成功地将他的哲学传授给克里提阿,克里提阿也没能成功地将苏格拉底的哲学传授

---

① 在伯纳德特的《弓与琴》中,可以读到智慧的奥德修斯的政治方案的全貌。伯纳德特表明,奥德修斯的奥德赛为何是进入哲学因此也是进入政治哲学的旅程;对于政治哲学的性质,伯纳德特的结尾句做出了说明:奥德修斯"现在应该知道,他的使命是建立信念而不是建立知识"。

给卡尔米德,苏格拉底叙述了他的失败,他的听众应当是这一家族的成员:这位成员成功传播了苏格拉底的哲学,而且是用尽自己的一生和天分来成功地传播苏格拉底的哲学。如果《卡尔米德》暗示,苏格拉底是向卡尔米德的外甥叙述了这场对话,那么他([译按:指柏拉图])就在他笔下做了他的舅舅准备做的事情——写下咒语,但他写下的论证并不失其所有的精微,因为他理解这些论证,而他的舅舅并不理解,而且他的写作得到了苏格拉底的允许,因为他确定苏格拉底的名字,而且不会对苏格拉底行不义(156a)。[236]而且柏拉图会极具品味地处理这一问题,他不提及这一问题,而是任由人们永远做出尝试性的、令人愉快的推论。

柏拉图对苏格拉底所述的记录因而暗指一种必定发生的情形:当追求雅典青年的苏格拉底像审问卡尔米德一样审问卡尔米德的外甥时,他吃惊地发现,他是在与一位柏拉图谈话——看到他的对话者内里的一位柏拉图的美,他几乎不能控制自己,坠入了几乎令人不能自拔的爱欲狂澜,就如他说他一看到卡尔米德衣裳里面的东西的反应一样。至于柏拉图本人,他将比克拉佐美奈(Clazomenae)的人们更为热诚或急切——为了能够听到苏格拉底年轻时的一场被人铭记的谈话,克拉佐美奈的人们穿越了爱琴海(Aegean)。① 柏拉图会渴求倾听他能够听到的关于苏格拉底过去的一切,而且如果苏格拉底的过去涉及他臭名昭著的舅舅和他舅舅骇人的堂哥,所以,这位听众的确会对这场关于明智的对话入迷。②

就当《卡尔米德》的听众是《卡尔米德》的作者吧! 就让一位从未在自己的作品中说话的作者把他自己展现成聆听者吧! 传播苏格拉底哲学的问题会由此传播给成功地传播了苏格拉底哲学的那个人。他通过把苏格拉底哲学作为一个问题来传播,解决了传播苏格拉底哲学的问题,尽管苏格拉底现在永远不在了,但作为一个问题的苏格拉底哲学将继续把那些因为追求智慧的激情之美而变得出众的年轻人引向苏格

① [译按]影射《帕默尼德》的开头。
② 叙述的日期因此应该是在公元前429年过后很久,可能是在克里提阿和卡尔米德掌权期间或之后,当时柏拉图二十多岁。他的《书简七》记录说,他当时对政治感到幻灭,也对他的亲戚们参与政治感到幻灭,因为他看到了他们如何对待苏格拉底(324b–325c)。

拉底。作为苏格拉底所叙述的《卡尔米德》的听众,柏拉图会把自己展
现成受命传播这一关于明智的教诲:作为自识的明智导向关于知识的
知识,导向关于知识之权力或说意欲统治的"知识"的知识。苏格拉底
发现,自己的哲学早先容易沦为克里提阿的犯罪性版本,这在苏格拉底
之成为苏格拉底的历史中是一个大事件。通过传播苏格拉底的哲学,
柏拉图也就会安全地传播苏格拉底的这一发现。

在其他对话中,也存在关于苏格拉底哲学的传播者们的问题。①
斐多(Phaedo)是怎样一位传播者呢? 在他所忆述的对话的中心位置,
这个年轻人受到苏格拉底的恭维和抚摸,而且他喜欢反复讲述苏格拉
底死前那天的事。阿波罗多洛斯(Apollodorus)呢? 他显得有些可笑,
他叙述了苏格拉底与阿伽通、阿尔喀比亚德谈论爱欲的那个秘密之夜
的故事,却看不起他的那些听众。还有阿里斯托德莫斯(Aristodemus),
[237]阿波罗多洛斯从他那里得到了自己叙说的故事,他未被邀请却
光着脚来聚会,而受邀的苏格拉底却穿上了漂亮的鞋子。还有克拉佐
美奈的克法洛斯(Cephalus of Clazomenae),他漂洋过海来到雅典,想倾
听和牢记对苏格拉底昔日与芝诺(Zeno)、帕默尼德(Parmedies)之间的
一场谈话的转述,由于雅典人的疏忽,这场谈话马上要永久失传——连
格劳孔(Glaucon)和阿德曼托斯(Adeimantus)也从未想到,可以就这场
谈话询问唯一记得这场谈话的他们同母异父的兄弟。还有欧几里德
(Euclides),苏格拉底对他口述了一场谈话,作为这场谈话的传播者,他
自己决定把一场叙述性的对话转变为演示性的对话。我们也可以对苏
格拉底所叙述对话的一位听众提出这一问题:克里托布洛斯(Critobu-
lus)的父亲克力同(Crito)是苏格拉底教诲的怎样一个传播者呢? 他可
能是唯一听到苏格拉底讲述他为何严肃对待可笑的智术师弟兄欧绪德
谟(Euthydemus)和狄奥尼索多罗斯(Dionysodorus)的人。这些关于传
播的问题只能在叙述性对话中产生,尽管在演示性对话中传播可以是
一个明确的主题,就像在《斐德若》中,它从属于写作问题。

---

① [译按]作者下面提到的人物依次涉及《斐多》《会饮》《帕默尼德》《泰阿泰德》
《欧绪德谟》。

《卡尔米德》戏剧时间考

《卡尔米德》的戏剧时间很有可能是在公元前429年5月末。① 我会简要地说明这一可能,然后考虑对话的解释如何支持这一时间。另外,就像对《普罗塔戈拉》一样,我们应当认识到,柏拉图的同时代人并不难很快地判定对话发生在什么时候。柏拉图在他的第一句话里就说,苏格拉底的听众即将听到的事情发生在苏格拉底从波提岱亚的雅典军营返回雅典的第二天。不一会儿,苏格拉底说,一场激烈的战斗刚好在他返乡之前发生了,"这里的人们"初次从他这里听说了这场战斗的细节。柏拉图的同时代人会容易推断出,苏格拉底是在公元前429年5月末从斯巴托洛的战斗中回来的,在这场战斗中,将军们全部阵亡,军队溃散。作为毁灭雅典之伟大的那场战争的第一场重要失利,这场惨败是雅典历史上一个令人难忘的事件。

正如普兰诺(Christopher Planeaux)所证明的,[238]如果结合修昔底德的史书及《会饮》中的阿尔喀比亚德讲辞来阅读《卡尔米德》,可以获得判定《卡尔米德》确切戏剧时间所要求的所有历史信息。修昔底德描写的下列历史事件对于《卡尔米德》相当重要:

公元前432年春:波提岱亚是雅典同盟的成员,后在科林斯人的领导下叛变,雅典人为此派出了由阿基斯特拉图斯(Archestratus)统率的三十艘战船和一千名重装步兵,前去索取波提岱亚人的人质,并拆毁了波提岱亚的城墙(《战争志》1.57)。

公元前432年夏:阿基斯特拉图斯到达忒腊克,但他撇开已经叛变的波提岱亚,转攻马其顿(1.59,61);雅典人又派出四十艘战船和两千名重装步兵,在卡利阿斯(Callias)率领下向北进发(1.61)。

公元前432年秋:卡利阿斯到达马其顿,之前到那里的雅典人扑回

---

① 见 Christopher Planeaux,《苏格拉底、阿尔喀比亚德和柏拉图的波提岱亚》("Socrates, Alcibiades, and Plato's *ta poteideatika*")。Planeaux 的文章反驳当时流行的学术意见,这一意见把苏格拉底的返乡放在公元前432年的"波提岱亚之役"后,并假定柏拉图不关心史实。另见 Nails,《柏拉图人物谱》,前揭,页311-312,他接受 Planeaux 文章的论点。

波提岱亚(1.61);"波提岱亚之战"发生,雅典人成功地把波提岱亚人及其伯罗奔盟军赶进城里;雅典人在面海的那面城墙对面修筑工事,以图封锁波提岱亚(1.62-64)。对波提岱亚的围城由此开始,并一直持续到公元前429年春。

公元前431年春:佛米奥(Phormio)另外带着一千六百名重装步兵到达忒腊克,在面朝内陆的那面城墙对面修筑工事,完成了对波提岱亚的封锁(1.64)。

公元前430年夏:尼基阿斯(Nicias)之子哈格农(Hagnon)增援波提岱亚,但没能攻克此城;哈格农的人马带来了瘟疫,围城部队受重创(2.58)。

公元前429年冬:波提岱亚耗尽粮草,开始人吃人,不得不向雅典乞降;雅典人把波提岱亚人全部从城里逐出,夷平城邦和城墙(2.70)。

公元前429年5月:雅典人从波提岱亚出发,在斯巴托洛附近被卡尔基斯人(Chalcidian)的重装步兵和骑兵击败,重新退回波提岱亚;所有的雅典幸存者回到雅典(2.79)。

修昔底德的叙述暗示,围攻波提岱亚的雅典部队,就像此后围攻叙拉古的部队一样,从没有轮换过,而是一直驻守在波提岱亚,其中阿基斯特拉图斯的人马守了三年,卡利阿斯的人马守了两年半,佛米奥的人马守了两年(入侵西西里的雅典军队在西西里待了两年半,直到他们全军覆灭。)

苏格拉底极有可能是在公元前432年春随阿基斯特拉图斯的分遣队离开了雅典,或者,根据《会饮》中阿尔喀比亚德的讲述,苏格拉底是在公元前432年秋随卡利阿斯的援军离开了雅典。[239]阿尔喀比亚德详细描述了苏格拉底对他的追求如何变成了他对苏格拉底的追求,这一漫长的追求最后以丢脸的失败告终(《会饮》216c-219e),几乎可以肯定,那是在公元前433—432年冬,因为阿尔喀比亚德接着说:"之后我们一起参加了讨伐波提岱亚的远征。"(《会饮》219e)他继续讲到,将官们为他在一场战斗中的卓越表现嘉奖他,而苏格拉底如何在这场战斗中救了他的命(《会饮》220d-e)。这场战斗可能就是公元前432年秋的"波提岱亚之战",当时这场战役只有阿基斯特拉图斯和卡利阿斯的部队参加。阿尔喀比亚德还讲到苏格拉底在波提岱亚时的吃苦耐劳,苏格拉底如何能在被敌人切断粮草时忍饥挨饿,如何开怀畅饮却不会喝醉,如何经受"那地方可怕的寒冬",以及他在夏天的行为——这一讲述表明,他们在波提岱亚待了很长时间。

《卡尔米德》内部的因素也支持公元前 429 年这一戏剧时间。苏格拉底说,他回来之后想了解,在他离开期间年轻人们和哲学的状况有什么变化,他的这些意图表明他已经离开有好几年了。至于年轻人们,卡尔米德"在[苏格拉底]离开的时候还未成年①"(154a),等苏格拉底回来时,他已经长成一个貌美的年轻男子(νέος);卡尔米德要从一个男孩变成一个年轻男子,需要有好几年的光景。哲学的状况是《卡尔米德》主要探讨的内容,苏格拉底对克里提阿的审查是他了解哲学在雅典的状况的手段,而只有苏格拉底离开了很久,克里提阿才可能形成自己对苏格拉底哲学的解释,苏格拉底现在才想要检验这一解释。此外,只有苏格拉底离开了很久,他才能合理地说,自己在外期间学会了一种新的忒腊克医学。最后,《卡尔米德》把返乡的苏格拉底展现为返乡的奥德修斯,这一相当隐蔽的主题也暗示苏格拉底离开了很久:只有一位经历了漫长的奥德赛的旅行者,才堪与返乡的奥德修斯相比。

《卡尔米德》因其时间性的张力而变得极其复杂难解:[240]这部对话虽是一个固定的整体,却流动不息地穿越了当初与现在、前波提岱亚与后波提岱亚之间的沟壑。从沟壑的这边看,后波提岱亚的苏格拉底宣称,他在这段间隔期间学会了一种关于灵魂之健康的新教诲;在沟壑的另一边,通过一位讲述他当初听到的内容的追随者的反应,前波提岱亚的苏格拉底形象浮现了出来。此外,在沟壑的那边,一位更年轻的克里提阿形象也浮现了出来,我们看到他热切地接受他那时听到的内容,而在这边,一个更为成熟的克里提阿出现了,在这段间隔期间,他通过反思他当时听到的东西而有所转变,即转变成了他现在渴望成为和将要成为的人。我们看到苏格拉底引出了他的追随者身上的这一转变,但他所宣称的他自己身上发生的转变始终不可见,而要等到在几周之后的《王制》中展示出来。在《王制》中,转变了的苏格拉底作为一个

---

① 字面意思是,还未到适合服兵役的年龄;雅典的男孩要到二十岁才能服兵役。

教师出现,他对有抱负的年轻人说的话不会像他的前波提岱亚言辞败坏克里提阿那样败坏他们。①

---

① 《卡尔米德》和《王制》是两部由苏格拉底从头到尾叙述的对话,如果它们是关于苏格拉底之返乡的对话,《吕西斯》和《情敌》——另外两部由苏格拉底从头到尾叙述的对话——的戏剧时间呢? 就像这两部对话的前一个特征所暗示的,它们也是关于苏格拉底之返乡的对话么? 在这两部对话中,苏格拉底做了他在《卡尔米德》中说他回来后急于要做的事:到他惯常打发时间的地方,亦即摔跤场,似乎是要去发现在他离开期间年轻人和哲学发生了什么。这两部对话所包含的时间线索使我们难以判定,它们发生在波提岱亚之前还是之后。

第三章 《王制》

——柏拉图主义的诞生

序言 苏格拉底的大政治

[241]《卡尔米德》是对《王制》的一段预料之外的导言,柏拉图将《王制》发生的时间安排在《卡尔米德》的一到两周后。①《卡尔米德》展示了那个在《王制》中开始谈话而未得明确引介的苏格拉底是谁:一位长期离乡之后重返雅典的哲人,在离乡期间,他学会了一种关于灵魂健康的全新教诲,并以全然不同的面貌归来。而苏格拉底的返乡就如同奥德修斯的返乡之旅:与奥德修斯的返乡相符,《王制》是一次伟大的行动,其目标是在雅典——而且不限于雅典——建立一种新秩序。

但是,如果说《卡尔米德》是《王制》的导言,那么战前的《普罗塔戈拉》与《阿尔喀比亚德前篇》也同样如此。在这些对话中,苏格拉底开始了哲学的政治谋划,而现在,在《王制》中,他将为这一谋划提供更为激进的手段。因为《王制》表明,苏格拉底改变了他开始在《普罗塔戈拉》与《阿尔喀比亚德前篇》中为哲学之故而发起的两个政治谋划——为希腊启蒙重新指明方向,并且重新教育希腊的年轻人。在公元前429年暮春降临雅典的窘迫处境中,在辉煌时代一度充分胜任的东西如今则显得难以为继。至少自波斯战争以来,雅典人第一次自愿引入异邦的神,没什么能比这个事实更好地表明这种窘迫处境了。而就在雅典人怀着摆脱瘟疫与战争的愿望,引入了忒腊克(Thracian)的苯荻

---

① 关于戏剧时间的细节,参考下文"《王制》戏剧时间考"。

丝神(Bendis)的当夜和当地,苏格拉底[242]怀着摆脱《王制》开篇所示的更深层危机的愿望,引入了自己的全新教诲。随后,在雅典的第二天,当苏格拉底的同胞们带着异邦神降临的消息,奔走着返回高处的城邦时,苏格拉底则讲述了属于他自己的全新导言。柏拉图为《王制》赋予了最有希望的场景。

如果说雅典彼时的非常处境呼唤着非常的措施,那么,真理的垂死境地——苏格拉底已经从希腊智慧的隐微传统中有所得知,并且《普罗塔戈拉》与《卡尔米德》也以合宜的方式对此有所传述——则指明,新的措施不能只是对真理的坚持。新的措施必须在为哲学效劳的同时服务于城邦,为此,它们必须庇护城邦免受哲学的危害,同时庇护哲学免受城邦的危害。所需要的是一种新诗,以便替代业已毁灭的荷马旧诗。在《王制》中,苏格拉底敢于进行一种最危险的游戏:为了城邦,也为了哲学的缘故,他引入了一种新的、后荷马时代的关于神和灵魂的教诲。在公元前429年暮春的雅典城内,在柏拉图的《王制》中,奥德修斯的灵魂选择了新的生活,以唯一可能的方式达至不朽。

《王制》深远幽微、枢纽关键、浩瀚无垠,我没法像对《普罗塔戈拉》与《卡尔米德》那样对其进行通盘的解读。因为由细节织成的密网时常传达着最重要的观点,所以,我选择针对某些段落进行细致讨论,倘若我们从历时性的视角出发,从《普罗塔戈拉》与《卡尔米德》所提供的引言出发,这些段落看起来将最有教益。这种选择性不仅会以略去《王制》中的某些篇章为代价——尤其是卷八中对政制的分析,以及卷九中哲人灵魂与僭主灵魂的比照——也同样舍弃了一些与"服务于哲学的新政治"并不必然相关的重要主题。下文对《王制》的解读以事件为中心,所关注的都是容易忽略的细微之事,比如苏格拉底提到奥德修斯之名,又如苏格拉底注意到忒拉绪马霍斯(Thrasymachus)的脸红,或是他对阿德拉斯忒娅(Adrasteia)的拜服。将这些细碎片段汇集起来,就构成了一个重大事件:在《王制》中,归来的苏格拉底为壁垒森严的雅典带入了异邦的教诲,而这异邦的教诲最终主宰、并在某种程度上形塑了西方文明。

一 苏格拉底下到的世界

[243]《王制》的开场历时甚久。《王制》的开场必须交代苏格拉底

所应对的危机的方方面面,从而首先展示苏格拉底所下降到的世界。克法洛斯(Cephalus)、珀勒马科斯(Polemarchus)、忒拉绪马霍斯,以及格劳孔(Glaucon)与阿德曼托斯(Adeimantus),他们全都扮演着自己的角色,使得《王制》的世界变得生动,他们每个人都以自己独有的方式迫使苏格拉底有所行动。

1　开头的话

　　昨天,我下到佩莱坞(Piraeus),跟阿里斯同(Ariston)的儿子格劳孔一块儿向那位女神祝祷;同时,我想看看他们会怎么来举行那个节庆。因为他们现在搞这个节庆还是头一遭。①

《王制》开篇卷首词与《卡尔米德》的卷首词起到同样的作用:突出对话发生的日子。与《卡尔米德》一样,《王制》的卷首词也需要更多的信息,来确定对话的准确日期,这些信息都在各自的后文中有所交代。在雅典,“那位女神”指的是那位雅典人的女神,即雅典娜(Athena);而通常来说,“那位女神”指代的则是佩尔塞福涅(Persephone),即冥府女神——无论这节庆敬拜的是两位女神中的哪一位,“头一遭”的说法对苏格拉底的阅历来说都是不可思议的。“哪位女神?”便成了一个由《王制》开篇第一句话自然引起的疑问。答案一直没有得到交代,直到忒拉绪马霍斯结束与苏格拉底的交谈时(354a),他才仿佛不经意地提到,这个节庆指的是“苯荻丝节”(the Bendideia)。

[244]苯荻丝是忒腊克人的神,她的来临标志着雅典宗教中的一场革命:在雅典人鲜活的记忆中,这是他们第一次允许一位异邦神进入他们的公民宗教。② 柏拉图将《王制》设定在雅典宗教史上的革新之日,每个雅典人都很容易确定这一天:它发生在公元前429年的六月初。这是雅典发生瘟疫以来的第二个夏天,雅典也正处在战争的低谷,

---

① 布鲁姆,《柏拉图的王制》(*The Republic of Plato*)。我使用布鲁姆的译文,并时有修正。[译按]中译参考柏拉图,《王制》,史毅仁译,未刊稿,略有改动。

② Garland,《引进新神》(*Introducing New Gods*),页99,111-114。

没有别的日子能比这一天更符合《王制》中的光景了:在佩莱坞港的一个公共节日中,雅典民众引入新神,以求她能从战争和瘟疫的灾祸中拯救他们;与此同时,这位雅典哲人,在佩莱坞港一位异邦富人的私人府邸,引入了自己的全新教诲,要以一种全然不同的救赎方式,将人们从更重大的灾祸中解脱出来——他是第一个看见这种灾祸的人。① 柏拉图将《王制》放在这样的历史性日子里,即《卡尔米德》发生后的一到两周之内:他为有心的读者们准备了一份研读《王制》的礼物——在《王制》中深藏着"这时的苏格拉底是谁人"的答案,他就是《卡尔米德》中归来的苏格拉底,他像一位新的奥德修斯一样返乡,前来拯救他的伊塔卡。②

"我下到"——κατέβην。《王制》的第一个词表达了一种下降。③ Κατέβην是动词καταβαίνω的不定过去式第一人称单数,荷马曾用过一次:奥德修斯刚刚杀死众多求婚者,并对佩涅洛佩说,他们的考验并未结束,他如此讲述:

> 今后还会有无穷无尽的艰难困苦,
> 众多而艰辛,我必须把它们一一历尽。
> 须知特瑞西阿斯(Teiresias)的魂灵曾向我作预言,
> 在我当年下到哈得斯的居所的那一天,
> 为同伴们探听回归的路程,也为我自己。(《奥德赛》23.252)

紧接着他马上说:"夫人,现在走吧,暂且让我们上床。"他必然知道,佩涅洛佩会首先要求他告诉自己,他们的新考验是什么——这正是奥德修斯的旅途:他要将惩戒之神、愤怒的波塞冬(Poseidon)的宗教引

---

① 还有一个理由值得我们关注苯荻丝的引入:它标志着雅典政治史的一次变革,它悄无声息地改变了雅典人公民身份的前提,为异邦人成为雅典公民打开了一扇新的大门。参见 Planeaux,《苯荻丝进入阿提卡之日》("The Date of Bendis' Entry into Attica")

② 在《卡尔米德》后的"一到两周"在现在看来已经是所能达到的最精确范畴,但柏拉图的同时代人们,可以很容易地确定在苏格拉底从波提岱亚归来,直到苯荻丝引进之间的具体日期。

③ 动词καταβαίνω在《王制》中出现了八次:328c,359d,511b,516e,519d,520c,539e,614d。

介绍给一群对波塞冬一无所知的人们。"我下到,"苏格拉底引用荷马,说出了《王制》的第一个语词:他就像下到冥府的奥德修斯,而且他也将会像奥德修斯一样,完成最终的任务。苏格拉底在那一夜的最终任务是讲述一个关于冥府的神话,并将施行惩罚的神们引介给此前对他们一无所知的人们。

苏格拉底在《王制》中的第一个词预示了他将指示的命令,在他给出《王制》中最为著名的比喻——洞穴之喻后(520c),苏格拉底对接受他言辞中的城邦教育的人说:"你们必须往下走。"[245]苏格拉底的下行是一部序曲,为未来的下行作序,他将由自身的下行,引发他所指示的命令。苏格拉底的第一个词为与他相似的少数人勾画了一个图景,或者说再现了奥德修斯的图景:他的下行,就是他身后所有政治哲学的下行的典范。

"昨天"——苏格拉底在《王制》中的对话发生后的第二天讲述了《王制》。作为回去向人们讲述那个通宵场景中的种种创新的许多雅典人之一,他从佩莱坞回到了雅典。苏格拉底并没有讲述公共的革新,而是讲述了自己在私密场所引入的创新。他的听众(们)的身份从未以任何方式得到明确,这种模糊性看起来正是要害所在:苏格拉底讲述的《王制》针对的是任何人——因而是所有人,抑或针对所有人——因而不针对任何人;这是一次对私密事件的公开讲述,而这样的公开讲述可以很好地保持私密之事的私密性。如同他在《普罗塔戈拉》中所做的,《王制》中的苏格拉底将这次富人私宅中的私密对话转述给了更多的雅典听众;而在这种场合下,苏格拉底在一群雅典青年面前,直面一位著名的外邦智者。苏格拉底的讲述让他的观众得以评判他:《王制》的观众就如同《普罗塔戈拉》的观众,他们有一切理由将苏格拉底视为抵御异邦智术师的败坏,并维护雅典青年道德风貌的捍卫者。而在为所有人讲述以外,苏格拉底同时也只针对极少数人,极少数能够像苏格拉底本人一样,经过思考而从苏格拉底所讲述的一切中得出结论的人。

"到佩莱坞"——苏格拉底从高处的城邦雅典,下到其五英里外的港口。这个帝国城邦的港口海运发达,异邦的影响在此流行,比如东北方的忒腊克与雅典进行着木材与谷物的重要贸易,西方的西西里则是克法洛斯的故乡,他的家族作为制造盾牌的世家被伯利克勒斯亲自邀请前来雅典。在这天当晚,雅典人引入了一位忒腊克神,而苏格拉底说过,他从一位忒腊克神的医生那里学到了他的治疗疾病的咒语。"到佩莱坞"缺少常用的定冠词,布莱恩(Eva Brann)认为,这句话暗示下降到冥府,因为佩莱坞意味着"那边的土地"(the land beyond)。① 当归来的苏格拉底以关于冥府的新说法结束他的论述时,他为雅典带来了地下世界的图景,这希腊世界中后荷马时代的源头发源于忒腊克和西西里。②

[246]"跟阿里斯同的儿子格劳孔一块儿"——苏格拉底与柏拉图的兄弟格劳孔一同下行,格劳孔作为夜里交谈的参与者之一,直接促成了这场对话的发生。格劳孔做出了他们必须留在佩莱坞的选择;他在苏格拉底与忒拉绪马霍斯的对话结束后要求继续交谈;他是苏格拉底的讨论触及哲学本身时的对话者;在对话末尾处(618b,621c),他的名字被单独挑选出来,作为神话训诫的接受者。因为苏格拉底会根据他的谈话者选择措辞,所以,格劳孔通过言行所展示的身份有助于解释苏格拉底的措辞。苏格拉底在阿尔喀比亚德与克里提阿身上经历的失败要求他选择一条新的道路,从而接近格劳孔似的怀有政治抱负的雅典青年。

"向那位女神祝祷;同时,我想看看他们会怎么来举行那个节庆"——苏格拉底指出了他下到佩莱坞的两个目的,即祝祷与看节目,并且两次重复提起(327b1)。苏格拉底当晚留在佩莱坞,并说了当晚所说的一切,也是出于相同的理由——虔敬和观看——吗? 他必定注意到,在克法洛斯宅邸的聚会为他提供了一个特别的机会,而他明确说过,他是出于虔敬而回应了格劳孔和阿德曼托斯(368b),此后他还反复重申,希望自己的论述不会仅仅只是祈祷(450d;见456b,499c,540d)。

"因为他们现在搞这个节庆还是头一遭"——《王制》的开篇呈现

---

① 布莱恩认为这开放性的语词意味深长地暗示着,"我昨天下到在这条河之上的土地"。见 Brann,《王制中的音乐》(The Music of the "Republic": Essay on Socrates' Conversations and Plato's Writings),页 117-118。

② 佩莱坞是座极为现代的城邦,大约二十年前由"世界上第一位专业的城市规划者"米勒西亚的希波达莫斯(Hippodamus of Milesia)设计规划,关于佩莱坞的显赫壮丽,见 Hale,《海洋之王》(Lords of the Sea: The Epic Story of the Athenian Navy and the Birth of Democracy),页 112-121。佩莱坞是雅典海军的所在地,凭靠其三重迂回的海岸,保护着海港与停放三层浆战舰的壮观船坞;有如 Hale 所说,佩莱坞是雅典得以成就帝国、诞生民主的基础。

了雅典人在宗教方面的改革;三十年后,雅典人将以引入新神为理由之一而处死苏格拉底(《游叙弗伦》3b,《申辩》26c)。发生在苯荻丝节第一夜的雅典宗教改革传达了《王制》最重要的特征:在雅典人有所创新的当夜,苏格拉底引入了关于神与灵魂的新教诲,这种后荷马时代的教诲标志着希腊或荷马宗教的结束。当代希腊宗教研究权威伯克特(Walter Burkert)在其著作《古希腊宗教》的结尾处讲到,是什么终结了希腊的或荷马的宗教:"从柏拉图开始,并通过柏拉图,宗教在本质上已经不同于其过去之所是。"①

2 被迫者与自愿者

[247]在第二句话中,苏格拉底评判说,雅典人的游行"很好","不过忒腊克人的游行也不逊色"。这是苏格拉底在《王制》中下的第一个判断,他对前往观看之事独自做出判断,让忒腊克人的节庆与雅典人的节庆平起平坐。这个关乎雅典宗教革新重大主题的判断恰恰在这篇关于革新的对话开端处提出,这看起来像是对随后发生之事的允诺:苏格拉底的观察和判断祛除了对属己之事的派性偏好,他这位改革者能够认为,异邦事物与雅典的事物一样合适。

"我们做了祝祷,看了游行之后,"②苏格拉底说,"就离开向城里去了。"苏格拉底下行后,本应紧随着一场上行,从而早于引入苯荻丝的节庆结束回到雅典。但"正当我们急着往家走"时,他们的上行遭到了阻挠。珀勒马科斯的童仆跑着追上了他们,然后"从后面拉住我的披风"。

---

① Burkert,《古希腊宗教》,页 322。Burkert 描述了柏拉图在宗教方面扮演革命性角色的特征:"柏拉图在同一时间带来了宗教语言及虔敬的双重改革。在此之后,我们发现了被哲学支撑的信仰、超越现世的爱以及对来生的希望;其中包含着谦逊、服侍神,同时还有同化为神的目标。"(页 275,亦见页 199)。

② 苏格拉底关于他观看节目的意图所使用的第二个动词,Θεωρέω,意为"观看,特别是作为公共竞赛与节庆的观众"(LSJ),同时有第二种含义"被派送去请求神谕"(LSJ;见柏拉图,《书简三》315b),这个词也是"theory"的词根;这与苏格拉底使用的第一个动词有些微不同,εαόμαι,意为"凝望,带着惊奇注视"(LSJ)。他的第二个关于祈祷的动词重复了第一个,προσευχόμαι。

由苏格拉底转述的第一句话是一位童仆所传达的珀勒马科斯的命令：
"他命令你们，珀勒马科斯[命令]，等一等。""我们当然会等，"格劳孔说，
作为替他们两人所做的决定中的第一个，他服从了命令。

珀勒马科斯来了，"明显"是从苏格拉底与格劳孔已经看过的"游
行那儿来的"，与他同来的还有阿德曼托斯和尼克拉托斯（Niceratus），
后者的父亲尼西阿斯（Nicias）将会成为一位著名将领，此外还有几个
人。珀勒马科斯带头说："苏格拉底，我猜你俩正急着离开要到城里去
吧。"他的正确猜测表明，苏格拉底有一个着急返回雅典的理由，对急
着（hurrying）这个词的重复也暗示了这一点。珀勒马科斯——其名意
为战争之王（Warlord）——对苏格拉底进行了戏谑的威胁："你瞧见我
们有多少人了吗？""那就好，要么证明比这些人更强壮，要么就留在
这。"忒拉绪马霍斯将会把正义定义为强者的利益，而在此处，（强壮）
这个词被用作威胁之言，这诱使苏格拉底说："不还有另一种可能
吗……我们说服你们必须放我们走？"。强力（force）还是劝服（persua-
sion），这是苏格拉底在《王制》中讲述的第一个辩论主题。在力量上占
优势的珀勒马科斯说出了[248]苏格拉底面临的问题："你真能说服
吗，如果我们不听呢？"格劳孔第二次作出决定："那就没办法了。"珀勒
马科斯和格劳孔没看到办法这一主题，但苏格拉底呢？这个主题在一
开篇就已如此突出，再加上苏格拉底在格劳孔回答时一直保持缄默的
这个事实，这暗示了对话将会展示的内容：苏格拉底有办法"克服这个
毫无理由、拒不听从理性的意志所造成的障碍"。①

阿德曼托斯打断了对话，站在强者的立场上试图劝服：苏格拉底与
格劳孔可能并不知道，如果他们留下来，等待着他们的会是怎样的奇
观，一场献给女神的马背上的火把比赛？"这倒新鲜，"苏格拉底说，这
显示出他对于苯荻丝的见识十分有限。珀勒马科斯开始通过劝说的方
式，告知他们会有一场彻夜的节庆和晚餐，还有很多年轻人可以聊天。
于是格劳孔第三次作出决定，而苏格拉底也服从了他的决定，并运用了
雅典公民大会通过法令时的措辞——"如果就这样决定了"。在《王

①　伯纳德特，《苏格拉底的第二次航行》（*Socrates' Second Sailing：On Plato's "Repub-
lic"*），页 10。

制》的开篇,苏格拉底一直服从格劳孔,而格劳孔服从于更强大的力量和说服的力量。但现在正是苏格拉底在《卡尔米德》中归来后不久,而他在《卡尔米德》中关于雅典的哲学和青年所说的意图仍然成立:苏格拉底可能已经说服自己留在佩莱坞,因为他得到许诺,此行能够实现自己返回雅典的意图。

当苏格拉底在《王制》开篇中讲话时,他让自己在强迫面前显得十分顺从。《王制》是一篇苏格拉底被迫进行的对话吗?他在第二天复述了整场对话,这是此篇对话具备自愿特征的首要证明。再者,苏格拉底在《普罗塔戈拉》与《卡尔米德》中的行动,证明了对他进行强迫是很难成功的,因为他具备使环境顺应自己目的的能力。并且《普罗塔戈拉》与《卡尔米德》还表明,苏格拉底的自由选择与他为了哲学之故而迫使自己做的事情是相同的。苏格拉底在《王制》中遭遇的强迫起初完全是外在的,是粗鲁的力量和说服,后来则变为内在的强迫:《王制》中归来的苏格拉底被带到了珀勒马科斯的宅邸,发现自己的处境再有利不过了。在这个处境下,他强迫自己行动,从而讲述自己此番归来所要传布的教诲。

3　向克法洛斯学习

当这只小小的队伍参观游行归来,到达珀勒马科斯家中时,他们发现,其他六人已经在场:珀勒马科斯的两位兄弟,吕西阿斯(Lysias)和[249]欧绪德谟(Euthydemus);来自卡尔克冬的忒拉绪马霍斯;派阿尼亚区(Paean)的卡尔曼蒂德斯(Charmantides),阿里斯托纽摩斯(Aristonymus)的儿子克里托普丰(Cleitophon);以及克法洛斯,三兄弟富有的父亲,同时也是整场聚会的主人。① 柏拉图将《王制》设定在一

---

① 如果与珀勒马科斯一同出现的"另外几个人"(327c)也去了他家,这个队伍则要比这十一个有名有姓的群体——苏格拉底与十个在佩莱坞的人——来得更庞大。卡尔曼蒂德斯此人颇富争议:他是那位与克法洛斯年龄相近的公元前427/426年雅典的司库,还是此人的孙子,即伊索克拉底(Isocrates)曾提及的那个学生(参 Antidosis 93-94)?

位来自西西里的雅典异邦富人(metic)舒适的家中,并安排异邦智术师与雅典的青年一同在场;他将战前的《普罗塔戈拉》设定在雅典最富有的人舒适的家中,一同在场的同样是异邦智术师和雅典的青年。在这两篇场景相似的对话中,苏格拉底追求着同样的计划:了解哲学在智术师和年轻人中的进展。苏格拉底在《王制》中的尺度更加激进,也更具异邦性,这一点从两篇对话在场景上的一个主要差异似乎可以看出:聚会的主人及其家人都是异邦人。

在《卡尔米德》中,归来的苏格拉底曾与两位年轻人交谈,他们注定成为一场运动的领袖,这场运动"试图实现一次政治重建(restoration),废弃民主制,并重建一种致力于德性和正义的贵族制"。[①]而如今,在《卡尔米德》过后不久,根据柏拉图的展示,在苏格拉底言说的场合中,至少有三位青年将成为那次重建雅典德性的尝试的牺牲者;[②]他们进行对话的宅邸大致坐落于穆尼吉亚山不远处,而就在那场在这里发生的决定性战斗中,克里提阿与卡尔米德丧生。柏拉图间接影射了克里提阿——不值得成功的——失败的重建,这暗示《王制》是苏格拉底对雅典德性的一次值得追求(worthy)的重建,在一定程度上,苏格拉底在《卡尔米德》中对他所形塑的克里提阿的认识,推动了《王制》中的这次重建。

在克法洛斯的宅邸中,新来的人们坐在凳子上,围着克法洛斯坐成一圈,而克法洛斯头戴花冠位于中间,他刚刚才在庭院里做了献祭。从他的新客人中,这位一家之长挑出苏格拉底这位众所周知的智慧的雅典人,并对他致辞欢迎,从说这些话的场景开始,整场对话即将开始:

如果《王制》发生在公元前 429 年,则他必定是那个老者;在克法洛斯离去后,苏格拉底的听众并不只包括青年人和苏格拉底与忒拉绪马霍斯这对对手。《王制》是唯一一部为沉默的听众赋予姓名的对话。

① 施特劳斯,《城邦与人》(*The City and Man*),页 63。

② 根据色诺芬说,珀勒马科斯被处以砍头之刑,因为他的钱被用于资助克里提阿所倡导的针对异邦人(metics)的政策。尼克拉托斯同样被杀,而吕西阿斯勉强逃脱,参吕西阿斯,《反驳埃拉托色尼》(*Against Eratosthenes*)4-23;色诺芬,《希腊志》2.3.39,2.4.19,38。也许尼克拉托斯与吕西阿斯被掌控于克里提阿之手的命运,有助于解释他们在此处的具名出场;如果当真如此,在场的其他沉默的听众,很可能也有其相对应的解释,只不过对我们而言,这种解释已经消失在历史深处。

"苏格拉底啊,你不常下到($\varkappa \alpha \tau \alpha \beta \alpha \acute{\iota} \nu o \nu$)佩莱坞来看我们,你实在应该来。"(328c)[250]克法洛斯的话几乎包含了对苏格拉底叙述开篇时所用语词的重复,表明了苏格拉底下行的必要性:"假如我还很硬朗,就能轻轻松松走进城,就用不着你到这儿来啦,我们会去看你的。"谁能为谁而来?苏格拉底必须下行,因为他们没有能力朝向他上行。克法洛斯这段话最后的说法强调了这个意味。作为一个习惯于权威身份的老人,克法洛斯赋予了自己命令苏格拉底的权利:"现在像我说的那样做吧:跟这些年轻人在一起,但要经常到这儿来看我们,就像看朋友和你自己的亲人一样。"(328d)既然自己已经不能向上走,这位年老的侨民(metic)将自己的儿子及其朋友托付给了苏格拉底,并邀请他不只做他们的朋友,而且当他们的亲人:《王制》以一个权威的邀请开场,请苏格拉底下行,并让他做自己十分乐意做的事。

苏格拉底的第一段讲辞全都在与克法洛斯而非他的儿子们对话,同时,苏格拉底专注于自己能从克法洛斯身上学到什么,他能学到的只有一样:"这[走向老年]是一条什么样的路,是崎岖艰途,还是平坦康庄。"(328e)克法洛斯在所说的每个观点上都显示了他的权威,但却是苏格拉底首先讲起"诗人"(the poets),引用了他们称为"老年的门槛"的荷马的说法,指代死亡迫近前的时日。① 克法洛斯多少有些热情地做了他被请求的事,呼请"宙斯在上",讲述了他与岁数相当的人的日常会面。他与大多数哀叹失去了年轻人的快乐的人不同,也与哀叹遭到亲朋好友衰落的人不同。与他们相比,克法洛斯的老年显然充满荣耀,他将自己比作索福克勒斯(Sophocles),后者属于这类少数人之一,他们为从诸如性爱以及其他自己曾经一度臣服的"狂暴野蛮的主人手里"逃脱而高兴(329c)。在他关于老年之路是什么的讲述中,他首先说这带来了"极大的平和与自由",他将这种状态归因于"性格"。对于"心平气和,对自己满意知足"的人来说,"甚至年老也仅仅是个有限度的麻烦罢了"(329d)。

---

① 《伊利亚特》22.60以及24.487指代普里阿摩斯(Priam);《奥德赛》15.246指代安菲阿拉奥斯(Amphiaraos)——奥伊克勒斯(Oikles)的儿子,特奥克勒莫努斯(Theocly-menus)的祖先——一个"从未到达老年之门前"而在盛年死去的人。一般认为,克法洛斯去世于公元前429-428年间。

苏格拉底说自己对克法洛斯的回答充满惊叹,并且试图"激激"(stir him up)克法洛斯,以众人的口气说话——他们毋宁相信,是克法洛斯的钱财和物质($o\dot{v}\sigma\dot{\iota}a$)的丰富而非性格,才能令他这么舒坦地承受晚年。此前,克法洛斯自比伟大的雅典人索福克勒斯,现在,他又将自己比作伟大的雅典人忒米斯托克利,这人声称自己的声名辉煌不仅仅是由于城邦,更是[251]由于他自己:克法洛斯将其安详归因于自己的性格。但如果他的物质财富并非他晚年安详的基础,苏格拉底又问他:"有了万贯家财,您享受到的最大好处是什么?"(330d)循着这条路,克法洛斯做了他最为重要的讲述,他首先讲了两段引言。第一:"我说的未必能说服很多人"——他是否有过在关于自己认为的最大好处的问题上被人忽视的经历? 第二:"你要清楚,苏格拉底"——这(this)是一个站在死亡门前的老人认为自己能教给一个智慧者的事情,而他将儿子托付给了这个人:"当一个人逐渐意识到他快要走到终点的时候,关于那些他此前没有想过的事情的恐惧和思虑,将进到他心里来。"(330e)克法洛斯此前刚刚夸赞了自己在许多狂暴主人面前的平静和自由;现在他讲述了因为"那些关于冥府中的事情的故事"而产生的激动和束缚,而这是他此前未曾想过的。

此处交代了正义(justice)如何正式进入《王制》:克法洛斯前后四次重复关于做了"不义"之事与"受到惩罚"的恐惧。对于冥府的惩罚的传说,"以前他视这些故事为笑谈",但现在"他的灵魂辗转反侧,因为他怕这些故事说不定都是真的"(330e)。

此处交代了灵魂(soul)如何正式进入《王制》:克法洛斯因恐惧而辗转反侧,他的灵魂可能会因他年轻时——那时他足够年轻,还能嘲笑冥府的故事——所行的不义而受到惩罚。

克法洛斯给出了两个相冲突的理由,说明自己为什么现在产生了恐惧:年老带来了衰弱,或者让他对"他快要走到之处的事情"洞察得更为清醒(330d)。无论他会丧失能力还是获得新能力,他现在都"满腹疑虑和恐惧"。通过讲述"心平气和,对自己满意知足"的性格甚至能让年老也仅仅是个有限度的麻烦,克法洛斯揭示说,疑虑与恐惧让人"忖度算计",并考虑有没有对别人做过任何不义之事;并且,"他发现自己一生中做过许多不义之事,从此他常常会像小孩一样,在睡眠中惊吓醒来,而且一直生活在不祥的期待中"(330e)。这就是克法洛斯为苏格拉底所做的,关于他此前说起来看似平坦康庄之路的最终陈述:这条路崎岖而艰难,充满了疑虑和恐惧,不为他所控制,并困扰着他的睡眠。对这些由老年所带来的苦痛,有一样事物可以提供看护——金钱;克法洛斯这样告诉没钱的苏格拉底。这种能让人不亏欠人和神的偿付能力,或许能让人以"甜蜜而美好的希望"代替疑虑和恐惧。在他关于冥府的讲辞中,克法洛斯只在表达他从恐惧转向希望时引用了一首诗,并背诵了品达(Pindar)描述希望的词句,品达说,希望"在多数时候/引领着凡人变化不定的意见"(331a)。[252]主要受恐惧引领的克法洛斯引用诗行,由以支撑他那以钱为基础的希望。钱财最大的好处是,"当他要到另一世界去的时候,将用不着因为亏欠了神的祭品和人的钱财而恐惧了"——说这话的是一位站在老年门前的人,时值献祭的间歇,为了给自己铺设前往冥府的道路,他必须去献祭。

克法洛斯关于冥府的讲辞,并非一个很快退场的偶然角色所说的无关之事:在克法洛斯离开后不久,阿德曼托斯就在其宅邸中大声讲述自己的观点,但又没让克法洛斯听到;他发现,那些人以冥府的恐怖来威吓年轻人(366a),以之作为劝服年轻人成为正义者的最后手段,这样的做法荒谬而愚蠢。但苏格拉底将通过重述孩童们从小听取的故事,使冥府重新变得可信;苏格拉底将成为权威,从而能以一个冥府神话结束当夜的讲话,这个冥府神话在本质上与克法洛斯所恐惧和希望的相同,而且,苏格拉底的神话受到信服,而克法洛斯却曾抱怨说,冥府的神话从未被人相信。"您说的妙极了,"苏格拉底这样形容克法洛斯的冥府讲辞。克法洛斯的引言比诗歌中传颂的冥府神话走得更远,他关于冥府的恐惧和希望暗示了一种现实的道德观,即相信人类行为有着最终的清算偿还。克法洛斯所怀揣的恐惧与希望若被证实,则人类必须居住在一种惩恶扬善的秩序之中,其中,公正的神明俯察着不朽的灵魂。《王制》第一幕所表达的东西暗示着一种信念:苏格拉底将说服年轻人认为,正义是一种赏罚分明、报应不爽的秩序,而这秩序被构筑在事物的天性中。

苏格拉底在克法洛斯的讲辞中提炼出正义的定义,并提出挑战,从而开始主导这场对话:正义真是讲真话和归还所拿之物吗(331b,d)?①
苏格拉底将正义确定为谈话的主题,而且,由于他将会举出的例子,他
们的正义讨论一开始就挑战了克法洛斯所引述的古代诗人的权威。苏
格拉底的举例在整部《王制》中都引起了回声。这个例子诉诸"任何人
都肯定会说"的:如果一个人在朋友心智健全时从他那儿拿走了武器,
却在朋友发疯时还给他,他就是不义的,同样也不应该"对疯狂的人说
所有的实话"(331c)。苏格拉底关于正义的第一段陈词宣告要扣留属
于疯子的武器;他关于真实(truth)的第一段陈词则宣告在有武器的疯
子面前隐瞒真实的正当性。

[253]当苏格拉底说,他的例子证明正义的定义不能像克法洛斯
所说的那样——"讲真话,归还所拿之物",这时,珀勒马科斯站在父亲
的立场开始发言。克法洛斯欣然将论点托付给自己的长子,自称"您
财产的继承人"的珀勒马科斯。克法洛斯被儿子的话逗笑了,并笑着
前去献祭,他希望能通过献祭而远离随着老年而至的恐惧和痛苦。

头戴花冠从献祭中前来又返回献祭的克法洛斯,作为传统权威在
《王制》的开篇出场,但他却是一种有所改变的传统权威。克法洛斯并
非雅典人,他以言辞引述的也并非传统的雅典宗教,而是非荷马(non-
Homeric)、非赫西俄德(non-Hesiodic)的异邦教诲,经由佩莱坞,这些教
诲从西西里和忒腊克的发源地传入雅典——即便到了现在,外面的人
们仍在从那里引入一位新神。让克法洛斯充满恐惧和希望的冥府神话
并非荷马的神话,因为,在荷马的冥府中,所有人都有相似的命运,而任
何人又都没有希望。阿德曼托斯将会提到缪赛俄斯和俄耳甫斯,这两
位都是来自忒腊克的冥府歌者。但克法洛斯带入雅典的冥府神话却并
非来自忒腊克,而是来自西西里,西西里活跃的火山与冒泡的温泉呈现
了一个鲜活的地下世界,并作为冥府神话的源头在泛希腊世界广为传
播。② 然而,无论来自忒腊克抑或西西里,异邦的冥府神话唯有通过受
雅典青年人尊敬的老师的传扬,才能在受智术师启蒙运动触动的雅典

---

① 苏格拉底省略了克法洛斯陈述中的一个重要元素:得到神明的宠爱。

② 关于西西里以及冥府的新教诲,见 Kingsley,《古代哲学、秘仪和巫术》,前揭,页
71-78;Kingsley 也证明,苏格拉底的《斐多》(Phaedo)神话中的"地理"具有西西里特征,
页 79-111。

青年那里树立权威。克法洛斯做了正确的事,他笑着回去献祭,让苏格拉底与自己的继承人们单独在一起;因为,对于他们在自己这儿听到后曾经加以嘲笑的东西,苏格拉底将教导他们去相信。

4　珀勒马科斯与苏格拉底的正义

珀勒马科斯援引了西蒙尼德斯的权威,用以捍卫他父亲的正义观,当苏格拉底叫他陈述西蒙尼德斯的观点时,珀勒马科斯说:"给每个人亏欠于他的东西,就是正义的。"经过重述后,苏格拉底将"被亏欠的东西"转变为给"每个人合适的东西"(332c)。这种正义需要懂得每个人各自适合什么东西的知识,这种知识关乎最高的秩序,只有最智慧的人才能拥有。苏格拉底曾在《普罗塔戈拉》中提出,智慧者的简洁说法需要解释。而《普罗塔戈拉》暗[254]示,苏格拉底并非不相信"智慧而神性的"西蒙尼德斯(331e),后者"追随其他诗人的风尚,爱说谜语"(332b)。① 苏格拉底和珀勒马科斯就西蒙尼德斯的话展开的争论,实际构成了一段对西蒙尼德斯之言的智慧解读,苏格拉底并未将其说穿,因此为其保留了谜题的形式。

珀勒马科斯将西蒙尼德斯的正义观解释为助友害敌。苏格拉底引导珀勒马科斯总结说,正义看起来没什么用:正义的唯一用处是在事物无用时保护他们,而其他的技艺却负责一切有用的方面。苏格拉底总结道:"那么,我的朋友啊,②如果正义对没用的东西才有用,它就不会是什么非常严肃的东西了。"(333e)《王制》中的这第一个论证结论看起来是对珀勒马科斯的归谬式反驳(reductio ad absurdum refutation),但事实上,这个表面荒谬的结论却表达了一个明确的、像谜语一样的真相。所有好东西都有用吗? 哲学有用吗? 苏格拉底的哲思——与他的政治哲学不同——并不追求任何用处,只是出于寻求理解的热情,这种热情也只能通过理解来满足。苏格拉底在第一场争论中的第一个结

---

① 在《王制》后面的部分,苏格拉底批评一个西蒙尼德斯的惯常说法时,他并未提及西蒙尼德斯的名字(489b)。

② 朋友是用正义给予朋友益处这个问题中的一个重要的形式。

论,准确地阐明了哲学在困境面前的解决之道:在城邦面前,没用的哲学需要受保护,因为城邦通常以用处来衡量一切事物的价值;在只有有用之物才被当真的地方,哲学的确不是什么严肃的东西。无用的哲学要显得有点什么用处,这(对哲学来说)是有用的。苏格拉底关于正义的第一个结论,预示了他在《王制》中的首要目的:他要以一种有用的政治哲学来对没用的哲学施以公道(do justice)。他的第一个结论也预示,他将继续以智慧者一贯的说话方式言说,以平实的面貌隐藏智慧的观点。

《王制》中的第一个论证还在继续:"要这样来看",苏格拉底指引着谈话,并解释说,用一种技艺来做好事的能力也包含着做相反之事的能力。他以"一支军队的好护卫者,恰恰也是(being)那个能偷走敌人计划,或通过偷盗挫败敌人计划的人"作为例证,并概括说:"因此,如果一个人是任何东西的高明的保卫者,那么他也是一个高明的小偷。"苏格拉底同时第一次提到荷马的名字:"看起来,正义者结果是盗贼一类的人,这一点恐怕你是从荷马那里学来的。"而荷马笔下的这个人物则是"奥德修斯的外祖父"奥托吕科斯(Autolycus,字面意思为"狼自身")。苏格拉底说,荷马钦慕奥托吕科斯,曾说:"奥托吕科斯在'偷窃扒拿和背信弃义方面'无人能及。"(《奥德赛》19. 395—396)①[255]通过引用荷马,苏格拉底得出第二个结论:"所以,照你、荷马和西蒙尼德斯的意思,正义似乎是某种偷窃的技艺,为的是朋友的益处。""不,宙斯在上,"珀勒马科斯并不是这个意思。但是苏格拉底是这个意思:根据苏格拉底、荷马和西蒙尼德斯,智慧者的正义就是为奥德修斯取名之人的技艺,是某种为了朋友的利益而偷盗的技艺。苏格拉底事实上领走了克法洛斯的继承人,说正义是为了他们的益处而偷走不属于自己的东西,正在此时,苏格拉底引介了自己的精神前辈。与第一个结论一样,

---

① 苏格拉底没有像荷马那样说明,这一切都是来自于赫耳墨斯的神赐。荷马的词句摘自佩涅洛佩与她丈夫相认那一幕之前的漫长铺垫:奥德修斯的乳母老欧律克勒娅(Eurycleia)认出了奥德修斯的伤疤,此后,荷马带领听众回溯了奥德修斯伤疤的来历,也回溯了奥德修斯的得名。荷马表明,奥德修斯是不由父母起名的唯一一人(8. 550—555),当时是欧律克勒娅将尚未起名的孩子放在奥托吕科斯膝上,请他为这位他期望已久的孩子赐名(19. 404)。

苏格拉底的第二个结论也是一种字面上的真实,恰好因为表面的荒谬而能够公开表述。苏格拉底是个诡计多端的人,他像荷马一样钦慕奥德修斯的外祖父。

苏格拉底对荷马的第一次引用与最后一次引用相似:在《王制》中,他仅在这两处直接点出了奥德修斯的名字。苏格拉底最后一次引用荷马是在对话结尾,作为其重塑荷马式冥府(为的是使之与克法洛斯的冥府相似)过程的最后环节:奥德修斯的灵魂,由于记得前生吃的苦头,从对荣誉的热爱中挣脱出来,选择了来世的生活,"一种独自一人的生活,只关心自己的事务"(620c)。《王制》只在开头和结尾提到奥德修斯的名字,而且只在提及先祖和后裔时提到他,由此指向了《卡尔米德》所允诺的苏格拉底,这位苏格拉底宣称,自己是古希腊智慧的漫长链条中的最近一环,而这个链条被荷马断定为起源于自己之前,一直上溯到奥德修斯的外祖父。苏格拉底是奥托吕科斯在后荷马时代的传人,他为了荷马所养育的雅典的儿子们,在危机时刻挺身而出。《王制》的头两个结论证实了《普罗塔戈拉》和《卡尔米德》所展示的内容:苏格拉底懂得如何利用他[智性上]的同族(kin),从而让自己跻身其中。但既然苏格拉底做了同族们所做的事,就得让自己与他们有所区别;他甚至必须责难他们,乃至责难荷马,尽管他并不喜欢责难。

苏格拉底的论证让珀勒马科斯陷入了疑惑,他不再清楚自己所表达的意思,却仍然忠诚地坚持,正义就是助友害敌。苏格拉底在接下来的论证中问道,谁才是朋友?是那些看似[256]好的人呢,还是那些确实好的人?人类会犯错,也容易将朋友错认为好人,苏格拉底引导珀勒马科斯更正他的定义:我们要予以善待的朋友,不仅要看起来好,实际上也要是个好人(334e)。苏格拉底继而转向关于损害敌人的讨论。通过家畜的例子,苏格拉底认为,当它们受到损害时,它们在各自的德性上变坏了。对人而言也同样如此:受到损害时,他们在人的德性方面变得更坏了;但人的德性是正义;因此,施行损害的正义会用正义使他人变得不义。与第一部分相比,珀勒马科斯的正义定义的第二部分必须得到更彻底的修改:"损害任何人都绝不是正义的"(335e)。

苏格拉底回溯西蒙尼德斯的话,总结了这个论证:"如果有人断言,给予每个人被欠的东西就是正义[如同西蒙尼德斯所说],而他这样说的意思是,正义之人亏欠敌人以伤害,亏欠朋友以帮助[正如珀勒马科斯所说],那么,说这话的人并不智慧。"珀勒马科斯不智慧的解释并没使西蒙尼德斯变得不智慧。得到珀勒马科斯的同意后,苏格拉底召唤他投身于一项与"战争之王"相宜的事业:"那么,你和我即将并肩战斗",而"战争之王"欣然附和:"我已准备好与你同赴战场。"在一场对抗珀勒马科斯自称继承自父亲的特定之物——父亲的正义观——的战斗中,苏格拉底已经从克法洛斯那里悄然偷走了"属于他的继承人"。珀勒马科斯将为苏格拉底而战斗,对抗任何人的如下宣称,即认为他所继承的正义观就是"西蒙尼德斯、毕阿斯(Bias),或匹塔科斯(Pittacus),抑或任何别的智慧而蒙福的人"的正义观。在《王制》的第一场遭遇战中,苏格拉底赢得了一位盟友,在解释智慧者的观点时,苏格拉底可以与他一起为了智慧者的立场而战斗。[①] 但是,如果珀勒马科斯从他富有的父亲那儿继承过来并加以辩护的观点并非来自这些智慧者,那么,它是从哪儿来的呢? 苏格拉底指引他的新伙伴认为,这种说法来自佩里安德斯(Periander)、珀迪卡斯(Perdiccas),或者泽尔泽斯(Xerxes[译按]旧译薛西斯),抑或忒拜人伊斯梅尼阿斯(Ismenias the Theban),"或者其他自以为非常有能耐的有钱人"(336a)。[②]

对于珀勒马科斯对西蒙尼德斯之言的解释,苏格拉底免除了智慧者的责任,并将其归因为来自政治领袖,随后他发问道,"对于它,我们还能再说些什么呢?"。他的邀请并未收到回应,因为看来一场暴力正向他们袭来,摧毁了他们讨论敌友问题时的安宁。[257]忒拉绪马霍斯"俯首前倾像一头野兽一样"一直按捺着,直到那时,才"朝我们猛冲过来,仿佛要把我们撕成碎片似的"(336b);作为叙述者,苏格拉底引导听众认为:这位苏格拉底的敌人决意损害他。这次事件的力量扭转了对话的方向,使得刚发生的那个虽然缺乏戏剧性、但却更重要的事件

---

① 在《斐德若》(Phaedrus)中,苏格拉底说珀勒马科斯转向了哲学(257b)。
② 这四个人共有的特征是富有而且野心勃勃,他们都是雅典敌人中间的政治领袖;佩里安德斯是来自雅典敌对城邦科林斯的一位智者,通常被算作"七贤"之一(但苏格拉底并未这样做,《普罗塔戈拉》343a);泽尔泽斯是希波战争中最主要的敌人;珀迪卡斯是马其顿王(Macedonian king),干预了波提岱亚(Potidaea)的雅典之围;而伊斯梅尼斯则来自雅典的敌对城邦忒拜。

变得模糊了。苏格拉底问道,关于正义是什么"还可以有什么说法",尽管有忒拉绪马霍斯的干预,仍然可以继续接受这个邀请,因为苏格拉底为他的邀请准备了一个再明确不过的回应:就珀勒马科斯对智慧的西蒙尼德斯的说法所作的政治解读而言,除了那种能抵御住苏格拉底批评的说法之外,我们还能说正义是什么呢?按照苏格拉底的界定,正义,也即给每个人合适的东西——它的定义可以表述如下:给那些真正好的朋友以益处,而且不损害任何人。苏格拉底与珀勒马科斯的讨论在结尾被打断,但这个结尾完成了此前的每个阶段所做的事:它悄然指明了苏格拉底的观点,也即在苏格拉底看来恰好属于智慧者们的观点。

《王制》中没有别的场景比这个场景更加重要了,这个场景退居幕后,有待推知——这就是苏格拉底的正义观。珀勒马科斯被驳倒的观点最终卷土重来:苏格拉底在言辞中建立的城邦恰恰最能够且最愿意助友损敌了;当苏格拉底用一个来世神话涵盖他整夜的教海时,他用神话的形式使珀勒马科斯的观点变得和谐有序,苏格拉底的神话将好分配给正义之人,将损害分配给不义之人。然而,《王制》中珀勒马科斯正义观的胜利并没有驳倒苏格拉底的正义:苏格拉底帮助那些真正好的朋友,而且不损害任何人;通过公开倡导他所判定的政治上的必需、建立符合道德的惩戒性城邦和宇宙,并在掩盖中透露真实,苏格拉底给了每个人以适合他们的东西。

5 驯化忒拉绪马霍斯

卡尔克冬的忒拉绪马霍斯并非一个特别的角色;他是普罗塔戈拉所奠基的智术师启蒙的典型代表,激进而心直口快,在私人场所说话声音响亮,而普罗塔戈拉甚至私下说话也是轻声细语。在最关键的方面,苏格拉底对待忒拉绪马霍斯的方式犹如他早前对待普罗塔戈拉的方式:在忒拉绪马霍斯身上,苏格拉底也试图扭转希腊启蒙的方向。但苏格拉底在忒拉绪马霍斯身上取得了某种成功,从这个方面来看,苏格拉底在普罗塔戈拉那里明显失败了;因为,关于忒拉绪马霍斯,苏格拉底

后来对阿德曼托斯说了最有揭示性的话。他说,自己与忒拉绪马霍斯
"刚刚交了朋友,尽管我们以前也不是敌人"(498c)。诚然,苏格拉底
[258]让忒拉绪马霍斯显得是个敌人。苏格拉底在介绍他时,说他像
一头气势汹汹的野兽,简直要把他们撕碎。但这头"野兽"的行动受理
性的节制;他是一位懂得算计的行动者,也正因为如此,苏格拉底才能
用其所长。

忒拉绪马霍斯出场

　　忒拉绪马霍斯的出场,正值克法洛斯离去、苏格拉底从珀勒马科斯
手中抢走了他的继承财产之后:借助其高超的戏剧艺术,柏拉图令忒拉
绪马霍斯步入了因为传统权威退场、传统信念消逝所导致的真空。正
义由此成为一个开放的问题,此时忒拉绪马霍斯的出场声音响亮而引
人注目,不同寻常而极具颠覆性;在先祖的权威刚刚离去,苏格拉底刚
为树立自己的权威扫清道路时,忒拉绪马霍斯作为苏格拉底的竞争对
手而出场。①

　　在克法洛斯家中,忒拉绪马霍斯的暴力闯入迫使苏格拉底为了赢
回对话主导权而采取行动;但在第二天的雅典,苏格拉底在他复述的故
事中牢牢掌控着整场对话。苏格拉底可以为了自己的意图而自由描述
忒拉绪马霍斯的出场,他将其描述成"俯首前倾像一头野兽一样,朝我
们猛冲过来,仿佛要把我们撕成碎片似的",苏格拉底又说他自己"被
吓得手足无措"(336b)。但后文中他又提到了忒拉绪马霍斯的"伪装"
(pretense),这一方面是指他希望苏格拉底回答正义是什么,同时也是
指他的愤怒:这是一种假装的愤怒,是当着其他人的面所演的一场戏,
旨在引起人们对苏格拉底的愤怒。就如同苏格拉底在《斐德若》中所
说的,"这位强有力的卡尔克冬人"是一位擅长引起愤怒并平息愤怒的

---

　　① 至少在公元前427年初,忒拉绪马霍斯在雅典就是一位广为人知的人物,大约在
《王制》发生不到两年后,阿里斯托芬在剧作中提到了忒拉绪马霍斯的名字,称他可能发明
了法庭辩论的某个不同寻常的语词(在失传的《会谈》[Symposiasts]中;见 Dillon/Gergel,《希
腊智术师》,页205)。在亚里士多德笔下,忒拉绪马霍斯被赋予了修辞学历史中的重要地
位,参《辩谬篇》(Sophistical Refutations)183b28-34;《修辞学》(Rhetoric)3.8,3.11。在西塞
罗《演说家》(Orator)(38-39,174-176)以及其他古代作家笔下亦然,他们论及修辞学时都
会提到忒拉绪马霍斯的作品。对忒拉绪马霍斯的引用可参考《希腊智术师》。

专家(《斐德若》267c-d)。但如果忒拉绪马霍斯能假装愤怒,那么苏格拉底则能表现得仿佛这愤怒是真的一般,仿佛真的吓到了他——苏格拉底也能用表演引起听众对忒拉绪马霍斯的愤怒。施特劳斯提醒读者,此时的苏格拉底是叙述者,所以切莫被他的修辞蒙骗:"对于理解《王制》或者更普遍而言(generally),这一点至关重要:我们不该像忒拉绪马霍斯所表现的那样看待忒拉绪马霍斯,换言之,不该愤怒、狂热、野蛮地看待他,[相反,]要不带丝毫愤怒地看待忒拉绪马霍斯的愤怒。"①[259]苏格拉底所描绘的野兽形象的修辞力量隐藏了更加安静的真相:他与忒拉绪马霍斯都身处启蒙运动之中,他们在争取年轻听众的耳朵方面是对手,但在共有的利益方面则是同族。按照编年顺序来阅读《王制》,会让苏格拉底与忒拉绪马霍斯的亲属关系变得显而易见,因为在早先的《普罗塔戈拉》中,苏格拉底带着对此话题的谨慎,通过家庭的比喻表明了自己与智术师运动的亲属关系,并且为如何对待家庭成员提出了适宜的建议(《普罗塔戈拉》346a-b)。苏格拉底与忒拉绪马霍斯在修辞术方面都已训练有素,在最近才变得虔敬的克法洛斯的宅邸中,他们彼此竞争,都在争取对虔敬与正义都心存疑惑的青年们。苏格拉底说,因为自己在忒拉绪马霍斯突然来袭之前就看见了他,所以能对他的攻击有所准备。苏格拉底论证之精熟更胜于忒拉绪马霍斯,这证明他的确准备得非常充分。

忒拉绪马霍斯的第一段讲辞是对苏格拉底的指控。这段讲辞攻击了苏格拉底的提问方式,就苏格拉底拒不给出自己的回答提出质疑,而且禁止对方用五种可能的回答来论证正义之可取——事实上,苏格拉底在这一夜的漫长讨论中仍旧给出了这五个答案,正义是必需的、有帮助的、有利的、有益的以及有便利的。在对忒拉绪马霍斯的第一段讲辞中,苏格拉底用这样一个比喻确认了自己探寻正义的严肃态度:对正义的探寻比寻找黄金更为严肃。忒拉绪马霍斯在《王制》中的最后一段讲辞将会重复这个寻找黄金的比喻(450b),那时他加入了那个共同体,他们投票迫使苏格拉底就他之前未作解释的话题发言:忒拉绪马霍

---

① 施特劳斯,《城邦与人》,前揭,页74-75;施特劳斯所说的"至关重要"与"更普遍而言"尤其值得注意。

斯也十分严肃,并通过适宜的途径让苏格拉底得以了解。在当夜的晚些时候,苏格拉底的讲辞中出现了一个更重要的语词,为了回应忒拉绪马霍斯说自己缺乏严肃的指控,苏格拉底说:"不要这么认为,我的朋友。"(336e)朋友一词听来显得语带嘲讽,因为此前苏格拉底刚把忒拉绪马霍斯描述为一头野兽,随后对方又马上会说起苏格拉底"惯常的装样子"。但当苏格拉底后来说他们刚刚成了朋友时,其实正是通过此前的争论促成了他们的友谊:苏格拉底在一开始就把忒拉绪马霍斯看作朋友,但他不得不努力让忒拉绪马霍斯看到,自己这个竞争对手其实是他的朋友。

忒拉绪马霍斯说自己"早就晓得你会装样子",而苏格拉底回答说:"这是因为你有智慧。"(337a)同时忒拉绪马霍斯也预[260]见到,"你……什么事都会做,就是不回答",而苏格拉底则施展手段,让忒拉绪马霍斯回答问题。随着苏格拉底的问题步步推进,忒拉绪马霍斯表明,他关于苏格拉底不回答的攻击是一种"伪装"(pretense):除了他所禁止的五个答案之外,"要是我能给你展示正义的另一个答案,又当如何?"忒拉绪马霍斯没兴趣听苏格拉底的回答,相反,他很有兴趣说出自己的答案。当然,他要听众交钱;忒拉绪马霍斯是位专业教师,他从卡尔克冬赶来,至少有部分原因是为了赢得学生追随。格劳孔打断了对话,表示愿意替苏格拉底交钱,从而表明自己已经有点儿看不上忒拉绪马霍斯:"现在,看在钱的分儿上,说吧。"而苏格拉底继续装样子地说:"不要对这儿的格劳孔和其他人吝啬你的教诲哦。"

忒拉绪马霍斯的展示性讲辞

苏格拉底继续讲述他已经交代得很明确的事:"忒拉绪马霍斯明显也想说,以便赢得好名声,因为他相信自己的答案非常妙。"(338a)这个非常妙的答案就是"正义不是别的,就是强者的利益"。宣告这个答案以后,忒拉绪马霍斯向苏格拉底要求他唯一能支付的报酬:赞美。然而,苏格拉底说自己不理解忒拉绪马霍斯的话,因而故意开了个让忒拉绪马霍斯泄气的小玩笑,迫使忒拉绪马霍斯用一段短的发言解释自己所宣布的答案。忒拉绪马霍斯共用三段讲辞系统地阐述了自己的观点,后来表明,这段发言正是其中第一段:统而观之,三段讲辞构成了一篇出自智术大师手笔的结构精美的展示性讲辞。在表述论点之后,忒拉绪马霍斯首先展示了这段发言的政治特征:无论在僭主制、民主制还是贵族制之下,城邦法律都服从统治者的利益;被统治者的正义只是遵守法律,服务于统治者的利益。在这段陈述中,正义明显带有双重性,这给了苏格拉底以论证的起点:如果统治者犯错,那么错误的法律将会既正义、又不义——作为法律,它是正义的,但由于与统治者的利益相左,它又是不义的。

在苏格拉底论证时,忒拉绪马霍斯领会起来显得有些迟缓。苏格拉底说完后,苏格拉底的战友珀勒马科斯突然得意地宣称,这下苏格拉底可逮住他了。克莱托普丰则作为忒拉绪马霍斯的盟友发言,提供了一条出路;忒拉绪马霍斯拒绝了克莱托普丰的提议,因为他的要点不在此处:一个统治者(ruler),在从事统治事业的确切意义上并不会犯错。这不是关于统治者的经验判断,而是忒拉绪马霍斯对现场有志于统治的年轻人的允诺:我通过教导完善的统治知识,能够传授完美的统治实践。忒拉绪马霍斯的三段[261]讲辞逐步详细阐述了他的定义,对年轻人展开了推销宣传,他首先许诺教人成为更强、更有支配力的人的方法,这类人能够通过机智无误的统治,为自己的利益服务。

此处,在苏格拉底反驳忒拉绪马霍斯关于统治技艺的好处的观点时,忒拉绪马霍斯的领会再次有些迟钝:当苏格拉底宣称医生的技艺关心的是病人、舵手的技艺统治的是水手时(341c),忒拉绪马霍斯本可以早在开始时就猜到结论。当忒拉绪马霍斯真正开始反驳苏格拉底的主旨时(342c7),对于忒拉绪马霍斯直到输掉论证、怒气爆发前的每次回应,作为讲述者的苏格拉底都用间接引语来交代(343a),从而模糊了忒拉绪马霍斯确切的反驳;根据苏格拉底的转述,忒拉绪马霍斯"极力抵抗"(342c7),而且试图"干上一仗"(342d3),但这些都不是忒拉绪马霍斯亲自说的,唯一的例外是他对苏格拉底要求自己就早先同意的结论①表示赞同时所做的回答(342e1)。由于苏格拉底选择不交代忒拉绪马霍斯提出反驳时的确切形式,那么,忒拉绪马霍斯的辩论者形象始终是模糊的:他究竟是用言辞、手势还是犹豫不决表达了自己的

---

①　[译按]即舵手是水手的统治者之比喻。

反对?

　　苏格拉底的论证坚定明确地指向了未曾明说的结论:施行统治术的统治者是为了被统治者的利益而统治(342e)。这个结论一浮现出来,忒拉绪马霍斯就羞辱苏格拉底的这个观点实在幼稚天真。并不天真的忒拉绪马霍斯前进到了讲辞中最重要的部分,通过表明自己的身份并奉承未来的顾客,他开始亮出自己的卖点。考虑到忒拉绪马霍斯的能力——既出于历史原因,也因为剧情的原因,我们必须这么考虑——他所说的正是其本意:他和他的技艺服务于"[他的]主人和[他]自己的好处"(343b)。他既非主人亦非奴隶,但他之于主人和奴隶,犹如一位牧羊人之于羊群的主人和羊群:通过他所掌握的技艺,他的主人,也即统治者,可以养肥被统治者,并从其身上剪下羊毛。忒拉绪马霍斯已经充分表明自己的角色:他的技艺类似于行政内阁(ministerial)的职能,通过服务于城邦而为自身利益服务,无论这城邦被怎样统治。他假装对苏格拉底生气的理由也很明确:他在模仿城邦真正的愤怒,因为城邦有理由对质疑其正义(助友损敌)而且不切实际地认为正义意味着不伤害任何人的教师发怒。忒拉绪马霍斯知道自己是个牧羊人,服务于自己唯一能想象的主人;苏格拉底对待忒拉绪马霍斯的目的将逐渐显露出来——他要另外提出一个忒拉绪马霍斯可以为之效劳的主人。

　　如果正义当真是别人的好处,那么这个问题的最终含义就十分明确:不义服务于一个人自己的好处,而最彻底的不义最好地服务于一个人自己的好处,这说的不只是忒拉绪马霍斯列举的三种部分性不义,也即合约、缴税甚或是某种统治机构。不,他说的是[262]某个"能用更大的门道索取得更多①的人"(344a)。"想想这个人吧,"忒拉绪马霍斯说,明确推进到"最完美的不义,它能为行不义者带来最大的幸福……这就是僭政"。忒拉绪马霍斯随即明确主张,僭主的生活由于"彻底不正义",因此会带来最大的幸福。僭主的一切,无论神圣还是世俗,也无论是私人的还是公共的,都夺自他人,而且是"一把夺来"。当僭主

---

　　① πλεονωεхτεῖν 是描述"超过他人的野心"的关键词汇,这种类型的野心的最高代表就是阿喀琉斯(Achilles),或是阿喀琉斯的崇拜者阿尔喀比亚德。

不只掠夺了邦民的钱财,而且绑架并奴役了他们,"他就称得上幸福愉悦了——不只邦民们会这么说,而且,任何听说他已将不义做尽的其他人也会这么说"。忒拉绪马霍斯以合乎修辞仪轨的方式结束了讲辞,并将他的核心观点概括为——"当不义终于达到足够规模时,就比正义更强大、更自由、更专横",最后,忒拉绪马霍斯又回到了他的开场白,并重复了这句值得记住的短语——这是他关于僭政教诲的一半,而现在,他补全了另一半:"正义是强者(支配者)的利益,而不义则是对自己有益、有利的东西。"他以精妙的方式结束了自己的讲辞——在《斐德若》中,苏格拉底在提到忒拉绪马霍斯的名字后,就提到了这种方式:"有的人叫它结尾时的回顾(recapitulation),有人则叫它别的名字"(《斐德若》267d)。

苏格拉底对众人说,在说完这番话后,"他(忒拉绪马霍斯)心里便想着要离开"。忒拉绪马霍斯不会因为一时性急而离开,而是有所算计;他离开不是为了就此消失,而是为了引人前来求自己密授机宜——只有他才能传授僭主的技艺;同时,他还要避免与苏格拉底在这种私密的问题上展开争论,即便他们面对的公众只是珀勒马科斯家里这么一小群人。由于从来没有哪个卡尔克冬的智术师竟能成为雅典的僭主,所以他只做自己所宣称的人——做个潜在僭主的首辅谋臣,以此服务于自己的利益。珀勒马科斯家中有任何接受此道的人吗?忒拉绪马霍斯已经打算离开,因为他已经完成了对其辅佐技艺的职业推销,并使自己尽可能使人着迷。他许诺用完美的不义对顺从、温良的百姓施行完美的统治。他是一位待价而沽的牧羊人,任何对他有兴趣的人都会知道如何找到他。他又为什么留下?与苏格拉底留下的理由相同:"在场的人都不让他走,强迫他留下来。"受到强迫的同时,忒拉绪马霍斯也听到了劝说:苏格拉底"恳求"他。苏格拉底恳求他的言辞深具忒拉绪马霍斯刚才发言的特征:他展示了"一条完整的[263]人生道路——我们每个人怎样才能以最有利的方式度过一生"。如果现在离开,就证明"你不关心我们"。再说,"你对我们这么多人做好事,不会是亏本生意"。苏格拉底强调,他本人并没被说服认为"不义比正义更有利",并且"或许我们中间还有人也这么觉得"。苏格拉底最后提出了一个挑战:"因此,请充分说服我们……我们把正义看得比不义更高的看法是欠考虑的。"忒拉绪马霍斯留下了,因为他必须如此;在众人的力量和苏格拉底的劝说面前离去,将会摧毁他此前以雄辩讲辞为自己树立的任何前景。他必须做原本没打算做的事,还要直面苏格拉底,虽然他清楚苏格拉底的名声——他擅长击溃别人的观点,从而证明自己更强、更高明。

现在,随着两人就对在场年轻人来说什么是最好的生活方式的问题展开争论,人们已经知道了问题的关键所在。苏格拉底的辩驳利用了某项技艺的"准确意义"(precise sense)的说法,从而引入关于统治术的一个引人注目的观念:没有人自愿统治。统治,像所有其他技艺一样,服务于自身由以被指派的事物的利益。于是,必须有一种相随的技艺来服务于技艺从业者的利益,一种"赚钱者的技艺"(wage-earner's art),它为给施行对象带来益处的技艺支付报酬。那么,关于统治呢?苏格拉底重复了此前的直白断言:"没有人自愿选择统治,选择卷入整顿他人纠纷的麻烦"。统治的报酬又是什么?苏格拉底说了三样:金钱、荣誉,或者惩罚——如果他不愿统治的话。

格劳孔的打断

格劳孔的插话并不令人意外:他是一个深怀统治热望的年轻人,而且他的注意力已经被苏格拉底的断言吸引住了:没人自愿选择统治。格劳孔说,要说金钱和荣誉是统治的动机,这他能理解,但是,不统治的惩罚会是什么?惩罚又怎能算是一种报酬?苏格拉底的回答直截了当,甚至有些轻慢:"你难道不明白,最好的人的报酬就是,当他们自愿统治的时候,是由最合适的人施行了统治?"(347b)"或者难道你不明白,"他又说,"趋名逐利据说是可耻的,而且确实可耻吗?""我的确知道",格劳孔说——此后将表明,他会受到某种荣誉之爱的驱使,而他一定已经因此受到了谴责。① 最合适的人并非出于爱荣誉(φιλότιμος)而统治。苏格拉底在《王制》中第一次用了这个重[264]要词汇②,而他

---

① 色诺芬记述说,格劳孔拥有管理城邦的欲望,而苏格拉底靠自己阻止了他,见《回忆苏格拉底》3.6.1。

② 苏格拉底将比较爱荣誉与爱胜利,他将爱胜利作为血气的重要形式之一。关于这两种爱之间的差异,尤其是格劳孔与阿德曼托斯之间体现的这种差异,参 Craig,《好战者》(The War Lover: A Study of Plato's "Republic") ,尤其见页 24 及页 75-80。

最后一次使用这个词,则是在对话结尾描绘奥德修斯的灵魂对生活的选择之时:由于记得生前吃的那些苦头,他从对荣誉的热爱中挣脱开来(620d),并选择了一种私己的生活。当最合适的人选择施行统治之时,他们是为了什么原因而选择统治? 在这篇关于πολιτεία[政制]的对话中,没有比这更重要的主题了,这篇对话在哲人统治的问题上达到了核心。

　　此处,在谈论最好的人的统治,并将最好的人与好名、好利者相对比时,苏格拉底没有谈到驱使最好的人的爱欲,而是谈论了两种驱动因素,"必然与惩罚"(necessity and a penalty)。苏格拉底三次提到必然性(necessity),但此处他并未详述与这种必然性有关的一切——苏格拉底没有将他们的动机阐述为一种爱欲,相反,他着重强调了惩罚:他还不能说智慧者是最好的人,或者说爱智慧为智慧者进行统治的必要性提供了基础。如果最好的人不统治,他们将受到何种惩罚? "如果一个人不愿自己去统治,那么最大的惩罚就是被更坏的人统治。"要么统治,要么被统治。这就是智慧的人面临的选择,这种根本性的非此即彼的选择迫使他们统治。最好的人只被爱智慧所驱动,但如果他们不采取行动取得统治,就会受到惩罚,这惩罚就是被坏人、被无知(unwisdom)所统治:归根结底,这便是苏格拉底在《王制》中真正受到的强迫。苏格拉底式政治哲学的宗旨——其存在的理由——在苏格拉底讲述关于最好的人的统治时部分浮现出来。哲学只有在自由时才能存在,而只有当它统治时才能自由。在《普罗塔戈拉》中促使苏格拉底渴望统治的缘由如今促使他有了更加野心勃勃的统治计划,从而在最先失败的地方取得成功。他宣布了一个先于哲学的统治计划的原则:"每个头脑正常的人都会选择受惠于人,而非自讨麻烦地施惠于人"——每个有头脑的人都寻求自己的利益。若只是因为这对被统治者有利,最好的人就不会为了被统治者的利益而统治;他们为了被统治者的利益而统治,只是为了避免在最重大的事情上遭受不利;最好的人为了自己和与自己相似的人的利益而统治。忒拉绪马霍斯没有说错。

　　尽管间或被格劳孔因为难免的费解而打断,这段话仍然是苏格拉底与忒拉绪马霍斯短兵相接的一部分:忒拉绪马霍斯是这段话的主要听众。苏格拉底其实是在说,来听我一言,听听我为什么有必要截住你,为什么我这个显得天真——在你看来只为他人铺路——的人,[265]要来面会你和你那待主而侍的辅佐技艺:因为我就是那个主人。《王制》其余的部分用所有出人意表又不可或缺的补充说明(addition)阐释了最好的人由以获得统治的方式,最好的人已经明白,他必须统治,否则就得被更坏的人统治。而苏格拉底若想取得统治,忒拉绪马霍斯的作用就与格劳孔一样重要。

苏格拉底在结束与格劳孔的这段插曲时用了点小手段,同时这也是说给忒拉绪马霍斯听的。在就要重新转向忒拉绪马霍斯时,苏格拉底提醒人们注意他早前指出过的事情(344e):忒拉绪马霍斯改变了这场论争。他以正义的定义起头,却转向了"远为重大的事情"(far bigger thing),也即他的定义所指向的生活方式:彻底不义之人的生活更强或更好。"你选择哪一边,格劳孔?"苏格拉底问道,强迫他公开面对这个摆在所有听过忒拉绪马霍斯或其他这类智术启蒙教师发言的年轻人面前的生存性选择。格劳孔理所当然地说:"我选择视正义之人的生活更为有利。"但他听到忒拉绪马霍斯所列举的不义生活的诸多好处了吗?格劳孔坚持说:"我听到了,但这没说服我。"苏格拉底随后借着对格劳孔所说的话,开启了他与忒拉绪马霍斯之间其余的对话以及《王制》其余的篇章:"那么,若我们能够找到办法,你想不想咱们说服他,他所说的不真实?""怎么不想呢?"格劳孔说道——他尽管被忒拉绪马霍斯打动,但仍然坚持正义的立场。苏格拉底能够找到办法说服忒拉绪马霍斯,并由此说服格劳孔吗?他与忒拉绪马霍斯的争论让格劳孔彻底失望,这让格劳孔敢于指责苏格拉底只是看起来"说服了我们",却没能"真正说服我们"(357a)——后来他在自己的大段讲辞中显示了僭主的生活方式对他有多大的诱惑,以及他为何信守正义。苏格拉底有意让格劳孔对他接下来的论争满怀过高的期望,从而为格劳孔的失望做好铺垫:他必须诱导格劳孔坦言自己到底受到了多么大的诱惑,以及自己为何要抵抗;而他诱导格劳孔说出的话正是他对忒拉绪马霍斯的教育不可或缺的一部分。①

---

① 见施特劳斯,《城邦与人》,页85:"如果不是为了激起格劳孔的激烈反应,苏格拉底在与忒拉绪马霍斯讨论部分的所为将是不可原谅的。"

在此处,苏格拉底还借着格劳孔做了另外一件小事:他该怎样(how)试着说服忒拉绪马霍斯? 是每人来一篇长篇讲辞,再对讲辞进行评判,还是继续用自己的提问法,使两人达成一致? 由于格劳孔偏好后者,苏格拉底为忒拉绪马霍斯另加了一重强迫:如果未来的主顾想要他用别的方式来讲,那么,要想获利,他就没法再坚持自己的方式。

苏格拉底就最好的生活方式审查忒拉绪马霍斯

[266]在开始他用以说服忒拉绪马霍斯的三个论证之前,苏格拉底提醒人们注意忒拉绪马霍斯是多么的激进。苏格拉底深知"你想说什么"(348e):僭主式的教诲对他来说并不新鲜;不过,其他说不义有利可图的人(比如普罗塔戈拉)也同意不义"邪恶或羞耻",相反,忒拉绪马霍斯却愿意说正义是邪恶、不义是德性,尽管他使用了婉转的说法,比如说正义是"非常高尚的天真",而不义是"精明的计议"。比起普罗塔戈拉在卡利阿斯家里说的话,忒拉绪马霍斯敢于在珀勒马科斯家中说得更直白,他的观点也更激进。

苏格拉底的三个论证重现了他与珀勒马科斯辩论时的精妙:每个论证都在明显的内容中关联着暗示的内容。但与几个论证相关联的内容是讲给忒拉绪马霍斯的,因此,这些论证便与苏格拉底早前对普罗塔戈拉进行的论证类似:这些论证面对的是与苏格拉底从事同一项事业的人,并对此人提出邀请:为了避免共同的危险并致力于共同的目的,两人应当以不同的方式完成他们的事业。

苏格拉底的第一个论证认为,正义是德性和智慧(349b-350d)。这场争论关注的是πλεονεξία[热望],这种热情期望获得更多、更好之物,佩琉斯(Peleus)曾劝告儿子阿喀琉斯(Achilles)要"永远当第一,要比别人优胜"(《伊利亚特》11.784,6.208),而在由崇拜佩琉斯的诫子之言的人构成的文化中,这也是一种健康的热情。但πλεονεξία源于过分(too much)这个语词,所指的是一种贪得无厌、损人利己者的性情。苏格拉底在论证中将技艺(τέχναι)视为一种知识;苏格拉底以音乐技艺和医疗技艺开始,推进到"每一类知识和缺乏知识的情况",并表明,既智慧又好的有知识者无意在自己的领域胜过其他有知识者——只有既无知又坏的人才想这么做。苏格拉底赢了:"正义之人向我们表明,自己是个既好又智慧的人。"(350c)

　　苏格拉底用直接引语陈述了自己所有的问题和忒拉绪马霍斯的所有回答,除了必要的我说和他说之外没有叙述性的评论。忒拉绪马霍斯回答了每个问题,他的回答以正义之人既好又智慧、不义之人既无知又坏而结束。但在讲述完自己的论证后,苏格拉底说,他所讲述的一连串的问答过程并没能反映真实发生的情况:"忒拉绪[267]马霍斯可不像我现在说的这样,轻易同意了这一切。"(350c)相反,"他拖着步子,一再顽抗。"在苏格拉底的讲辞中是否为这样的抵抗留下了余地呢?如果苏格拉底原样复述了这些讲辞,那么忒拉绪马霍斯的抵抗肯定是非言辞性的,正如苏格拉底随后所讲的反应:"忒拉绪马霍斯大汗淋漓,因为正值盛夏。那个时候,我看到了以前从未见到过的事——忒拉绪马霍斯脸红了。"这就是苏格拉底在三次论证中唯一一次叙述性的评论,这提醒读者注意一种不见于言辞的抵抗。通过描述忒拉绪马霍斯不自觉的反应,苏格拉底在一群不在场的听众眼前使忒拉绪马霍斯的抵抗变得可见了。为什么有必要让忒拉绪马霍斯的反应变得可见?

　　苏格拉底此前从未见过忒拉绪马霍斯脸红。他现在为什么脸红了?这不会是因为他输掉了辩论——到目前为止,他输掉了每一场辩论,也从没脸红。这场关于热望($\pi\lambda\varepsilon o\nu\varepsilon\xi\acute{\iota}a$)的争论,必然有比它首次出现时更深远的含义。因为这场争论涉及的是那种想要胜过同业者的人的无知和败坏。但这两人就是同业者,每人都以各自的方式践行着言辞的技艺。忒拉绪马霍斯试图在年轻听众面前在言辞上胜过苏格拉底,但他的每一步都失败了:苏格拉底表明,自己在忒拉绪马霍斯本人的技艺方面对他有压倒性的优势,苏格拉底瞬间看穿了忒拉绪马霍斯,并在辩论中树立了自己的权威,而面对苏格拉底的精彩展现,忒拉绪马霍斯只有羡慕的份儿。在听了这段关于热望($\pi\lambda\varepsilon o\nu\varepsilon\xi\acute{\iota}a$)的论证时,忒拉绪马霍斯脸红了:他的脸红不仅是一种羞耻,而且是羞耻地承认,自己热望($\pi\lambda\varepsilon o\nu\varepsilon\xi\acute{\iota}a$)胜过一位远胜过自己的同族是多么的不合宜——这位同族的卓越难以逾越:苏格拉底在论证中指责忒拉绪马霍斯竟然试图胜过自己,并以此胜过了忒拉绪马霍斯。苏格拉底胜过了忒拉绪马霍斯,并非出于热望这种不得体的营求,而是因为他确实拥有忒拉绪马霍斯自称具有但实不具备的精湛才能。

　　忒拉绪马霍斯必须站在自己的角度听听苏格拉底关于热望的论

证:通过攻击我(苏格拉底)并试图胜过一个本胜过你的同行,你做得既缺乏见识又不高贵,这才自致其败,自取其辱。苏格拉底就像对普罗塔戈拉所做的那样,向忒拉绪马霍斯传达了自己的优胜,而且,苏格拉底在关于最好生活的整个辩论中的这句叙述性评论指明,这次交谈是成功的。苏格拉底可以令忒拉绪马霍斯羞愧;他并不比克里提阿更像一头野兽,或更邪恶,但他却已经为了自身利益而接受了一种邪恶的信条。如果能向忒拉绪马霍斯表明他的利益其实是在别处,那么也许他会被引导着说出别的东西——因为用反驳使他脸红只是苏格拉底尝试在正义问题上教育忒拉绪马霍斯的漫长过程的第一步。[268]但这个开端颇有前景,因为忒拉绪马霍斯拥有羞愧的能力,这开启了一种可能性:他可以将自己永远只具有辅佐性的技艺用来服务于娴熟精通的苏格拉底。

苏格拉底结束了对忒拉绪马霍斯在脸红的那一刻所表明的事情的叙述性评论,他说:"我们达成了完全一致的认同,认为正义是德性和智慧,而不义则既是邪恶又是无知。"(350d)那么,脸红的忒拉绪马霍斯真的完全同意吗?他说:"对你现在说的话,我并不满意,对此我有话要说。"他并没有直抒己见,而是提出,苏格拉底与格劳孔设立的规则让他没法说出自己要说的话,"因为你会说我大放厥词"。在这场让他脸红的争论之后,他说:"要么让我随意说;或者,若你想继续提问……正如对付讲故事的老女人那样,我会对你说,'很好',并且会一面点头摇头的。"(350e)他"完全一致的认同"的意思是:我听了你所说的,并且不会试图胜过你,而是追随你所设定的东西,并始终认同你——这是一种勉为其难的认同,但苏格拉底的下一个论证将继续处理忒拉绪马霍斯个人的问题,并用强有力的理由让他完全认同。

苏格拉底说,如果以第一个论证的结论——正义是德性和智慧——为基础,那么第二个论证将十分简单——正义更有力量(351a-352d)。但他选择了一条更难的路,将讨论转向了城邦。他知道,对那些不义地奴役其他城邦的城邦,忒拉绪马霍斯将会加以赞扬,但他想问的是城邦内部(internal)的正义:"一个城邦,或者一支军队,一伙海盗,一帮劫匪,或者任何别的有某种共同的不义谋划的团伙,你相信他们能做成什么事情吗,若其成员彼此间不义地相处?"(351c)苏格拉底说得很清楚：如果他们并未行不义，"他们岂不更有可能做成些事情吗？"因为不义"在他们之间引起内讧、仇恨和争吵，而正义则带来一致和友谊"。苏格拉底继续推进他的问题：当不义出现在无论是"自由人还是奴隶中时，它不也将会引起他们彼此的仇恨并形成帮派，进而不能彼此协同一致地做成任何事情吗"？同样的事情将发生在"两个人之间"，甚至"在一个人身上出现"。不义"拥有这样一种力量，无论出现于城邦、部族（γένος）、①军队，或任何别的团体中，不义首先使它们不能做成任何事情……其次，使它们[269]不但与自己和一切对立者为敌，还与正义为敌"（352a）。苏格拉底取得了胜利：正义更为强有力。

　　这第二场论证对于苏格拉底对忒拉绪马霍斯的间接交流至关重要，并且再现了他对普罗塔戈拉、希琵阿斯与普洛狄科传达过的看法（《普罗塔戈拉》346a-b）：他们同属一个"家族"，享有共同的利益，而为了实现共同利益，成员之间就必须保持正义。作为一个集体，外人可以把他们看成一伙窃贼，而他们所干的勾当就是偷走别人的儿子——我们这群窃贼之间的正义是我们成功的前提。忒拉绪马霍斯在几次回应中的细微差别表明，他正留神关注苏格拉底的暗示。当苏格拉底说不义带来内讧、正义带来一致之后，他问忒拉绪马霍斯："不是这样吗？"而忒拉绪马霍斯回答说："就算是这样吧，为了避免跟你不一致"——为了使我们之间的一致和友谊成为可能。②当苏格拉底说，只就一个人而言，不义也会让他与自己以及正义之人为敌时，他补充问道："那么，我的朋友，诸神也是正义的吗？"尽管这位"朋友"是个无神论者，他还是回答说："就算是吧。""那么，不义之人也将是诸神的敌人，忒拉绪马霍斯，正义之人则将是诸神的朋友。"除了忒拉绪马霍斯实际所做的回应外，没有什么回答更能与苏格拉底的邀请保持一致了："你就大胆地自个儿享用这场论证的盛宴吧，因为我不想反对你，以免惹怒了这里这群人"——通过不反对一个他当然反对的观点，忒拉绪马霍斯对一

————————

　　① γένος（意为种族、氏族、同类）在这第二处列举中显得格外突出，这里重复了第一处列举开头的两个成分——"城邦"与"军队"，并忽略了"海盗"与"劫匪"，γένος一词就被插入"城邦"和"军队"之间。

　　② 在这场争论的开头，苏格拉底表扬了忒拉绪马霍斯的好回答，引出了忒拉绪马霍斯的回应："我（忒拉绪马霍斯）在让你满意。"（351c）

个同族人做了正义的事,他也因而确保:他——他们——不会通过显得与诸神为敌而与他们的听众为敌。苏格拉底在忒拉绪马霍斯与自身之间赢得了一种正义,这种同意肯定表明,忒拉绪马霍斯承认了苏格拉底所诉诸的同族亲属关系。

苏格拉底第三次论证的胜利为这番私下的交流增加了什么内容?这次论证讨论的是"一个人该如何生活"(352d-354a),它迫使忒拉绪马霍斯同意正义的生活是有利的——因为正义引向幸福,因而使苏格拉底完满地获得了胜利。通过对其在第一场论证加以指责、第二场论证提出邀请之后,第三场论证看起来指出了忒拉绪马霍斯应该教授的生活方式,因为这场辩论是一个关于如何呈现正义高于不义的有益确证的范例。① 而忒拉绪马霍斯在第三场辩论中的行为表明苏格拉底的第二场论证是成功的:忒拉绪马霍斯与苏格拉底合作[270]参与了为正义提供确证的大胆事业;他在此过程中十分有用,不但从未提出反对,甚至还在苏格拉底准备充分之前提出了自己的洞见(353c)。正义需要作为灵魂的德性而呈现出来,这种德性使灵魂得以良好地发挥其功能,比如"管理、统治、谋划"(353d)——对于这种工作,忒拉绪马霍斯将自己说成是顶尖的教师。

苏格拉底与忒拉绪马霍斯之间最后一段对话的最后部分,是两人各自对只有彼此才心照不宣的想法所做的得体的承认——因为如果他们真是有共同利益的"窃贼",那么,当着这些男孩子的面,他们的共识应该仅限于两人自己知道。"就把这些,当成你苯荻丝节庆宴会上的享用吧,苏格拉底"(354a)——忒拉绪马霍斯说他已经完成了苏格拉底在第三场辩论中让他做的事:"就按照你刚才的方式回答,为我把这个宴会的其余部分完成吧(352b)。他一度扮演了苏格拉底的合作者,做了所有苏格拉底所要求的事情,并以恰当的方式回答了苏格拉底的所有问题。忒拉绪马霍斯结束得毫无怨尤,苏格拉底也以礼相报:"我要感谢你,因为你已经变得温和起来,也不再让我难堪了。"

苏格拉底为忒拉绪马霍斯提供了听自己讲话的良好理由,而忒拉

---

① 同样在这方面,苏格拉底与忒拉绪马霍斯的争论同他与普罗塔戈拉、希琵阿斯、普洛狄科的争论相类似,都达至了苏格拉底所劝诫的有益教诲的顶点。

绪马霍斯也的确听了。这位本想一做完展示性演讲就离场的商贩,在被说得脸红并听一位更高明的演说家讲到一种新的可能性后,自愿留了下来——这位更高明的演说家不仅没有剥夺他的好处,反而还提出两人有共同利益,因而能成为朋友。驯化忒拉绪马霍斯是《王制》中一系列过程的开始,随着《王制》情节的进行,此后的所有过程都受到了极为密切的关注:从此发生的每件事都会有一位非常专注、造诣精湛的倾听者。苏格拉底在说服格劳孔与阿德曼托斯时取得的成功,将成为这位被说服继续聆听的说服专家深刻研习的教案(lesson)。① 但不管与忒拉绪马霍斯是不是同族亲属,苏格拉底都是严峻无情的。明天,他将把忒拉绪马霍斯关于僭政的私密教诲泄露给更广泛的雅典听众,在听众心中引起愤怒,并使他们将忒拉绪马霍斯视为野兽。然而,那头野兽只是前苏格拉底的(pre-Socratic)忒拉绪马霍斯,通过苏格拉底的努力,这位危险的教师才变得温文有礼。苏格拉底的确是这个人的对手,而且苏格拉底不仅在佩莱坞胜过他,第二天还在雅典又一次战胜了他。只有在一位无情的苏格拉底这里,忒拉绪马霍斯才能发挥他的用处。

在就忒拉绪马霍斯的最佳生活方式问题通过三次辩论说服了他之后,心满意足的苏格拉底通过论证在格劳孔心中引起了在所难免的不满。在结束与忒拉绪马霍斯的对话时,他随即鼓励格劳孔说出自己不[271]满意之处。苏格拉底说,自己就像个宴会上的贪吃者,在吃完这一口之前,就已抓起面前的任何东西准备吞下去;在解决"什么是正义"之前,他就已经抓起了"正义究竟是邪恶、无知,还是德性和智慧"的问题,随后又抓起了"不义是否比正义更有利"的问题。他把这一切结果都归咎于自己:我一无所知。但其实是格劳孔对自己最想被说服的事情一无所知,而且,在苏格拉底自我指责的问题上——自己没能表明不正义为何不是最有利的生活——格劳孔要想指责苏格拉底,却不需要付出那么大的勇气。

从时间顺序来看,《王制》属于晚于《普罗塔戈拉》的平行对话。在这两篇对话中,苏格拉底都在一个富人家中的私密的聚会上遇见一位著名的异邦教师,而同时在场的还有怀着统治抱负的雅典年轻人。在

---

① 后文提到忒拉绪马霍斯之处有:357a,358a-d,367c,450a-b,498c-d,590d。

这两篇对话中,异邦人都因为聚会的私密性而得以相对更坦率地宣讲具有煽动性的问题,而如果雅典公众听到他们公开这么讲,则肯定会惩罚他们。在这两篇对话中,苏格拉底都将私密的谈话公之于众,向更广泛的雅典听众泄露了紧闭的大门后所发生的事情,损害了异邦教师的名誉,并为自己赢得声望。同样,在这两篇对话中,苏格拉底与著名智术师的对抗都为他创造了与已被智术教育败坏的雅典青年对话的机会,并能借机正面伸张正义。而《王制》与《普罗塔戈拉》的重大差异就会是几周之前的《卡尔米德》所暗示的新事物:《王制》中的苏格拉底与《普罗塔戈拉》中的苏格拉底极为不同,主要原因是他从波提岱亚带回了关于秩序、诸神和灵魂的教诲,这种教诲有助于使其信仰者变得正义。

6 雅典年轻人的状况

应该说,格劳孔再次打断了对话,并非是因为他"在所有事情上总是极为勇敢",而是因为苏格拉底令他相信,说服忒拉绪马霍斯其实为的是他(347e)。而苏格拉底的三场论证无论对忒拉绪马霍斯多么有用,都没能说服格劳孔。为了让苏格拉底论证得更好,格劳孔向他提出挑战,他以一段合乎修辞章法、分为三部分的讲辞重建了忒拉绪马霍斯的论证——格劳孔不只听了忒拉绪马霍斯和其他类似的智术师的发言,还学会了他们的技艺(τέχνη)和教诲。但在开始发言之前,格劳孔泄露了自己真正想要的东西:他竭力为不正义说好话的唯一原因是"为了向你表明我有多么想听你谴责不正义、颂扬正义"(358d)。

格劳孔首先描述说,可以通过正义的生成来理解正义的本质——正义实际产生于一种为了避免不正义而设定法律的契约。[272]其次,为了证明行正义者并非自愿行正义,格劳孔讲述了居吉斯(Gyges)的传说。由于能令自己隐身,居吉斯可以做他真正想做的事:他与王后通奸,杀害了国王,并取得了统治权——他做了格劳孔认为每个人只要有能力都会去做的事。第三,就像苏格拉底所说的,他精心塑造了两尊雕像,从而证明,完全不正义却有正义之名的人,比完全正义却有不正义

名声的人生活得更好,也更幸福。在由这三部分内容构成的讲辞中,格
劳孔为什么将居吉斯置于如此突出的位置,并将他作为核心的、最生动
的形象?① 格劳孔说,他的故事是"听人们说的",并用了一个希罗多德
也曾讲过的传说。在其历史著作中,希罗多德将这个传说作为他所讲
的第一个故事;他将焦点放在坎道列斯(Candaules)这位吕底亚前一个
朝代的最后一位君王身上。为了证明他的王后是最美丽的女人,坎道
列斯邀请贴身侍卫居吉斯瞧瞧他妻子的裸体(希罗多德,《原史》,I. 7-
15)。居吉斯是希罗多德笔下正义之人的楷模;他坚守着他从古代的
智者处听来的教诲,认为每个人只能看他自己的东西而不能窥探他人
的私物;在这个故事中,他所做的每一件事都是因为受到强迫而违背了
自己的意愿。② 格劳孔的说法显露了自己的怀疑,他认为哪怕是正义
的人也有想要满足的隐秘渴望,如果他能够隐藏起自己的话。通过用
一段关于背叛和僭政的故事传达自己关于自然($\varphi \acute{v}\sigma\iota\varsigma$)与律法($v\acute{o}\mu o\varsigma$)
的核心论证,格劳孔既深化了他的第一个关于正义的所是($o\vec{v}\sigma\acute{\iota}a$)与生
成($\gamma\acute{\varepsilon}v\varepsilon\sigma\iota\varsigma$)的论证,也深化了他最后一个关于通过正义的表象($\delta o\varkappa\acute{\varepsilon}\iota v$)
掩盖不义之本质($\varepsilon\hat{\iota}v a\acute{\iota}$)的论证。格劳孔着眼于人的内心,他恐惧的是,
统治人灵魂的激情——非法的激情、爱欲的激情和统治的激情——只
能因为害怕被人看见、害怕遭受惩罚才会受到遏制。

格劳孔话音刚落,阿德曼托斯急切地插话说:"最该说的还没有
说。"(362d)最该说的就是,对正义加以赞扬(praising)这种习俗的做法
导致聪明人只去追逐正义的名声。格劳孔关注的是他所认为的[273]

---

① 在存世的重要底稿中,格劳孔使用的说法是"吕底亚人(Lydian)居吉斯的祖
先",而在612b处苏格拉底则只提到了"居吉斯的戒指"。Kirby Flowers Smith提出了令
人信服的主张,他认为应当删除"居吉斯的",因为这是后人对文本进行的添补,而最初所
读到的应是"吕底亚人的祖先";这里的"吕底亚人"指代的是吕底亚的最后一位君
王——著名的克洛伊索斯王(King Croesus,公元前560—前546年在位),而"祖先"则指
代的是同样著名的吕底亚第三王朝([译按]即克洛伊索斯一脉所继承的王朝)的开创者
居吉斯,关于他的传说广为流传。Smith利用柏拉图和希罗多德的文本,再加上其他古典
文本,重现了这个古代的大众传说,从而提供了一个完整而令人满意的、讲述著名的吕底
亚君王们建国的"神话故事"(fairy tale)。参《居吉斯的传说与吕底亚王》("Tale of Gyges
and the King of Lydia")。

② 希罗多德用他笔下的第一个传说展示了隐微叙事的必要性,在正义之人对私人
所有物的非法注视之前保持隐藏,这样的智慧被智者认为是最美丽的。

自然本质(nature),阿德曼托斯则只关注意见(opinion)。① 他并未指控智术师启蒙运动中的新式教师,而是指控了教授宗教的新旧教师们,他通过追溯希腊教育的历史——希腊宗教的历史——谴责了整个希腊教育。阿德曼托斯的讲辞以"高贵的赫西俄德和荷马"起头,他们曾说诸神用世间的好处作为对正义的奖赏。从高贵的开端的稳步下降是从"缪赛俄斯和他的儿子们"开始的,他们说,诸神在冥府中给予的报偿,与宴饮这种尘世奖励十分相像。而"其他人"则继续将诸神在世间的报偿延伸到子孙,还为冥府加上了新的要素:不虔敬和不正义的人会受到惩罚,他们会被埋在污泥里,并被迫用筛子打水。阿德曼托斯说,这些关于赏罚的说法被另一种形式的关于正义和不义的说法利用了——这种情形既见于散文,也见于诗。这些新式教师们强调说,正义虽美好但充满艰辛,而不正义却既甜蜜又容易,而且只在意见和律法中才是可耻的,他们因而教导说,不正义比正义更有利可图。然而,更值得注意的是他们关于诸神与正义的说法:此前的教师强调诸神的正义在于奖赏正义、惩罚不正义,与他们相反,这些晚近的教师说诸神给许多正义的人分配了厄运,却给许多坏人分配了好运。带着这样的教诲,"行乞的祭司和敬神者"(beggar priests and diviners)走到富人门前,声称他们

---

① 在《好战者》中,Craig 为这两兄弟描绘了一个前所未有的肖像,他通过整篇《王制》展示了这两位血气旺盛的青年人之间的差异。在"儿子与爱欲者"(Sons and Lovers)一章,通过描述作为爱荣誉者(lover of honor)与爱胜利者(lover of victory)如何成为构成荣誉政体(timocratic)之人的过程,他开始了对这两兄弟的灵魂分析。在"黑暗之心"(The Heart of Darkness)一章,他详细说明了这两类爱欲者之间的区别,并总结道,苏格拉底呈现了一个血气上的裂隙(a fissure within spiritedness),正是这样的分歧将爱荣誉者与更高的、可能具有哲学天分的爱胜利者区分开来。在"罪与罚"(Crime and Punishment)一章,他分析了卷二开头这对兄弟的两段长篇讲辞,揭示了爱胜利者与爱荣誉者之间的最深层关系。Craig 就兄弟二人清晰勾勒出的哲学灵魂学(philosophical psychology)关注的,是苏格拉底如何面对"教学问题上最大的挑战"(页 137),也就是叛逆的年轻人尝试着试探底线、打破束缚的恒久状况。尽管 Craig 的分析让我获益匪浅,但我所关注的问题却与他有所不同:我关注的是具有历史特殊性(historically singular)的问题:苏格拉底对自荷马时代以来的变化的洞察,以及这种变化要求以哲学的立场提出何种智慧的对策;还有苏格拉底对自身失败的认识,他意识到自己在阿尔喀比亚德与克里提阿这两位血气旺盛的年轻人身上的失败,这要求他采取新的策略处理对待年轻人的问题,这种策略便体现在他后来因材施教地对待格劳孔与阿德曼托斯的方式中。

拥有来自献祭和诅咒的力量,这让他们可以劝说诸神弥补富人的不正义,并消灭他的敌人,"用某些祈求和咒语就能同样伤害正义和不正义的人"(364c)。这样的祭司把诗人搬出来诬陷他们的诸神,而阿德曼托斯第二次串起了他的历史讲述,展示了祭司们如何运用赫西俄德和荷马的诗句,以及"一堆缪赛俄斯与俄尔甫斯的书……在这两个人的掌管下,他们终日忙活他们的献祭"。[274] 在阿德曼托斯结束他的指控时,他用自己的希腊宗教衰落史描述当前的事件:这些新的祭司"不仅说服个人,也说服城邦相信,通过献祭和让人快乐的赛会,无论如何,就会为那些还活着的人带来救赎和净化,洗净他们不正义的行为"(364e)——克法洛斯正在屋外依照某些行乞的祭司的方法做着献祭和祈祷,而雅典人则正怀着被某些异邦神救赎的希望,在城外引进献祭和让人快乐的赛会。

在讲辞的第二个主要部分,阿德曼托斯提出了一个恰当的问题:"我们应该怎么看待这些教师对前来听讲的年轻人的灵魂产生的影响呢?"阿德曼托斯首先讲了一个天性良好、才能优异的年轻人会对自己说些什么,因而既展现了他自己的灵魂,也展示了他的戏剧才能。通过第一人称,他当然描述了对自己所说的话:品达的言辞,一位未提名字的智慧者的言辞(很可能是西蒙尼德斯),以及阿基洛库斯(Archilochus)的言辞,都鼓励他以正义为伪装,行不义之实。对于阿德曼托斯从智慧者的权威那儿得出的结论,其他人会提出反对。于是,阿德曼托斯通过上演一段戏剧对话,将一位这样的反对者带上了舞台。在阿德曼托斯的这段戏剧对话中,"某个人"(someone)为正义辩护,而他的对手则是一位以第一人称复数发言的聪明年轻人。这位"某个人"警示年轻人,欺瞒是困难的,但那年轻人乐于面对挑战,并自称献身于理性——"我们必须沿着论证指出的这条路走"。年轻人知晓这条充斥着秘密和说服的道路,也有能力藏起秘密并"占尽好处,又不受惩罚"。"某个人"继续反驳说,诸神是无法欺瞒和强迫的;但那年轻人能用怀疑的论点为自己的不正义辩护,尤其是,他恰恰能够用诸神拥护者们的论证做到这一点:即便真的有诸神,即便他们真正关心我们,我们也只能通过律法和诗人了解他们,而诗人们告诉我们诸神可以被收买。"某个人"的论证被步步紧逼,只剩最后一驳:在冥府中,诸神将会惩罚不正义的人。但"那个精于算计的人"对此做出充满反讽意味的反驳：
"秘密祭礼和拯救世人的诸神有大能耐，那些大城邦都是这么说
的"——雅典就通过在城外举行的活动这么说——"那些诸神的子孙
[也这么说]，他们已经成为诗人，成了诸神的代言人"——例如，像克
法洛斯这样的人便被说服了。

从宗教的视角——他的兄弟认为宗教是最值得一提的——回头看
格劳孔的讲辞，很明显，格劳孔对宗教持有一种颇带嘲讽的观点，因为
他只有两次提到了诸神。居吉斯，作为王后的奸夫、弑君的凶手和窃国
的篡臣，却"像众人中的神"（360c）。而格劳孔口中的完全不正义的人
既向诸神献祭，又关心诸神；因此，比起正义的人来，"他[275]更应该
得到诸神的亲近"（362c）。

在阿德曼托斯讲辞的结尾，他将"他的和我的所有这些论证"的焦
点集中在"你，苏格拉底"身上，为苏格拉底指派了说服他们的责任。
阿德曼托斯提到了"从最初的英雄开始"直到现在的"所有正义的颂扬
者"，并宣称"其中没有任何人充分证明，无论以诗还是散文的方式：不
义是灵魂可能犯下的最大邪恶，而正义是最大的好"（366e）。由于热
切地"想要听听你的反驳"，他一再地重申自己的观点，但却清楚地表
达了他的挑战，这种挑战与格劳孔的恳求如出一辙："请表明，正义和
不义各自对持有它们的人做了些什么，因而使不义成为坏的，使正义成
为好的。"（367b）阿德曼托斯给苏格拉底指派了最高的教育席位，这是
由于他对苏格拉底的认识使然："你整个一生所考虑的只是这件事
情。"（367d）阿德曼托斯或许对苏格拉底如何度过了整个一生并没有
足够的认识，但苏格拉底所积累起来的名声不允许苏格拉底拒绝阿德
曼托斯给他的权威。

格劳孔和阿德曼托斯的讲辞并不是才华初露的哲人出于求真的热
情而发表的讲辞；它们其实是希望继续相信正义之好（the goodness of
justice）的年轻人的热切请求。他们从未请苏格拉底告诉他们关于正
义的真实，只是请他证明正义的生活优于不正义的生活。① "要忽略奖

---

① 见伯纳德特，《苏格拉底的第二次航行》，页44："他们那希望了解正义是什么的
渴求，并非来自对求知之好的相信，而是来自对正义之好的相信。"

赏",他们虽然这样高调地说,但其实没法当真——正义的好必须得是
一种对他们有好处的好。他们希望相信德性带来幸福,希望相信他们
在正义的荒芜中能找到道德秩序的居所。令他们难以抉择、左右为难
的并不是理论,而正是他们从今以后将要亲自过上的生活本身。出于
年轻人的热情,他们简直是命令苏格拉底来说服自己,他们希望相信为
真的事情的确是真实的。苏格拉底再次受到了强迫,这一回是由于最
好的雅典年轻人所面临的生活危机,这种危机部分来源于古希腊启蒙,
部分是因为战争和瘟疫使一切安全都成了问题,其余的部分则来源于
希腊宗教本身赞扬道德的方式。对于《王制》中这个戏剧性的时刻,施
特劳斯描述道:"这种紧迫攸关的政治问题不容推延:无论如何,关于
正义的问题必须得到回答,即便为了充分回答所需的所有证据还尚未
齐备。"①在证据尚未齐备之时,苏格拉底已经被迫开始行动。

[276]听讨能力不凡却近乎败坏的雅典年轻人的两段讲辞后,苏
格拉底在第二天讲述了自己的反应:他"一直对格劳孔和阿德曼托斯
的天性(nature)充满好奇"。不过,当着这些年轻人的面,他通过引用
并赞同一首诗的说法来描述两位年轻人身上的神性(divine)——他们
身上的某些神性使其没被自己关于不正义的论证说服。至于他们的讲
辞,苏格拉底说,自己尤感欣慰。不过,他没把自己的反应透露给这些
孩子们,而是在他们面前藏起自己的愉悦,并自称面对他们的求助不
知所措。苏格拉底一方面说自己没有能力,帮不上忙——早些时候,
他明白地说过要达到格劳孔的要求是"不可能的"(362e)。另一方
面,他又不能袖手旁观,他提出的一个理由是,在有人说正义的坏话
时还袖手旁观将会是不虔敬的。他转述说:"格劳孔和其他人竭力请
求他帮忙。"(368c)"因此我说出了我的意见(opinion)。"苏格拉底选
择用来引领下文的措辞——意见(opinion)——奠定了下文的基调,
而直到苏格拉底后来区分知识与意见之后,这种基调才会变得明晰
起来。从这里开始,苏格拉底所说的一切都是迫于自己的虔敬和他
们的恳求——他们恳求苏格拉底阐明关于正义的正面意见,由以反
对他们在两段讲辞中所说的相反意见:一段讲的是智术师启蒙运动

---

① 施特劳斯,《城邦与人》,页106。

对正义的攻击,另一段讲的则是宗教传统对正义的赞颂。他们要求的是一种赞颂正义的新意见,而这恰恰是已启蒙的(enlightened)苏格拉底将要提供给他们的。

柏拉图用《卡尔米德》和《王制》的开篇暗示,这两篇对话在几周之内相继发生,是苏格拉底在终于返回阔别多年的家乡后的对话。此处,正如《王制》展示了苏格拉底针对忒拉绪马霍斯的任务逐渐变成了他面对格劳孔和阿德曼托斯的任务,这两篇对话在时间顺序上的邻近深化了这种观点。在《卡尔米德》中,苏格拉底讲述了他归来的意图:了解哲学在雅典的状况,并看看是否有哪个年轻人在他离开雅典这段时间变得智慧或变得美了。同时,《卡尔米德》还展示了苏格拉底在克里提阿身上学到的东西:自己的前波提岱亚(pre-Potidaean)哲学已经败坏了克里提阿,使他视僭政为最好的生活。在公元前429年,克里提阿已经差不多三十岁了,而《普罗塔戈拉》暗示,他开始听从苏格拉底的时间要比这早得多,很可能是在他十八九岁的时候,正是格劳孔和阿德曼托斯现在的年纪。怎样的生活方式才是最好的?所有接触了启蒙教师的有抱负的雅典年轻人都面临着这个问题。《王制》的开场表明,这个关于最好生活的问题本身简化为年轻人所面临的两种选择,正义的生活或是僭主式的生活。对苏格拉底自己来说,最好的生活方式毫无疑问就是哲学的生活,而在《卡尔米德》中,[277]苏格拉底通过向克里提阿开示真正的明智的性质(nature),试图将其引向这样的生活。但克里提阿在苏格拉底的言辞中听出了截然不同的邀请,被引上了僭主生活的道路。《王制》的多重起点以关于最好生活方式的问题达到了顶点,而对于热情地想要相信正义的生活更好的年轻人来说,他们只有两个选择。他们实际所做的选择停滞在一个理论问题上,却从未以一种理论的方式对其加以界定:他们希望有证据证明,他们生活在一个能保证正义与幸福相结合的道德秩序之中;他们想要成为正义的人,但需要有所报偿。当年轻人们凭自己的力量没能在世界上发现任何分配性正义的证据时,他们要求苏格拉底证明,这样的正义仍然存在。对他们来说,苏格拉底所过的哲学式生活并非一个选项;在他们看来,哲人苏格拉底的整个一生完全投身于道德问题上,别无其他;苏格拉底有责任向他们证明道德的生活是最好的。

苏格拉底教导克里提阿的经历——他的失败经历——使他确信，有必要以不同方式对待雅典的年轻人：他们需要被引向的不是哲学，而是道德。克里提阿已经没法挽回，他已经坚定地确定了自己的道路。但格劳孔和阿德曼托斯不同，他们才刚刚开始选择一种生活，而这种生活的前景已经受到如下的影响：他们出于正直而最愿意相信的东西正以有学识的方式沦于破灭。苏格拉底不能再像对克里提阿那样，尽心尽力地将那些由之引起怀疑（disbelief）的德尔斐的教诲教给他们，这些教诲是自知（self-knowledge）的最初步骤，并会导向作为一种生活方式的哲学。对宗教的智术式批评以及笃信宗教者对宗教的误用，都迫使苏格拉底承担一项非常不同的任务：重建对宗教的信心。现在，苏格拉底明白了返乡的奥德修斯究竟学到了什么："他命中注定要建立的不是知识，而是信仰。"①

从此开始，《王制》将表明，苏格拉底从自己在阿尔喀比亚德身上的失败中学习——在前往波提岱亚之前，他就看清了这次失败；苏格拉底还从自己在克里提阿身上的失败中学习——在回到雅典后，他摸清了克里提阿的根底和格局；同时，苏格拉底也在扎勒卯克西斯的医生那里、并从希罗多德那里学到了教益——希罗多德让他懂得了盖塔伊人之所以道德优异的基础。从此开始，《王制》将展示，返乡的苏格拉底何以已经有所不同——返乡的苏格拉底成了一位哲学的激进革新者，他使哲学本身成为证明关于神、灵魂以及宇宙道德秩序的新教诲的来源。从这样的开场看来，只有苏格拉底终究说服了年轻听众认为，那位受到行乞的祭司和占卜者（阿德曼托斯对他们极为厌恶）恐吓的老克法洛斯是正确的，《王制》才能结束。通过达成广受欢迎的结论的论证，哲学的权威[278]逐渐得以确立，并取代了已经消失的古老权威，使理性本身似乎就能够确证，世界正是格劳孔与阿德曼托斯所向往的样子：由道德所统治的世界。

苏格拉底下到佩莱坞观看引入苯荻丝神的节庆，引出了与年轻人谈话的机会，他很好地利用了这一偶然时机。苏格拉底抓住了有位知名智术师在场、同时古老的权威离场的机会，迫使困惑的人们对他施以强

---

① 伯纳德特，《弓与琴》，页152。

迫——迫使苏格拉底教给他们在他看来有必要教并已准备好教他们的东西；苏格拉底令他们乞求他将自己此次返乡打算教的东西教给他们。而那位最擅长激发并平息愤怒的智术师既然已经有充分准备，就必须目睹全程，必须学习启蒙如何能够最好地升华其自身。苏格拉底自己则必须在第二天的雅典讲述他的私密成果。只有当所有这些要素无不齐备之时，最好的人才有可能实现统治，从而避免被更坏的人所统治。

二　苏格拉底的新起点

[279]在《王制》的多重开场准确呈现了苏格拉底的立场后，苏格拉底可以启程了。他从开端开始，依据人的天性创建了新的城邦，并用这个城邦展示正义是什么。但当苏格拉底所建的城邦看起来已经完成，他继而转向城邦的衰落之时，大伙却一同强迫他从一个新起点开始，要他采取措施，而这也引出了这样一个城邦是否可能或者是否可欲的诸多问题。这段旅程始于迂回的绕路，最后则上升为苏格拉底——这位返乡的奥德修斯——从波提岱亚带回的不可或缺的新举措。只有这项举措才能使新的城邦以唯一可能的方式成为现实，并且，这种方式对城邦和哲学二者来说都最为可欲。

7　新神

为了证明正义的生活比不正义的生活更好，苏格拉底开始与阿德曼托斯一同建立一个言辞中的城邦；他们要在城邦的生成中观察正义的生成。他们的城邦所基于的一项原则是，每个人都执行适合各自天性的任务。这个城邦不断生长，直到实现了一种整全性，让苏格拉底得以发问，在其中哪里能找到正义和不义（371e）。由于阿德曼托斯不能回答，所以苏格拉底描绘了其中邦民的生活方式，那是一种朴素严苛的生活，因而迫使格劳孔对"猪的城邦"（a city of pigs）表示反对（372d）。享受着雅典城中富人宅邸的精致优雅，格劳孔由着他天性的需求阻挠对正义的追求。苏格拉底并未反驳格劳孔的异议,尽管他将猪的城邦称为"真实的城邦……一个健康的城邦"。相反,他扩张了城邦以满足格劳孔的欲求,这是一个健康的人类共同体中肯定会产生,并且会要求得到满足的欲求;他们的城邦成了"奢侈的[280]城邦……一个发烧的城邦"。格劳孔的欲求要求城邦进行扩张,这种扩张与最初的扩张在性质上有所不同,因为这种扩张需要一个全新的阶层——卫士阶层——去夺取邻邦的土地,并阻止邻邦夺取本邦的土地。

重装步兵这个新阶层,由天性合适担当此任的人组成,他们拥有血气(θύμος),或者说是些血气旺盛(θυμοειδής)的人(375b)。① 苏格拉底提出了一个问题:就这类天性的人来说,如何使其避免彼此伤害以及伤害其他邦民,既然他们必须对自己人温和,同时对敌人残忍?一个人同时既要温和又要残忍(375d),苏格拉底让这看起来像是个矛盾,但他用一个形象化解了这个问题:一条有血气的狗,对任何它认识的人都温和,而对任何它不认识的人都残忍,这让狗成了"哲学式的"野兽(375e)。在《王制》中,这是哲学作为家养动物的属性而首次提及。他们所建立的城邦的护卫者们,必须天生"爱智慧、有血气、敏捷和强壮"(376c)。由此,苏格拉底通过让哲学以这种明显奇怪的方式进入城邦,开始了他对哲学的重新定义。城邦内部的护卫者被训练着把自己视为哲学式的、有知识的人,在知识的基础上行动,捍卫他们认为自己所归依的(城邦),而城邦民将把哲学作为对他们的保护的一部分来尊崇。

如何来"抚养和教育"哲人-狗(philosopher-dogs)呢(376c)?或者说,考虑这样的抚养和教育,是否会对考察城邦中如何出现正义和不正义有所帮助?阿德曼托斯此前的讲辞指控希腊的教育,认为这种抚养和教育的结果却是不正义——难怪他十分肯定地插话回答苏格拉底的问题

① 伯纳德特认为,θύμος在荷马那里是一个用来形容人的血气(spiritedness)或是"心气"(heart)的常见词汇,而在苏格拉底的时代,这个词的用法变得局限于形容比如马或者狗这样有血气的动物:"通过从荷马处接过这个旧时代的词汇,苏格拉底与荷马第一次遭遇"(《苏格拉底的第二次起航》,页55—56)。θυμοειδής(精力充沛、情绪激昂、暴躁易怒[LSJ];与θύμος"拥有相同的形式"、"像是θύμος的"[伯纳德特])是《王制》的基本要素,但除此处以外,在柏拉图笔下总共只出现了三次(《法义》731b,d 以及《蒂迈欧》18a)。

(376d)。这位希腊宗教的年轻批评者已经对其中的核心教诲产生了怀疑，而正是与阿德曼托斯一起，苏格拉底开始了改造希腊的抚养和教育的计划：他可以自由地批评并改造神圣之物，因为对他的年轻听众而言，那些神圣之物早已失去其神圣性。"那么，来吧，"苏格拉底说，"那些说故事的人用故事的形式讲述，并且有闲暇。让我们像他们一样，在言辞中教育护卫者吧。"用以教育灵魂的是"音乐"，这是缪斯（Muses）的特有之物，宙斯与墨涅摩绪涅（Mnemosune）所生的这九位女儿，让人类将施行统治神明之事铭记于心。属于此种音乐的言辞有两类，真的（true）和假的（false），而教育从假的开始，以孩子们的故事起头（377a）。[281] 对处于各个成长阶段的人来说，这些故事都可以巧妙而富有教育意义，因为苏格拉底认为，这些故事中可以隐藏年轻人还没法弄明白的道理。"开头是每项工作最重要的部分"（377a），苏格拉底说，此时他正在对孩子进行培养的起点之处开始；①同样，他也是在希腊宗教的起点处——荷马和赫西俄德那里——开始的，而按照赫西俄德的说法，这乃是万事万物的开端。年幼的人是"最好塑造的"；通过一遍又一遍地听故事，他们那尚未定型的灵魂通过最初印在灵魂上的"模本"（the model, $\tau\acute{\upsilon}\pi o\varsigma$）而得到形塑（377b），因为灵魂被故事塑造（377c）。头等重要的是，"我们要照管（supervise）那些编故事的人"——这个我们缩减为苏格拉底一人，因为苏格拉底通过监管编故事的人与讲故事的保姆和母亲来监管阿德曼托斯。起初，阿德曼托斯并未意识到苏格拉底的要求究竟有多么激进：从诗人传给母亲和保姆的大部分故事"都得抛弃"——尽管阿德曼托斯不会提出异议，因为他已经表明，自己曾经亲自把这些故事都抛弃了。当他得知那必须被丢掉的"更大的故事"（greater tales）正是"赫西俄德和荷马"所讲的故事时，他问："你谴责他们的用意是什么？"（377d）——但正是他本人曾经谴责这两位诗人，认为他们正是使正义沦为获取有价值之物的手段的一系列过程的起点。苏格拉底"最先也最严重"地谴责希腊宗教的创始人，因为他们说了不美（$\varkappa\acute{\alpha}\lambda o\varsigma$）的谎话。"什么意思？"阿德曼托斯问道。而苏格拉底说："意思是一个人在言辞中给诸神和英雄编

----

① 在这个讨论的末尾，苏格拉底称对护卫者的培养与教育是"够达成城邦的幸福"（423e）；"一个人所受教育的起点也就规定了随后的进程"（425b）。

了个坏形象。"(377e)"但是我们该怎么描述它,这是怎么回事呢?"阿德曼托斯继续发问。

"首先,"苏格拉底说,"关于最大的事情说了最大的谎话的人,他的谎话讲得不美。"关于最大的事情的最大的谎话——这里用了两个最高级——就是赫西俄德关于起源的故事,这个权威的故事讲的是现在的秩序是如何诞生的。苏格拉底并未重述赫西俄德这段不美的谎话,只说了"乌拉诺斯(Uranus)怎么做了赫西俄德说的事情,结果克洛诺斯(Cronos)怎么报复他"。原初的罪业是神子起来造反,将他的父神去势(castrate),并取代父亲成为世界的统治者,这带来了下一桩神圣的罪业,而苏格拉底依旧避免了对其进行直接描述:"以及克洛诺斯的行为和他在其儿子手中的命运。"苏格拉底有所保留地处理完关于这件最大事情的最大的谎话后,他讲了自己会如何对待这样的问题:"就算这些都是真的,我看也不该很轻易地讲给头脑[282]简单的年轻人。"统治着当前秩序的神明,却曾对抗他那身为统治者的父亲而犯下破天荒的罪业,对于关于他的这种真相,苏格拉底会怎么做呢?"最好守口如瓶,但要是有时不得不讲"——如果发现这类真相的人发现自己不得不讲述——"就要把它视为不可泄露的秘密,听的人越少越好,而且得先搞一次献祭,可不是献上一头猪哦,①而是要些很难弄到的好祭品,这么一来可能听到的人就少之又少。"(378a)对这个关于现世秩序起源的故事——使当前秩序得以产生的那次犯罪——赫西俄德讲得并不美,因此必须用不同的方式处理。苏格拉底暗示说,危险或者致命的真相必须被视为不可言说的秘密,只有那些愿意献上最好祭品的人才能与闻——不是献祭一头猪,而是将其一生献给学习不可言说之真相的事业。技艺高明的讲法和极端的牺牲可以确保致命的真相只在极少数人内部流传——苏格拉底对赫西俄德的批判使自己可以暗示,在他自己的奠基行动之初,他将如何处理这些致命的真相,比如关于为了建立秩序而犯下的罪业的真相。

---

① 在厄琉西斯秘仪(Eleusinian mysteries)中,献祭一头猪对于雅典人的周年庆典来说可谓必不可分。新入教者下到佩莱坞,在海岸边把一只献祭给德墨忒尔(Demeter)的小猪清洗干净;然后他们会把这只乳猪带回雅典,净化并献祭。Park,《雅典人的庆典》(*Festivals of the Athenians*),页62-63。

苏格拉底完全禁止赫西俄德关于起源的故事,因为宙斯的罪业可能被年轻人用来为自己"惩罚父亲的不正义行为"开脱(378b)——年轻人可能会像年轻的游叙弗伦(Euthyphron)那样想,宙斯是要人来效仿的,而不是单纯地服从(《游叙弗伦》5d-6a)。苏格拉底归纳了他禁绝赫西俄德的起源故事背后的准则,并将控诉的范围延伸到荷马:"不能说诸神之间有战争、互相算计和打仗——因为这根本不是真的。"(378c)①苏格拉底禁绝荷马的理由与禁绝赫西俄德的理由相同:战士的行为总是倾向于模仿他们眼中最崇高的诸神和英雄的行动。荷马的故事可能还有隐藏的意思,但年轻人没法看到这些隐藏的意思,反之,故事的表面特征会烙印于他们心中(378d-e)。阿德曼托斯作为诗人的故事的批判者,是最能接受苏格拉底限定"故事必须讲得美"的听众:"但要是有人问我们,美的故事是什么,或者哪些故事是美的,我们该怎么说呢?"告诉我那些美的故事是什么,阿德曼托斯问道,[283]告诉我当别人问起时我该回答些什么。对于苏格拉底将要告诉他的东西,他肯定会非常欢迎。因为阿德曼托斯尽管知道诗人的故事中是什么触怒了他,并使他燃起义愤,但他并不知道什么东西能取而代之。"你我眼下并不是诗人,"苏格拉底回应道,"而是建城者。"(397a)②建城者会如何对待城邦中的诗人?"建城者理应知道诗人得根据什么范本(τύποι)讲故事"——诗人的故事要遵循建城者所定下的范本。这对阿德曼托斯而言并不足够:"关于诸神的言辞该有什么范本呢?"关于诸神的言辞:神学(θεολόγια)。阿德曼托斯其实在说,把我们的神学的范本告诉我,苏格拉底这位新模式的创建者像位神学家那样言说,告诉了阿德曼托斯关于城邦新神的新故事的两种基本模式。苏格拉底就像荷马与赫西俄德一样言说,像他们一样,苏格拉底的说法也包含着隐藏的意思。

苏格拉底的第一种范本和法律规定的是诸神的行动:"神不是所有东西的原因,而是好东西的原因。"(380c)苏格拉底让这个法律看起

---

① 当游叙弗伦提到赫西俄德笔下宙斯推翻克洛诺斯以及克洛诺斯推翻乌拉诺斯的故事时,苏格拉底说只要有人讲那样的故事他就觉得难以接受,还问游叙弗伦这是不是就是他被控诉的原因(《游叙弗伦》6a)。

② οἰκισταί[创建者]这个词源于οἰκίζω,意为建造房屋:建立城邦的人即房屋的建造者;他们创下律法,律法即邦民的"房屋"(house),为他们的思考和行动划定了边界。

来像是一项论证的结论——这是他的第一个神学论证,而且有些怪异:苏格拉底只提问,而所有的肯定都出自阿德曼托斯(379b)。神才是真正好的;而好是不予损害;无害的东西不予损害;不予损害的东西不会作恶;不会作恶的东西不会是任何邪恶的原因;好是有利的;有利则是把事情做好的原因。苏格拉底说出了阿德曼托斯的回答所要求的结论:神只是好东西的原因(379c)。苏格拉底的神学以一条法律开始,而这条法律已经未加明言地存在于阿德曼托斯对诸神故事的道德控诉之中。如果神只是好东西的原因,则苏格拉底可以运用这个结论诋毁荷马,并让阿德曼托斯自认在道德上优于荷马,从而成为荷马笔下诸神的道德裁判者。但苏格拉底知道自己对荷马的诋毁并不公正,明显的证据是:照苏格拉底的说法,似乎是荷马而不是荷马笔下的阿喀琉斯,说了那个著名的寓言——宙斯的大堂前立着两个罐子,一个装好的命运,另一个装坏的。阿喀琉斯是在《伊利亚特》几近结束之处对普里阿摩斯(Priam)说这个寓言的:两人都为失去了一切之中最珍爱的东西而哭泣。但最后,阿喀琉斯在他的强烈哀痛褪去之后,用这个关于"厄运乃是命中注定"的寓言来安慰老人和自己。作为《王制》中每位人物所说的每个词句的作者,柏拉图令他的苏格拉底将智慧的荷马托于这位最出色、但很难说是最智慧的人之口的话归于荷马本人:通过相[284]信恶是宙斯——这位最智慧最强大的神——所安排的命运,人们可以安慰自己。但这样的安慰已经不再合适:阿德曼托斯抱怨说,这样的故事暗示了"诸神也给许多好人分派不幸和悲惨的生活,却给相反的人分派相反的命运"(364b)。让神只成为好东西的原因。让诸神像阿德曼托斯需要他们成为的那样具有德性:苏格拉底为阿德曼托斯提出的道德神学,通过见于言辞的范本,反过来向阿德曼托斯阐明了他在指控希腊宗教时隐而未明的东西。

但如果诸神只引起好的事情,诗人又怎么会歌唱悲痛和苦楚呢?对于这种无可回避的人类命运,苏格拉底列出了明确的教诲:如果悲痛与苦楚是神的所为,那诗人就应该说"这些人经过受罚,得到了好处"以及"他们需要惩罚,而且在以受罚的方式付出代价时,他们得了神的好处"(380b)。苏格拉底本人的正义是帮助朋友并且不损害任何人,但作为一个新城邦的奠基神学家讲话时,苏格拉底开始表述这样的正义观:受苦是应得的惩罚,具有矫正作用,这种观念首先见于克法洛斯的惊恐之中,而苏格拉底会将其发展为一个道德的、惩罚性的世界秩序。

苏格拉底的第二种范本和法律规定的是诸神的外貌:"诸神既不是变幻莫测的法术师,也不在言行中用谎言误导我们。"(383a)阿德曼托斯毫不迟疑地同意了构成苏格拉底所说的第一条法律的全部主要问题,但他开始对第二条法律有所犹豫,并且感到困惑。一位神真的会改变自身,并从自己的形象转变为许多形象吗? 一位神会欺骗我们,让我们以为他会变换样子吗(380d)? 阿德曼托斯说不上来,他此前了解的神都是荷马笔下善于变化、欺骗的诸神。苏格拉底用一个论证向他证明,一位神在任何时候都处于最好的状态,既不会变化,也不会变为更坏的状态,因此"一位神永远只是保持自己的形象"(381c)。但是神会不会欺骗我们呢? 阿德曼托斯还是说不上来,而且一再回答不上来。神会想说谎吗? "我不知道。"你难道不知道,所有的神和人都讨厌真正的谎言(ἀλήθως ψεῦδος)? "你什么意思呢?"在最重要的事情上,肯定没有人自愿对自己身上最重要的部分说谎话? "我还是不明白。"于是,苏格拉底解释了各种谎言之间的区别:真正的谎言,以及言辞中的谎言。最能确切称为真正的谎言的是"就存在之物(τὰ ὄντα)对灵魂说谎,对此浑然不觉(ἀμαθή),并在灵魂中保持这种谎言"(382b)。至于言辞中的谎言,则并不出现在灵魂之中,而是对灵魂情感的一种摹仿和复制(μίμημα),是在灵魂情感产生后出现的幻影。诸神和人类都痛恨真正的谎言,"但关于这个呢? 言辞中的谎言?"(382c)苏格拉底的两个问题开启了一段[285]关于运用谎言的讲辞,这段讲辞由五个问题组成。其中第三个问题是:"它什么时候、对什么人有用,因此就不那么讨人厌呢?"他接下来的问题讲出了言辞的谎言可能具有的三种用途的前两种:"它不是能用来打击敌人吗,"他问道,"还有,要是我们称作朋友的人由于发疯或愚蠢要干什么坏事,它不是像药一样,能阻止这些人吗?"三种用途中的这第二种,也即居中的那一种,使人回想起苏格拉底在当晚的第一场辩论中为克法洛斯举的例子:一个变得疯狂的朋友想要回他的武器;苏格拉底当时的结论是,在那样的情形下,将全部的真实告诉那位朋友是不正义的。苏格拉底关于言辞中的谎言所提的第五个问题讲出了它的第三种用途,这与他用来作为教育的开端而

讲述的那种故事正相适宜:因为我们不知道关于古代事情的真相,"为
了尽可能让故事跟真相相似,我们不是也能利用谎言?"(382d)在阿德
曼托斯简略地表示赞同后,苏格拉底继续提问,现在,他将谎言在其中
有用的三种状况应用在神的身上,看看对神来说它们是否有用。但他
改变了三种用途的顺序,将最后一个放在首位:神是否会"因为不知道
古代的事情而说谎,从而编造相似性?"阿德曼托斯认为这很荒唐,于
是苏格拉底下了第一个断语:"那么,在神中间没有谎言。"他随即转向
谎言的第一种用途:"[一位神]会因为害怕敌人而说谎吗?"当阿德曼
托斯回答"绝不会"后,苏格拉底最后转向了谎言的第二个用途:神会
因为"他的同伴们——他的同伴(οἰκείων),族人或家庭成员——的愚蠢
或发疯"而说谎吗?因为阿德曼托斯知道,"没有哪个愚蠢或发疯的人
会是诸神的朋友"(382e),所以苏格拉底可以很容易地宣称:"那么,没
有什么会使神为之而说谎啰。"阿德曼托斯同意道:"绝没有。"接着苏
格拉底再次强调了这个结论:"这么说精灵和神完全跟谎言扯不上干
系。""完全正确,"阿德曼托斯回答。通过这番复杂精细的讨论,苏格
拉底对阿德曼托斯说了言辞上的有用的谎言,在他的灵魂中烙上了真
正的谎言,这是一个阿德曼托斯不会讨厌、反而会喜爱的美丽谎言,因
为它完全符合阿德曼托斯最想索求之物——他可以赞美和效仿其道德
完善性的诸神。

　　苏格拉底是如何做到的?他的办法是在论证中加入一种模糊性,
从而可以提出一种与明显的含义不同的隐秘含意。当他首次提出这第
二种或居中的那种谎言的用途时,所要欺骗的对象是发疯或愚蠢的"我
们所认为的朋友"。而当他此后重述这种用途,用来证明神不会说谎时,
他把我们所认为的朋友替换为神的同伴,而阿德曼托斯知道,神的同伴绝
不会愚蠢或发疯,以致需要以谎言对待。但对于最初的那个阶层,那些我
们所认为的朋友呢?为了那些既对古代之事无知也不亲近神的我们所
认为的朋友的利益,某位神——神只是[286]好东西的原因——是否会
说些作为预防或像药物一样的谎言呢?神的正义,会不会至少有如当夜
第一场讨论中所假设的人类的正义那般正义?阿德曼托斯迫切想让诸
神变得彻底诚实,这让他过早地从苏格拉底的讨论中得出结论,理所当然
地认为一位神不会为了任何事情而说谎。阿德曼托斯想要诚实的诸神,

而苏格拉底用不诚实的论证给了他所想要的。苏格拉底印在阿德曼托斯灵魂中的这个谎言，并不是对苏格拉底的同族（kin）所说的谎：他们将会承认他的论证中所说的正义。诸神不会说谎，这对以下几类人来说都是个有益的谎言，医生可以说给他的病人听，统治者可以说给治下的民人听，一个神志正常的男子也可以说给发疯的朋友听。在解释美丽的谎言、真正的谎言以及在言辞中对谎言的运用之时，苏格拉底在言辞上说了谎话，为的是在阿德曼托斯的灵魂上印下关于诸存在物的真实谎言——在阿德曼托斯灵魂中仍然可塑的部分，印下关于最高诸存在物的一个美丽或道德的谎言。作为听故事的学生，阿德曼托斯用美丽的新谎言武装了自己的灵魂，他可以不只停留在对旧的故事表示义愤了，现在他有了自己可以相信和讲述的新故事的范本。苏格拉底在说他们现在不是诗人而是建城者时说了谎：他是一位诗人式的建城者（poet-founder）。建城者对新城邦的邦民所说的谎言就是一种样本，而普通的诗人将依此样本对新城邦的所有邦民讲述诚实的诸神的故事。诗人永远是某种道德的侍从①——除非他们是荷马或是苏格拉底那样的诗人建城者（founding poets）。那时候他们便成了道德的主人。

　　阿德曼托斯请苏格拉底告诉自己关于诸神之言辞的范本是怎样的。他没有问："神是什么？"而苏格拉底在《王制》中也从未提出这个问题。相反，作为一位神学家发言的苏格拉底为诸神颁布了法律，这些神与阿德曼托斯从荷马和赫西俄德处得知的诸神类似，但却是适宜人类效仿的道德楷模。苏格拉底利用阿德曼托斯对诸神的信仰，为旧的神明注入新的德性。《王制》并不是针对诸神的本性进行的哲学式追问，而是像荷马的故事一样暗藏深意；这为的不是那些年轻人，而是那些追问神是什么的人。《王制》是一项有着与诸神相关的根本意图的道德事业。作为一位变革者，苏格拉底并不主张回归真正的起源，而是通过使原初之物服从于他所颁定的合理的法律，从而改造最初之物。苏格拉底的法律首先规定讲给孩子们的故事，并规定在最初的故事中诸神应该如何行动，从而掌控了所有关于诸神的故事。

　　这就是《王制》中教育的起点。苏格拉底从一开始就提[287]出，

---

① 尼采，《快乐的科学》，第1节。

开端是一切工作最重要的部分,他本人随即禁止了关于开端最权威的故事。这个从此将被遗忘的故事讲述的是诸神的儿子推翻其生父的故事。这是个真实的故事:在关于诸神之子与父亲开战的问题上,苏格拉底开始推翻荷马和赫西俄德。如果听出了苏格拉底在开头中的隐藏含义,那些不受苏格拉底禁令限制的人就能说出这种不可说的含义了:智慧的苏格拉底智慧地起来造反,反抗那些曾经像父亲般养育他的智慧者们。通过禁止公开以言辞讨论他的行为的本性(nature),苏格拉底开始立下关于诸神的法律。在这里,在他打算使之成为世界的转折点的时刻——在其中,苏格拉底式的诸神取代了荷马式的诸神——苏格拉底做了他必须做的事:他禁止了关于世代更替的那些真实却不美、超乎道德的故事,同时开始讲述新的继承更替(succession)。苏格拉底曾经在关于智慧者的同族亲缘的问题上给普罗塔戈拉(以及普洛狄科和希琵阿斯)上了一课,并由此开始了他的公众事业,他当时既责备普罗塔戈拉背叛了自身所属的族类,又将这种谴责限于同族人的范围之内。那么,苏格拉底却为何通过攻击荷马来开始(并结束)他在《王制》中的新教育呢?理由只有一个:荷马已经失去了对成长起来的新一代人的影响力,他对这代人的魅力已经终结。阿德曼托斯表明,荷马的世界已经无法挽回地丧失了魅力——他们的父辈和祖辈曾经在这个世界中成长为伟大的人物,但这个世界已在新一代人中衰落下去。苏格拉底对荷马的攻击是正当的,因为在荷马的世界衰落之时,只有这个世界完全退去,一个新的世界才能兴起。荷马必须被去势、被绑缚,而苏格拉底行动中隐藏的意义则不可告知于人。

在温良的外表之下——表面上只是讲给孩子的故事——苏格拉底在公元前429年暮春的雅典为后荷马时代的希腊宗教立下了法度。[1]他与阿德曼托斯一起,同时也是为了阿德曼托斯而这么做——这位年轻人成长于败坏的荷马时代晚期,并在成熟后对那些神职人员产生了强烈的道德义愤——这些人将荷马的诸神变成了他们的仆从。从如今的堕落向前回溯,阿德曼托斯甚至可以在荷马和赫西俄德那里看到堕

---

[1] "从柏拉图开始,并经由柏拉图,宗教已经本质上不同于其过去之所是"(Burkert,《古希腊宗教》,页322)。

落的征兆和他们对这种堕落的认可。阿德曼托斯出于愤慨，不再相信从前的诸神，同时却需要有所信仰。因此，阿德曼托斯已经适于接受有关诸神的言辞的新范本，而苏格拉底也愿意提出这种范本。为了给后荷马时代的希腊宗教奠定基础——为了成为那个"城邦"的创建者——苏格拉底必须给诗人提供故事的范本。苏格拉底的范本不能是随意的发明，因为他并没有凌驾诗人的权威，不能只因为他想唱什么，就引领诗人们唱他想唱的事。苏格拉底的范本必须在诗人那里具有必然性；他们必须[288]呈现一个智慧者所理解的一种以道德为基础的宗教所应该具备的必要轨迹；他们必须呈现一位道德谱系的发现者关于宗教的未来史所知道的东西。在为诸神立下法度时，苏格拉底也规定了他自知必须规定的内容——如果想要满足像阿德曼托斯一样正直的人们对道德的严格要求的话。阿德曼托斯的诸神必须在德性上超越他；他们甚至必须比他更爱挑毛病，也更激愤。[1]

　　在被问及新城邦的诸神的范本是怎样的之后，新城邦的创建者规定了诸神的本性。苏格拉底的诸神是一位智慧者以知识塑造的想象性的存在，他们是道德的，也是不可见的：他们隐退为不可见的事物（in-visibility），这使他们得以一直保持在场，并发出道德谴责。通过要求所有人都像他们现在这样合乎道德，这些诸神足够强大，因而能够惩罚恶人并奖赏好人；他们是格劳孔和阿德曼托斯强迫苏格拉底作出证明的那种正义的担保人，这种偿付性的正义（retributive justice）能够确保美德与幸福一致。

---

[1]　荷马自己看起来已经预见到，他的诸神将会被道德特质（moral temper）不同的诸神所取代：特奥克吕墨诺斯（Theoclymenus）与归来的特勒马库斯一同到达伊塔卡，他是一位先知，预告了完全不可见的诸神的新的道德严肃性。他的名字意为"听从或倾听神明的人"，按照伯纳德特的描述，特奥克吕墨诺斯说出了"一种圣经式的预言"（a quasi-Biblical prophecy），因为他"体现着先知的未来角色"。伯纳德特颇有见地地说，特奥克吕墨诺斯是"一场论证的演绎结果"，参《弓与琴》，页119-120。在宗教的自然史中，一种道德谱系合乎理性的逐渐显露，会作为"上帝的恩赐（the gift of the God）"而在神圣上帝的"道成肉身"中达至极致，见施特劳斯，"理性与启示（Reason and Revelation）"，收录于 Meier，《施特劳斯与神学政治问题》（Leo Strauss and the Theologico-Political Problem），页141-180。在施特劳斯那里，合乎理性的谱系（rational genealogy）等同于理性对启示的反驳（Reason's refutation of Revelation）：启示是"人们对法律（law）的需要"之逻辑的可理解的结果，是一个可以预见的、合乎理性的结果，因此完全不是一种启示。

苏格拉底的神学是一种政治学。这种新的政治学奠定了西方哲学的神学-政治计划的基础。它以一种更具革命性的方式做了普罗塔戈拉在《普罗塔戈拉》中已经通过其神话所做的事：采用神圣之事物的现存形式，改进公民文明（civility）和启蒙。苏格拉底既然亲自以讲述神话的方式言说，忒拉绪马霍斯必然都看在眼里。对这位自己正在结交的同族之人，苏格拉底给了他很高的恭维，邀请他观看自己对那些他曾想加以启蒙的人进行再教育。忒拉绪马霍斯曾经不得不教导说，神已死去，所以一切都是允许的，而今他认识到，这些年轻人——自己昔日的猎物——需要的东西与他不得不教给他们的东西正好相反。年轻人需要被赋予——趁着他们仍有些可塑性，要在他们心中打下烙印——关于所允许和所禁止之事的新基础，年轻人需要新的理由，去做其未泯的正直性情要求他们做的那种贤人（gentlemen）。在目睹这一切之时，忒拉绪马霍斯或许会发现，他需要他们成为道德绵羊（moral sheep），[289]而他所掌握的技艺使自己适合于领导他们。如果忒拉绪马霍斯发现了这一点，那么他便发现了一位可能的新主人，通过服务于这位主人，他能够为了自己的重大利益而践行其技艺。

8 新哲人们

哲学进入《王制》的方式值得人惊奇：就在他开始抚养和教育护卫者之前，苏格拉底问，护卫者是否必须成为哲人，这让格劳孔颇为惊讶："那么在你看来，除了要有血气，适合做护卫者的人是否需要天生是个哲人呢？"（375e）格劳孔自然对《王制》中第一次使用的哲人这个说法感到困惑："怎么会那样？我不懂。"苏格拉底扩大了他刚刚以狗进行的类比，并指出"动物身上值得我们惊奇的一样东西"，以帮助格劳孔理解："当它看到某个它不认识的人，尽管它从来没有跟这个人交恶，它也会愤怒。当它看到哪个它认识的人，即便它跟他压根儿没有什么交情，也热情地打招呼。"（376a）苏格拉底称这个特点"真正有哲学特性"。格劳孔再次陷入困惑："怎么讲呢？"苏格拉底用一段关于学习（learning）会有怎样的影响的论证回答了这个问题：学习过程在强有力的性情中打上烙印,他因而热爱所知的事物,憎恶仍显陌生的事物。苏格拉底说,一条狗"能够区分友善的和敌意的面相,所依靠的只是它认得前者,而不认识后者"。那么,一条狗"既然能凭熟悉或无知来判断自己人和外人,它又怎能不是爱学习者(φιλομαθής)呢?""它确实不可能是别的东西,"格劳孔说。苏格拉底因此在最关键的问题上获得了格劳孔的赞同:对待自己人和陌生人的态度,受知识和无知的支配,而这是抚养和教育对狗和人类所留下的印记。苏格拉底还提出,爱学习(φιλομαθής)与爱智慧(φιλόσοφος 376a)是一回事,这也得到了格劳孔的赞同——爱智慧就等于爱那些通过抚养和教育所印下的东西。"那么我们是不是得大胆断言,要是一个人对自己人和熟人温和,他肯定在天性上是个爱智慧和爱学习的人?""是的,我们可以断言,"格劳孔如此回答道。格劳孔既然同意,苏格拉底便有权利宣称"要成为我们城邦中既高贵又好的护卫者,这个人就应该天性爱智慧、有血气,既敏捷又强壮"(376c)。哲学因此通过一个论证进入了《王制》,这个论证在前提上将哲学等同于对抚养和教育所带来的印记的爱,而它的结论则是将爱智慧一词贴在了城邦护卫者身上,他们的主要品质是像狗一样忠于那些被打下的印记,并对不了解的东西发怒——但这些却很难说是苏格拉底的品质。

[290]哲学再次出现在《王制》中是在关于护卫者教育的末尾处(410c-412b)。① 在这两处对哲学的表述之间,苏格拉底通过一系列范本教育护卫者,其中包括有关诸神的新范本(new models),一个用于监督诗人关于冥府说法的范本,一些关于英雄德性的新范本以及一个关于体育的新范本。在护卫者教育的最后部分,苏格拉底使关于体育教育的新范本成为灵魂训练而非身体训练的一部分(410c)。格劳孔需要被说服:"怎么讲?"苏格拉底的回答却让他更困惑:"你有没有注意到终生进行体育锻炼却从未接触过音乐的人的心智所发生的变化? 以及那些与之相反的人?""你想说什么?""一面是野蛮和粗砺,另一面是柔软和温驯。"经过这样的提示,格劳孔才能宣称:"完全接受身体训练的人结果会比应有的程度更粗野,而只接受音乐教育的人则又比应有

---

① 在407c处,苏格拉底在指责对身体过度关注时提到了哲学。

的程度更柔弱。"(410d)于是苏格拉底可以说:"野蛮源于人们天性中的血气部分,如果经受正确的训练,会转变为勇敢。""那么……爱智慧的天性是不是有温和的成分?"苏格拉底从而在提到"哲人-狗"后再次引入哲学,他促使格劳孔同意一个针对哲学的普遍偏见,即哲学会产生缺乏男子气概的柔弱。同时他还引导格劳孔再次确认两人早前的结论,哲学的天性在温文有序时将是最好的,就像在护卫者-狗的灵魂中那样。① 苏格拉底宣称,那些灵魂必须具备"这两种天性"——血气和爱智慧,同时,这两种天性必须和谐相处,才能使护卫者既节制又勇敢。如果这两种天性不能和谐共存,护卫者将会变得懦弱和残忍,而苏格拉底通过描绘疏忽音乐或体育教育的结果的令人难忘的小幅画像,巩固了他教育护卫者的最后的课程。离开了体育的音乐教育会融化并溶解血气,最终将其完全瓦解,在砍掉了灵魂中的力量后,造就了"衰弱无力的战士"。② 而一位完全放弃音乐和哲学的充满血气的护卫者,会被造就得性情乖张,容易发怒,心中尽是暴戾和不满(411b-c)。"肯定如此","确是这样",格劳孔热情地同意说,这些都是一些败坏哲学天性的恶行。③

[291]苏格拉底因此为哲学的天性指出了两种应受谴责的倾向,过分软弱和很容易点燃的争强好辩。同时他提醒格劳孔确认这两种针对哲学的流行偏见。通过强调这些针对哲学的偏见,苏格拉底用关于"爱智者"(philosopher)的新定义来形塑护卫者的抚养和教育过程的意图变得易于理解了:将针对哲学的旧的、破坏性的成见替换为他所赞同

① 从这个抚养和教育最终互换的观点看,对于苏格拉底的描述,格劳孔的所有回应都是明显的赞同(410e-412a)。

② 阿波罗在责骂赫克托尔的软弱时运用了这个词汇形容墨涅拉奥斯(Menelaus)(《伊利亚特》17.588)。

③ 当苏格拉底转而处理其他情况——不碰"音乐与哲学"的体育时,他说这会将潜在的护卫者变得"厌弃理辞(misologist),不懂音乐(unmusical)"(411d)。在他生命中最后的时日,苏格拉底描绘了一条引向厌弃理辞(misology)的不同道路:对理性能够证明内心欲求的能力失去信心(《斐多》89d)。在柏拉图对话里对厌弃理辞唯一的另一次引用中,拉克斯(Laches)将军说,当言辞被言行不一的人滥用之时,他或许看起来是一个厌弃理辞的人(misologist)(《拉克斯》188c,e);拉克斯这么说是为了引出他对苏格拉底的说法:尽管他了解苏格拉底的行动却不了解他的言辞,拉克斯发现他配得上高贵的言辞以及彻底的坦诚。

的新的、有利的成见。应该让新的城邦称呼其忠诚的护卫者为"爱智者";护卫者由于免除了哲学众所周知的弊病,并获得了哲学和体育在其中和谐相处的灵魂,故而能够忠诚于心上的印记。

但是,在引入哲学作为护卫者的一个特点时,苏格拉底还暗示了他自己的爱智慧(philosophizing)。在介绍"哲人-狗"时,苏格拉底提到了一样最值得惊奇的东西(376a2),还自己重复了一遍,从而确认了格劳孔从未对此感到惊奇(376a6)。这种值得惊奇的事情是,苏格拉底让哲学成为人类最好的朋友、最忠诚的家养动物的特性——热爱自己人,对不认识的敌人凶猛残忍。在结束他对哲人-狗的抚养和教育时,苏格拉底引导了这种惊奇。他的最后一个观点——体育和音乐都是为了灵魂——以"受过音乐和体育教育的人"开始(410c)。为了结束论证,苏格拉底提升了这些创建者:"总而言之,我要说,某个神看起来将两种技艺——音乐和体育——给了人类灵魂的两个部分,血气的和哲学的部分,不是将它们分别给了灵魂和身体,而是各自同时给了这两者。"(411e)为什么作为创建者的神会这样做? 为的是使护卫者的灵魂中的两个部分"彼此和谐、张弛有道"。这位创建新城邦的神驯化了"充满血气的"(spirited)或是"显得有血气"(thumoeidetic)的部分,方式是训练血气旺盛的典型,使他们认为灵魂被分为一个血气的部分和一个哲学的部分,并令他们认为,当两个部分和谐共存时,灵魂才最健康。当创建城邦的哲人在充满血气的灵魂中使一种虚构的哲学形式占据了统治地位时,灵魂中的哲学部分便驯服了血气的部分:有血气的灵魂学会为自己的"哲学"特征而骄傲,这使有血气的灵魂能够统御其生性的凶猛。同时,这样做的人也想让有血气的灵魂认为,这是某位神做的,[292]这位神以体育和音乐的技艺令灵魂变得优雅,训练并调和灵魂中血气和哲学的部分。在整个的抚养和教育部分的结尾,苏格拉底抬高了灵魂中的血气和哲学达到最协调状态的人,并补充说:"格劳孔,如果要挽救政制的话,我们是不是也要有这样一个人来监管整个城邦?""这是我们最需要的人了,"格劳孔说,不过,在他同意哲学天性必须统治城邦时,他尚不知道自己所同意的事情的全部含义。

苏格拉底通过哲人与狗的类比,将哲人带到了《王制》的大舞台上,这是个可以一笑了之、随即忘却的类比。但如果这个比喻没被遗忘,如果正是这个比喻引入了哲学,从而以应有的分量严肃对待,那么,它便揭示了苏格拉底在给哲人下公开的新定义时的意图。苏格拉底所说的新哲人暗示了苏格拉底是怎样的一个哲人:哲学严格的理解是惊异(wonder),而公众则将其贬低为柔软好辩,如今哲学则表现为忠诚和统治。建城哲人苏格拉底通过哲学的一种虚构的驯化(domestication)版本将哲学引入了《王制》,目的在于通过这种驯化过程建立统治。哲人应该成为"哲人-狗"——从狼的本源出发,经过抚养和教育,成为一只彻底驯化的食肉动物,并忠诚于自己的所学之物。苏格拉底对哲学的驯化是一个谎言,也是奥德修斯的外祖父奥托吕科斯的真实写照,奥托吕科斯便是狼自身(Auto-lycus)。

柏拉图为对话安排的时间序列,使得哲学的新定义可以充分理解为苏格拉底所开创的服务于哲学的新政治的一部分。《普罗塔戈拉》表明,苏格拉底意识到了哲学在城邦中的危险处境,并且被迫介入,在智慧者与潜在的掌权者面前,为哲学在城邦中找到一席安生之地。《卡尔米德》则表明,苏格拉底回到雅典时,认识到自己分享其哲学的方式使得一位有天赋的追随者变成了自私自利的食肉动物,因而成了对城邦和哲学的威胁。当苏格拉底使哲学成为城邦最好的捍卫者,从而在《王制》中引入哲学时,他展示了自己归来后究竟有了怎样的不同:通过给人印上新的偏见,他将保护哲学免受城邦的伤害,也保护城邦免受哲学的伤害。这位希腊最伟大的城邦中最著名的哲人,为自己以及他那一直濒临危险的同类发明了一种全新的标签。他扩大了哲人标签的范畴,将那些最忠诚于哲人感到惊异之物的人也纳入其中,从而迈出了他的第一步。通过使驯化后的哲学显得正在统治,真正的哲学在城邦中建立了统治。苏格拉底通过训练一位驯狗师来施行统治。

9　新灵魂中的新正义

[293]在对"哲人-狗"的抚养和教育近乎完成之时,苏格拉底补充讲到了高贵的谎言(the noble lie),"高贵的谎言"是由传统打下的

印记,并将其作为最大的真实,它是一个具有秘密起源的纲领神话,也是一种由神谕所规定的社会结构。这个谎言必须通过护卫者极尽简朴的日常生活而得到巩固:为了确保狗不变成狼,它们必须被剥夺私有财产和隐私。格劳孔对此没有异议,他此前虽然抱怨"猪的城邦"中缺少躺椅,现在却接受了"战士-狗"(warrior dog)的简朴生活:他是他们光荣的"哲学"领袖之一。但阿德曼托斯表示反对,他打断谈话并问苏格拉底,"假如有人要说"他不能使城邦真正的主人幸福,他该怎么辩护——正是他和苏格拉底对美德与幸福的一致的怀疑动摇了两个人对"正义至上"的高贵信念。苏格拉底的辩护说服了阿德曼托斯相信,他们正在"铸造幸福的城邦",而不是"单独划出幸福的少数人"。

于是,在建成了言辞中的城邦后,苏格拉底将视线转向了创新的问题(422a):这位伟大的创新者禁止创新,尤其是音乐的创新,因为音乐——缪斯赐予之物——在风格上的改变会扰乱"最根本的政治、社会习俗"(424c)。在展开这些禁令时,苏格拉底将"颁定所有法律中最大、最美和最首要的法律"的任务留给了"德尔斐的阿波罗",具体而言,这些法律包括"神庙的建立、献祭,以及从属于看顾诸神、精灵和英雄的其他事情"。这位为诸神设下了新的范本和法律的神学家,虔敬地将关于奉行宗教的特殊规定留给了德尔斐的阿波罗,从而将他的伟大创新融入习俗的践行之中。

现在,苏格拉底可以转向这个言辞中的城邦的表层意图了,他告诉阿德曼托斯:"你得从某处取来充足的亮光;让你自己——还要召集你的兄弟,珀勒马库斯和其他人——来看看,我们能否多少发现正义可能在哪里,而不义又在哪里。"(427d)这对格劳孔来说显得难以接受,因为他还记得苏格拉底曾经答应亲自寻找正义,而且苏格拉底还说过这么做的理由:"因为一个人若不尽其所能给正义以帮助,就是不虔敬的。"于是苏格拉底毫不犹豫做出了找寻正义的论证,这个论证肯定经过了反复演练,因为他提前列出了论证的结构:这个城邦是完全好的(perfectly good),因此它是智慧、勇敢、节制和正义的,因此只要找到前三个,那么第四个——正义,就是剩下的那一个。

[294]智慧容易寻得:它是善谋(εὐβουλία, good counsel),是只属

于最少数人——"哲人-狗"的德性。勇敢则是辅佐者阶层的德性，它很容易找到，但却很难让格劳孔看到。苏格拉底找到了它："有一种力量，在任何情况下都会保持关于什么东西是可怕的看法"，也就是"立法者在教育中所传布的"东西。勇敢的格劳孔就是看不到这个定义，哪怕这个定义只是简单地重申了苏格拉底灌输给护卫者的内容：对自己人忠诚，并敌视陌生人。苏格拉底重复地说，"勇敢就是某种保持"，是保持"法律通过教育而产生的，关于应该畏惧什么的意见"。他将勇气比喻成给织物染上永不褪色的色彩，哪怕是用洗涤功效最强大的碱水——快乐、痛苦、恐惧、欲求——也不能使其褪色。"我同意，它是勇敢，"格劳孔回答说。但苏格拉底增加了一个语词，因而赋予了这一关于德性的整体描述以新的含义："应该同意，它是*政治的勇气*，你就会是对的。"如果勇敢是政治的勇敢，那么"智慧"便是政治的智慧，正如善谋($εὐβουλία$)一词所暗示的，它是智术师承诺要教的技艺，却很难说是哲学出于其激情所寻求的智慧。同样，节制将会是政治的节制，与此同时，对于《王制》最为关键的是，正义将会是政治的正义：所有这四种德性都被界定为邦民的德性。但如果苏格拉底所界定的勇敢是政治的勇敢，那么还会有哪些其他类型的勇敢？苏格拉底答应稍后要做一个"更精细的论述"，但现在已经可以得到最基本的推论：在由最凶猛的效忠者所统治的忠诚的城邦中，有一种未被提及的勇敢，这种勇敢将会质疑已经染好色的东西，这便是哲学的勇敢。而如果存在着哲学的勇敢，那么相应也会有哲学的智慧、节制和正义，在《王制》中，它们都会像哲学的勇敢一样难以看见——只能通过推论得见。

在"我们年轻的城邦"中，政治的节制($σωφροσύνη$)便是更好的人统治更坏的人(431d)；[①]它不只是城邦中一个阶层的德性，而是属于全部三个阶层，因为所有人"唱的是同一首曲子"。在《卡尔米德》的讲述中，节制($σωφροσύνη$)是苏格拉底的前波提岱亚教诲的一个特征——对公共的礼节和羞耻感的探询将引导人们做自己的事和好的事情，并亲

---

① ［译按］结合《王制》的语境，以下将$σωφροσύνη$译为"节制"，即《卡尔米德》中所讨论的明智。

自了解关于自身的知识和其他各种知识,最终达到对自己所知和不知之事的知识——这种节制只是作为苏格拉底行动的前提而出现在《王制》中。

他们对正义的追捕已经简化为寻找四样东西中的最后一个,在此之前,其他三者都已经找到了。苏格拉底要求猎手格劳孔格外提高警惕,暗示他有可能比自己先看到猎物。但格劳孔将自己的底细和盘托出:[295]"你若把我当作随从和能够看到指给他的东西的人,就算把我派对了用场"(432c)——根据赫西俄德对三种人的描述,他是对亲自思考一切事情的人的自愿追随者。① 苏格拉底宣布了引导的意愿:"跟着我。"

"喂!喂!"苏格拉底叫唤道,仿佛他并不只是在对格劳孔说,同时也在告诉第二天雅典城中的听众,他现在才指出了一条他们能跟得上的小路。苏格拉底宣称"从一开始它就在我们跟前打转",于是在沉不住气的狩猎伙伴面前隐瞒了他们猎物的特征。最后,苏格拉底说,正义就是"我们一开始所指定的规则","关心自己的事,而不是做个好管闲事的人"(433a)。格劳孔并不懂苏格拉底如何推论出这就是正义。苏格拉底告诉格劳孔,正义就是余下的那一个,只有凭借正义的力量,其他那三种德性才能产生并得以保存,正义是唯一与其他三种德性同等重要的德性。苏格拉底由此指导格劳孔认为,正义是"一个人管好并且只做自己的事情,以及属于他的事情"(434a)。现在,这个好管闲事的人正关心着所有人的事——他创建了一个有着新的神祇和英雄的新城邦,改变了邦民们用以描述最重大事情的词语的含义,并将正义本身转变为看起来恰恰是针对着他的行为的一种禁令——不过,苏格拉底在关心所有人的事务并统理他们的词语和观念时,他的确是在做自己的事。苏格拉底在《王制》中"追捕"(hunt)正义的结果表明,苏格拉底在《王制》中所做的事符合正义:通过干预所有人的事务,他关心的是自己的事情;他帮助那些自身是好人的朋友,同时并未损害任何人。

---

① 赫西俄德,《劳作与时日》行 293—297。这个说法已经成为指明智慧者的标准引文。

苏格拉底现在转向单独对人而言的正义,他明确说,他正在完成他们一同开始的考虑:如果在更大的事物中看到正义,他们就会更容易瞥见正义在人身上是什么样子(434d)。① 但如果他们通过城邦为正义确立的形式也适用于单个的人,那么城邦中"天性不同的三个阶层"也必然出现在个体灵魂中。灵魂中是"有这三种样式(εἰδη),还是没有?"(435c)在展示灵魂有这三种样式之前,苏格拉底首先作出警示:"但是要知道,格劳孔啊,在我看来,根据我们目前在论证中使用的这种方法,我们绝不可能准确地把握[灵魂]。"[296]而且苏格拉底知道他们为什么不能:"还有一条更漫长更复杂的道路通向它。"格劳孔刚刚说过,"或许俗话说得真实:美丽之物是艰难的",②但他便对一条短的、不准确的道路感到满足。苏格拉底知道那条更漫长、更准确的道路,这成为《王制》中灵魂三分观点的不该忘记的引言,而灵魂三分的观点为格劳孔保全了关于正义的有益看法。

为了证明灵魂三分,苏格拉底设想有一位像智术师一样提问的反驳者。苏格拉底通过逻辑的推演制服了他,从而为这个论证赋予了一种牢不可破的权威感——因为这个论证丝毫没有违背"不可自相矛盾"的准则(the principle of noncontradiction);没有哪位反对者能够提出,一件完整的东西(a unitary thing)可以在同一时刻、关于同一事物做出或经受恰恰相反的事。苏格拉底的第一段长篇论证将欲望与一种对欲望的内在抵抗分离开来:对欲望的抵抗必定来自灵魂中一个与欲望的部分不同的部分;灵魂有一个欲望的部分和一个能够谋算或推理的抵抗性的部分。作为这个论证的总结,苏格拉底描述了这个欲望的部分,他在论证中首先用了一个并未在论证中发挥作用的词汇:"一个用来爱(ἐράω)、饥饿……的部分"(439d)。这条简短的、不准确的察看灵魂的道路将爱欲分离于灵魂的谋算部分,后者看起来抵御着欲望,而格

---

① 苏格拉底告诫说,如果在单个的人身上发现了某种不同的东西,那么他们将再次回到城邦来检验它。或许通过把它们放在一起考虑,并把它们像树枝一样一起摩擦,他们会让正义突然绽放光芒(435a)——而事实上,这看起来会是比较城邦(以及邦民)的正义,以及作为单独个体的哲人的正义的结果。

② 苏格拉底在后文中确认了这个说法:"美丽之物确实艰难(fine things truly are difficult)"(497d)。

劳孔说"我们应该这么认为"。格劳孔表示对其没兴趣的那条更漫长、更准确的道路,必定是苏格拉底提到爱欲时所暗示的道路。在公元前429年之前,苏格拉底便获得了这个认识,并在《会饮》中加以陈述:灵魂是基于爱欲、基于欲望的,而哲学——不只是谋算——是爱欲的最高形式,是一种寻求理解的激情,无论路途多远,它都能驱使灵魂前行。

接下来讨论的是血气(θυμός)——愤怒和骄傲的所在,是灵魂中好战的、充满野心的、斗志旺盛的方面。它是一个单独的部分吗? 格劳孔认为它与欲望一样——格劳孔所体验的欲望与血气一样吗? 为了反驳格劳孔的意见,苏格拉底讲了一个他宣称自己相信为真的故事——勒翁提奥斯(Leontius)的故事(439e),格劳孔说自己也听过这个故事。

阿格莱翁(Aglaion)的儿子勒翁提奥斯——壮丽显赫者的狮子般的儿子(Lionlike son of Splendor)①——做了与苏格拉底在《王制》开篇处相反的事情:他"从佩莱坞上(up)城"。② 勒翁提奥斯沿着北城墙外侧的路慢慢走近——他是否明知自己要看见的是什么? ——从公共刑场的几具横尸旁边绕了过去。他既体会到想看那些尸体的欲望,又感到厌恶,这厌恶促使自己走开并捂上眼睛——他的灵魂在同一时刻、关于同一件[297]事物经受了相反的事。他虽然与自己斗争,但最终还是被欲望征服了,"他圆睁着双目,跑到尸首跟前,说:'看吧,倒霉鬼,把这美景看个够吧'"(440a)。③ 苏格拉底随即解释了这个故事,将愤怒作为血气的同义词:这"当然表明有时愤怒也会对欲望开战,就像一个事物反对另一个那样"。苏格拉底进一步扩展了他的解释,认为它是灵魂三个部分之间的争斗,并将它作为一个问题问格劳孔:"而在别的许多地方,我们岂不同样注意到,当欲望迫使一个人反对谋算(λογισμόν)时,他会责骂他自己,而他的血气也被激发起来,对抗他自身中强迫自己的部分;那么,正如在内战中存在着敌对的双方,这个人的血气(θυμός)也变成了理性(λόγος)的盟友?"(440b)苏格拉底的问题将勒翁提奥斯的鲜活个例归入"血气和理性联合控制欲望"的普遍情况

---

① Aglaion 意为华美的、灿烂的,Leontins 名中则含有 leon[狮子],所以 Leontius 可以说是 Lionlike son of Splendor。

② 这里缺少定冠词,重复了《王制》开篇处的不寻常用法。

③ 伯纳德特译文,《苏格拉底的第二次航行》,页99。

之中,尽管理性在勒翁提奥斯的故事里没有扮演明确的角色。苏格拉底为勒翁提奥斯的自我斗争提供了一种有教谕意味的道德解释,并第一次使用了灵魂三分的完整图像,其中谋算的部分(calculating part)在血气的联合下对抗欲望的部分。格劳孔是否对任何这类问题有所意识呢?苏格拉底没留给他回答的余地;相反,通过引导格劳孔排除另一种可能的解释,苏格拉底保留了这个解释,将其作为问题提了出来。

苏格拉底将勒翁提奥斯故事的第二种解释表述为某种他认为格劳孔肯定会拒绝的东西:血气“与欲望联合,去做理性明令禁止的事情”。“我想你会说,你从未发现在自己身上发生过任何这类事情,同样,我想,在其他任何人身上也没发生过。”苏格拉底所料不错,因为格劳孔强烈赞同说:“没有,凭宙斯起誓。”他这样说着,高贵地排除了任何血气与欲望联合反对理性的可能性。伯纳德特解释了格劳孔回答的逻辑:“严格说来,他的回答意味着:‘我,格劳孔,发誓,我从未在我或别人身上注意到这个。’”他还补充说:“拒绝承认一种情况很难成为证明这种情况不存在的证据。”①就像伯纳德特此前说的,以“单相思的或妒忌心重的爱欲者为例便可知道,某些时候,愤怒会与欲望站在一起对抗理性”。② 苏格拉底利用格劳孔心高志大的品格(high-mindedness)否定了这种现实的可能性,因而导致自己要用一次策略上的细微调整来暗示对勒翁提奥斯的真正解释,那是苏格拉底随即补充的一个非道德的解释。他[298]径直转向了两个看起来撇开勒翁提奥斯、但实际上有助于解释勒翁提奥斯的行为的例子。这两个例子与刚才的两段解释相平行,并补充了在勒翁提奥斯的事例中容易被忽略的核心要素正义,因为这些尸体躺在公共刑场,他们是被城邦的正义处死的。第一个例子涉及的是一个自认为犯下不义的人,第二个例子涉及的则是一位相信自己受到不公正对待(treated)的人。这个自认为犯下不义的人,“他越是高贵”,苏格拉底问道,岂不越不会对一个他认为正义的施罚者加诸自己的痛苦而感到愤怒吗?他的高贵品格将审判自己,并预先阻止自己的愤怒:他应受此罚。但一个认为自己遭受不义的人又如何呢?他

---

① 前揭,页101。我对勒翁提奥斯故事的论述深受伯纳德特的启发。Ronna Burger 在《血气十足的灵魂》(“The Thumotic Soul”)中详细阐发了伯纳德特的论述。

② 伯纳德特,《苏格拉底的第二次航行》,页100。

的血气岂不会"沸腾起来而变得冷酷无情,并与显得正义的东西结成联盟"吗?同时,血气岂不是能够经受任何种类的苦楚,"绝不停止高贵的努力",直到取得成功,至死方休?——或是被内在的理性变得柔和起来,就像狗听命于牧人而变得和顺(440c-d)?格劳孔不但同意了这幕令人颤抖的画面——除非被理性调顺,否则血气便会为了胜利而奋战至死——而且还回想起他们城邦中的辅佐者,他们像狗一样服从于类似牧羊人的统治者。

　　苏格拉底称赞了格劳孔的同意和回忆——"你高贵地理解了我想要说的东西"——并因而默认格劳孔同意如下的结论:在灵魂的内部纷争中,血气站到了谋算这边(440e)。但苏格拉底的第二个例子掩盖了一种不符合这个结论的盟友。当相信自己正遭受不义的高贵者血气沸腾时,血气"与显得正义的东西"结盟——不是与理性结盟,而是与血气自身关于正义的信念结盟:自己受到了亏待,而正义在自己这边。理性显得只是胜利或赴死之外的替代物,就像一位牧羊人一样:在血气沸腾并对自己的正义怀有高贵信念的人面前,牧羊人可能反会受到攻击。这个例子适用于勒翁提奥斯,血气沸腾的勒翁提奥斯。他一定认为自己遭受了不义,义愤填膺、血气沸腾,他需要为自己复仇,并好好看看正义的复仇之果——于是他走上那条上到城邦的路,去观看正义的果实。勒翁提奥斯经历了想去看正义复仇之"美景"的伴随着血气的欲望,同时还经历了一种合理的憎恶:这对于眼睛来说终究是可怕的景象——死去的人定格在垂死一刻的痛苦中。勒翁提奥斯的血气本身并未与理性结盟以克服欲望,而是径自"与看似正义者"结盟,在怒火中烧之下,压制了合乎理性的憎恶,从而前去享受它的复仇。他的复仇热情恰恰展示了苏格拉底所禁止的血气与欲望的联盟,而这也主宰了他的理性:通过非理性地将他的眼睛拟人化,他将眼睛指派为与他本人不同的角色,并在谴责它们的过程中享受自己的优越感。他的眼睛并没有[299]使被正义地处死的尸首的景象变得美;眼睛其实是他的血气的替罪羊:看到作恶者终于受到正义的惩罚,血气饱览了刑罚的美景。勒翁提奥斯惩罚了两次;他为自己好施惩罚而惩罚了自己,这才感到满足。在讲述了愤怒径自与欲望结盟,并主持"看起来"的正义的故事后,苏格拉底说,"我想你应该会说",愤怒绝不会与欲望结盟。①

当苏格拉底总结说"现在我们揭示的关于*血气*的看法"就是"它站到了谋算这边"时,他第一次在论证中使用了 *θυμοειδής* 这个语词来描述灵魂的样式(440e)。② 在那条通向对灵魂的不确切理解的更短的道路中,苏格拉底看起来暗示的是,有三种样式的灵魂是血气的*产物*(product),灵魂是由血气或者愤怒的主宰而产生的。血气想象着自己独立于欲望,抑制着欲望,并强迫谋算的部分听命于自己。③ 勒翁提奥斯的故事暗示,这种统一性的根基是施加惩罚并观看正义得到伸张的道德激情。恰恰在他构筑理由以便重新确认正义之"好"的行动中,苏格拉底敢于大胆指出,正义如何能成为不好之物。在相信自己正遭受不义的信念得到血气支持的时候,不受限制的热情——得胜或赴死——就会沸腾:正义可能就是"充满血气的复仇"的别名。恰恰在他展示拥有三个部分的灵魂的行动中——三个部分之间等级分明的和谐秩序,将成为他捍卫正义的新方式的有益根基——苏格拉底暗示,有血气的灵魂在被正义的愤怒掌控时,就会篡夺欲望的统治地位,并以正义之名强迫理性受其驱使,除非理性能将其唤醒并"像牧人驯狗一样"驯服它——除非一位智慧者采取行动来控制它。

勒翁提奥斯的故事展示了苏格拉底所针对的东西——苏格拉底对这个故事的解释则展示了他对自己所针对之物的驾驭。在与格劳孔一起迫使真实的城邦(the true city)成为奢侈、发烧的城邦时,苏格拉底不会认为自己能消除格劳孔的欲望,相比之下,他更不会认为自己能根除血气的部分。相反,在理解了人类灵魂[300]既塑造城邦、又被城邦塑

① 当苏格拉底说血气"被糟糕的抚养败坏"时,他承认了血气与欲望实际的联盟关系(441a)。对于败坏的抚养引起了血气和欲望之联盟的例证,可见于553c-d。

② 在说到 *θυμοειδής* 通过被誉为拥有这种特性的个体进入城邦时,就像那些在忒腊克、斯基泰(Scythia)以及几乎整个北方地区的人,苏格拉底最后一次使用了这个术语(435e)。

③ 伯纳德特把苏格拉底对灵魂三分的论证作为一个例子,展现了"事物的隐蔽性(hidden-ness),形而上学的隐微论(metaphysical esotericism)通过论证中的暗门(trapdoors)确认并再现这些事物"。能够发现这个论证中的暗门,伯纳德特将其归功于施特劳斯:施特劳斯将苏格拉底关于欲望的论证颠倒过来,还发现了"这是已经戴上理性面具的血气(thumoidetic)对欲望的呈现"(伯纳德特,《情节的论证》,页410)。

造的性格的谱系学之后,苏格拉底采取行动,将灵魂纳入哲学的统治之下。他对勒翁提奥斯故事的解释既暗示了灵魂的复仇激情的起源,也暗示了无所克制的正义信念的危险始终存在,这种信念能够使灵魂成为僭主,并为了正义的理由驱使灵魂。然而,苏格拉底对格劳孔谈话的通盘目的在于,在这个体面、有血性的年轻人身上重建对正义之"好"的信念——这个年轻人眼下正学着不再相信正义的好处。在揭示了血气在灵魂中所造成的分隔时,这位经过漫长跋涉而把握了灵魂的有理性的人教育着有血气的人,教他们看清楚:自己身上实施统治的血气应当听命于理性。苏格拉底所讲述的勒翁提奥斯的故事有两个目的:它引导格劳孔对他曾经听过的这个故事进行道德的解释,同时也把故事的真正寓意即道德狂热的渊源和危险明白呈现出来。①

苏格拉底通过勒翁提奥斯的故事区分了血气和欲望——并在其中埋藏了一种启示,他随即转向下一步,区分了灵魂的各个部分——这一步完成了理性和血气的分离,或者说将这个分离推向了顶峰。但他并没有就此不提勒翁提奥斯,因为他随后的论证将引用荷马,并在其中埋藏一种启示;勒翁提奥斯与荷马共同构成了主张理性应该统治血气的完整证明。格劳孔曾经认为血气可以视为欲望的一部分;相比之下,他现在认为谋算的部分与血气的部分是分离的,他还为此提出一个证明:小孩子自从出生就有充盈的血气,而有些人直到最后也没能获得谋算的部分,而多数人则是很久以后才获得(441a)。苏格拉底补充了格劳孔的证明:"在动物身上也可以看到,你说的没错。"但苏格拉底有一个

---

① 在《愤怒与时间》(*Zorn und Zeit*)中,Peter Sloterdijk 关于愤怒提出了一种强有力的历史现象学;通过将愤怒根植于血气中,他试图在西方的历史以及当下中确定愤怒的位置。他提到了《王制》中柏拉图对血气的说法(页41)。但因为他只能将柏拉图"视作一位来自一颗已然黯淡的星辰(a spent star)的客座讲师(Gast-docent)"(页72)来听取柏拉图的教诲,只将其视作"希腊唯心主义(Greek idealism)"的辩护者,Sloterdijk 没能理解柏拉图针对血气能够滋生道德狂热主义的警告的深度,同时也全然没能理解柏拉图尝试将血气置于理性控制之下的深远用心。斯洛特迪基克的著作虽然有重要的价值——这部著作的力量在于既有教益,又有趣——但由于他未能领会柏拉图对血气的理解,所以他想要阐明愤怒和复仇的全部历史的目的变得残缺,此外,斯洛特迪基克更严重的缺陷在于,尼采对其笔下的扎拉图斯特拉所描述的最重大的、创造历史的事件的文化后果具有深刻的理解,而他对此并未领会:当复仇"获得了精神,获得了复仇的精神:我的朋友们,这是人类迄今为止的最佳思索"。参见《扎拉图斯特拉如是说》,第二卷"论拯救"。

证据能证明谋算与血气是分离的,这个证据并不依靠孩子和动物,而是来源于另一个极端——智慧者的经验。他所指的是"我们先前在其他地方引用过的荷马的证言"(441b,390e)。这次他只引用了一行荷马的证词:[301]"他捶打着胸口,用言辞(μύθῳ)责备他的心"(《奥德赛》20.17)。苏格拉底还加了一句评论:"由此明显可见,荷马用诗的方式让一件事物斥责另一件事物——推算着哪个更好、哪个更坏的部分斥责缺乏理性、只有血气的部分(ἀλογίστος Ͽυμουμένῳ)"。① 苏格拉底以对荷马的引用和评论完成了灵魂分为三个部分的证明,并且证明,谋算在血气的帮助下正确地统治着欲望。但他对荷马的评论并没有简单提到谋算的部分,而是提到推算着"哪个更好、哪个更坏"的部分——这关乎何为善与恶;在获得关于善恶的知识后,它并不简单地斥责血气,而是斥责非理性的血气。苏格拉底提醒人们注意他早先对这句话的引用,那一次还引用了第二行:"心啊,忍耐吧,比这更大的恶行,你也曾经忍耐过。"在第一次引用这句话后不久,苏格拉底便确认,说这话的人是"最智慧的人"(390a)。第二行诗指出了那位最智慧的人在当时的情境下所说的完整讲辞,而这段完整讲辞和行动给苏格拉底对灵魂三分或者理性应该统治血气的最终论证赋予了新的含义。在引用这句话的前后,苏格拉底都将讲辞归于荷马,但这其实是荷马笔下的奥德修斯的讲辞,讲辞是完全私密的,而且只是讲给奥德修斯自己的。在自己家中,装扮成乞丐的奥德修斯清醒地躺在门廊下临时铺就的床上,在心中谋划着求婚人的灾殃。此时,几个侍女正走在前去与求婚人中自己的情人相会的路上,她们忍不住欢声笑语,并彼此嬉戏(《奥德赛》20.1-8)。"但奥德修斯心中的血气(Ͽυμός)被这样的情形搅弄";他在"心智和血气的分离"(20.9-10)间挣扎:是杀死她们每个人,还是让她们再与求婚人苟且一次。"他的心在胸中怒吼,有如雌狗守护着一窝柔弱的狗仔,向陌生的路人吼叫,准备扑过去撕咬;他也这样被秽事激怒,心中咆哮。"(20.13-16)紧接着就是苏格拉底所引用的那两行:"继而他捶打着胸口,用言辞责备他的心,心啊,忍耐吧! 比这更大的恶行,

---

① 在《斐多》(94e)中,苏格拉底提到这段荷马的话时运用了相似的措辞,但他所要论证的是,完整的灵魂会斥责身体。

你也曾经忍耐过。"奥德修斯随即提到了比这更大的恶行:"肆无忌惮的库克洛普斯曾经吞噬了你勇敢的同伴。你当时竭力忍耐,智慧($\mu\tilde{\eta}\tau\iota\varsigma$)让你逃出了被认为必死的洞穴。"(20. 19-21)奥德修斯嚎叫的内心立刻平静了下来,彻底服从于他那沉浸于回忆的心智,这让他能够回过神来继续谋划求婚人明天的命运。

[302]在论证理性与血气分离、并统治血气的高潮部分,苏格拉底不称名地呼唤奥德修斯。在进行最后一步灵魂划分,并推导出理性应该统治血气时,苏格拉底所思考的是这样一位奥德修斯:在他为了创建伊塔卡的新政治秩序而采取最终行动的前夜,这位最智慧的人正深陷于血气与心智的交战当中。从当时的那个瞬间来看,奥德修斯所面对的正是苏格拉底为格劳孔提出一种对勒翁提奥斯的解释时所排除的那种可能——血气与欲望联合起来共同做理性断言绝不该做的事(440b)。通过回想自己最大的一次用心智——自己非同一般的自控力——驯服内心的成就,这位最智慧的人很容易地平息了心中那场突如其来的斗争。当时,波吕斐摩斯(Polyphemus)正在吞吃奥德修斯的同伴,他的心智克制了自己的激愤,并为自己和幸存的同伴谋划了一条逃离那个洞穴的出路。

在波吕斐摩斯的洞穴中,以及这次躺在床上谋划着杀掉求婚人的时候,奥德修斯被血气和欲望燃起了怒火,打算采取惩戒的行动,而这却会妨碍心智通过谋算寻求更好的方式。在两种情形下,血气都义愤填膺,热血沸腾地打算惩戒邪恶的行径。在波吕斐摩斯的洞穴中,奥德修斯考虑到由于洞口被一块自己无法搬动的巨石堵住,自己将无法逃出山洞,因而克制了想要施行惩罚的愤怒。将波吕斐摩斯弄瞎成了他所谋划的逃脱方式,而做出这个谋划的则是$\mu\tilde{\eta}\tau\iota\varsigma$——"心智"或是"没有人"。在谋划逃跑时,奥德修斯如此机智地给自己起了这个名字——正是"心智",匿名的、无人称的、不囿于血气的心智,谋划了他的逃脱。在谋划求婚人的命运时,奥德修斯再度燃起了怒火,但心智的提醒使他想起自己早先也曾压住怒火,于是他的血气很快平息下来。荷马帮我们总结道,奥德修斯杀死求婚人与他从洞穴中逃脱有相似之处:二者都是只有阻止正义的复仇才能实现的心智的行动。杀死求婚人是心智所确定的必要行动——消除旧政制的所有残余,以便建立特勒马库斯和他的同伴们(他们是奥德修斯的非奥德修斯式的继承人)的新政制。奥德修斯的心智能够抑制愤怒,这表明他——只有他一个人——的行动不是为了满足愤怒,而是为了达成由心智设定的目标。但在荷马的笔下,奥德修斯在惩戒无耻的求婚人时表现得似乎是出于愤怒:荷马的心智要求,他笔下的奥德修斯似乎是出于愤怒而行动,以便召集愤怒者——特勒马库斯和他的同伴们,他们是出于道德义愤而行动,但奥德修斯不然。特勒马库斯及其同伴所施行的正义的惩罚,其实是奥德修斯的谋划,是正当地奠定新秩序的必要条件——他们的统治者奥德修斯要让他们在新秩序中进行统治。他们和他们的后代将会把奥德修斯讲述为像一头雄狮一样,[303]对不可言说的罪行实施了正义的复仇,而对于使心智显得像头狮子一事,荷马也会是同谋者。荷马知晓他这种做法的必要性:一方面将这位最智慧的人歌颂为正义的复仇者,同时以几乎难以听到的声音表明,奥德修斯只受理智的统治。①

统而观之,苏格拉底的勒翁提奥斯故事与他对荷马的引用都表明,一个历经漫长跋涉以求把握灵魂的人如何采取行动,以控制因血气而产生的三分的灵魂。只依心智($\mu\tilde{\eta}\tau\iota\varsigma$)的命令而行动的无名的心智(anonymous mind)颠覆了对血气旺盛的(thumotic)灵魂的统治,并通过重构其等级秩序而统治之:心智夺过了由自然和历史所规定的、虽然有其自身的理由却受血气控制的欲望,并将血气征召为理性的盟友,一同统治欲望。在这极具政治智慧的伟大行动中,苏格拉底像他通常那样行动:在理解了人类灵魂的自然历史中的一次伟大事件后,苏格拉底的行动不是对抗自然,而是顺应自然,从而出于理性的利益去统治已经成型的灵魂。对荷马的引用指向了《王制》中返乡的奥德修斯所做的壮

---

① 对奥德修斯克制杀死女仆的冲动的这一读解,可见于伯纳德特《弓与琴》,页124-128。伯纳德特将他的论证置于"女仆"一节,这是"非命者"(Nonfated things)一章的核心部分。非命者的中心是一位智慧的人,只受理性的宰制,他的血气被安放得很好,所以他能够在罪业的基础上建立一种道德正派的新秩序。在这个核心部分的核心段落处,伯纳德特收回了这"令人厌恶的"观点,并还奥德修斯以正义。但他的再解释旨在凸显"荷马目不转睛的凝视,荷马也许是以这种方式来区分弓与琴":让用于杀戮的弓成为惩戒的手段,作为道德的偿还,琴则只为了理性而吟奏。奥德修斯初看上去令人厌恶,伯纳德特在其对奥德修斯的道德复原中眨了眨眼,这是他对荷马行为的重复,是他在自己琴上的演奏。

举——由心智创建了一种新的政治秩序,从而建立起对有血气之人的哲学统治。柏拉图像荷马展示奥德修斯的行动一样展示了苏格拉底的行动:两人都表明,在创建一种新道德体系的关键时刻,最智慧的人的行动都超乎道德(transmoral)。柏拉图让他笔下返乡的奥德修斯掩盖了奥德修斯的名字,同时却重复他的词句。柏拉图自己只在开头与结尾,只在涉及一位先祖与一位后裔时提及奥德修斯之名的美好谎言由此变得更加巧妙:在这两处提名之间,站在先祖与后裔之间的不是奥德修斯,而是纯然的μῆτις——心智以及"没有人"。奥德修斯本人在《王制》中并未在场;代替他出场的是奥德修斯式的、纯然的μῆτις[心智],而它现在的名字是苏格拉底。苏格拉底——他的正义是帮助确为好人的朋友,同时不伤害任何人——采取行动,重新安排了这种会造成伤害的惩戒性正义;他的行动是出于对更好和更坏的纯然的谋算,而在此之前,他谋算到,大多数人是出于而且必然出于血气与欲望的某种结合而行动——这种血气与欲望的结合统治了谋算(calculation),其根源在于复仇和寻求复仇的血气。[304]在谋算到道德偏见对人类秩序来说难以避免之后,苏格拉底采取了行动,以求统治这种偏见。

表面看来,在他的勒翁提奥斯的故事以及对荷马的引用中,苏格拉底将血气从欲望中分离出来,并将其置于理性之下;这个外表为格劳孔提供了一个观察其灵魂的道德视角,这个视角是合乎道德的,并服从于牧羊术。但是,忒拉绪马霍斯正在现场,他曾假装出义愤,并被理性召唤进来;他是一位通晓愤怒的专家,懂得如何通过表演愤怒来唤起和平息愤怒;他还是这样一位牧羊人:他自认为对正义拥有一种高明的看法,同时也知道牧羊人要侍奉其主人。现在,在听到苏格拉底对基于愤怒的因果报应的正义的分析后,忒拉绪马霍斯会作何感想? 一方面,勒翁提奥斯的故事以及对荷马的引用,看起来都展现了苏格拉底的如下尝试:他要向一位潜在的朋友传达一种更深入而且更具颠覆性的对正义的理解,同时还要确认,他既不幼稚,也不是个只知恪守道德的人,而是一位通晓正义的人,他能够将关于正义的真理小心地讲给必须被劝服相信正义本身为好并有幸福结果的年轻人。勒翁提奥斯的故事和对荷马的引用显示出,《王制》进一步推进了《普罗塔戈拉》中的两项政治任务:首先,两部对话都建立了理性者与有血气者——苏格拉底与年轻人们——的联盟;同时,两部对话都鼓励与启蒙之人(man of the enlightenment)建立同盟,这启蒙之人认为,向那些既不欲求启蒙也无法在启蒙方面值得信靠的人教授启蒙符合自己的利益。忒拉绪马霍斯看到苏格拉底成功地统治了这些血气十足的年轻人的心智,苏格拉底的成功有助于为自己自愿地统治这位启蒙教师的心智做出支持性的论证;而这位启蒙教师也有资质,能够将这些都看在眼里,并在其中发现自己的牧羊术的一种模本。如果忒拉绪马霍斯看出了这点,那么他就已看到,苏格拉底承认,为了使其建城任务得以继续,自己需要盟友来一起建立与格劳孔的秩序不同的秩序;忒拉绪马霍斯便能看到,一位有需要的主人正在召唤明白主人之需要的盟友——苏格拉底正在召唤朋友。

勒翁提奥斯的故事以及对荷马的引用,使得将苏格拉底的正义与城邦自然遵从的正义区分开来的裂缝能够再次打开。一种带来好处、免除伤害的正义创立了一种带有甜蜜伤害(sweet harm)的正义版本。苏格拉底被μῆτις[心智]所统治,正是这种在爱欲驱动下寻求理解的欲望将他带上了这条漫漫长路,为的是把握灵魂的受血气驱动的天性。这位寻求理解并且正在付诸行动的人像一位现实主义者那样行动,他认为,"看起来的正义"的统治是无可避免的。他的新式的抚养和教育——以正义的诸神、正义的城邦和正义的灵魂为目标——创建了一种惩罚性正义的语境,而只有在这个语境下,智慧追寻者的非惩戒性的正义才能得到繁荣。

现在苏格拉底终于可以说,"艰难的跋涉"已经结束(441c),并且验证了灵魂与城邦一样拥有三种样式。而且,他能将四种德性合宜地安排在灵魂中,一如他将其合宜地安排在城邦中一样,而正义则是每个[305]部分都只关心自己的事务。随着血气部分成为顺从的同盟,谋算的部分施行着统治,二者在顺从地践行自身事务的同时,统治着欲望。① 苏格拉底引入"通常的标准"来检验灵魂中的正义,并表明,正义的人不是最好的窃贼,他也不会犯下通常的罪行。他们的"梦想"已经得到完美的实现(443b),而苏格拉底讲了一段将所有论证推向顶点的讲辞,用这

---

① 苏格拉底为灵魂的德性做了两段展示:第一段(441c-d)省略了节制(σωφροσύνη),而第二段(442c-e)界定了前三种德性却没有界定正义。

段小小的布道巩固了他们的成就。随着他们将关于灵魂的新信仰加以内化,并在依然可塑的灵魂中接纳那些自己将会对其保持忠诚的信念,每个人都成了自己的主人。而从这种新的内在和谐之中,流溢出一种唯一会被这种类型的存在者认为与其自身相宜的行动,这种正义和美的行动既能保全又有助于产生这种状况(443e)。苏格拉底完成了论证:他回答了格劳孔与阿德曼托斯的恳求,也给出了与他们要求的理由充分符合的成为正义之人的理由;如果正义是灵魂的三部分构成的和谐,那么,正义会带来幸福。

　　对正义的讨论宣告完成之后,苏格拉底转向了不正义,他说,正义之于不义,犹如健康之于疾病。健康与疾病是苏格拉底关于正义和不义的最后主题(444c-e)。苏格拉底带来了一副新药,就像他在几周之前说自己将要做的那样:"一切都始于灵魂,"扎勒卯克希斯的医生告诫他,"应该首先和最主要地照料灵魂。"同时"他还说,要用一些咒语来照料灵魂,这些咒语是些美的言辞"(《卡尔米德》156e)。这种言辞从未出现在《卡尔米德》之中,但恰恰在《王制》中出现了。灵魂三分的教诲便是苏格拉底从波提岱亚带回的新药,根据这种教诲,正义是灵魂的自然健康,而灵魂是所有行动的源泉。对于他说自己对扎勒卯克希斯的医生所发下的誓言——只治疗"首先把灵魂交出来,请你用这咒语照料"的人(《卡尔米德》157b)——苏格拉底保持了忠诚。格劳孔与阿德曼托斯将灵魂交给了苏格拉底,而苏格拉底以他们难以想象的方式做了他们乞求自己做的事情。他们谈论的是行动,苏格拉底却首先从他们的天性开始,将行动理解为字面意义上的"先虑上谋"(afterthought):行动遵从于行动者所认为的自己的天性。格劳孔和阿德曼托斯说,他们希望苏格拉底将正义展示为不考虑回报而自身就是好的。苏格拉底证明了他们真正想要的东西:他们的正义会引向他们的幸福,而不正义则会摧毁幸福。为了以新的方式理解他们的[306]灵魂,他们不能仅做旁观者,静观新的城邦和灵魂逐渐生成。作为合作建城者,他们因为苏格拉底的抚养和教育而重塑了由血气所主导的灵魂。当苏格拉底再次提出他们原来提出的问题——即便在"不为人知"时,正义有什么好处——时,他的成功得到了证明,因为格劳孔的回答显示了他对于隐身的居吉斯的新看法:"当我们的生活所仰赖的事物的本性混乱和败坏时",即便有了"所有的财富和所有的统治",这样的生活看起来也不值得过(445a)。

在对正义的最后定义中,苏格拉底问道:"既然推理的部分既智慧又能对整个灵魂先虑早谋(προμήθειαν),那么让这个部分来统治,使血气部分服从于它、与它结盟,岂不是很合理吗?"(441e)这正是苏格拉底行动中的正义——他的理性通过智慧的先虑早谋而施行统治。苏格拉底是正义的,他在一件大政治的行动中关切自己的事务:通过有说服力的推理——咒语般的教诲——他通过理性而主宰了有血气的人,让他们自愿成为自己的追随者。苏格拉底为他们起了用来称呼自己的名字:他们要称自己为"爱智者",而不认为他们是"哲人-狗"(philosopher-dogs)。苏格拉底为他们赋予了由以生存的灵魂理解:在他们之中,理性的要素施行统治,而统治理性要素的则是苏格拉底。苏格拉底还为他们描绘了一种对德性的看法,他们能够为此奉献所有的勇气和忠诚报效之力,并将其视为理性的力量。通过照料所有这些在自己离开雅典期间变得美的年轻人,返乡的"奥德修斯"照料着哲学在雅典的状况。

通过小规模的个体灵魂,苏格拉底在更大的规模上建立了哲学的统治。在尊重自然和历史所带来的局限——从血气中生成的灵魂——的同时,苏格拉底着手统治灵魂,并因而统治由这种灵魂所统治的城邦。这位从波提岱亚归来的苏格拉底,开启了一种新的灵魂样式(form),并以诸神的新模本形塑灵魂,为灵魂打上印记——而诸神模仿的是唯一的神扎勒卯克希斯,同时,苏格拉底还开启了一种灵魂的新模本,以之作为所有行动的基础。对于扎勒卯克希斯的那个仍未揭示、但不可缺少的特性——灵魂不朽——这位希腊的新教师暂且秘而不宣,留待恰当的时刻也就是最后的时刻再公开。

10 强迫与另一个起点

在苏格拉底使之显得像是自己主要任务的事情上,他取得了成功,他劝服格劳孔和阿德曼托斯相信了正义之"好",或正义的益处。格劳

孔认为他们可以结束了，但苏格拉底告诉他"我们不得懈怠"，并准备
向他展示恶的各种样式。格劳孔变得有些消极。他说，"请直接告诉
我"恶的样式；"告诉我，它们是什么"——格劳孔询问着城邦和灵魂的
[307]五种类型；"它们是什么?"——他又问起坏的四种样式(445c-d,
449a)。苏格拉底能够为其中一种政体命名，也就是他们一直在描述的
"王制"或"贵族制"，而苏格拉底将其称为"既好且正确"的政制。但在
他就要向格劳孔讲述恶的四种形式时，苏格拉底停下来，向他的雅典听
众交代自己的意图："我正要依次谈谈[邪恶的四种形式]，在我看来，
每一种形式都会转变为另一个。"但他叙述说，自己被打断了，被迫去
做不同的事情。在这种新的强迫之下，苏格拉底进入了一个新的主题，
并花了几个时辰进行当晚的第三场讨论，这段位居中间的第三场谈话
发生时，已是最深的午夜。当这次漫长的讨论经过"曲折的迂回"，"到
达它的终点"后(543c)，苏格拉底要格劳孔回忆他们当时的讨论到了
何处，"以便我们能够回到同样的道路上，继续前进"。格劳孔依令而
行，指出苏格拉底在中途停下时，刚刚描述了"好"的城邦，尽管"你还
可以讲出一个更精致的城邦和人"(544a)——哲人王统治下的城邦。
在回想起"珀勒马科斯与阿德曼托斯的打断"之后，格劳孔请苏格拉底
"让我再来一次吧；当我提出同样的问题时，你要试着讲讲，你那时本
打算说什么"。于是他提出了同样的问题："你所说的四种政制指的是
什么?"

　　柏拉图因此强调，经过绕路之后要讲的，正是那些若当时没有走上
弯路，便会谈到的东西。苏格拉底在这段弯路中的全部努力被[柏拉
图]设定为他若不是被打断的话，原本不会做的事——苏格拉底本应
已完成有关正义的训诫性教诲，而不必讲到"更精致的城邦和人"。柏
拉图因此赋予这次打断极其重要的意义：若没有它，《王制》一书将会
缺少在现在看来正是其核心的部分。这次打断让苏格拉底做了他原本
不会做的事，其意义究竟何在?

　　苏格拉底在叙述这次打断时，使其成为对话开场的一种重复。珀
勒马科斯再次策划了一次强迫，迫使苏格拉底做与其意图不相符的事
情——让苏格拉底重拾他一带而过的一个话题，对年轻男子而言，这个
话题最有刺激性：朋友间共有女人(和孩子)，或是按照阿德曼托斯的

说法,"生儿育女——孩子将怎么生"(449d)。但珀勒马科斯变得有所不同;他的发号施令的举止和那套将军的做派(warlordship)都消失了,这或许是因为他已变成了苏格拉底的战斗伙伴。现在,在珀勒马科斯那次打断谈话,为了反驳忒拉绪马霍斯而为苏格拉底做见证之后,这是他的唯一一次发言,他想要打断对话,但他指使别人做了这件事。这次,珀勒马科斯再次身处远处,他从后面亲自(而不是他的奴隶)抓住了阿德曼托斯的(而不是苏格拉底的)上衣;但这次,他并未大声说话,只是对着阿德曼托斯的耳朵嘀咕。苏格拉底转述了他从珀勒马科斯那里[308]听到的唯一一词句,珀勒马科斯的最后一句话声音明显更大些:"我们究竟是该放走(ἀφίημι)它/他呢,还是该做什么?"在开场处,珀勒马科斯就不同意放苏格拉底和格劳孔离开(ἀφίημι,327c)。而现在,他建议阿德曼托斯不要放苏格拉底走,因为就像阿德曼托斯所说:"依我们看,你在偷懒,还对我们略过了整整一段论证。""你还以为你自己会蒙混过去呢,"他这么说着,因而将一个最重大的问题说得很寻常。但阿德曼托斯关于自己没说实话:"因为我们一直等着,认为你肯定会提到生儿育女的问题——孩子该怎么生。"(449d)不,阿德曼托斯没有。当苏格拉底将这个话题作为他将略过的唯一事例时,阿德曼托斯正是在当时完全同意"略过不提"的人(423e)。现在,他代表自己和珀勒马科斯说,"我们一直等着"你讨论那个话题。这个问题对他显然十分重要:"一种政制正确与否,我们认为这个问题十分重大,甚至是全部问题所在。"(449d)而且他用法庭用语结束了发言:"我们已经认定……不会放走你,除非你已经彻底搞清所有这些问题,就像搞清其他问题一样。"在珀勒马科斯的指导下,严苛的阿德曼托斯最后想要听听,性在他们的城邦中该如何安置,尽管这与正义并无明确关联。

苏格拉底是否当真认为,自己在提到妇女共有的问题后又略过不提,便可以蒙混过关?他当然预计到会被要求解释这一建议,他知道,在某时、出于某种方式,这些小伙子中的某些人注定会问起这个令人吃惊的爱欲问题——这个问题被随意地摆在他们面前,并且成为唯一没被讨论到的问题。他们逮住苏格拉底的行为并非全然出于自愿,而是对刺激的迟来的反应。但如果苏格拉底指望他们出于热情的兴致而问起妇女共有的问题,他将会利用这种兴致来讨论某些超出他们热情之外的东西：哲人王和哲学。没有人强迫苏格拉底讲这些，这完全出于苏格拉底的自愿，尽管他让这显得全是受到他们强迫的结果。《王制》的核心——苏格拉底对哲人王的解释——得以存在，全因苏格拉底谋划了一场强迫，让他打断自己正在追随的进程。

格劳孔自愿加入投票强迫苏格拉底的一边。此后，忒拉绪马霍斯发话了，说了他当晚两句最后的简短发言中的第一句——这些发言值得关注、言简意赅，而且表明，他像珀勒马科斯一样，在这个新起点处的说法已与早前有所不同。"你可以把这视为我们全体通过的决议，"这是忒拉绪马霍斯的第一句话，言下之意是代表所有人发言，他通过[309]宣称一致的意见，代替了其他人的个人选择——他也将自己算作"我们全体"的一部分。你们逮住了（arrested）我，苏格拉底使用了复数人称，从而确认了他们所用的法庭语言。但苏格拉底辩护道，他们发起了一场漫长的讨论，这场讨论延伸得太远，以致自己需要"像先前一样，从头开始讨论它的政制构成"。苏格拉底警示他们："你们不知道，你们现在传唤出庭的东西，将会激起一连串多大的论证。"然而苏格拉底自己却很清楚，"我在那时就看到了"，并忽略了过去。苏格拉底清楚自己再次开始对政制的讨论时将要做出的大量论证。

接着，忒拉绪马霍斯说出了最后的讲辞。再一次，他代表所有人发言——只是除了他自己："什么，你认为这些人到这儿，现在是为了炼矿淘金，而不是为了聆听一些论证？"忒拉绪马霍斯的最后一次发言正值好的时机，他镇定自若地使用了苏格拉底在第一次与自己谈话时用过的那个形象。他通过采纳苏格拉底本人对于严肃讲辞的标准，暗示了自己对苏格拉底的严肃态度：它们比寻找黄金更加严肃（336e）。忒拉绪马霍斯现在已经不同了，他是一个自愿的倾听者，悉心聆听着这位现在"愿意作答"（337a）的苏格拉底，而且，苏格拉底的回答方式不能不令这位修辞大师对于他对"这些问题"的穿透力留下深刻印象。而且，正如他在前一句讲辞中做的那样，如果他可以为所有人代言，那么，他的第二次发言则表明，他并非作为众人之一发言。综而观之，他的两段讲辞引领苏格拉底对他下了一个结论：忒拉绪马霍斯并非人们的发言人，而是他们的牧者，是个站在人们之外代表他们的人。向谁代表？除了主人还会是谁呢——那个他承认可能正是他在寻找的、合适的主人,而他的技艺需要服务于这个主人。不过,他在可以安然得出结论之前,也还需要再多听听。忒拉绪马霍斯乐于给苏格拉底机会,让苏格拉底为自己做他曾尝试为一位不情愿的普罗塔戈拉所做的事:提供一种既不危害公众,也不危害启蒙的通向智慧的公众方式,从而推广希腊启蒙。

现在苏格拉底可以谈论那些论证了——他知道,这些论证是自己所埋下的小小炸弹的必然结果。现在一切都已就位。一个分裂的群体已经团结为一个有序且意见一致的共同体,他们要求苏格拉底发表讲话,却不知道自己所命令的是什么;他们潜在的牧者已经暗示了自己聆听的意愿和学习的准备。苏格拉底对开场的重复,以及对自己受到新的强迫的夸张展示,都表明了自己自开场以来在如下角色身上所引起的戏剧性转变——这些角色将要强迫他,他们就是年轻的战争之王,以及一位认为与苏格拉底彼此是敌人的同族人。在告诉他们对哲人统治者的需要之前,这位他们所需要的哲人统治者已经在统治了。

[310]现在,苏格拉底可以开始展示他已演练纯熟的哲学统治了。苏格拉底对此已经演练纯熟,这将很快得到他的证明。在格劳孔发表了一段简短的讲话,挑战他不要倦怠之后——这正是苏格拉底刚向格劳孔提出的挑战——苏格拉底明白无疑地表明,他自己正走上的道路将把他引领到哲人统治者的主题:通过设定能够决定谈话进展的论题结构,苏格拉底预见到了整个这段弯路(the detour)。苏格拉底说,接下来的主题会面对诸多质疑,但这些质疑将会有两大类,第一类质疑是那些所提及的事物是否可能,第二类质疑是它们是否最好。苏格拉底将把随后的三个主题安排得一如精心制作、富有启发的舞蹈,来应对这两类质疑。同时,苏格拉底说他"担心论证看起来像一篇祷辞",于是补充了另一种将会贯穿在整段弯路始终的特质——就像接下来的三个议题对可能性与可欲性的质疑一样,"这些议题并非祷辞"这个特性也将决定苏格拉底对它们的描述,并成为其中的重点。

苏格拉底知道将会发生什么,而其他人则全无头绪。为了鼓励苏格拉底做他自称十分犹豫——但实际上安排他们强迫自己去做——的事情,格劳孔向苏格拉底保证了他们的善意。苏格拉底称,这只是增加了他的犹豫,他描述了可以让他无所顾虑的条件:"因为在明智而友爱的人们中间,关于最大和友爱的东西,讲出自己知道真理,倒还安全且令人鼓舞。"(450d)但他的处境却有所不同:"在人们怀疑和探索的时候讲出这些论证——这正是我现在做的——就既令人害怕又危险。"他并不畏惧嘲笑,但却担心"在最不该滑倒的地方,从真理那儿滑倒",那样不但自己会滑倒,"还会拖累朋友们一块儿倒下"。这种令人敬畏的想法引领苏格拉底来到了整部《王制》中最激动人心的景象前:"我敬拜阿德拉斯忒娅,愿她喜欢我要讲的东西。"考虑到整段迂回道路中的一切可能遭到质疑和可以视为祷辞的东西,苏格拉底拜服在阿德拉斯忒娅面前,"没有人能从她那里逃脱"——作为掌控必然性的复仇女神,涅墨西斯(Nemesis)惩戒的正是鲁莽轻率的举动。

这可能是整部《王制》中苏格拉底最为庄严的发言,"而格劳孔笑了"。他对苏格拉底的能力如此信任,以至于会对苏格拉底最深刻的关切发笑——这个格劳孔自然地将自己错看为苏格拉底畏惧的那种朋友;他想象自己可以免除苏格拉底的责任;但这个格劳孔对于苏格拉底的真正关切其实毫无头绪。苏格拉底讲辞的庄严源自当前情境的伟大特性:归来的奥德修斯,在操纵他们强迫他去做那件他迫令自己做的事情之后,现在开始着手在希腊智慧的川流中引入一种伟大的创新,[311]他也不知道引入哲人的统治究竟会否成功。他身临极渊之前,却无法确知此事是否可能,而若有可能,又是否是最好。他必须叩问自己:这是一篇祷辞吗?由于害怕会使那些真正的朋友、明智的少数人在这个为了智慧而尝试的最大胆的事业中一起跌落,苏格拉底事实上做了一段祈祷,在众多祷词中,这是最庄严的一篇,也唯有他成了一位哲人:"我敬拜阿德拉斯忒娅。"他念诵着一位哲人的祷辞,这位哲人被迫在最高的层次上行动,却不知自己是否能够成功;苏格拉底将自己献与涅墨西斯——统治一切的必然(necessity),他自知其行为鲁莽,同时也断定是必然性本身在召唤他前行。

当苏格拉底说他拜服在阿德拉斯忒娅面前时,他逐字逐句地重复了《被缚的普罗米修斯》(*Prometheus Bound*,行936)中由俄刻阿诺斯(Oceanus)的女儿们组成的歌队对智慧者的建议。但俄刻阿诺斯和忒提斯(Tethys)的女儿们的建议是对普罗米修斯提出的,而她们刚刚听普罗米修斯说,宙斯的统治注定会终结,而普罗米修斯正为此欢欣。

"敬拜阿德拉斯忒娅的人是智慧之人,"她们说,虔诚地指责这位宙斯正施以惩戒的敌人,而这位敌人在宙斯的毁灭中看到了自己的胜利。智慧的普罗米修斯回应道:"你就崇拜吧,请求吧,永远奉承当权者。在我看来,宙斯渺小得不值一提……让他如愿地统治这短暂的时期吧——他统治众神不会很长久。"苏格拉底的祷辞中响起了不祥的钟声,因为人们可以听见它的前奏——这前奏萦绕在普罗米修斯时刻(Prometheus moment)的厄运之中,因为苏格拉底站在普罗米修斯一边,而非俄刻阿诺斯与神母忒提斯的虔敬的女儿们一边,她们的父母,正如苏格拉底在另一个场合中引用的荷马诗句所言,是"诸神的起源(the genesis of gods)"。① 为了他即将犯下的罪过,苏格拉底在阿德拉斯忒娅面前敬拜:在将新的礼物带给人类时,他顺从于无法预知的必然,并已预见到,这个礼物将会取代宙斯,并终结他那垂暮的时日。《王制》的核心——那条通过预见而铺设好的"弯路"——是苏格拉底最为勇敢的行动:他再次犯下了普罗米修斯式的罪行,带给人们一份将会终结诸神、降生一位新神的礼物。

公元前429年晚春,在佩莱坞的这一夜,雅典人引入忒腊克的苯获丝,期望以此治愈城邦的顽疾,与此同时,这位雅典的哲人也在希腊宗教中发动了一场远为伟大的革命,以期治愈城邦的顽疾。苏格拉底清醒地行动着,他服从着俄刻阿诺斯与[312]神母忒提斯的虔敬的女儿们的命令,遵行了她们命令普罗米修斯应该做的恭敬之举。由于在他自知现在必须做的事情中顺从于必然性,苏格拉底将不可知的命定结果交付于必然。苏格拉底一方面服从于一个使他必须在当前时刻有所行动的过去,同时也顺从于一个不可知的未来——其中的一切,都来自于建立哲人统治的结果。

---

① 《泰阿泰德》152e。苏格拉底引用了荷马隐晦的语词,并描述了这些语词后来在例如普罗塔戈拉这样"智慧的"解释者那里的用法。普罗塔戈拉将"对我们这群乌合之众[τῷ πολλῷ συφετῷ]来说是一个谜"的东西讲得甚至让鞋匠也能听到(《泰阿泰德》152c,180c-d)。

11　《王制》的中心：哲人统治者

在开始面对加诸他的新强迫之前，苏格拉底将他的新主题与此前的所有内容联系在一起：他们已经"完全结束了男性部分的戏剧"，而现在必须"完成女性那部分"（451c）。这条迂回的弯路不仅会直接通向女性，还将会对人类的治疗引向一个补充性的、创造性的整全，因为女性戏剧的第三个"浪头（wave）"——只有苏格拉底知道它将要到来——即是哲人统治者。作为女性戏剧的一部分，哲人统治必须更具女性气质，而非男性气概。返乡归来、重新统治的重装步兵苏格拉底通过非男子气的手段施行着统治，他用来统治有男子气概之人的，是过人的智慧和战略性的计谋——这些都具有女性化或奥德修斯式的特点，而人们可以说，在这位刚刚服从于强力的人引领强者走上的迂回弯路中，这个特征非常明显。

如果护卫者像狗一样，那么，为他们分配任务时就必须完全不考虑男女之别：所有人必须在体育和音乐上接受相同的抚养和教育。苏格拉底将讨论集中于一个充满爱欲的后果——女人与男人一同裸体训练，他还将注意力集中于一个滑稽的画面：甚至满脸皱纹、并不好看的年老女人也要赤裸着与男人一同训练。苏格拉底不允许哪怕是谐剧诗人对这进行嘲笑，但他确实举出了一位反对者，就他们的首要原则而质疑这种做法的可行性："你说每个人都应该关心合乎自己天性的工作"，而女人的天性与男人不同，所以工作也要不同（453c）。格劳孔没法迅速回应，而苏格拉底则茫然若失地描述了他们所陷入的困境：一个人不管落入一个小游泳池，还是掉到最大的海洋中，都同样必须游下去。在通过游泳拯救自己摆脱论证困境的过程中，他们能够寄望于有只海豚把他们驮到背上，就像海豚救了伟大的歌手阿利昂（Arion）一样（希罗多德，《原史》1.23-24），[①]或者，他们可以寄望于"其他某种稀奇

的[313]解救"。而这其他的解救旋即到来:它就是"反驳技艺的力量"——凭靠它的力量,苏格拉底便能够平安返乡。说服性的论证正是他那足智多谋的发明,是苏格拉底版本的阿利昂的海豚。就像其长篇讲辞所显示的,格劳孔接受过论证的训练,但苏格拉底却是反驳技艺的大师。苏格拉底指责别人不懂得如何对事物进行恰当的区分,他们使用争吵术(eristic)而不是辩证术(dialectic)。"这肯定不适用于我们目前,对吗?"格劳孔问道。"再适用不过了,"苏格拉底说。由于他们没能恰当地按着种类、以相关的方式区分天性,因而已经犯下了争吵不休(eristic)的过错。而他现在将进行这种区分:对于战士的抚养教育来说,男女的差异——"女性生育而男性骑跨"——犹如秃头者与长发者间的区别。这头诡辩的海豚,驮着苏格拉底渡过了关于为女性分配相同任务是否可能的异议,随后,诡辩还帮助他展示,这种方式的结果也是最好的。

苏格拉底说,他们逃过了第一个"浪头",而他引入的这个形象贯穿在其余的女性戏剧之中,而就像格劳孔补充说的:"这浪头可不小。"(457c)直到现在,他们逮住苏格拉底的理由——妇女和儿童共有的问题——才成为讨论的主题,而作为第二个浪头,它注定要被第三个浪头——习惯上具有颠覆性的浪头——所盖过。当苏格拉底讲出第二个浪头时,格劳孔说,无论在可能性还是在是否有利的方面,这个浪头都远比第一个大得多。苏格拉底说,它的益处是毋庸置疑的,但在它是否可能的问题上,则会出现"大量的争议"。格劳孔坚持说:"这两个问题都会好好争论一番。""我相信自己会逃离[一个]论证,"苏格拉底说,"要是依你看它是有益的,那么我就只需考虑这个问题是否可能了。"格劳孔得意扬扬地说:"你想溜掉可不是没人发觉;所以,你还是为两者都提供一个论证吧。"得意扬扬的格劳孔将不会注意到,苏格拉底是如何成功地逃过了这个浪头中关于可能性的问题。

苏格拉底所引入的使女人与孩子成为共有的措施,将城邦变成了一个家庭,其中只有最基本的家庭关系:父亲与母亲、女儿和儿子、兄弟和姐妹。这个"家庭"熔铸成为一个单独的个体,一个由快乐和痛苦组成的共同体,在其中,对所有人来说,"我自己的"与"并非我自己的"指的全都是同样的东西。"除了身体之外,将不会有任何私有之物"

（464d），而这身体也会被变得尽可能地公开。在证明这个共同体的益处后，苏格拉底迈出了他被要求的下一步（466d）：那么，"是否仍有待确定，这种共有关系在人们中间出现……究竟是否可能……而且，它将以何种方式成为可能？"（466d）"你恰好先我一步，"格劳孔说，[314]"提出我正要提出的问题。"但苏格拉底话锋一转："就战争而言，我认为，他们会如何发动战争是很明显的。"格劳孔上钩了："如何？"苏格拉底接下来详尽地讲了他们会如何发动战争，却丝毫没有表示返回格劳孔说他随后要问的问题。① 所以，苏格拉底对一位身处战争时期的戎装华美的年轻战士谈起了战争，详述了他们的城邦将会如何指挥作战。注定要成为重装步兵辅佐者的孩子们将被带上战场；懦夫将会受到贬黜，而最好的战士则将受到擢升——格劳孔和阿德曼托斯都在墨伽拉（Megara）被评定为最好的战士。最好的人将获得加冕；人们将会握他的右手；他将亲吻并被亲吻——而格劳孔补充了一条他自己的法律："只要他们在那场战斗期间，无论他想要亲吻谁，谁都不准拒绝。"（468c）②与此同时，还会为他安排更多的婚姻，从而让他生出最多的孩子。当这样的战士死后，他们的墓碑将受到照料，他们也会犹如神明般受到敬拜。而在对待敌人的问题上，希腊人不会奴役希腊人，只会奴役野蛮人。对于洗劫希腊的乡村和焚烧房屋这样的事情又如何呢，就像斯巴达人在阿提卡（Attica）所为，或者像他们正在墨伽拉的所为（《战争志》2.31）？希腊人之间的冲突只是"内讧"，而只有希腊人与野蛮人之间的冲突才能称作"战争"。格劳孔深信他们在创建的城邦只可能是希腊人的，因此，作为与同胞打交道的"爱希腊的人（philhellenes）"，他们理所当然应当服从于如下法律：既不洗劫希腊的乡村，也不烧毁希腊的房屋。虽然格劳孔希望构建这样的法律，但最终他制止苏格拉底

---

① 在《蒂迈欧》中，苏格拉底转述了他前天的讲辞，其中描画了《王制》中的言辞中的城邦，并且就在转向战争之前明确地停了下来：苏格拉底宣称他不能胜任战争的主题，而为老克里提阿留下了空间去讲他的故事，那是一个上古时期荣耀光辉的雅典与亚特兰蒂斯（Atlantis）作战的故事。这位归来的雅典重装步兵在《王制》中关于战争的言辞，证明了他在《蒂迈欧》中声称自己无法胜任战争主题的说法并非事实。

② Paul Shorey 发现这条关于亲吻的法律十分令人厌恶，所以他不得不对其"糟糕透顶的玩笑"加以评论："这或许是柏拉图著作中人们宁愿涂掉的仅有的片段"（468b，Loeb 译本）。

说:"苏格拉底,我认为,如果我们允许你讲这类东西,你就永远不会想起你此前为了谈论所有这些而暂时放下的东西了(471c)——这种政制是否可能实现,又如何可能?"格劳孔的记忆有误;苏格拉底为了谈论战争而搁置的问题是,妇女与孩子共有究竟是否可能。当格劳孔问起这整个政制会如何实现时,他转变了讨论的主题。苏格拉底戏弄了他:格劳孔为自己逮住了苏格拉底而自豪,他没让苏格拉底逃离妇女与孩子共有是否有益的问题,不过,他要求苏格拉底回答的问题却使苏格拉底得以避免证明[315]其可能性,而这种可能性恰恰是他们绕了整条迂回弯路的原因。格劳孔没有留意到这一点。格劳孔的异议和反抗都显示出,他已完全被新城邦的益处所说服:"我看到,如果它[政制]会实现,在它所实现的城邦里,一切东西都会变好。"格劳孔为苏格拉底的倡议所倾倒;这些倡议已经在他的内心点燃了火焰,而他不能忍受仅仅想象他们城邦的益处,他必须去了解,要怎样做才能使这样的城邦得以实现。

格劳孔自己——而非强迫走这段弯路的意见一致的整体——现在为苏格拉底指派了一个不同的任务,而且他用的是命令语气:"请相信,我同意,为了实现这种政制,就会出现这些事情,此外还有无数其他的事。但是,不要再谈这个了;而现在让我们只试着说服自己相信,这是可能的,以及这如何可能,其余一切都抛开不谈。"(471c-d)城邦作为一个整体的可能性——而不是作为其前提之一的可能性,也即妇女与孩子共有——便是格劳孔要听的。他对此并不了解,但他命令苏格拉底引入哲人王,这是他尚未命名的第三个浪头。格劳孔的反抗让整条迂回的弯路得以敞开,并寻求理解。尽管被迫面对妇女共有的问题,苏格拉底却将这种强制转变为一种对格劳孔的品味而言不可抵挡的诱惑。无论最初的两个浪头能否成为反思何种问题的来源——例如反思在阿里斯托芬那里存在的相似措施,又如从男性与女性的特质方面反思人类本性,抑或反思城邦在其中有何要求——只要我们仍在关注《王制》的戏剧,有一件事便有超过其他一切的重要性。这些措施再加上战争的细节如此强烈地点燃了格劳孔的兴趣,以致他被迫着强迫苏格拉底面对一个新的主题:他们在言辞中建立的城邦究竟如何才能实现?苏格拉底迫使格劳孔强迫自己讲述哲人的统治。

苏格拉底做了他被要求的事。"我好不容易躲过两个浪头,"他说,"你现在又带来最大且最难的第三个浪头。"在避免了证明他们共同迫使自己证明的第一个浪头之可能性后,苏格拉底将他们带回了那个导致他敬拜阿德拉斯忒娅的最初说法。苏格拉底说,当他们听到第三个浪头时就会明白,他如此犹豫和害怕进行这个论证其实多么有道理。格劳孔的回应把苏格拉底抓得更牢:"你越说这些,我们越不会放过你"(472a)——ἀφίημι [放过你],当珀勒马科斯和阿德曼托斯逮住苏格拉底,让他开始这段绕路时,用的就是这个语词。格劳孔不允许苏格拉底躲避自己分配的新任务:"说说这政制如何可能实现。"他还催促地命令道:"你就讲吧,别浪费时间。"

[316] 在讲述第三个浪头之前,苏格拉底花费了很长一段时间,因为他们的城邦得以成为现实的方式需要一段很长的导言。在重新确立对他们的控制之后,苏格拉底提醒他们看来已经被他们忘记的事:"首先应该回想,我们是在探究什么是正义和不义的时候到达了这里。"(472b)随后,苏格拉底将他们进行探询的目的与第三个浪头将会带来的东西联系起来:"如果我们找到正义是什么,我们也就会坚持,正义之人与正义本身必定毫无差别,而是在所有方面都像它一样?"他们已经揭示了什么是正义,什么是正义之人,但他们仍必须确证,正义之人相对于他们即将发现的东西处于什么位置,而他们即将发现的是,正义是什么种类(sort)的东西——苏格拉底将会说,"种类"是一种理式(idea)。当他们将正义之人和正义之所是的种类都摆在面前时,他们还会坚持说,正义之人与正义本身毫无区别吗? 或者:"只要他最接近它[正义本身],比其他人更多地分有它,我们就会满意?"只要这样,我们就会满意,格劳孔说,尽管他还不知道这意味着什么。在提及它们之前,苏格拉底就已经介绍了属于理式的两种显著特征:它们是不同种类的事物,而且,像人这样的事物以或大或小的程度参与其中。接着苏格拉底描述了他们如何看待这任务——他本人是怎么做的。"我们寻找的是一个样本(παραδείγματος),我们既要寻求什么是正义本身,也要寻求完全正义的人是怎样的",同时,也要找到不义和完全不义之人的样本(472c)。当这些样本显现后,他们可以将视线转到这些样本与幸福及其反面的关系上。然后,他们将被迫考虑到,他们本身也要以幸福的尺度考量自己,就像他们的模本那样,以幸福的尺度受到考量。由此,

苏格拉底总结了自己为他们构建样本的努力:以它们[样本]为手段,苏格拉底可以帮助他们消除关于"不义的生活比正义的生活更幸福"的疑虑。

这次对占用了他们数小时的问题的回顾性(retrospective)澄清,有助于实现苏格拉底未来的(prospective)意图:他们寻求样本,并不是为了证明这些样本有实现的可能。因此,苏格拉底开始驯化格劳孔,后者在他的激发之下,充满了想看见他想统治的城邦成为现实的激情。正义,正义之人和他们在言辞中建立的城邦——就其都是样本而言——彼此相似。但一位画出了最美之人的样本的画家,并不会因为无法证明这样一种人能够成为现实而有所逊色。而他们在言辞中打造的好城邦的样本,也并不会因为他们无法证明有可能建立一座与言辞中的这座城邦相同的城邦而有所逊色。"道理就在于此,"苏格拉底说,同时要求格劳孔改变他所指派的任务,"它以什么方式,在什么条件下最有可能。"但即便为了证明这点,格劳孔也必须做出其他的让步;只有那时,苏格拉底才会告诉他能够使一座城邦接近这种政制所需要的最小的[317]改变。苏格拉底描绘了自己即将迎接最大浪头的情景:"但无论如何,还是应该说下去,尽管它确实像个喧嚣滑稽的浪头,会把我卷入嘲笑和臭名之中。"

经过如此一番炫示之后——苏格拉底在被逮住时所声称的担心和犹豫,当前两个浪头汇聚成的最大浪头,他对阿德拉斯忒娅的敬拜,变得焦躁的格劳孔对他下的命令,以及他对这样一件东西会变得如何所作的警告——苏格拉底最终说出了"也许是柏拉图笔下最著名的句子",[1]这个句子位于这篇关于政治哲学的关键对话的"数字上的精确中心",[2]而就像《普罗塔戈拉》与《卡尔米德》所证明的那样,这篇对话的作者向来会精心安排其作品的中心位置。在其《王制》的中心,柏拉图让苏格拉底宣称,哲人必须统治。苏格拉底——这位归来的奥德修斯——以适宜的隐藏方式表达了他归来的意图:为了保护哲学的状况,他必须创建哲学的统治。

---

① Shorey,《王制》,473d 处的注释。
② Brann,《〈王制〉中的音乐》,页 258,比照页 158。

这段中心讲辞里的第一个著名句子十分复杂，它以一个很长的条件句作为开头。"除非哲人们像王者们那样统治，或者如今所谓的王者们和领袖们真诚且充分地热爱智慧……"以这种方式起始，苏格拉底既谈到统治者的特性，又谈到哲学的特性，他随即重述了自己的"除非"条件句，他以更普遍的方式谈论二者："就这样，政治权力与哲学在相同的地方结合[在一起]……"随后，他补充了一个"几乎看不见"的禁令：①"而许多目前从事其中一项，而远离另一项的天性都必须被排斥在外……"苏格拉底因此施加了一道双重禁令，从统治的天性中排除只倾向于统治的天性，又从哲学的天性中排除只倾向于哲学的天性。除非满足这些条件，否则将会发生什么？苏格拉底关于其后果的第一个陈述，引入了一个看起来在其对话中尚无先例的问题："这些城邦就永远摆脱不了恶，亲爱的格劳孔噢，我认为，整个人类也都如此……"一位哲人的统治会在某种意义上应对恶的问题。只有在阐明这种后果之后，苏格拉底才回到了这个使格劳孔着迷的话题："我们现在凭言辞所说的政制也永远不会尽可能地自然萌发，并见到太阳的光。"

这个居于《王制》中心的历经千锤百炼的句子，有一种十分明显的结构：一个内在的核心，分享了由围绕着它的外壳所设定的结构特征，一种"除非……就不会"的结构，而第一眼看上去，内在的核心显得只是对外壳的一种重新叙述。而自从苏格拉底首次开始在言辞中建立城邦以来，作为外[318]壳的问题对于他们一直在讨论的议题来说，始终存在并保持不变，同时却在第一个"除非"条件从句中加入了一个惊人的新主张（尽管作为哲人-狗的统治者此前已经在他们的城邦中出现）；而外壳停留在那个最吸引格劳孔的话题上：他们的城邦是否可以实现。在这种精彩景观的环绕之下，这句话的内在核心以更安静的方式讲着政治权力、哲学以及恶的问题。外壳吸引了所有的注意力，而内核则以其模糊的"除非"及其不同的结果，秘密地居于这个中心句的中心，并悄然退隐。只有忽略外在的精彩景观，并集中关注内在的核心，才能使其浮现为独自传达着本质内容的真正中心。此处潜藏着苏格拉底在《王制》中的真正任务，这是一件不宜说出的事情：由他来施行统

---

① Craig，《好战者》，页252。

治,并非作为王,也不是作为任意一位哲人,而是由哲人苏格拉底来统治——苏格拉底将像他所知的希腊智慧者那样统治,并怀着与他们同样伟大的目的。《王制》中心的这个著名的句子,与它所处的位置具有相同的分量。从结构上看,这是苏格拉底如何进行统治的缩影——他从内部统治,而遮蔽他的是一种看似属于谐剧的外观,这是一出女性戏剧的谐剧,事实上,由于其践行的是女性的技艺——化妆的技艺——这种欺瞒的技艺能够创造出一种有用的外观,从而服务于那潜藏其中的经过精心计算的目的。从实质上看,这个句子在突出的外观中展示了一种对激发了格劳孔的谋划的延伸,而它不那么突出的内在却暗示了苏格拉底的真正计划。通过创设一种外表,而且无须男性所要求的炫耀排场或赞赏认可,苏格拉底将像女人一样施行统治。但是苏格拉底的统治的实质是什么?他的统治又是为了什么?

这段中心讲辞的第二个句子,也与其身处的重大时机同等重要,因为它增加了对第一句的核心来说不可或缺的两个要素。"这就是我很长时间犹豫不说的原因:我看到,说出来会多么荒谬(paradoxical)……"哲人应当统治的主张是如此对立于(παρὰ)通常的意见(δόξα),以至于这导致了他在迂回弯路的开端处所宣称的犹豫(450d);说出这个悖谬的主张要求苏格拉底亲自敬拜在阿德拉斯忒娅面前,"……因为很难看到,此外没有别的什么获得幸福的道路,无论是私人或公共的幸福"。除非政治权力与哲学恰好互相结合,否则将无法摆脱恶:摆脱邪恶,正面来说便是获得幸福。苏格拉底已经看到了如此难以察见之事:只有哲人的统治才能使私人或公共的幸福成为可能。这就是《王制》真正的核心,苏格拉底洞察到了为保全乃至推进人类幸福所必需的这一件事。

[319]获得幸福——摆脱邪恶——在很早的时候就成了苏格拉底的潜在主题。忒拉绪马霍斯最早提到幸福,并让幸福成为他关于正义的炫示讲辞中的最高主题:最幸福的人,是一位彻底不义的统治者,迫使被统治者为了他的幸福而服务(343c-344b)。苏格拉底用于驳斥忒拉绪马霍斯的最终论证关切的是"人应当过的生活方式",并且证明正义的人是幸福的;但他随后又宣称自己仍然不知道正义之人是否幸福,从而结束了讲话——幸福原本会是苏格拉底当晚所说的最后一个词,

因为他接着便向听众叙述说,他认为自己"摆脱了论证"(354c,357a)。但是苏格拉底公开宣称,自己对正义之人是否幸福是无知的,这激得格劳孔大声表达他的不满,并发起了对不义之人具有更大幸福的申诉,而阿德曼托斯则展示了诗人和散文家所称的不义之人何以却是幸福的主人,因而声援了格劳孔的论证。他们应该如何生活?如果正义不能带来幸福,他们将会以不义的方式追求幸福。因此,他们为苏格拉底分配了他在《王制》中的明确任务:向对正义与幸福之间的联结失去信心的年轻人做出令他们满意的证明,证明正义与幸福事实上是联结在一起的。为了完成任务,苏格拉底向他们证明,不同的天性有与之适宜的不同类型的幸福:当阿德曼托斯将幸福与物质财富结合在一起时,他所宣称的一种"关于幸福的愚蠢而幼稚的意见"否定了他们城邦的护卫者的幸福(465d-e);城邦授予大多数邦民某种幸福,却授予护卫者以不同的幸福,这种幸福比最有福的奥林波斯胜利者还更有福,因为其中的荣誉更高(465d);只在中心之后,才出现第三种也即最高形式的幸福;这种幸福是为逃出洞穴的人保留的,他们是居住在"福岛"(the Isles of the Blessed)的哲人,"幸福且神圣",而这必然是一种私人的幸福。但那位幸福的人——他的幸福独立于苏格拉底当下为他分配的幸福——必须下降,苏格拉底说。他通过下降以实现中心讲辞所说的:为获得幸福而统治。至于他的统治理由,苏格拉底早已有所说明:既因为必需(necessity),也为了免受被更坏的人统治之罚。而他的统治手段则是苏格拉底现在将要展示的:他将作为一位影像的教师施行统治,比如太阳(Sun)、线(Line)、洞穴(Cave)以及他将要引入的一整类影像——各种理式。只有对这种教学或统治的伟大计划的细节进行精雕细琢,才能充分展示哲人的统治何以能够摆脱邪恶或实现幸福,但其主要观点可以预先说明。哲人,一位拥有私人幸福的个体的人,采取行动保全非哲人的、公众的不同的幸福,这源自他[320]关于幸福所学到的东西:除了哲人以外(也不包括叛徒和罪犯),对于所有人来说,实现幸福都取决于信仰,尤其是其中一种信仰——对正义的信仰,相信自己正栖息于一种美好、正义并良善的秩序之下,其中善行得到奖赏,而恶行受到惩罚,而失去实现这种幸福的可能是一种巨大的恶。但如果整个族群的人都失去了这种可能性,也即诸神之死,则是一种更大的恶。这种更大的邪恶预示着最大的恶：丧失实现福岛上的幸福的可能性。苏格拉底已经看到邪恶降临于宙斯的秩序之中，并已经理解了一位智慧者用言辞所指出的这种秩序的基础，于是，这位知其所不知的智慧之人采取了行动，旨在重建公共幸福的特定基础，并建立美、正义和好的事物的新秩序。栖身于两个非同寻常的句子中的《王制》的中心，既揭示又隐藏了政治哲学的核心：除非哲学下降以统治信仰，否则邪恶将永无休止。①

12 格劳孔：哲人统治的盟友

宣布第三个浪头之后，苏格拉底并没有被嘲笑声淹没。相反，在初次听见苏格拉底这句如今非常著名的话时，格劳孔的反应惊恐而慌乱，他汹涌而出的反应就像对苏格拉底的一种暴力威胁，激烈得超过了对话中迄今为止的所有冲突。"你就可以相信，许多并不普通的男人会当场脱掉他们的衣服，赤膊行动，顺手操起任何武器，全速向你发起某些惊人的行动。"(474a)格劳孔的粗暴回应部分是由苏格拉底造成的：苏格拉底将格劳孔带到了使他听得迫不及待、欲罢不能的地方，此时，只需要做一件最轻微的事，就可以使格劳孔愿意以几乎[321]一切代价来寻求的城邦成为现实——格劳孔宁愿放弃他对奢华的强烈品味，

---

① 在阿尔法拉比(Alfarabi)的《追寻幸福》(*Attainment of Happiness*)中，可以发现对柏拉图《王制》中心讲辞的隐秘核心的外部确认，《追寻幸福》不仅展示了哲人必须统治，更展示了哲人如何统治——通过宗教。Muhsin Mahdi 已经表明，《追寻幸福》是一篇与一位谈话者进行的对话(《阿尔法阿比与伊斯兰教政治哲学的奠基》[*Alfarabi and the Foundations of Islamic Political Philosophy*]，页 173-195)。阿尔法拉比或以第一人称复数说话，并间或以第二人称单数称呼一个人。阿尔法拉比的"我们"，起初指的是对我们用来处理问题时的多种方法感到困惑的"我们穆斯林"，但最终变成了那些"说我们的语言"的人，这种语言只有极少数真正的哲人通晓，而他们的统治就是实现幸福的前提。在这些"我们"中间点缀着一些"你"，而 Mahdi 认为，"你"指的是一位依旧有所欠残缺意义上的哲人：也就是说，"你"是一位前苏格拉底哲人。阿尔法拉比教给伊斯兰哲学的，正是苏格拉底最先教给哲学的东西：哲学必须转向政治哲学，转向"神圣的"(divine)与"属人的"(human)科学，如此才能得以幸存——通过统治，而且这种统治理解了私人的和公共的幸福如何实现，哲学才能幸存。

他的私人宅邸,他的狗和斗鸡以及他的隐私本身。而在这样重大的牺牲之后,格劳孔所期盼已久的究竟是什么呢? 当然是苏格拉底会告诉自己,他必须做什么轻微的小事才能统治雅典,并使雅典合乎他已为之牺牲良多的理想城邦。但是,苏格拉底却告诉他,这座城邦要想成为现实,就必须由哲人施行统治。肯定是格劳孔自己的激情驱使他信誓旦旦地说,苏格拉底会因为这个主张而受到攻击。"如果你用言辞无法保护自己,落荒而逃,你就真会付出代价,遭人耻笑喽。"格劳孔说掌握权势的人(man of substance)将发起暴力的报复,对此苏格拉底毫不怀疑,相反,他认为格劳孔应当为将他暴露在威胁之下负责。不管格劳孔自己的何种失望导致了他的爆发,他都仍然宣称,自己将在即将到来的战斗中忠于苏格拉底:"但我决不会出卖你,还会尽我所能保护你。我可以提供善意和鼓励……因此,在这种支持的保证下,你还是要试着向不相信的人们表明,事情正如你所说。"这位与苏格拉底一起下到佩莱坞的年轻人,签下了同盟之约,直面他所预想的与严肃之人展开的诸多战斗。而苏格拉底却在战斗面前处之泰然,他坚持哲人应当统治的主张,并接受了格劳孔为自己指派的角色:"既然你提供了如此大的联盟,我一定尝试。"

这样,在接受了他精心培养的盟友后,苏格拉底开始为他们的战役做准备,明确指出了将要与谁作战,如何作战,以及用何武器。"依我看,我们如果要避开你讲的那些人,就必须向他们辨明,当我们大胆断言哲人们必须统治的时候,我们指的是谁"。(474b)苏格拉底即将描绘的哲人针对的是他们——哲人统治所面对的强大敌人,而苏格拉底这方仅有的武器则是一幅哲人的新肖像,这幅肖像将向他们的反对者证明:"出于天性,他们既适合从事哲学又适合领导城邦,而其余人则不适合从事哲学,而应追随领导者。""跟我到这儿,"苏格拉底说。"带路吧,"格劳孔回答(474c),于是,他成为苏格拉底的第一位追随者,共同确证哲人就是懂得理式(ideas)的人。

结果表明,为了捍卫哲学,抵御预想中的攻击,苏格拉底教授盟友的东西正是"柏拉图主义"。苏格拉底引入柏拉图主义的意图在于且只在于教导格劳孔:柏拉图主义是为抵御那些攻击哲学的统治抱负的人而提供的护卫——而苏格拉底式的哲学也通过柏拉图主义实现统治。此处，发源于《王制》的中心，伴随着呼吁哲人之治的声音，柏拉图主义的漫长事业开始了，它是这样的哲学观，哲人是懂得理式的人，认知了亘古不变的[322]真实，窥见了美、正义和好。① 这一新主题的庄严和分量轻易地掩盖了那些导致其出场的具体细节，但这些细节本身也从引入柏拉图主义之意图的视角，解释了这一重大事件。

当苏格拉底说"跟我到这儿"，而格劳孔回答"带路吧"之后，苏格拉底引导他做出了一个看起来远非正解的结论，即一位热爱男孩的人（φιλόπαις）爱所有的男孩。苏格拉底指责格劳孔忘记了他们达成的关于"一位爱欲者（lover）会爱一个东西的全部"的说法（474d），但苏格拉底改动了他们的说法：他现在声称，爱男孩的人不加辨别地爱着所有的男孩，而格劳孔则宣称对自己的男孩的无所区别（undiscriminate）的爱，他不顾男孩的缺陷，爱着这男孩的一切，他是格劳孔唯一、真正的爱人（402d-e）。② 苏格拉底接着说，"你"——像你这样的爱欲者——岂不是能够包容各种特质吗？无论是扁鼻子还是鹰钩鼻，无论是皮肤黝黑的、白色的或是"蜜色的"？而说起"蜜色的"，这岂不正是爱欲者所用的昵称（hypocoristic），是用来表示亲昵的呼唤，仿佛对婴孩讲的昵声昵语？愿意追随苏格拉底的格劳孔对此感到犹豫了："如果你想以我为例，来谈论有爱欲的男人的所作所为，那么，为了论证，我同意。"（475a）苏格拉底将"爱欲者们爱一个东西的全部"这一论断延伸到了爱酒的人（φιλοίνους）以及爱荣誉的（φιλοτίμους）人。但事实上，酒的鉴赏家恰恰最厌恶劣酒，而爱荣誉的人则看不起二等的荣誉或是在二流竞争中取得的头等荣誉；他们不会为劣酒或是劣质的荣誉发明出亲密的昵称。假若爱男孩的人（φιλόπαις）、爱酒的人（φιλοίνους）、爱荣誉的人（φιλοτίμους），都不足以成为苏格拉底所建构的范本，以表明爱欲者一方的每个成员都爱着被爱方的每个成员，那么爱智者（φιλόσοφος）——苏

① 苏格拉底提到了一次"神圣"，并以此取代了"好"（good）（479a）。
② 这场讨论发生在音乐教育的结尾处——苏格拉底正准备转向体育。他讨论了音乐教育的目标和宗旨，并且引入了追求美的事物的爱欲（402d）。苏格拉底宣称，具有音乐品质的人将爱（eros）那些能够协调各种德性的人，而不爱那些缺乏这种协调的人，格劳孔对此表示赞同，但他也有所指地为爱一个由于身体缺陷而缺乏形体协调的人进行辩护："你喜爱或者说爱过这样一个男孩"，苏格拉底说（402e）。

格拉底正以前述这几种方式来为其下定义——又当如何？爱智者也并非一视同仁，而当苏格拉底将爱智者界定为"愿意津津有味地品尝所有种类的学习"时，格劳孔终于表达了反对："那么，你就会将许多奇怪的人称为哲人了。"（475c）苏格拉底表示同意：格劳孔所说的爱看的人（φιλοθεάμονες）和爱听的人（φιλήκοοι），也只是因为他们受到景象或声音的壮丽场面的强烈吸引，而与哲人有所相似。当格劳孔问"你说，谁是真正的[哲人]呢"（475e），苏格拉底便有了合适的时机，可以将自己希望告诉格劳孔的哲人之真实说与他听。但是为什么[323]要用这种方式展开呢，为什么要将爱欲者曲解为爱与他所爱之物同类的每个成员，从而因为对每个同类成员的亲昵赞美而抹杀了所有的特殊性？在苏格拉底的论证接近尾声时，这个"为什么"得以揭晓，或者说几乎得以揭晓。

那么你所说的真正的哲人是谁？苏格拉底回答道："那些爱看真理的。"而当格劳孔问他这话什么意思的时候，苏格拉底回答说："压根儿不容易告诉别人。"但他却轻易地——过于轻易地——将理式论的核心教义告诉了格劳孔，因为假若格劳孔将要捍卫作为掌握理式者的哲人，他就必须有能力说服那些不像他那样容易被说服的人们。于是苏格拉底发明了一位对他们很严苛的角色——此人不愿轻易认可格劳孔所轻易认可的东西。为了说服这位更顽固的人，苏格拉底将把这位反抗者的身份分配给格劳孔。一方面通过轻易地说服格劳孔，一方面使格劳孔扮演他们的严苛对手，这位大师级的教师训练着这位心甘情愿的盟友。

谁是真正的哲人？为了追寻解答，苏格拉底令格劳孔同意，美与其反面——丑——是两种事物；既然如此，它们各自也是一；同样的论证也可以用于彼此相反的"正义与不义、好与坏，以及所有的样式（εἴδη）。它们自身都是一，但因为它们到处都与行动、身体，并与彼此共同显现，它们各自就都是一个幽灵般的多"（476a）。对此，格劳孔未加反对地接受了，他也没有要求苏格拉底解释，这些理式中的每一个如何是一个最终表现为多的一。就这样，苏格拉底可以轻易地将真正的哲人与其相似之人分开：一边是"你刚才所说的那些人"，爱观看的人（φιλοθεάμονες），但苏格拉底又加上了爱技艺的人（φιλοτέχνους）和实践的人（πρακτικούς）；而他放在另一边的，则是"只能恰当地称之为哲人（φιλόσοφος）的那些人"（476c）。于是格劳孔发出了他对于这整套低难度练习的唯一一次疑问："你什么意思？"苏格拉底的意思是，"爱听的人和爱看的人肯定"喜欢"美的声音、颜色、形式和所有用这些东西做成的东西，但他们的思想（διάνοια）没有能力观看并喜欢美本身的自然"。这一关键的差别，将思想（διάνοια）提升为观看美本身的自然，表达得如此简洁而不加诠释，得到了格劳孔的全然赞同："确实如此。"苏格拉底提问说，而另一种爱欲者们——"那些能够接近美本身并将其作为美本身而观看的人"——不是很稀罕吗？苏格拉底并没有要求格劳孔在关于这类爱欲者的那种使其得以看见美之理式的独特思想（διάνοια）的内容方面，或者在关于唯有他们才能清楚看见的理式的自然的内容方面赞同自己——而只要求格劳孔同意，这类人十分稀罕。接着，苏格拉底继续探讨第二个特征，这又仅仅与[324]使哲人与其他人区别出来的说法有关："一个人相信①存在种种美的东西，却不相信存在美本身，要是有人带他去认识美本身，他又没有能力跟随——这个人，依你看，是生活在梦里还是清醒？""想想看，"苏格拉底这样要求着格劳孔，他正引领格劳孔追随一种关于哲人的新定义，而现在，苏格拉底开始描述非哲人的状态，"一个人无论睡着还是醒着，如果他相信某物的相似不是相似，而是它所相似的那个东西本身，这个人不是在梦里吗？"现在，苏格拉底可以界定哲人为"相信（ἡγούμενος）存在某种美本身，而且既能看见美本身，又能看见分有美本身的东西，既不相信分有美本身的东西就是美本身，又不相信美本身就是分有美本身的东西"的人（476d）。苏格拉底并没有就哲人的信仰或是这种信仰的对象向格劳孔提出任何问题，而是问他："依你看，他是活在梦里还是清醒着？""他非常清醒。"格劳孔断言，他认为自己能够判断，什么是清醒状态。苏格拉底已经说出了将哲人与其他人区分开来的关键区别，但他十分谨慎地只向格劳孔问起哲人的两个次要特征：哲人既罕见又清醒。筛选出了罕见又清醒的人后，苏格拉底用清晰明确的语言为格劳孔辨

① "相信"在此处的表述是νομίζων，意为"作为一种习俗或惯例而相信，用来表示被传统或规定的权利所承认的东西"（LSJ）。

别这个人:"这个人的思想就是知识,因为他知道,而其他人的思想是意见(opinion),因为他形成意见(opines),这样说不正确吗?""非常正确。"这是格劳孔的意见(opines)。

苏格拉底很容易地引导格劳孔认同了自己对哲人的新定义,但他的盟友将会发现,要引导其他人也这么认同却殊为不易。为了帮助格劳孔做好准备,以在那些不那么乐意被引领的人面前维护哲人,苏格拉底创设了一个他的盟友通常会遇到的小场景。至于他们已经辨识出来的"只猜想(opines)而不知道"的人,在苏格拉底赋予他言语,使他严苛地对待他们两人,并质疑他们所说的真实之时,就变得活跃起来了(476d)。这个对他们严苛的人似乎代表了格劳孔断言将赤膊行动来威胁苏格拉底的那些人:苏格拉底正是"为了他们的缘故"而展开辨识哲人的讨论——为了"设法避开他们"(474b)。为了避免与这样的对手起冲突,苏格拉底他们必须"设法安抚并温和地说服他"。对于如何开始安抚,苏格拉底已有头绪:"不告诉他说他不健康。"起初,他们将避免让他感到受侮辱,这就要求他们隐藏其断言:他是一位只有意见的造梦者,而他们则知道真正的真实。接着,苏格拉底为格劳孔设计了一套基本的论证——在结尾处,[325]苏格拉底称之为"漫长的论证"(484a),这论证之所以漫长,是由于苏格拉底要以教育者的方式来训练他的学生,从而让他掌握这场论证的各个要点。"那就来吧,想想我们会对他说什么。或者,你想让我们这样问他吗——就说,要是他知道某种东西,没人会嫉妒,相反,我们会高兴看到他知道某种东西?"(476e)。苏格拉底为盟友上了一堂关于苏格拉底式发问的基础课:首先将他的"知识"接受——显得接受——为好的(good coin),并检验之。"但请告诉我们,知者是知道某种东西,还是不知道任何东西?"格劳孔则会说反对者的台词,也就是那位他们正尝试说服的人,那位怀持己见而对他们态度严苛的人,他将消散于格劳孔身上。而在演练的转折点(479a)及尾声(479e)处,苏格拉底将使这位反对者再次出现:苏格拉底在教化过程中为格劳孔指示了用以回击哲人之反对者的言语。

"知者是知道某种东西,还是不知道任何东西呢?""我会回答,他知道某种东西。"格劳孔如是说,这证明他已经习得了苏格拉底的第一堂课。"这个'某种东西'是存在呢,还是不存在?"格劳孔给出了合理的回答:"存在。不存在的东西怎么可能被知道呢?"经过这样的准备之后,苏格拉底设计了一种意在诱导肯定回答的方式,从而提出了关键性的问题,并为他的漫长论证奠定了前提:

> 因此,我们是否充分把握了这个事实——即便我们应该从许多方面来考虑——完全存在的东西完全可知;而根本不存在的东西根本不可知?(477a)

"再充分不过。"格劳孔的回答——假若是位哲人的回答——则宣称了一种本体论和认识论上的乐观主义,表达了对人类认识真实(reality)之本来面目的能力所怀有的十足信心。但是没有理由设想,格劳孔已经对人类认知的本质以及被认知之物的本质进行了哲学式的思考。苏格拉底所问的并不是一位哲人同伴,而是一位哲学的年轻盟友,他需要一场论证来捍卫哲人的新身份——知晓理式者。苏格拉底这个问题是这位最独特的哲人所提出的聪明问题——在二十多年前,他首先转向了考察人类的认识,转向λόγοι[逻各斯],以考察λόγοι处理存在之起源这一哲学的终极关怀的能力。苏格拉底的问题表明了他从意见中学到的东西:意见对于自身的"认识"能力有完全的信心。苏格拉底并没有要求得到他自己(苏格拉底)的答案,而是预期着由格劳孔和反对者都会自然给出的回答——苏格拉底和格劳孔两人正向这位反对者隐瞒[326]他并不健康的事实,因为他只有意见,却自认为有知识。苏格拉底的问题经过了精心设计,而他意在引出的回答是这样一位持意见者自认为知道的一个最根本的问题:他"知道"自己的想法和言辞如实地展现了事物。

"再充分不过。"格劳孔发表着意见(opines),并指出诘难哲学者们所持(opine)的意见:他们已经充分把握了苏格拉底本人被引领着加以追问的问题——人类对"存在之物"(what is)的知识。无论是格劳孔还是严苛地对待他们的那个人,都没有严苛地对待自己。由于懂得了这一点,苏格拉底便可以无辜地发问,并获得了他为了得出关键论证所需要的前提。因为,苏格拉底丝毫没有停留在作为哲人的苏格拉底必然将之视为格劳孔的本体论和认识论幻梦的事情。相反,苏格拉底紧贴着自己的教育:哲学的盟友将对付那些与他自己相似的人,那些固执地坚持认为自己已经充分理解了"存在之物"的人；意见幻想着认为（dreams）自己就是知识，它宽于律己，但对那些质疑它的人却非常强硬。"在意见的眼中，意见就是知识，而且它所持有意见之物并非相似于事物本身，而就是存在的事物本身。"①苏格拉底清楚，除了极少数人之外，所有人都很容易活在由他们所把握的真实所构成的幻梦之中。苏格拉底的论证因而是辩证法的：他的起点是所有人在关于自身之认识方面已经知道的东西。从其发端的前提开始，这一套论证是一位哲人为其信仰者所打造的。

　　苏格拉底的论证关乎意见。在确定格劳孔一方面接受了存在与不存在的两种极端，另一方面又接受了知道与无知的极端后，苏格拉底就"某种本身既存在又不存在的东西"发问——这种东西岂不必然介于完全存在的东西与压根儿不存在的东西之间吗？相应的，由于知识依存于存在的东西，而无知依存于不存在的东西，那么对意见的探索必须着眼于介于知识与无知之间的某种东西。针对这种力量或能力（δυνάμεις）及其所依赖之物，苏格拉底提出了他称为自己所独创的区分（477c-d）。"你呢？"苏格拉底在结尾处问，"你怎么做？""同样，"格劳孔说，他不可能对各种力量之区别及其各自依存之物进行过什么思考。作为一种异于知识的力量，意见必须依靠于某种不同的东西——依靠可以作为意见的（opinable）东西，这与可知的（knowable）东西必然不同。那么，意见由以构成的、可以作为意见的东西是什么呢？它既不可能是存在的东西，也不可能是不存在的东西。"想想吧，"苏格拉底鼓励地说，仿佛格劳孔已经茫然失措——他何尝不会迷茫呢，既然它既不是存在的东西，又不是不存在的东西，那么可以作为意见的东西究竟是什么呢？通过复[327]述前面讨论过的内容，苏格拉底引导格劳孔温习了一遍他所讲述的整个区别（478b），迫使格劳孔亲自说出如下判断：知识与意见是有所区别的力量，而它们各自所依靠的东西也必定有所区别。苏格拉底引导格劳孔回顾他们在论证之初（477a）关于介于存在之物与非存在物之间的东西的讨论，苏格拉底说，这是他们目前正

---

　　① 伯纳德特，《苏格拉底的第二次航行》，页136。伯纳德特补充道："苏格拉底[在此]所谈及的哲人的内容，都必然是对于意见的意见。爱着他所知之物的哲人，是意见的爱欲者。"

在解决的问题：他们正在揭示他们起初便决心揭示的东西。已然得到揭示的是，意见处于无知与知识之间，但"我们仍然有待于发现是什么东西分有这二者——'存在'与'非存在'……如果它显现，我们就能正确地称之为可以作为意见的东西，从而用两端指称两端，用中间指称中间"（478e）。

而就在此处，通过揭晓关于存在与认识的处于若干组容易描绘的极致中间的事物，苏格拉底又把他［反对者］带了回来："就让他告诉我，且让他回答——那位好人不相信，存在任何美本身和一个关于美本身的理式，它在所有方面总是保持相同，而是坚称存在许多美的东西，要是任何人断定，美是一，正义是一，等等，这个热爱观看的人就决不能忍受。"（479a）引导格劳孔对此做出回答后，苏格拉底现在将他拉拢到自己一边——"我们会说"——并说出了他们将向共同直面的敌人发出的富有说服力的讲辞："现在，你这个最好的男人噢，在这许多美的东西中，就没有看起来丑的东西？在正义的东西中，就没有看起来不义的东西？在虔敬的东西中，就没有不敬的东西?"格劳孔给出了回答，而且还在继续作答，他并未表明自己是在为了被他们如此恭敬地视为最好的东西而作答。通过这种教诲方式，苏格拉底传授了格劳孔要说服另一个人时所需的［言辞］，他要说服对方接受，被自然地照亮的整个领域不过是一个中间（between）世界，唯有哲人才拥有关于光之领域的知识。这就是苏格拉底赋予格劳孔的武器，格劳孔将以此抵御全速向他袭来之人：我们必须用尊敬的态度赢得这些对手的转变，使他们相信唯有哲人才能够进入可知的光之领域，而其余所有人只能感知到一些处于中间的薄暮之光，他们仅能对变幻无定之物形成意见。苏格拉底为哲学采用的新战略——柏拉图主义——大胆地在关于生成与消尽的整全之现实中开启了一片新的空间，并以存在之物为标准对这种现实进行了明确的降格和贬黜，而存在之物据称在所有方面都永远保持不变，它们是光明领域中的诸理式（ideas）。

苏格拉底就两个极端和一个中间物设计了一套容易记忆的方案，并将所有非哲学性的"认知（knowing）"尽皆归为一种无法摆脱模糊性的中间产物，完成上述工作后，苏格拉底直接转向了智术师们出了名地爱耍弄的逻辑谜题：两倍与一半、大与小、轻［328］与重（479b）。苏格

拉底问道:"你能处理[这样的谜题]吗?"他为格劳孔展示了该怎么应
对它们,如何用新见解来解除对手的武装:"除了在存在($oὐσία$)与不存
在之间,你还能找到更适宜的地方安置它们吗?"苏格拉底很得意,他
们已经找到了一个地方来安置"许多关于多的信念,关于什么是美和
其他东西":它们"在完全不存在与完全存在之间的某处来回游移"
(479d)。难怪苏格拉底为此得意:他为格劳孔(以及格劳孔将对其展
示的人们)展示了理式如何将智术师与哲人分别归入相应的席位,为
什么其中一者应受怀疑而另一者值得信任。苏格拉底还授予了格劳孔
一种简单的方法来对付智术师们,驳斥他们以普罗塔戈拉的"人是尺
度"为先驱的那类论点。格劳孔现在可以公开宣称,关于美、正义和
好,诸如此类的所有矛盾都不过是意见本身的冲突,而关于美、正义和
好的理式则远远超越意见之上,而且,这些理式既是亘古不变的,也为
哲人所知。一位曾经严苛对待苏格拉底的著名智术师,现在成了一
位见证人,他见证了苏格拉底创造出一种哲人与智术师之间的简明
区别,这种区别为一方赢得了公众的信任,而为另一方招来了公众的
鄙夷。

　　在论证的结尾处(479d),苏格拉底在谈及那些在论证开头(476c)
难以跟上思路的人时,使用了复数形式,"至于那些人,他们看着许多
美的东西却看不见美本身,甚至不能跟随引导他们朝向美本身的人"。
现在,他终于能够和格劳孔共同说出他们在一开始予以隐藏的东西:
"我们会断言,他们具有关于所有这些东西的意见,却丝毫不认识他们
所形成的意见。"(479e)在用温和的方式应对曾经对他们很严苛的那
位对手后,现在他们可以将这种严酷的真实告诉所有这样的反对者。
而且,他们现在可以为那些一开始就拒绝被区别于哲人的人们确立一
个名称:称呼他们为"爱意见者(philodoxers)而非爱智者(philoso-
pher)"。"要是我们这样说,他们是否会非常生气?"苏格拉底这样问
道。而刚被说服并接受了这种说法的格劳孔回答道:"不,只要被我说
服,他们就不会生气。因为对真实的东西生气不合法。"格劳孔欣然担
当起了为哲学而说服他人的角色,通过诉诸法律来抵御目无法纪的攻
讦者。至此,苏格拉底可以宣称,他那漫长的论证已告完结(484a):格
劳孔已经表明,这论证在他身上完全有效。当苏格拉底告诉格劳孔,为

了实现他们的城邦,哲人必须统治时,他便展开了自以"哲人-狗"为切入点探讨城邦统治者的培养和教育以来,第一场关于哲人的论证。①这种对哲人[329]这一术语的奇怪引入,点亮了《王制》的中心:柏拉图主义为哲人-狗的教育画上了句号,从而使哲人得以统治这座新城邦中表面上的统治者。

不过,至于苏格拉底那用以展开其整个论证的将人引入歧途的方式呢?他声称爱欲者不加分辨地爱着其所爱之类中的每个个体,这该如何理解呢?伯纳德特表明了论证的结尾如何与其开头相呼应:在谈及许多关于多的信念这一例证时,苏格拉底复述了在创建爱男孩者这一门类时所使用的误导性概括。"他将各种持信念者归入一个门类,尽管每种持信念者都是因为其特有的将某物视为无上地美、正义或好的认同,从而进入了该门类,但该门类自身的特征则在于对美、正义或好之物的复合体(manifold)的合法信念。"②第一个例证误导性地将所有爱男孩者都归入了一个爱着全部男孩的门类,尽管格劳孔做了每一位爱男孩者所做的事:爱属于自己的男孩的全部。而最后一个例证误导性地将全部爱意见的人归入一个包融诸多合法意见的门类,尽管每位爱意见者所爱的仅仅是属于自己的合法意见,也就是他的城邦或邦民所持的意见。伯纳德特采用了关于爱男孩者的例子中的一个语词,旨在阐明——让人听来十分愉悦地阐明——爱意见的人的例证:昵称(hypocoristic),也即对婴孩讲的昵声昵语,或是亲昵的呼唤。"苏格拉底在表达的意思是,基本的昵称有三到四种[美、正义、好,或许还有神圣],它们得到一切城邦和部落的合法习俗和实践的普遍宣称。在任何地方,它们都是人们的托辞,并且永远被用来伪装对属己之物的爱。它们与爱男孩者所使用的'迷人'(charming)、'王者般的'(kingly)以及'蜜色的'(honeypale)有相同的功能。"苏格拉底对柏拉图主义的论证是一项进行着双重展示(double showing)的匠心之作:哲学的盟友用来向哲学的敌人展示(show)关于"哲人是美、正义与好的知者(knower)"这一有益意见的论证本身,表明了(shows)哲人的确知道的关于

---

① 456a 处提到了 φιλόσοφος[爱智慧的],并将其与作为女人与男人共同享有的 μισόσοφος[恨智慧的]联系在了一起。

② 伯纳德特,《苏格拉底的第二次航行》,页 138。

美、正义和好的东西:它们都是讲给婴孩的昵声昵语,是饱含爱意的言辞,对于何谓艰难、好和神圣(对他们而言),所有人都不可避免地依赖这些言辞。①

13 柏拉图主义:哲学的政治辩护以及哲学的引言

苏格拉底为他的盟友进行的论证——他意在为培养这位盟友而进行的小小演练——标志着西方历史上的一个重大时刻:这是苏格拉底[330]为此后被称为"柏拉图主义"的东西所做的前所未有的首次论证,这种哲学后来统治了西方。柏拉图在《王制》中为这场论证赋予的语境,对于理解其含义而言是不可或缺的。首先建立的是宽泛的文化语境:先祖权威的衰落,智术(sophism)带来的威胁,以及梦想破灭的年轻一代对道德的渴求。而总体的对话语境则是为了在其中寻找正义而创建一座新的城邦。而更直接的对话语境则来自聚集起来的众人以及他们的新牧人的一致需求,他们呼吁苏格拉底承担一项或许并不可能而且也不受欢迎的提案,苏格拉底也自称对此有所顾虑。最后,最直接的语境位于《王制》的最核心处,即苏格拉底关于哲人必须统治的主张。柏拉图主义是作为这个核心主张的直接结果而首次出现的,但《王制》的叙事一致性要求,柏拉图主义应当被视为对其他几个语境的终极回应:柏拉图主义是这样的教诲,它一方面能够解决权威的危机和正义的危机,又能完善哲人-狗的教育,而他们将领导新的城邦;同时,它还使新的城邦在某种意义上成为可能,并在理解了人类幸福的基础上应对关于恶的问题。所有这些内在于《王制》的语境都必须加以集中考虑,从而领会在《王制》的核心处引入柏拉图主义的意图。但是这还不够:柏拉图还为《王制》本身赋予了一个语境——对于他所教导的那些对哲学如何成为苏格拉底式的怀有浓烈兴趣的学生们,柏拉图为他们提供了这个鲜为人知的语境。因为就在此处,在柏拉图主义从

---

① 柏拉图由此在苏格拉底的言辞中留下了尼采令他的扎拉图斯特拉公开说出的东西,等待人们发掘(《扎拉图斯特拉如是说》,第一卷,"论一千零一个目标")。

《王制》的中心萌生之处，柏拉图为他的对话赋予的时序安排——也唯有这种安排——为理解苏格拉底引入柏拉图主义这一举动的历史特征提供了完整的语境。

如果对柏拉图对话的时序线索进行严格的考察，最显著的收获之一便是能够以苏格拉底那不断变换的视角来理解理式的历史。① 柏拉图将最早的阶段尽可能留到了最后时刻。在《斐多》中，在苏格拉底一生的最后一天，就在他一生的最后一场论证之前，苏格拉底带着刻贝(Cebes)和牢房中的其他人回顾了他一生中最早的哲学事件。苏格拉底讲到，引导他从对自然的热情探索转向研究 λόγοι [逻各斯] 的推动力，在于对充分理解原因(cause)的追求，也就是他的"为了追寻原因的第二次航行"(《斐多》99d)。通过假定理式以及特殊之物对理式的分有，苏格拉底开始了自己的事业(100b-d)；这给了他一条在其生命尽头所说的"安全的道路"，从而得以理解例如事物中的美的原因(100b-e)。在生命的最后一天，苏格拉底为刻贝讲述了自己对理式的第一次运用，并着重推荐刻贝走那条安全的道路，不过，苏格拉底克制住了自己，没有告诉刻贝(以及[331]公元前429年身处佩莱坞的格劳孔)另一桩由柏拉图所揭示的重大事件——这件事也与理式有关，并发生在苏格拉底的青年时期。柏拉图将这个复原[苏格拉底]的事件(event of recovery)留给那些有哲学倾向的克拉佐美奈人，他们在苏格拉底去世后航行到雅典，前来了解公元前450年苏格拉底在大约19岁时与帕默尼德之间的谈话，这场谈话肯定发生在苏格拉底在《斐多》中所说的[第二次航行]事件不久之后。他们寻求复原真相的努力使他们得以有幸听到，年轻冲动的苏格拉底将诸理式作为自己发明的新办法，以之应对关于一和多的哲学问题，而帕默尼德和芝诺已经为这个问题倾注了一生的精力——克拉佐美奈人也得以当即听见，帕默尼德发人深省而又无可辩驳地证明，苏格拉底的"解决方案"存在着难以克服的逻辑缺陷。然而，在证明诸理式即便存在也完全不可知之后，年老的帕默尼德告诉年轻的苏格拉底，那些否认存在着存在者之理式的人——他所举的例子是美、正义、和好——将不会理解任何东西，同

---

① 见 Linck，《走向理式》("Coming to the Ideas")。

时还会完全破坏交流性言辞（communicative speech）的力量（《帕默尼德》135b–c）。

《斐多》和《帕默尼德》所讲述的这两个哲学史上的重大事件，比《王制》早了二十多年，然而，有过那样一段经历的苏格拉底却教给格劳孔以一种关于理式的简化看法，自从遭遇帕默尼德以来，苏格拉底就知道这种看法是站不住脚的。这不是一种自相矛盾。如果考虑到苏格拉底和格劳孔（以及刻贝）之间的差异，那么，苏格拉底在《王制》中对理式的介绍就与他在哲学事业早期对理式的追求完全相容了：能让一位十九岁的哲人在被帕默尼德点醒之前简单地感到满足的东西，却足以永久地满足年轻的——以及年老的——非哲人们，使他们满意地以为，那些他们并不真正关心的问题——例如关于一和多的愚蠢想法——已经被苏格拉底以及其他懂得理式的哲人们解决了。对他们来说，各种理式正如苏格拉底告诉刻贝的那样，是一条用于思考原因的安全道路。年轻的哲人苏格拉底被迫放弃的东西，已经足以使格劳孔永远满足——因为格劳孔不会苛求自己继续追问"哲人懂得诸理式"这个意见。柏拉图安排格劳孔与阿德曼托斯一起在集市上领着来自克拉佐美奈的人们前去寻找他们远航至雅典所求之物，这绝非偶然——而三十年来，格劳孔自己却从未费事向自己的同母兄弟打听一下那次谈话，那次谈话迫使青年苏格拉底超越自己关于理式的幼稚观点，后来，苏格拉底将其作为真实看法讲给了格劳孔。

柏拉图使复原这一哲学史上的——在苏格拉底的一生中——第三大事件成为可能，而这个事件照亮了位于[332]《王制》中心的这场论证：这一事件在《会饮》中得到讲述，这是柏拉图唯一另外一次对《普罗塔戈拉》之前的苏格拉底加以交代的惊鸿一瞥，而《会饮》也是《斐多》和《帕默尼德》之外的唯一一篇由苏格拉底之外的其他人转述的对话。在《会饮》中，阿波罗多洛斯不自知地亵渎了苏格拉底的秘仪（mysteries），但他的方式却使其对所有人保持为神秘之事（mysteries），而只对最有能力的追求苏格拉底的爱欲者敞开。因为，在公元前416年的那场私密讲辞中，苏格拉底对一群最精细的（the most sophisticated）雅典人传授了自己的终极发现，也就是数十年前由第俄提玛（Diotima）以秘仪的形式传授给他的东西。这位来自曼提尼亚（Mantineia）的智慧女人使苏格拉底进入（initiate）爱若斯（Eros）的秘仪，而爱若斯这个精灵（daimon）——不是神——诞生于足智多谋的珀尼阿（Penia）。第俄提玛令苏格拉底领悟一切人类可知之物中最根本的东西，也即一切可知之物的由爱欲而生、由欲望而生的特性——尤其是美的东西，它们具有由爱欲而生的特性。在《会饮》中可以接近的这个秘仪并未在其中受到亵渎，这个秘仪——接近它就意味着达到苏格拉底式哲学的核心——在《王制》中被隐藏得更深了，在《王制》中，美、正义和好被说成是理式，而根据理式的新定义，它们是永恒的、自在的超真实（nongenerated hyperrealities），只能够为哲人所知。尽管如此，《王制》仍然为《会饮》中被作为秘仪而传授的真理保留了空间，因为《王制》是将理式作为对一个政治问题而非哲学问题的解决之道引入的。通过使苏格拉底在一个完全政治性的语境下，以完全政治化的用途引入理式，《王制》提请人们对这些理式本身提出疑问，而一种对各篇对话的时序研究则提供了令人愉快的答案：在公元前429年，理式是苏格拉底过往经历的遗迹，而他可以用它们来为一种关于哲人的安全的新公共教诲奠基。现在，诸理式是一种教义，是一种由非哲人所秉持的关于哲人之权威的信念。在崇高教义所提供的保障的庇护下，苏格拉底式的哲学探询得以继续它那爱若斯般的努力，继续它的无尽漂泊、无家可归、无履可着的旅途。①

　　对柏拉图对话的时序研究还为考察《王制》的核心部分提供了另一个视角：只有对话的时间序列才能表明，苏格拉底关于理式的新政治，正是他在前波提岱亚对话——《普罗塔戈拉》及《阿尔喀比亚德前篇》——中为哲学而做的政治努力的一种升级版本。与《普罗塔戈拉》一样，《王制》中的苏格拉底向更广泛的雅典听众讲述了一场发生于启蒙领袖与雅典年轻人之间的私密对话；苏格拉底又一次将［333］自己呈现为雅典青年的真正捍卫者，保护他们抵御异邦教师们带来的威胁——而雅典人有正当的理由怀疑他们。忒拉绪马霍斯取代了普罗塔

---

　　①　这三部对话让我们得以窥见前《普罗塔戈拉》时代的苏格拉底，而只有对这三部对话进行详尽的注疏解释，才能充分解释，理式如何成为苏格拉底在成熟时期所教授的教义。我打算在这项工作的第二部书中讨论这几篇对话。［译按］参本书导言"柏拉图对话时序安排中的哲学"一节。

戈拉,他是普罗塔戈拉阵线中更直言不讳的一员,但苏格拉底再次进行了一次精心谋划的努力,以改变希腊启蒙运动的方向——在《普罗塔戈拉》中从未出现过的成功希望出现在《王制》之中,因为,变得温和而专注的忒拉绪马霍斯即将成为苏格拉底的朋友。尽管如此,苏格拉底还是像对待普罗塔戈拉那般严苛地对待忒拉绪马霍斯,从而服务于自己的目的:将自己呈现为一位即便在私下也很警醒的道德守望者,并在公开场合揭发了忒拉绪马霍斯私下所说的骇人内容。阿尔喀比亚德和克里提阿则被格劳孔和阿德曼托斯取代,这兄弟两人不那么有希望,但更能代表雅典年轻人,而苏格拉底教给了他们他从未教给阿尔喀比亚德和克里提阿——苏格拉底对这两位雅典青年的教育归于失败——的东西:关于理式的安全的哲学,以之作为一种保全其业已动摇的正义信念的方式。《普罗塔戈拉》表明,苏格拉底在战前的雅典的辉煌时代力图扭转希腊启蒙的方向,并尝试将最优秀的雅典年轻人吸引到自己身边;而《王制》则表明,苏格拉底返回了饱经战争蹂躏、受尽瘟疫摧残的雅典,并要在远为不利的环境中,以远为激进的方式来达成同样的目的。

《王制》意在完成《普罗塔戈拉》中的未竟之事,《卡尔米德》则展示了其方式:面目一新、心意坚定的苏格拉底从波提岱亚归来,他如同一位新的奥德修斯,带回了旨在应对哲学所难以回避的政治难题的异邦新事物。在《卡尔米德》的核心,克里提阿表明,苏格拉底就德尔斐那些言辞的教诲如何点燃了自己的僭政之梦;而在《王制》的核心,已经看到自己的说教会产生何种后果的苏格拉底对格劳孔采取了不同的行动,这个雅典年轻人的抱负与克里提阿相同,但他绝不能重复克里提阿的未来。在随即展开的论述中,苏格拉底捍卫了《王制》关于哲人必须统治的核心观点,并且表明,哲人可以通过统治信仰达成统治。就像他们的新城邦中的抚养和教育所显示的那样,指引成年人的行动的,是他们在青年时期被灌输的关于美、正义和好的信仰。统治信仰就是统治施行统治者;一位统治信仰的哲人,将是一位哲人统治者,尽管他不是哲人王——画家在梦中画就的那种羊鹿

(goatstag)(488a)。① 柏拉图的兄弟格劳孔将不会受到苏格拉底任何话语的诱惑,以致踏入其母舅克里提阿的僭主[334]迷梦,因为,格劳孔作为苏格拉底的盟友,参与了这种新的统治教诲的最初创建。作为第一个被委以说服哲人统治的反对者这一任务的人,格劳孔成了一支即将出现的军队中的第一人——这是一个由柏拉图主义者组成的军团,他们是理式的信徒,并相信哲人们知晓理式。苏格拉底在离乡漂泊中所学到的,也正是奥德修斯在漂泊中所学到的:"他命中注定要建立的不是知识,而是信仰。"②

哲学进行统治的需要,在柏拉图用荷马史诗中的形象将苏格拉底塑造为归来的奥德修斯的笔法中可见一斑,同时,格劳孔毫无困难地将理式接受为真实教义,从中也可以看到这种需要。虽然苏格拉底已然建立权威,但要让格劳孔如此乐意地接受这样一种看法——如施特劳斯所说,"首先……它完全不可信,即便不说它看起来如同幻想一般"——③所需要的还不只是权威。施特劳斯表明了格劳孔何以如此欣然地接受关于理式的教义:起初,这在他(格劳孔)看来丝毫不显得不可信,因为他是位雅典年轻人,从小的教育使他相信"正义女神(Dike)或是胜利女神(Nike)那样的神,她们既不是这场或那场胜利,也不是这尊或那尊胜利女神神像,而是那始终如一的自我存续之物,在某种意义上,它是每一场胜利的起因,并具有难以置信的壮丽"。面对荷马诸神的不光彩的起源,格劳孔轻易地将

---

① 对此,笛卡尔的理解是如此深刻,以至于他能够尝试将其复制并获得成功:哲学通过其本身的某种可信仰的相似物来达成统治,就笛卡尔来说,这种相似物就是一种断言存在着绝对确定性、证实上帝存在以及灵魂不死的哲学;这种哲学戏仿着宗教的绝对确定性,而后者自封为真正哲学,从而威胁要摧毁哲学。正是由于笛卡尔对柏拉图式的策略有如此深刻的理解,他可以在自己第一部著作的导言——也即他对自己的导言——的最后一句话中,拒绝世间所能授予的"最高职位",拒绝纯粹的王权;因为他已经在《方法谈》(*Discourse on the Method*)中处处暗示,自己是一位欲达成更高尚之治的哲人,即通过一种新的物理学来统治一个完整的时代,而他则是这种物理学的主人和统帅。在笛卡尔的思想中,哲学和政治权力同样重叠为一,尽管当今唯有少数人看到了这一点。参拙著《尼采与现时代》(*Nietzsche and Modern Times*),页145-171。

② 这些是伯纳德特在《弓与琴》(页152)中将一切和盘托出的最终话语。

③ 施特劳斯《城邦与人》,页119。其后的引用来自于该书的页120。

信仰转向了被称之为下式(εἶδη)的自我存续的存在物,也即美本身、正义本身、好本身;它们像诸神一样,是"自我存续之物,是一切好的东西的原因,它们具有难以置信的壮丽,并且,由于它们从不改变其'样式'(form),它们不会被感官所捕获"。作为已经为诸神立下新法的神学家,苏格拉底为已对旧日的荷马诸神失去信仰的人们引入了理式,以之作为显而易见的新的诸神。荷马,"希腊人的教师"(606e),统治的是正在消亡的时代;吟诵苏格拉底的诗人志在统治后荷马时代的希腊——就像那位吟诵奥德修斯与阿喀琉斯的诗人那样统治。

苏格拉底为柏拉图主义提供的第一个论证教给了格劳孔伯纳德特所说的"对哲学的一种对立见解",[①]这种见解与[335]《斐多》《帕默尼德》《会饮》的稳步进展中所暗示的苏格拉底的哲学思考相对立。如伯纳德特所指出的,这种对立的见解并不完全是错误的,也并不完全只是关于哲学的一个高贵的谎言。相反,柏拉图主义是指向苏格拉底式哲学的指针,因为它以简化的方式描绘了一个在人们自然的理解过程中所发生的事情,它将可以称之为"自然的柏拉图主义"的东西确立为一种教义。伯纳德特注意到:"所有寻常的理解,都在一种超乎寻常的程度上基于每个人归之为一种柏拉图理式论的东西……其原因在于人们或许可以称之为'语言本身的系统性误导特征"的东西,它必然引向虚假的柏拉图理式论。"[②]语言必然引起误导,语言把永远只是作为整体过程中的不同环节的一些特殊之物集合为相对固定的东西,并以指代各种不同的普遍性的语词为之命名——人们出于其偏好,将这些各自不同的普遍性具象化为诸如理式这样的东西。作为一种教义的柏拉图主义描绘了——同时也利用了——人们进行"柏拉图化"的自然倾向:人们将理解和交流过程中不可缺少的各种"理式"当成真实的东西。作为一种教义的柏拉图主义将关于美、正义、好的事物的基本经验——以道德的方式对世界进行安排的那些意见——加以具体化;它为世界

---

① 伯纳德特,《苏格拉底的第二次航行》,页140。
② 伯纳德特,《情节的论证》,页295。

假之以(lends)一种道德基础,同时邀请偏好哲学的人前来对它进行探究。①

由于理式的教义对人们倾向于创造一种显得永恒之物的偏好来说是真实的,因此,它对于柏拉图就苏格拉底的独特经验所讲述的东西来说,便是虚假的;苏格拉底在转而研究人类经验的过程中,曾经有片刻的时间盘桓于理式,将其作为对一个哲学问题的解决方案,但是,他的这种转向最终还是发现了美的和好的事物生成于欲望的特性。作为教义的柏拉图主义做了人类经验通常所做的事:将由欲望而生的产物与产生它们的活动割裂开来。柏拉图主义在理论上反映了人类的如下自然偏好:将产物与产生过程相分离,封闭并否认其作为产物的特性。作为一种教义的柏拉图主义,为这种"柏拉图化"的自然倾向赋予了一种附带着论证和形象的理论礼物,从而保护其应对质疑;柏拉图主义为格劳孔提供了他所天然偏好的"哲学",这种安全的哲学保护美、正义和好的东西应对由哲学思考所产生的怀疑。苏格拉底对柏拉图主义的论证,依[336]靠的是关于自然的意见的(of natural opining)自然的柏拉图主义,依靠的是这种柏拉图主义对于自身对美、正义和好的概念以及这些概念与现实的呼应充满信心。可以说,好问的哲人苏格拉底是唯一的非柏拉图主义者,是唯一一位质疑自己的美、正义和好的概念是否充分的人。苏格拉底怀疑着其他人自认为懂得的东西,同时断定,哲学的盟友所宣扬的如下误解对哲学本身有用:哲学分享着普通的本体论和认识论上的确定性。

就其最明显的教育目的来看,柏拉图主义对新城邦的领导者和追随者而言是一种安全的哲学;然而,柏拉图主义还在其自身中隐藏了第二个不那么明显的教育目的:对于那些罕见的、更受哲学而非美、正义和好之驱动的非梦臆者(nondreamers)来说,柏拉图主义能够成为一种

---

① 尼采极其精准地描述了语言的误导力和统治力,而这些力量影响到所有的认知(《快乐的科学》,条 354-355);他将语言构建概念的过程称为"心智的基本意志",并且将哲人归为不受欢迎的那个人,与其他所有人不同,哲人想要看到特殊的、流变的、不同的、模糊的事物(《善恶的彼岸》,格言 230)。培根在《新工具》(Novum Organum)中描述了语言和理解所具备的这种误导倾向,并随之提供了科学由以消除这种误导性的系统方法。

工具,借助于这种工具,自然的柏拉图主义的谬误得以显现为谬误的真面目。格劳孔的终极哲学教育还扮演着第二重角色——开启少数人的哲学教育。这种第二重的教育证实了伯纳德特所界定一种原则:"假若一个人不能基于理解活动的必然不恰当的起点而走上理解的道路,那么,他将无法确切理解任何东西。"①《王制》在其中心——其实是将其置于中心——上演了一幕最精彩的障眼法:它接纳了人类在理解过程中自然的误导倾向,这种接纳方式在真诚的人眼中是真诚的,而在少数爱怀疑的人眼中,则是可疑的。通过宣扬一种其自身的道德相似物,真正的爱智慧(philosophizing)有助于使城邦对哲学来说变得安全,同时邀请少数人前来参与最罕有的活动。

《王制》使柏拉图主义见诸于世,而且做得十分出色:在雅典人涌回雅典去讲述头天晚上看到的神圣新景观的那一天,苏格拉底从佩莱坞带上来属于他的伟大革新的消息。雅典人讲述的是他们引进了一位新神,而苏格拉底讲述的则是他所引入的一类新神,这类神更适宜于启蒙和被启蒙伤害的年轻人。苏格拉底了解,城邦梦想自己的信念能够成为知识,于是,他采取了对哲学而言必要的行动:将哲学融入这个普遍的梦想;通过引导城邦建立一种对哲学的虚假信念,为哲学在城邦中争得一席之地。苏格拉底所创建的理式新教义是一个新的梦想,苏格拉底将新生一代吸引到这个新梦想之中——他们接受过荷马式梦想的教育,却失去了相信荷马式梦想的能力,并仅仅在那里发现了一种腐蚀性的觉醒。苏格拉底从佩莱坞带上来他从波提岱亚带回之物——一种新的启蒙政治,它将证明自己是整个文明的转折点和漩涡,也适宜于由柏拉图所教、并跻身柏拉图之列的哲人们的新的建城事业。随着太阳在荷马的世界落下,苏格拉底 [337] 准备让太阳在柏拉图的世界冉冉升起。苏格拉底知道自己所做的事有多么宏伟;他敬拜于阿德拉斯忒娅面前,并且知道,终有一天,阿德拉斯忒娅会为了提升他的继承者而谴责自己——苏格拉底会受到阿德拉斯忒娅的谴责,就像他曾发现有必要谴责荷马一样。

---

① 伯纳德特,《情节的论证》,页 413。

14 公开为哲学说话的人们

在与格劳孔完成了这段"如此漫长"的论证后,苏格拉底说,他们已经弄清楚哲人与非哲人分别是哪些人(485a)。"那我们随后应该讨论什么问题呢?"格劳孔问道,对他来说,问题仍然在于是否"可能实现这样的政制"(471c)。他们接着要探讨的问题显而易见:懂得理式的人是否适合"成为城邦的领导者"(484b)?格劳孔无法作答,但苏格拉底很容易地引导格劳孔断定:哲人们便是最有能力捍卫城邦法律和习惯的人。格劳孔仍然强调说,在根据"一人一艺"的准则而建立的城邦中,如果哲人"在其他方面也不欠缺的话",他们才应该统治,而根据苏格拉底的说法,这里的其他方面指的是"同样的人怎么会有这两种不同的品质"(485a)。但是,从任何通常的含义来看,被苏格拉底描述为属于哲学天性的品质(487a)都不属于一位统治者特有的品质。于是,当苏格拉底问:"你应该会把国家托付给他吧?"阿德曼托斯加入了讨论,提出了不同的反驳。苏格拉底成功回避了为盟友展示哲人统治何以可能的问题——他的盟友不会知道,哲人正是通过他的盟友才得以建立并维持统治。

阿德曼托斯反对哲人统治,原因是一个众人皆知的观点:哲人们要么没用,要么有害,因此不适合统治。苏格拉底与格劳孔就"哲人们懂得理式"的问题所结成的同盟,化解了反对哲人统治的第一重阻碍;而与阿德曼托斯的同盟则令他成为劝服多数人认为"哲人们其实既有用又好"的说服者,而这会化解针对哲人统治的第二道障碍。然而,苏格拉底说服阿德曼托斯过程中的某样东西,使忒拉绪马霍斯这位多数人的著名说服者,成了苏格拉底的"朋友"(498c)。鉴于变得温和的忒拉绪马霍斯默默担当的牧羊人的角色,苏格拉底对阿德曼托斯的劝服值得仔细审读,以期发现是什么说服忒拉绪马霍斯成了苏格拉底的朋友。

阿德曼托斯中途插话,并告诉苏格拉底,即便没人能反驳其论证,他的"问与答"也完全没有说服力。那些见识过苏格拉底那无法招架的论证的人认为,这不过是一场苏格拉底擅长而他们不擅长的游戏,而他们则继续相信,真理正是他们向来持有的信念。在当前情形下,尽管苏格拉底做出了这些[338]没人能反驳的论证——城邦应该由哲人来统治——每个人都还是相信,在那些已经度过青年时期却还在从事哲学的人中,多数人即使说不上完全变坏,但也变得荒唐透顶,而其余少数还算像样的人,也"变得对城邦毫无用处"(487b-d)。为了回应认为哲人无用的通常评价,苏格拉底用了一个最终完全说服阿德曼托斯的比喻:哲人是国家之船真正的掌舵者,但是由于水手们竞相劝说船主应该由自己担任掌舵者,真正的舵手便一直未得任用。只凭这个比喻,苏格拉底交给阿德曼托斯一项任务,让后者成为哲学的盟友,并反驳"任何对哲人们在各个城邦里不受尊重的情形感到奇怪的人":"先教他这个比喻,再努力说服他。"阿德曼托斯接受了这个任务:"我会把这个教给他。"

为了应对哲学所蒙受的"最大最有力的毁谤"——"接近哲学的人多数会完全变坏"(489d)——苏格拉底需要的不仅仅是一个比喻。首先,苏格拉底重复了他对格劳孔所说的拥有"真正的哲学"品质的"贤人(gentleman)"(490a)。这个"很有理由的申辩"将哲人视为把握"每一件存在的事物的自然本身"的爱欲者,哲人接近存在物的自然,与它交合,并生出理智和真理,这才停止了生育的阵痛(490b)。不过,"你曾经反对"说,那些不理会这些论证,转而注意这种论证所涉之人的人将会看到,这些被关涉的人中,有些是无用的,多数则是坏人(490d)。哲人在格劳孔那里实现的新身份,必须通过将要在阿德曼托斯那儿获得的新角色来补充。

苏格拉底说,有哲学天性的人特有的德性本身在败坏他的过程中发挥了作用,正如那些被认为是好的事物那样。不过,是谁败坏了哲学的天性? 多数人相信,是智术师通过私下的教导使其败坏,但苏格拉底说,谁要是这么说,他们才是最大的智术师,他们才最会教育(492a-b)。阿德曼托斯没法相信这个说法。在刚听完智术师们在私底下进行败坏的惯常指控后,他问道:"可他们是什么时候这么做的呢?"当晚,在第一次使用智术师的说法时,不可能只有阿德曼托斯一人受到了智术师的这个全新定义的吸引:在场的真正的智术师肯定同样感到惊愕——早些时候,正是他在私下提出了败坏性的说法,认为正义不过是权力阶层为了维护其利益而施行的诈骗。在苏格拉底为他和一般来说所有的智术师开脱了公众的指责,并对指责他们的公众加以指责的过程中,忒拉绪马霍斯将一直沉默不语。苏格拉底说,通过公开进行的赞美或指责,多数人败坏了最好的天性。没有任何私下的教导能够抵挡公众在何为美丑、贵贱的问题上主流的看法。同时,多数人还有力量惩罚[339]拒不遵从的年轻人——苏格拉底说,这样的说法并不错:只有某位神才能救人逃离这种败坏性的力量(493a)。

于是,苏格拉底教导阿德曼托斯以及沉默的忒拉绪马霍斯,那些私下的败坏者——那些民众称之为智术师,并自认为在教育技艺的领域中与之为敌的人——究竟是谁。私下活动的智术师所教的无非是多数人的信条,并称其为智慧。苏格拉底用一个值得记住的形象为著名演说家忒拉绪马霍斯做了精当的描绘:他用心学习他所饲养的一头又大又强壮的动物的各种脾气和欲望,学会了要靠什么将其变得可怕或温顺,他尤其学会它会发出什么声音,以及别人要用什么声音才能驯服或激怒它;他将自己所学到的东西称为智慧,归纳为一种技艺,并转而教人(493b)。这就是"卡尔克冬的那位强大的男人,他通过技艺已经完全掌控言辞,他极其拿手激起众人的愤怒,再用吟唱咒语的方法使他们和缓下来"(《斐德若》267c-d)。然而,尽管忒拉绪马霍斯熟知这头野兽,但是,对于这头野兽的信条和欲望中究竟哪些是美的或丑的、好的或坏的、正义的或不义的,他毫无真正的知识(493c)——他并不具备苏格拉底宣称哲人所知的三种理式的知识。智术师的知识完全限于城邦的习俗,他将取悦城邦的称为好的,触犯城邦的则称为坏的。最后,苏格拉底激动地总结:"以宙斯的名义,由这样一个人来做教育者,岂不是很不适宜吗?"这样的教育者需要接受只有苏格拉底才能给予他的教育。

忒拉绪马霍斯明白,自己是个服侍某位主人的牧人,而苏格拉底刚刚向他表明,他当前的主人就是奴役着城邦的一整套传统:作为奴隶的仆从,他"不必要地让多数人成为他的主人"(493d)。苏格拉底不遗余力地吸引忒拉绪马霍斯:他为后者免除了城邦的指责,并承认其技艺的基础在于对多数人的理解,并向他表明,他的技艺是服务于动物的驯兽术。通过向忒拉绪马霍斯表明自己比他本人更了解他,苏格拉底含蓄地邀请他以技艺服侍一位有知识的主人,以偿其所愿。苏格拉底尝试在忒拉绪马霍斯身上实现他没能在普罗塔戈拉那里取得成功的事业:向一位著名的智术师展示一种既服务多数人、还能被认为有智慧的更好的方式。苏格拉底向他表明,德性的回报优于邪恶。

苏格拉底继续讲解哲学的天性所面临的威胁(494a):大众无法变成哲学式的,而且还会毁谤哲人,而智术师们由于渴望逢迎大众,所以也会这么做。那么,有什么办法来拯救[340]一位具备哲学天性的年轻人呢?——这位年轻人的卓越禀赋将被多数人发现,并希望加以利用。假若这位年轻人当真转向了哲学,多数人就会谴责劝他这么做的人,并对之进行私下的算计和公开的审判(494e)。在被天性上的追求者抛弃后,哲学——这位女子——被低下的追求者追求,并因此招来耻辱。苏格拉底说,只有很少的人能够以一种体面的方式继续与哲学为伴。在举出四个例子后,苏格拉底提到一个"不值得一提"的例子:他自己。依靠自己的"命神印记(daimonic sign)",苏格拉底才避免了败坏与毁灭——他是个能称得上受神眷顾而得到拯救的人(493a,492a)。他的例子"不值一提",是因为这种情况既稀罕又不可复制:"因为它先前也可能出现在某个其他人身上,或者从无先例。"苏格拉底了解自己:他是例外中的例外;他属于幸福的少数人,但又与其他人不同。他这样描述所有这些例外之人的稀奇经历:他们"尝到了他们所拥有之物[哲学]是何其甜美、何等幸福",他们"也已充分认识到多数人的疯狂,知道他们即便关注城邦的事务,也没有一个人能做出任何真正正确的事情,而且人们也没有任何可以向其寻求正义的帮助或寻求保全的盟友"(496c)。据苏格拉底介绍,这些例外之人都做了他所做的事:研习使他们远离多数人的共同经验的东西,以及统治着多数人的东西。这种研习使他们忠诚于唯有他们才知道其最为甜美的事物,并确认了他们的孤单。他们根据自己身处幸福时的孤单得出了必然的结论(苏格拉底在此处转向单数人称):他就像一个落入兽群之中的人。他既不愿与之同列,又无力反抗。他清楚,自己在能对城邦或朋友有些用处之前,就会早已死去,于是他谋划了一种自我保全的策略:"他便保持沉默,只关注自己的事务——就像一个人在暴风雨中,大风卷起尘土或雨雪,他站在一堵矮小的墙边。"(496d)苏格拉底最后提到这些例外之人的谦逊志向,他们满足于终生不行不正义、不神圣的事,最后怀着美好的希望,安详愉悦地离世。阿德曼托斯赞赏这样的生活:"他离开时,所完成的也就不算碎末小事了。""但也不算最大啊,"苏格拉底说,"如果他不能碰巧生活在一个适当的政制之中。因为,在一个适当的政制里,他本才会成长得更好,并能保卫公共事务和私人事务。"

几乎明显可见的是:作为例外中的例外,并受到一位总对他施以克制的命神之眷顾的苏格拉底,意欲达成那件更伟大的事,并且没受到命神的阻止。苏格拉底理解哲学所面临的急迫状况,并构建了一种私人和公共的幸福得以主宰于其中的政制。他只是在比喻意义上藏身于一堵墙背后。他孤立无援地在暴风雨中寻求[341]盟友,于是藏身于谨慎的言辞背后,借此对城邦隐藏城邦与哲人之间相互冲突的天性。通过在格劳孔心中树立一个安全的哲人形象,苏格拉底已经让他成了自己的盟友;随后,苏格拉底又教导阿德曼托斯主张一种"知道"哲人既有用又好的政制,从而也将阿德曼托斯变为盟友。苏格拉底关心自己的事务:通过成为例外中的例外,他关心、操持着哲学的统治——苏格拉底并未隐遁于一种私人的幸福中,而是在忒拉绪马霍斯的注目下,积极召纳盟友。①

"当今的政制之中,哪些适合[哲学天性]呢?"阿德曼托斯问道,对一位雅典的年轻人来说这是一个自然而然的问题,他很有可能在公元前431-430年的冬天,当场听到伯利克勒斯将雅典民主制称赞为"没有弱点的哲学(philosophizing without weakness)"(《战争志》2.40)。"压根没有,"苏格拉底说,他将注意力转向"最好的政制",即"我们在描述城邦的建立时所说的同一个[政制]"。苏格拉底单独提出了最好的政制所面临的新问题:"城邦中总是有这样的人存在,他对于这种政制,抱有和你作为一个立法者在立法时一样的想法。"而阿德曼托斯并未给他们的言辞中的城邦立法:对于该政制,他不具备与建城的立法者相同的理解。为什么要将建城者张冠李戴(misattribute),并且含糊地

---

① 尼采将他自身描绘成了例外中的例外,他通过自己最深刻的见解与最伟大的行动来理解常人。见《善恶的彼岸》,"自由精神",格言24-44。

提到与阿德曼托斯一样"抱有相同想法的某些人"呢？看起来，原因就是随后的话题，苏格拉底将其描述为"绝非轻易便可讨论"的问题："一个城邦怎么才能承负哲学而自身不遭毁坏？"（497d）。苏格拉底从城邦对哲人的威胁转向哲学对城邦的威胁。他提升了问题的高度："一切伟大的事物都会伴有坠落之险，诚如俗语所言，美丽之物总是艰难。"苏格拉底在这里引入的面临危险的、美丽的艰难之物，也是政制建立后自然伴随的东西，即政制的推进和延续（succession）问题。在哲学对城邦的威胁之下，这个永恒的政治问题变得更加尖锐：假若对真理的热爱既稀罕又与城邦对教化性虚构的需求相冲突，那么，城邦的哲人创建者如何才能将最好政制对求真热情的友好善意传承下去呢？苏格拉底为阿德曼托斯赋予他本不具备的建城者身份及其理解方式，这可能是一条线索：为了确保城邦对［342］哲学的友善能够延续，并不一定要求最稀罕之物——一位哲人——始终在场。如果具有阿德曼托斯式理解的人们能够存在，是否就已足够？

就这个关系最重大的方面——庇护这种可能毁灭自己的东西——来看，苏格拉底正在建立的哲学统治下的城邦如何才能使自身永远延续？在探讨城邦对哲学的威胁时，苏格拉底以一种必然令忒拉绪马霍斯全神贯注的方式提到了智术。而就在此处，在哲学对城邦的威胁这一论题上，阿德曼托斯认为忒拉绪马霍斯会非常严肃地反对他。对此，苏格拉底会说"不"——"我们才刚刚交了朋友，当然我们以前也不是敌人"（498d）。苏格拉底对城邦如何容纳哲学的描述，似乎意在将忒拉绪马霍斯变为朋友：忒拉绪马霍斯似乎是解决哲学对城邦的威胁的关键——哲人建城者所面临的城邦延续问题。忒拉绪马霍斯游历雅典的部分意图在于与年轻的政治人物结盟，他的初次行动表明他将苏格拉底视为对手。但现在，当他目睹苏格拉底成功地与格劳孔和阿德曼托斯结为盟友后，苏格拉底邀请他考虑：他与苏格拉底结盟，将是解决问题的关键。

在开始讨论他刚刚引入的问题之前，苏格拉底对自己进行了一番描述：他将会说得既"热切，又鲁莽"，但至少可以看到他的"热切"。而且，他刚才提到的命神（daimonion）并没有阻拦他热情地开始一项危险却有必要的创新。一座城邦要想既葆有哲学又不被毁灭，前提只能是，它必须以"与当前完全相反的做法"来践行哲学:对于哲学所建立的城邦如何延续的问题,苏格拉底的解决方式是改变哲学的公众形象。苏格拉底列举了一生的三个阶段,由此描述哲学在当前是如何被对待的,他对第一阶段着墨尤多:在这个阶段,"孩童刚刚成长为少年,他们正处在为家业奔波、挣钱营生之前的岁月",阿德曼托斯和格劳孔便是这样的少年。"他们刚接触到它最困难的部分便已离开……我所说的最艰难的部分,是指必须要借助言辞($λóγοι$)面对的问题"——言辞正是苏格拉底还是少年时所转向的事物(《斐多》99e),言辞也正是忒拉绪马霍斯自称已经掌握之物。"在随后的生命中","他们只将哲学视为一种业余爱好。""年老时",他们变得"比赫拉克利特(Heraclitus)的太阳熄灭得更加彻底,甚至再也不能重新亮起"(498a)。

"那应该怎么样呢?"阿德曼托斯问道。"完全相反,"苏格拉底回答说,并描述了四个生命阶段。"当他们还是年轻人和孩童的时候,他们应该接受适合年轻人的教育和哲学",而且他们应当"非常细致地照料身体……这样,就为哲学准备了一个帮手"。苏格拉底替换了言辞这个最艰难的部分,但没交代用什么来代[343]替:看起来,他已经将最艰难的部分替换为他对年轻的格劳孔所讲的那种容易理解的观点——美、正义和好是哲人所知的理式。随着灵魂臻于成熟,"他们就该经受更强烈的体育训练"——苏格拉底并未明确提到哲学。"当力量开始衰退的时候,当他们完成了政治和军事的职责,这时,他们应该变得自由,悠游度日,什么也不再做,除非是作为闲暇之业,他们便会这么幸福地生活"——在悠游度日的退休阶段,苏格拉底仍然没提到哲学(498c)。① 苏格拉底加上了第四个阶段:"当他们死去时,在另一个世界上,他们会得到一份与他们度过的生活相应的命运作为奖赏。"看起来,在教给青年人哲学之后,葆有哲学而且未遭毁灭的城邦再没有给哲学公开的位置,而这带来了下一个生命阶段:来生的福报,而在这个阶段之前的只有赫拉克利特那熄灭的太阳。阿德曼托斯证实了苏格拉底的预料:他认为苏格拉底说得的确十分热切。不过他也认为,听众中

---

① 在短语"什么也不再做"之后,由于察觉到哲学的缺席,许多英译者加上了他们自己的补充:"除了哲学思考"(比如 Shorey,Grube/Reeve,Larson,Griffith,Allen)。

有许多人也会同样热切——热切地反驳苏格拉底,"尤以忒拉绪马霍斯为首"。苏格拉底没有讲述忒拉绪马霍斯的反应,但讲述了自己的回应:"不要挑起我和忒拉绪马霍斯的争吵啊,我们才刚刚交了朋友,当然我们以前也不是敌人。"(498d)忒拉绪马霍斯两次听到自己的名字,一次是作为反对者,反对苏格拉底所倡议的城邦对待哲学的新方式;另一次则是作为苏格拉底新交的朋友。随后发生的事情将向忒拉绪马霍斯表明,为什么苏格拉底是对的,为什么忒拉绪马霍斯的自身利益决定了自己必须放下任何反对苏格拉底的残存念头,并转而成为他的朋友。因为苏格拉底现在要发表的迷人讲辞将向忒拉绪马霍斯表明,如果他成为苏格拉底的朋友,他和他的技艺将会如何使多数人变为被他牧养的牧群。

宣称忒拉绪马霍斯刚刚成为自己的朋友后,苏格拉底并未中断他那热切的讲辞,他继续满怀热情地发言,并暗示,他说服忒拉绪马霍斯的任务将是一项长期计划:"我们将不会放弃一切努力,直到我们说服了他和别人,或是给他们某些帮助,为来生做好准备,当他们再次出生之后,有能力面对此类讨论。"(498c-d)阿德曼托斯被"来生"吓了一跳,他插话说:"你说的还真是一个短暂的时间啊。""根本就不算时间,"苏格拉底应道,"如果你把它和整体加以比较的话。"苏格拉底回到了他刚划分的区别上,并消除了模棱两可之处:"不过,毫不奇怪的是"——通过苏格拉底刚刚提到的用来说服忒拉绪马霍斯和其他人接受城邦[344]从事哲学之新方式的"努力"——"这些言辞说服不了多数人。"现在,他要展示如何能够既说服忒拉绪马霍斯又说服多数人,让他们不再反对自己的新方式。多数人会被一些智术的小伎俩说服,就像苏格拉底眼下扮演智术师时专心编排的一段押韵的小调:这些言辞说服不了多数人,是因为"他们从来没法一睹,我们在此表述的实存之物(they've never beheld a token of the thing here spoken)"。① 多数人

---

① 此处修改了 Shorey 的翻译,其原文是:"For of the thing here spoken they have never beheld a token"。Shorey 的笺释为:"此处的翻译,并未放弃尝试重现柏拉图刻意戏仿的"智术师常用的小调。苏格拉底对 γενόμενον 和 λεγόμενον 的押韵源于 λεγομένοις(498d7)。[译按]这句话的希腊原文是 οὐ γὰρ πώποτε εἶδον γενόμενον τὸ νῦν λεγόμενον。英译难以传达原文的韵律,中译亦然。

都听过智术师们的许多小调,但那些小调都"刻意形成一种彼此的'类似'(ώμοιωμένα),而不会像它们现在这样自然结合在一起"。苏格拉底否认他的富有技巧的(artful)言辞有什么合乎技艺之处(artfulness),又以高超的技艺(artfully)继续说道:他们从谁那儿听来这些小调?绝不会是从"一个在行动和言辞两方面都尽可能变得与德性'相似'(παρισωμένον)和'类似'(ώμοιωμένον)①的人"那里听来的,也绝不会是从"统治着一个与他相称的城邦"的人那儿听来的(498e)。

专注的忒拉绪马霍斯将会知道他所听见的是什么:苏格拉底在告诉他,为了说服多数人,能精熟地创作小调的人必须是一个被多数人信任的人,一个在行动和言辞上具备可以看见的德性的人,一个能够运用俗语小调在适合自己的城邦中获取权力的人。苏格拉底为忒拉绪马霍斯的新讲辞开出了最后的药方:还有一类朗朗上口(jingle-rich)的言辞是多数人从未听过的,即"绷紧每一根神经,努力寻求真理的那一类"(499a)。这类言辞将对智术的遁词"敬而远之",远离那些"无非在法庭上和私人谈话中导致各种意见和争辩的狡狯好辩的遁词"(499a)。与这些做法划清界限后,忒拉绪马霍斯的新讲辞将运用说服的技艺服务于对真理的爱,并且这些讲辞在私下和公开的场合都将始终如一。他要说服的城邦将认为自己热爱真理,而且被热爱真理的人所领导,尽管没有哪群多数人(multitude)能够进行哲学思考,而智术师首先并不是热爱真理的人。

被告知自己刚刚成为苏格拉底的朋友后,专注的忒拉绪马霍斯看到了他的朋友给予他的东西:他们全都将"再次降生"的"来世"。对忒拉绪马霍斯来说,这不可能是某种冥府的梦:他不是克法洛斯。相反地,这必然是那座以一种新方式把握哲学的城邦。当忒拉绪马霍斯对克法洛斯们和他们的子嗣们发言时,这位看上去有德性的编造俗谚小调的人,将会把"重生于来世"作为他的说服性讲辞的一部分——他将做苏格拉底在《王制》结尾处所做的事情。如果忒拉绪马霍斯摒弃自己那以偷偷宣讲"正义就是强者的利益"为生的旧生命的话,苏格拉底向他[345]讲述的来世——在苏格拉底创建的城邦中再次降生的新生

---

① 这是一些修辞术术语;它们与忒拉绪马霍斯是否有特别的联系呢?

命——便可以成为他的新生。苏格拉底引导式拉绪马霍斯看到，正义更加强大：苏格拉底那三段论证中的中间一段曾经最先驯服了式拉绪马霍斯对苏格拉底的敌意，而中间那段论证在此处才获得了完整的形式。[①] 苏格拉底向式拉绪马霍斯表明，只有他们双方彼此施行正义，他们的共同事业才能得以存续。苏格拉底正义地对待式拉绪马霍斯：他了解式拉绪马霍斯技艺的力量，因而为其留下一席之地。式拉绪马霍斯也可以回报苏格拉底以正义：他可以承认苏格拉底是自己的主人——这已经很明显，而他之所以承认，是因为这对他自己也有好处。在摈弃了旧生命后，式拉绪马霍斯可以开始牧人的新生命，而他能够激怒和安抚牧群的技艺则会为自己赢来应得的公共赞誉，而他所服侍的哲学主人则既不需要也不想要这种赞誉。不过，若想成功，式拉绪马霍斯必须按照苏格拉底所表明的那样讲话，他要借助通俗曲调说服多数人，要讲述对真理的热爱，要像私下发言一样在公开审判中发言，还要讲述死后的来生，并要显得在说克法洛斯想说的事。式拉绪马霍斯与苏格拉底成为朋友，是因为苏格拉底向他表明了他们的共同事业得以成功的唯一途径。他们之间并不是一种平等的友谊（friendship）；而是一种基于共同利益的友谊（friendliness）——一位有需求的主人向一位有才华的仆人提供了这种共同利益，而仆人则得以从中获益。

　　由此回顾前文便可发现，为了使城邦在葆有哲学的同时不致遭到毁灭，苏格拉底描述生命四个阶段时的含糊性自有其用处。从字面上听来，当年轻人经过了关于理式的适宜的哲学教育后，哲学的公开存在就在这四个阶段中被抹去了。新城邦不会被哲学毁灭，其原因在于，真正的哲学——苏格拉底式的毫不间断的哲思——在公众面前消失了，并藏在一面庇护之墙的背后。但是"哲学"并没有消失；它以男孩们所学之物的形式存在，它以柏拉图主义的形式存在，也即理式的知识、对某种德性的确定知识。柏拉图主义是新城邦中的公共哲学，是哲人-狗的哲学；作为哲学的一种影像，它既展示了哲学的德性，又没泄露哲学那求知不倦的品格。柏拉图主义是苏格拉底新的显白教诲，它比苏

---

　　① ［译按］关于苏格拉底用来说服式拉绪马霍斯的三段论证，参本章上文第 5 节"驯化式拉绪马霍斯"，第 4 分节，"苏格拉底就最好的生活方式审查式拉绪马霍斯"。

格拉底提供给普罗塔戈拉的说法完整得多,但仍有必要争取智术(sophism)的支持。哲学必须友好地对待智术,作为启蒙的公共形式,智术已经窥见了关于正义的致命真理之一斑:哲学必须改造智术,因为多数人混淆了哲学与智术。在新的城邦中,没有哪位哲人会做苏格拉底在远赴波提岱亚之前所做的事情——苏格拉底从阿尔喀比亚德和克里提阿身上吸取了教训。同样,也没有智术师会做忒拉绪马霍斯在克法洛斯的宅邸所做的事——即使在像富人宅邸这样的私密场合,智术师也要克制自己,避免表述将正义视为强者的利益的颠[346]覆性观点。由于他的技艺拥有受尊敬的地位,忒拉绪马霍斯也会像普罗塔戈拉一样明白,颠覆城邦的正义标准于己无利——于是,他的修辞将会既有益又公开,而且符合柏拉图主义的原则。难怪苏格拉底说忒拉绪马霍斯正成为他的朋友:他将对城邦的统治交给忒拉绪马霍斯,也即一位效劳于主人的牧人所进行的统治。在公共场合被一种适于年轻人的哲学替代后,哲学本身得以在私下自由地追求一种爱欲,而忒拉绪马霍斯则知道自己缺乏这种爱欲,这是一种把握每个存在者(each of the beings)的自然本身的热情(490b)——在这些存在者中,有的像太阳和法律一样真实,有的则像经过改造的奥林匹斯诸神一样,虽不真实,却有用处。

苏格拉底与阿德曼托斯的公开联盟,向忒拉绪马霍斯提供了一个秘密的联盟。忒拉绪马霍斯如果能够盘算自己的好处,便会欣然接受这个联盟。因为忒拉绪马霍斯是位表演大师,他能伪装愤怒以激起愤怒,又能伪装温和来平息怒火;所以,只要修辞术恰当地成为它已经在成为的东西——成为在每个公众人物的教育过程中的必要部分——那么,他最新获得的公众形象就将会是一次获得新回报的自然行动。忒拉绪马霍斯是整个智术师启蒙运动的替身,这个新兴的智识阶层或多或少都能很容易地明白,城邦所忠于的是高贵的谎言。通过向智术师启蒙提供一份柏拉图主义的教程,苏格拉底为贤人们提供了一种简单的哲学,在他们离开哲学,投入治理家庭或城邦的重要事业之前,便在他们的少年时期教给他们。通过教授格劳孔"真正的哲学",苏格拉底为忒拉绪马霍斯树立了榜样;通过教阿德曼托斯如何引导人群,苏格拉底为忒拉绪马霍斯分派了明确的任务。苏格拉底为希腊启蒙所指出的新方向,解决了哲学的存续问题:柏拉图主义是传授苏格拉底式哲学的公共途径。那么,柏拉图主义在希腊化时期的希腊和罗马的漫长历史,在某种程度上也是苏格拉底的朋友们的历史,在这段历史中,众多的忒拉绪马霍斯通过成为"对于这种政制抱有和立法者[苏格拉底]在[他]立法时一样的想法"(497d)的人,同时保全了城邦和哲学。苏格拉底并未寄望于个人魅力或机运来维持他与忒拉绪马霍斯之间的友谊,他在自我利益的基础上建立了哲学与修辞术之间的友谊;苏格拉底对忒拉绪马霍斯的审慎说服,为逃遁不定的机智提供了一种表现为"智慧"的公众宣称。①

[347]巧妙地在自己与忒拉绪马霍斯之间营造了便于沟通的亲密氛围后,苏格拉底可以继续与阿德曼托斯对话并观察他的反应,同时也与忒拉绪马霍斯进行私下的对话,并揣测他的反应。苏格拉底说(499b),正是因为城邦从未听过这类讲辞,所以他不敢宣称,除非有某种必然迫使那并不邪恶但被称为无用之人的极少数哲人管理城邦,否则城邦绝无可能臻于完美。苏格拉底因而重申了关于哲人统治者的最初陈述,并将之与实现哲人统治的唯一途径联系在一起,此后,苏格拉底回到了言辞中的城邦的可能性问题。这并非不可能,也不能被嘲笑为"像祈祷一样"(499c;比照450d,540d),但仅当"这位缪斯女神成为一座城邦的主人"(499d)时,才有可能实现。苏格拉底说这十分艰难,但仍然有可能,他还描述了要达成这个目标所需的两个条件。第一,说服者们必须让多数人变得通情达理,他们不应与多数人争吵,而是应该"让他们平静,消除掉多数人对学习之爱的毁谤"。阿德曼托斯——以及忒拉绪马霍斯——必须指出"你所谓的哲人是什么人",并且"正如刚才[对格劳孔]所为",辨析"哲人的天性和他们的追求的品质"。第二,哲人必须做苏格拉底此刻在佩莱坞所做的事:在"某种必然"的驱

---

①　那么,《克莱托普丰》(Cleitophon)会不会是某种相当意外的产物呢:它是否展示了苏格拉底与忒拉绪马霍斯在《王制》发生后的友谊?苏格拉底无意与克莱托普丰结为同盟,后者能赞扬苏格拉底对正义的劝勉便已足够。至于被说服者们为了变得正义而必须做的事,应该让他们去向忒拉绪马霍斯学习。苏格拉底在结尾处的沉默标志着他默许了克莱托普丰去向忒拉绪马霍斯求教,作为苏格拉底的朋友,忒拉绪马霍斯致力于教授一种公开的哲学而非强者的利益。

使下,离开他自然居处的世界,"与神圣的和有秩序的事物为伴"(500c),并"把在那里看到的东西付诸实施,在公众和个人两个方面将它们引入人们的性情"(500d)。满足上述条件后,"那么,你说的那些要全速冲向我们的人,我们是不是正以某种方式说服他们"(501c)把城邦交予哲人是合宜的? 这么说的其实是格劳孔,而不是阿德曼托斯。苏格拉底的小小谬误将阿德曼托斯与格劳孔两人的反对结合到了一起:为了化解对哲人统治自然的攻击,并因而施行统治,哲人苏格拉底采取了两步具有历史开创性的补充性行动:将哲人描绘成一个柏拉图主义者,并准备一套辅佐性的修辞以打动公众。

在几个小时后的论证结尾处,当苏格拉底总结他在整个夜晚向格劳孔证明正义比不义更有利的论证之时,他会明确地将忒拉绪马霍斯拉进来(589d)。[①] 在长时间反复讨论了何者适合统治、何者适合服侍之后,苏格拉底说到[348]了一位"受某种与统治最好的人的东西相类的东西统治"(590c)的人:"我们不是说他必须成为那个最好的人的奴隶吗,而最好的人在自己里面有着神圣的统治?"但是,如果所服侍的是最好的人,苏格拉底便更改了奴隶的涵义:"这不是说,我们认为奴隶必须受对自己有害的东西统治,正如忒拉绪马霍斯对被统治者所设想的那样;而是说,让所有人受神圣和审慎的东西统治更好"——更好的是,忒拉绪马霍斯这位统治之道的老师,也以这种方式接受统治。苏格拉底继续说道:如果一个人"自身内部"就有神圣和审慎的东西,是最好的;"但如若没有,就从外面安置上一个,这样所有人就会尽可能相似并成为朋友,受同一个东西引领"。如果能被真正的掌舵者引领,因而被存在于他本身之外的神圣、审慎的东西约束,忒拉绪马霍斯将会是一位合适的掌舵者。而当苏格拉底继续讲述,说到礼法(the law)作为城邦中所有人的盟友,并提到"不能让孩子们自由,直至我们像对一个城邦那样在他们身上建立了一种政制"(590e)时,苏格拉底说出了他的朋友忒拉绪马霍斯必须致力于的事业——苏格拉底正安排他成为

---

① 在唯一的另一次点名提到忒拉绪马霍斯的地方,苏格拉底展望着论证的结尾:"我们不就能完成我们的考察,弄清纯粹正义的人与纯粹不正义的人究竟哪个有福,哪个悲惨? 通过这种方式,我们就可以或者听信忒拉绪马霍斯,追求不义;或者听信我们现在越来越明显的论证,追求正义"(545a-b)。

公共教育者,这位教育者在维护律法的同时,将传授一种适宜于孩子们的哲学。苏格拉底也向忒拉绪马霍斯证明,正义比不正义更为有利。

15 最大的学习之喻像①:太阳、分线、洞穴

苏格拉底接下来必须讨论将使"拯救者们能在我们的政制中出现"的"学习和训练"(502d)——"最大的学习"(the greatest studies)。当第一次提到最大的学习(503e)时,苏格拉底几乎是强迫阿德曼托斯问自己这是什么。随后,苏格拉底并未直接告诉阿德曼托斯,反而强迫他回忆此前所说的话,当阿德曼托斯回忆不起来时,苏格拉底讲述了那些显然不可遗忘的东西:就最大的学习来说,他们原本也可以走上一条捷径,然而只有更长的道路才可以让他们获得"审视这些事物的最好的可能"。阿德曼托斯满足于捷径,但苏格拉底说那"根本算不上是事物的尺度",并补充道"一位城邦和律法的护卫者……必须绕行,走一条更长的道路"(504c)。片刻之后,当格劳孔插话进来,强迫苏格拉底讲述他所认为的最大的学习——"好的理式"——究竟是什么时,他也说,如果苏格拉底就像讨论其他问题那样讨论"好",那他也就满意了(506d)。基本可以明确的是:苏格拉底就最大的学习提出的喻像——太阳、线、洞穴——是非哲人们止步的终点,但对倾向于尝试的人来说,却是一种激励和走向更长的路途的起点。②

[349]"还有什么比正义和我们讨论的其他内容更大的么?"当苏格拉底第一次提到"最大和最适当的学习"(504d)时,阿德曼托斯满腹狐疑地问道。苏格拉底说他们对那些德性的讨论只是"一幅草图",并

---

① [译按]此节经常出现的关键词 image 具有多重含义,既指影像,又有"比喻"之义,有时则两义兼具。中译未以统一译名概之,依照具体含义,分别译为"影像"、"比喻"、"喻像"或"喻示",并标注原文。

② 伯纳德特注意到,哲人恰好就在苏格拉底引入最大的学习之前被提起(503b),他还注意到,在结束洞穴比喻之前,哲人(philosopher)、哲学(philosophy)和爱智慧(philosophize)都再未提到(520a)(《苏格拉底的第二次航行》,页92)。被伯纳德特誉为"《王制》巅峰"的段落只字未提哲学之名,这一点也表明,用以喻示最大的学习的那些喻像就是一位哲人服务于哲人统治的代替哲学的(subphilosophical)相似品。

补充说"除非达到最完整的描述,否则绝不止步"。苏格拉底再一次说起"最大的事情"。而阿德曼托斯再一次说,关于最大的学习,没有人"会不问一问它究竟是什么就放过你"——此前,当听众们要逮住苏格拉底的过程中,"放过你"这个说法已经提过三次,(327c,449b,472a)。苏格拉底说,他们应该明白他将要讲什么,因为他们已经"多次听说,好的样式(the idea of the good)就是最大的学习"(505a)。他们同样应该明白,苏格拉底将要说"我们对它没有足够的知识"。尽管如此,苏格拉底仍然对其知之甚多。他知道,多数人的意见是,好就是快乐。① 他还知道,更高雅点的人会认为好是审慎。② 此外他还清楚关于好的另外两件事:每个人都寻求确实为好的东西,同时,没有人满足于意见所认为的好,就像他们对待正义和美的事物那样;同时,好还是"每一颗灵魂所追求的东西,为此,它愿意做一切事情"(505d)。苏格拉底继续坚持强调这种知识对于统治者的重要性,阿德曼托斯则坚持要求苏格拉底说说他认为好是什么。如果苏格拉底只谈其他人的信念,"却不谈你自己的信念,尽管你已经如此长久地沉浸在这些事物之中"(506b),这是否合适呢?苏格拉底回避了这个问题:"一个人谈论自己不知道的东西,仿佛自己知道一样,这是否合宜?"阿德曼托斯则坚持:并非装作好像知道一样,而是一个人将其当作假设,来讲讲自己的看法。最后,苏格拉底问阿德曼托斯:"当你有可能从其他人那里听见光明的和美的东西时,你还想看见盲目、扭曲的丑陋之物吗?"格劳孔插入了谈话:"不,以宙斯的名义,苏格拉底,你可不要折回去呀,你就要到终点了。"他又补充说,即便"你只是如探讨正义、明智和其他事物时那样,对好进行探讨",他们也会满意了。格劳孔的热情和邀约,让他没能注意到苏格拉底究竟说了些什么——这是苏格拉底的真实想法吗?苏格拉底本人不会认为自己关于好所持的看法是[350]丑陋、盲目和扭曲的,但苏格拉底能想到,如果他这么说,他们就会这么认为。③

———————————

① 而苏格拉底的行为仿佛在表达,他们承认有坏的快乐(bad pleasures),这便驳斥了那种看法;尽管他在《普罗塔戈拉》中展示了,将快乐称为坏,与认为好是快乐可以并行不悖:因为坏的快乐禁阻了长期的快乐(《普罗塔戈拉》351b–356c)。

② 但是他们称其为"关于好的审慎",仿佛我们知道好为何物似的。

③ 伯纳德特,《苏格拉底的第二次航行》,页156。

　　所以,苏格拉底接受了格劳孔的邀请:他将满足于像探讨其他话题那样探讨好。而这该怎么做到?通过"眼下暂时把好本身是什么搁在一边",理由是,"我们正要努力获得我现在对它(好)持有的观点,但在我看来,'好'似乎超出了这个范围"(506e)。苏格拉底有一种关于好的意见。但他将之搁置一旁。处在范围之内的是以下这些东西:如果他们愿意,苏格拉底将给他们"看起来像是'好'的儿子,并与它最为类似的东西";如果他们不愿意,他就"只好算喽"。格劳孔愿意听。他们不会看到苏格拉底的意见,那很有可能让他们觉得丑、盲目和扭曲;他们将看到"好"的肯定既光明又美的孩子。"下次,"格劳孔说,"你将向我们还债,讲讲父亲。"苏格拉底对此迟疑不定:"我倒希望我能偿还债务,你也能够接受它自身。"在苏格拉底所谓的"对孩子的讲述"中,他是否偿还了"讲述父亲"这桩债务呢?

太阳

　　格劳孔再次成为他的对话者,苏格拉底首先回顾了两人此前关于理式的结论。当时,在解决了阿德曼托斯对哲学统治的反对后,苏格拉底回头应对格劳孔的质疑,并完成了对于格劳孔将会相信为哲人所知之物的描述。苏格拉底当前展示的喻像以早先的结论为基础,现在,他又重复了那些结论:有一个美本身,一个好本身,而且,每一种"多"都有一个理式(idea);在每种情形中,他们都将理式称为存在(is)(507b)。关于好,苏格拉底从视觉开始谈起。为了让视觉看到任何可见的事物,都需要第三样东西,一种让可视物保持可见的媒介:光。"天上的诸神中,你认为哪位神对此负责呢?"(508a)除了赫利俄斯/太阳(Helios)还会有谁?格劳孔回答道。"那么,"苏格拉底接着说,"你可以说,我认为太阳是'好'的儿子,我的意思是说,'好'生出的儿子与它自身十分类似。"(508b)苏格拉底像一位神学家那样发言,并贬抑了可见的神明:"好"是天空中最耀眼的神明的父亲。他详细说明了他的父-子类比:"在可知的范围内,'好'与理智和被理解的事物相关,同样,在可见的范围内,太阳就与视力和被看见的事物相关。"格劳孔并不满足,苏格拉底接着解释道,同样的眼睛,在阳光下便能看得清晰,而在月亮与星星的"熹微夜光"下,便只能看得模糊。随后,苏格拉底邀请格劳孔恰恰以眼睛的类比思考灵魂:"那么也想想[351]看属于灵魂的东西:当它让自己凝视真理与存在所照耀的事物时,灵魂就在思考,并且有了认识,似乎具备了理智。但是,当它让自己凝视黑暗笼罩的事物,看着生成和毁灭时,它就表达出意见,变得昏暗,在各种意见之间上下变幻,似乎又没有了理智。"(508d)现在,苏格拉底开始对格劳孔就"好"如何发生作用将要说的和思考的东西作出完整的类比;而他也将动词直陈式转变为命令式:"因此,你要说,正是'好'的理式把真理给予事物,令事物为人所认识,并把认识(knowing)的力量给予一个进行认识的人,而且你要认为,由于'好'的理式正是知识和真理的原因,它能够被人们认识。"(508e)同时,苏格拉底还提供了关于"好"的正确意见:知识和真理是那么美,不过,却可以认为"好"与它们两者均有区别,甚至比它们更美。而且,苏格拉底还提供了关于"好"之所以不同的正确意见:正如光和视力与太阳类似,但它们本身并不是太阳,所以知识和真理与"好"类似,但它们本身并不是"好":"描述'好'所需的条件,一定更为可敬。"苏格拉底将一位神明说成是"好"的孩子;现在他令关于"好"的正确意见不仅比"好"所生育的神明地位更高,甚至也比知识和真理更受尊敬。爱真理者苏格拉底要求格劳孔认为,"好"比真理更高。

格劳孔不知所措,只说了一个愚蠢的说法:"你肯定不会说它是快乐吧。""不要谩神,"苏格拉底以虔敬的语气回应道,因为他正准备对作为神明之父的"好"说些更高的东西。苏格拉底再次发出一道命令。他知道格劳孔会说太阳使它们"生成、成长并提供养分,虽然太阳本身并不是生成",所以命令格劳孔说:"你还应当说,正是由于'好'的缘故,被人认识[的性质]能够在被认识的事物中呈现,而且要说,实存(existence)和存在(being)也因'好'的缘故在它们之中呈现,尽管'好'本身不是存在而且超越于存在之上,在尊贵和能力上都超越于它。"(509b)由于超越于知识和真理之上,"好"必须被说成超越了存在本身,超越了理式,而苏格拉底刚刚教格劳孔相信,理式超越了单纯的生成之物。

格劳孔再次不知所措,但这一回,他"十分滑稽地"做了与谩神相反的事情:"阿波罗哦,这简直是神迹般的超越!"①格劳孔说的也是太阳,但他以阿波罗称其名,而非赫利俄斯。在神圣的超越方面,一位奥林波斯神取代了一位提坦神,②[352]这反映了苏格拉底关于神圣者的新说法:"好"甚至超越了神圣的阿波罗,超越了这位悄然取代赫利俄斯的奥林波斯神——这位德尔斐所供奉的神明,因此,"好"是位众神之神。格劳孔也许有些滑稽,但他这番迸发恰恰做了苏格拉底所命令的事。作为理式——这些新神——的创造者,苏格拉底创造了一位超越诸神之上的神,他以前无古人的方式构思了"好",将其作为最高者的光明、美丽的名字。

"这得你负责,是你逼我讲出我对它的各种看法的",在格劳孔的感叹后,苏格拉底迟疑片刻,然后说,他对于"好"的意见"超出了我们当前讨论的范围"(506e)。"无论是何种情况,都不要停止啊,"格劳孔说,"就算是最轻微的东西,你也不要漏掉。"苏格拉底说,他还是会遗漏不少东西,但都并非故意——而且,就苏格拉底命令格劳孔对"好"和太阳所思考的内容来说,他不会遗漏一个名号:"你想想,正如我们所说,存在着这两种事物,一个是可知类型和领域的君王,而另一个则是可见[类型和领域]的君王。"君王。这位主张哲人必须成为君王的哲人并不渴望为王;相反,他为一位王加冕,使之代替自己统治,来追求自己的目的。但就在为"好"加冕的过程中,苏格拉底暗示了他所做的事:他说,太阳统治ὁρατοῦ([可见的],而非οὐρανοῦ[天上的],③以免被人认为他在名称上玩智术游戏——苏格拉底本可以在天界(heavens)的统治者这个话题上沉迷于智术的文字游戏,但他忍住没这么做。他忍住了吗?他刚刚将"好"命名为一位可知领域的超出感知的(supersensible)君王,甚至统治着天界。通过为一位超越天界以及天界各种统治者的王赋予其他的名字,这位哲人施行着自己的统治。

---

① Δαιμονίας[疯狂的,神迹般的]ὑπερβολῆς[超越]。格劳孔所用的ὑπερβολῆς是在模仿苏格拉底讲辞中的最后一个词ὑπερέχοντος,这个词意为"在……之上,比……多,超过"。

② 诸神的不同名字"可能就像在阿波罗与赫利俄斯的例子中那样,被有意识地混同"。Burkert,《古希腊宗教》,页120。

③ [译按]在希腊语中,ὁρατοῦ和οὐρανοῦ尾韵相同,音节结构也类似,而οὐρανοῦ的最后一个音节与我们熟知的努斯或译理智(νοῦς)的属格相同,连着使用这几个词,近似于常见的玩弄文字的智术游戏。

苏格拉底差点通过说"我们对'好'没有足够的知识"而开始他对"最大的学习"的引介。但是苏格拉底明白,应该要求格劳孔如何认为、如何说"好"是什么:格劳孔应当认为并说"好"是统治可知领域的王,一如太阳是统治可见领域的王;他还要认为并说"好"将永恒的可知性和真实赋予了可知事物,也即理式——苏格拉底刚刚教给其年轻盟友的东西;格劳孔要认为并说,"好"为诸理式——例如正义的理式——赋予了永恒的实存和存在。苏格拉底教格劳孔用来描述"好"的统治的说法,提供了阻止这种邪恶——相信正义不会带来幸福——的方式。这位哲人照料着非哲人对幸福的追寻:要相信,你居住在一种由君王式的"好"所保障的道德秩序中,这种"好"甚至超越了正义,并使正义成为存在。

关于"好",苏格拉底知道得很多。他知道每个人都寻求确实是"好"的东西,他也知道,每个人做他所做的事,都是为了"好"的缘故。现在,苏格拉底已经表明,他自己知道[353],"好"作为原因超越于真理和知识之上——真理和知识本身通常受"好"所统治,只会在人们初步领悟或初步认为"好"是什么的时候所创设的视野之中显现。他也知道,甚至实存和存在也要在人们看待"好"是什么的视野中显现。苏格拉底知道被认为是"真实"的东西的真相:被认为"好"的东西统治着真理、知识、实存和存在。因此,苏格拉底知道,在尊贵和力量方面,"好"超越于存在之上,同时并不以任何一种存在者的方式存在,它如此存在,以致当诸存在者在人类面前显现时,它能对其施加力量。苏格拉底将一位已然在施行统治的王加冕为王。苏格拉底为"好"进行的加冕礼臣服于某种对"好"而言已然是真实的东西,并为"好"赋予了一片新的疆域:现在,"好"——世界的最高统治者——在存在之中葆有各种永恒的理式,例如正义的理式。苏格拉底发现了一种关于"好"的伟大而全新的虔敬,但是他自己对虔敬的超然姿态显而易见,如同一位诸神的创造者那般不虔敬。难怪苏格拉底说,他现在就"好"所持的意见超出了他们当前的主题:他们当前的主题是道德,而苏格拉底则一直注意确保他对"好"的超道德理解始终居于他们当前的主题之外——对这种超然于外的立场,人们能够察觉得到。

这条捷径引向光明、美好的事物,它们通过"好"的统治原则而守护着道德的宇宙。而那条漫长的道路则穿过光明与美好之物,引向苏格拉底警告阿德曼托斯可能会显得丑、盲目和扭曲的东西。这段话以阿德曼托斯和格劳孔各自最需要被满足的方式满足了两人,同时为不满足者提供了通往更漫长道路的提示,他们可以借此细读苏格拉底的言辞,并从中发现苏格拉底另外想说的话。最光明、最美好的事物远不只是一个谎言,因为这个世界毕竟最终也被哲人判定为好的,尽管它的"好"可能显得丑、盲目和扭曲——如果他像自己设想的那样描述它的话。哲人对于世界之"好"的这种最终确认,能够安排一种道德的表象,从而将世界确认为它所不是的样子——他这么做是为了这样的人们:他们能够过得正直体面的前提,在于世界能够是其所不是的样子,一个正义与幸福能够重合的地方。苏格拉底的道德谎言在以下两种意义上都是一个真实的谎言:它留驻于他们的灵魂之中,并且以他们唯一能认定为真实的方式喻示(images)真实。对有道德的人来说(for the moral),这种新的"好"——君临可见领域的不可见的王——统治着知识、真理、实存和存在,而苏格拉底以精审安排的言辞呈现了这种统治,从而能够引向关于知识、真理、实存和存在的真相。

宙斯失去了冠冕,正如苏格拉底在敬拜阿德拉斯忒娅时所预见到的那样。继承宙斯之位的并非"转动力"(Swirl)——就像阿里斯托芬笔下的苏格拉底所教诲的;柏拉图的苏格拉底将"好"加冕为新王。此时此地,[354]在这个神学的巅峰,柏拉图笔下的返乡的苏格拉底表明,他从扎勒卯克希斯的医生和希罗多德那里学会了,要为一种一神论式的、后荷马的众神之神创造语词,为之赋予既非忒腊克式的,也非任何本土的名字。你要说,统治整全的乃是"好"。苏格拉底用来创造众神之神的言辞是智慧的言辞;这是一条几乎令所有人满意的捷径,同时,这些言辞也邀请某些少数人走上更漫长的道路,并通往这个真理:是什么在统治着世界。

分线

分线的比喻有助于满足格劳孔对苏格拉底的如下要求——"再次充分探讨太阳的相似物",并且不要遗漏任何东西。苏格拉底已经说过,他会遗漏很多东西,但都并非出于本意;但是,他在线喻中只字未提太阳或"好",只在洞穴喻中才重新讨论它们——洞穴喻是苏格拉底用以满足格劳孔要求的另一个比喻。

最初的线有两个不等的部分,一段表示可以看见的那类,另一段则表示可知的那类,苏格拉底刚刚将这两种样式（εἴδη）指派为王。他让格劳孔像最初的切分那样,把两部分按照相同的比例继续分别分成两部分。① 首先划分可见的部分,苏格拉底说,这部分的划分依据是清晰和幽暗的程度（509d）。苏格拉底首先处理相对幽暗的部分,"影像"（εἰκόνες）,他所指的是阴影,以及水面和其他反射性表面上的倒影。由于先提到了影像,这迫使苏格拉底只能在第二位才提到"第一部分（外观）与之相似的东西",也即实存的个体存在物（individual beings）的整个领域。苏格拉底不仅将其放在第二位,而且从未为其内容命名,从未称之为"事物"（things）或"存在物"（beings）的领域。相反,他列出一个看起来不完整的清单:"我们周围的动物、一切植物和全部的人造之物。"（510a）格劳孔轻松地跟上了他要求在原初的线及其第一段划分中所描绘的所有内容。苏格拉底随后问他,是否愿意谈谈"真理及其缺乏"——而非简单的清晰或不清晰——之间的差别,"就像由意见所知（δοξαστόν）之物和由知识所知（γνωστόν）之物的差别那样?"格劳孔愿意——但他承担起来的是什么任务? 他是否刚刚同意,[355]就真理而言,能为意见所知的可见之物被制作得相似于可知之物? 苏格拉底随后对可见部分的划分方法,贯穿了对可知部分的划分。问题随即产生:为什么要首先通过影像来接近个体存在的整体? 为什么将个体存在物限制于动物、植物和人造物呢? 而且,为什么仿佛要认为意见是可知之物的相似物,以此来考察它们的真实以及对真实的缺乏呢? 完整的线喻将提出一种对影像的提升,将其提升为整个可见领域的统治模式。

可见的部分迅速让位于可知的部分,而格劳孔促使苏格拉底更加

---

① 苏格拉底并没有给出判断原始线段所切分出的哪部分更长的方法。但他的说明保证,每段分线进一步平分后的两个线段长度相等。在苏格拉底最后为各段切分的线所贴的标签中,"信念"（trust）和"思考"（thought）二者长度相等,但是"想象"（imagination）和"理智"（intellection）则长短差别很大。不论是想象比理智更长,抑或是理智比想象更长,都取决于在第一次区分中可见的与可知的分线哪段更长:初次切分的位置能否反映一个人倾向于运用想象还是运用理智?

详尽地阐述它的两个部分。这里一共提出了三个说法,第一个是苏格拉底的简要说法,格劳孔说他并不能理解;另一个是苏格拉底为了帮助格劳孔理解而做的重述;第三个则是格劳孔在承认自己还没完全理解之后给出的说法——然而苏格拉底却说,他的这个说法是"最为充分的说明"。这三个说法的排序之中潜藏着线喻的关键所在,因为,苏格拉底的两个说法中暗含着一种意思,却未能在格劳孔的"最为充分的说明"中得到复述。格劳孔是对的:他的理解仍然不完整。但苏格拉底为什么赞成他的阐述呢?

　　苏格拉底问如何分割理智的部分,从而开始了论证(510b)。他极其简洁地回答了自己的问题,第一次让一个"灵魂"活跃起来。接着,他再次开始提到影像,不同的影像:在可知领域的一个部分中,"一个灵魂将此前被模仿的事物当作影像,它必须在假定(ὑπόθεσις)的基础上进行研究,不是通向一个开端(ἀρχή),①而是走向一个结论(τελευτή)"。此处,灵魂是出于强迫而行动,要运用自己无法检验的假设或者推论。苏格拉底对此未加解释,而是片刻不停地开始构建可知领域的另一个部分:"而在另一个部分里,灵魂走向一种开端,不受假定束缚的(ἀνυπόθετον)开端;从假设出发,不使用前一部分使用的影像,[而]只使用样式(εἴδη)自身,通过它们进行考察。"这个简要的说法让格劳孔十分迷惑:"我还不能完全明白(ἔμαθον)你用这些东西所表达的意思。"事实表明,格劳孔使用的动词μανθάνω[学习、弄懂],是真正理解线喻的一个安静的向导:格劳孔总共四次使用μανθάνω来形容他的理解,而这里是第一次。正如经常发生的那样,密切关注一个细微的对话元素将会导向一种意想不到的明晰理解。格劳孔疑惑不解,致使苏格拉底说"再来一次",并且就可知领域的第一个部分提出了一个扩展说法,而苏格拉底在重复对第二部分的说法时,只做了[356]细小的改动。在开始时,苏格拉底说:"通过下面这个介绍,你就会理解(μαθήσῃ)得容易一些。"接着,他用格劳孔已经懂得的东西首先解释了他所说的"假定"(ὑπόθεσις)是什么意思:

---

①　ἀρχή既意味着开端,也意味着首要原则。这种词义的模糊性在线喻中扮演了不可或缺的角色。我将把ἀρχή译作开端,唯有格劳孔在线喻最后部分使用这个词时除外。

> 研究几何学、计算还有类似学问的人首先会假设($\dot{\upsilon}\pi o \vartheta \acute{\epsilon}\mu \epsilon \nu o \iota$)，
> 偶数与奇数、各种几何图形、三种形式的角以及其他此类探究中相
> 关($\dot{\alpha}\delta \epsilon \lambda \varphi \dot{\alpha}$)的东西。他们把这些东西看作已知的条件，看作假设
> ($\dot{\upsilon}\pi o \vartheta \acute{\epsilon}\sigma \epsilon \iota \varsigma$)，他们认为，他们他自己或者别人，都无须再对这些东西
> 作进一步的说明，好像任何人对一切都明白似的。他们就从这些
> 东西出发($\dot{\alpha}\varrho \chi \acute{o}\mu \epsilon \nu o \iota$)，对余下的部分进行解释，他们保持始终如一
> [的方法]，最后他们以其研究被引向的目标作为重点。（510c）

所有这些对于格劳孔而言都是显而易见的："我肯定知道这些。"

接下来，苏格拉底转而解释他所说的"当作影像"是什么意思——在首次解释可知领域时，"影像"是苏格拉底提到的第一项。他始终在谈论格劳孔已经知道的事物：数学的解释会使用"各种可见的样式，而且就它们进行论证，但他们仔细考虑（$\delta \iota \acute{\alpha}\nu o \iota \alpha$）的，却不是它们，而是它们所类似于的另一种东西，他们论证的是正方形本身、对角线本身，而不是他们所画的某个具体的图形，其他的情形也是这样"。苏格拉底因而引入了他接下来为说明线的分段而使用的词语$\delta \iota \acute{\alpha}\nu o \iota \alpha$：当指向一个正方形的模型时，$\delta \iota \acute{\alpha}\nu o \iota \alpha$关注的是四边形本身。谈起这些"可见的样式"，正方形和对角线，苏格拉底重复了自己在可见部分关于事物和影像的说法："他们塑造并画下的这些事物本身，在水中也有他们自己的影子或影像，但是，如今他们又把它们当作影像，力图看见那些只有用思考（$\delta \iota \acute{\alpha}\nu o \iota \alpha$）才能看到的东西本身。"思考将投下可见阴影和影像的东西看作影像——从这两个方面看，影像优先于实际的事物。格劳孔再次认为，这段对于数学实践的说法是显而易见的："你说的都是真的。"

苏格拉底对可知领域的第一部分的重述从这段介绍开始，经由数学，返回到最初的简要论述："这就是我所说的可知的样式（$\epsilon \tilde{\iota}\delta o \varsigma$）。"苏格拉底再次讲到灵魂在思考过程中所受到的强制："一颗正在探究它的灵魂不得不使用预设"，并且再次强调了探究必然遵循的方向，"不能到达一种开端"。但是现在，苏格拉底表明了这么做的原因："因为灵魂不能超脱于（$\dot{\epsilon}\kappa \beta \alpha \acute{\iota}\nu \omega$）这些假设之上"——之上（above）的说法第一次表明，他所设想的线是垂直的。苏格拉底在开始的地方结束了这个过程："灵魂当作影像的那些东西，[357]它们也

在自己下面形成影像"——那些本身投射影像的可见事物,自身被思考变为影像。于是,苏格拉底在他的重述中补充了一个新的说明:"但这些样式与自己的影像相比,人们认为影像要更清晰,①并赋予它们荣誉。"(511a)在他对思考的重述中——而且只在这里——苏格拉底提到了"好"在线喻中的秘密在场:思考引入了一个标准,为"清晰"赋予了比"模糊"更高的荣誉。由于苏格拉底用数学做模型,这并不令人吃惊。但是这个模型会延伸多远? 清晰完全是好的吗? 它是否会模糊真实?

"我明白($\mu\alpha\nu\vartheta\acute{\alpha}\nu\omega$)",对于苏格拉底关于可知部分第一分段的最后陈述,格劳孔如此说道,并解释了他的理解,"你所说的是归于几何研究一类,或与几何相近的技艺($\alpha\delta\epsilon\lambda\varphi\alpha\tilde{\iota}\varsigma\ \tau\acute{\epsilon}\chi\nu\alpha\iota\varsigma$)一类。"(511b)苏格拉底既不支持也不反对这一理解;他只是继续说下去:"那么,继续理解我所说的……"格劳孔的理解仍然不充分,这大概可以从他提到苏格拉底所说的相近(sister)一词时所做的改动中推测出来:苏格拉底讲的是数学假设中的相近之物,比如奇数和偶数(510c),格劳孔讲的则是几何学中的相近之物,而几何学是另一门技艺($\tau\acute{\epsilon}\chi\nu\alpha\iota$)。格劳孔的理解将思考($\delta\iota\acute{\alpha}\nuo\iota\alpha$)狭隘化为技艺($\tau\acute{\epsilon}\chi\nu\alpha\iota$),然而苏格拉底所举的数学模型,作为单纯的影像,所涵盖的则是在可知部分的整个更低分段中都活跃着的思考类型——一般意义上的(generally)思考,自然的思考,这种思考被活跃于可知部分的整个更高分段中的思考类型——辩证法——所证明。辩证法是苏格拉底特有的思考方式;苏格拉底的数学范本所反映(image)的不仅是技艺,而是所有不属于辩证法的思考形式。克莱因(Jacob Klein)对于$\delta\iota\acute{\alpha}\nuo\iota\alpha$有着更为全面的正确理解(尽管他并没有提到他在反驳格劳孔):"在我们的思考中……无论是'技艺的(technical)'抑或'自然的(natural)',我们所处理的可见世界的一切事物和属性,都被用来'类似于($\check{\epsilon}\iotao\kappa\epsilon$,510d7)'不可见之物,更准确地说,类似于思考的对象。显然,苏格拉底所持的论点明显是,我们的思考($\delta\iota\acute{\alpha}\nuo\iota\alpha$)

---

① 清晰(clear)在苏格拉底的结论中是$\check{\epsilon}\nu\alpha\varrho\gamma\acute{\eta}\varsigma$,而不是$\sigma\alpha\varphi\acute{\eta}\nu\epsilon\iota\alpha$,就如同在509d处一样;要变得$\check{\epsilon}\nu\alpha\varrho\gamma\acute{\eta}\varsigma$即是要变得$\alpha\varrho\gamma\acute{o}\varsigma$,闪耀、明亮、能反光。

让我们将这些事物和属性解释为不可见的可知之物的影像。"①自然地
思考,而不仅是技艺化地思考,造就了事物的影像。在人类对事物的
认知中,影像具有独一无二的重要地位——苏格拉底通过如下的安
排标示出影像的重要性:在描述线的可见与可知两个部分时,苏格拉
底都将影像摆在前面(509e),而在关于可知部分的最后叙述中,他又
将影像放在最后(511a)。苏格拉底最初为事物所列的清单——围绕
着我们的动物,所有的植物,[358]人造物的整个种类——终于得到
了补全:思考让事物变成思想的人造物。事物通过被安置于假设之
下而被思考,而思考必须从假设开始,它既无法逃脱也无法超越假
设。当苏格拉底补充说,思考使其假定变得清晰并赋予其荣誉,他便
引发了如下的怀疑:思考,作为我们接近事物的难以避免的途径,当
它认为事情最好变得清晰时,便难免使事物变得模糊。对格劳孔来
说,任何对思考以及思考通过样式(εἶδη)构建世界之过程的怀疑都是
隐而未见的——格劳孔虽然说"我理解",但他却以为苏格拉底所说
的只与技艺相关。

难怪苏格拉底第二次解释可知事物(intelligible)的大部分努力
都集中在其中第一个部分:他必须指出,仍然需要对思考(διάνοια)进
行考察。对于思考——无论是自然的、科学的或技术的思考——都
需要考察它用来弄清、尊崇它所澄清之事物的特殊方式。思考设立
影像,那么,如何才能把握它设立影像这一过程的来源和结果呢?苏
格拉底对思考的论证本身,已经超出了思考,并转到了思考无法企及
的方向。这是什么方向?苏格拉底又是如何做到的?答案见于苏格
拉底对可知之物的另一分段的重述。这段重述的整个要点都基于其
含意的模糊,而这是一种有意为之的模糊,意在向格劳孔提示太阳喻
与洞穴喻中显而易见的上升,同时还提示了一种更符合真正的苏格
拉底式哲学的理解。

苏格拉底首先命令格劳孔理解(511b):"那么,继续理解我所说的
可知世界的另外一部分吧,逻各斯(logos)本身凭着辩证的(dialectic)

---

① 克莱因,《柏拉图〈美诺〉疏证》,页119。[译按]中译参考克莱因,《柏拉图〈美
诺〉疏证》,郭振华译,华夏出版社,2011。译文略有调整。

力量而把握到的东西。"在关于可知之物的这一部分中,发挥作用的是一个新要素,不再是"灵魂"(510b,511a),而是逻各斯(logos),即言辞或理性,①而逻各斯的行为则获得了一个新的名称:$\delta\iota\alpha\lambda\acute{\epsilon}\gamma\epsilon\sigma\vartheta\alpha\iota$[辩证法]。逻各斯探讨的是存在于思考中但无法考察的假设:"不再把假设当作开端($\dot{\alpha}\varrho\chi\acute{\eta}$),而真的只看作假设——前进的阶石或是起跳板——以便达到整全开端处那不受假设限制的东西[$\dot{\alpha}\nu\upsilon\pi\acute{o}\vartheta\epsilon\tau o\nu$]。"于是,"不受假设限制的东西"通过一个关键短语得到命名,这个短语集中体现了被苏格拉底充分利用的模糊性:"整全的开端"($\dot{\epsilon}\pi\grave{\iota}\ \tau\grave{\eta}\nu\ \tauo\tilde{\upsilon}\ \pi\alpha\nu\tau\grave{o}\varsigma\ \dot{\alpha}\varrho\chi\acute{\eta}\nu$)。这个开端($\dot{\alpha}\varrho\chi\acute{\eta}$)是否就是万物终极的第一法则? 对于刚刚听到"好"——作为可知之物之王——所拥有的光明、美好形象的格劳孔来说,[359]$\dot{\alpha}\varrho\chi\acute{\eta}$在这里便很可能表现为"万物的第一法则"(the first Principle of the All),②是这个闪耀着光辉的"好"之整体;而"好"的统治为理式赋予了可理解性和存在。然而,$\dot{\alpha}\varrho\chi\acute{\eta}$还可以作不同的理解:$\dot{\alpha}\varrho\chi\acute{\eta}$可以被视为先于思考的各种起点的东西,而逻各斯采用辩证的方法来考察这些起点,因为思考本身无法检察其自身的诸多假设,尽管它们决定了一切事物在思考眼中是怎样显现的,亦即是怎样被思考构成影像的。对开端($\dot{\alpha}\varrho\chi\acute{\eta}$)的第一种理解导向了一个万物的终极法则;第二种理解则提示了一种特有的探询方式——苏格拉底在别处曾经称之为他所独有的考察形式。苏格拉底随后所说的话延续了那种模糊:"论证把握到这一点之后⋯⋯""这一点"既可能意味着把握了万物的终极法则;又有可能意味着把握了对思考进行考察的必要性。根据对"把握到这一点"的不同理解,接下来的这个关键的从句将具有不同的含义:"[逻各斯]把握到这一点之后,它便要依赖取决于这一开端的东西,还以这样的方式向下($\kappa\alpha\tau\alpha\beta\alpha\acute{\iota}\nu\eta$)回溯到一个终点"。

---

① 在这里我留下$\lambda\acute{o}\gamma o\varsigma$未加翻译;理性(reason)的译名失去了其与语言不可或缺的联系;言辞(speech)更为恰当,因为它表明语言是象征性中介,同时明确令人回想起苏格拉底在《斐多》中的转向,他通过$\lambda\acute{o}\gamma o\iota$考察存在时的描述,但是,言辞(speech)并不像$\lambda\acute{o}\gamma o\varsigma$那样包含理性的含义。

② 这是 R. E. Allen 在其《王制》译本中对这一词语的翻译。在 Eva Brann 对太阳、线、洞穴的详尽阐述中,她将这个词语翻译为"整全的'统治性来源'"("the ruling source" of the Whole,见《〈王制〉中的音乐》,页194),同时在下文证明了其模糊性(页204)。

καταβαίνη所指的方向是向下。① 这指的是在把握万物的第一法则之后的下降吗？抑或是在把握了如下需要之后的下降：需要考察将思考作为设立影像的假设？引人注意的是，在这个决定性的点上，逻各斯开始下行——καταβαίνη，这是《王制》的第一个词，它接下来的四处使用记录了洞穴喻所要求的下行，而它的最后一次使用则记录了结束《王制》的那个比喻中的下行。② 这个决定性的语词，出现在"最大的学习"的中心喻象中的决定性节点；唯有在他的重述中，苏格拉底才使用了这个描述下行的动词，也唯有在他的重述中，他才使用διαλέγεσθαι这个用以描述他特有的哲学思考形式的动词。结论似乎是必然的：线喻描绘了苏格拉底式的向下转向，同时也提供了对于哲人的又一个引人向上的比喻。苏格拉底的线喻，一方面引导格劳孔想象哲学升华为一种超越性的整体——把握这个整体，将使哲学的统治主张得到终极的合法化—— 同时还描绘了苏格拉底自己的下行，从而在思考的统治性假设（ruling presupposition）中对思考进行考察。

苏格拉底结束了他对可知之物中的这一段分线的重述："不再以任何方式使用任何感觉之物，而只是用样式（εἴδη）本身，[360]通过样式，指向样式，而且以样式作为终点。"（511c）逻各斯采用了辩证的探询方式，利用样式来考察样式，并最终以样式结束；整场下行的目标都在于揭示为思考的假设提供基础的样式。它们是哪些样式呢？苏格拉底为διάνοια[思考]的样式所建的模型是数学化的，但辩证法是否既能考察正方形本身，又能考察对角线本身呢？相反，它辩证地考察了自然的思考对一系列样式的依赖：这些样式是实际的统治性意见，它们像数学定理那样发挥功能，将存在之物转变为简单的形象（mere images）。苏格拉底的数学化模型，有助于用影像显现达至万物终极原理的上升过程，同时又使苏格拉底实际的下降过程变得模糊——苏格拉底的下

---

① 与辩证法的καταβαίνω形成对照的是，在思考中不可能发生ἐκβαίνω（511a）。

② 《王制》中对καταβαίνω的九次使用，分别出现在 327a，328c，359d，511b，516e，519d，520c，539e，614d。对于线喻中所出现的καταβαίνω，Claudia Baracchi 称之为"对话中心部分几乎未予表明的这一καταβαίνω"，并将之与对话开头与结尾的καταβαίνω联系起来。见《柏拉图的〈王制〉中的神话、生活与战争》（*Of Myth, Life, and War in Plato's "Republic"*），页96。

降,旨在对实际进行统治的美、正义和好的样式加以检察。①

　　苏格拉底对逻各斯用辩证法所考察之物的描述,引出了格劳孔在他们就"最大的学习"的三个比喻所做的整个交流中心唯一一次扩展的评论。"我理解($\mu\alpha\nu\vartheta\acute{\alpha}\nu\omega$),"格劳孔说,"尽管并不充分。"这几乎是对他第一次使用[$\mu\alpha\nu\vartheta\acute{\alpha}\nu\omega$]时的重复,当时,格劳孔无法理解苏格拉底对可知的部分所做的第一次论述(510b)。格劳孔为自己未能充分理解提出了一个理由:"因为在我看来,你说的不是一项简单的任务。"格劳孔的理解永远不会充分,因为他不肯走困难的长路。格劳孔总结了自己所理解的东西:"你希望区分存在的部分和辩论知识所专注的可知部分,而后者比起所谓的各种技艺所专注的部分,要更加明晰,而各种技艺的开端是各种假设。"格劳孔对思考的理解局限于技艺($\tau\acute{\varepsilon}\chi\nu\alpha\iota$),并且将两个所划分的部分之间的差异简单化为清晰程度的不同。接下来,格劳孔讨论了自己如何理解每个划分的部分对假设的处理:"那些探索[技艺的研究对象]的人们,不得不采用思考而非感觉,然而,因为他们不是上升($\dot{\alpha}\nu\acute{\varepsilon}\varrho\chi\omega\mu\alpha\iota$)到第一法则($\dot{\alpha}\varrho\chi\acute{\eta}$,开端)来思考这些对象,而是基于假设开展思考,所以,你认为他们并不拥有理解($\nuo\tilde{\upsilon}\varsigma$)那些对象的能力,即便这些对象可以通过一个第一法则而变得可知。"格劳孔的陈述中没有出现"下行"一词,只有朝向某个$\dot{\alpha}\varrho\chi\acute{\eta}$的"上升"——他似乎将其理解为某种第一法则。在结尾处,格劳孔进一步澄清了术语:"我觉得,你似乎把几何学家和研究这类学问的人的习性称作思考($\delta\iota\acute{\alpha}\nuo\iota\alpha$),而不是理智($\nuo\tilde{\upsilon}\varsigma$),并且指明,思考是介乎意见和理智之间的东西。"(511d)

　　[361]格劳孔说自己的理解并不充分,但他最初听到的评价却是"十分充分"——苏格拉底对他的理解加以认可。但苏格拉底认为十分充分的却不是他的理解,而是他的阐述($\dot{\alpha}\pi o\delta\acute{\varepsilon}\chi o\mu\alpha\iota$),也即他从苏格拉底那里接受(accept)或接到(receive)的内容。与之适合的是,苏格拉底所训练的年轻盟友没能充分理解线喻,却明白如何阐释这个喻像及其术语。苏格拉底为他提供了四个语词,用来明确关于分线四部分

***

　　① 伯纳德特,《苏格拉底的第二次航行》,页170:"思考所产生的假设是被当作意见的意见的复制品……数学假设是自证的,而其中的一致性是他们的吸引力所在;但意见是含混的、自我矛盾的,这也令它们成为哲学的起点。"

的四种觉知($\pi\alpha\vartheta\acute{\eta}\mu\alpha\tau\alpha$)形式的术语,这次,这四个语词以降序排列:理性($\nu\acute{o}\eta\sigma\iota\varsigma$)最高,思考($\delta\iota\acute{\alpha}\nu\sigma\iota\alpha$)次之,"信念"($\pi\acute{\iota}\sigma\tau\iota\varsigma$)又次之,"想象"($\varepsilon\grave{\iota}\kappa\alpha\sigma\acute{\iota}\alpha$)则居于最后。苏格拉底以一道指令作结:"你要将它们按比例进行排列,也要明白,由于每一个部分都分有相应的真理,所以他们也都分别具有清晰性($\sigma\alpha\varphi\eta\nu\varepsilon\acute{\iota}\alpha\varsigma$)。"格劳孔第四次使用$\mu\alpha\nu\vartheta\acute{\alpha}\nu\omega$一词结束了对线喻的探讨,而这一回,他表达了对自己的肯定:"我不但理解,而且同意,并根据你所说的对它们进行排列。"格劳孔被鼓励着产生误解,被教导一种误解,因而表述了一种十分充分的阐述:当格劳孔的不充分理解被置入一种最为充分的阐述之时,便形成了抵达真正理解的合适渠道。

苏格拉底已经给出了四个语词中的前两个,格劳孔也已重复了它们;然而,直到这里的结尾处,苏格拉底才引入了后两个语词。$\pi\acute{\iota}\sigma\tau\iota\varsigma$或信念,在用于回顾人类对可见物的知觉时(awareness),是一个最富启发性的名称。信念是当整个日常世界将自身呈现在知觉面前时,人对其所持的立场;世界作为人所熟悉的事物之整体将自身呈现给人的知觉,而在这些熟悉的事物中,我们由于身处"高深莫测的熟悉"而适意自如(at home)。① 线喻解释了个中缘由:思考基于自身的假设对世界进行安排。至于想象($\varepsilon\grave{\iota}\kappa\alpha\sigma\acute{\iota}\alpha$),它首先是作为一种把握真实之物的阴影及倒影的能力而出现的,这种能力将影像(image)视为影像,明显是最低形式的知觉。然而,在思考为了获得想法(thoughts)而将真实之物转化为影像的过程中,想象($\varepsilon\grave{\iota}\kappa\alpha\sigma\acute{\iota}\alpha$)再次匿名出现:作为知觉的一种形式,想象($\varepsilon\grave{\iota}\kappa\alpha\sigma\acute{\iota}\alpha$)覆盖了整个信念世界;通过我们自然的思考过程,明显的初始之物总是已经被转化为思考的假设所使用的影像。然而,当苏格拉底创造太阳、线以及洞穴的比喻时,想象也以匿名的方式存在于苏格拉底的这些活动本身之中。苏格拉底开始了跟随线喻之后的讲辞:"接下来,那么,要就其教育与缺乏教育的情况,对我们的天性做个比喻($\grave{\alpha}\pi\varepsilon\acute{\iota}\kappa\alpha\sigma\sigma\nu$)"——洞穴的比喻。苏格拉底的喻像(images),在思想本身的范围内,通过想象($\varepsilon\grave{\iota}\kappa\alpha\sigma\acute{\iota}\alpha$)的巨大力量施行教育。唯有辩证法,才能够让想象($\varepsilon\grave{\iota}\kappa\alpha\sigma\acute{\iota}\alpha$)的力量得以彰显。而唯有[362]通过在思考基于

---

① 克莱因,《柏拉图〈美诺〉疏证》,页114。

假设所创造的信念世界中引发混乱动荡,通过对这些假设及其影像构建过程(imaging)的充足性引发疑问或不安,辩证法才能够得以施展。或者,辩证法可以通过苏格拉底创造喻像(image)的能力而得以施展——这些喻像内在含义的模糊会引发一种教育上的不安,而这种不安引导了那条更长的道路。

尽管线喻是用以解释太阳喻的两个比喻之一,但线喻仍然具有某种中心性:线喻反映出,苏格拉底式的哲学是一种下行,意在恢复那使得世界成为一个信念世界的思考所采用的假设(the suppositions of thought):要让格劳孔理解并说,一条不可中断的上行线导引向了超越时间的理式,并继续上行,最终达至万物的第一法则。同时,要让这些细枝末节的迹象——例如 $\dot{\alpha}\rho\chi\acute{\eta}$ 一词精准的模糊内涵、描述方向的各个不同的动词和副词、格劳孔对 $\mu\alpha\nu\vartheta\acute{\alpha}\nu\omega$ 的四种用法——来暗示哲学思考的真正动向。可以将分线理解为上行达至它未曾探究之物,亦即作为可知之物之王的"好"。但是,如果分线暗示了苏格拉底式的下行转向,同时又为了阐释那关于"好"的太阳喻而存在,那么,那被遗忘的"好"便在实际上以某种方式在场。"好"若隐若现地显现于思考(thinking)对于清晰(clarity)的未经考察的偏爱之中。然而,"好"似乎也若隐若现地显现在逻各斯($\lambda\acute{o}\gamma o\varsigma$)基于辩证法对思考的假设进行探究的下行之中,因为,在这种探究过程中,苏格拉底式的哲学思考发现,思考的假设最终植根于"好",或每个人都出于其自身之故而希求的东西,以及人们为了它的缘故而行其所行之事的东西。于是,线喻将暗示,通过辩证法,逻各斯得以发现,就在思考的假设本身之中,"好"发挥着作用,指引着它所澄明、所尊崇之物。最大的学习便是苏格拉底式的辩证法。它的下行将它引向融合在人类认知的特有条件中的"好",而这样的条件本身,便是一切的起点。这个中心比喻将苏格拉底探寻原因的第二次航行呈现为对作为整体的诸存在物之原因的探究,这种探究发现,诸存在物的外表,便是思考的假设在"好"的理式的统治下所形成的影像。

洞穴

与线喻一样,洞穴喻也意在回应格劳孔的要求——苏格拉底应当对关于"好"的太阳喻做出详尽、无遗漏的解释(507e)。在线喻中能听见的暗示,也出现在洞穴喻中:格劳孔以一种方式理解它,而与此同时,它自身向一种更充分的理解开放。

在开始讲述洞穴比喻之前,苏格拉底告诉格劳孔这个比喻所关切的对象:"要就其教育与缺乏教育的情况,[考察]我们的天性。"洞穴喻[363]因而扩展了苏格拉底对"好"的理式的解释:线喻描画了思考如何组织了世界,洞穴喻则描画了教育为思考配备内容的过程。在最宽泛的意义上,教育的出现,意味着由生至死地沉浸于权威意见中,所有人都经受了这个过程:当苏格拉底描绘他最初的洞穴画面时,格劳孔说:"这是个奇怪的比喻,那是些奇怪的囚徒。""他们就像我们,"苏格拉底说。在描绘言辞中的城邦的邦民时,教育本是苏格拉底首先描述的工作:他为"教育和抚养"赋予了新模式,这是关于自婴孩时起便传颂的诸神和英雄的故事的新法律(376c-412b)。洞穴喻表明了这种教育和抚养实质上是何种事物。

无论经受教育与否,我们的天性都被束缚于一个地下洞穴之中,而且,尽管这个洞穴对穿过整个洞穴的那束光亮开放,但我们的天性却决定了,我们背对着光,而转向光亮的道路则是艰难的。自童年起,我们的天性使我们能只看见洞穴墙上的阴影,那大抵是些人造之物的影子,只有一类特别的阴影除外:囚徒们自己的投影。大体上说,能被称为自我认知或是属人知识的只能是些阴影,在离火更近的人造物所投下的更巨大的影子的对比之下,这些阴影显得更加矮小(dwarfed)。苏格拉底详细描述了这些人造物:它们被搬运者沿着甬道一路扛来,放上墙头,这墙头就像是傀儡师或变戏法的人(θαυματοποιοῖς)用来隐蔽自己的屏障。囚徒们无从得知,他们所见的阴影其实是些人造物的投影——"由石头、木头,还有其他各种材料做成的人及其他动物的形象"——变戏法的人拿着它们四处移动。苏格拉底为搬运工添上了最后一笔:有些搬运者发出声音,其余的却默不做声。由于洞穴中囚徒对面的墙壁会传来回声,当搬运工偶尔发出声响,囚徒们便相信,是移动的阴影发出了声音。"那么,确定无疑的是,这种人会认为真实的并不是别的什么东西,就是那些人工物什的阴影。"变戏法者在洞穴的真实中扮演了决定性的角色:他们所持的人造物,加上其中某些人发出的言语,创造了洞穴居民居于其中并以为真实的阴影/回声世界。

在接受或缺乏教育的状况下,我们的天性包含着通过自然得到释放和治愈的可能。因为苏格拉底告诉格劳孔,考虑一下"他们从束缚与愚行中释放和康复……倘若就天性而言这样的东西要发生在他们身上"(515c)。苏格拉底的描述过程始于一种没有施动者(agent)的自发冲动;一个人获得释放将经由以下四步,"被迫起身,扭动脖子,走,并抬头去看光亮"。由于经受着痛苦,并因为火光而感到昏眩,他"不可能辨识出他先前看到其阴影的那些东西"——不能踏出[364]线喻的第一步,即将影像视为某物之像。在如此描绘自然对其所释放的囚徒所强加的痛苦和困惑之后,苏格拉底开始了他的追问。苏格拉底首先问格劳孔,在他看来,如果被释放的囚徒获得某种"人的帮助"(human aid)——苏格拉底引入的某个人(τις)讲明了洞穴的真实那么这位囚徒将说些什么:"如果有人告诉他,过去他傻乎乎地什么也没有看到,现在,由于他在某种程度上离真实(τοῦ ὄντος)更近,更加转向实在(ὄντα),他看得更真切了;而且,当这个人特别给他展示每件过往的东西,强迫他回答这些东西是什么时,那么,你猜他会说什么?"(515d)苏格拉底提示格劳孔:"你不认为他将会茫然无措,并且相信过去看到的东西比现在展示的东西更加真实吗?""是的,显然如此,"格劳孔同意。这个人毫不留情:"于是,如果这个人迫使他看亮光本身"——去直视洞穴的真实所源自的火光——"他的眼睛就会灼伤,他还会逃跑,逃向那些他能够辨识出来的东西,还会认为这些东西实际上比展示出来的东西更加清晰,对吗?"(515d)这种帮助根本毫无助益:被强迫去看洞中的人造物、被迫直视洞中火光的人,将逃回舒适的阴影之中。关于释放和救治的故事,以退回到阴影的监牢而告终。苏格拉底随后解释说,试图以这种方法施教的一些人,他们的行动所依循的教育观念是,设想自己能够"给灵魂放入本不在灵魂中的知识,犹如给瞽目放进视力"(518b)。这种观点是错的,因为眼睛并非独立活动,而是从属于身体这一更大的整体,而且,如果想要眼睛看到一些与其所习惯的阴影不一致的东西,那么,这一更大的整体必须首先转向这种新事物的方向。这位强迫被释放的囚徒直视洞穴真相的"某个人",对囚徒期许太多,高估了囚徒通过观察来启蒙自己的能力;此举正是苏格拉底当前所为的反面,因为苏格拉底拒绝给出自己对"好"的意见,而是代之以影像。

　　与这种启蒙尝试的可悲失败不同,还有另一种帮助被释囚徒的方式。苏格拉底以"那么,如果"①开始,再次提出一位无名施动者——某个人(τις),却没有让他讲话。这个施动者将被释的囚徒"从那里拖将出去"(ἐντεῦϑεν),完全脱离洞穴,拖着他走上"崎岖陡峭的上升道路"。这种强迫天性所释放的囚徒的另一种方式乃是一种上升(ἀνάβασις),这种离开洞穴的上升道路不需要首先考察洞穴的[365]真实或洞中的火光。这位拽人上升的施动者同样残酷无情:"在将他拖至外面阳光下之前不让他走开。"于是,在线喻中被隐去的太阳,在用以阐明太阳喻的比喻中得以首次出现。被拖拽出洞穴后,被释放的囚徒经受了与被迫盯着洞穴的真实时相似的迷惘,而格劳孔虽然未经提示,却也同意被拽出洞穴的囚徒将无法看见那些现在被称作真实的东西,而且,格劳孔能够就上升道路的讨论补充自己在线喻中学到的东西:"至少无法立刻看见。"苏格拉底讲了一个关于困惑者——这个双目近乎失明的曾经的囚徒——在被拖到洞穴之外后取得成功的故事。在这个完全非苏格拉底式的成功故事中,没有对话,没有转向言辞(λόγοι),而是直接观察事物。这是一个关于习得第二习性(second habituation)的故事——苏格拉底描绘了被释放的囚徒如何在洞穴外,通过重复线喻的各个阶段而上升到知识。苏格拉底再次引导格劳孔上行,最终达到对"好"的理式及其结果的信念。被释放的囚徒首先能够辨识阴影,而"之后是人和水中之物的幻影",然后是事物本身(516a);此后,他转而注视那些天上之物和天空(heaven)本身——在黑夜里凝望那星辰与月的光华,在昼日则注目于太阳和日光。"但最后,他将能够辨识(κατιδεῖν)太阳——不是它在水中或某些不同地方的外观,而是在太阳自身的区域中的太阳本身——并且看到它是什么样。"(516b)带着对太阳的这种辨识,到达洞穴外的被释之囚可以推测,太阳是季节轮换和时年运转的源泉,统御可见世界中的万物,而且在某种意义上,是他和他的同伴们过去所惯见的所有那些东西的原因(516b)。"显然,这将是他接下来

---

①　第一种方式中的两处"如果"(515d1,9),通过此处的"如果"(515e4)告一段落——此处的"那么,如果"(εἰ δέ)引入了第二种方式。

的步骤,"格劳孔回答说:是的,他将凝望整全的第一法则,继而推想每种特殊之物(every particular)的原因。

走出洞穴的上升过程,描画了对整全(the whole)的完整因果解释,这是一个关于整全知识的明澈、美好的喻像,而线喻则为之做好了准备。《王制》所不能言说的东西,曾经在别处有所透露——在《斐多》中:如果不代之以观看太阳在水中的相似物,那么,即便是在日蚀中,凝视太阳也同样会灼伤双目(《斐多》99d-e);苏格拉底自己便避免研究诸如太阳之类的存在(《斐多》98a),害怕损毁双目;他在言辞(λόγοι)中寻求庇护,从中求索存在的真理(truth of beings)。洞穴喻将不可能之事——对于眼睛而言的致命危险——想象为已经完成的事,[366]并且将其替换为苏格拉底寻求原因的第二次航行。线喻中的模糊性,展示了该如何解读那种不可能的成功:上升过程为格劳孔假装呈现的东西,喻示了(images)苏格拉底对洞穴的真正洞见。在自身天性的强迫下,苏格拉底转而检视洞穴中那由火光照耀、由人造物投影的影像世界,转而考察人类认知的方式以及人类接受教育的方式。最终,通过向下注视太阳,即洞穴中的火光,苏格拉底看到,这个"好"的理式的孩子,乃是这可见世界中万物的统御者,它为万物授予其知识和真理(516b-c);与此同时,太阳也是他和他的同伴们向来看到的所有事物的原因,它为这些事物赋予实存(existence)和存在(being)(516c)。

哲人具有一种喻像,即他对喻像的力量具有知识,而苏格拉底在这一喻像之内又创造了另一喻像,即他对喻像具有完备的因果知识。伯纳德特道出了支配这个从洞穴上升的比喻中的洞见:"一种脱离洞穴的片面上升,并不能在洞穴之中得到证实。"①苏格拉底,一位通过获取"好"的知识而从洞穴的虚构(fiction)中赢得自由的洞穴居民,虚构了一个极为高明的向上的洞穴逃离者形象。苏格拉底清楚,教育之路乃是对虚构的适应,于是,苏格拉底使人们习惯于一种新的虚构:"智慧

---

① 伯纳德特,《苏格拉底的第二次航行》,页178。

是洞穴中的一个偶像(an idol)。"①苏格拉底的洞穴喻使人们习惯于认为,这个新的哲人偶像是智慧的。

洞穴喻以两种方式描绘了可能发生在被释放的囚徒身上的遭遇,一种归于失败,第二种则取得成功,洞穴喻因此模拟了启蒙的三种途径:第一种强迫观看的方式归于失败,第二种基于信念的观看取得了虚构的成功,最后,是苏格拉底的真正的注视。忒拉绪马霍斯在《王制》中呈现了第一种途径:忒拉绪马霍斯强迫他的听众,在洞穴火光之下,以一种不受欢迎的方式直视构成洞穴之正义和正确的人造物。第二种启蒙道路是一种成功的方式,这种方式为格劳孔带来一种想象中的启蒙,至于那些受到天性驱使而走上苏格拉底的漫长道路的人,则被投射了真实启蒙的一线光明。苏格拉底将哲学比作对洞穴的超越,这是他用来说服格劳孔的最后一个比喻——苏格拉底通过比喻,说服格劳孔相信他自《王制》的中心句之后始终在论证的内容:哲人必须统治,因为他是最高的知者(knower)。洞穴喻同样证明了苏格拉底的真实所见:由于拥有关于被[367]"好"所形塑的人造物世界的知识,真正的哲人在天性之中便具备统治的能力。在《王制》中,真正的哲人以由喻像显示为可行的方式施行统治——他采取影像的方式,运用被其他人举着的能投射阴影的人造物来施行统治。洞穴喻令这种新的适应过程得以如其所是地得到审视,而《王制》正令其听众/读者服从于这种新的适应过程。

苏格拉底让格劳孔想象如下情景——走出洞穴的被释之囚回忆"他最初的家",并回忆其家中的一个特点:"那里的智慧。"(516c)在洞穴中,在三个方面智慧的人则获授"光荣和奖赏":他"最敏于辨识过往的东西";他最能记住哪些一贯先通过,哪些紧随其后,哪些和其他的东西同时出现;而且,他因此"最能预示接下来会出现什么"(516c)。囚徒们之中被尊誉为智慧的人,是那些致力于对巡游阴影进行因果分

---

① 同上,页179。洞察到那超脱出洞穴的虚构角色,似乎是迈蒙尼德对洞穴比喻的修改中的基本含义:人类的天性将人类局限在一方幽暗深邃的黑夜里,偶尔会有电闪雷鸣将其点亮:白昼从不会到来,而闪电的光亮也只有独特的个体能有所察觉。见《迷途指津》卷Ⅰ导言(10-12节)。参见施特劳斯《哲学与律法》(*Philosophy and Law*),页126以下及页65、页140注16。

析的推理家（reasoners）；我们的自然条件，不只是感官输入的被动接收者，而是自身经历的主动阐释者，从而为我们自己创造一个有序、连贯的世界。洞穴智慧是一种关于原因——对本无因果联系的阴影所想象出的原因——的知识。这种知识的最终成就是预测未来的知识，一种先知般的智慧。被释放的囚徒是否会嫉妒洞穴中的权威智慧者所获得的光荣（516d）？就在此处，苏格拉底具名地引入了荷马，并借荷马之口说出了奥德修斯转述的阿喀琉斯在冥府中的说辞——苏格拉底在言辞的城邦中禁止了这段说辞（386c）：理解了洞穴智慧的人知道，洞穴即是冥府，而他渴盼着"哪怕成为一个为人耕种田地的人，被雇受役使，无祖传地产"。① 恰恰在推行新的统治比喻之时，深知洞穴之真相的苏格拉底让他的前辈荷马道出了肯定生命的判断，并反对统治着当今世界的冥府。苏格拉底禁止了那段关于冥府的谤言（slander），并且将会以一种关于冥府的新喻像来结束对话——在这个新比喻的表面，苏格拉底远非肯定有死的生命，而是将其贬低（slanders）为一种道德的检验场所，由此决定来生受到惩罚还是奖赏。然而，在他的洞穴喻中，苏格拉底让智慧的荷马借旧的冥府形象说出了城邦的真相：这是一座充斥着无知信念的冥府，其中，受到尊崇的智慧之人是关于想象中的原因的权威预言者，他们由于发现了巡游阴影的意义模式而受到赞扬。依其天性，城邦是一座由神圣者的仆从所统治的神圣之城，而这些仆从本身则受命于人造物及其创造者。

荷马说出的断言为《王制》的中心主张——哲人的统治旨在摆脱邪恶，寻求幸福——提供了一个视角：哲人的统治永远无法摆脱邪恶，例如被信以为知识的无知之恶；同样，哲人的统治也无法完全实现幸福——无法超越移居福人岛的人们所享受的私人［368］幸福。荷马的言辞承认了那永远伴随着你的邪恶。由于洞穴可以被改善，但是永远不会清空，所以，人们所认为的大众教育将永远是一种欠缺，沉浸于阴影和回声之中，即便在最好的情况下，大众教育也只能呈现哲人所知的影像。《王制》的启蒙喻像教导着，要对启蒙的前景保持谦逊。

---

① ［译按］这是阿喀琉斯的魂灵在冥府中说的话（《奥德赛》II. 489–491）。在《王制》卷三开头，作为苏格拉底要从城邦中剔除的文字，首先被提到的便是这段话（386c）。

"那么,再来考虑这一点,"苏格拉底在完成洞穴喻后对格劳孔说。如果被释放的囚徒"再次下降($\chi \alpha \tau \alpha \beta \alpha \acute{\iota} \nu \omega$),并坐在同一个位置"(516e),并且在双眼被黑暗弄得模糊之时,再次与那些终身的囚徒比赛判断阴影的形状,那么,他便会沦为一个谐剧式的笑柄,而且别人会说他的双眼已经坏掉了,上去走了一遭也只是无用功。而谐剧的结尾则是:"如果他们不知怎地,能够抓到并杀掉那个试着释放并引导[他们]的人,他们不会杀掉他吗?"(516a)"这毫无疑问,"格劳孔说。在洞穴喻本身的结尾,启蒙者在充满正义信念的冥府中,面临着一种可以理解的死刑判决。普罗塔戈拉早已知道,启蒙者面临着危险。现在,当苏格拉底转而将洞穴喻应用于此前所说的内容时,他的听众中有一位普罗塔戈拉的追随者。苏格拉底刚才对这位追随者表明,对方的启蒙道路是失败的;现在,苏格拉底向他确认,为了保护自己——以及启蒙运动本身,启蒙者必须在洞穴中做些什么。

苏格拉底将洞穴喻应用于此前所讲述的内容,他区分了可见和可知的事物(517b-c),并集中关注"好"的理式,将之作为一切可见和可知之物的正确和美的原因。他将教育阐释为一个整体,洞穴喻则是"我们天性的教育与缺乏教育的比喻":"教育并不像某些人士的职业所宣称的那样,他们理直气壮地声称,他们给灵魂放入本不在灵魂中的知识,犹如给瞽目放进视力。"(518c)苏格拉底对教育的看法与教育从业者所持的观点不同;在苏格拉底看来,教育是存在于每个灵魂之中的力量,是每个灵魂用以学习的工具。就像只有转过全身,眼睛才可能转向光芒,所以,每个人学习的工具也必须与整个灵魂一同转身——回转($\pi \varepsilon \rho \iota \alpha \gamma \omega \nu \tilde{\eta} \varsigma$),从关心生成之物转而关注存在之物,以及存在物中最明亮的东西——善。苏格拉底从而将洞穴喻应用于他就"哲人为何必须统治"的问题给格劳孔上的第一节课,将格劳孔带回到他在介绍理式时曾经讲过的内容——生成与存在之间的区分。苏格拉底说,有一种技艺($\tau \acute{\varepsilon} \chi \nu \eta$)可以实现最快、最有效的转变,将灵魂转向正确的方向——这正是教育的艺匠必须做的,而不是他先前尝试做的:通过讲述[369]洞穴中人造物的真相,从而将视线引入灵魂。在谈论正义德性长达几个小时之后,苏格拉底说,灵魂的其他德性更像是一种习惯的过程。苏格拉底此时所说的践行审慎的德性,似乎更加神圣,因为它从不会失去力量,而是根据其所转向的方向而变得更加有用、有益,抑或无用、有害。在由此吸纳了阿德曼托斯对哲人统治的反对,并描绘了洞穴喻的教导之后,苏格拉底谈到了被普遍认为邪恶且明智的人(487d)。苏格拉底说,这些灵魂并不缺乏眼力(vision),但是却被迫用这种眼力为恶服务,当它看得愈是敏锐,它作恶也愈多。对忒拉绪马霍斯的这种褒扬和苛责,有助于教育一位一向过于成功、作恶多端、为害不浅的教育者。通过这两种教育方式,洞穴喻鼓励启蒙教师通过如下方式为自己服务:共同参与,一起将人们的新虔敬转向新的显得永恒的人造物。

现在,苏格拉底直接转向引发了他的三个喻像的话题:哲人统治。那些被允许自始至终将时间花费在苏格拉底所概述的教育上的人,永远不能充分治理一个城邦,因为"他们不愿行动,他们相信,自己尽管还活着,却已然移居到一个福岛的聚居地(519c)"。苏格拉底随后定义了"我们作为创建者的工作"——作为言辞中的城邦的唯一创建者,苏格拉底为最终的创建工作做好了准备;苏格拉底大胆讲出了这一步,因为他的行动仿佛实现了格劳孔的梦想——在格劳孔的意义上,将言辞中的城邦变为真实。苏格拉底说,我们的工作"是迫使那些最好的天性"去从事关于"好"的学问,而且,"当他们上升并充分看到之后,就不再允许他们得到现在所允许的东西"——"留在那儿,不愿意再次下降(καταβαίνω)"。格劳孔表示自己已经习惯苏格拉底关于正义的教诲:"那么我们不就不正义地对待他们了吗?当他们有更好的可能时,却让他们过一种更坏的生活?"苏格拉底指责他的疏忽,并援引了礼法:"礼法并不关心城邦中某一个等级过得特别好"。礼法"在城邦中造就这种人,不是为了让他们走他们每个人想走的道路,而是为了用他们将城邦凝聚在一起"。顺从礼法的格劳孔退让了。哲人苏格拉底于是将哲学和礼法结合在一起,用以描绘他三个比喻的终极教诲;因为他对格劳孔说:"考虑到我们不会对来到我们当中的哲人们行不义。"(520a)最终,苏格拉底再次说出哲人一词,结束了很长一段时间内(自从503b以来)哲人一词的沉寂——在这段沉寂中,苏格拉底创造了三个比喻——他自己的哲人统治由此受到影响。哲人一词,框定了哲人通过创造喻像所实施的统治行动,其间,"哲人"这个语词并未打扰苏格拉底所制造的次哲学的[370]喻像。苏格拉底不仅重新引入了这个词,他还告诉格劳孔他们即将就哲人说些什么,并对哲人说什么。
"我们会说",当哲人抵达其他城邦的时候,他们不参与劳作才是对的,
"因为他们自发地抵触着每个城邦的政制而成长;一种凭借自身生长
起来、其成长不归功于任何人的天性,当他不想向任何人支付培育的代
价时,正义在他一边"。苏格拉底的成长本是自发抵触着雅典政制的
意愿的,但他对那些成长于一种不同的政制——他以言辞建立的城
邦——之下的人说:"不过,你们是我们为了你们自己和城邦其余人而
抚育的,就好比蜂巢中的领袖和王者;你们更好地且更完美地得到教
育,并且更有能力参与到两种生活之中。"(520b)在教育者对自己所教
的人提出要求时,这位言辞中的城邦的创建者发出了命令:"所以你们
必须下降(καταβαίνω),每人都得轮到。""我下到"是苏格拉底的第一句
话。在下到所有人强迫他留下的地方时,苏格拉底迫使自己建立了言
辞中的城邦。在昨日的下行之后,苏格拉底今天在雅典讲述《王制》。
作为讲述者,他赢得如下权利:在所有的听众中,只对最稀有的少数人
讲话——那些像他一样的人。由于《王制》正存在于此刻、公开讲述、
声音响亮,《王制》便是实施着教育的"城邦",通过这个城邦,它的创建
者赢得对其真正的教育对象发出指令的权利。多少世纪以来,被《王
制》所教导的真正的哲人被他们的教育者教授了一种责任:你们必须
做我所做过的事。这种强迫并不是格劳孔刚刚显得乐意遵从的礼法的
强迫。这种强迫也不是道德的强迫;《王制》已经表明,道德的强迫不
过是一种人造物,它在洞穴中投射着必要的阴影。这种强迫只能是苏
格拉底所屈从的、《王制》所展现的那一种:被哲人们独特的自我旨
趣——哲学的旨趣——所驱使的自我强迫。在服务于理性的过程中,
哲人下降为影像制造者的身份;在苏格拉底的例子中,他所创造出的造
物一路延展上升而成为理式,以及理式的理式(the idea of ideas),它们
继承了荷马的奥林波斯诸神和荷马的宙斯。

必须下行的那个"你们"将在他们的洞穴中所做的事,正是苏格拉
底在自己的洞穴中所做的:在"其他人的普通境地",他们将"习惯
于……去看那黑暗的东西"(520c)。看得比囚徒们"更清楚数万倍",
他们将"知道每个幻象是什么,还知道它是什么的幻象"——他们会知
晓那些阴影以及投射阴影的那些造物。他们将会知晓——尽管苏格拉

底必须克制自己不这么说——那些举着人造物的变戏法者究竟是什么人;他们还会知道,为什么有必要既不张扬也不揭穿关于他们的真相。他们还会知道,[371]是火光点亮了洞穴,知道"好"是什么——为了"好"的原因,他们的洞穴居民做了所能做的一切(505d)。他们将知道这些,是因为《王制》帮助他们看到"关于美好、正义还有好的东西的真实"。未来哲人自我强迫的下降,使得城邦由"我们和你们在清醒的状况下管理,而不是昏昏沉沉地在梦中管理"。未来的苏格拉底式哲人施行统治,正如苏格拉底对格劳孔、阿德曼托斯和忒拉绪马霍斯建立统治的过程:通过显得有道理的论证、创造有说服力的比喻建立统治,并通过有效的联盟,利用强者的天性统治强者。

"你们"为何要这么做? 苏格拉底用这个问题结束了讲辞,并指向自己此前的答案:"真相当然是这样:由那些最不渴望统治的人们统治的城邦,必然会以最好的方式得到管理,还可免于内讧。"(520d)在对统治的报酬中,苏格拉底说,有一种因为不愿统治而得到的惩罚(347a)。当格劳孔不理解为什么惩罚会是一种报酬时,苏格拉底说,他并没有"理解最好的人的报酬"。最好的人尽管最不愿统治,却会统治,为的只是不受更坏的人统治(347c)。现在,更坏者的统治已经全部展现出来:权威人造物的阴影和回声如此统治着洞穴居民,以至于它们会威胁到最好的人的特定生存。苏格拉底提出这个基本问题:"你认为,当我们的弟子们听到这时,他们会不服从我们,还不愿意轮流参与城邦劳作吗?"(520d)作为苏格拉底所训练的盟友,格劳孔的回答完全正确:"不可能。因为我们当然要向正义的人们提出正义的命令。"正义完全约束着格劳孔;对他而言,哲人统治现在已变为一种道德训诫;他主动地扛着新的人造物来统治洞穴。但是,最不渴望统治的人所培养的最不渴望统治的人之所以会下降,是为了哲学不被统治洞穴的东西所统治。在苏格拉底眼中,哲学要统治那些统治洞穴之物,这远远高于他自己一时之间所实施的统治,苏格拉底所着眼的是苏格拉底-柏拉图式哲学的承继问题。

洞穴喻为洞穴带来了新的喻像。如今,一件被前后移动的人造物投射出哲人的新影像——哲人成为知晓洞穴外之事的权威。洞穴成为由信仰者邦民所构成的"受到启蒙的"城邦,这些邦民认为自己已经被

"被启蒙的智慧者"所启蒙。苏格拉底清楚,智慧将成为洞穴中的偶像,因此他也知道,显得智慧是智慧的。作为一种启蒙的喻像,他的洞穴喻在智术师启蒙运动的氛围中,鼓励着对启蒙的信仰。为格劳孔和阿德曼托斯进行的模拟启蒙,给他们带来高贵的喻像作为礼物,而启蒙教育者则在旁观望。与忒拉绪马霍斯的友谊势在必行,但是作为一个牧者,[372]并非只有忒拉绪马霍斯自己是启蒙的最终听众。模拟启蒙为传达真正的启蒙做好了准备。苏格拉底的未来哲人之一——培根在如下的比喻中表达了这个关于传布教诲的真相:为了能在时光之河中滚滚向前,最沉重的东西一定要与轻巧之物和泡沫捆在一起。①

在三个喻像教诲的结尾,苏格拉底返回他们的城邦能否成为现实的问题(521a);现在,"成为现实"既有格劳孔所理解的字面意思,也具有"你们"所理解的非字面含义。如果言辞中的城邦依照格劳孔的理解得以实现,那么这既不可能,也不可取;可能而且最可欲的是,对于格劳孔和最缺少热情的人来说,言辞中的城邦只存在于言辞之中。太阳、线和洞穴这些哲学的喻像达成了苏格拉底在"哲人必须统治"的断言中所宣称的目的。这些喻像是统治的工具,是实现哲学之所以统治之目的——摆脱不幸或获得幸福——的手段。在《追寻幸福》(*Attainment of Happiness*)一书中,苏格拉底的另一位未来哲人——阿尔法拉比,极为清晰地表达了这一点。在表明为何哲学必须统治之后,阿尔法拉比展示了哲学如何统治:哲学通过统治宗教而施行统治,而在宗教中,"宗教是对哲学的模仿"。②

当苏格拉底命令"你们"运用洞穴喻的时候,他划定了苏格拉底—柏拉图式政治哲学的奠基时刻,因为他的话语铸造了他与未来哲人的终极同盟。根据我们的后见之明,我们有可能看到,这种同盟跨越柏拉图式政治哲学长达千年之久的漫长历史。鉴于他们的教育部分来自柏

---

① 《学术的进步》(*The Advancement of Learning*),见《培根全集》卷三,页 291-292。培根清楚决定苏格拉底如何运用比喻的"规则":"不管何种科学,若与假设不符,则必须乞援于比喻。"(前揭,卷三,页 407)在学过苏格拉底关于继承的教诲的同时,培根也同样学到,作为推动哲学前行的载体,轻巧之物和泡沫本身需要通过轮转而得到更新:苏格拉底式的培根所推动的革命保存了最沉重之物,保存了哲学。

② 阿尔法拉比,《追寻幸福》,条 55。

拉图的书中所建立的城邦,未来的哲人们也如同苏格拉底一样下到洞穴——洞穴的基本特性不会改变,尽管它的每一方面都是可变的:不同的终身囚徒,不同的阴影,不同的造物,不同的搬运者,甚至点亮洞穴、用其投影笼罩人类的火也会变得不同。苏格拉底在这些喻像结尾时的讲话,其简洁和广泛令人吃惊。苏格拉底将最根本的问题精炼为一个语词,①将其作为他的讲述的第一个词。在此处,苏格拉底在讲述决定性的喻像②之后,用这个语词规定:因为"我"已经做的事,"你们"应该做什么。苏格拉底的下降意在永远改变哲学在[373]城邦中的处境,并以某种清醒的方式,成为承负社会责任、爱人类的哲学的源头。哲学的下降是带着喻像的下降,这些教谕性的喻像因为其神圣的本性而服务于城邦,同时也向极少数人教导关于这些喻像的真实。

以《王制》为开端,柏拉图式政治哲学的历史,便是哲学秘密地统治宗教的历史。我下到——你们必须下降。这就是柏拉图式政治哲学在奠基过程中的决定性事件,这种服务于哲学的政治(the politics for philosophy)最终支配了未来的哲学,而当柏拉图强迫自己通过写作《王制》而下行时,他曾大胆预言,这种支配将会实现。这就是由伟大的柏拉图式政治哲人们所施行的强制,他们曾经创建了伟大的启蒙:西塞罗在罗马,阿尔法拉比在伊斯兰教,迈蒙尼德在犹太教,此外,还包括基督教国家的诸多现代思想家,比如蒙田,培根,笛卡尔——作为"曾经活着的人中最智慧的人"、理性"最亲密熟悉的朋友"苏格拉底③的追随者,他们都改变了欧洲这个洞穴中的光。尼采认识到自己是这条柏拉图式政治哲人的漫长线索中的最后一员——这些政治哲人懂得,哲学必须统治宗教。这种统治并不是他的创见,但尼采确实做了两项根本的创新:随着几个世纪以来科学的真理不断得到揭示,他知道,揭晓哲学本身的真理的时机已经到来;而且,尼采着手为指向暂时之物的爱欲塑造新的喻像,从而取代已经残破的永恒喻像——现在,在生成的巨大浪潮中,永恒之物的喻像既已不再可能,而且也失去了益处。

至于《王制》中的苏格拉底,他必须继续完成这场持续整夜的论

---

① [译按]即 καταβαίνω [下行]一词。

② [译按]指洞穴喻。

③ 蒙田,《随笔集》(Essays),"论自命不凡"("On Presumption")。

证;他必须展示其新教育的明确步骤,并在被偷换的孩子的比喻中为其补充上最后的警示(537e-539e),从而在公众的怀疑面前卫护哲学,并巩固这种心甘情愿的谎言,使其免受拆穿。在此之后,他必须结束这条迂回的弯路(detour),回到对话中断时的那一点;接着,他必须追踪城邦以及与城邦类似的灵魂的下降轨迹,从而向格劳孔和阿德曼托斯保证,正义的生活比不义的或僭主的生活更加优越。这个延伸开来的论证,有助于为他们做到苏格拉底没能在阿尔喀比亚德和克里提阿身上做到的事。苏格拉底式教育的这个部分,能够保护荷马所培育的希腊青年免于僭主生活的危险;但在当下,这个部分早已失却了紧迫性,主要引起的是史学上的兴趣。仍未失却其紧迫性的则是苏格拉底式政治哲学中的另外一个方面,这个方面使苏格拉底成为我们的同时代人,这个方面就是《王制》中即将讲到的最重大的创新,即苏格拉底关于诸神和灵魂的新教诲的封印和担保。为了理[374]解这个由《卡尔米德》所许诺的终极创新,从《王制》的顶峰——苏格拉底对哲人统治的三个喻像——跨越到终篇时的顶峰,便已足够。苏格拉底选择以这个顶峰结束当晚的教导,这也构成了返乡的苏格拉底的最后一道咒语。没有哪一步能具有更大的世界历史含义了:在这全球化的、后历史的世界里,我们仍然生活在阿德拉斯忒娅所规定的后果之中。

三 返乡的奥德修斯的最后行动

[375]到《王制》结束还有很长时间。苏格拉底已经完成了他的论证,而格劳孔也被完全说服相信,正义的生活要好过不义的生活,但苏格拉底没有停下。苏格拉底似乎断定,格劳孔和他的同伴需要超越论证之外的诱导。在苏格拉底最后一次开始时,黎明必定已经终结了短暂的夏夜。当新的一天的黎明降临时,完全掌握了主动的苏格拉底,用一种新的形塑灵魂的诗歌破除了形塑灵魂的旧诗歌的壁垒,这种新诗臣服于哲学。但是,返乡的奥德修斯的新诗要生根发芽的话,必须把荷马变得渺小,让荷马看上去远远比不上他之所是。只有借助荷马的日落,新的太阳才会升起。

16 对荷马的爱戴和崇敬(595a-c)

论证结束了。格劳孔已经被说服,他们建立的城邦变成了"空中屹立的一个典范"(592b)。苏格拉底对他们在创建城邦过程中所做的事表示满意,并单独列举了自己尤其感到满意的一个方面——对模仿性(imitative or mimetic)诗歌的放逐(595a)。但他开启了关于诗歌的新的讨论,这是《王制》中最后一次重新开始,并且,只有这一次,苏格拉底并未受到他人的强迫。然而,在他对格劳孔原初一系列问题的最后回答中,他用一段以同一个希腊语词开头和结尾的话解释了他正在做的事情:"必须得说一说(595b-c)。"苏格拉底自由地、完全主动地发起的讨论,终究源于强迫——一种自我强迫。

苏格拉底说,他们在诗歌方面所确立的做法是正确的,这促使格劳孔立刻问道:"在哪个方面?"苏格拉底说,拒绝那种仅仅是模仿性的诗歌进入城邦,然后补充说,"因为灵魂的各个样式都已经被一一区分开来",[376]他们此刻处于一个更好的位置来肯定这种拒绝。这又引出了一个问题:"此话怎讲?"苏格拉底首先要他们保密——"这话只对你们说,因为你不会把我出卖给肃剧诗人和其他搞模仿的人"(595b)——然后提出了针对模仿性诗歌的新指控:"看来,所有这类东西无不腐蚀听众们的思想,除非听众备有解药(φάρμακον),晓得这类东西真正是什么。"苏格拉底现在要求他们在其灵魂中放入的,是一种用来抵御模仿性诗歌的腐蚀性力量的真正解药,即一种φάρμακον,这个词来自于《卡尔米德》(155b,c,e;157b,c;158c),在那里,苏格拉底从波提岱亚带回来的新药被誉为一种对灵魂的健康有益的药物。

格劳孔问:"你这样说,是怎样想的呢?"尽管因为苏格拉底"从小就对荷马爱敬有加"(595b),因而不愿意开口,但他还是说:"必须得说一说。"通过这个自白,这番少有的对自己真实渊源的深情回顾,苏格拉底使我们有机会一瞥究竟:是什么迫使他再次提起诗歌在新城邦中的位置问题。那么,荷马是谁?"他看起来是所有优秀的肃剧诗人的第一位老师和领路人。"苏格拉底必定被视为那些说荷马"教育了希

腊"（606e）的"荷马的崇敬者"中的一员。但他面对荷马的位置是独特
的：他站在新城邦的创建者的位置，面对着他最崇敬的人——旧城邦的
创建者。创建了希腊的诗人必须被新城邦的创建者反对并取代，尽管
新的创建者对那位伟大诗人的爱戴和崇敬一直牢牢地支配着自己。苏
格拉底被迫在论证结束之后重提诗歌的话题，因为，这位新的希腊教师
的诗歌必须取代荷马的诗歌。荷马的成就暗示了苏格拉底的野心：在
后荷马、后肃剧时代，在新的美好事物涌现的时代，成为希腊的第一位
教师和领路人。

苏格拉底交代了打破荷马之桎梏的原因："在真理面前，任何人都
不值得尊敬。"出于真理和哲学的缘故，苏格拉底的新型谐剧取代了肃
剧，新型谐剧即他从波提岱亚带回的灵魂谐剧——苏格拉底说，他从扎
勒卯克希斯的一位医生那里得到了这些药物和教诲。苏格拉底强迫自
己完成任务，即返乡的奥德修斯的任务：为了建立新的秩序，他带来了
一种服务于哲学的新宗教。尼采道出了在《王制》最后的重大事件中
的本质性强制力："一座庙宇被建起来，一座庙宇就要被毁灭——这就
是法。"①

17 荷马的事迹（596a-601b）

[377]苏格拉底通过再次引入理式（εἴδη），开始了对模仿性诗歌的批
评。直到此处，美、正义和好一直是他对"每一类众多事物的独特理式
（εἶδος）"的单一的例证，但此处他的例证变成了卧榻和桌子。人设计的
人工制品具有"理式"无疑是很奇怪的，而苏格拉底说卧榻"存在于自
然"，而且卧榻的"样式是由神所为"（597b），从而夸大了这种怪异。②
为何要选择这两个例证？卧榻和桌子在之前曾经出现过一次：格劳孔
抗议"猪的城邦"中缺乏这些器具（372d-e）。格劳孔习惯于斜躺在卧

————

① 《道德的谱系》，第二章，24节。
② 对苏格拉底的做法的经典辩护是Cherniss，《论柏拉图〈王制〉卷十597b》（"On Plato's *Republic* X 597b"，1933）。Naddaff对此有一个扩展了的讨论，见《放逐诗人》（*Exiling the Poets*），页67-91。

榻上,并坐在桌子前吃饭,但他听到,在苏格拉底对城邦的赞美声中,竟然完全缺乏这些文明的前提条件。苏格拉底为他们正在创建的城邦添加了卧榻和桌子,以作为习俗文明的整个世界中最初的物品,正是习俗的文明世界塑造了格劳孔的品味,从而让他喜欢"奢侈的"或"发烧的"城邦(372e)。为了使格劳孔习惯于依照理式思考,苏格拉底此时再次引入格劳孔早先的例证,并带着有所暗示的词尾变化:卧榻和桌子让人想象到一个由荷马创建、格劳孔居于其中、现在被苏格拉底取代了的文明世界。所以,就让卧榻和桌子成为理式的模型。①

在断定匠人制作卧榻,而不是制作卧榻的理式后,苏格拉底引入了一个特殊的能够制作任何事物的制作者:"他还制造地、天、诸神,以及所有天上的东西和所有地下冥府里的东西。"(596c)格劳孔不肯轻信,但是,甚至连他也能做到——苏格拉底说:"如果你愿意拿一面镜子,带着它到处转转;很快你就能制造出太阳和那些天空中的物体,很快就有了大地。"格劳孔嘲笑说,这些仅仅是"表象",这显示出,他正全神贯注地听苏格拉底讲给他的东西。苏格拉底说,画家就类似于一个拿着镜子的模仿艺匠:他所画出的卧榻不过是卧榻制造者制造出来的卧榻的表象,而卧榻制造者是通过观看卧榻的理式制造出卧榻的——卧榻制造者就这样轻易实现了在早先很难做到也很稀少的事情,从而接近了理式。存在三种类型的卧榻:一是"存在于自然中的",这是"我们认为是某位天神制作出"的理式;一是卧榻制造者造出的;一是由画家所造的(597b)。

苏格拉底以如下提问开始了他的追问:"你能否告诉我,一般来说的模[378]仿究竟是什么东西?"他还断言自己没有能力回答这个问题。格劳孔遵从苏格拉底的意见,认为自己也不能回答(595c-596a),但苏格拉底重新组织了问题,迫使格劳孔非得告诉他,什么是模仿,而模仿者又是什么人。格劳孔说,画家"最适合被称作模仿者,因为他模仿那些艺匠们[神和卧榻制造者]的产品"(597e)。苏格拉底继续装作是格劳孔在引导自己:"那么,你称一位远离自然简直有三代的人为模仿家喽?"在这时,他重新引入了自己的主要关切:"所以,要是肃剧诗

---

① 如果卧榻(κλίνη)在这个段落中的涵义是由其早先的用法设定的,那么"床"在此处就不是一个对这个词的恰当翻译,尽管"床"也是这个希腊词的意思之一。

人也是模仿家的话,他将自然地三度远离王(king)①和真实。"然后,他
可以引导格劳孔告诉自己,模仿者模仿的是表象,并且只能模仿表象的
一个方面(598a),然后,他得出结论,仿佛是格劳孔告诉他的一样:"模
仿和真实相差很远……这就是为何模仿能制作各种各样的东西,因为
它只抓住了每一事物的一星半点。"(598b)苏格拉底从他引领格劳孔
表达的观点中得出的教诲是,模仿具有一种"欺骗孩子和头脑简单的
成人"的能力(598c)。就在此处,苏格拉底引入了"某人",这人宣称,
他曾经遇到过一个通晓一切技艺的人,只要是有谁知道的事情,他无不
通晓,而且,没有哪件事情他认识得不比任何人更准确(598d)。苏格
拉底说,"某人"就会被看作"一个头脑简单的人,他必定受了魔法师和
模仿者的欺骗"。头脑简单的"某人"相信,魔法师精通一切,因为他自
己"没有能力区分知识、无知和模仿"。"那么现在,我们不是需要考察
肃剧及其领袖——荷马吗?"自从苏格拉底提到"从年少时开始,对荷
马的爱戴和崇敬一直牢牢支配着自己"以来,这里是荷马第一次突然
重现(595c)。但苏格拉底此时关心的不是荷马,而是那个头脑简单
的、将荷马看作是精通一切之人的某人:荷马也支配着其他人的灵
魂——他们没能力区分知识、无知和模仿。苏格拉底为何要重新开始谈
论理式?——就是为了帮助那个能作出如此区分的人,去打破精通一切
的荷马对那些无法作这种区分的人的束缚。因为他的结论谈到的不是
荷马知道什么,而是头脑简单的人认为荷马所知道的东西:一切技艺、一
切涉及德性和邪恶的人类事物,以及所有的神圣事物(598e)。荷马唯一
的罪过是:他是这样一位魔法师,以致头脑简单的人以为他精通一切,无
所不知。而现在呢?——现在,那些没能力[379]区分知识、无知和模仿
的人们会认为,由于哲人知晓理式,哲人才是精通一切、无所不知的人。

　　苏格拉底宣称,有一个检验可以用于一位被假定为知者的模仿者:
如果他真正精通一切他所模仿之物,"那么我认为,他对待[被模仿的]
行为就会比对待模仿出来的东西严肃得多,他会努力留下许多美好的
行为,作为自己的纪念,而且,会更渴望成为一个被[别人]赞美的人,

---

　　① king(βασιλεύς,对照509d)在此处自然是作为制造一切的神的同义词出现的,但
似乎也暗示了在《王制》中心引进的哲人王,苏格拉底接下来的三级组合——用使用者、
艺匠、模仿者取代神、艺匠、模仿者——暗示了这一点。

而不是赞美[别人]的人(599a–b)。格劳孔表示,至少他将[被模仿的]行为看得远高于模仿,因为他说,"这两者无论在荣誉还是教益上,都不可同日而语"。由于确认了[被模仿的]行为具有更高位置,那么,相比于做出这种行动的人,苏格拉底就可以将荷马贬低为一个失败者。对于荷马没有成为一个像阿斯克勒庇俄斯那样的医生,也没有掌握其他的技艺,苏格拉底都未予追究;而他只将自己关于事迹的标准应用到"荷马力图渲染的最重大、最壮丽的事业,战争和军事部署、城邦管理,以及对人的教育"(599d)。在列出了他将要检验荷马的三个条目后,苏格拉底做了些不同寻常的事情:他开始直接审问荷马,称之为"亲爱的荷马",然后开始质问,仿佛荷马就站在他面前,能够亲自回答他——苏格拉底穿越几个世纪去质问荷马,并邀请荷马作出回答。

　　荷马变成了一场诉讼中的被告。苏格拉底邀请荷马回答这个刚刚提出的指控——"荷马就是远离关于德性的真实的第三者,他不过是制作幻影(εἴδωλου)的艺匠",苏格拉底提出,荷马可以声称自己是"第二者,并且能够识别,什么样的行动使得人更好或更坏——无论是在私人生活方面还是在公共生活方面"。由于不可提出而没有提到的,是自称第一者,即制作那种别人都以之为模型的理式的人——就这样的行动者来说,他的行动就是他的言辞,其他人将他的言辞看作是神的话语:在苏格拉底对模仿的指控中,荷马从未表现为他之所是的样子,即表现为苏格拉底所知道的荷马的真实样子。苏格拉底对荷马说:"请告诉我们,有哪个城邦是由于你而管理得更好了。"作为控告者,苏格拉底首先从他列出的荷马所谈论的三件最重要和最高贵的事情中,选出最核心的那件。苏格拉底提到了创建各个城邦的立法者:"像斯巴达,由于吕库尔戈斯而治理得很好……又有哪个城邦归功于你,因为你成了好的立法者,从而为他们造福? 比如,意大利和西西里归功于卡戎达斯,我们则归功于梭伦,而谁又归功于你呢?"苏格拉底对荷马说的最后一个词问的是谁(who)? 苏格拉底没有让荷马回答这个问题,而是让格劳孔在对荷马的审判中替荷马回答——格劳孔断言,荷马没有提到过有谁可以归功于他。如果传唤的是比格劳孔更好的证人,或者荷马能替自己回答,从《伊利亚特》和《奥德赛》中发言,回答一个从童年起就对他充满了爱戴和[380]崇敬,并特别留意他关于诸神之战的说法中的隐藏含义的控诉(378d),那么,荷马能在他的公开控诉者面前回答这个"是谁"的问题吗?如果他能够回答,他会同意,他不是吕库尔戈斯、卡戎达斯或梭伦——这些创始人所创建的,是希腊两个最大的城邦以及希腊流民的城邦,后者距离希腊本土遥远,却在异国的土地上建立了希腊性(Greekness)。但他可以继续回答苏格拉底——如果只回答苏格拉底的话:"我就是你所说的那个人",一个范型的制作者。正如苏格拉底在早先批评荷马的诗歌时所承认的,荷马是位诗人-建城者,在被他的范型打下印记的世界中,希腊的立法者们为拜他们所赐而得以建立的城邦立下了特殊的法律。你所问的"谁"就是你,苏格拉底。苏格拉底可以因为荷马真正的创始性的行动而感谢他,他的史诗制作了诸神和英雄,为此之故,所有的希腊城邦无不对他充满爱戴和崇敬,很多人由于无知,甚至将他看作是精通一切的人。荷马并未创建任何希腊城邦,相反,他是希腊性的创建者,无论斯巴达、各殖民地或是雅典,概莫能外——而且,荷马教出了苏格拉底,只有苏格拉底能以唯一恰当的方式感谢他。

苏格拉底继续就荷马的行动展开控告:在荷马的时代,又有哪场战役是在他的统帅或参谋下打赢了而被记住的?格劳孔说,一场也没有,尽管每位希腊将军和希腊勇士都是在荷马的男子气概原型的影响下参加战争的——他们都亲自分有着那种原型。突然,一个新的条目出现了,它本不属于苏格拉底最初的清单:"那么,是否有很多那种有智慧的人所做出的奇思妙构,在技艺或任何其他的实践方面,可以归于荷马呢?就像米利都的泰勒斯,或者斯库提亚的阿那卡尔西斯(Anacharsis)那样?"格劳孔回答说,没有这类东西。但如果依照《卡尔米德》中心处所引入的意思来理解,智慧之人的"奇思妙构"就包含诸神本身。正如希罗多德所说,荷马和赫西俄德为希腊人带来了诸神,分配了每位神的称号,限定了他们的荣耀和技艺,并描述了他们看起来的样子(希罗多德,《原史》2.53)。[1] 苏格拉底突然列举出三个用来衡量荷马的行为,从而暗示了

---

① 斯库提亚人阿那卡尔西斯是苏格拉底指控荷马时用的唯一的非希腊人的例子。希罗多德关于阿那卡尔西斯的叙述,主要讲到他努力将一位外邦女神和这位女神的彻夜节庆引入到自己的祖国斯库提亚,这是一种不忠于他自己祖国的神的行为,因此他最后被他身为国王的弟弟杀死了(《原史》4.76)。

一种位于荷马行为的核心之处的力量——荷马制造诸神的力量。

苏格拉底提出了对荷马的表面控告中的最后一项指控:"如果不看公共方面的话,荷马活着的时候,有没有听说他在私下里成为某些人的教育导师,这些人不仅乐于同他交流,还把某种荷马式的生活方式传给了后来人?"苏格拉底提到了一位教育者和一种生活方式:"正如毕达哥拉斯[381]就特别让人乐于从游,而且直到今天,那些后来人还把毕达哥拉斯的名字赋予一种生活方式,他们由此而显得鹤立鸡群。"格劳孔回答说,没有人这样说过,并补充说,据说荷马在活着的时候就遭到了相当的轻视。随后,苏格拉底以一段长篇发言评价了作为教育者的荷马。苏格拉底首先提出一个问题,根据这个问题,与其模仿技艺相比,一位教育者的知识是依照他培育出尊敬和爱戴自己的同伴的能力来判定的。并且,苏格拉底举出了同时代的例子,引证了其同伴们在普罗塔戈拉和普洛狄科身上倾注的爱戴,这些同伴们相信,只有接受他们的教导,才能齐家和治邦。如果荷马真是这样的一个教育者(在这场控告的结尾,苏格拉底又补充了赫西俄德),其同时代的人会允许他们只做吟游诗人吗?难道他们不会强迫这样的教育者与他们一起留在家中,或者至少一路跟随,侍奉其左右,直到得到了充分的教育为止(600e)?凭借其诗歌所展示的与其模仿技艺相反的知识,作为教育者的荷马难道不会赢得特殊的私人爱戴者吗?这就是问题的关键。根据普罗塔戈拉和普洛狄科的追随者的行为,以及他们相信自己的导师就是知者(knowers),这个问题的答案尚未穷尽。与前三项类似,这最后一项指控表明,被控告的荷马是多么受爱戴,而非受到谴责,爱戴荷马的人的身份现在变得清楚了:由荷马培育的私下的爱戴者,因为其知识、而不只因为其模仿技艺而爱戴和尊敬其教育者的,乃是苏格拉底。作为人数最少的荷马学派的一员,苏格拉底将荷马带到了他最属己的家中,服侍荷马左右,追随他到任何地方,并获得了关于齐家和治邦的教育,这种教育是他在别处无法获得的,因为他从荷马那里学到,什么是最伟大的成就,并且学到,即便是那些由于荷马的模仿技艺而崇敬他的同时代人,也只将他视为一位吟游诗人。格劳孔回答说:"的的确确,依我看,苏格拉底哟,你说的是真话。"而且,这些话之所以为真,还有格劳孔不可能知道的理由:在格劳孔眼中,这四个论证指控荷马只是位模仿者,因而不适宜做他的教育者;然而,实际上,这些论证将荷马提升为教育者的合格教育者,荷马所教诲的是,什么才是为一个完整的文明创建范型的、具有建城意义的教诲。

苏格拉底为当晚的论证主动增加的内容,确立了当晚论证的核心主张的正当性:基于对终极统治的知识,哲人有施行统治的正当理由;而终极的统治所凭借的,则是变得有权威的、为诸神和英雄下定义的言辞;荷马向他的私淑门人传授统治的本性时,曾经施行过这种终极统治。苏格拉底主动添加的内容显示,他必须打破荷马对他们的桎梏,[382]同时又暗示了荷马对他施加的控制。"一座庙宇被建起来,一座庙宇就要被毁灭"——这种最初的罪业是荷马智慧的一部分,是苏格拉底不得不宣称为"关涉最重大事情的最大谎言(377e)"的一部分。柏拉图让苏格拉底以恰当的,亦即荷马的方式向荷马告别:他正是那位荷马的爱戴者,他在肯定荷马之品级的同时,取代了荷马的统治。

18 荷马的孩子们(601b-608b)

当苏格拉底说,迄今为止,他对诗歌模仿的批评仅仅"说到一半"(601c)时,卧榻和桌子消失了,取而代之的是马缰绳和辔头。格劳孔说:"请说吧!"苏格拉底说:"我们说,画家会画马缰绳和辔头。"——说着,在苏格拉底批评诗歌的第二部分,苏格拉底所说的话和格劳孔附和着说的话,构成了背景性的主题。一位画家画马缰绳和辔头,①但只有皮匠和铁匠能制作它们,只有知道如何使用它们的人——骑手,才能懂得它们(601c)。苏格拉底问:"难道我们不能说,在所有这些事物上,都是这样的吗?"因为对每种"器具、动物和行动"来说,都有三种技艺,"用来使用的,用来制作的,用来模仿的"。苏格拉底举了另一个例子——吹箫演奏。就像卧榻和桌子,吹箫演奏也在之前提到过:苏格拉底禁止它们出现在城邦中,因为箫管的乐曲会松懈护卫者的纪律和严

---

① 在《王制》之前的讨论中,从未提到马缰绳;苏格拉底在解释为何他的同伴武阿格斯由于哲学得到了救护时,谈到了一种辔头(496b)。

肃,软化他们的意志(399d)。吹箫演奏服务于他的新式三阶序列:知者(knower)、制作者和模仿者,并附以新断言,即使用者是唯一的知者——吹箫者拥有箫的知识,听取吹箫者意见的制箫者拥有信念(601e);而模仿者对于何为好、何为坏则既没有知识,也没有正确意见;由于缺乏这些,模仿者就从对大多数无知者显得美的东西之中抽取标准(602b)。尽管这个例子是新鲜的,苏格拉底依然重复了他早先的论断:模仿的诗人作为一个知者,三度远离真实的东西(602c)。但在苏格拉底对模仿的这半部分的批评中,此前的例子所论证的理式再也没有提到。在第二部分批评的开始,苏格拉底为何引入一个新例子来得出关于知识的旧断言,并且再未提到马缰绳、辔头和吹箫演奏?后半部分批评的实际主题无言地表明了其中的原因。

在苏格拉底回答自己就模仿性诗歌提出的问题时,这个实际的主题逐渐显现出来——"那么,模仿是针对人身上的哪种东西,来施展它具有的力量呢?"(602c)格劳孔合理地问:"你说的[383]是哪种东西?"苏格拉底说:"这种"——苏格拉底首先引证诸感觉会自然地骗过哪怕最专心的观察者的例子,从而间接地接近答案。然后,他推进到有目的的欺骗:"正是利用了我们天性中的这种缺陷,阴影画才绝然不会减少魅惑力,而杂耍戏法和其他种种诸如此类的伎俩也是这样。"(602d)对于我们倾向于受骗的自然习性,模仿诗歌具有一种支配力量。但我们也有一种抵消这种习性的自然能力:"度量、计数,以及称量,不正表明是针对这些情况的最妙的救助吗?"——而且,苏格拉底就统治的问题勾勒了这两种习性之间的联系——"这样,统治我们的,就不是显得更大或更小、更多或更重的东西,而是进行计算、进行度量,甚至进行称量的那种东西?"而这是恰当的统治吗?"这种东西必定是灵魂中理性部分($\tau\grave{o}$ $\lambda o\gamma\iota\sigma\tau\iota\kappa\acute{o}\nu$)的工作。"(602d)苏格拉底说。格劳孔则回答说:"确实是这个部分的。"毫无疑问,格劳孔回忆起苏格拉底早先在灵魂三分的分析中给统治部分起的名字。苏格拉底加强了格劳孔的回忆,他提示说,在同一时间,对于同样的事物,被衡量之物可能显现为对立的情况,苏格拉底又明确地问:"但我们不是说过吗,对灵魂的同一部分来说,关于同样东西同时持对立的意见,这是不可能的?"格劳孔回答说:"我们还说得很正确。"(602e)

但是,不,格劳孔说错了。此前,当苏格拉底将不可自相矛盾的原则作为划分的灵魂部分的前提(436b)时,他们说的不是这个:他说的不是关于众多事物的意见,而是关于一件事物本身的意见。苏格拉底没有准确使用自己早先的论证。但这是因为他粗心大意吗?苏格拉底的下一句话也不准确:"所以,灵魂的那个跟尺度持对立意见的部分,与那个跟尺度持一致意见的部分,不会是同一个部分。"(603a)苏格拉底早先说,形成意见只是灵魂的一个部分的活动,而且,这并非进行衡量的理性部分(λογιστικόν)。而且,他再次违背了早先的用词:"还有,那个对信任(πιστεύον)加以衡量和计算的部分,肯定是灵魂最好的部分。"(603a)"还会有什么?"格劳孔说。还会有什么? 只有苏格拉底实际上为其分配信任(πίστις)情感的那个部分,这个部分次于最好的部分,也即感官的感知(511e)。苏格拉底为何要模糊他最重要的论辩中的两个部分——他对灵魂的三分和他对知识与意见的区分——的精确性? 这种不精确,出现在他关于诗歌利用人们容易受骗的自然习性的论证中:苏格拉底在讨论欺骗的过程中,进行了欺骗;他利用了格劳孔惯于同意论证的习惯,而那些论证听起来与他们早先说过的东西类似。目前,《王制》已经如此接近尾声,以下事实已经令人毫不感到奇怪:苏格拉底是位欺骗大师,而格劳孔则是自愿、不自觉的被欺骗者。在此处,苏格拉底的欺骗是多么合宜:他主动重新引[384]入诗歌的主题,并且进入了批评的第二部分,即诗歌对灵魂的影响,这是第二部分批评的明显主题。苏格拉底以一位伟大的诗人所做的事情开始:作为论证精确的大师,苏格拉底利用了格劳孔倾向于同意不精确结论的习性,为的是在格劳孔的灵魂中建立一种看起来与理性思考(reasoning)极为相似的新诗。

苏格拉底得出了最初的结论(603a-b):绘画类似于一般而言的模仿技艺;但它远离真理,与我们身上与审慎相距很远的东西相结交,并且不会导致任何健康或真实的结果;模仿是一种劣质之物,与劣质之物结交,并生出劣质之物(φαύλη…φαύλῳ…φαύλα)。苏格拉底从绘画转到作为模仿技艺的诗歌,即"我们所说的"模仿行动中的人的模仿技艺。如果一个人在意见中是分裂的,那么,对于同样的事物,在同样的时间,他是否在行为中也是分裂的呢(603d)? 苏格拉底说,他们不一定非要再次同意不可,苏格拉底又想起,他们在早先的论证中已经同意过这点。不过,他讨论了某些在先前被略过的东西:一个正派之人如何忍受"某种厄运,例如丧失儿子或别的什么他视为至上之物的东西"(603e)。随着苏格拉底开始论述模仿性诗歌对灵魂的影响时,痛苦、悲哀或由死亡导致的厄运,变成了他们一再重申的焦点。他们同意,一个正派之人是由其所遭受的痛苦衡量的,而且,只有在独处时,他才允许自己做羞于让同伴们看到、听到的事。当他被自己遭受的痛苦拉向相反的方向时,理性和礼法鼓励他私下忍受那些痛苦(604a)。苏格拉底再次提醒格劳孔注意他们先前对灵魂的三分,这一次说得更加准确:"当一个人身上同时出现了关于同样事物的对立倾向时,我们说,他身上必定存在两样东西(604b)"——有两样东西,这只是就现在而言。其中一种愿意被礼法说服,保持平静,而且不会愤怒或生气,而是让理性决定什么是最好的。苏格拉底为礼法赋予三种以之控制痛苦的通常说法,并补充了第四种:痛苦只会妨碍"我们尽可能快地得到这些情形下所需要的东西。"当格劳孔问,"你指的是什么东西?"苏格拉底就可以说"深思熟虑呀",并可以描述灵魂在遵循理性时会变得更强大(604c)。苏格拉底一再重复地告诉格劳孔"我们所说的东西",教给他如下这些用来自我控制的言辞:"我们会说,那领着我们回忆受苦的东西,是非理性、懒惰和懦弱。"(604d)格劳孔说,"我们当然要这么说咯",从而接受了他被教导的言辞。

在这个两分的灵魂中,非理性部分的特征是其巨大的多变性,以及易受模仿的特性,而理性部分总是其所是的样子,无法被轻易模仿,并且疏离于大多数人的经验。可以理解的是,诗人会避开理性部分,并通过非理性部分的多变和相似之物来赢得一群听[385]众。诗人就像画家:他们都制作一些劣于真理的东西,同时激发和喂养灵魂中劣等的部分,毁灭理性部分($λογιστικόν$)(605b)。通过在第二部分论证的结尾重复这个主要论点,苏格拉底强调了他未曾明确表明的观点:诗歌作用于灵魂易受欺骗的自然脆弱性,而这种脆弱性只能凭借灵魂的衡量能力来抵御。在成功地总结了他的批评的第二部分之后,苏格拉底回忆起它的开始:他们当时不允许模仿性的诗人进入礼法良善的城邦,这么做是正义的。在结束时,苏格拉底为格劳孔举了另一个"我们会说"的例子:"模仿性的诗人也会在每个私人灵魂中建立一种坏的政体,其方式

是取悦灵魂中那个愚蠢的部分。"(605b)

即便在已经完成两个部分的完整批评后,苏格拉底依然可以说:"到目前为止,我们还没有对模仿诗进行最大的指控呢。"(605c)在缩减了诗的权威的同时,这两部分的批评又为这个最大的指控做好了准备:"它甚至有力地腐蚀着些正派人,除了极少数之外,这真是太可怕啦。""怎么不是呢,"格劳孔说,不过,即便在听到所有这些后,他仍对这种指控感到可疑,"要是它能做到这一点的话。"它做到这点了吗?苏格拉底命令说:"一边听一边想吧。"同时,他所开始的论辩瓦解了格劳孔最后的抵抗,并强迫他承认,诗具有伤害灵魂的力量。苏格拉底重新将荷马置于最大的指控之下;受到指控的荷马现在面临着最终极的指责:他伤害正派人,只有极少数人能够幸免。苏格拉底的指控只集中在一件事情上:"模仿某个陷于悲痛中的英雄。"悲痛再次成为首要问题。在荷马和他所引领的人——肃剧诗人——的刻画之下,英雄在悲叹中长篇累牍诉说个没完,甚至一边哀吟,一边捶打胸膛(605d)。此处刻画的可以是任何肃剧英雄,但苏格拉底所指的,终究必定是荷马笔下处于悲痛中的英雄的楷模——阿喀琉斯。《伊利亚特》吟唱了悲伤的阿喀琉斯的狂怒,他宁愿丧失一切——无论他自己还是希腊人的事业——只要他能一报痛失帕特罗克洛斯之仇,从而平息自己的悲痛。难怪,苏格拉底禁止孩子听的第一种英雄的行为(388a),就是荷马所模仿的阿喀琉斯的表现,他因为帕特罗克洛斯的噩耗而悲痛不已(《伊利亚特》24.10-12)。

在这个针对荷马和肃剧诗人的论证的完成处,苏格拉底教诲性地引导格劳孔承认他对诗歌的屈服,承认他是多么享受沉浸在诗歌的悲痛时的感受,以及他又多么清楚地意识到,当他亲身遭受损害时,他为自己的自我忍耐感到骄傲,因为这才是"一个男子汉的表现"(605d)。并且,当苏格拉底提请格劳孔考虑灵魂在面对悲痛时会发生什么(606a)之时,他的确带着教诲的语气。[386]诗人们的成功是完全合理的,因为它利用了人们在遭受损失时意欲表达强烈控诉的自然、深沉的人性渴求;但是,诗人们可理解的成功是以损失"我们天性中最好的东西"为代价的。在得出结论时,苏格拉底整理了整个晚上关于如何保护人的天性和理性的论辩素材。由于缺乏适当的教育,我们身上最好的部分相信,它在别人所表达的悲戚中所感受到的快乐"确实是一种收获",而只有"极少数人"会有不同的看法(605c)。这些极少数的人通过理性思考可以理解针对荷马的肃剧诗歌的最大控告中所蕴含的真理:荷马的肃剧式诗歌之所以有害,是因为,几乎在一切情形下,它的自然诉求都会自然地谴责人的天性中最好的部分,要求它屈服于劣等的部分。苏格拉底将会扩展这种最大指控的范围,但这个指控本身唯一的论证焦点是悲痛——因为遭受损失而感到的悲痛,沉迷其中、不能自拔的悲痛。苏格拉底转而讨论面对死亡时的悲痛以及应对有死者之苦难的合宜方式,以此结束了他在苦难问题上与荷马之间的争论。苏格拉底所指控的不仅是史诗或戏剧诗中的悲剧,还针对公众对悲剧式人生观的颂扬。格劳孔还不能理解这一点,但是,苏格拉底在结束关于有死者的苦难问题的论证时,已经准备好一种具有非悲剧式人生观的诗:他将讲述关于一种宇宙谐剧的神话,在这场谐剧中,诸神通过保证德性和幸福的联结,使苦难变得有意义;他将吟唱一篇非悲剧性的新诗,在这首诗歌中,灵魂中的善行会得到奖赏,恶行将受到惩罚——而在他的诗中,灵魂将变得不朽。

苏格拉底说,他关于悲剧性事物的论证也适用于好笑的事,从而扩展了最大的指控的根基;此外,这个论证同样适用于性和血气(θυμός),以及我们所说的,灵魂中"伴随着我们每一个行为"(606c-d)的所有欲望、痛苦和欢乐:"诗的模仿也对我们造成同样的结果。诗的模仿喂养这些情感,给它们浇水施肥,建立起它们对我们的统治,而我们需要的却是统治它们。"对于这项指控最后的扩展,格劳孔是如何回答的呢?他说:"我没有异议"——你所说的就是我要说的。苏格拉底刚刚令他说出的是一个对最大的指控进行总结的项目列表。隐藏在这个列表核心的,是血气本身——苏格拉底说,血气需要变得干涸。对于血气,苏格拉底曾在早先的论证中不惮麻烦地将其单独称为灵魂的一种独立样式(εἶδος),而在当前对灵魂冲突的新的、由两部分构成的陈述中,他一再回想起这个早先的论证;对于血气,格劳孔最初认为它可以被算作各种欲望之一(439e)。① 荷马将他的孩子留给[387]血气去统治,只有极

---

① 苏格拉底的列表将ἐπιθυμητικοι[欲望]放在血气之后(606d2-3);三分灵魂的这两个部分,因此恰当地出现在接下来他的双重叙述中的每一部分中。

少数人除外；而苏格拉底则让他的孩子以理性的名义，推翻血气的统治。

只有在这里的结尾处，我们才能看到，这几个例子实在再合适不过。卧榻和桌子象征荷马创造一个完整的文教（civility）世界的创举；马缰绳和辔头象征那些在荷马的文教世界中诞生的灵魂现在需要的东西；从诞生时起，他们就臣服于荷马音乐的力量，而箫管音乐具有激发和压抑血气的力量。我们易于受骗的脆弱天性导致伟大的诗人易于对其加以塑造：如果荷马的孩子中间的荷马式灵魂需要马缰绳和辔头，以之束缚和矫正荷马的箫管音乐所形塑和喂养的部分，那么，只有使用者才懂得马缰绳和辔头，正如只有箫管演奏者懂得箫管一样。苏格拉底通过这种方式承认，荷马明白自己正在做的事情；而苏格拉底则为他们两人宣称，宣称他们都具有与使用者相符合的身份——此处的"使用者"从神那里获得了"知者"的角色。通过创建卧榻和桌子、马缰绳和辔头、箫管的意象，苏格拉底证明了自己模仿技艺的高超水平，他精通一种能够施加束缚和矫正的诗歌。

苏格拉底为格劳孔指派了一种涉及诗歌的责任："不管你什么时候碰到那些赞颂荷马的人——他们说，这位诗人教育了希腊"，你一定得爱护和尊敬他们，"你还得同意，荷马不仅最具诗人天分，还是第一位肃剧诗人呢"。荷马教育了希腊，但苏格拉底用一种新诗重新教育了希腊：不过，"你也得知道，只有那种歌颂神们以及赞美好人的诗，才准许进入城邦"（607a）。在为了孩子而对诗进行的改革中，苏格拉底陈述了关于诸神和英雄的新诗的典范模型；而且，苏格拉底即将增加新的手段，以求增强他的新诗的力量。"但要是你准许了那种被弄得甜腻腻的音乐——不管在抒情诗中还是在史诗中——那么，快乐和痛苦就要联合起来，在你的城邦中称王称霸喽，它们代替了礼法，也代替了那按共同体的意见总是最好的东西：理性。"秘密统治"你的城邦"的哲人统治者，凭借礼法和理性明显的亲缘关系施行统治，这些公开的统治者统治着快乐和痛苦，后者统治着城邦，但城邦实际上受到的是荷马的秘密统治。

苏格拉底说，既然再次谈起了诗，那么，可以将刚才的论证作为他们最后的申辩，因为这个论证确认，他们当初把诗歌赶出城邦是正当的：“是这个论证强迫我们如此”（607b）。但值得对诗歌自身做一个解释：“让我们对她［诗歌］说——免得她指责我们如何严酷如何粗野①——其实啊，哲学［388］与诗的纷争已经很古老啦。”作为诸神与英雄古老来源的诗人们，指控哲学是“一只汪汪乱叫的狗，对着它的主人狂吠个不停”（对照《法义》12. 967d）——但如果诗人们指控哲学攻击诗人的神却未能提供另一个令人满意的选择，那么，这个指控就无法责怪苏格拉底。同样，诗人也不能再以苏格拉底引证的那三种指控来指控哲学。但诗歌还能为她自己辩护吗？“我们应该同意，倘若这意在快乐的诗歌模仿说得出什么理由，以表明她们应当进入法制优良的城邦，那么我们会高高兴兴地把她从流放中接回来的”（607c）。苏格拉底承认了他的理由：“我们都意识到，我们自己确实被她迷得不行……亲爱的朋友，难道你还没有被她迷住吗？特别是每当你通过荷马来凝视她的时候？”格劳孔回答说：“完全迷住咯。”苏格拉底的诉求不是为了施展诱惑：如果诗歌做了申辩——不管用抒情诗还是别的什么音韵，再或者如果别人为她说上一番不带音韵的说辞，这人说，对各种政治制度和个人的生活而言，她都不仅令人快乐，而且富有教益——那么，诗歌从流放中回来就是公正的喽（607d）？这就是苏格拉底就迷人的诗歌在新城邦中继续存在所提出的条件。为诗歌所做的辩护能成立吗？苏格拉底说，倘若由于“热爱诗歌的人表明诗歌不仅令人愉快，而且富有教益”（607e），这些人也会支持诗歌。但只要诗歌无法做出申辩，“我们在聆听她的时候，就要对自己吟诵（ἐπάδοντες）一遍我们前面说的那番道理”（608a）；我们的那番论证“将会成为我们的咒语（ἐπῳδήν）”，从而让我们免于再一次回落到那种“孩子气的，而且属于多数人的爱欲中去。”所以，这是两种诱惑力之间的对抗，荷马式的诗歌服务于快乐（它的指控者如是说），苏格拉底式的诗歌服务于礼法和理性。看起来被放逐的诗歌其实知道，它自身是取代一种诗歌诱惑力的另一种诗歌诱惑力，而且，它还没有得到完整的申辩，因为苏格拉底正在准备关

---

① Halliwell 注释（607b4）说，阿里斯托芬的《蛙》（行 1491－1499）指控说，“与苏格拉底谈论哲学导致‘远离缪斯’，即抛弃音乐－诗式的文化，而剧场就属于这一文化，围绕这一文化，才得以确立教育。”参 Halliwell，《柏拉图的〈王制〉卷十》（Plato：“Republic” 10），页 154。

于正义的奖赏和惩罚的新诗。当长期离乡、远赴波提岱亚的苏格拉底回到雅典时,他说,他带回了能够治疗灵魂的咒语(incantation)。《卡尔米德》所允诺的咒语,在《王制》中以难以辨认的形式得到了吟诵。显得合理的论证,其实是用以驾驭和管束荷马的孩子的咒语,是取代荷马的箫管音乐的一种新的、清醒的音乐。

苏格拉底说,必须要"相信我们就诗歌所说的道理"(608b),由此结束了他的申辩。格劳孔回答说,"的的确确,我同意(σύμφημι[字面意思是"我和你一起说"])"。苏格拉底在论证最后的话,本身正好是为成功的论证作[389]结时的一个概要式的命令——而这个论证正是格劳孔在几个小时前坚持要求苏格拉底讲述的:"亲爱的格劳孔啊,这场竞争关系重大啊,重大得超乎人们的想象。这是一场关于一个人变好还是变坏的竞争。因此千万不能让荣誉、财富和任何权利,更不能让诗把我们诱惑得去堂而皇之地怠慢正义以及别的德性。"格劳孔以完全的赞同结束了这个论证:"我同意你(σύμφημι[字面意思是"我和你一起说"]),从我们一一细说过的来看。"由于全盘接受了他们所讨论的内容,格劳孔将会说苏格拉底交给他说的话,他还补充说:"而且,我想其他的每个人也都会同意你的。"格劳孔将会对其他每个人讲述他们已经讨论过的东西,格劳孔相信,这些东西也会说服别人;格劳孔,原本是荷马的孩子,现在变成了苏格拉底的孩子,他将作为宣讲者,对荷马的孩子说苏格拉底交给他说的东西。

在动摇了曾经教育了希腊的诗人们的权威之后,现在,苏格拉底正结束他在佩莱坞港的漫长夜晚,并以一种新诗重新教育了希腊——施特劳斯称这种新诗为"辅佐性的诗歌(ministerial poetry)",这种新诗由一种施行统治的哲学产生,并成为一件工具,辅佐着哲学的统治。①

19 对苏格拉底的孩子们的报酬和奖赏(608b–614b)

最大的报酬和奖赏要求苏格拉底说服格劳孔相信,灵魂是不朽的。

---

① 施特劳斯,《城邦与人》,页136以下。

他开始将"一种不朽的事物"与简单的人类生活相比较,从而迫使格劳孔问,"你这是在说什么呀?"苏格拉底回答说,"你难道没有感觉到,①我们的灵魂是不朽的,而且也永远不会被毁灭?"苏格拉底作为叙述者的最后一次观察——也是卷十中他唯一的一次观察——描述了格劳孔的反应:"他直直地瞪着我,②然后满脸惊讶地说道,'宙斯噢,我确实真的没感觉到啊。'"格劳孔对苏格拉底的说法感到惊奇:"可是,你能这样说吗?"如果苏格拉底"说的正当"的话,那么他就能这样说——他就灵魂不朽所说的东西乃是出于他的正义的要求,也即帮助真正好的朋友,并且不伤害任何人。苏格拉底补充说:"我觉得你也能这样说,因为这没什么难的。"格劳孔说:"这对我实在是难噢。"对于一个说"我还是很乐意从你这儿听到这并不难的东西"的格劳孔,苏格拉底使得困难的东西变得容易。苏格拉底说,"你会听到的。"格劳孔一定能听到苏格拉底就灵魂不朽所说的论证。但他的话是真的吗?这个论证从未提到过真理,但当论证接近尾声时,格劳孔说,"你所说的确实是真实的"(611a),[390]但这只会引起苏格拉底的反对,并陈述了思考"什么才是灵魂的真实"这个问题的必要条件(611a-b,612a)。③ 苏格拉底关于灵魂不朽的论证具有这样的结构:其序言关涉的是苏格拉底能说什么,以及格劳孔必定能听到什么;其结语提出了真理的问题,却没有回答。

---

① 苏格拉底以 ἤσθησαι["用感官去感觉"]开始他关于灵魂不朽的讨论:他问格劳孔,他是否感觉到某些不可感知的东西。

② Halliwell 评论,"ἐμβλέψας 的意思是,直直地盯着对方的眼睛"(《柏拉图:〈王制〉卷十》,页159)。

③ 这个论证始终涉及的是说了什么,而不是什么是真实的。"请说吧"是格劳孔在这个论证的绪言的结尾发出的邀请。这个论证是关于格劳孔"说"(καλεῖς,608d;λέγεις,608e5)了什么,苏格拉底说(λέγω,609a3)了什么,"我们应该说"什么(609e),什么是我们绝不会认可的(ἀξιώσομεν,610a3;ἀξιῶμεν,610a7),你苏格拉底说(λέγεις,610a4)了什么,我们正在说(λέγομεν,610b)什么,什么是我们永不会说(φῶμεν,610b2)的,什么是我们绝不会允许任何人去断言(ἐῶμεν φάναι,610c1)的,某人是在对谁说(λέγειν,610c6),我们应该确定地坚持(ἀξιῶσομεν,610c8)什么,你格劳孔在说(λέγεις,610e5)什么,你苏格拉底在说(λέγεις,611a10)什么。当苏格拉底在谈论他提供的反对者时,只有一次提到真理:"某个说这些的人说到了真理",并讲明了将这个反对者的异议看作是真实的导致的不可能的结果,那么,他检验的是他的反对者所说的真理,而不是他所说的真理。

事实证明,对格劳孔来说,苏格拉底关于灵魂不朽的论证没有什么难的,格劳孔还热切参与得出了再容易不过的结论。① 他支持苏格拉底的主张:不该允许任何人说,身体的恶会让灵魂变得"更不义和更不神圣",乃至引起灵魂的死亡(610b)。格劳孔说,"没有人能表明,那些临死的人,他们的灵魂会由于死亡而变得更为不义"(610c)。但苏格拉底编造了一位反对者,后者做出了这样的宣称(610c)。这个笨拙的反对者同意了太多的苏格拉底的假设,他坚持说,身体的死亡会引起不义,因而引起灵魂的死亡。苏格拉底的做法,好似反对者的因果顺序是可逆的,他从而要求反对者坚持论证:灵魂中不义的存在会毁灭身体(610d)。面对下面这个荒谬的结论:"宙斯噢,"如果不义会毁灭身体,那这并不可怕,因为它"将取消恶",将使我们摆脱那些罪恶的不义——热切的格劳孔冲过来,严厉抨击这位反对者。反对者是错误的——格劳孔宣称,因为与不义将杀死不义者相反,不义者会杀死别人;而且,不义使不义之人更有能力,使"拥有不义的人活得好,而且……很警觉。"由于格劳孔乐于站出来,在整个夜晚的最后一个论证中帮助苏格拉底,并打击倒霉的反对者,所以,格劳孔轻易地同意了[391]苏格拉底得出的结论——"那么很显然,[灵魂]必定永远存在,而如果它永远存在,它就必定是不死的"。

苏格拉底补充说,所存在的永远都会是同样的灵魂,因为不朽之物不可能源于有死之物,否则所有东西最后都会是不死的了。格劳孔说,"你说的是真实的"。因此,自从苏格拉底说"他能够说灵魂是不朽的"以来,苏格拉底言辞中的真实首次在此处出现,而且,自此之后,真实一直是他关于灵魂的最后思考的主题:在接下来的四段讲辞中,他四次提到了真实和灵魂(611b1,b10,611c,612a),并指出了通往那种真实的唯一道路,而这条道路他们没有走过,而且也不会走。格劳孔断言他所说

---

① 那些更愿意认为苏格拉底无能而非不真诚的注疏者们,却被这个论证的虚弱所困扰。尽管这个论证有这样的缺陷,但对于编造灵魂不朽的证据而言,它依然是一个如此有用的论证,以致笛卡尔在他能对其加以利用的场合下再次使用了这个论证;而且,他明确地让这个论证变得难以成立,因为他只是最低程度地认可了如下假设——一种非灵魂的恶对灵魂不是致命的。但笛卡尔陈述了这个论证背后的必要性:为了让那些心智软弱的人径直追求德性,他们必须相信,与苍蝇和蚂蚁相比,他们的灵魂在死后有更多值得恐惧和希望的东西(笛卡尔,《方法谈》,卷五结尾)。

的是真实,对此,苏格拉底说,"我们可不能这样以为哦",也千万不能认为"灵魂最真实的自然就是这个样子的,充满了各式各样的变化、差异,甚至自我纷争"(611b)。难怪格劳孔会说,"你说什么啊?"因为那的确是苏格拉底说过的灵魂所是的样子。他们不能那样认为,因为"如果一件事物是由很多事物复合组成的,那么,不朽就是不容易的。""一定得在其真实的状态下"观看灵魂(611c),而不是像我们现在这样,在"受到身体和其他罪恶的混合腐蚀"时观看。① 苏格拉底作为看到灵魂之真相的人发言:"他就会发现,它其实美得多哩,而且正义、不义以及我们刚才细说的一切,他都会辨识得更加清楚了。"但他没有否定刚刚所说的内容——"现在我们就正在讲述关于它的真实呢,就如它所显现出来的那个样子"——并提供了一个比喻,用灵魂现在所显现的样子对照灵魂的真实:在观看灵魂所处的情形时,他们就像"那些看海神格劳科斯人的一样",会"不再容易看到它原初的自然",因为,由于站在海水中,他身上老旧的部分有些已经破裂,并获得了一些新的东西。海神格劳科斯(Glaucus)能被真实地看到,就如他现在这样:苏格拉底宣称,自己能够如其所是地真正理解格劳孔(Glaucon)的灵魂,他先用宾格Γλαῦκον称呼海神格劳科斯,在结尾的时候又称格劳孔的名字Γλαύκων,唯一的不同在于一个是短 o,一个是长 ω。

但是,真正理解了格劳孔的灵魂,还不意味着如其所是地理解灵魂本身,苏格拉底说,因为我们必须看看别处。在告诉格劳孔"哪儿"时,他再次宣称具备关于灵魂实际所是的知识。人们必须看看"灵魂对智慧的爱(φιλοσοφίαν)"(611e)——只有通过哲学认识自身时,灵魂的真实本性才有可能被理解——[392]"以便去发觉灵魂把握到的是什么,渴望与什么样的事物为伴"——灵魂的真实本性是渴望,渴求恰恰就是灵魂的特定本性——"既然灵魂与神圣的、不死的、永远存在的事物具有亲缘"——灵魂与她所渴望之物的亲缘关系就暗示,神圣的、不死的亦即永远存在的事物,也分享着灵魂的不断渴望、求索不已的本

---

① 施特劳斯注意到,灵魂不朽的证据,是在尚未获得关于灵魂的知识的情形下取得的:"《王制》结尾的处境恰好呼应着卷一末尾时的处境,在那里,苏格拉底表明,他虽然已经证明正义是有益的,但他还不知道正义是什么,或者什么是正义的自然。"(《城邦与人》,页138)。

性。从事哲学的灵魂也表明,"如果她完全地追求那些东西,并被这样的冲动抬升出她现在所处的深海之上,她将会成为什么样子"——正如苏格拉底在《斐多》中所说,从事哲学的灵魂就是练习死亡并生如已死,练习将灵魂与身体分开,这是将灵魂清醒地提升于身体生命的深海之外的不可能的条件。"那么,我们就可以看到灵魂的真实自然了,她是样式杂多的还是样式单一的,她以哪种方式存在,又如何存在。"

在对"如何才能将真实洞见带入灵魂本性之中"这个问题投以匆匆的一瞥之后,苏格拉底将这个任务与他们已经实现的东西进行比较:"不过眼下啊,如我所觉得的一样,我们已经适宜地一一细说了灵魂在人世生活中的种种遭受和样式。"对于灵魂在政治生活中——以及在由荷马的行动所创建的特殊政治生活中——的真实样子,《王制》提供了一种真实的观察视角。但是,通过建议人们向别处看看,以寻求对灵魂之真实的描述,《王制》在结束其对灵魂的考察之时,邀请读者转向《会饮》。在《会饮》中,从事哲学的灵魂表明了自身与作为爱欲的事物的亲缘关系。发生在公元前429年的《王制》鼓励读者做的,正是一种对诸篇对话进行时序阅读时肯定会做的事:寻找苏格拉底在这篇对话中关于灵魂的明确观点——在这篇对话中,苏格拉底私下里将一群最为复杂的雅典听众带回自己求学生涯中的关键时刻,在那时,苏格拉底还未曾带着一种新的服务于哲学的政治登上政治舞台。在这篇唯一致力于赞美一位神的对话中,苏格拉底讲起,他还是个年轻人时就已明白,研究从事哲学的灵魂,是能够对灵魂投以真实一瞥的唯一道路,因而也是一瞥整全的唯一道路;而在整全之中,灵魂是其中一个部分,灵魂与整全有亲缘关系,并且,整全可以探知的程度,恰如灵魂可知的程度。在他自己探索出的通往理解整全的道路上,尼采复活了苏格拉底对灵魂的探究,"灵魂学(psychology)再次成为通向根本问题的路径";而且,对尼采来说同样适用的是,在灵魂学的顶峰,当从事哲学的灵魂认识自身时,就可以一瞥自然自身的本性(nature)。①

———————

① 《善恶的彼岸》,格言23,36。[译按]就词源来看,"心理学"(psychology)的字面意思是"灵魂学"。

灵魂的不朽轻易地得到了证明,但它还不足以构成足够的奖赏。在有死的生活中,奖赏若要与正义相关——德性若要带来幸福——就必须存在有能力、并且愿意提供奖赏和惩罚的行动者。苏格拉底提供了那些行动者。但为了引入道德化的诸神,[393]他必须要求被允许承认正义的"报酬和荣誉"(612b),而这正是格劳孔和阿德曼托斯都要求他在为正义辩护时必须略去的东西。苏格拉底既然已经表明,即便一个人除了居吉斯的指环外还拥有冥王哈德斯的隐身帽,正义也仍然是更好的,那么,他就可以要求格劳孔"返还"他们两人所拿走的东西。恢复正义的报酬和荣誉本身是一件正义的事:只有凭借"把种种报偿还给正义和其他德性……这些报偿是它们[正义和其他德性]从人们和诸神那儿获得的"(612b-c),他们才能正义地对待正义本身。正义应得的报酬有两类:分别在生前和死后获得的报酬。苏格拉底许诺,正义在生前和死后都会得到报酬,从而结束了这个论题。①

现在,对于自己此前的热情,乃至他对忒拉绪马霍斯观点的精心重述,格劳孔不再给予丝毫认可,他代表自己和阿德曼托斯两人,返还了他们曾经拒绝承认的东西:孰人正义、孰人不义的问题根本无法逃脱诸神的注意;而且,诸神不仅将这些看在眼里,而且喜爱正义之人,憎恶不义之人,并向他们所喜欢的人赐予可能有的最好的礼物(612e-613a)。如果明显的恶降临在正义之人身上,他也不应该感到绝望,因为他的正义"总会有好的结果,或在生前,或在死后。"格劳孔发现,所有这些都"很有可能"(613b)。格劳孔态度轻松地欢迎这些神,这表明苏格拉底当初对这两个青年的看法是多么正确:他们没有被智术师对诸神和道德的批判说服(368b);他们的确渴望他们声称自己所渴望的东西:他们渴望能有理由相信他们在正义问题上如此希望其为真的信念——正义会带来幸福。他们没有要求苏格拉底讲出关于正义问题的真相,因为,正如阿德曼托斯所承认的,他们"渴望从苏格拉底那里听到……"与

---

① 在奖赏问题上,"苏格拉底的'庸俗'(Philistine)说法"引起了诸多批评意见,这遭到施特劳斯的反驳:"就什么对格劳孔才是好的这一点,了解格劳孔的苏格拉底是比《王制》的任何读者更好的判断者。"(《城邦与人》,页137)施特劳斯和《王制》的绝大多数读者之间的差异是,后者不愿意将这部对话看作苏格拉底就适合于格劳孔以及格劳孔这类人的好东西所做的判断。

忒拉绪马霍斯相反的论证(367b)。对于苏格拉底所说的人们对正义
者施加的奖赏,格劳孔表示接受——"你所说的是正义的",并且,格劳
孔也同意苏格拉底的这个说法:正义之人所获得的奖赏,正是格劳孔早
先所描述的分配给不义僭主的奖赏(613d-e,362b)。苏格拉底随后转
向了"为每个人死后准备的"更大得没边儿的奖赏。苏格拉底将接下
来的冥府神话看作自己被迫对正义行正义的强制行动的一部分;他最
后的神话是对所亏欠于正义的补偿。格劳孔在当晚的最后言辞表明,
他是多么乐于给予正义应得的报酬,来弥补自己此前的说法中对正义
所行的不义:他说,"快告诉我吧,没有更多别的东西听来更让人感到
快乐了"(614a)。格劳孔[394]所表达的最后的情绪,是期望听到正义
之奖赏和不义之惩罚的快乐。

格劳孔将要带着这种快乐听到的神话,使得他们当晚的谈话以这
个令人最难忘记的神话结束——在苏格拉底关于诗人必须谈论的话题
的目录中,这是最后一项:"诸神……精灵、英雄,以及冥府的疆域"
(392a)。这个神话一方面让人获得愉快的信念,相信正义与幸福在冥
府中会彼此联结,但是另一方面,这个神话还包含着对这种信念来说不
可或缺的另一个要素:对不义灵魂将要遭受的苦难所作出的新的、可怖
的警告。人们由于其"华美的明显外表"①而最后听到、并听得最清晰的
内容,盖过了苏格拉底为哲学设计的新式公众外表的超世间的特性(oth-
erworldly character):哲学认可了一种关于死后之赏罚的道德宗教。克法
洛斯将他的儿子和朋友们留给苏格拉底照料,自己前去献祭,他希望献祭
会帮助他说服诸神,宽恕自己在死后所恐惧的报应,并赐予他所希望的东
西。事实表明,苏格拉底没有辜负克法洛斯的信任:他接管了行将死去的
一代人的孩子,并给予了他们将来会传给子孙及其后代的东西。

20 取代荷马的冥府(614b-621b)

苏格拉底以对荷马的最后一次变革——对死后生活的转变——结
束了当晚的谈话。他这样开始:"我要讲给你们的可不是那个讲给阿

---

① Baracchi,《柏拉图〈王制〉中的神话、生活和战争》,页93。

尔基诺奥斯(Alcinous)的故事,而是一个强健的人的故事……"讲给阿尔基诺奥斯的故事是一个传统名称,它来源于荷马史诗中的一件大事——奥德修斯用漫长的叙述,向费埃克斯人(Phaeacians)的王阿尔基诺奥斯讲述了他的奥德赛,其中就包括他下到冥府的故事。① 苏格拉底语带双关,从而划明了自己的处境与奥德修斯的处境的区别:他的故事不是讲给一个"心智强健"(ἀλκίνου)的人,而是从一个"强健之人"(ἀλκίνου)那里听来的故事。一个智慧的听众被一个最初的来源者(仅仅是一个强健的人)所取代,而且,现在讲述这个故事的人并没有经历过它,而只是传播这个故事:故事最初的讲述者不是奥德修斯,而当前的听众——格劳孔,也不是阿尔基诺奥斯;至于当前的讲述者,智慧的苏格拉底,则是个讲故事的大师,他与这群年轻人开始了当晚的谈话——这场谈话暗示,他与荷马一样,也是奥德修斯外祖父的崇拜者。在被引入的过程中,苏格拉底的冥府神话与奥德修斯所讲的故事既有如此精致复杂的关系,又与之相分离,因此,这个神话充满了对奥德修斯的暗示,[395]并以一个转变后的奥德修斯选择一种为其自身的新生活而结束。这个以如此迷人的方式结束了《王制》的关于灵魂最终命运的故事,具有可疑的起源,它取代了荷马笔下由一位智慧者讲给一位智慧者的故事。此外,它还是一个这样的故事:一位智慧者将它作为其当晚的咒语的顶点,讲给了雅典的年轻人,而且他还许诺,他的故事会带来极大的益处:"如果我们被它说服的话,它就会拯救我们"(621b)。

苏格拉底用来指代"故事"的词是ἀπόλογος,一种辩护性的说法解释说,ἀπόλογος就是"一种寓言(a apologue, a fable),当然也是一种申辩(apology)"。② 苏格拉底现在补充的故事(apologos),由于扩展了对正义的奖赏,因而有助于对正义施行正义。他的故事是一种偿还行为,偿还

---

① 关于讲给阿尔基诺奥斯的故事,参《奥德赛》9-12卷;奥德修斯的冥府旅程,10.487-11.640。"讲给阿尔基诺奥斯的故事"也可以意指任何冗长乏味的故事;苏格拉底通过克制讲述他说他听到的某些东西,避免了冗长乏味(615a,616a)。

② Baracchi,《柏拉图〈王制〉中的神话、生命和战争》,页93。Baracchi的这本书比其他任何我知道的书更好地阐明了最后的这个故事。

的是由他的论辩所招来的对正义和正义之人所欠的债务。① 通过偿还欠负正义和正义之人的东西,苏格拉底的故事(apologos)就保护了格劳孔和阿德曼托斯的正义,而他们对当初给正义带来的不义负有责任。

苏格拉底转述其故事的那个强健之人是谁? 苏格拉底只在故事开始处唯一一次地提到他的名字,此后便避免提起他的名字,只用代词指代,有一次还称他为"来自那个地方的这位信使(619b)"。长久以来的传统称他为"俄尔"(Er),但当苏格拉底唯一一次说到他的名字时,所说的是'Hϱóς——这是一个极为醒目的名字,它听起来让人想到两个同音异义的语词,无论哪一个都对《王制》至关重要。② 第一个是ἔϱως,这个词与'Hϱóς唯一的不同在于,要区别哪个词的元音是长音。在《王制》中,苏格拉底使人的爱欲变得尽可能热心公益,同时也谴责它是一个驱使最坏的人的僭主;但在《会饮》中,苏格拉底让爱欲的名字代表活跃于每件事中——包括最高级的事情中——的能动性力量,因而赞美了爱若斯神。第二个语词是ἥϱως[英雄],它与'Hϱóς不同的地方只在于送气的 η 和 o 的长音 ω。③ 在《王制》中,苏格拉底[396]通过重新评价荷马最伟大的两个英雄——阿喀琉斯和奥德修斯,转变了英雄的模型。在这次重新评价的开始,苏格拉底禁止阿喀琉斯在冥府中对奥德修斯的悲叹(386c,参见《奥德赛》11.489-91),而这次评价又以这个最后的故事结束——在这个故事中,苏格拉底提升了被改变了的奥德修斯的地位,同时完全禁止阿喀琉斯出现在冥府之中,而在荷马那里,冥府是阿喀琉斯统辖的领域。柏拉图的《王制》暗示了《斐多》

---

① Baracchi,同上,页 93-97 详细地阐释了这一点。

② 在希腊语的正统文法中,H 是 ε 的大写形式,是长的 η 的独立元音。苏格拉底说到这个名字时用的是属格;Er 在后来的传统中是主格。参 Platt,《柏拉图〈王制〉614b》("Plato's *Republic*,614b");亦参 Planinc,《透过荷马看柏拉图》(*Plato through Homer*),页 18:"古代和现代的注疏者们都没有注意到这个事实:柏拉图谨慎地给予这个从地府返回讲述拯救的故事的男人一个名字,其名字'Hϱóς非常类似于于神圣的ἔϱως的属格。"Craig,《好战者》,页 369 注 7 也注意到了这一点。

③ 从苏格拉底的口中不可能知道,这个名字与其两个同音异义词的关系有多么紧密。在公元前 403 年,雅典官方改革了其字母,将现在称为阿提卡的字母改成现在称为伊奥尼亚的字母。柏拉图的文本就是用伊奥尼亚字母写就的,全部都是用大写形式,且没有送气符号和重音符号:ΗΡΟΣ,ΕΡΩΣ,ΗΡΩΣ。在《克拉底鲁》398c-e,苏格拉底既从词源上又从实际中令ἥϱως源自ἔϱως,并且用旧式阿提卡的发音谈到它们相似的发音。

清晰显示的东西:苏格拉底是新的英雄,是希腊年轻人的新楷模。

　　苏格拉底说,这个强健之人是"阿尔墨尼俄斯(Armenius)的儿子";这位身体健壮的人是"潘费罗斯族人(Παμφύλου)"——作为所有部落的代表,①他从冥府返回向所有部落讲述他在冥府的故事。苏格拉底说,"从前有一次,他在战役中死了,第十天,当人们抬起那些已经腐烂的尸体时,他也被抬起来,却是完好无损"。被运回家后,就在第十二天要下葬的时候,躺在柴堆上的俄尔活了过来,并"讲述了在另一个地方的见闻"。苏格拉底开始转述:"他说"——是在向苏格拉底说吗? 或者苏格拉底讲述的故事,是另外一个人所说的"他[俄尔]说"? 苏格拉底最后的故事所转述的是一次转述,而它的传播过程则并不清楚。"他说",他的灵魂与其他在战役中被杀之人的灵魂一起踏上了旅程,他们来到一个地方,他们在那里基于生前正义与否而受到审判。与奥德修斯看到的那个含糊不清的地方不同——在那里,所有的灵魂都居住在一样的状况之下——俄尔看到的冥府有着详细的地形,而到达那里的灵魂也有不同的命运。首先,灵魂由无名的判官依照生前的正义进行审判——在这个最后的故事中,《王制》所定义和捍卫的德性成为审判灵魂的唯一依据。法官们将正义的灵魂送到一个向上的裂口,那里通往一个只受奖赏的地方,似乎他们所有的行为一直都是正义的。至于不义的灵魂,法官们也将他们送到一个裂口,他们被向下引导到一个只受惩罚的地方,仿佛他们所有的行为都是不义的。当俄尔自己走到法官面前接受审判时,法官告诉他,"他得成为一个在那个地方和人们之间传信的人,吩咐他听好看好那个地方所发生的一切"(614d)。除了看到灵魂们离开之外,他还看到众多灵魂从另外两个裂口返回。这些灵魂来到一片草地,搭起帐篷,好像要过节似的(614e),他们彼此打着招呼,讲述各自的故事,因为他们是经历了一千年的奖赏或惩罚,重新返回到这里来的。苏格拉底缩减了他的叙述,因为"一一细述这么多的东西得很多时间";不过他讲述了"俄尔所讲述的要点"。每个正义或不义的行为都要受到被放大十倍的奖赏或惩罚,每一百年一次,

　　① [译按]作者的这句补充说明很可能着眼于"潘费罗斯族"的双关含义——Παμφύλου的字面含义是"包括所有部落的"。

要持续一千年。苏格拉底列举了奖赏和惩罚的例子,并说"他也说了些其他不值得提的事情",此后,苏格拉底讲述了一个单一的故事,[397]这个故事为《王制》的主要道德教诲增加了悲惨的细节:"他说到,当他在旁边的时候,其中有个人问另外一个人,'阿尔狄阿伊俄斯(Ardiaeus)大王在哪儿?'"苏格拉底以直接引语讲述了这位信使说自己听到的东西:就在灵魂该返回的时候,僭主阿尔狄阿伊俄斯知道,那让他恐惧的千年之久的惩罚就要来到:守卫大门的野蛮暴烈的人们,捆绑着他,活活地剥皮抽筋,最后把他永远抛进了塔耳塔洛斯。只让格劳孔听到关于僭主生活是灵魂的最坏选择的论证和算计还不够,格拉底必须亲耳听到这种对僭主生活的活生生的诗歌强化,并感到恐惧。

在草地上待了七天之后,返回的灵魂们被送上了新的旅程;四天之后,他们看到一道笔直的光柱,自上而下伸展开来,贯通整个天地,而就在这第四天,他们到达了一个地方,并可以在那里看到宇宙的架构和掌管宇宙的方式。"必然"在命运女神三姐妹的帮助下,统治着天地,命运三女神用她们的双手旋转构成整全的八个半球。① 由于他们可以看到整个宇宙的秩序,并听见众球体和命运女神构成的音乐,此时,这些返回的灵魂们就要选择他们将要过的生活了。一位拉刻西斯(Lachesis,命运的分配者,统治过去的命运女神)的神使让他们按队列秩序排好,分配进行选择的顺序,将阄陈列出来,这些阄上写了他们将要选择的生活的不同样式(617d-e)。然后,这位神使走上一座高台,用适合于这个令人畏惧的时刻的恐怖的、令人沮丧的言辞对众灵魂说话;这位神使省略了冠词和动词,因而增加了发言的"高贵性和深刻印象"②——苏格拉底重复了神使的话,并表述为直接引语:"奉'必然'之女、处女拉刻西斯之言! 你们这些朝生暮死的灵魂啊! 这是将有死族类带至死亡的又一循环的开端。不是要把守护神分配给你们,而是要你们来选择守护神。谁拈得第一个阄,谁就第一个来选择将称其必然

---

① 赫西俄德说,命运三女神是夜神的女儿,且她没有与谁睡觉,就生下了她们。见《神谱》行213。

② Adam,《柏拉图的〈王制〉》于617d的注释。

的生活。德性没有既定的主人……责任全在选择的人,神没有责任"(617e)。① 与灵魂不朽和道德式的诸神一样,如果要公正地给予灵魂以奖赏和惩罚,那么自由也是必要的,而且,看起来,选择的自由是拉刻西斯的神使所保证的。但神使的话仅仅表明,没有神会对生活方式的选择下命令,而对实际选择过程的描述表明,除了一人之外,所有人的选择毕竟都是某种命令之下的决定;除了[398]最后一个人之外,所有人的选择都是由前世所过的生活和那时对"什么是好"的看法直接决定的。拉刻西斯统治所有的灵魂,只有一人除外。

在叙述他所听到的故事时,苏格拉底仅仅中断了一次,在神使的讲话之间,他向"亲爱的格劳孔"提醒了一个教诲。俄尔刚刚说,"人类生活的全部种类"都是可以去选择的,他详细阐述了僭主的生活、依据习俗名声的生活和并未伴随这种名声的生活。"这就是一个人的全部危险啊,"——就在这个危险时刻,苏格拉底对格劳孔说。这个危险时刻指的是,追求一种以僭主为目标的生活,并拒绝一种享有习俗名声的生活。苏格拉底只有一个建议:一个人"宁可不关注别的那些学习",也要成为那种唯一的学习的"寻求者和学习者",最大限度地学到"谁会使他变得有能力、有知识来辨别生活的优良和缺陷"(618c)。格劳孔所必需的一种学习是,如何找到这样的教育者,一位值得信赖的权威。格劳孔会选择谁来作为教育者? 不是荷马——他的诸神已不再对格劳孔有任何力量,而且苏格拉底已经说服格劳孔相信,荷马不过是那些对理式毫无知识的模仿者之一,这些模仿者喂养灵魂中那需要被管束的部分。同样,也不是忒拉绪马霍斯——他闯进了由于希腊的教育者离去而引起的真空,不过,尽管能言善辩,但他的教诲却让格劳孔感到厌恶,并认为其品质粗鄙。苏格拉底才是这位教育者,他取代了旧的教育者,并激发了新的教育者。格劳孔寻求并追随的教育者,是对人类难以穷尽的生活方式加以研究的哲人,他将让自己成为灵魂的新向导,能够分辨更坏的与更好的生活,并将正义作为行动的标准。"就是到了冥府,他也必须坚定不移地(ἀδαμαντίνως)抱着这种信念"(619a)。阿德曼

---

　　① "这段话经常被后世的希腊作家们引证或提到,尤其是最后一个句子在基督教早期变成了自由意志的拥护者们的一种口号。"(同上,于617e4)

托斯曾经坚定地强调,他不相信关于冥府的道德化的故事:对他来说,冥府就是用来说服年轻人的最后手段(366a)。苏格拉底已经如此牢固地建立了他对格劳孔和阿德曼托斯的权威,因此,他可以将冥府作为最后的手段补充进来,同时不会显得绝望。

回到俄尔的故事,苏格拉底讲道,神使的最后一句话单独挑出了最后一个选择的人:"倘若他的选择是有理智的",就会找到令他满意的生活。最后他说:"第一个选择的不要粗心大意,最后一个选择的也不要灰心失望"(619b)。第一个和最后一个选择的人,是接下来的九位选择者的范例,他们的两次选择再现了所有可供选择的生活的两个极端——《王制》在最后的漫长论证中陈述了这些生活选择。第一个灵魂匆忙地做了选择,随后便感到后悔;最后选择的灵魂运用了理智,因而非常满意自己的选择。第一个做选择的灵魂是无名的,但他"是来自天上的一个,在此前的一生,他生活在一个秩序井然的制度里面"(619c)。由于亲自体验到了选择所渴望的生活的自由,他匆忙选择了最大的僭主的生活,但这种匆忙表明,[399]选择所渴望的生活的自由其实是一种错觉,因为这种自由受前世生活以及那时所认为的好生活决定。因此,信使暗示了苏格拉底所讨论的东西:荷马,这位有序的旧政制的教育者,在其后代的灵魂中培育了僭主。俄尔解释了第一位选择者的悲惨选择,他说,在其前世生活中,他"拥有德性,靠的是风俗习惯,不是哲学"(619d)。① 通过这种解释,他做了一个普遍的判断:大多数从天上来的都与第一位选择者选得一样,然而,那些从地下来的"不会一冲上去就做出选择"。正因如此,"大多数灵魂都发生了好与坏的

---

① 参伯纳德特,《苏格拉底的第二次航行》,页228:"一个人成为什么样的人[并不]独立于他以前是个什么样的人";"一个人选择成为他自己",但事实上,在这种情形中,一个人所选择的东西乃是"自己的一个完美的版本"。基于第一个灵魂的选择,伯纳德特在推论的引领下,总结了苏格拉底与诗人们的不同之处。伯纳德特注意到,第一个进行选择的灵魂,就像阿特柔斯的弟弟忒厄斯特斯(Thyestes),注定要吃掉他自己的孩子,伯纳德特指出,诗人们"不可能以最好的城邦作为忒厄斯特斯得以可能产生的背景"——诗人们"无法想象苏格拉底所想象的那种清白无辜(innocence)"。苏格拉底所想象的那种超越诗的清白无辜认为,没有哪个公民可以是自由的,因为所有人都受制于城邦在他们身上培育的好。苏格拉底因此认为,所有人都是清白无辜的,即便是第一个做选择的灵魂,即便是忒厄斯特斯和阿尔狄阿伊俄斯大王,也不例外。

互换"，此外，另一个原因则是"命运的偶然"。他在下一句中继续说：
"不过，倘若一个人来到今世这个地方的生活之后，总是用健全的方式
做哲学思考，而且他用来选择的阄也没有落到最后一批当中，那么，从
传自冥府那个地方的信来看，很可能的是"，他不仅会在这个世界得到
幸福，而且，在他穿过天上的路所走向的另一个世界中，他也会得到幸
福。苏格拉底已经成为站在信使位置上的讲话者：没有哪个信使——
"他带来信儿(ἄγγελλος)"——能够"基于从那个地方传回来的信儿
(ἀπαγγελλομένων)"(619e)进行言说。那么，是苏格拉底在当晚最后一
次宣布了哲学。在向哲学告别时，苏格拉底并未仅仅说哲学，而是加上
了"健全的"，为的是保证，"基于从那个地方传回来的信儿"，一个以健
全方式从事哲学的人，在此世和另一个世界都得到幸福。最后一次谈
到健全的哲学的苏格拉底，在第一次谈到哲学时，所讲的是将"护卫者
-狗"变为爱智者的问题(375e-376c)；在前后两次谈论哲学之间，他说
服格劳孔相信，哲学是关于美、正义和好的知识。以这种方式谈论哲
学，是为了在一种适于护卫者的健全的哲学中隐藏真正的哲学。真正
的哲学，以最强烈的激情捕获少数人，他们不需要超出这种激情之外的
其他理由，然而，对于缺乏这种激情、因而需要这类理由的人，真正的哲
学将赋予他们那种健全的哲学。①

[400]信使将灵魂各自选择其生活的景象，说成"一副值得一看的
景象"，因为这个景象"既让人怜悯，又让人好笑，还让人惊叹"
(620a)——它们可以各自对应于肃剧、谐剧和哲学。在描述第一位选
择者的选择之后，他讲述了另外八个灵魂的选择，列举了每个灵魂的名
字，而且是成对地进行列举，②他预先评论说，大多数灵魂都是"按照前

---

① 奇怪的是，苏格拉底再次强调了俄尔刚刚所说的话，并使得这种幸福的选择变
得具有偶然性——不仅取决于强健的哲学，而且取决于所拈的阄："而且，如果他用来选
择的阄也没有落到最后一批当中。"但是，拉刻西斯的神使曾经说，最后一个进行选择的
人不要灰心丧气(615b)，而且，得到这个阄的奥德修斯的灵魂，却用它选择了最好的生
活。无论是神使，还是奥德修斯的灵魂，都没有像苏格拉底所选择的那样看待最后的阄；
谈论强健的哲学的这个人好像在说，拈到什么阄会造成差异——对于仅仅是健全的哲学
来说，这的确可能会造成差异。

② Halliwell(《柏拉图:〈王制〉卷十》关于 620a 的注释说："至于这里提到的每个
人，我们或者知道有的肃剧以其名字命名，或者有的肃剧与他们有关，可能只有忒耳西忒

生的习性"来做选择的（620a）。两位歌者的灵魂——俄耳甫斯和塔密拉斯（Thamyras）——各自选择了一种因为鸣唱而知名的鸟，天鹅和夜莺。①在展现新的生活选择的分配中，古老的权威歌者们只是变成了天鹅和夜莺。

在提到几种会唱歌的动物选择了人的生活之后，俄尔直称其名地举出荷马的两位英雄的灵魂，并且只有这次为选择者分配了数字：特拉蒙之子埃阿斯，第二十个进行选择的灵魂，选择了一头雄狮的生活；接下来的是阿伽门农的灵魂，他选择做一只雄鹰。普鲁塔克的《席间漫谈》（*Table Talk*）中的一个人物注意到，埃阿斯之所以第二十个选择，是因为他是奥德修斯在冥府中遇到的第二十个魂影。②那么阿伽门农呢？他是奥德修斯在冥府碰到的第十八个魂影：通过再次将埃阿斯排在第二十位，但将阿伽门农从第十八位移动到第二十一位，这段叙述邀请我们思考一个问题：奥德修斯碰到的第十九个魂影——阿喀琉斯在哪里？阿喀琉斯不仅缺席，而且，他的缺席还被指出。这位血气最旺盛的英雄必须被禁止，而且，他谴责冥府的话也必须被忘记（386c-387a），从而服务于关于生命的新教诲：此生是对来世生活的准备。在对埃阿斯和阿伽门农的灵魂的叙述中，交代了他们做出选择的理由。埃阿斯的灵魂不愿再变成一个人，因为他"还记得那次关于武器的裁判"（620b）；奥德修斯也讲其中的原因：痛苦的记忆让埃阿斯不对他讲话——埃阿斯的如下记忆让他感到极为羞愧：在特洛伊，希腊人选择将阿喀琉斯的武器给予奥德修斯，而不是给他。阿伽门农的灵魂"由于所受的那些苦，憎恨人这一族类"；[401]正如奥德修斯在冥府中获知的，对阿伽门农来说，没有什么遭遇比被他的妻子克吕泰涅斯特拉（Clytemnestra）谋杀更加痛苦（《奥德赛》11.405-461）。在这次新的分

斯除外。"在第三和第四个选择者之间，俄尔插入了关于动物选择过的无名的人的生活的叙述，而且，在最后一个选择者后，俄尔又提到别的动物，这些都提醒我们，要留心发现选择者的人数或他们的选择顺序的重要性。

① 在《伊翁》533b8处，一起提到了塔密拉斯和俄耳甫斯；亦参《法义》8.829d8；《伊利亚特》2.595-600。西西里的狄奥多罗斯（3.67）说，塔拉密斯与赫拉克勒斯、俄耳甫斯一起，是里努斯（Linus）的三位著名学生。

② 普鲁塔克，《伦语》（*Moralia*），9.5.3，740e-f；参《奥德赛》11.543；布鲁姆，《王制注疏》（"Interpretive Essay"），载《柏拉图的〈王制〉》，页436。

配中,荷马的最伟大的英雄们或者完全消失,或者只变成了受害的野兽,就像他们现在看起来那样——只有一个人除外,"所有人中最智慧的人"(390a)。

俄尔的讲述接着转向一对灵魂,他们已经获得"位于中间的阄",并选择了适合他们天性的异性的生活。阿塔兰特(Atalanta)的灵魂选择听命于她热爱荣誉的天性,因为她曾经看到一位田径运动员所获的巨大荣誉,因此无法抗拒地选择那种男子气的生活(620b)。随后选择的是帕诺珀乌斯(Panopeus)的儿子厄珀俄斯(Epeius)的灵魂,他选了"一个女技艺人的天性"(620c)。厄珀俄斯有名气,是由于他制作了奥德修斯设计用来打败特洛伊的木马(《奥德赛》8.492-494,11.524):一个工匠选择了一种技艺设计的生活。随着提到厄珀俄斯,俄尔再次指向了那个值得记住的人——因为他,厄珀俄斯才值得铭记;然后,俄尔径直跳到了最后一对"远为靠后的灵魂",忒耳西特斯和奥德修斯的灵魂。他简略地提到忒耳西特斯的灵魂正在给自己套上一个猴子的躯体后,转向了由奥德修斯的灵魂所做的排在最后的选择。将忒耳西特斯和奥德修斯的灵魂排列在一起,让人们回想起荷马的奥德修斯的另一次卓越的行动:通过责骂并殴打忒耳西特斯,奥德修斯引得集合起来的希腊人哄堂大笑,因而阻止了一次酝酿中的叛乱,并保全了阿伽门农的权威——这是位无法胜任的统帅,多亏了足智多谋的奥德修斯机敏的演讲和醒目的力量,才拯救了他的统治。

奥德修斯是荷马史诗中最伟大的人,①而且,在荷马的众多英雄中,唯有奥德修斯的灵魂在新的分配中选择了人的生活。奥德修斯的灵魂"由于偶然"而抓到最后的阄,但他的灵魂发生了转变——这种转变是自己造成的,所幸俄尔有机会观察到这种改变。俄尔知道,奥德修斯的灵魂做的选择有所不同,因为此前的每个其他的灵魂在选择时,都受到前世生活的掌控,然而,奥德修斯的理智阻止了前世生活的掌控力量:"由于记得前生吃的那些苦头,他从对荣誉的热爱中恢复了过来。"奥德修斯的灵魂在众多的灵魂中独一无二,它转变了选择的基础,通过

———————

① 九年后,苏格拉底在与希琵阿斯的第二次对话中证明了这一点(《希琵阿斯后篇》),那是另外一次理性的努力,通过约束希琵阿斯对正直的坦诚的信任,来约束一个智术师。参 Lampert,《苏格拉底对诡计多端的奥德修斯的辩护》。

理智让自己摆脱了那种明显驱使了阿特兰特的力量——对荣誉的热爱。在特洛伊，对荣誉的热爱统治着他所有伟大同伴们的荣誉政体式（timocratic）的灵魂。奥德修斯的灵魂凭借理智的力量，[402]服从拉刻西斯的神使，他"长时间地逡巡徘徊，寻找一种私自一人的生活，只关心自己的事务（ἀπράγμων）"（620c）。但是，有无数种只关心自己事务的私人的生活，但奥德修斯的灵魂所找的必定是一种特殊的生活，因为他好不容易才发现，"在某个没有被别人注意到的地方，正躺着一个"。整部《王制》讲述了奥德修斯究竟选择了怎样的生活：也即苏格拉底所过的哲学生活，如果正义就是关心自己的事务的话，这也是一种正义的生活。奥德修斯的灵魂只关心自己的事务，研究自己是什么以及在何处，最终认识了自己，进而知道"只关心自己事务的生活"要求自己藏身于一堵墙背后；由于不再是爱荣誉者，这个最好的灵魂发现，隐藏自身的必要性迫使自己去统治，为的是不受更坏的人统治；它作为一个私人施行统治，①是因为它仅仅愿意关心自己城邦中的政治事务，即这个"我们现已建好的那个居于言辞中的城邦"（592a）。现在，奥德修斯的灵魂着手凭借健全的哲学施行统治——这种"哲学"相信，自己有充分的理由相信理式和道德的宇宙。《王制》中的苏格拉底，是一个关心自己事务的个人，他的生活是由奥德修斯的灵魂选择的。从波提岱亚返回时，苏格拉底是带着奥德修斯的灵魂回来的——奥德修斯的灵魂已经选择了私人的生活，这种生活迫使它用说服性的言辞去统治，而这种言辞创造了一个新的世界，在这个世界中，"哲学"将受到尊敬。尽管苏格拉底不是一个热爱荣誉的人，但他为了哲学的缘故迫使自己赢得了不朽的荣誉——在由哲人-狗所管理的后荷马政制中，苏格拉底成了创建城邦的开创性诗人。②

　　《王制》中最后一次提到奥德修斯，让人回想起《王制》第一次提到

————————

　　① 在《苏格拉底的申辩》中，苏格拉底必定反驳了这个指责，如《王制》表明的，这是一个真实的指责，迄今为止，他从只关心自己的事务（ἀπράγμων），走向了在私人事务上成为一个"爱管闲事的人"（πολυπράγμων）。

　　② 伯纳德特在《弓与琴》中表明，奥德修斯灵魂中的这一转变发生在荷马那里：奥德修斯对智慧的阿尔基诺奥斯所讲述的特洛伊战争后的奥德赛表明，通过在人的自然中发现自然的本性，他逐渐地将自己从对荣誉的热爱中解放了出来。伯纳德特也表明，发现哲学需要政治哲学，是奥德修斯的发现，也就是荷马的发现。

奥德修斯之处，那是奥德修斯唯一另外一次被点名提到。苏格拉底说，荷马尊敬奥托吕科斯——奥德修斯的外公。苏格拉底从荷马那里学到，要尊敬狼自身(Wolf Himself)，因为他"在'偷窃扒拿和背信弃义方面'无人能及"。由于仅仅在开头和结尾点名提到奥德修斯，并只在涉及一位祖先和一位后代时提到他，那么，《王制》中的苏格拉底宣称，在荷马所说的一直延伸到自己之前的希腊智慧[403]者的漫长链条中，他是最新的一位：苏格拉底是奥托吕库斯在后荷马时代的后代，他在必需之时挺身而出，应对由荷马赋予生命的诸神的死亡所带来的危机。作为荷马的继承人，并像荷马那般大胆，苏格拉底具有荷马式的正义，在偷盗和发假誓方面无人能及。苏格拉底是智慧的诗人，吟唱着非荷马式的诸神——无论对于克法洛斯的子孙，还是对最好的人的子孙来说，他都让外邦人克法洛斯的恐惧和希望变得值得尊敬；苏格拉底是理性的人，他的诗为非理性之物提供了听来合乎理性的支持。奥德修斯的灵魂继续生活在它选择的来世生活之中，它用理智和努力，选择像善于谋划的(much-devising)苏格拉底一样生活——面对着公元前429年的雅典的深渊，引入一种关于神和灵魂的新教诲。

21　最后的话(621c–d)

在灵魂做完选择之后，它们会行进到拉刻西斯和其他两位命运女神面前——三位女神将确定众灵魂的选择，此后便无法逆转。在经过"必然"的宝座之后，众灵魂一起上路，来到勒忒(Lethe)河畔的平原，最后要喝阿莫勒斯河的水，喝过之后，"每个灵魂就会忘记一切"(621a)。苏格拉底的叙述使这种遗忘变得无效——使那些不可能作为回忆重现在头脑中的东西变得无法忘记。每个被苏格拉底的故事说服的人都会知道，自己是主动选择了自己的生活，而且，每个人都要在对未来的神圣审判的恐惧和希望之下，做出当前的选择——未来的审判所针对的，正是当前这些选择。

在完成他的故事(apologos)之后，苏格拉底称之为一个*神话*(Mythos)。这是那种由诗人们讲述的故事，这些故事会塑造听故事的人的灵魂(377a-b);这个神话就像那些让克法洛斯恐惧和希望的关于冥府的神话,不同之处在于,这个神话是由一个监督"神话制作者(377b)"的人制作出来的,为的是取代赫西俄德和荷马的虚假神话(377c-d)。制作这个神话的是一位建城者,他不但通晓范型,而且本人也成了一位诗人(379a),而且,他关于冥府之域的神话赞美了冥府,而非对其加以贬低。

"神话就这样得到了拯救,没有亡佚掉……"苏格拉底以这句话开始了他在《王制》中的最后讲辞。被拯救的神话是强有力的:"倘若我们被它说服了,它也会拯救我们。"这个神话保全了一种神话式的救赎:"我们就会安然地渡过勒忒之河,不让灵魂遭到玷污。"苏格拉底继续用第一人称复数动词说话,几乎将自己完全沉浸在集合性的"我们"之中,唯一的例外是,他在开始时用的是集合中的个人——"但倘若我们被我说服。"《王制》最后的发言举出了两个说服者的名字,而且,如果神话拯救了它所说服的人,那么,苏格拉底对他所说服的人所做的事,就更加复杂。[404]被苏格拉底说服意味着,"相信(νομίζοντες)灵魂不死,而且足够有力量,能经得起所有的恶和所有的善"。那些被苏格拉底说服的人,会把以论证和神话说服自己的东西保持下去,或"作为习惯或惯例":①被苏格拉底说服,意味着变为一个信仰者。但最后讲辞中的陈词旧调维持了当晚的对话所确立的东西:苏格拉底对不同的听众讲不同的话。苏格拉底用论证和神话说服的信从者分为两类:多数人信从他用论证和比喻所证明的东西;少数人则相信,如果多数人信从苏格拉底用论证和比喻所证明的东西,这将是可欲的。这里的"我们"包括被苏格拉底说服的两种人,并且一直延续到结尾;其中每一种人都以合适的方式分享着苏格拉底的保证:"我们便会永远保持在向上的路上"——结尾处的"向上的路"与《王制》的第一个词κατέβην[下降]正好相反,正是当初的下降才使此处的"向上的路"成为可能——"并且,我们应该在各个方面审慎地一心一意地践行正义,这样,我们就可以成为我们自己的朋友和神们的朋友,不管是在这个地方,还是在我们夺得正义的奖品的时候,就像那些赢得胜利的人忙着采

---

① LSJ,νομίζω。

集胜利的果实（περιαγειρόμενοι）一样。"最后这个词περιαγειρόμενοι非常少见，在现存的希腊文学作品中，只在这里出现了一次，它为《王制》划上句号，而苏格拉底则为自己完成的工作打上了胜利的印记——事实上，苏格拉底是一切比赛中类型最高的比赛的获胜者，他四处将人们聚集在自己身边，其中既包括与他同类的少数人，也包括那些将会相信自己与他同类的人。"这样，不管是在这里，还是在我们所细述过的那一千年旅程当中"——其实是他自己单独描述了那种旅程——"我们都会行事顺遂。"苏格拉底最后的语词εὖ πράττωμεν[行事顺遂]捕捉到苏格拉底赋予正义的双重含义：我们行事顺遂，既因为做得好，也因为行事正义。并且，这些语词也保持并封存了正义的双重含义：一是操心自己的事务，二是做得完美，就像苏格拉底刚刚做得那样完美——他完成了整夜的任务，一直专注于只属于他自己的事务。① 苏格拉底，这位洞见深刻、技艺精湛的大师，通过讲述关于道德提升的明显的陈辞旧调而结束了对话；同时，对于不满足于只听到陈词旧调的人们来说，苏格拉底还为他们解释了这种道德旧调的根基所在，它的必要性，以及对这种旧调的超越。而且，整个救赎神话得到了拯救，并免于亡佚——就像荷马的神话一样，这个神话凭借言辞和形象流传下来，而且，神话所用的言辞和形象，会确保它将永远流传下去：传颂这个神话的，既包括信服它的吟游诗人，也包括在苏格拉底的训练之下称自己为哲人的人们。

《王制》戏剧时间考

[405]有一个事件，并且只有一个事件确定了《王制》的戏剧时间——在这一天，雅典人引入了忒腊克的苯获丝女神，将其作为城邦祭仪的官方神祇。关于戏剧时间的其他所有问题都必须从属于这个时间，因为柏拉图将其放在首要的位置，而且，他将这次公民宗教中的创新作为始终在场的舞台布景，并在这个布景之下衡量苏格拉底当晚引

---

① 参伯纳德特，《相遇与反思》，页43。[译按]中译参萝娜·伯格编，《走向古典诗学之路》，肖涧译，北京，华夏出版社，2007。

人的大得多的创新。柏拉图在第一个句子中暗示,这场对话发生在非常有名的那天——至少在希波战争以来,雅典人首次引入一位新神。[①]通过这种方式,柏拉图使他的同时代人很轻易地得知——几乎是强迫他们得知——《王制》发生的时间。而且,就像他在《卡尔米德》中所做的那样——他选择在第一个句子中不直接说明戏剧的时间,而是只做出暗示,并且只在后文中才完整地加以确认:在被苏格拉底驯服之后,忒拉绪马霍斯宣称,他应该将这种驯服作为苯荻丝节庆的宴席来享用(354a)。

那么,雅典人是何时引入苯荻丝女神的?柏拉图设定的戏剧时间对于他的同时代人很容易推断,对我们却很困难。大部分的现代学者支持两种可能的时间:公元前429年和413年。他们的论点很大程度上并未引证《王制》,因为流行的意见认为,柏拉图在历史事实方面不值得信任。位于争论核心的,是帕普达基斯(N. Pappadakis)于1936年在佩莱坞的穆尼吉亚山上发现的三块石片。三块石片都是残片,但清楚的是,它们包含着公元前五世纪雅典的ἐκκλησία[公民大会]关于正式庆祝苯荻丝节庆的一项(或者可能是两项或三项)命令。主要的争论在于,由雅典市场的公共会堂到佩莱坞的游行结束后的事情——亦即献祭、火炬接力比赛和整夜的欢庆——是发生在公元前429年苯荻丝女神第一次进入雅典时,还是发生在后来继续举办的节庆中,此次节庆也许是在公元前413年。从碑文记录本身来看,看起来最合理的是,游行和节庆同时在公元前429年被引入雅典。[②] 另外两个独立于碑文记录的证据也强有力地支持公元前429年这个时间。

首先,公元前429年发生了公元前413年根本不可能的事:雅典人引入一位忒腊克女神的强烈动[406]机。如贾兰德(Robert Garland)所言,这次行动本身"必定被争论了很久[首先在βουλή(议事会)讨论,后来交由ἐκκλησία(公民大会)讨论],原因在于,作为本质上来源于蛮族

---

① 参Parker,《雅典的宗教》(*Athenian Religion*),页170-175;Garland,《引进新神》,页99,111-114。关于苯荻丝节庆的细节,参Parke,《雅典的节庆》(*Festivals of the Athenian*),页149-152。

② 关于这一点详细的论证和学术争论的细节,参Planeaux,《苯荻丝进入阿提卡的日期》,尤其页172-178。

的女神,她有奇怪的背景,而民众也普遍不知道为什么崇拜她"。① 这种动机部分是政治性的:由于战争前几年的焦点在北方,忒腊克之于雅典具有战略上的和帝国性的影响,因此,引入一位忒腊克女神到他们自己的万神殿中无疑是有益的。② 相反,公元前 413 年时,雅典人的利益聚焦在西部的西西里,灾难正等待着降临于他们的远征军。另外,这种动机部分是社会性的和宗教性的:公元前 429 年,肆虐于雅典的瘟疫已经持续到第二年的夏天,当苯荻丝降临的时候,她不是单独前来,而是带来了伙伴德罗普特斯(Deloptes)——一个与医神阿斯克勒庇俄斯类似的形象,具有治愈疾病的能力。因此,苯荻丝的引入包含这样的祈祷:请这些神灵亲自治愈雅典的瘟疫。③

其次,如果《王制》不被简单地拒斥为在历史方面不可靠,那么,《王制》开场的准确细节证明,苯荻丝节庆被引入时带着公元前 429 年而不是公元前 413 年的主要特征。主张公元前 413 年的一个主要因素是:从公共会堂到佩莱坞的献祭游行是一个单独的事件,它与在佩莱坞的穆尼吉亚山上的苯荻丝圣所举行的庆祝是分离开的,游行是在公元前 429 年引入雅典的,但引入苯荻丝节庆则是在公元前 413 年。但《王制》开篇的说法是精确的,这个说法确认了,苯荻丝节的这两个方面在公元前 429 年同时被引入雅典。在参加通往佩莱坞的献祭游行后,苏格拉底正准备和格劳孔返回雅典城;阿德曼托斯必须告诉他,太阳落山后,佩莱坞会举行马背上的火炬接力比赛,此后则是整夜的庆祝(327a)。"这倒很新鲜",苏格拉底说——他指的是火炬接力比赛。但苏格拉底在《王制》中的第一句话说,他参加游行仅仅因为它很新奇:他想看看他们要怎么举行那个节庆,"因为他们现在搞这个节庆还是头一遭"。在公元前413 年时,献祭游行已经算不上新奇:肯定只有在公元前 429 年,两个活动才都会是新的——对于献祭游行来说,苏格拉底选择观看,因为它

---

① 参 Garland,《引进新神》,页 112。
② 参 Planeaux,《苯荻丝进入阿提卡的日期》,页 179-180。雅典人早先的某些相关联的政治行动也推动了这些利益,例如,在公元前 431 年与忒腊克的统治者西塔科斯(Sitalkes)建立同盟,并授予西塔科斯的儿子雅典公民权(修昔底德,《战争志》2.29,2.67.2)。
③ 参 Planeaux,《苯荻丝进入阿提卡的日期》,页 180-181。阿斯克勒庇俄斯在随后的 20 年代被引进雅典(Garland,《引进新神》,页 116-135)。

是新的;而对于火炬接力比赛,苏格拉底说,"这倒很新鲜"。

[407]除此之外,还有一个基于《王制》自身的更加普遍的考虑:从诗艺的角度看,公元前429年是如此适合于《王制》中的伟大事件,以至于虽然这种适合不足以单独确立《王制》的戏剧时间,但当"公元前429年"基于别的理由而变得合理之后,这样的考虑必然可以视为部分证据。在修昔底德所展示的一个遭受着战乱、瘟疫和诸神之死的时代,雅典哲人苏格拉底在经过长久离乡、刚从北方返回雅典之时,在雅典讲述了前一晚发生在佩莱坞的事情:就在那个夜晚,他的雅典同胞在佩莱坞公开引入解决城邦疾病的办法——忒腊克女神和她那能治愈疾病的伙伴;而苏格拉底则在佩莱坞的一座私人府邸引入了他的新药——几天前,他在《卡尔米德》中说,这副药来自忒腊克。这位哲人的解决方案,是关于一种稳靠的道德秩序的教诲——这种秩序受到眼光敏锐的诸神的维护。哲人的方案承诺,对于城邦的解决方案根本无法触及的问题,它可以在几个世纪之内对其进行长期的治疗。因此,纯粹美感上的适当性与历史证据共同确保了,公元前429年是《王制》的戏剧时间。

然而,公元前429年这个日期要比现在由柏拉图的学者们通常确定的时间——公元前411年或421年——早好些年。这两个时间有一个相同的缺陷:它们都要求引入苯获丝女神的事件与确定戏剧时间的问题无关——尽管对确立戏剧时间来说,这是一个最重要的事件,因为,没有任何证据表明,公元前411年或421年是引入苯获丝女神的时间。虽然如此,从十九世纪的柏伊克(August Boeckh)开始,很多研究柏拉图的学者都支持公元前411年这个时间。① 其他学者则支持公元前421年,他们通常是基于如下的错误假设,即认为《王制》发生在《蒂迈欧》—《克里提阿》的前一天。② 关于公元前411年和421年的观点忽略了,这两个时间不可能保证与引入苯获丝女神的时间相容,除此之

---

① Boeckh,《短篇著作集》(*Gesammelte Kleine Schriften*),页437-449;追随Boeckh的人包括Shorey,《王制》导言,I:viii("柏伊克将对话日期归于公元前411或410年是合理的");布鲁姆,《柏拉图的〈王制〉》,页440注3("大概发生在公元前411年");沃格林,《秩序与历史》(*Order and History*),3:53注4("公元前411或410年")。

② 例如,Howland,《王制》,xii,"公元前421至420年";A. E. Taylor,《柏拉图》(*Plato*),页264:"这部对话的时间是尼西阿斯和约签订的日期(公元前421年)";Guthrie,《希腊哲学史》(*History of Greek Philosophy*),卷4页438。苏格拉底在《蒂迈欧》中(17c-

外,它们都面临着其他无法克服的年代问题,例如,在这两个时间,克法洛斯,可能还有卡尔曼蒂德斯(Charmantides),都已经去世。诸如此类的年代学难题导致某些学者[408]不再为《王制》确定具体的时间,而是下结论说,应该认为《王制》发生在"伯罗奔半岛战争期间"。①但是,这种屈服于含混性的做法违背了柏拉图为《王制》安排的时间上的精确性——"昨天","他们是头一遭搞这个节庆","苯获丝节"。②如果公元前429年的观点所面临的所有年代学问题都能解决,那么时间的含混性就是不必要的。所有年代上的问题都可以归为一个问题:公元前429年是不是太早了?下面所列的清单表明,关于公元前429年这个时间的主要问题如何能够解决,尽管当前的历史知识的状况依然留下了一些未能解决的难题。

墨伽拉战役。在提到格劳孔与阿德曼托斯在墨伽拉战役中表现不凡时,苏格拉底引证了格劳孔的一位爱欲者所做的诗(368a)。修昔底德提到,公元前424年曾发生过一场墨伽拉战役(《战争志》4.66-74),西西里的狄奥多洛斯则描述了另外一场发生在公元前409年的战役(Diodorus Siculus,13.65.1-2)。但修昔底德也写道,公元前431年至公元前424年间,雅典人每年都大规模入侵墨伽拉地区,其中的第一次是由伯利克勒斯率领,修昔底德认为,这是在战争中召集起来的最庞大的雅典军队(《战争志》2.31)。公元前431年或430年对墨伽拉地区的侵袭,会很容易成为导致了苏格拉底所引述的赞美的事件。那么,在公元前429年,格劳孔和阿德曼托斯至少已有18或19岁。

柏拉图母亲的年龄。如果《王制》对话发生在公元前429年,那么

19b)给出的"昨天的讨论"的概要概述了一个与《王制》的前半部分相似的讨论,但他明显地停止在卷五469b处,从而确保蒂迈欧同意,没有什么需要补充;以希腊人之间的冲突这个主题开始,然后是哲人王,却没有讨论《王制》的后半部分。明确地反驳《王制》对话发生在《蒂迈欧》—《克里提亚》前一天的论点是:苯获丝节发生在六月上旬,然而《蒂迈欧》—《克里提亚》的场景却被设置在泛雅典节期间,也就是发生在八月的中下旬。参Lampert/Planeaux,《〈蒂迈欧〉和〈克里提阿〉人物身份考》,页88-91。

① Nails,《柏拉图人物谱》,页324。

② 施特劳斯说:"虽然对话的地点清晰地展示给我们,对话的时间——即对话的年份,却没有如此展示给我们。"(《城邦与人》,页62)——仿佛《王制》的第一个句子没有说:"昨天…去看看他们会怎么来举行那个节庆,因为他们现在搞这个节庆还是头一遭。"

阿德曼托斯和格劳孔肯定要比柏拉图年长 18 至 19 岁,如果认为柏拉图出生在公元前 429 年的传统说法是正确的话。反过来,这就意味着,他们的母亲伯利克缇娜(Perictione)出生于公元前 465 年左右,尽管晚至公元前 462 年或早至公元前 475 年也是可能的。这与涉及她的直系亲属的其他证据吻合:她的伯父卡莱斯科茹斯——三十僭主之一克里提阿的父亲——大概出生在公元前 500 年;由于我们对她的父亲——卡莱斯科茹斯的弟弟格劳孔——几乎一无所知,那么,[格劳孔]晚至公元前 490 年出生至少是可能的。假设伯利克缇娜出生在公元前 465 年左右,那么估计她在大约三十六岁时已经生下了柏拉图,约在四十岁时生下了安提丰,后者是柏拉图同母异父的弟弟。那么,从她去世的时间来看,她几[409]乎是一个百岁老人[①]——这虽然不寻常,但在希腊古典时代也并非前所未有。[②]

呂西阿斯的在场。根据古代的信息,[③]呂西阿斯——克法洛斯的儿子之一,在他父亲的家里聆听了《王制》的对话——于公元前 459 年或 458 年出生在雅典,并在 15 岁那年同他的兄弟们搬家到图里伊,据说这正是图里伊城兴建的那年(即公元前 444 或前 443 年);呂西阿斯直到公元前 411 年才回到雅典。柏伊克假定,这种重建在所有细节的整体性上是可信的,并用它确定,《王制》发生在公元前 411 年;它也因此排除了公元前 429 年或前 421 年,因为呂西阿斯当时正在图里伊城。但是,这种重建依赖于随后几个世纪的传记作家们的推断,即呂西阿斯出生在公元前 459 或前 458 年,从而进一步假设他是在图里伊建城那一年去到图里伊的。一种解决方案是,在关于公元前 459/458 年和公元前 444/443 年究竟如何与呂西阿斯的生平吻合的问题上,对以上的推论加以怀疑。如果我们假设柏拉图在历史细节上是准确的,而且呂西阿斯在公元前 429 年六月上旬参与了《王制》的对话,那么,关于克法洛斯家庭的整个年表的一种合理的重建就显现出来:公元前 459/458 年作为呂西阿斯传记传统中的一个重要日期是准确的,但这一年不是

---

① 柏拉图的《书简十三》(361e)提到她依然活着。

② 参 Garland,《希腊人的生活方式》,页 17–105,242 以下。

③ 参呂西阿斯的讲辞,《驳厄拉托斯泰涅斯》(*Against Eratosthenes*);Dionysius of Halicarnassus, *Lysis* 1.8;普鲁塔克,《十大演说家生平》(*Vitae decem ortorum*)835d。

他的生年,而是克法洛斯来到雅典的那年(在伯利克勒斯的邀请下);那么吕西阿斯就应该出生在公元前 444/443 年;克法洛斯于公元前 428 年去世,吕西阿斯在这一年迁居图里伊(那年他 15 岁),并于公元前 411 年返回雅典。这些合理的时间不仅消除了公元前 429 年作为《王制》的戏剧时间的困难,而且解决了关于克法洛斯家族的传记传统中的诸多不一致。①

卡尔克冬的忒拉绪马霍斯。忒拉绪马霍斯早在公元前 427 年就已被人熟[410]知,因为阿里斯托芬在当年的已经遗失的谐剧《饕餮者》(*Banqueters*)②中提到了他。没有古代的资料提到忒拉绪马霍斯早在公元前 429 年就造访了雅典,但关于他生平的有限的和不确切的材料无法排除这样一次造访。公元前 429 年,他大概是 25 岁至 30 岁之间。如此假设是很有吸引力的(只是单纯猜想):卡尔克冬——这个城邦从欧洲这边的忒腊克横跨博斯普鲁斯海峡到达亚洲的部分(色诺芬依然称其为忒腊克,见《上行记》6. 2. 17–19)——的忒拉绪马霍斯带着外交使命出现在雅典,这也符合雅典引入苯获丝的要求——一位忒腊克女神。以外交为目的的访问也与柏拉图对话中的其他智术师和外邦人都是带着外交使命访问雅典相一致,例如罗克里(Locri)的蒂迈欧、叙拉古的赫谟克拉底(Hermocrates)在公元前 421 年尼西阿斯合约期间到达

---

① 关于克法洛斯家庭更多的细节,参 Davies,《雅典的有产家族》,页 588 以下和 Dover,《吕西阿斯》(*Lysias*),页 42。Catherine Zuckert 基于吕西阿斯的在场,将《王制》的对话时间放在公元前 411 年(《柏拉图的哲人们》,页 301–302 注 43),她基于古代的资料接受了对吕西阿斯生平的重建,而那些古代材料绝不是可靠的。她对关于《王制》的戏剧时间的最重要的事实保持了沉默,柏拉图将这个最重要的事实放在第一个句子中,苏格拉底在苯获丝节的第二天叙述了《王制》的对话——没有任何证据表明苯获丝是在公元前 411 年被引进雅典的。由于忽略了柏拉图关于对话发生时间的直接陈述,并将关于公元前 411 年的全部论证的基础建立在一种可疑的吕西阿斯生平之上,Zuckert 由此将克法洛斯在公元前 411 年不可能在世的事实仅仅处理为一个“对戏剧人物的违背事实的结合……从而提醒其读者对话的虚构特征”(Zuckert 将《王制》《斐德若》《克莱托普丰》都看作是发生在公元前 411 年)。但柏拉图是否有可能一方面如此漠视历史的准确性,一方面却仍然为他的对话设置戏剧时间的历史性暗示,从而引导我们以恰当的顺序阅读他的对话呢?如果柏拉图是不准确的,那么,认为吕西阿斯的在场是事实,克法洛斯的在场则是违背事实的虚构,又有何根据呢?

② Sprague,《老派智术师》,页 86。

雅典——《蒂迈欧》和《克里提阿》的戏剧时间设置在这期间;①或者,埃利斯的希琵阿斯在由阿尔喀比亚德于公元前 420 年召集的大型外交会议期间到达雅典——《希琵阿斯》前后篇的戏剧时间就设置在这段时间之内。②

忒阿格斯。以忒阿格斯命名的对话发生在公元前 409 年,因为它提到特拉绪洛斯(Thrasyllos)离开雅典要去以弗所(Ephesus),他在那里为雅典收复了克罗丰(Colophon)(色诺芬,《希腊志》[Hellenica] 1. 2. 1-9)。在《忒阿格斯》中,苏格拉底第一次碰到了德谟多库斯(Demodocus)的儿子忒阿格斯;《苏格拉底的申辩》33e 处提到过他。如果这个忒阿格斯和《王制》中的忒阿格斯是同一个人,那么《王制》肯定发生在公元前 409 年之后的很多年,因为忒阿格斯在《王制》发生时,早已经是哲人的典范(496b-c)。这将使得《王制》的戏剧时间无法与引入苯荻丝的时间、格劳孔和阿德曼托斯的年龄、克法洛斯去世的时间等相协调。一个合理的解决办法是,假设还有另一个忒阿格斯:同名在柏拉图那里是很普遍的(例如,三个阿德曼托斯、两个卡尔米德、两个克里提阿),何况,忒阿格斯也确定是一个普通的名字。

《会饮》中的格劳孔。《会饮》的叙述者阿波罗多洛斯说,他在前天与第一个打听会饮对话的人——格劳孔——相遇。在会饮举行时,格劳孔"还是男孩",现在,他想要听听那次会饮的事情(175a)。那次会饮发生在公元前 416 年:如果那个格劳孔是阿里斯通的儿子,那么,不仅公元前 429 年不可能是《王制》的戏剧时间,就是公元前 421 年也不可能。甚至公元前 411 年这个时间也会被排除:《王制》对话的实际时间不得不被推迟到更晚,因为格劳孔的爱欲者已经赞颂[411]过格劳孔和阿德曼托斯在墨伽拉战役中的表现。为了避免被迫将《王制》的戏剧时间设定在甚至在公元前 409 年之后,我们别无选择,只能说向阿波罗多洛斯打听会饮的格劳孔是另外一个格劳孔。这也不是完全不合理的:那时不仅有很多人叫格劳孔,而且,阿波罗多洛斯嘲笑与自己交谈的格劳孔是一个不幸的人,正如阿波罗多洛斯曾经相信的那样,他相

---

① 参 Lampert/Planeaux,《〈蒂迈欧〉和〈克里提阿〉人物身份考》,前揭,页 91-95,100-107。

② 参 Lampert,《苏格拉底对诡计多端的奥德修斯的辩护》,页 234-236。

信"任何一件事都要比哲学更可取"——对于《王制》中的格劳孔来说，这是他最不可能持有的信念。①

① 笔者非常感激 Christopher Planeaux，他在涉及苯荻丝被引入雅典和《王制》的戏剧时间的问题上给了我慷慨的帮助；笔者关于《王制》戏剧时间的考证所依赖的历史探究要归功于他。

结　语

[413]作为由尼采开创的新哲学史的一个部分,本书旨在表明,柏拉图印证了尼采关于哲人与社会生活的关系的观点。尼采说,最伟大的思想就是最伟大的事件,而柏拉图的思想就属于我们的历史中最伟大的事件。正如柏拉图所表明的那样,苏格拉底正开始成为一个革命性的人物,事实也证明,他的苏格拉底的确是革命性的。柏拉图将苏格拉底呈现为"所谓的世界史的唯一转折点和漩涡",在苏格拉底之后,"所有的神学家和哲学家都走在同一条轨道上"。① 尼采也说过,真正的哲人是发号施令者和立法者②,而柏拉图则展现了,苏格拉底如何逐渐成为一个为哲人统治确立原则和必要性的哲人,而且他本身就体现着那些原则——苏格拉底本人就是关于诸神本性的立法者和通过观念进行哲学统治的创建者。尼采还说过,启蒙运动之前的所有哲人,都清楚显白与隐微的区分,而柏拉图表明,苏格拉底由于普罗塔戈拉不充分的隐微术而批评过他,并恢复了希腊智慧者们自荷马开始就已经在实践的隐微术,而且创建了显白的柏拉图主义,以庇护和促进他真正持有的隐微哲学。③ 没有哪位哲人比柏拉图更好地体现了尼采就哲人讲述的真理,即便培根、笛卡尔这样的隐微术大师也有所不及,这两位哲人的命令和立法[414]是现代世界创建过程中最伟大的事件,而他们——正如我在《尼采和现时代》中分析他们的隐微写作时尽力要表明的——是柏拉图的学生,无论他们在多大程度上受到其时代的强迫,以致他们创建的宏伟计划成为一种反柏拉图主义。

一部尼采式的哲学史有能力揭示一种被分享的视角,这种视角潜

---

① 《善恶的彼岸》,格言285;《悲剧的诞生》,15节;《善恶的彼岸》,格言191。

② 《善恶的彼岸》,格言211。

③ 同上,30节。笔者在《尼采与现时代》中陈述了尼采关于哲人观点的这三个方面,页1–13。

藏于明显由彼此交战的阵营所充满的哲学传统之内:苏格拉底认为,哲人之间的战争是家族内部的冲突,是在同类人中间的论辩和讨论,这些人彼此分有的相似性要远远大于他们与非哲人的相似性。作为爱真理者,他们面对着哲学总在面临的共同敌人,苏格拉底将其界定为对属己之物的爱,并通过让哲学成为看起来最首要的属己之物——美、正义和好——的守卫者来抵御这种哲学的共同敌人。苏格拉底使美、正义和好的东西显得是确定的普遍概念,因此当时当地的哲学家也能通晓:让哲学看起来成为非哲人最珍爱之物的守护者。而且,作为爱真理者,哲人们拥有共同的目标,这是一个爱人类的(philanthropic)目标,在一个热爱非理性的世界中,为理性保全一席之地。柏拉图表明,苏格拉底一直在追寻这个目标——从在《普罗塔戈拉》中第一次登上政治舞台,到他从波提岱亚返回雅典后,在《王制》中提出的改变世界的策略,一直到他生命的最后一天。那一天,他在雅典监狱的一间小囚室里提醒说,必须要以哲人的人世之爱(philanthropy)反对厌辩者的厌恶人世的倾向(misanthropy),厌辩者憎恶理性,他们如此憎恶理性的部分根源在于,他们所恐惧的是理性不能证明他们需要其是真实的东西,即不能证明他们是不朽的。

柏拉图作品的"尼采式"特征在 20 世纪变得更易于理解,这是由于哲学隐微术历史中的一个伟大事件:施特劳斯在 1938 年和 1939 年重新发现了古希腊作家们的隐微教诲的完整范围和特征;他之后的作品——这些作品本身就是隐微的——描述了隐微教诲的基本原则和必要性,并详述了从柏拉图到尼采的传统中那些最伟大的思想者们的隐微术实践。[①] 施特劳斯的目标是,证明哲学是可能的:那些伟大的哲人不是简单地屈服于他们的时代,成为他们所在的时代之子,正如占统治地位的历史主义所论证的那样;相反,按照尼采的论证,他们是其时代的继子,他们在思想上超越了自己的时代,同时却用当时的语言传播他们的思想。为了证明哲学的可能性,施特劳斯不得不揭露隐微教诲的真理。他因此在隐微术历史上引发了一场革命:多亏了他,像笔者这样

---

① 参朗佩特,《施特劳斯对隐微教诲的恢复》("Strauss's Recovery of Esotericism")。(我要借此机会说明,本文的第一版在介绍隐微教诲的产生阶段时,有严重的错误,尤其是页 79,82-83;关于此文请参见第二版。)

的哲学劳作者才能写下例如眼前刚刚完成的注疏,[415]这部注疏借鉴了施特劳斯的洞见,因而进入了哲人大厦的某些密室之中,倘非如此,这些密室就会是关闭的。在这些私密的房间中,藏有他们最极端、最有活力的思想。施特劳斯创立的学派——起初只专注于政治,只有其最伟大的榜样伯纳德特除外——有可能在未来成为一个新的学问传统,因而能够因未来哲学的缘故复原古老的大师们的教诲,而尼采已为未来哲学写下了序言。未来哲学是一种忠于大地的哲学,以这种原初的忠诚,它既反对那笼罩了我们的过去的柏拉图主义,又忠于哲人们自身所奉持的内容。

　　一部得到施特劳斯扶助的尼采式的哲学史,在柏拉图的苏格拉底身上发现了一种服务于哲学的政治,即一种"大政治"(great politics),① 它在其最深层的政治方面是一种神学,一种关于最高存在者的神学-政治教诲,它教导并标示出最值得我们效仿的那些对象是什么。正是在柏拉图的神学政治之上,一部尼采式的政治哲学史停留地最为长久。什么是神? 柏拉图的苏格拉底让神看起来是一个超越于流变的存在者,一位道德法官,他对我们的行为充满了强烈兴趣,渴望施予奖励与惩罚,同时配备有一种被转化了的冥府,在那里,对苏格拉底使之不朽的那些灵魂的奖赏更为甜蜜、惩罚更为残酷。从几乎二千五百年后的具有后见之明的位置回望,一部尼采式的哲学史能够追踪阿德拉斯忒娅为一种教诲所安排的未来:这种教诲将关于"神与人将在来世获得永恒"的谎言提升为最高的理想。然而,柏拉图主义——一种由一位哲人创立的神学政治教诲——却遭受了可怕的命运,它被一种宗教捕获,这种宗教是一种远比它自身更为生动和真实的"大众柏拉图主义"。柏拉图,欧洲第一位提到波斯神琐罗亚斯德(Zoroaster)的人(《阿尔喀比亚德前篇》122a),失去了对他的教诲的控制,使之最终从属于源于琐罗亚斯德/扎拉图斯特拉的千年一神论之中的一种;柏拉图主义最终受到了由柏拉图引入的宗教创新的一种近亲的统治,而柏拉图当时大胆地在哲学中引入这种宗教创新,是为了将其作为一种对哲学的政治保护。当尼采选择扎拉图斯特拉来表达一种反柏拉图主义的教诲

---

① 《善恶的彼岸》,格言208。

时——这一教诲肯定了万物的永恒复返——他知道,他正在回到那位创立了对宇宙的道德观点的人那里,而柏拉图则敢于把这一观点放进哲学中去。通过一位从对大地的复仇中——这种仇恨燃烧着道德的观点——康复过来的扎拉图斯特拉,尼采开创了一种哲学的政治,他与柏拉图怀着同样的文化目的:建立一个对哲学宽容的社会秩序;但是现在,这个社会植根于相反的激情——爱,而不是伴随着复仇的怨恨。与柏拉图类似,[416]尼采超越了他的时代,因为他知道宗教有何益处①,宗教因何而不可或缺——宗教是构造日常生活的诗,是每一个人类共同体自动生活于其中,并作为共同体的有益、善和神圣之物的信仰和价值之网。② 但柏拉图的命运——柏拉图主义的历史,让尼采也许更为清晰地看到"至高无上的宗教"的"可怕危险",即宗教不受至高无上的哲学的统治。③

尼采说,难以看到旷日持久之物的全貌。④ 这个已经看到从荷马到现在的欧洲精神生活的整个轨迹的哲人说:"我们是极北之人。我们知道道路。我们已经发现了千年迷宫的出口。"⑤柏拉图在荷马的传统之内为哲学开辟了他的政治事业,但至高无上的一神论凭借他那非荷马式的创新篡改了他的哲学,这种一神论试图声称自己保留了希腊最优异的东西,但事实上,它却抹去了真正的希腊性并用柏拉图主义重写之。"古代世界的全部劳作都是徒劳无功的:我无法用任何语言表达我关于这一巨大灾难的感受"⑥——在那场统治西方历史的精神战争中,耶路撒冷战胜了雅典,对此甚至尼采都发现自己因为这种震惊而感到无言以对。但是,他关于那一重大事件的思考,他为那场伟大的战

---

① 《善恶的彼岸》,格言58。

② 《扎拉图斯特拉如是说》,第一部分,"论一千零一个目标"。

③ 《善恶的彼岸》,格言62。

④ 《道德的谱系》,卷一,8节。

⑤ 《敌基督者》,第1段。至于尼采哲学的未来,没有人比 Peter Sloterdijk 更清晰地表明,那些未来如何依然植根于我们的未来之中。那些未来可说是文艺复兴的一种推进,关于其中一种未来的简要陈述,参 Sloterdijk,《你必须改变你的生活》(*Du musst dein Leben ändern*),页 52-68,176-207,234(尤其是这一页),246。亦参 Hute,《形塑未来》(*Shaping the Future*)。

⑥ 《敌基督者》,第59段。

争的原因和策略找到的言辞,指出了将哲学史与宗教史分离开来的道路——而柏拉图曾经让哲学史适应于宗教史。

《哲学如何成为苏格拉底式的》旨在揭示,柏拉图主义在何种程度上是一种政治——它成功地刻画了内在于人类思考之中的自然而然的柏拉图化(natural platonizing)倾向——同时也暗示了什么是真正的哲学。对于一部尼采式的哲学史来说,揭示柏拉图主义的政治性质因此只是复原柏拉图的使命的一半,因为,什么是隐藏于政治中的真正的哲学呢？显而易见的是,真正的哲学不可能是那种印在护卫新城邦的哲人-狗的心目中的哲学,真正的哲学也不可能依赖于由一种"好"(Good)——这种"好"可以轻易地变成神——所监管的理式带来的安稳。遵照柏拉图为其对话设置的时序安排,一部尼采式的哲学史[417]以解经的方式追求着真正的哲学,其途径在于,抓住柏拉图对苏格拉底式政治哲学之产生的展示,以之作为进入柏拉图对苏格拉底式哲学之产生的展示的门径。在《苏格拉底如何成为苏格拉底》中——笔者探讨柏拉图的尼采式计划的第二部分——我将追踪柏拉图在《斐多》《帕默尼德》和《会饮》中展示青年苏格拉底的道路。柏拉图表明,这条道路引导苏格拉底进入了哲学真正的秘仪,即关于爱若斯神的秘仪。我自愿地揭露那些秘密,亵渎那些秘仪,因为尼采业已亵渎了那些秘仪——在命名那一根本性的事实之时,他用的不是神的名字,而是"一种无力的衰弱的比喻":权力意志。[①] 柏拉图和尼采共同分有一种大政治,因为他们都明白宗教有何益处。但他们也共同分有所有哲学那种本质的异教主义,即对大地的爱欲,而这才是最深刻的分有,因为他们二人都发现:作为对存在之物的爱欲,哲学就是对爱欲的爱欲;哲学所追求的是作为多产的生成过程(becoming)的存在(being),这种存在允许我们就其所是地(in what it is)瞥见它自身:爱欲,或权力意志。

而且,生活在柏拉图式文明的精神废墟中间,如果我们不希望,也缺乏意愿来凭借柏拉图的方式——他关于神和灵魂的政治学——复原精神生活的活力,我们就仍然有可能看到,通过在政治哲学中包裹真正的哲学,柏拉图做了尼采后来知道自己不得不做的事情。尼采知道,他

---

① 《善恶的彼岸》,格言 22。

不得不将他关于宗教有何益处的知识传递给我们,传给我们这些仍然被千年之久的宗教体验灼伤的现代自由心灵;尼采知道,在被迫将他的哲学呈现为大地神灵狄奥尼修斯和阿里阿德涅的回归时,他被迫用一种不受欢迎的形式向唯一可能的听众呈现他的哲学。① 但他尽一切努力教导这位听众一种关于神和灵魂的新政治学。"哦,那些希腊人!"——尼采在那本结束了他那一系列论述现代自由心灵的科学和文明的著作中,在这部著作第二版前言的结尾说——"哦,那些希腊人,他们理解了——如何去生活:因为必须要依然勇敢地站在表面、站在褶皱上、站在皮肤上,必须去敬拜表象,信仰形式、音调和言辞,信仰充斥表象的整个奥林波斯山! 那些希腊人是肤浅的——出于极度的深刻!"②像奥德修斯一样,尼采开始懂得"他的命运就是确立信仰,而不是知识",③因为他像荷马和柏拉图一样开始懂得,只有通过信仰,他才能建立不断接近知识的入口。

---

① 《善恶的彼岸》,格言 295。
② 《快乐的科学》,前言,第 4 节。
③ 伯纳德特,《弓与琴》,页 152。

参考文献

Adam, James. *The Republic of Plato*. 2 vols. Cambridge: Cambridge University Press, 1902.

Alfarabi. *Alfarabi's Philosophy of Plato and Aristotle*. Trans. Muhsin Mahdi. Ithaca: Cornell University Press, 1969.

Allen, Reginald, trans. *Ion, Hippias Minor, Laches, Protagoras*. New Haven: Yale University Press, 1996.

Andocides. "On the Mysteries." In *Antiphon and Andocides*, trans. Michael Gagarin and Douglas MacDowell. Austin: University of Texas Press, 1998. 99–140.

Bacon, Francis. *The Works of Francis Bacon*. Ed. J. Spedding, R. L. Ellis, and D. D. Heath. 14 vols. 1857–74; New York: Garrett Press, 1968.

Baracchi, Claudia. *Of Myth, Life, and War in Plato's "Republic."* Bloomington: Indiana University Press, 2002.

Benardete, Seth. *The Argument of the Action: Essays on Greek Poetry and Philosophy*. Edited with an Introduction by Ronna Burger and Michael Davis. Chicago: University of Chicago Press, 2000.

———. *The Bow and the Lyre: A Platonic Reading of the "Odyssey."* Lanham: Rowman and Littlefield, 1997.

———. *Encounters and Reflections: Conversations with Seth Benardete*. Edited by Ronna Burger. Chicago: University of Chicago Press, 2002.

———. *Herodotean Inquiries*. The Hague: Martinus Nijhoff, 1969.

———. *Plato's "Laws": The Discovery of Being*. Chicago: University of Chicago Press, 2000.

———. *Socrates and Plato. The Dialectics of Eros / Sokrates und Platon. Die Dialektik des Eros*. "Themen," vol. 76. Munich: Carl Friedrich von Siemens Stiftung, 2002.

———. *Socrates' Second Sailing: On Plato's "Republic."* Chicago: University of Chicago Press, 1989.

Beresford, Adam. "Nobody's Perfect: A New Text and Interpretation of Simonides PMG 542." *Classical Philology* 103 (2008): 237–56.

Boeckh, August. *Gesammelte Kleine Schriften*. Vol. 4. Leipzig: B. G. Teubner, 1874.

Boedeker, Deborah, and Kurt A. Raaflaub, eds. *Democracy, Empire, and the Arts in Fifth-Century Athens*. Cambridge: Harvard University Press, 1998.

Boegehold, Alan L., and Adele C. Scafuro. *Athenian Identity and Civic Ideology*. Baltimore: Johns Hopkins University Press, 1994.

Brann, Eva. *Homeric Moments: Clues to Delight in Reading the "Odyssey" and the "Iliad."* Philadelphia: Paul Dry Books, 2002.

———. *The Music of the "Republic": Essays on Socrates' Conversations and Plato's Writings.* Philadelphia: Paul Dry Books, 2004.

Bruell, Christopher. "Socratic Politics and Self-Knowledge: An Interpretation of Plato's *Charmides*." *Interpretation* 6, no. 3 (Spring 1977): 141–203.

Burger, Ronna. "The Thumotic Soul." *Epochê* 7, no. 2 (Spring 2003): 151–67.

Burkert, Walter. *Greek Religion*. Trans. John Raffan. Cambridge: Harvard University Press, 1985.

———. *Lore and Science in Ancient Pythagoreanism*. Cambridge: Harvard University Press, 1972.

Cherniss, Harold. "On Plato's *Republic* X 597B." *American Journal of Philology* 57 (1932): 233–42.

Coby, Patrick. *Socrates and the Sophistic Enlightenment: A Commentary on Plato's "Protagoras."* Lewisburg: Bucknell University Press, 1987.

Collins, Susan, and Devin Stauffer. "The Challenge of Plato's *Menexenus*." *Review of Politics* 61, no. 1 (1999): 85–115.

Coolidge, Francis. "The Relation of Philosophy to *Sôphrosunê*: Zalmoxian Medicine in Plato's *Charmides*." *Ancient Philosophy* 13 (1993): 23–36.

Craig, Leon. *The War Lover: A Study of Plato's "Republic."* Toronto: University of Toronto Press, 1994.

Davies, J. K. *Athenian Propertied Families, 600–300 B.C.* Oxford: Clarendon Press, 1971.

Dillon, John, and Tania Gergel, eds. *The Greek Sophists*. London: Penguin Books, 2003.

Diogenes Laertius. *Lives of Eminent Philosophers*. Trans. R. D. Hicks. 2 vols. Cambridge: Harvard University Press, 1925.

Dionysius of Halicarnassus. "On Literary Composition." *Critical Essays*. Cambridge: Harvard University Press, 1937.

Dover, K. J. *Lysias and the Corpus Lysiacum*. Sather Classical Lectures 39. Berkeley: University of California Press, 1968.

Ehrenberg, Victor. "The Foundation of Thurii." *American Journal of Philology* 69, no. 2 (1948): 149–70.

Forrest, W. G. "Athenian Generation Gap." *Yale Classical Studies* 24 (1975): 37–52.

Garland, Robert. *The Greek Way of Life: From Conception to Old Age*. Ithaca: Cornell University Press, 1990.

———. *Introducing New Gods: The Politics of Athenian Religion*. Ithaca: Cornell University Press, 1992.

Guthrie, W. K. C. *A History of Greek Philosophy*. Vol. 4. Cambridge: Cambridge University Press, 1969.

———. *The Sophists*. Cambridge: Cambridge University Press, 1971.

Hale, John R. *Lords of the Sea: The Epic Story of the Athenian Navy and the Birth of Democracy*. New York: Viking, 2009.

Halliwell, S. *Plato: "Republic" 10*. Warminster: Aris & Phillips, 1993.

Hanson, Victor Davis. *The Other Greeks: The Family Farm and the Agrarian Roots of Western Civilization*. New York: Free Press, 1995.

_____. *A War Like No Other: How the Athenians and Spartans Fought the Peloponnesian War*. New York: Random House, 2005.

Herodotus. *The Landmark Herodotus*. Ed. Robert B. Strassler. Trans. Andrea L. Purvis. New York: Pantheon Books, 2007.

Homer. *The Iliad*. Trans. A. T. Murray. Revised by William F. Wyatt. 2 vols. Cambridge: Harvard University Press, 1999.

_____. *The Odyssey*. Trans. A. T. Murray. Revised by George E. Dimock. 2 vols. Cambridge: Harvard University Press, 1995.

Howland, Jacob. *The "Republic": The Odyssey of Philosophy*. New York: Twayne Publishers, 1993.

Hutter, Horst. *Shaping the Future: Nietzsche's New Regime of the Soul and Its Ascetic Practices*. Lanham: Rowman and Littlefield, 2006.

Jaeger, Werner. *The Theology of the Early Greek Philosophers*. London: Oxford University Press, 1947.

Kingsley, Peter. *Ancient Philosophy, Mystery, and Magic: Empedocles and Pythagorean Tradition*. Oxford: Clarendon Press, 1995.

Klein, Jacob. *A Commentary on Plato's "Meno."* Chapel Hill: University of North Carolina Press, 1965.

Lampert, Laurence. *Leo Strauss and Nietzsche*. Chicago: University of Chicago Press, 1996.

_____. *Nietzsche and Modern Times: A Study of Bacon, Descartes and Nietzsche*. New Haven: Yale University Press, 1993.

_____. *Nietzsche's Task: An Interpretation of "Beyond Good and Evil."* New Haven: Yale University Press, 2001.

_____. *Nietzsche's Teaching: An Interpretation of "Thus Spoke Zarathustra."* New Haven: Yale University Press, 1986.

_____. "Socrates' Defense of Polytropic Odysseus: Lying and Wrong-Doing in Plato's *Lesser Hippias*." *Review of Politics* 64, no. 2 (Spring 2002): 231–59.

_____. "Strauss's Recovery of Esotericism." Ed. Steven B. Smith. *The Cambridge Companion to Leo Strauss*. Cambridge: Cambridge University Press, 2009. 63–92.

Lampert, Laurence, and Christopher Planeaux. "Who's Who in Plato's *Timaeus-Critias* and Why." *Review of Metaphysics* 52, no. 1 (September 1998): 87–125.

Landy, Tucker. "Virtue, Art, and the Good Life in Plato's *Protagoras*." *Interpretation* 21, no. 3 (Spring 1994): 287–308.

Levine, Lawrence. "A Commentary on Plato's *Charmides*." Ph.D. diss., Pennsylvania State University, 1975.

Liddell, Henry George, and Robert Scott. *A Greek-English Lexicon*. Revised by Henry Stuart Jones. Oxford: Clarendon Press, 1968.

Linck, Matthew S. "Coming to the Ideas: A Study of Ideality in Plato's *Phaedo, Parmenides*, and *Symposium*." Ph.D. diss., New School University, 2004.

Lysias. "Against Eratosthenes." In *Greek Political Oratory*, ed. and trans. A. N. W. Saunders. Harmondsworth: Penguin Books, 1970.

Mahdi, Muhsin S. *Alfarabi and the Foundations of Islamic Political Philosophy*. Chicago: University of Chicago Press, 2001.

Maimonides, Moses. *The Guide of the Perplexed*. Trans. Shlomo Pines. Chicago: University of Chicago Press, 1963.

Mark, Ira. "The Gods of the East Frieze of the Parthenon." *Hesperia* 53, no. 3 (1984): 289–342.

Meier, Heinrich. *Leo Strauss and the Theologico-Political Problem*. Cambridge: Cambridge University Press, 2006.

Monoson, S. Sara. *Plato's Democratic Entanglements: Athenian Politics and the Practice of Philosophy*. Princeton: Princeton University Press, 2000.

Montaigne, Michel de. *The Complete Essays*. Trans. Donald M. Frame. Stanford: Stanford University Press, 1957

Morgan, Kathryn. *Myth and Philosophy from the Presocratics to Plato*. Cambridge: Cambridge University Press, 2000.

Morrison, J. S. "The Place of Protagoras in Athenian Public Life." *Classical Quarterly* 35, nos. 1/2 (January–April 1941): 1–16.

Muir, J. V. "Protagoras and Education at Thurii." *Greece and Rome* 29, no. 1 (1982): 17–24.

Müller, C. W. "Protagoras über die Götter." *Hermes* 95 (1967): 140–59.

Munn, Mark. *The School of History: Athens in the Age of Socrates*. Berkeley: University of California Press, 2000.

Murphy, David J. "Doctors of Zalmoxis and Immortality in the *Charmides*." In Robinson and Brisson, *Plato*, 287–95.

Naddaff, Ramona A. *Exiling the Poets: The Production of Censorship in Plato's "Republic."* Chicago: University of Chicago Press, 2002.

Nails, Debra. *The People of Plato: A Prosopography of Plato and Other Socratics*. Indianapolis: Hackett, 2002.

Nietzsche, Friedrich. *The Antichrist*. In *The Portable Nietzsche*, ed. Walter Kaufmann. 1954; New York: Viking Press, 1966. 568–656.

———. *Beyond Good and Evil: Prelude to a Philosophy of the Future*. Trans. Walter Kaufman. New York: Vintage, 1966.

———. *The Birth of Tragedy*. Trans. Walter Kaufmann. New York: Vintage, 1967.

———. *Ecce Homo: How One Becomes What One Is*. Trans. Walter Kaufmann. New York: Vintage, 1967.

———. *The Gay Science*. Trans. Walter Kaufmann. New York: Vintage, 1974.

———. *Kritische Studienausgabe (KSA)*. Ed. Giorgio Colli and Mazzino Montinari. Berlin: Deutscher Taschenbuch Verlag Walter de Gruyter, 1988.

———. *On the Genealogy of Morality: A Polemic*. Trans. Maudmarie Clark and Alan J. Swensen. Indianapolis: Hackett, 1998.

———. *Thus Spoke Zarathustra: A Book for All and None*. Trans. Graham Parkes. Oxford: Oxford University Press, 2005.

———. *The Will to Power*. Trans. Walter Kaufmann and R. J. Hollingdale. New York: Random House, 1967.

Notomi, Noburu. "Critias and the Origin of Plato's Political Philosophy." In Robinson and Brisson, *Plato*, 237–50.

Nussbaum, Martha C. *The Fragility of Goodness: Luck and Ethics in Greek Tragedy and Philosophy*. Cambridge: Cambridge University Press, 1986.

Osborne, Robin. "The Viewing and Obscuring of the Parthenon Frieze." *Journal of Hellenic Studies* 107 (1987): 98–105.

Parke, H. W. *Festivals of the Athenians*. Ithaca: Cornell University Press, 1977.

Parker, Robert. *Athenian Religion: A History*. Oxford: Clarendon Press, 1996.

Planeaux, Christopher. "The Date of Bendis' Entry into Attica." *Classical Journal* 96, no. 2 (December–January 2000–2001): 165–92.

————. Review of *The People of Plato: A Prosopography of Plato and Other Socratics*, by Debra Nails. *Bryn Mawr Classical Review* (October 2003).

————. "Socrates, Alcibiades, and Plato's *ta poteideatika*: Does the *Charmides* Have an Historical Setting?" *Mnemosyne* 52 (1999): 72–77.

Planinc, Zdravko. *Plato through Homer*. Columbia: University of Missouri Press, 2003.

Plato. *Alcibiades I*. Trans. Carnes Lord. *The Roots of Platonic Political Philosophy: Ten Forgotten Socratic Dialogues*. Ed. Thomas L. Pangle. Ithaca: Cornell University Press, 1987.

————. *Charmides*. Trans. Thomas G. West and Grace Starry West. Indianapolis: Hackett, 1986.

————. *Charmides, Alcibiades I and II, Hipparchus, The Lovers, Theages, Minos, Epinomis*. Trans. W. R. M. Lamb. Cambridge: Harvard University Press, 1927.

————. *Gorgias*. Trans. James H. Nichols Jr. Ithaca: Cornell University Press, 1998.

————. *Phaedo*. Trans. Eva Brann, Peter Kalkavage, Eric Salem. Newburyport, MA: Focus, 1998.

————. *Phaedrus*. Trans. James H. Nichols Jr. Ithaca; Cornell University Press, 1998.

————. *Plato's Parmenides*. Trans. Keith Albert Whitaker. Newburyport, MA: Focus, 1996.

————. *Protagoras*. Trans. C. C. W. Taylor. Rev. ed. Oxford: Clarendon Press, 1991.

————. *The Republic*. Trans. R. E. Allen. New Haven: Yale University Press, 2006.

————. *The Republic*. Trans. Paul Shorey. Cambridge: Harvard University Press, 1930.

————. *The Republic of Plato*. Trans. Allan Bloom. 2nd ed. 1968; New York: Basic Books, 1991.

————. *The Symposium*. Trans. Seth Benardete. Chicago: University of Chicago Press, 2001.

————. *Theaetetus*. Trans. Seth Benardete. *The Being of the Beautiful: Plato's "Theaetetus," "Sophist," and "Statesman."* Chicago: University of Chicago Press, 1984.

Platt, Arthur. "Plato's *Republic*, 614b." *Classical Review* 25, no. 1 (February 1911): 13–14.

Rahe, Paul A. *Republics Ancient and Modern*. Chapel Hill: University of North Carolina Press, 1992.

————. Review of Victor Davis Hanson, *The Other Greeks*. *American Journal of Philology* 118, no. 3 (Autumn 1997): 459–62.

Rhodes, James M. "Mystic Philosophy in Plato's *Seventh Letter*." In *Politics, Philosophy, Writing: Plato's Art of Caring for the Soul*, ed. Zdravko Planinc. Columbia: University of Missouri Press, 2001.

Robinson, Thomas M., and Luc Brisson, eds. *Plato: "Euthydemus," "Lysis," "Charmides."* Sankt Augustine: Academia Verlag, 2000.

Schiappa, Edward. *Protagoras and Logos: A Study in Greek Philosophy and Rhetoric*. Columbia: University of South Carolina Press, 2003.

Segvic, Heda. "Homer in Plato's *Protagoras*." *Classical Philology* 101, no. 3 (July 2006): 247–62.

Sloterdijk, Peter. *Du musst dein Leben ändern: Über Anthropotechnik*. Frankfurt: Suhrkamp, 2009.

————. *Zorn und Zeit: Politisch-psychologisher Versuch*. Frankfurt: Suhrkamp, 2006.

Smith, Kirby Flower. "The Tale of Gyges and the King of Lydia," *American Journal of Philology* 23, no. 3 (1902): 261–82 and 23, no. 4 (1902): 361–87.

Sprague, Rosamond Kent. *The Older Sophists*. Columbia: University of South Carolina Press, 1972.

Strassler, Robert. "Calendars and Dating Systems in Thucydides." In Strassler, *Landmark Thucydides*, 623–25.

Strauss, Leo. *The City and Man*. Chicago: Rand McNally, 1964.

———. *Gesammelte Schriften*. Vol. 3: *Hobbes' politische Schriften und zugehörige Schriften — Briefe*. Ed. Heinrich Meier and Wiebke Meier. 2nd ed. 2001; Stuttgart: Verlag J. B. Metzler, 2008.

———. *Liberalism Ancient and Modern*. New York: Basic Books, 1968.

———. *On Tyranny*. Ed. Victor Gourevitch and Michael S. Roth. Revised and expanded edition. New York: Free Press, 1991.

———. *Persecution and the Art of Writing*. Glencoe: Free Press, 1952.

———. *Philosophy and Law: Contributions to the Understanding of Maimonides and His Predecessors*. Trans. Eve Adler. Albany: State University of New York Press, 1995.

———. *Studies in Platonic Political Philosophy*. Chicago: University of Chicago Press, 1983.

Szlezak, T. A. "Die Handlung der Dialoge *Charmides* und *Euthydemos*." In Robinson and Brisson, *Plato*, 337–48.

Tarrant, Harold. "Naming Socratic Interrogation in the *Charmides*." In Robinson and Brisson, *Plato*, 251–58.

Taylor, A. E. *Plato: The Man and His Work*. 1926; New York: Meridian Books, 1966.

Thucydides. *The Landmark Thucydides*. Ed. Robert Strassler. Trans. Richard Crawley. Rev. ed. New York: Free Press, 1996.

Tuozzo, Thomas M. "Greetings from Apollo: *Charmides* 164c–165b, *Epistle III*, and the Structure of the *Charmides*." In Robinson and Brisson, *Plato*, 296–305.

Voegelin, Eric. *Order and History: The World of the Polis*. Baton Rouge: Louisiana State University Press, 1957.

Wallace, Robert W. "The Sophists in Athens." In Boedeker and Raaflaub, *Democracy, Empire, and the Arts in Fifth-Century Athens*, 203–22.

White, Stephen A. "Thrasymachus, the Diplomat." *Classical Philology* 90, no. 4 (1995): 307–22.

Woodbury, Leonard. "Simonides on *Aretê*." *Transactions and Proceedings of the American Philological Association* 84 (1953): 135–63.

Xenophon. *Memorabilia*. Trans. Amy L. Bonnette. Ithaca: Cornell University Press, 1994.

Zuckert, Catherine H. *Plato's Philosophers: The Coherence of the Dialogues*. Chicago: University of Chicago Press, 2009.

索　引

Achilles, 86–87, 86–87n102, 92n117, 98n122, 262n29, 266, 283, 334, 367, 385, 396, 400

Adeimantus, 7, 24n12, 35, 237, 243, 246–48, 252–53, 257, 264n32, 270, 272–78, 273n43; age of, 408, 410–11; as ally of philosopher's rule in *Republic*, 337–43, 346–47; and images of greatest study in *Republic*, 348–50, 353, 369, 371, 373; and immortality of soul in *Republic*, 393; reactions to new city in *Republic*, 279–88, 293, 305–8, 314–15, 319, 331; and replacing Homer's Hades in *Republic*, 395, 398

Adrasteia, 242, 310–11, 315, 317–18, 337, 353, 374, 415

Aeschines, 156n30

Aeschylus, 137

Agamemnon, 102–4n131, 400–401

Agathocles, 39

Agathon, 35, 136, 141, 236

Ajax, 400

Alcibiades, 3, 5, 10, 12, 180n60, 262n29; age of, 21, 143n168; at Callias's house, 36–37, 45, 45n44, 81–85, 97–101, 124, 128, 137, 156; as criminal, 36n30, 82; and crisis staged by Socrates in *Protagoras*, 81–84, 125; diplomatic congress called by (420 BCE), 5, 92n117, 133–34, 135n154, 410; exile of, 188n73; and forgetting, 27, 27n15, 82; and "know thyself," 186–87n71; as overseer in *Protagoras*, 84–85, 98–101, 125, 128; plan to open front in Sicily, 135–

36, 135n154; at Potidaea, 142, 144, 149n4; in *Protagoras*, 21–28, 21n8, 33, 36–37, 45, 45n44, 68, 81–85, 103n129, 124–25, 141, 156; Socrates blamed for corruption of, 10, 21–22, 36n30, 82, 134–36, 135n154, 156–57; Socrates' failure to transmit philosophy to, 246, 273n43, 277, 333, 345, 373; Socrates' hunt for, 24–25, 25n14, 83, 97, 124–30, 126n146, 129n149, 134–37, 141–43, 238–39; in *Symposium*, 134–37, 231n112, 238–39; wishes to address Assembly, 47, 100, 127–28, 141, 141n163, 143

Alcibiades I, 10, 21n8, 126, 126nn146–47, 128–29, 134, 137–38, 157, 180n60; dramatic date of, 141–44; prewar setting of, 142, 144, 149, 241, 332

Alcibiades II, 128n148, 134, 137, 143, 157, 180n60

Alcinous, 130, 394, 394n155

Alexander, 137–38

Alfarabi, 201n82, 320n85, 372–73

All, ultimate principle of, 358–60, 362, 365

Allen, R. E., 142n164, 359n123

Amphiaraos, 250n17

Anacharsis the Scythian, 380

Anaxagoras, 137

ancestral authority, 4, 252–53, 258, 278, 330

Andron, 35

anger: in *Charmides*, 179–80, 179n59, 193; in *Protagoras*, 54, 58–59, 58n59, 60, 72, 77, 106n132, 109–10; in *Republic*, 258, 261,

anger (*continued*)
270, 278, 289–90, 296–99, 300n70, 302, 304, 339, 346. *See also* thumos
Antiphon, 7, 408
Aphrodite, 61–62n67
Apollo, 61–62n67, 91–92, 186, 290n58, 293, 351–52
Apollodorus, 332, 411; Hippocrates as son of, 28, 69n78; as narrator of *Symposium*, 5–6, 28n17, 136, 236–37
Apology of Socrates, 5–6n5, 35n24, 150n9, 410
appearance, 113, 272, 362, 365, 377–78
archê, 358–60, 362, 365
Archestratus, 238–39
Archilochus, 274
Ardiaeus the Great, 397, 399n164
Ares, 61–62n67
Ariadne, 417
Arion, 312–13, 312n78
Ariphron, 45, 127
Aristodemus, 236
Ariston, 243, 246, 410
Aristophanes, 15, 53n56, 67n76, 134, 137, 258n25, 315, 353, 387n144, 410
Aristotle, 85n98, 137, 258n25
Artemis, 61–62n67
Asclepius, 379, 406, 406n180
Assembly, Athenian, 44–46, 45n42, 48–49, 51, 55, 91n112, 116, 129n149, 248; Alcibiades wishes to address, 47, 100, 127–28, 141, 141n163, 143
Atalanta, 401
atheism, 59–60, 60n63, 61, 73, 188–90, 188n74, 269
Athena, 52, 61–62n67, 62, 151, 173n52, 243
Athenaeus, 66n74, 142n164
Atreus, 399n164
Attica, 147, 154–55n26
auditors: in *Charmides*, 148–50, 152–56, 159, 163, 165, 172, 178–79, 181, 185n69, 189, 202, 204, 207–8, 214, 226, 227n110, 231–32, 235–37; in *Protagoras*, 26–27, 32, 35–36, 59, 97, 124–26, 129–32, 129n149; in *Republic*, 245, 249n14, 255n22, 257, 307, 367, 370, 392, 404
Autolycus, 254–55, 255n22, 292, 394, 402–3

Bacon, Francis, 13, 372, 372n133, 373, 413–14
Banqueters (Aristophanes), 410
Baracchi, Claudia, 359n125, 395nn156–57

beautiful, the: in *Charmides*, 10, 148, 155–58, 160–62, 167–72, 169n48, 172, 192, 219, 226, 232–33; as fixed universal, 414; and images of greatest study, 350–53, 358, 360, 365, 368, 371; and imitative or mimetic poetry, 376–77, 379, 382; and immortality of soul, 391; in *Protagoras*, 25–28, 47, 81n91, 83n94, 86, 101, 124–26; in *Republic*, 281–82, 285–86, 293, 305, 316, 320, 322, 322n87, 323–24, 327–36, 338–39, 343, 350–53, 358, 360, 365, 368, 371, 376–77, 379, 382, 391
becoming and being, 87–88, 87n107, 93, 272, 351, 368, 373, 415
beings, 195–98, 195n80, 206, 219, 223, 226–27, 233; in *Republic*, 284, 331, 334, 346, 353–55, 358n122, 360, 362, 364. *See also* forms; ideas
beliefs, 4; in *Charmides*, 166–67, 202, 222, 234–35n116, 252, 275n44, 277; in *Protagoras*, 50–51, 54, 56, 63, 69, 113–16, 128; in *Republic*, 286, 298–300, 305, 320, 324, 328–29, 332–34, 336, 338, 365–66, 371, 394, 404
Benardete, Seth, 15–16, 58n58, 130n151, 156n29, 170n49, 204, 205n87, 234–35n116, 280n47, 297, 297n65, 299n69, 303n73, 326n89, 329, 334–36, 334n97, 348–49n112, 360n126, 366, 399n164, 415
Bendideia, 243, 246–48, 270, 405–8, 407n182
Bendis, 11, 241–48, 244nn4–5, 253, 278, 311, 336, 405–7, 410
Bias, 256
blushing, 30, 32, 170–72, 170n49, 179, 242, 267–68, 270
Boeckh, August, 407, 407n181, 409
boldness, 101, 105–6, 106n132, 108, 163–65, 202
Brann, Eva, 245, 245n8, 359n123
Bruell, Christopher, 167n46
Burger, Ronna, 297n65
Burkert, Walter, 19–20n1, 246, 246n11

calculation, part of soul that performs, 296–305, 383–84
Callaeschrus, 36, 138n159, 153, 154n22, 207, 408
Callias, 29, 35n27; age of, 21; and defeat at Spartolus, 238–39; house of, 33–43, 69, 72, 81–82, 97, 100, 123–26, 128, 142n164

Callicles, 133
Candaules, 272
capable, the. *See* powerful (capable), the
cave, image of, 4, 244, 319, 354, 358–59, 361,
    362–74, 366n132; artifacts in, 354–55,
    357–58, 363–64, 366–67, 369–72; shad-
    ows in, 354, 356, 361, 363–68, 370–72;
    transcendence in, 359, 366, 366n132, 371;
    wisdom in, 366–67; wonderworkers in,
    363, 370, 372
Cebes, 330–31
Ceos, 33, 39, 85n99, 86, 86n101, 88, 90
Cephalus, 237, 243, 248–53, 249n14, 255–56,
    403; death of, 250n17, 407, 409–10; as
    host, 133, 245–46, 249–50, 252, 258–59,
    345, 409; on old age, 250–53, 252n18, 255,
    277, 284, 344–45, 403; sacrifices of, 249,
    252–53, 274, 394
Cephalus, as narrator of *Parmenides*, 5–6
Cerberus, 34
Chaerephon, 149–54, 150n9, 159–60
Chalcedon, 133, 339
Charicles, 189
Charmantides, 249, 249n14, 407
Charmides, 35, 154–56, 158n31, 219, 239, 410;
    at Callias's house, 162; death of, 154, 177,
    231, 249; desire for Socrates' new teach-
    ing about the soul, 148, 163–70, 230–33;
    lineage of, 169, 169–70n48; as one of Ten
    of Piraeus, 154, 227n110; Socrates' exami-
    nation of, 148, 155, 157, 159–66, 169–78,
    222, 230–34; spectacle of entrance to
    palaistra, 157–62
Charmides, 8, 10–11, 35, 138–39, 141, 147–240,
    189n76, 249, 255; auditor in, 148–50,
    152–56, 159, 163, 165, 172, 178–79, 181,
    185n69, 189, 202, 204, 207–8, 214, 226,
    227n110, 231–32, 235–37; center of, 380;
    Critias scripts play in, 162–69, 178–79,
    179n57; dramatic date of, 11, 149, 153–54,
    156, 235, 236n117, 237–40, 244; first
    words in, 148–53; Homer in, 35, 151–53,
    172–74, 173n52, 175n54, 198; incanta-
    tions in, 148, 163–70, 220, 225, 230–34;
    as introduction to *Republic*, 11, 241; last
    words in, 230–34; Odysseus in, 151–53,
    173, 198, 216–17, 224, 232–34, 239; return
    of Socrates in, 144, 147–58, 165, 173,
    180, 195, 198, 201, 220, 224–25, 232, 234,
    237–38, 237n118, 240n122, 248, 276, 333;

Socrates' examination of Charmides in,
    148, 155, 157, 159–66, 169–78; Socrates'
    examination of Critias in, 156–57, 161,
    170, 174, 178–95, 181n62, 184n66, 185n67,
    185n69; Socrates' intentions in, 153–57,
    161, 165, 167, 169–71, 194, 203, 230, 239,
    248, 276; Socrates judges inquiry in,
    226–30; translation of, 148n2; wise rule
    in, 214–17, 214n92, 221–24
Charondas, 379–80
Chilon, 91
Christianity, 13, 416
chronology of dialogues, 1, 4, 5–13, 15n22;
    and *Alcibiades I*, 126, 126nn146–47,
    128n148, 129–30, 129n149, 134, 136, 142;
    and *Alcibiades II*, 128n148, 134, 136;
    Alcibiades rises to central role, 82–83,
    134; and authenticity of Protagoras's
    display speech, 50n54; and Bendideia,
    407–8; of Cephalus's family, 409; and
    Charmides, 139–40, 149, 156–57, 165,
    169, 182, 225, 227n110, 239, 271, 276,
    292; and Critias, 82, 134; first exchange
    between "wise" men, 41; first Socratic
    examination, 29–33; and history of
    ideas, 330–32; and *Laws*, 130n151; and
    Platonism, 330–32; and *Protagoras*,
    20–21, 24–27, 25n14, 29, 35, 36n30,
    41, 50n54, 57, 59, 82–83, 87n107, 97,
    126, 126nn146–47, 128–30, 129n149,
    130n151, 132–34, 136, 138–39, 271, 292;
    and Protagoras's mythos, 59; and
    redefinition of philosophy, 292; and
    Republic, 140, 169, 225, 242, 259, 271, 276,
    292, 330–32, 392, 407–9; and Socrates'
    corruption of young, 156–57; Socrates'
    preservation of Greek wisdom, 97; and
    Symposium, 136; and *Theaetetus*, 132–33.
    See also dramatic dates
Cicero, 8, 258n25, 373
Circe, 23
Clazomenae, men of, 6–7, 236, 331
Cleisthenes, 40n36
Cleitophon, 249, 260
Cleitophon, 346–47n110
Clytemnestra, 401
Coby, Patrick, 53, 71n81, 124n145
comedy: in *Charmides*, 163–64; in *Protagoras*,
    65–66, 86, 88–91, 91n115, 121–22, 126; in
    Republic, 312, 318, 368, 376, 386, 400

compulsion: and images of greatest study in *Republic*, 352, 354–56, 358, 363–64, 366, 369–71, 373; and imitative or mimetic poetry in *Republic*, 375–76, 381, 387; in *Protagoras*, 26, 64–65, 64n72, 103; in *Republic*, 247–48, 262–65, 272, 275–76, 278, 282, 288, 306–12, 315–16, 327, 347, 393; self-compulsion, 370–71, 375–76, 381, 387

Corcyrean ambassadors, 21, 143

Corinthians, 10, 238, 256n24

Coronea, battle of, 45n44

courage: in *Charmides*, 203; philosophical, 294; political, 294; in *Protagoras*, 67, 71–72, 71n82, 91, 91n114, 104–6, 106n132, 108, 111, 116–22, 118n139, 118n141; in *Republic*, 271, 290, 293–94, 306; unity of courage and wisdom, 104–6, 111, 116–21, 118n139, 118n141

cowards, 40, 71n82, 118–20, 314, 384

Craig, Leon, 21n6, 273n43, 395n158

Crison of Himera, 81

Critias, 3, 10, 188, 204, 410; age of, 21; atheism of, 188–90, 188n74; in *Charmides*, 92n116, 138–39, 148, 153–57, 159–70, 174–236, 175n53, 179n57, 179n59, 181n62, 186n70, 205n87, 205n89, 209n91, 239–40, 249, 333; as criminal, 36n30, 82, 139; and crisis staged by Socrates in *Protagoras*, 82–83; death of, 154, 177, 231, 249; on Delphic oracle, 92n116, 186–90, 186–87nn71–72, 189n76, 193, 198–99, 219, 333; guardian of Charmides, 154, 154n22, 156, 158–62, 168–70, 172, 176–80, 179n59, 193, 230–31; as poet, 148, 161, 179, 188, 189n76, 191, 193; in *Protagoras*, 21, 36, 82–83, 92n116, 138, 156, 162, 187n72; skeptical view of gods, 139; Socrates blamed for corruption of, 10, 21–22, 36n30, 82, 134, 138, 138n159, 139–40, 148, 156–57, 182, 220, 233, 235, 276–77; Socrates' examination of, 156–57, 161, 170, 174, 178–95, 181n62, 184n66, 185n67, 185n69, 239; Socrates' failure to transmit philosophy to, 157, 194–95, 202, 226–30, 233, 235, 246, 249, 273n43, 276–77, 333, 345, 373; as sophist, 10, 82, 140, 148, 153, 157, 188–89, 189n76, 193, 198, 201–2, 210, 235; as tyrant, 82, 148, 153–54, 156n30, 157, 188, 189n76, 193, 201–2, 210, 220, 220n103, 235, 249n16, 276–77, 333, 408

Critias, 135n154, 138n159, 407, 407n182, 410

Critias of *Timeaus-Critias*, 138n159, 314n79

Crito, 29n18, 133, 237

Crito, 29n18

Croesus (king), 272n40

Cronos, 281

Cyclops, 301

Cydias, 164

daimonion of Socrates, 285, 332, 340, 342; and Charmides, 231n112

Damon, 39

Darius, 166

decorum, 170–72, 171n50, 176, 184, 294

Deloptes, 406

Delphic oracle, 5–6n5, 219; in *Charmides*, 150n9, 175n53, 186–90, 187n72, 189n76, 193, 198–200, 209, 333; in *Protagoras*, 91–92, 92n116; in *Republic*, 277, 293, 352

Demeter, 61–62n67, 282n49

democracy: in *Protagoras*, 36n30, 40, 40n36, 44–46, 50–51, 55–56, 68–69, 82, 85, 91n112, 100; in *Republic*, 341; and Thirty Tyrants, 148, 153–54, 156n30, 188n73, 249

Democritus, 20–21n3, 188n74

Demodocus, 410

Descartes, René, 13, 333–34n96, 373, 390n150, 413–14

desire, 159, 204, 294, 296–305, 299n67, 299n69, 332, 335, 339, 386

dialectic, 70, 70n79, 115, 230, 313, 325–26, 357–62, 359n124

Dinomache, 45n44

Diodorus Siculus, 400n167, 408

Diogenes Laertius, 43n38

Diomedes, 102–4, 103–4n131, 106–7, 109–10, 115

Dionysodorus, 133, 170n49, 237

Dionysos, 3, 61–62n67, 137, 417

Diotima, 6, 229n111, 332

doctors, 93–94; in *Charmides*, 139, 162–69, 162n37, 169, 175, 184–85, 184n66, 192, 210–12, 217, 221–26, 239–40; in *Republic*, 261, 277, 286, 305–6, 354, 376, 379, 388, 406–7; Socrates as doctor, 108–9, 114–15, 127, 148, 162–69, 162n37, 184n66, 212–13, 224, 226, 239–40, 305, 376, 388, 407; Thracian doctors of Zalmoxis, 139, 166–69, 167n46, 184n66, 202, 212–13,

219n102, 220, 227n110, 230, 239, 245, 277, 305–6, 354, 376, 407
Dolios, 232, 234
dramatic dates, 1–2, 9–12, 9n10, 15n22, 141nn160–61; of *Alcibiades I*, 141–44; of *Charmides*, 11, 149, 153–54, 156, 235, 236n117, 237–40, 244; of *Critias*, 135n154, 407, 407n182, 410; of *Lovers*, 240n122; of *Lysis*, 240n122; of *Protagoras*, 12, 21, 66n74, 126nn146–47, 141–44, 142n164; of *Republic*, 11, 144, 241, 243–44, 244n5, 249n14, 405–11, 406nn179–80, 407nn181–82; of *Symposium*, 135, 142–43; of *Theages*, 410; of *Timaeus*, 135n154, 407, 407n182, 410. *See also* chronology of dialogues
dreams, 324–26, 336, 371; of Penelope, 152, 216–17, 224; of Socrates, 216–18, 218n100, 221–25

education: in *Charmides*, 161; and images of greatest study in *Republic*, 361–64, 366, 368–70, 373; and imitative or mimetic poetry in *Republic*, 379–81, 386–87, 389; in *Protagoras*, 38–39, 51, 63–69, 64n72, 85–86, 89, 91, 91n115, 127–29, 131, 138; Protagoras on, 38–39, 51, 63–69, 64n72, 85–86, 89; in *Republic*, 241, 273–74, 277, 280–81, 281n48, 286–87, 289–92, 290n57, 294, 306, 312, 328–30, 333, 336, 338–39, 346, 348, 376, 398
egoism, 181, 191
eikasia, 354n118, 361
Eleatic monism, 67n76
Eleusinian mysteries, 39, 282n49
Empedocles, 175n54
Enlightenment, 117, 413
enlightenment, Greek, 3–4; in *Charmides*, 220, 225; and images of greatest study in *Republic*, 364, 366, 368–69, 371, 373; in *Protagoras*, 20, 20–21n3, 27, 41, 57, 60–62, 67–68, 87, 97, 103, 107, 109–10, 115–16, 130, 138, 332–33; in *Republic*, 241, 257, 259, 273, 275–76, 278, 288, 304, 309, 333, 336, 345–46; and sophistic enlightenment, 20, 27, 54, 60–62, 67–68, 87, 103, 107, 109–10, 115–16, 132–34, 140, 253, 257, 265, 276, 371
Epeius, 401
Ephialtes, 40n36

Epimetheus, 27n15, 51–52, 63, 122
Epinomis, 2, 130n151
epistemology, 186n70, 191, 197–98, 227, 325–27, 336
eristic, 313
eros, 13, 16, 417; in *Charmides*, 158–59, 162–64, 168, 170, 179, 204; and Nietzsche, 373; in *Protagoras*, 109–10, 131, 136–37; in *Republic*, 296, 304, 307–8, 312, 322n87, 332, 346, 395; in *Symposium*, 392
Eros, 61–62n67, 229n111, 236, 332, 395, 417
Eryximachus, 35
esoteric, 131, 191, 196, 242, 413–14
esotericism, 14–15, 15n22, 26, 41, 414; in *Charmides*, 191, 196–97, 233–34, 242; in *Hippias* dialogues, 92n117; in *Protagoras*, 26, 41, 90–98, 90n111, 92n117, 133–34, 182, 242, 413; in *Republic*, 242, 254, 272n42, 299n69; and Sparta, 90–92, 90n111; of wise men, 90–98, 90n111, 92n117, 133–34, 191
Euclides, 5n4, 132–33, 237
Eumaeus, 151, 173, 173n52
Euripides, 137, 188n74
Eurycleia, 255n22
Euthydemus, 133, 237, 249
Euthydemus, 5n4, 133, 149nn5–6, 170n49
Euthyphro, 282
Euthyphro, 5
exegesis, 11–13; of *Charmides*, 237; of *Critias*, 189; defined, 12; of Socrates, 92–94, 92n117, 93n118, 95–96
exoteric, 131, 191, 196, 198–99, 413
exotericism, 14–15, 15n22, 26, 345
fairness: of Alcibiades, 83, 127, 144; in *Protagoras*, 81–83, 127, 144
Fates, 397–98, 397n161, 403
festivals, 2–3, 141n161, 141n163, 243–48, 396–97, 405–8. *See also specific names of festivals*
flute playing, 55, 64–65, 99, 135, 382, 387–88
foreigner: Protagoras as, 25, 32, 38, 42, 45, 56, 56n57, 57, 60, 68, 79; in *Republic*, 244–45, 244n4, 249, 253, 271; sophists as, 22, 25, 27–28, 32–33, 35, 56, 56n57, 57, 79, 90–91, 129, 131, 245, 271; in Sparta, 91, 96, 98, 129; wise men as, 57, 129, 245
forethoughtfulness, 37–38, 42, 68, 122, 306

forms, 160, 295, 299, 304, 334, 354–61, 376, 379, 386. *See also* beings; ideas

frames, 5n4, 9; of *Euthydemus*, 149n6; of *Protagoras*, 22, 24–30, 25n14, 33–34, 36–37, 42, 44, 65n73, 69, 71n83, 77, 80, 83, 100, 123–24, 126, 131–32, 134, 149n6; of *Symposium*, 134–36; of *Theaetetus*, 20, 132

freedom in myth of Er, 397, 397n163, 399, 399n164, 401

friend, 21–22, 150, 157, 160, 163, 195–96, 206, 235, 254–57, 254n21, 259

Frogs (Aristophanes), 137, 387n144

Garland, Robert, 406

Getae, 166, 277

Glaucon, 7, 154n22, 158, 237, 243, 246–48, 260, 263–65, 263n31, 264n32, 265n33, 268, 270–78, 272n40, 273n43; age of, 408, 410–11; as ally of philosopher's rule, 320–29, 322n87, 331, 333–34, 336–38, 341–43, 347, 352, 361, 371; and images of greatest study, 348–58, 351n116, 360–73; and imitative or mimetic poetry, 375–89; and immortality of soul, 389–91, 390n149, 393–94, 393n153; reactions to new city, 279–80, 288–300, 290n57, 302, 304–8, 310, 312–29, 322n87; and replacing Homer's Hades, 394–95, 397–98

gods, 415; authority of, 199, 202–3; in *Charmides*, 166–67, 186–89, 187n72, 189n76, 191, 196–99, 202–3, 206–7, 217–18, 224–27, 380; and civil religion, 59–61, 139–40; death of, 4, 16, 288; on east frieze of Parthenon, 61–62, 61–62n67; existence/nonexistence of, 60, 73; fit for human imitation, 282, 285–86; foreign, 241–44, 244n4, 246, 253, 274, 278, 311, 336, 405–7, 410; and images of greatest study in *Republic*, 350–53, 351n117, 363; and imitative or mimetic poetry in *Republic*, 377–81, 378n139, 386–88; and immortality of soul in *Republic*, 392–94; and monotheism, 166–67, 202–3, 306, 354, 415–16; and Platonism, 415–17; in *Protagoras*, 51–54, 57–64, 72–73, 87, 89, 89n109, 92–93, 111, 133, 140; punishment by, 52, 60–63, 115, 140, 188–89, 244, 251–52, 273–74, 284, 288, 310–11, 367, 394, 415; in *Republic*, 140, 203, 241–44, 244n4, 246, 246n11, 251–52, 269, 273–75, 277, 279–91, 293, 310–12, 320, 334, 336, 339–40, 373, 397–98, 403–4; rule of, 51, 54, 68, 109, 189, 189n76, 202, 224–27; words put up for, 92, 92n116, 94, 139, 175n53, 186–89, 187n72, 189n76, 191, 196–98, 202–3, 207, 217–18, 224–26, 354. *See also* religion

good: in *Charmides*, 161, 167, 172, 182–86, 183n65, 191, 193, 195–99, 207, 213, 214n93, 215, 219–22, 219n102, 224, 228, 230, 234; as fixed universal, 414; and hedonism, 107–8, 110–15, 119; and images of greatest study in *Republic*, 348–54, 357–60, 362–63, 365–69, 371; and imitative or mimetic poetry in *Republic*, 377, 382, 384, 386–87, 389; and immortality of soul in *Republic*, 389; as king, 352–54, 358–59, 362; in *Protagoras*, 31, 57, 60, 63–66, 70, 77–80, 85–90, 86n100, 87n107, 92–95, 93n118, 103, 107–8, 110–16, 119; in *Republic*, 252, 254–57, 254n20, 261, 266, 275, 283–84, 286, 293, 295, 299–301, 303–7, 315, 320, 322–23, 322n86, 328–29, 331, 333–37, 339, 341, 343, 398–99, 399n164, 404

Gorgias, 150n9

Gorgias of Leontini, 133

Greater Hippias, 83n94, 92n117

Greek language, 67n75, 67n77, 129n149, 171–72; teaching of, 66–67, 133

Greekness, 3–4, 38, 51; and Homer, 138, 380

Greek Religion (Burkert), 246, 246n11

Gyges, 272, 272n40, 274, 306, 393

gymnastics, 38–39, 290–92, 290–91n59, 312, 322n87

Hades: in *Protagoras*, 34–37, 35n24, 61–62n67; in *Republic*, 244–45, 251–53, 255, 273–74, 290, 344, 367–68, 377, 393–403, 415

happiness, 223, 262, 269, 277, 288, 293, 304–5, 316, 318–20, 320n85, 330, 340–41, 343, 352–53, 367–68, 372, 393–94, 399

harm: in *Charmides*, 181, 185, 193, 203; in *Protagoras*, 28, 103, 117, 134; in *Republic*, 254–57, 261, 283–84, 295, 303–4, 336–37, 369, 385–86, 389

Hector, 290n58

hedonism, 106–19, 108n133, 114nn137–38

Helen, 173n52

Helios, 350, 352

Hephaestus, 52, 61–62n67, 87

Hera, 61–62n67, 87, 175n54
Heracles, 34–35, 160n33, 400n167
Heraclitus, 20, 20–21n3, 67n76, 342–43
Hermes, 23, 53–54, 59, 61–62n67, 137, 140, 197, 255n22
Hermocrates of Syracuse, 135n154, 138n159, 410
Herodotus, 3–4, 166–67, 187n72, 189n76, 202, 213, 272, 272n40, 272n42, 277, 312n78, 354, 380
heroes, 103, 188, 275, 281–82, 290, 293, 295, 314, 363, 380–81, 385, 387, 394–96, 400–401
Hesiod, 4, 380–81, 397n161; in *Charmides*, 180–82, 187n72, 192; in *Protagoras*, 38, 50, 54, 85, 88, 89n109, 139; in *Republic*, 273, 281–83, 286–87, 295, 295n60, 403
Hippias, 21, 33–35, 42, 82–84, 83n94, 84n96, 90, 90n111, 92n117, 98, 116–17, 133, 135n154, 139, 141, 269, 269n38, 401n171; and dates of Olympiads, 141n161; display speech of, 98–99, 98n122, 100n124, 133
Hippias dialogues, 5, 83n94, 92n117, 98n122, 99n123, 133, 135n154, 410
Hippocrates: age of, 21; at Callias's house, 34, 36–37, 40, 42–46, 69–70, 83, 97, 124, 139; in *Protagoras*, 21–22, 25n13, 27–32, 27n15, 28n17, 29n18, 32n21, 34, 36–37, 40, 42–46, 62, 64–65, 68–69, 69n78, 70, 81, 83, 97, 117, 124, 127, 170n49; Socrates' examination of, 29–33, 32n21, 44–45, 103; wishes to meet Protagoras, 25n13, 27–34, 37, 40, 42, 62, 76, 97, 117, 127
Hippocrates of Cos, 30, 167, 169
Hippocratic school, 167
Hippodamus of Milesia, 245–46n9
Hipponicus, 35n27; death date of, 142n164
holy, 70n80, 293, 322n86, 327, 329
Homer, 4, 13, 16, 187n72; in *Charmides*, 151–53, 172–74, 173n52, 175n54, 198, 216–17, 224–25, 227n110, 232–34, 239; and imitative or mimetic poetry in *Republic*, 375–82, 385–89, 398; and immortality of soul in *Republic*, 392; in *Lesser Hippias*, 92n117, 99n123; love and reverence for, 375–76, 378–82, 388; and Nietzsche, 416–17; in *Protagoras*, 23–24, 34–35, 35n24, 38, 50, 54, 60, 85–88, 86–87nn102–3, 99, 102–7, 103n129, 109–10, 116, 130, 133, 138–39; in *Republic*, 24n12, 35, 241–42,

244–46, 250, 250n17, 253–55, 255n22, 273, 281–84, 286–87, 300–304, 303n73, 311, 311n77, 334, 336–37, 367–68, 370, 373, 403–4; Socrates' interrogation of, 379–82, 385–87
honor: in *Charmides*, 179–80, 185, 185n69, 189–91, 193, 206, 219–20, 225; and images of greatest study in *Republic*, 357–58, 362, 367; and imitative or mimetic poetry in *Republic*, 379, 381, 389; and replacing Homer's Hades in *Republic*, 401; in *Republic*, 250, 255, 263–64, 264n32, 273n43, 280, 319, 322, 338, 351, 376, 402; and wisdom, 97, 129
hoplites, 134, 147, 149, 149n3, 154–55n26, 231, 238; in *Republic*, 280, 312, 314, 314n79

ideas, 196, 316, 319, 321–37, 339, 343, 345, 349–53, 359, 362–63, 365–68, 370, 402; of couch and table, 293, 377–78, 377n138, 382, 387; of good, 349–53, 362–63, 365–66; and imitative or mimetic poetry, 377–79; of justice, 352–53; of reins and bridle, 382, 382n141, 387–88; as safe way to think about cause, 330–33, 335–36, 362, 365–67. *See also* beings; forms
ignorance: in *Charmides*, 167, 167n46, 176, 184–86, 211; in *Protagoras*, 31–32, 119–20, 127, 129; in *Republic*, 266–68, 271, 284, 289, 319, 326–27, 367, 378–80, 382, 398
Iliad, 23, 24n12, 283, 379, 385
images, 335; of cave, 244–45, 319, 354, 358–59, 361, 362–74, 366n132; in *Charmides*, 164, 186n71, 207; clarity and unclarity of, 354, 357–58, 357n120, 360–62; of line, 319, 354–62, 354n118, 355n119, 364–66, 372; prostration of Socrates before Adrasteia, 310–11, 315, 317–18, 337, 353, 374, 415; in *Protagoras*, 31, 34–35, 52, 64–65, 133, 137; in *Republic*, 244–45, 259, 280, 297, 309–10, 313, 319, 334–36, 338–39, 345, 348–74; of sun, 319, 350–54, 358, 361–62, 365–66, 372; of three-part soul, 296–306, 299n67, 299n69, 301n72
imagination, 354n118, 361
immortality, 140, 414–15; in *Charmides*, 166–67, 167n46, 169, 202, 233; in *Republic*, 242, 252, 306, 333–34n96, 343, 386, 389–94, 390nn149–50, 391n151, 397

injustice: in *Alcibiades I*, 129n149; in *Protagoras*, 29, 54–55, 57–59, 63, 76–78, 80, 95, 104–5, 109, 117, 129n149; in *Republic*, 251, 261–63, 266, 268–69, 271–76, 279–80, 293, 298–99, 305, 316, 319, 323, 347–48, 369, 389–91, 394. *See also* justice

innovation, 38, 68, 130n151, 233, 244–47, 277, 293

intelligible, 350–52, 354–60, 354n118, 358n122, 362, 368

invisibility, 272, 288, 306, 357

irony, 15n22, 44–46, 173n52, 189, 197, 226, 259–60

Islamic philosophy, 320n85

Isles of the Blessed, 319–20, 368–69

Isocrates, 249n14

Jaeger, Werner, 50n54, 60, 60n63, 61

joking, 29, 82, 84n96, 89, 91n115, 104, 107

just, 15; in *Charmides*, 166, 203, 210–13; as fixed universal, 414; in *Protagoras*, 53, 55–56, 65, 71–75, 78–79, 81, 86, 137; in *Republic*, 252–54, 256–57, 260, 262, 265–66, 269, 271–77, 272n42, 279, 285–86, 293, 298–99, 302, 304–6, 316, 319–22, 327–29, 331–36, 339, 343, 349, 360, 371, 373, 377, 388, 393, 395–96, 402

justice: in *Charmides*, 180n60, 203, 210, 212–13; distributive, 277; good without harm, 255–57, 261, 283–84, 295, 303–4; political, 294; in *Protagoras*, 54–57, 60, 63–68, 70–78, 78n88, 79, 81–82, 89, 99, 104–5, 111, 115, 122, 129n149, 137, 197; in *Republic*, 247, 251–63, 254n20, 265–77, 279–81, 284, 286, 288, 293–308, 295n61, 305n74, 316, 319–20, 323, 330, 333, 338, 340, 345–49, 352–53, 366, 369–71, 389–91, 391n151, 393–96, 402, 404; retributive, 58–59, 252, 288, 304; unity of justice and moderation, 76–80, 78n88; unity of justice and piety, 72–76, 105. *See also* right (dikê)

kalon, 181–83, 181n62, 183n65

kinship, 414; Cephalus speaks of, 250; Hippias speaks of, 84; in *Protagoras*, 55–58, 78–79, 84, 94–96, 103–5, 108, 115, 117, 120, 122–23, 131–32, 141, 287; in *Republic*, 250, 255, 259, 266–70, 269n37, 286–89,

304, 309, 337, 342–47, 371–72; of the wise, 96, 104, 287, 342–47, 371–72

Klein, Jacob, 357

Kleinias, 45, 45n44, 47, 64, 127–28, 129n149

knowledge: in *Charmides*, 150, 150n8, 156n29, 163–64, 167, 176–78, 176n55, 176n56, 184–225, 184n66; of good, 219–27, 219n102, 220n103, 301, 349–53; of ideas, 321–32, 337, 339, 343, 345, 349–51; and images of greatest study in *Republic*, 349–51, 355, 363–68, 371; and imitative or mimetic poetry in *Republic*, 378–79, 381–83, 387; and immortality of soul in *Republic*, 391; knowing what one knows and doesn't know, 194, 199–203, 294, 320; of knowledges, 189, 192–93, 193n79, 195–202, 204–13, 209n91, 294; in *Protagoras*, 31, 94, 105, 109–11, 113–17, 114nn137–38, 120–22, 127; in *Republic*, 253, 260–61, 266, 276–77, 280, 288, 301, 320–32, 337, 339, 343, 345, 376; rule of, 82, 93, 109–11, 113, 116–17, 127, 189, 193, 198, 200, 202, 208, 214–15, 218–20, 260–61; self-knowledge, 156n29, 171, 177, 185–92, 186–87n71, 191n78, 195, 197–98, 201, 277, 294, 363, 391; of something or nothing, 71–73, 325–27

"know thyself," 91, 129n149, 186–87nn71–72, 187–90, 193, 197–200, 209, 217, 228

Laches, 290–91n59

Lachesis, 397–98, 402–3

Laertes, 232

Laestrygonians, 23

lawgivers, rule of, 226–28, 294, 341, 346, 379–80

law/laws, 2; in *Charmides*, 175, 188–89; in *Protagoras*, 54, 58–59, 64–65, 72, 74, 115; in *Republic*, 248, 260, 271–74, 283, 283n52, 284, 286, 288, 293–94, 314, 328–29, 334, 337, 341, 346, 348, 369–70, 376, 380, 384–85, 387–88

Laws, 2, 130n151

Lenaia festival, 12, 65–66, 141, 142n164

Leontius, 296–300, 297n65, 302–4

Lesser Hippias, 92n117, 98n122, 99n123, 401n171

Lethe (river), 403

Levine, Lawrence, 150n11, 155n27, 160n33, 179n59, 185n67

line, image of, 319, 354–62, 354n118, 355n119, 364–66, 372
logos/logoi, 6, 14; in *Protagoras*, 50–51, 54, 59, 63, 65–67, 67n76, 68, 115; in *Republic*, 330, 342–43, 358–60, 358n122, 362, 365. *See also* reason
Lovers, 149n5, 150, 163n38, 170n49, 240n122
Lycurgus, 379–80
lying, 284–86; noble lies, 293, 335, 346, 353, 373
Lysias, 248–49, 249n16, 409
Lysis, 170n49
Lysis, 149, 149n5, 170n49, 240n122

Mahdi, Muhsin, 320n85
Maimonides, 366n132, 373
Many, the: and Alcibiades, 136; and hedonism, 107–15, 114n137; in *Protagoras*, 39–41, 46, 51, 54, 56–60, 63, 67–68, 72, 75–78, 78n88, 82, 92, 96–97, 99, 102–17, 114n137, 121–22, 125, 127, 129n149, 136; in *Republic*, 250, 300, 328–29, 337–40, 343–47, 349, 382, 388; wiser stance toward, 102–17
Mark, Ira S., 53n55, 61–62, 61–62n67, 62n69
measure, 113, 113n135, 116, 127, 179, 195, 197, 199, 220, 383–85
meddling, 175, 183, 295
Medon, 152
Megara, battle of, 314, 408, 411
Memorabilia (Xenophon), 36n30, 134, 134n152
Menelaus, 102, 173n52, 290n58
Meno, 42n37, 61
Mentor, 173n52
metics, 249–50, 249n16
mêtis, 301–4
Misanthropes, The (play), 142n164
misanthropy, 14, 414
misology, 14, 290–91n59, 414
Mnemosune, 280
moderation: in *Charmides*, 148, 167n46, 187, 189, 208, 228; political, 294; in *Protagoras*, 60, 63–68, 70, 75–79, 75n84, 78n88, 89, 104, 111, 115, 122, 137; in *Republic*, 290, 293–94, 349; unity of justice and moderation, 76–80, 78n88; unity of wisdom and moderation, 75–76, 75n84. *See also* sôphrosunê
Montaigne, 373

morality: in *Charmides*, 184, 186, 191, 203, 222; in *Protagoras*, 19–20n1, 116; in *Republic*, 252, 257, 275, 277–78, 283–89, 297, 299–300, 300n70, 302–4, 303n73, 333, 335–36, 352–53, 370–71, 393, 397, 402
Munychia Hill: battle of, 154, 231, 249; as sacred site, 405–6
Musaeus, 38, 253, 273
Muses, 280, 293, 347, 387
music, 38–39, 280, 290–93, 290–91n59, 312, 322n87, 400. *See also* flute playing
mythos: in *Protagoras*, 50–59, 61–63, 65–69, 67n76, 78, 95, 115, 139–40, 197, 288; in *Republic*, 257, 280–82, 287–88, 403–4; in *Symposium*, 53n56

Nails, Debra, 141n160, 237n118, 408n183
naked athletics, 39, 312
natural thinking, 357–58, 360–61
nature, 1, 8, 20, 364; and gods, 23–24; Hippias on, 34; investigation of, 1, 6, 8, 20, 134; in *Odyssey*, 23–24; in *Phaedo*, 330; in *Protagoras*, 24, 34; in *Republic*, 272–73, 363–64, 377–78
Nemesis, 310–11. *See also* Adrasteia
Nestor, 102, 133, 173n52
Niceratus, 247, 249n16
Nicias, 238, 247
Nicias, Peace of, 138n159, 407n182, 410
Nietzsche, Friedrich, 4, 12–16, 20–21n3, 130, 140–41, 159, 225, 300n70, 329n92, 341n104, 373, 376, 392, 413–17
Nike, 61–62n67, 334
nobleness: in *Charmides*, 161, 192, 215; in *Protagoras*, 44, 66, 88, 94, 100, 103, 105, 107, 109, 111, 114, 119; in *Republic*, 273, 289, 293, 298, 371, 379
"nothing too much," 91, 187, 187n72

Oceanids, 311
Oceanus, 311–12
Odysseus, 16, 23–24, 34–35, 35n24, 92n117, 98n122, 133, 233, 244–45; descent into Hades of, 244–45, 367, 394–96, 400–403; to establish belief, not knowledge, 234–35n116, 277, 334; naming of, 255, 255n22; return of, 151–53, 173, 173n52, 198, 216–17, 217nn98–99, 224, 227n110, 232–34, 234–35n116, 239, 241, 279, 301–3, 303n73, 306, 310, 317, 333–34, 375–76; soul

Odysseus (*continued*)
  of choosing private life, 242, 255, 264,
    301, 395, 399–403; spy mission of, 102–4,
    103–4n131, 106–7, 109–10, 115, 130
oligarchy, 35, 36n30, 40, 139, 148, 188n73,
    220n103
Olympics, 81, 98n122, 141n161, 319, 404
On the Gods (Protagoras), 59–60, 73
ontology, 87n107, 195, 195n80, 197–98, 206,
    227, 325–27, 336
opinion: in *Charmides*, 170–71, 173–74, 183,
    204–6, 210; and images of greatest
    study in *Republic*, 349–55, 357–58, 360,
    360n126, 363–64; and imitative or
    mimetic poetry in *Republic*, 382–84; in
    Republic, 273, 276, 294, 308, 313, 318–19,
    324–29, 326n89, 331, 335–36, 344
opposites, 296–97, 316, 323, 342
Orpheus, 34, 38–39, 132, 253, 273, 400,
    400n167
Orphism, 38–39

pain, 107, 109–10, 112–13, 115–16, 294, 313,
    363–64, 386–87
painters, 31, 316, 333, 377–78, 382–85
Panathenaia, 62, 407n182
Paralus, 35, 45, 68, 127
Parmenides, 6, 8–9, 133, 237, 331–32
Parmenides, 5–8, 134, 160, 331, 335, 417
Parthenon, east frieze of, 61–62, 61–62n67,
    62n69
passions, 13–14, 109–16; in *Charmides*, 179,
    204; in *Republic*, 266–67, 272, 275, 283,
    296, 299, 308, 316, 321, 341, 346, 386; rule
    of, 109–11, 113–15, 127
Patroclus, 385
Pausanias, 35
Peleus, 266
penalties, 58, 251, 274, 284, 321; for not rul-
    ing, 263–64, 278, 319, 371, 402
Penelope, 151–52, 173n52, 216–17, 217nn98–
    99, 224, 232, 234, 244, 255n22
Penia, 229n111, 332
Perdiccas, 256, 256n24
Periander of Corinth, 86n100, 256, 256n24,
    312n78
Pericles, 67, 137–38, 141, 408; Alcibiades as
    ward of, 45, 45n44, 100; and Cephalus,
    245, 409; death of, 154–55n26; and
    democratic reforms, 40, 40n36, 85;

failure to pass on virtue, 63–64, 67–68,
    100, 116, 127–28, 129n149; Hippocrates
    as nephew of, 28n17; Kleinias as ward of,
    45, 45n44, 64; Paralus as son of, 35, 35n27,
    45, 68; and Protagoras as Thurii law-
    giver, 19, 25n13; public building program
    of, 3, 62; relationship with Protagoras,
    19, 25n13, 39–40, 39n35, 46, 62, 62n69,
    68–69; in *Republic*, 341; strategy in war,
    134; Xanthippus as son of, 45, 68
Perictione, 154n24, 169–70n48, 408–9
perplexity: in *Charmides*, 163, 165, 170,
    203–8, 210, 212–14, 222–23, 226; in
    Protagoras, 63
Persephone, 243
Persian wars, 3–4, 130n151, 241, 256n24, 405
persuasion, 247–48, 251, 262–63, 265, 270–71,
    274–77, 306, 313, 315, 323–24, 327–28,
    337–38, 340, 343–44, 346–47, 366, 371,
    389, 398, 403–4
Phaedo, 5–6, 236
Phaedo, 5–6, 8, 14, 28n17, 134, 160, 253n19,
    301n72, 330–32, 334–35, 358n122, 365, 392,
    396, 417
Phaedrus, 35
Phaedrus, 237, 256n23, 258, 262
Pherecrates, 12, 65–66, 66n74, 141, 142n164
philanthropy, 14n18; in *Charmides*, 141,
    225; defined, 14; of gods, 53, 53n56, 139;
    Nietzsche on, 140, 414; of Prometheus,
    52, 140; in *Protagoras*, 52–53, 139–41; of
    Protagoras, 140; in *Republic*, 141, 373; in
    Symposium, 53n56
philosophy: in *Alcibiades I*, 140; in *Alcibiades
    II*, 140; becoming Socratic, 1–2, 5, 12,
    15n22, 22, 141, 330; in *Charmides*, 139,
    148, 155–58, 156n29, 161–62, 170–71, 174,
    177, 179–80, 186, 189–91, 194–99, 202,
    213, 219–21, 224, 226, 228–30, 233–35,
    239, 276; as highest form of eros, 296;
    Islamic, 320n85; and Nietzsche, 4,
    12–16, 20–21n3, 130, 140–41, 159, 225,
    300n70, 329n92, 341n104, 373, 376, 392,
    413–17; one and many, problem of, 331;
    philosopher as legislator, 13, 16, 225–27,
    286–88, 334, 413; and philosopher-
    dogs, 280–81, 280n47, 281n48, 289–94,
    290–91n59, 306, 312, 318–19, 328–30, 345,
    382, 399, 402, 416; and philosopher king,
    307–8, 312–29, 320n85, 333, 333–34n96,

352–53, 378n139, 387, 407n182; prejudices against, 290–92, 337–39, 347; in *Protagoras*, 110, 130–41, 130n151, 137–38, 140; public speakers for, 332, 337–48; in *Republic*, 213, 242, 246, 248–49, 254, 264, 276–77, 280, 289–92, 290n56, 290n59, 300, 303, 306–30, 333–34, 337–48, 348–49n112, 350, 352, 359, 366–73, 381, 387, 389, 399–400, 399–400n165, 402; rule of, 14, 16, 137–38, 225–26, 264–65, 303, 306, 309–30, 320n85, 333–34, 333–34n96, 337–48, 348–49n112, 350, 352, 359, 366–73, 381, 387, 389, 399, 402, 413; Socrates' politics for, 110, 130–42, 130n151, 288, 292, 329–37, 415 (*see also* political philosophy); succession of, 341–43, 343n107, 346, 371–73, 372n133; Western, 288, 329–30, 416 (*see also* Platonism)

Phormio, 238

piety, 4; on east frieze of Parthenon, 61–62; in *Protagoras*, 41, 57–58, 58n58, 61–68, 70, 72–76, 89, 104–5, 111, 115, 137; in *Republic*, 246–47, 246n11, 259, 276, 293, 353, 369; unity of justice and piety, 72–76, 105

pilots, 93, 217, 221, 223, 261, 338, 348

Pindar, 12, 251–52, 274

Piraeus, 7, 154, 243–48, 245–46n9, 250, 253, 270, 282n49, 296, 311, 321, 331, 336, 406–7

Pittacus, 83n93, 86, 86n100, 87n106, 88–89, 92–96, 93n118, 96–97n121, 104, 256

plague, 4, 10, 139, 144, 147, 154–55n26, 162, 184n66, 238, 241, 244, 275, 333, 406

Planeaux, Christopher, 237–38, 237n118, 411

Plataea, 154–55n26

Plato: as auditor of *Charmides*, 235–36; family of, 154, 154n24, 164, 169n48, 246, 408–9; and religion, 246, 246n11; Seventh Letter of, 154, 220n103, 236n117. *See also specific titles of dialogues*

Platonism, 16, 321–22, 327, 329–37, 333–34n96, 345–47, 413–16

pleasure, 393–94; in *Protagoras*, 107–10, 112–16, 114n137, 119, 127; in *Republic*, 349, 349n113, 351, 386–88

pleonexia, 266–67

Plutarch, 400

poetry, 64–66, 66n74, 387n144; in *Charmides*, 182; imitative or mimetic, 375–89, 378n139, 398; ministerial poetry, 375, 389; in *Protagoras*, 38, 85–99, 85nn98–99,

96–97n121, 104, 118; in *Republic*, 242, 250–57, 273–76, 280–87, 290, 319, 363, 375–89, 378n139, 403; tragic, 376, 378, 385–87, 400n166. *See also names of specific poets*

Polemarchus, 243, 247–49, 249n14, 249n16, 253–58, 262; house of, 248, 262, 266, 315; as Socrates' partner in battle, 307–8; and Socratic justice, 253–58, 256n23, 260, 293

political art (*technê*), 43–70, 44n40, 45n43, 61–62n67

political philosophy, 1, 8–12, 333–34n96; Nietzschean, 13–16, 14n18, 373, 415–17; in *Republic*, 245, 254, 264–65, 317–20, 320n85, 329–37, 372–73

Polus, 133, 150n9

Polyphemus, 302

Poros, 229n111

Poseidon, 61–62n67, 244

Potidaea, siege of, 10, 35, 136, 142, 144, 147–52, 149n4, 154, 154–55n26, 156–57, 162, 165–66, 237–40, 237n118, 240n122, 256n24

powerful (capable), the: in *Charmides*, 189; Critias's views on, 139, 189; meeting with the wise, 39–41, 46, 51, 54, 63–64, 68–70, 72, 92, 103, 125, 129; in *Protagoras*, 39–41, 39n34, 43, 46, 51, 54, 56, 56n57, 63–64, 67–70, 72, 78, 92, 103, 125, 129; in *Republic*, 320–21, 338, 371; rule of, 40, 54, 68–69, 139, 320–21

Priam, 23, 250n17, 283

privacy, 8–10, 415; in *Alcibiades I*, 126, 126n146, 128–29; in *Alcibiades II*, 128n148; in *Charmides*, 150–51, 153–54; in *Crito*, 29n18; in *Phaedo*, 141; in *Protagoras*, 26–28, 29n18, 33, 37, 40, 42, 72, 78n87, 98, 117, 123, 125–26, 128–29, 131, 332; in *Republic*, 245, 255, 257, 262, 264, 270–72, 278, 293, 313, 319, 321, 333, 338–39, 344–47, 367, 380–81, 384–85, 392, 402; in *Symposium*, 136, 141–42

Prodicus, 21, 33–36, 42, 82, 86–90, 86n101, 98, 103n129, 114–17, 139, 141, 269, 269n38, 381; making distinctions among names, 83, 84n96, 87–89, 87n106, 114nn137–38, 182, 185

Prometheus: as Forethought, 51, 68, 122; in *Protagoras*, 27n15, 37–38, 51–54, 59, 68, 78, 116, 122–23, 140; in *Republic*, 311–12

Prometheus Bound, 311

Protagoras, 12, 14, 413; and Alcibiades as overseer, 98–101; ambiguity of, 55, 56n57; annoyance at Socrates' display speech, 71n83, 75–79; atheism of, 59–60, 60n63, 61, 73, 188n74; as bad estranged man, 94–95; banished by Athenians, 60–61; called back from dead in *Theaetetus*, 20, 35, 60–61, 108n133, 132; and crisis staged by Socrates, 79–85, 83n93; defeated in argument by Socrates, 9, 19–21, 27, 121–24, 123n144; display speech of, 39n34, 41, 42n37, 50–70, 56n57, 139; and final tribunal, 117–21; and forgetting, 27n15; on Greek education, 38–39, 50–51, 63–63, 64n72, 85–86; on hedonism, 107–10, 114n137; high reputation of, 19–21, 19–20nn1–2, 25–33, 42n37, 59, 62, 75, 381; Hippocrates wishes to meet, 25n13, 27–34, 37, 40, 42, 62, 76, 97, 117, 127; as lawgiver of Thurii, 19, 19–20n1, 25n13, 62, 85n98; on poetry, 85–90, 85n98, 92, 94–96, 96–97n121, 98, 104; relationship with Pericles, 19, 25n13, 39–40, 39n35, 46, 62, 62n69, 68–69; Socrates as victor over, 9, 19–21, 27, 121–24, 123n144, 131; Socrates' challenge to, 43–49, 43n38; and Socrates' display speech, 70–79, 71n82, 78n88, 85–98, 91nn113–14, 102–17, 103n129, 106n132, 113n135; and sophistic enlightenment, 20, 27, 54, 60–62, 67–68, 87, 103, 107, 109–10, 115–16, 132–34; swearing of oaths, 77; as teacher of Greek language, 66–67, 67n75, 67n77; Thrasymachus compared to, 257, 266–67, 269, 269n38, 333, 339, 346; as "wild warrior," 87, 103

Protagoras, 5, 5n4, 8–12, 14, 19–144, 129n149; core conversation of, 22, 24–28, 25n14, 126, 134–35; crisis staged by Socrates, 79–85, 83n93, 99, 102, 106, 111, 123–25, 139; dramatic date of, 12, 21, 66n74, 126nn146–47, 141–44, 142n164; exegesis of poetry in, 38, 85–99, 85nn98–99, 96–97n121, 104, 118; final tribunal in, 117–21, 126; first words in, 21–24, 83, 117–18, 118n139, 118n141, 121, 129n149; frame audience of, 22, 24–30, 25n14, 33–34, 36–37, 42, 44, 65n73, 69, 71n83, 77, 80, 83, 100, 123–24, 126, 131–32, 134, 149n6; hedonism

in, 106–19, 108n133, 114nn137–38; last words in, 124–30; logical contradictories in, 73–74; prewar setting of, 12, 21, 142, 142n164, 144, 147, 149, 155–56, 196, 241, 249, 259, 276, 332–33; Protagoras's display speech, 39n34, 41, 42n37, 50–70, 56n57; Socrates as victor, 9, 19–21, 27, 121–24, 123n144, 131; Socrates' challenge to Protagoras, 43–49, 71; Socrates' display speech, 70–79, 71n83, 85–98, 91n114, 102–17; subtitle of, 78, 78n86; theater-piece in, 112–13, 115

prudence, 349, 349n114, 369, 384, 404

punishment: as deterrence, 58–59, 64, 115, 188–89; by gods, 52, 60–63, 115, 140, 188–89, 244, 251–52, 273–74, 284, 288, 310–11, 394, 415; in *Protagoras*, 52, 54, 57–65, 115; in *Republic*, 244, 251–52, 257, 272–74, 282, 284, 288, 299, 302–4, 303n73, 320, 338, 367, 388, 394, 396–97; as retributive, 58–59, 252, 288, 304

Pyrilampes, 169–70n48

Pythagoras, 166–67, 380–81

Pythocleides of Ceos, 39

reason, 14, 16, 140, 220, 223, 248, 274, 278, 290–91n59, 296–304, 299n69, 300n70, 303n73, 306, 367, 384–88, 414. *See also* logos/logoi

religion: Alfarabi on, 372; and atheism, 59–61, 188–90, 188n74; in *Charmides*, 188–90, 188n74, 197; and Platonism, 415–17; in *Protagoras*, 38–39, 52–53, 53n55, 54, 59–62, 109; in *Republic*, 243–44, 244n4, 246–47, 246n11, 253, 273–77, 279–89, 287n54, 293, 310–11, 320n85, 333–34n96, 372–73, 376, 394, 406; social role of, 59–60, 62, 109, 197. *See also* gods

Republic, 7–8, 11, 140–41, 233, 241–411; *apologos* of, 395–403; artifacts in, 354–55, 357–58, 363–64, 366–67, 369–72, 377; ascent in, 247, 250, 360, 362, 364–66, 368–69, 404; auditor(s) in, 245, 249n14, 255n22, 257, 307, 367, 370, 392, 404; center of, 312–21, 320n85, 329–30, 332–33, 336, 366, 378n139; couches and tables in, 293, 377–78, 377n138, 382, 387; descent in, 243–47, 244n6, 245n8, 250, 278, 319, 321, 359–60, 359nn124–25, 362, 368–73, 404; dramatic date of, 11, 144,

241, 243–44, 244n5, 249n14, 405–11, 406nn179–80, 407nn181–82; first words in, 243–46, 276–77; gentling Thrasymachus in, 257–71, 333, 337, 345, 405; having women (and children) in common, 307–8, 313–15; Homer in, 24n12, 35, 241–42, 244–46, 250, 250n17, 253–55, 255n22, 273, 281–84, 286–87, 300–304, 303n73, 311, 311n77; images of greatest study in, 348–74, 348–49n112; incantations in, 245, 273–74, 305–6, 339, 374, 388, 395; kissing law in, 314, 314n80; last words in, 403–4; narrated by Socrates, 149n5, 150, 240n122, 245, 248, 257–58, 261, 266–68, 389; new gods in, 279–89, 283n52; new justice in, 293–306, 305n74; philosopher-dogs in, 280–81, 280n47, 281n48, 289–94, 290–91n59, 306, 312, 318–19, 328–30, 345, 382, 399, 402, 416; philosopher king in, 307–8, 312–29, 320n85, 333, 352–53, 378n139, 407n182; possibility in, 279, 310–17, 320, 337, 347, 369, 372; post-Homeric teachings in, 245–46, 334, 354, 376, 402–3; prayers in, 243, 246–47, 310–11, 347, 406; principle of noncontradiction in, 296, 383; reins and bridle in, 382, 382n141, 387–88; return of Socrates in, 144, 240n122, 241–42, 244, 244n5, 271, 276–79, 292, 305–6, 310, 312, 317, 333–34, 354, 374, 376, 388, 402; succession in, 341–43, 343n107, 346, 371–73, 372n133; true lie versus lie in speeches in, 284–86, 293; wages of rule in, 263–64, 278, 319, 371, 402; wise rule in, 264–65; woman drama in, 307–8, 312–15, 318, 328n90

revenge, 281, 298–300, 300n70, 302–3, 385, 415

rewards, 68, 140, 252, 273, 275, 288, 305, 320, 367, 386, 388–89, 392–97, 404, 415

riddles, 174–78, 175nn53–54, 181, 187–89, 191, 202, 219, 254

right (dikê), 53–55, 58, 63; distributed among all, 53–55, 78. See also justice

sacrifices, 273–74, 282, 282n49, 293, 405; of Alcibiades, 128n148; of Cephalus, 249, 252–53, 274, 394

Savages, The (play), 142n164

Scamander (river), 86, 86–87n102, 87

Schiappa, Edward, 19–20nn1–2, 50n54, 60n63, 67nn76–77, 85n98, 113n135

Scopas, 96–97n121

self-interest, 181–82, 185, 194

sense perception, 204, 350–51, 364–65, 367–69, 383

sensibleness, 75–78, 75n84, 80. See also moderation

Sextus Empiricus, 188n74

shame, 53–56, 58, 63–64, 70, 78n88; of Alcibiades, 128–29, 136, 142; in Charmides, 162, 170, 172–73, 173n52, 176, 179, 184–85, 207, 211, 223, 234; of Charmides, 162, 170, 172–73, 173n52, 176, 179; of Critias, 185, 207, 211, 223; distributed among all by Zeus, 53–55, 78, 100; of Hippocrates, 30; of Odysseus, 234; in Protagoras, 53–56, 58, 63–64, 70, 77–78, 78n88, 94–95, 98, 100, 109, 111, 119, 119n142, 197; of Protagoras, 32, 77–78, 98, 100, 109, 111, 119, 119n142; in Republic, 267–68, 273, 294, 384. See also blushing

shoemaking, 175, 181–82, 218, 218n101, 223, 311n77, 382

Shorey, Paul, 314n80, 344n108, 407n181

Sicily, 49n50, 135–36, 135n154, 238, 245, 249, 253, 253n19, 299n68, 379, 406

Simois (river), 86–87, 86–87n102

Simonides: in Protagoras, 27n15, 38, 83n93, 85–90, 85n99, 86n100, 87n106, 89n109, 92–96, 93n118, 96–97n121, 104, 118; in Republic, 253–57, 254n20, 274

Sisyphus, 35, 35n24, 188, 188n74

skepticism, 4, 14, 139

slaves, 25n13, 26, 27n15, 28

Sloterdijk, Peter, 300n70

Smith, Kirby Flower, 272n40

Socrates, 68, 127; age of, 5, 6; becoming Socrates, 1–2, 5, 12, 15n22, 22, 141, 330; blamed for corruption of Alcibiades and Critias, 10, 21–22, 36n30, 82, 134–36, 138–40, 138n159, 148, 156–57, 182, 220, 233, 235, 276–77; challenge to Protagoras, 43–49, 70; crisis staged by in Protagoras, 79–85, 83n93, 99, 102, 106, 111, 123–25, 139; daimonion of, 332, 340, 342; on Delphic oracle, 91–92, 92n116; display speech of in Protagoras, 70–79, 71n83, 85–98, 91n114, 102–17; as doctor, 108–9, 114–15, 127, 148, 162–69, 162n37,

Socrates (*continued*)
184n66, 212–13, 224, 226, 239–40, 305, 376, 388, 407; erotic arousal of, 163–64, 168, 170, 179; execution of, 2, 5–6n5, 6, 10, 21–22, 132–33, 156n30, 246, 330–31, 414; first philosophical events of life, 330–31; on hedonism, 106–19, 108n133, 114nn137–38; hunt for Alcibiades, 24–25, 25n14, 83, 97, 124–30, 126n146, 129n149, 134–37, 141–43, 238–39; and nameless questioners, 71–76, 79, 106, 111–15, 121–22, 323–28, 364–65, 390, 390n149; as narrator in dialogues, 5, 5n4, 9–10, 24–28, 149, 149nn5–6, 170n49, 235–36, 240n122, 245, 248, 257–58, 261, 266–68, 389; poor memory of, 79–80, 82; pre-Potidaean ways of, 136, 139–40, 153, 162, 165, 168–69, 174, 178, 180n60, 183–84, 186, 186–87n71, 189, 193, 198–99, 214–15, 221, 226, 229, 240, 277, 294, 332, 345; and Protagoras's display speech, 50–51, 50n54, 54–70, 56n57, 65n73, 69n78, 139; public image/career of, 125, 129, 131–32; purpose as rule of knowledge, 116–17, 127; retrospective reports of younger life, 5–9, 5–6n5, 134; return from Potidaea in *Charmides*, 144, 147–58, 165, 173, 180, 195, 198, 201, 220, 224–25, 232, 234, 237–38, 237n118, 240n122, 276, 333; return from Potidaea in *Republic*, 144, 240n122, 241–42, 244, 244n5, 271, 276–79, 292, 305–6, 310, 312, 317, 333–34, 354, 374, 376, 388, 402; as theologian, 139–40, 283–84, 286, 288, 293, 334, 350–51, 354, 415; trial of, 10, 21–22, 28n17, 135, 156; as victor over Protagoras, 9, 19–21, 27, 121–24, 123n144, 131

Solon, 91, 161, 169–70n48, 379–80

sophists, 10–12; in *Alcibiades I*, 129n149; Critias as, 10, 82, 140, 148, 153, 157, 188–89, 189n76, 193, 198, 201–2, 210; as educators, 64, 127–28, 131; in Hades, 34–35; and hedonism, 107, 112–16, 114n137, 119; Hippias as, 34–35, 42, 82, 114–17, 401n171; jingles of, 344–45, 344n108; poets as hidden sophists, 85, 88, 98; Prodicus as, 34–36, 42, 82, 89, 114–17; in *Protagoras*, 19–20, 20–21n3, 22, 27–28, 30–44, 44n40, 56–59, 56n57, 64, 79, 81–82, 89–91, 103, 107, 113–15,

120, 122, 128–34, 129n149, 142n164, 333; in *Republic*, 245, 249, 253, 257–71, 277–78, 294, 296, 327–28, 330, 333, 338–39, 342–46, 344n108, 352, 393, 410; and sophistic enlightenment, 20, 27, 54, 60–62, 67–68, 87, 103, 107, 109–10, 115–16, 132–34, 140, 253, 257, 265, 276, 371; in Sparta, 90, 90n111. *See also* Thrasymachus

Sophocles, 250

sôphrosunê, 55, 75n84, 139, 155–56, 155–56nn28–29, 158–59, 167–225; benefit of, 181–82, 184–85, 184n66, 191–92, 195–96, 198, 201, 203, 207, 213–27, 214n94, 223n106, 229–30; as decorum, 170–72, 171n50, 176, 184, 294; as doing one's own things, 173–78, 179n59, 180–85, 180n60, 231, 294; as doing the good things, 183–85, 191, 199, 294; as knowing what one knows and doesn't know, 194, 199–204, 207–16, 220–22, 224, 227–28, 227n110, 294; as knowledge of knowledges, 189, 192–93, 193n79, 195–202, 204–13, 209n91, 214n93, 215–25, 227–28, 227n110, 294; and lawgivers, 226–28; possibility of, 203–14, 222, 227, 227n110; in *Republic*, 294, 305n74; as self-knowledge, 171, 185–92, 186–87n71, 195, 197–98, 209, 227n110, 294; as shame, 172–73, 173n52, 176, 179, 184, 294; Socrates' definition of, 199–213. *See also* moderation

soul/souls: in *Charmides*, 139–40, 148, 160–62, 167–69, 167n46, 186–87n71, 220, 224–25, 230, 233, 240; death of, 390, 390n150; division into three parts, 296–306, 299n67, 299n69, 301n72, 383–84, 386n143; effect of imitative or mimetic poetry on, 376, 383–87, 386n143; and images of greatest study in *Republic*, 350–51, 353, 355–56, 358, 368–69, 373; immortality of, 389–94, 390nn149–50, 391n151 (*see also* immortality); of Odysseus, 242, 255, 264, 395–403; in *Protagoras*, 28, 31–33, 106n132, 117; and replacing Homer's Hades in *Republic*, 395–404; in *Republic*, 241–42, 246, 251, 255, 264, 270, 272, 274–75, 277, 280–81, 284–86, 290–91, 295–306, 299n67, 299n69, 301n72, 343, 391n151. *See also* thumos

Sparta: and esotericism, 90–92, 90n111;
and Homer, 379–80; prayer of, 143; war
with, 3–4, 10, 21, 134, 147–49, 149nn3–4,
154–55n26, 314; wisdom invented
by Socrates, 49n52, 90–92, 90n111,
91nn114–15, 96, 98, 102, 117, 125, 129, 131,
137, 143
Spartolus, defeat at, 149, 149n3, 237–38,
237n118
speeches, length of: long speeches, 69,
79–82, 84, 90, 96, 98, 102, 105–6, 121,
129n149, 265; short speeches, 69–70, 72,
80–81, 85–86, 90–92, 94, 98, 102, 106–7,
129n149
spiritedness, 264n32, 273n43, 280, 280n47,
289–92, 296–306, 299n67, 300n70,
303n73, 386. See also thumos
stealing, 51–52, 54, 164; in Republic, 254–55,
269–70, 402
Strauss, Leo, 12, 15, 108n133, 258, 259n27,
275, 299n69, 334, 334n98, 389, 391n151,
393n153, 408n184, 414–15, 414n4
suffering, 147, 281, 284, 298–99, 384–86
sun, image of, 319, 350–54, 358, 361–62,
365–66, 372
Symposium, 5–6, 8, 13–14, 25n14, 35, 35n28,
53n56, 134, 296, 332, 335, 392, 395, 417;
Alcibiades' speech in, 134–37, 231n112,
239; dramatic date of, 135, 142–43; frame
audience in, 134–36

Table Talk (Plutarch), 400
Tantylus, 35
technai, 31, 54, 61–62n67, 218, 221, 266,
357–58, 360
Teiresias, 244
Telemachus, 151–52, 172–74, 173n52, 227n110,
234, 302
Ten of Piraeus, 154, 227n110
Terpsion, 5n4
Tethys, 311–12
Thales, 20, 380
Thamyras, 400, 400n167
Theaetetus, 5n4, 60–61, 87n107, 108n133,
132–33; frame of, 20
Theages, 231n112, 410
Themistocles, 138, 250
Theoclymenos, 250n17
Thersites, 400n166, 401
thinking, 354n118, 356–63

Thirty Tyrants, 10, 148, 153–54, 156n30,
188n73, 189, 249, 408
Thrace, 299n68; Bendis as god of, 11, 241–45,
244nn4–5, 247–48, 253, 311, 336, 405–7,
410; doctor from, 139, 166–69, 167n46,
184n66, 202, 212–13, 219n102, 220,
227n110, 230, 239, 245, 277, 305–6, 354,
376, 407
Thrasymachus, 11; as ally of philosopher's
rule in Republic, 341–48, 344n109;
atheism of, 269; blush of, 267–68; in
Cleitophon, 346–47n110; on diplomatic
mission, 410; and dramatic date of
Republic, 409–10; entry of, 258–60;
exhibition speech of, 260–63, 319; final
speeches of, 308–9; gentling of, 257–71,
333, 337, 345, 405; and images of greatest
study in Republic, 366, 368–69, 371–72;
in Protagoras, 78, 78n87, 133, 140, 170n49;
and replacing Homer's Hades in Repub-
lic, 398; in Republic, 242–43, 246–47, 249,
249n14, 257–71, 258n25, 269nn37–38,
270n39, 288–89, 304, 307–9, 319, 333,
337–39, 347n111, 393; as Socrates' kin,
259, 269–70, 286, 288–89, 309, 339; on
tyranny, 262, 266, 270
Thucydides, 3, 21, 40n36, 135n154, 141n161,
143, 149n3, 162, 238, 407–8
thumos, 106n132, 280, 280n47, 291,
296–306, 299nn68–69, 300n70, 386–
87, 386n143, 400. See also anger;
spiritedness
Thurii, 19–20n1, 25n13, 62, 85n98, 409
Thyestes, 399n164
Timaeus, 135n154, 138n159, 314n79, 407,
407n182, 410
Timaeus of Locri, 138n159, 410
Titans, 51–52, 59
Trojans, 102–3
trust, 354n118, 361–62, 382–83, 394, 398
truth, 414; and images of greatest study
in Republic, 351–55, 357, 361, 363–66,
369–71; and imitative or mimetic poetry
in Republic, 376, 378–79, 384–85; and
immortality of soul in Republic, 389–91,
390n149, 393; and Nietzsche, 373; in Pro-
tagoras, 55–56, 91n112, 92n117; in Republic,
242, 252–53, 284–86, 310, 323–24, 328, 332,
337–39, 341, 344–45
Tuozzo, Thomas, 185n67, 186n70

understanding, 1, 14, 16, 20, 24, 68; and images of greatest study in *Republic*, 353, 355–58, 360–62; and imitative or mimetic poetry in *Republic*, 382; and immortality of soul in *Republic*, 391; in *Republic*, 254, 264, 304, 306, 315, 330, 335–36, 341–42, 346
universality, 50, 56, 64–66
Uranos, 281
utility, 60, 106, 183

veil, 38–39, 41, 46
vice, 58, 266, 268, 271, 290, 306–7
violence: in *Charmides*, 148, 231–33; in *Republic*, 256–59, 320–21, 324, 347, 368
virtue/virtues: and imitative or mimetic poetry in *Republic*, 378–79, 389; and replacing Homer's Hades in *Republic*, 396–97; in *Republic*, 249, 256, 266, 268, 270–71, 275, 286, 288, 290, 294, 304, 305n74, 306, 322n87, 338–39, 344–45, 349, 369, 392; socially conditioned, 71–72, 76; teachability of, 44–46, 51, 55, 57–59, 63–67, 116, 121–22, 127–28, 129n149; unity of, 70–79, 99, 104–8, 106n132, 111, 116–21, 118n139, 118n141, 130n151, 131; unity of as parts of face, 71, 71n81, 104. *See also specific virtues*
visible, the, 8, 12, 354; and images of greatest study in *Republic*, 350, 352–57, 361, 365–66, 368; in *Protagoras*, 26, 120, 124, 141; in *Republic*, 242, 267, 294, 340, 342, 344, 387, 397
voluntary, 247–48, 308

war: in *Charmides*, 147, 149, 149n3, 154n22, 166n42, 217, 237–38; in *Protagoras*, 130n151, 134–35, 137, 139, 143–44; in *Republic*, 241, 244, 275, 280, 282, 287, 314–15, 314n79, 333, 379–80, 406–8, 407n182; with Sparta, 3–4, 10, 21, 134–35, 143–44, 147–49, 149nn3–4, 154–55n26; and unity of courage and wisdom, 119–20, 122. *See also names of specific wars or battles*
West, Grace Starry, 148n2
West, Thomas G., 148n2
Western civilization, 13, 16, 242
will to power, 16, 417

wisdom: artful wisdom, theft of, 52; in *Charmides*, 155, 171, 202, 219, 223; Cretan, 90–91; and honor, 97, 129; love of, 13–14; political wisdom, 52, 54, 294, 303; prophetic wisdom, 367; in *Protagoras*, 38–41, 45–46, 46n46, 48, 49n52, 50–52, 54, 67, 71–72, 71n82, 75–76, 90–98, 103–6, 106n132, 109, 111, 116–17, 118n139, 118n141; in *Republic*, 242, 266, 268, 271, 293–94, 295n60, 309–11, 323, 339, 346, 366–67, 369, 371, 382, 391; rule of, 84, 94, 198, 214–17, 214n92, 221–24, 264–65; Spartan, 49n52, 90–92, 91nn114–15, 96, 98, 102, 117, 125, 129, 131, 137, 143; survival wisdom, 52; unity of courage and wisdom, 104–6, 111, 116–21, 118n139, 118n141; unity of wisdom and moderation, 75–76; as virtue, 67, 71–72, 71n82, 75–76, 104–6, 106n132, 109, 111, 116–21, 118n139, 118n141
wise, the: ancient wise, 5–6n5, 16, 23, 38–39, 43, 64, 71n82, 72, 85–88, 90–96, 92n117, 104, 116, 131, 133, 272, 287, 318; in *Charmides*, 10, 172, 174–76, 181, 187, 225; and esotericism, 14–15, 15n22, 25–26, 34, 90–98, 90n111, 92n117, 254; fearful wise, 38–41, 43, 97–98, 104; kinship of, 55–58, 78–79, 84, 94–96, 103–5, 108, 115, 117, 120, 122–23, 131–32, 141, 287; meeting with the powerful (capable), 39–41, 46, 51, 54, 63–64, 68–70, 72, 92, 103, 125, 129; Odysseus as, 103–4n131, 106; Pittacus as, 93–95; in *Protagoras*, 9, 19, 22, 25–29, 31, 33–35, 38–46, 56–57, 71n82, 75–76, 84, 88, 90–98, 103–6, 111, 116, 132–33; Protagoras as, 9, 19, 22, 25–29, 33, 38–41, 45, 62, 67, 71n82, 72, 75–76, 84, 88, 92, 94–98, 104–6, 111, 125, 132–33; regarded as threat by powerful, 39, 103, 125; relation to public, 25–26, 96, 110–13; in *Republic*, 253–57, 264, 287–88, 299–304, 303n73, 318, 320, 339, 380, 395, 402–3; Seven Wise Men of Greece, 256n24; Simonides as, 92–96, 257, 274; Socrates as, 1, 4, 5–6n5, 6, 72, 75–76, 94, 97–98, 104, 106, 111, 116–17, 320; who put up words for gods, 92, 92n116, 94, 139, 175n53

Xanthippus, 35, 35n27, 45, 68, 127

Xenophon, 15, 36n30, 134, 134n152, 148, 182, 188n73, 220n103, 249n16, 263n31

Xerxes, 256, 256n24

young Athenians, 3–4, 10; becoming beautiful or wise, 10, 148, 155, 157–63, 168–71, 177, 219, 230, 234, 239, 248, 276, 306; becoming twenty, 141n163, 239n121; at Callias's house, 34–37, 35n29, 40, 45–46, 66, 97, 125–26, 131; charmed by Protagoras, 69–70, 79–80, 82, 86, 132; in *Charmides*, 141n163, 148, 155, 157–63, 165, 202, 225, 276; in *Protagoras*, 20–22, 24, 27–33, 35–37, 35n29, 40, 42, 45–46, 66, 68–69, 79–81, 83, 89, 91, 103, 125–26, 131, 138, 155, 332–33; in *Republic*, 213, 241–42, 245–46, 248–53, 249n14, 255–56, 259–61, 265, 267, 271–78, 273n43, 288, 304, 306, 319, 330, 333–34, 336, 339–40, 342–43, 345–46. *See also specific names*

Zalmoxis, 139, 166–69, 184n66, 202, 212–13, 219n102, 220, 227n110, 230, 277, 305–6, 354, 376, 407

Zarathustra, 13, 300n70, 329n92, 415

Zeno, 6, 237, 331

Zeus: in *Charmides*, 166, 175n54, 189, 203; in *Protagoras*, 52–54, 53n56, 57–59, 61–62n67, 63–65, 68, 70, 77–78, 115–16, 137, 140, 197; in *Republic*, 280, 282–84, 311, 320, 353, 370

Zoroaster, 415

Zuckert, Catherine, 15n22, 126n146, 130n151, 141n160, 227n110

图书在版编目(CIP)数据

哲学如何成为苏格拉底式的：柏拉图《普罗塔戈拉》《卡尔米德》以及《王制》绎读/(加)朗佩特(Laurence Lampert)著;戴晓光等译. --2版. --北京：华夏出版社有限公司,2023.11
　(西方传统：经典与解释)
　书名原文：How Philosophy Became Socratic：A Study of Plato's Protagoras, Charmides, and Republic
　ISBN 978-7-5222-0555-7

Ⅰ.①哲…　Ⅱ.①朗…②戴…　Ⅲ.①苏格拉底(Socrates 前469-前399)-哲学思想-思想评论　Ⅳ.①B502.231

中国国家版本馆CIP数据核字(2023)第165360号

How Philosophy Became Socratic：A Study of Plato's *Protagras*, *Charmides*, and *Republic*
Licensed by The University of Chicago Press, Chicago, Illinois, U.S.A.
© 2010 by The University of Chicago.
© 2023 by Huaxia Publishing House Co.,Ltd. All rights reserved.

版权所有,翻印必究
北京市版权局著作权合同登记号：图字01-2010-5878号

哲学如何成为苏格拉底式的

作　　者	[加]朗佩特	
译　　者	戴晓光　彭　磊　等	
责任编辑	马涛红　程　瑜	
责任印制	刘　洋	
美术编辑	殷丽云	
出版发行	华夏出版社有限公司	
经　　销	新华书店	
印　　装	北京汇林印务有限公司	
版　　次	2023年11月北京第2版	
	2023年11月北京第1次印刷	
开　　本	880×1230　1/32	
印　　张	16.5	
字　　数	400千字	
定　　价	128.00元	

华夏出版社有限公司　地址：北京市东直门外香河园北里4号　　邮编：100028
　　　　　　　　　　　　网址：www.hxph.com.cn　　电话：(010)64663331(转)
若发现本版图书有印装质量问题,请与我社营销中心联系调换。

西方传统：经典与解释
Classici et Commentarii

HERMES
刘小枫◎主编

古今丛编

欧洲中世纪诗学选译　宋旭红 编译

克尔凯郭尔　[美]江思图 著

货币哲学　[德]西美尔 著

孟德斯鸠的自由主义哲学　[美]潘戈 著

莫尔及其乌托邦　[德]考茨基 著

试论古今革命　[法]夏多布里昂 著

但丁：叛依的诗学　[美]弗里切罗 著

在西方的目光下　[英]康拉德 著

大学与博雅教育　董成龙 编

探究哲学与信仰　[美]郝岚 著

民主的本性　[法]马南 著

梅尔维尔的政治哲学　李小均 编/译

席勒美学的哲学背景　[美]维塞尔 著

果戈里与鬼　[俄]梅列日科夫斯基 著

自传性反思　[美]沃格林 著

黑格尔与普世秩序　[美]希克斯 等著

新的方式与制度　[美]曼斯菲尔德 著

科耶夫的新拉丁帝国　[法]科耶夫 等著

《利维坦》附录　[英]霍布斯 著

或此或彼(上、下)　[丹麦]基尔克果 著

海德格尔式的现代神学　刘小枫 选编

双重束缚　[法]基拉尔 著

古今之争中的核心问题　[德]迈尔 著

论永恒的智慧　[德]苏索 著

宗教经验种种　[美]詹姆斯 著

尼采反卢梭　[美]凯斯·安塞尔-皮尔逊 著

舍勒思想评述　[美]弗林斯 著

诗与哲学之争　[美]罗森 著

神圣与世俗　[罗]伊利亚德 著

但丁的圣约书　[美]霍金斯 著

古典学丛编

荷马笔下的诸神与人类德行　[美]阿伦斯多夫 著

赫西俄德的宇宙　[美]珍妮·施特劳斯·克莱 著

论王政　[古罗马]金嘴狄翁 著

论希罗多德　[古罗马]卢里叶 著

探究希腊人的灵魂　[美]戴维斯 著

尤利安文选　马勇 编/译

论月面　[古罗马]普鲁塔克 著

雅典谐剧与逻各斯　[美]奥里根 著

菜园哲人伊壁鸠鲁　罗晓颖 选编

劳作与时日（笺注本）　[古希腊]赫西俄德 著

神谱（笺注本）　[古希腊]赫西俄德 著

赫西俄德：神话之艺　[法]居代·德拉孔波 编

希腊古风时期的真理大师　[法]德蒂安 著

古罗马的教育　[英]葛怀恩 著

古典学与现代性　刘小枫 编

表演文化与雅典民主政制
[英]戈尔德希尔、奥斯本 编

西方古典文献学发凡　刘小枫 编

古典语文学常谈　[德]克拉夫特 著

古希腊文学常谈　[英]多佛 等著

撒路斯特与政治史学　刘小枫 编

希罗多德的王霸之辨　吴小锋 编/译

第二代智术师　[英]安德森 著

英雄诗系笺释　[古希腊]荷马 著

统治的热望　[美]福特 著

论埃及神学与哲学　[古希腊]普鲁塔克 著

凯撒的剑与笔　李世祥 编/译

伊壁鸠鲁主义的政治哲学　[意]詹姆斯·尼古拉斯 著

修昔底德笔下的人性　[美]欧文 著

修昔底德笔下的演说　[美]斯塔特 著

古希腊政治理论　[美]格雷纳 著

赫拉克勒斯之盾笺释　罗逍然 译笺

《埃涅阿斯纪》章义　王承教 选编

维吉尔的帝国　[美]阿德勒 著

塔西佗的政治史学　曾维术 编

古希腊诗歌丛编

古希腊早期诉歌诗人　[英]鲍勒 著

诗歌与城邦　[美]费拉格、纳吉 主编

阿尔戈英雄纪（上、下）
[古希腊]阿波罗尼俄斯 著

俄耳甫斯教祷歌　吴雅凌 编译

俄耳甫斯教辑语　吴雅凌 编译

古希腊肃剧注疏

欧里庇得斯与智术师　[加] 科纳彻 著

欧里庇得斯的现代性　[法]德·罗米伊 著

自由与僭越　罗峰 编译

希腊肃剧与政治哲学　[美]阿伦斯多夫 著

古希腊礼法研究

宙斯的正义　[英]劳埃德-琼斯 著

希腊人的正义观　[英]哈夫洛克 著

廊下派集

剑桥廊下派指南　[加]英伍德 编

廊下派的苏格拉底　程志敏 徐健 选编

廊下派的神和宇宙　[墨]里卡多·萨勒斯 编

廊下派的城邦观　[英]斯科菲尔德 著

希伯莱圣经历代注疏

希腊化世界中的犹太人　[英]威廉逊 著

第一亚当和第二亚当　[德]朋霍费尔 著

新约历代经解

属灵的寓意　[古罗马]俄里根 著

基督教与古典传统

保罗与马克安　[德]文森 著

加尔文与现代政治的基础　[美]汉考克 著

无执之道　[德]文森 著

恐惧与战栗　[丹麦]基尔克果 著

托尔斯泰与陀思妥耶夫斯基
[俄]梅列日科夫斯基 著

论宗教大法官的传说　[俄]罗赞诺夫 著

海德格尔与有限性思想（重订版）
刘小枫 选编

上帝国的信息　[德]拉加茨 著

基督教理论与现代　[德]特洛尔奇 著

亚历山大的克雷芒　[意]塞尔瓦托·利拉 著

中世纪的心灵之旅　[意]圣·波纳文图拉 著

德意志古典传统丛编

黑格尔论自我意识　[美]皮平 著

克劳塞维茨论现代战争　[澳]休·史密斯 著

《浮士德》发微　谷裕 选编

尼伯龙人　[德]黑贝尔 著

论荷尔德林　[德]沃尔夫冈·宾德尔 著

彭忒西勒亚　[德]克莱斯特 著

移佐书简　[奥]里尔克 著

纪念苏格拉底——哈曼文选　刘新利 选编

夜颂中的革命和宗教　[德]诺瓦利斯 著

大革命与诗化小说　[德]诺瓦利斯 著

黑格尔的观念论　[美]皮平 著

浪漫派风格——施勒格尔批评文集　[德]施勒格尔 著

巴洛克戏剧丛编

克里奥帕特拉　[德]罗恩施坦 著

君士坦丁大帝　[德]阿旺西尼 著

被弑的国王　[德]格吕菲乌斯 著

美国宪政与古典传统

美国1787年宪法讲疏　[美]阿纳斯塔普罗 著

启蒙研究丛编

论古今学问　[英]坦普尔 著

历史主义与民族精神　冯庆 编

浪漫的律令　[美]拜泽尔 著

现实与理性　[法]科维纲 著

论古人的智慧 [英]培根 著

托兰德与激进启蒙 刘小枫 编

图书馆里的古今之战 [英]斯威夫特 著

政治史学丛编

驳马基雅维利 [普鲁士]弗里德里希二世 著

现代欧洲的基础 [英]赖希 著

克服历史主义 [德]特洛尔奇 等著

胡克与英国保守主义 姚啸宇 编

古希腊传记的嬗变 [意]莫米利亚诺 著

伊丽莎白时代的世界图景 [英]蒂利亚德 著

西方古代的天下观 刘小枫 编

从普遍历史到历史主义 刘小枫 编

自然科学史与玫瑰 [法]雷比瑟 著

地缘政治学丛编

地缘政治学的起源与拉采尔 [希腊]斯托杨诺斯 著

施米特的国际政治思想 [英]欧迪瑟乌斯/佩蒂托 编

克劳塞维茨之谜 [英]赫伯格-罗特 著

太平洋地缘政治学 [德]卡尔·豪斯霍弗 著

荷马注疏集

不为人知的奥德修斯 [美]诺特维克 著

模仿荷马 [美]丹尼斯·麦克唐纳 著

品达注疏集

幽暗的诱惑 [美]汉密尔顿 著

阿里斯托芬集

《阿卡奈人》笺释 [古希腊]阿里斯托芬 著

色诺芬注疏集

居鲁士的教育 [古希腊]色诺芬 著

色诺芬的《会饮》 [古希腊]色诺芬 著

柏拉图注疏集

挑战戈尔戈 李致远 选编

论柏拉图《高尔吉亚》的统一性 [美]斯托弗 著

立法与德性——柏拉图《法义》发微 林志猛 编

柏拉图的灵魂学 [加]罗宾逊 著

柏拉图书简 彭磊 译注

克力同章句 程志敏 郑兴凤 撰

哲学的奥德赛——《王制》引论 [美]郝兰 著

爱欲与启蒙的迷醉 [美]贝尔格 著

为哲学的写作技艺一辩 [美]伯格 著

柏拉图式的迷宫——《斐多》义疏 [美]伯格 著

苏格拉底与希琵阿斯 王江涛 编译

理想国 [古希腊]柏拉图 著

谁来教育老师 刘小枫 编

立法者的神学 林志猛 编

柏拉图对话中的神 [法]薇依 著

厄庇诺米斯 [古希腊]柏拉图 著

智慧与幸福 程志敏 选编

论柏拉图对话 [德]施莱尔马赫 著

柏拉图《美诺》疏证 [美]克莱因 著

政治哲学的悖论 [美]郝岚 著

神话诗人柏拉图 张文涛 选编

阿尔喀比亚德 [古希腊]柏拉图 著

叙拉古的雅典异乡人 彭磊 选编

阿威罗伊论《王制》 [阿拉伯]阿威罗伊 著

《王制》要义 刘小枫 选编

柏拉图的《会饮》 [古希腊]柏拉图 等著

苏格拉底的申辩（修订版） [古希腊]柏拉图 著

苏格拉底与政治共同体 [美]尼柯尔斯 著

政制与美德——柏拉图《法义》疏解 [美]潘戈 著

《法义》导读 [法]卡斯代尔·布舒奇 著

论真理的本质 [德]海德格尔 著

哲人的无知 [德]费勃 著

米诺斯 [古希腊]柏拉图 著

情敌 [古希腊]柏拉图 著

亚里士多德注疏集

《诗术》译笺与通绎 陈明珠 撰

亚里士多德《政治学》中的教诲 [美]潘戈 著

品格的技艺 [美]加佛 著

亚里士多德哲学的基本概念　[德]海德格尔 著

《政治学》疏证　[意]托马斯·阿奎那 著

尼各马可伦理学义疏　[美]伯格 著

哲学之诗　[美]戴维斯 著

对亚里士多德的现象学解释　[德]海德格尔 著

城邦与自然——亚里士多德与现代性　刘小枫 编

论诗术中篇义疏　[阿拉伯]阿威罗伊 著

哲学的政治　[美]戴维斯 著

普鲁塔克集

普鲁塔克的《对比列传》　[英]达夫 著

普鲁塔克的实践伦理学　[比利时]胡芙 著

阿尔法拉比集

政治制度与政治箴言　阿尔法拉比 著

马基雅维利集

解读马基雅维利　[美] 麦考米克 著

君主及其战争技艺　娄林 选编

莎士比亚绎读

莎士比亚的罗马　[美] 坎托 著

莎士比亚的政治智慧　[美] 伯恩斯 著

脱节的时代　[匈]阿格尼斯·赫勒 著

莎士比亚的历史剧　[英]蒂利亚德 著

莎士比亚戏剧与政治哲学　彭磊 选编

莎士比亚的政治盛典　[美]阿鲁利斯/苏利文 编

丹麦王子与马基雅维利　罗峰 选编

洛克集

上帝、洛克与平等　[美]沃尔德伦 著

卢梭集

致博蒙书　[法]卢梭 著

政治制度论　[法]卢梭 著

哲学的自传　[美]戴维斯 著

文学与道德杂篇　[法]卢梭 著

设计论证　[美]吉尔丁 著

卢梭的自然状态　[美]普拉特纳 等著

卢梭的榜样人生　[美]凯利 著

莱辛注疏集

汉堡剧评　[德]莱辛 著

关于悲剧的通信　[德]莱辛 著

智者纳坦（研究版）　[德]莱辛 等著

启蒙运动的内在问题　[美]维塞尔 著

莱辛剧作七种　[德]莱辛 著

历史与启示——莱辛神学文选　[德]莱辛 著

论人类的教育　[德]莱辛 著

尼采注疏集

尼采引论　[德]施特格迈尔 著

尼采与基督教　刘小枫 编

尼采眼中的苏格拉底　[美]丹豪瑟 著

动物与超人之间的绳索　[德]A.彼珀 著

施特劳斯集

苏格拉底与阿里斯托芬

论僭政（重订本）　[美]施特劳斯 [法]科耶夫 著

苏格拉底问题与现代性（第三版）

犹太哲人与启蒙（增订本）

霍布斯的宗教批判

斯宾诺莎的宗教批判

门德尔松与莱辛

哲学与律法——论迈蒙尼德及其先驱

迫害与写作艺术

柏拉图式政治哲学研究

论柏拉图的《会饮》

柏拉图《法义》的论辩与情节

什么是政治哲学

古典政治理性主义的重生（重订本）

回归古典政治哲学——施特劳斯通信集

* * *

追忆施特劳斯　张培均 编

施特劳斯述学　[德]考夫曼 著

论源初遗忘 [美]维克利 著   政治哲学与启示宗教的挑战

阅读施特劳斯 [美]斯密什 著   隐匿的对话

施特劳斯与流亡政治学 [美]谢帕德 著   论哲学生活的幸福

驯服欲望 [法]科耶夫 等著

施特劳斯讲学录   **大学素质教育读本**

追求高贵的修辞术   古典诗文绎读 西学卷·古代编（上、下）

——柏拉图《高尔吉亚》讲疏（1957）   古典诗文绎读 西学卷·现代编（上、下）

斯宾诺莎的政治哲学

施米特集

宪法专政 [美]罗斯托 著

施米特对自由主义的批判 [美]约翰·麦考米克 著

伯纳德特集

古典诗学之路（第二版） [美]伯格 编

弓与琴（重订本） [美]伯纳德特 著

神圣的罪业 [美]伯纳德特 著

布鲁姆集

巨人与侏儒（1960-1990）

人应该如何生活——柏拉图《王制》释义

爱的设计——卢梭与浪漫派

爱的戏剧——莎士比亚与自然

爱的阶梯——柏拉图的《会饮》

伊索克拉底的政治哲学

沃格林集

自传体反思录

朗佩特集

哲学与哲学之诗

尼采与现时代

尼采的使命

哲学如何成为苏格拉底式的

施特劳斯的持久重要性

迈尔集

施米特的教训

何为尼采的扎拉图斯特拉